U0493433

装备科技译著出版基金

欧洲国防安全采购
——欧盟《国防安全采购指令》研究

Buying Defence and Security in Europe
The EU Defence and Security Procurement Directive in Context

［英］Martin Trybus 著
王加为 谢文秀 杨玉瑞 李 珊 译

国防工业出版社
·北京·

著作权合同登记　图字:军-2016-093号

图书在版编目(CIP)数据

欧洲国防安全采购:欧盟《国防安全采购指令》研究/(英)马丁·特莱伯斯(Martin Trybus)著;王加为等译.—北京:国防工业出版社,2017.12

书名原文:Buying Defence and Security in Europe:The EU Defence and Security Procurement Directive in Context

ISBN 978-7-118-11441-6

Ⅰ.①欧… Ⅱ.①马… ②王… Ⅲ.①欧洲联盟-国防工业-收购-研究 Ⅳ.①F450.64

中国版本图书馆 CIP 数据核字(2017)第 275846 号

Translation from the English Language Edition:
Buying Defence and Security in Europe:The EU Defence and Security Procurement Directive in Context
by Martin Trybus.
Copyright © 2014 by Cambridge University Press.
All Rights Reserved.
Authorized Translation from English Language Edition Published by Cambridge University Press
本书简体中文版由 Cambridge University Press 授权国防工业出版社独家出版发行。
版权所有,侵权必究。

※

国防工业出版社出版发行
(北京市海淀区紫竹院南路23号　邮政编码100048)
腾飞印务有限公司印刷
新华书店经售

＊

开本710×1000　1/16　印张33¾　字数680千字
2017年12月第1版第1次印刷　印数1—2000册　定价198.00元

(本书如有印装错误,我社负责调换)

国防书店:(010)88540777　　　发行邮购:(010)88540776
发行传真:(010)88540755　　　发行业务:(010)88540717

译 者 序

《欧洲国防安全采购》是针对欧盟《国防安全采购指令2009/81/EC》的首部评论专著,而《国防安全采购指令2009/81/EC》是公私实体从欧盟采购武器和敏感装备与服务的基础。

全书共分两部分。第一部分对新版欧盟《国防安全采购指令》(下称《国防指令》)的经济、历史、政治、军事策略和法律背景进行了详细论述。第一章讨论了《国防指令》的经济、历史和政治背景、影响国防采购的国防安全因素以及国防采购方面的各种规则;第二章讨论的是欧盟内部市场实施《国防指令》的法律依据;第三章讨论了《欧盟运行条约》中关于国家安全方面的豁免条款;第四章讨论了欧盟内部市场中不受《欧盟运行条约》约束但对国防采购具有约束意义的其他法律,如次级贸易法规中有关关税、欧共体内部物资移转和国防装备出口等方面的法规;第五章讨论了欧盟内部市场之外与欧洲武器装备有关的法律与政策。

第二部分论述了《国防指令》的具体内容,按照其具体内容分为五章,分别论述《国防指令》的适用范围、应用方式、供应安全与信息安全、补偿贸易与分包,以及复议与救济制度。本书是对国防采购领域重大立法里程碑的回顾。通过对《国防指令》具体内容的分析,作者指出:《国防指令》考虑到了欧盟各国主要的国防采购需求,得到了几乎所有欧盟成员国(波兰弃权)的支持,有力限制了成员国对《欧盟运行条约》中有关豁免条款的滥用,对于保证国防采购中的透明性、公平性和非歧视性,达到物有所值的采购目标起到了很好的保障作用。同时作者指出,《国防指令》中也存在一些过于刻板的东西,需要进行修订并增加其灵活性,以更好地适用欧盟成员国的国防采购。

本书的重点是第二部分,即对《国防指令》适用范围、应用方式、供应安全与信息安全、补偿贸易与分包、复议与救济制度的解释和评论,是全书的核心所在。本书的条款和案例解释非常详细,对于了解欧盟《国防指令》条款的含义非常具有实际指导意义。通过对第二部分的研究,可以了解相关装备采购是否处于该指令的约束范围,应当走什么样的程序,在供应安全和信息安全方面有什么样的要求,在采购过程中是否存在补偿贸易,如果发生了采购纠纷,可以采取什么样的补救措施将损失降到最小程度。研究这些条款可以保证国防开支的合理性,用最少的钱买到最好的装备。

作者马丁·特莱伯斯(Martin Trybus)是伯明翰大学欧洲法学院欧洲法与政策的教授和学院院长。他参与了经合组织、欧盟委员会和欧洲防务局的众多研究项目,主要进行公共采购和欧洲武器装备市场的研究。目前他在欧洲航天局采购复议委员会工作,是兰德公司欧洲下属工作团队的法律专家,为欧盟委员会提供法律建议并进行《国防指令》转化与实施的相关研究。

在国防采购纳入欧盟法律约束范畴之前,特莱伯斯就针对欧盟各成员国的国防采购进行了广泛研究,并于 1999 年出版了专著 European Defence Procurement Law(《欧洲国防采购法》),提出了欧盟各国由于没有一个统一的国防安全采购指令,只能依靠现有的内部市场采购规则、竞争法、国家案例、企业兼并、欧盟内部的物资移转与出口等方面的法律法规,最终形成了在国防装备采购领域各自为政的局面。

作者指出,从全球范围来看,西方国家国防采购长期以来没有一个专门的统一法律,而欧盟国家的国防采购则按照《欧盟运行条约》(TFEU)、《公共部门指令》(Public Sector Directive)、《公用事业指令》(Utilities Directive)的相关条款,以及一些地区性组织如联合军备采购组织(OCCAR)有关装备采办的规定进行管理,存在着条块分割、相互重叠、相互矛盾的情况,尤其是部分国家在装备采购过程中滥用《欧盟运行条约》中有关国防采购豁免条款,使国防采购没有纳入统一的管理之下。《国防安全采购指令》颁布之后成为欧盟统一的国防采购指南,欧盟成员国纷纷将《指令》转化到本国法律体系之内,按照该《指令》要求形成了本国的国防采购法,形成了一个统一的国防采购法律体系。

本书的目标,是说明《国防指令》颁布之后,通过各国对该《指令》的转化在多大程度上改变了国防采购方面的法律体系。为了解决这个问题,就必须将《国防指令》及其他相关《指令》进行历史、经济和法律条文上的详细对比。具体来说,就是将《国防安全采购指令》与《公共部门指令 2004/18/EC》进行逐条对比。《国防指令》是以《公共部门指令》为基础制定的,后来又加入了有关国防与安全的内容。因此,这两个《指令》的对比是了解欧盟国防采购法律体系的关键。另外,本书还对各国对《国防指令》的转化情况进行了对比分析,以便说明《国防指令》在整个欧盟的实施情况。作者在将以上两个《指令》进行对比时,对其他相关《指令》如《公用事业指令 2004/17/EC》、《采购救济指令 665/89/EEC》、前《欧洲防务局采购行为与供应链准则》等也进行了对比,对于我国国防采购领域具有很大的参考价值。

目前我国还没有一部专门的国防采购法,但随着我国对外交流的不断增加,以及作为一个发展中大国装备采购的不断增多,特别需要了解西方国家的国防采购法律法规,了解西方国家国防采购与我国相关制度的相同和差异。本书的翻译对于制定我国专门的国防采购法,以及在对外装备采购中占据有利地位都具有参考意义。

长期以来,我国装备采办方面的人才培养沿袭军代表驻厂制度,装备采办人才的成长需要在实践中进行长期的碎片式积累,缺乏院校的系统培养和系统的阅读、培训材料,对于采办人才的成长十分不利。目前教员的研究和教学需要大量的第一手外国资料，本书的翻译也可成为装备采办研究与教学的有力参考。具体表现在：

（1）国防采购法规方面。目前我国没有针对性的国防采购法，因此在未来的国防采购管理方面，本书可作为一部重要的参考专著为规范装备采购提供帮助。

（2）国防采购实际操作方面。有利于在未来对欧盟的装备采购中了解相关装备采购是否处于该"指令"的约束范围，应当走什么样的程序，在供货和信息安全方面有什么样的要求，在采购过程中是否可以进行补偿贸易，如果发生了采购纠纷，可以采取什么样的补救措施将损失降到最小程度。研究这些条款可以保证在国防采办中知己知彼，保证国防开支的合理性，用最少的钱买到最好的装备。

（3）国防采购的教学方面。本书可作为装备采办专业研究人员、博士生、硕士生的拓展阅读材料，对于国防采办研究、扩展视野、掌握装备采办的深层知识具有很大的帮助。

书中出现的页码（包括正文、脚注、参考书目和索引部分的页码），均为原著中的页码。

王加为
2017 年 12 月于北京

《欧洲国防安全采购》

　　《欧洲国防安全采购》是关于欧盟《国防安全采购指令 2009/81/EC》的首部论著，而后者则是欧盟公私实体进行武器和敏感物资采购的法律依据。该《指令》的目的，是保证国防安全采购过程中的非歧视性、竞争性和透明性。第一部分对新版欧盟《国防安全采购指令》的经济、历史、政治、军事策略和法律背景进行了详细论述；第二部分论述了《国防安全采购指令》的主要内容，包括适用范围、应用程序、供货与信息安全、补偿贸易与分包，以及复议与救济制度。本书是针对国防采购领域重大立法的重要评论专著。

　　作者马丁·特莱伯斯（Martin Trybus）是伯明翰大学欧洲法学院欧洲法与政策领域的教授和学院院长。他参与了经合组织、欧盟委员会和欧洲防务局的众多研究项目，主要进行公共采购和欧洲武器装备市场的研究。目前他在欧洲航天局采购复议委员会工作，是兰德公司欧洲下属工作团队的法律专家，为欧盟委员会提供法律建议并进行《国防安全采购指令》向国内法转化与实施的相关研究。

致　　谢

　　谨在此衷心感谢支持本书付梓成印的同事，他们对本书部分章节进行了细读并提出了宝贵意见：第一章：安得鲁·詹姆斯（曼彻斯特商学院）；第四章部分内容：卢克·巴特勒（布里斯托大学）与卢卡·鲁比尼（现工作于佛罗伦萨的欧洲保险委员会）；第六章：罗博托·卡兰塔（都灵大学）和乔治俄斯·桑巴尼斯（锡根大学）；第七章：佩得罗·泰利斯（班戈大学）；第八章：麦克尔·斯坦尼克（奥尔胡斯大学）。另外，特别鸣谢伯明翰法学院的托尼·阿纳尔和比利时空军的博杜安·休尼克斯。托尼·阿纳尔对第三章和第十章提出了宝贵意见，博杜安·休尼克斯对第五章、第九章和第十章提出了反馈，博杜安和卢克对建议部分也提出了中肯评论。

　　本书写作期间我参加了数次欧洲国防采购学术讨论会和会议，收获颇丰。特别值得一提的，不仅有2008至2012年间在马斯特里赫特欧洲公共管理研究院（EIPA）召开的七次《国防指令》讨论会，还有2010年在华盛顿由大西洋理事会组织的数次会议、2011年在伦敦召开的由（英国）采购律师协会（PLA）组织的会议、2011年在巴黎召开的由国际商会（ICC）组织的会议、2012年在慕尼黑由采购论坛和德国国防军大学召开的会议，以及2013年在诺丁汉大学公共采购研究小组召开的会议。通过这些会议，我与许多同行、律师、《国防指令》起草人和欧盟部分成员国负责将《国防指令》转化为国内法的专家有了交流的机会。

　　另外，与以下人士的讨论令我受益匪浅：巴巴拉·卢普、比尔·盖尔斯、尼古拉斯·波尔拜克斯、阿瑞斯·吉奥戈普洛斯、伯尔那多·迪尼兹·德·阿亚拉、西阿拉·肯尼迪—洛艾斯特、苏西·史密斯、麦克尔·鲍舍、克里斯·郁金斯、麦克尔·沃尔特、上述各类学术活动的参与者、我的博士生卢克·巴特勒、我的法学硕士生路西安·拉加得，以及在伯明翰大学听取本人公共采购和欧盟国防一体化课程的所有学生。最后我要感谢的是卢布尔雅那大学的布瑞娜·波希瓦尔采克，她协助完成了本书所有图表和参考书目。本书书名受到克里斯多弗·麦克克鲁登的启发，他的书名是 Buying Social Justice (2007)。

马丁·特莱伯斯

目 录

引言 ·· 1

第一部分 《国防指令》的背景

第一章 《国防指令》的政治经济背景：采购者、出售者与国家安全 ·········· 14

  1. 引言 ·· 14
  2. 经济背景 ·· 14
    2.1 谁在买？欧盟对国防安全货物与服务的需求 ···························· 15
    2.2 谁在卖？欧洲国防安全市场的结构 ··· 17
        2.2.1 欧洲的国防市场：总承包商 ··· 18
        2.2.2 欧洲的安全市场：总承包商 ··· 21
        2.2.3 分包商 ·· 22
    2.3 国防采购的经济特点 ··· 22
        2.3.1 购买欧洲货是最后的救命稻草：实施保护主义还是购买美国货 ··· 23
        2.3.2 买主垄断 ·· 25
        2.3.3 卖主垄断 ·· 27
        2.3.4 重复 ·· 27
        2.3.5 高成本 ·· 29
        2.3.6 国有与控制 ·· 30
        2.3.7 效率低下 ·· 31
  3. 政治与军事背景 ·· 32
    3.1 主权与自给自足 ·· 32
    3.2 国家安全 ··· 34
        3.2.1 供应安全 ·· 34
        3.2.2 信息安全 ·· 35
        3.2.3 没有统一的欧洲国防标准带来的军事安全成本 ············ 36
    3.3 欧洲国防与安全一体化的正反效应 ··· 37

4. 国防采购的技术与合同特征 ·· 41
　　　　4.1　研发 ··· 41
　　　　　　4.1.1　现货采购 ·· 41
　　　　　　4.1.2　研发采购 ·· 42
　　　　4.2　较长的寿命周期 ··· 43
　　　　4.3　协作 ··· 43
　　　　4.4　补偿贸易 ·· 44
　　　　4.5　较长的供应链 ·· 46
　　　　4.6　公私伙伴关系 ·· 46
　　　　4.7　腐败 ··· 47
　　5. 结论 ··· 48

第二章　《国防指令》在欧盟内部市场法中的法律依据：禁令、豁免和
　　　　比例原则 ··· 50

　　1. 引言 ··· 50
　　2. 欧盟内部市场以及国防与安全采购 ·· 51
　　　　2.1　货物的自由流动 ··· 52
　　　　2.2　服务的自由流动和开业自由 ···································· 55
　　　　2.3　禁止以民族利益为借口采取任何歧视性措施 ············· 57
　　　　2.4　公共安全豁免 ·· 58
　　　　　　2.4.1　公共安全 ·· 59
　　　　　　2.4.2　狭义解释：Johnston、Sirdar、Kreil 和 Dory 判例 ············· 60
　　　　　　2.4.3　比例原则：Campus Oil 及 Greek Petroleum Law ········· 63
　　　　　　2.4.4　审查力度——一种真正无疑的巨大风险：Albore 判
　　　　　　　　　 例法 ·· 67
　　3.《国防指令》内部市场的法律依据 ·· 68
　　4. 结论 ··· 69

第三章　《欧盟运行条约》的国防豁免条款：《欧盟运行条约》第 346 和
　　　　第 347 条 ·· 71

　　1. 引言 ··· 71
　　2.《欧盟运行条约》346 条第（1）款（b）项中关于武器的豁免规定 ··········· 73
　　　　2.1　《欧盟运行条约》第 346 条第（2）款的武器清单 ············ 74
　　　　　　2.1.1　清单上的武器 ··· 76
　　　　　　2.1.2　清单以外的物项 ··· 80
　　　　　　2.1.3　军用：Agusta 判例法及 Finnish Turntables 判例法 ········· 81

2.1.4　供出口的武器：Fiocchi Munizioni 案 ························· 88
　2.2　《欧盟运行条约》第346条第(1)款(b)项的效力 ················ 89
　　　2.2.1　对于国防安全来说没有必要：Spanish Weapons 一案及判决
　　　　　　之后的情况 ··· 92
　　　2.2.2　举证责任 ··· 103
　　　2.2.3　按照逐案审查的方式进行豁免 ································· 104
　　　2.2.4　程序要求与供出口的硬性防务物资 ························· 105
　　　2.2.5　在什么条件下启用《欧盟运行条约》第348条规定的
　　　　　　审查程序 ·· 106
　2.3　欧盟委员会2006年的《解释性通讯》 ································ 108
　2.4　概要：对《欧盟运行条约》第346条第(1)款(b)项的解释 ······ 110
3.《欧盟运行条约》第346条第(1)款(a)项的保密性豁免 ················ 111
　3.1　对《欧盟运行条约》第346条第(1)款(a)项的滥用 ············· 112
　3.2　审查的严格性：German Military Exports 系列案 ·············· 114
4.《欧盟运行条约》第347条中的危机豁免 ··································· 116
5. 结论 ·· 117

第四章　《国防指令》之外的欧盟法和政策：欧共体内部移转、出口、标准化、竞争法、兼并和国家补助 ························· 118

1. 引言 ·· 118
2. 武器和军民两用货物的贸易 ·· 119
　2.1　关税 ·· 120
　2.2　欧共体内部移转 ··· 121
　　　2.2.1　欧共体内部的武器移转 ··· 122
　　　2.2.2　军民两用货物在欧共体内部的移转：
　　　　　　《法令428/2009/EC》 ·· 136
　2.3　防务出口 ··· 139
　　　2.3.1　军民两用货物出口 ··· 140
　　　2.3.2　武器出口：《共同立场2008/944/CFSP》 ···················· 142
3. 标准化 ··· 144
4. 竞争(反托拉斯)法：《欧盟运行条约》第101条和第102条 ············· 147
5. 企业兼并管理 ··· 149
6. 国家补助 ··· 153
　6.1　国防领域的国家补助行为 ··· 154
　6.2　《欧盟运行条约》规定的国家补助的合法情形 ··············· 158
7. 其他规定 ··· 159

8. 结论 ·· 160

第五章 欧盟内部市场之外的欧洲军备法与政策：欧洲防务局、联合军备采购组织、意向书组织与北约 ·· 161

1. 引言 ·· 161
2. 欧洲防务局 ·· 162
   2.1 欧洲防务局的组织结构 ·· 163
   2.2 欧洲防务局的任务 ·· 164
       2.2.1 政策的演变 ·· 164
       2.2.2 国家能力义务评估 ·· 188
       2.2.3 分担与共享 ·· 189
       2.2.4 协作项目与联合研究计划 ·· 190
   2.3 作为《里斯本条约》共同外交与安全政策一部分的欧防局 ···· 192
3. 联合军备采购组织 ·· 193
4. 意向书 ·· 196
   4.1 意向书《框架协议条约》 ·· 196
   4.2 任务 ·· 197
   4.3 另外一个组织 ·· 200
5. 双边倡议 ·· 200
6. 克服国防采购组织的分裂 ·· 201
   6.1 西欧军备组织：克服外部分裂 ·· 202
   6.2 克服内部分裂 ·· 205
7. 北约机构 ·· 207
8. 结论 ·· 208

第二部分 《国防指令》的内容

第六章 《国防指令》之内和之外：适用范围的限制 ·· 209

1. 引言 ·· 209
2. 《国防指令》的法人范畴：适用范围内的采购实体 ························ 212
   2.1 对采购当局的抽象定义 ·· 212
       2.1.1 国家、地区或地方当局 ·· 212
       2.1.2 受公法制约的机构 ·· 215
       2.1.3 公用事业 ·· 215
       2.1.4 集中采购机构 ·· 217
   2.2 《国防指令》附录的缺乏 ·· 220

3. 《指令》规定的物资范畴,适用的合同 …………………………… 222
   3.1 军事装备 ……………………………………………………… 223
   3.2 敏感合同 ……………………………………………………… 224
   3.3 约束范围内的其他合同 ……………………………………… 225
   3.4 《国防指令》和其他采购《指令》 …………………………… 227
4. 《国防指令》的物资范畴:不适用的合同 …………………………… 228
   4.1 内部合同 ……………………………………………………… 228
   4.2 《国防指令》的门槛价 ………………………………………… 229
   4.3 例外 …………………………………………………………… 232
       4.3.1 《国防指令》第12条:按照国际规则授予的
             合同 ……………………………………………………… 232
       4.3.2 《国防指令》第13条:特定规则 ……………………… 236
       4.3.3 《国防指令》第11条:是否为保障条款? …………… 256
   4.4 《国防指令》和《欧盟运行条约》 …………………………… 258
   4.5 《国防指令》与《公共部门指令》 …………………………… 259
   4.6 《国防指令》和《公用事业指令》 …………………………… 261
5. 向国内法的转化 ………………………………………………… 262
6. 结论 ……………………………………………………………… 262

第七章 灵活性带来的安全性:《国防指令》规定的采购方式 264

1. 引言 ……………………………………………………………… 264
2. 没有公开招标 …………………………………………………… 266
3. 限制招标 ………………………………………………………… 272
4. 事先发布合同公告的谈判——默认的采购方式 ………………… 275
5. 竞争性对话 ……………………………………………………… 282
6. 不事先发布合同公告的谈判 …………………………………… 286
   6.1 非《国防指令》特有的情况 …………………………………… 288
   6.2 《国防指令》特有的情况 …………………………………… 291
       6.2.1 危机引发的紧急情况 ………………………………… 291
       6.2.2 海外驻军 ……………………………………………… 293
       6.2.3 研发服务 ……………………………………………… 294
       6.2.4 小结 …………………………………………………… 295
   6.3 控制机制 ……………………………………………………… 295
7. 《国防指令》中的其他采购方式 ………………………………… 296
   7.1 框架协议 ……………………………………………………… 296
   7.2 电子拍卖 ……………………………………………………… 298

    7.3 动态采购方法 ··· 298
  8. 以研发为基础的协作项目 ································· 299
    8.1 欧洲防务局 ··· 300
    8.2 《国防指令》 ······································· 302
    8.3 《公共部门指令 2014/24/EU》：创新伙伴关系 ··········· 302
  9. 结论 ··· 303

第八章 供应安全与信息安全：规格、合同条件、资格预选和授标标准中的说明 ··· 304
  1. 引言 ··· 304
    1.1 供应安全 ··· 305
    1.2 信息安全 ··· 306
  2. 合同公告、技术规格和合同条件 ··························· 307
    2.1 技术规格 ··· 309
    2.2 合同履行条件 ······································· 310
      2.2.1 供应安全 ····································· 312
      2.2.2 信息安全 ····································· 321
      2.2.3 说明 ··· 322
    2.3 向国内法的转化 ····································· 322
  3. 投标人资格 ··· 323
    3.1 淘汰不合适的候选人 ································· 324
      3.1.1 职业行为 ····································· 324
      3.1.2 严重职业不端行为 ····························· 325
      3.1.3 成员国的安全风险 ····························· 326
    3.2 经济资金状况和技术专业能力 ························· 328
      3.2.1 研究机构 ····································· 329
      3.2.2 货源的地理位置 ······························· 329
      3.2.3 机密信息与接触机密材料许可证书 ··············· 331
      3.2.4 作为技术能力标准的供应安全和信息安全 ········· 335
    3.3 邀请招标还是谈判：选择 ····························· 336
    3.4 向国内法的转化 ····································· 337
  4. 授标标准 ··· 338
  5. 结论 ··· 340

第九章 应对欧洲国防工业的结构问题：以分包取代补偿贸易？ ······ 343
  1. 引言 ··· 343

2. 国防采购中的补偿贸易和分包 ……… 343
3. 欧盟内部市场法和《国防指令》中的补偿贸易 ……… 347
3.1 《欧盟运行条约》下的补偿贸易 ……… 347
3.2 补偿贸易和《国防指令》 ……… 353
3.3 欧盟委员会指导说明 ……… 356
3.4 各成员国有关补偿贸易的法律 ……… 359
4.《国防指令》中的分包制度 ……… 362
4.1 分包可选方式 ……… 364
4.1.1 分包方式A:总承包商自由选择分包商 ……… 364
4.1.2 分包方式B:通过招标方式授予分包合同 ……… 366
4.1.3 分包方式C:通过招标授予最低比例的分包合同 ……… 367
4.1.4 分包方式D:提出最低比例分包要求,此比例之外的合同通过招标进行分包 ……… 369
4.2 主合同发包过程中的分包要求 ……… 370
4.3 第Ⅲ部分:分包规则 ……… 372
4.3.1 适用范围 ……… 372
4.3.2 原则 ……… 373
4.3.3 门槛价和公告 ……… 376
4.3.4 框架协议 ……… 377
4.3.5 资格预选 ……… 379
4.3.6 例外条款 ……… 379
4.3.7 授标标准 ……… 381
4.3.8 作为采购当局或实体的总承包商授予的分包合同 ……… 382
4.4 新的《公共部门指令2014/24/EU》 ……… 382
5. 结论 ……… 382

第十章 "隐身"的《救济指令》:《国防指令》中的复议和救济 ……… 385

1. 引言* ……… 385
2. 复议与救济的必要性 ……… 386
2.1 隐身的《救济指令》 ……… 388
2.2 《欧盟运行条约》中的安全克减 ……… 389
3. 对《公共部门指令2004/18/EC》的修改 ……… 391
3.1 限制 ……… 391
3.2 灵活性 ……… 393
3.3 说明 ……… 394
3.4 替代 ……… 394

XV

  4. 对《公共部门救济指令》的参照 …… 395
    4.1 复议机构 …… 396
    4.2 复议机构内的安全 …… 399
    4.3 仲裁 …… 401
    4.4 无效合同 …… 403
  5. 结论 …… 407
  结论与建议 …… 409

参考文献 …… 416

附录 …… 428
  案例表 …… 428
  欧盟(前欧共体)法律及其他正式法律文表 …… 446

缩略语 …… 460

索引 …… 463

引　言

公共部门从私营部门采购货物、服务和工程时，要受到公共采购法的约束。此类规则的目标是达到物有所值，并保证采购过程中的透明性、竞争性、非歧视性和对所有投标人的平等待遇。也有一些公共采购法在其目标中还包括促进社会发展和环保因素，或者反腐因素。采购法以及与采购法相关的一些法规要求公布承包机会，明确合同授予程序和合同授予标准，并针对受害投标人制定相应的复议和救济方式。欧盟公共采购法规的主要目标，是向成员国公开公共采购市场，杜绝以国家利益为借口采取任何歧视性措施，促进欧盟公共采购内部市场的正常发展。欧盟立法机构颁布了一整套的采购《指令》，这些《指令》的实施则必须由其 28 个成员国将其转化到各自的国内法律体系中才能实现。

20 世纪 70 年代颁布的第一套《指令》，将敏感货物、工程和服务的采购纳入法律的约束之下，但是在欧盟范围内却没有一个统一的规则专门对武器装备的采购进行规范。这种针对性法规的空白，由法律、政治、经济和历史等多方面原因所引起，涉及国家安全、国防核心地区的主权以及工业方面的考虑等。因此，一方面，货物和服务的采购被纳入内部市场的统管之下，必须遵守《公共部门采购指令 2004/18/EC》及其前身的各项规则；另一方面，人们在实践中大量运用克减条款，尤其是现《欧盟运行条约》中的第 346 条，将大部分武器装备及相关服务的采购推到欧盟贸易、竞争和采购规则的约束范围之外，并由此产生了 28 个独立的国防采购市场。这些采购市场保护主义盛行，效率低下，腐败现象时有发生，进而导致观念陈旧，竞争不力，价格虚高且缺乏透明性。总之，无知甚至藐视现有国防采购法律制度的现象比比皆是。如国防采购合同极少在《欧盟官方公报》(OJ) 上发布公告。不过这并不一定意味着国防合同没有受到采购法规的约束。相关合同常常在国内刊物或其他媒体上发布，而不是在《欧盟官方公报》上发布。虽然这些合同的授予也按照一定的规定程序进行，但不符合欧盟采购《指令》的规定。最重要的是，这些合同很少能授予来自欧盟其他成员国的投标人。

这说明在实践中存在着大量不受内部市场公共采购制度规范的行为，而国防采购市场对于欧洲经济的影响是巨大的。欧洲防务局 2012 年的数据显示：欧盟成员国 2012 年的国防采购额为 1940 亿欧元，而花费在武器装备、民用物资、服务与工程(包括运行与维护)上的总体采购预算约为 860 亿欧元①,欧洲国防工业的年产出为 550 亿欧元,从业人数达 40 万人②。

经济学家指出,欧洲国防采购一体化将会产生极大的经济利益,最为重要的是,通过降低装备价格可让纳税人受益,而通过增加欧洲企业的竞争力可提高就业率并促进技术创新,欧洲的生产能力可通过一体化而得以保留③。之所以会产生这些经济利益,是因为欧洲国防采购市场一体化将提高规模效益和学习效益,提高采购过程中的竞争性和透明度。对于欧洲公共采购一体化所产生的利益,法律分析专家一般都持认可态度,只有个别人持保留态度④。国防采购方面的法律起草人也认为欧盟国防采购一体化将节省开支,提高欧洲国防工业的竞争力⑤。另外,部分军事专家也希望在欧盟、北约和欧盟共同安全与防御体系内提高装备的互操作性而得到长久的战略意义⑥,反腐专家则希望采购透明化和相关立法中的复议

---

① 以当时加入欧洲防务局的 26 个成员国的数据为依据。该数字是采购与研发的总预算,即 869 亿欧元,其中包括 90 亿欧元的研发预算,并包括占运转与维修总预算(1940 亿欧元)22%~23%的费用。参见 www. eda. europa. eu/docs/default-source/news/eu-us-defence-data-2011. pdf [2014 年 3 月 28 日登录]。2010 年的总体预算(1940 亿欧元)在最近的欧盟委员会通讯《欧洲防务新政:形成一个竞争力更强效率更高的国防与安全领域》(COM(2013) 542 final)第 7 页也得到了印证。

② 《欧盟委员会工作人员国防工作文件》(SWD(2013) 279 final 暨 COM(2013) 542 final),32 页,2012 年数据。2012 年《工业研究报告》指出,新增加的工作岗位多达 960 万个。《工业研究报告》网址:the Perspectives of the European Land Armaments Sector, www. industriall-europe. eu/sectors/defence/2012/INFF_E3779_Final%20Report_v03-EN. pdf [2014 年 3 月 28 日登录]。COM(2007) 764 final 第 2 页的数字为 300 万。该通讯还指出,20 年以前,这个数字几乎是现在的 2 倍。

③ 特别参见凯斯·哈特利(Keith Hartley),《防务政策经济:一个新的角度》(*The Economics of Defence Policy:A New Perspective*)(Abingdon:Routledge, 2011),以及"欧洲防务政策的未来:从经济学的角度"(*The Future of European Defence Policy:An Economic Perspective*)(2003)第 14 期,《防务与和平经济》(*Defence and Peace Economics*)第 107-115 页。另参见由德国波恩国际转化中心(Bonn International Centre for Conversion, BICC)的哈特穆·库希勒(Hartmut Küchle)准备的 2006 年欧洲议会研究报告《安全与防务领域的非欧成本》(*The Costs of Non-Europe in the Area of Security and Defence*)(2006), www. bicc. de/uploads/tx_bicctools/bicc_study_for_ep. pdf [2013 年 11 月 1 日登录]。

④ 参见公共采购法英语经典著作中的讨论:苏·爱罗史密斯(Sue Arrowsmith),《公共与公用事业采购法》(*The Law of Public and Utilities Procurement*),第 2 版(London:Sweet & Maxwell,2005),第 119-125 页;彼德·特莱普特(Peter Trepte),《欧盟的公共采购:从业者指南》(*Public Procurement in the EU:A Practitioner's Guide*),第 2 版(Oxford University Press,2007),第 3-5 页;克里斯多夫·波维斯(Christopher Bovis),《欧共体公共采购:判例法与条例》(*EC Public Procurement:Case Law and Regulation*)(Oxford University Press,2006),第 1 章。

⑤ 特别参见阿瑞斯·乔格波洛斯(Aris Georgopoulos),"欧洲国防采购一体化:欧盟范围内行动建议"(European Defence Procurement Integration:Proposals for Action within the European Union),博士论文,诺丁汉大学(2004);博杜安·休尼克斯(Baudouin Heuninckx),"欧盟通过国际组织进行协作式国防采购的法律"(The Law of Collaborative Defence Procurement through International Organisations in the European Union),博士论文,诺丁汉大学和比利时军事学院(2011)。

⑥ 参见欧防局武器部主任(尤卡·尤斯蒂(Jukka Juusti)在芬兰图苏拉召开的 SDR 会议(2009 年 11 月 17-18 日)上的欢迎辞,www. eda. europa. eu/docs/documents/Jukka_s_SDR_opening. pdf [2013 年 11 月 1 日登录]。

要求而实现反腐目标⑦。

2009年,经过多年准备与讨论之后,《国防安全采购指令2009/81/EC》⑧(以下称《国防指令》)正式生效。它是欧盟"一揽子国防法规"的一部分⑨,目的是建立一个与国防安全有关的货物与服务的内部市场,对欧盟采购《指令》形成补充,使之更加完整⑩。《国防指令》规范的是成员国军事部门及其他相关采购当局和实体对武器装备及其他敏感物资、服务和工程的采购行为。与欧盟其他《指令》一样,《国防指令》对约束范围内的货物和服务进行了明确定义,规定其采购合同必须在《欧盟官方公报》上公布,明确了采购程序、投标人资格与评选、授标标准等方面的问题。在其第Ⅳ部分专为受害投标人设置了一套复议与救济制度——在公共部门和与公用事业有关的指令中都有各自的复议与救济《指令》。《国防指令》在很大程度上是以《公共部门采购指令2004/18/EC》为基础的(以下称《公共部门指令》)。《公共部门指令》经过修改,将国防安全的采购特性、复杂性尤其是供货和信息安全方面的特性考虑进去。这样可以有效限制对《欧盟运行条约》中有关国家安全、国家秘密和公共安全克减条款的动用,也就是说对其第36、52条第(1)款,尤其是第346条的动用,将大部分合同纳入《国防指令》和《欧盟条约》的约束范围内。

在国防采购纳入规范之前,作者针对欧洲的国防采购进行了广泛研究,相关研究结果主要体现在专著《欧洲国防采购法》(European Defence Procurement Law)

---

⑦ 马克·皮曼(Mark Pyman),《在防务系统内应对腐败建设廉正》(Addressing Corruption and Building Integrity in Defence Establishments),透明国际工作文件(Transparency International Working Paper) 02/2007 (Berlin,2007), www.ethicsworld.org/publicsectorgovernance/PDF%20links/national_defence_ [2013年11月1日登录];赛义夫·古普他、路易兹·德·麦罗和拉尤·沙朗(Sanjeev Gupta,Luiz de Mello and Raju Sharan),《腐败与军事开支》(Corruption and Military Spending),国际货币基金组织工作文件(IMF Working Paper),2000年2月,www.imf.org/external/pubs/ft/wp/2000/wp0023.pdf [2013年11月1日登录]。

⑧ 《欧洲议会和欧洲理事会2009年7月13日就统一国防与安全领域采购当局或实体在某些工程合同、供应合同和服务合同的授予程序并修订《指令2004/17/EC》和《指令2004/18/EC》的指令2009/81/EC》(Directive 2009/81/EC of the European Parliament and of the Council of 13 July 2009 on the coordination of procedures for the award of certain works contracts, supply contracts and service contracts by contracting authorities or entities in the fields of defence and security, and amending Directives 2004/17/EC and 2004/18/EC),[2009] OJ L216/76.

⑨ 欧盟一揽子国防法规还包括《指令2009/43/EC [2009] OJ L146/1》,简化了防务相关产品在欧共体内部的移转条件。另外还包括欧盟委员会通讯《更强更具竞争力的欧洲防务工业战略》,COM(2007) 764 final。初稿请参见:P. 库特拉科斯(P. Koutrakos),"欧盟委员会的'一揽子国防法规'"(The Commission's 'Defence Package')(2008)第33期,《欧洲法律评论》(European Law Review),第1-2页。

⑩ 除了《国防指令》,这个2009年的"兵工厂"还包括《公共部门指令2004/18/EC》(现在被《指令2014/24/EU》[2014] OJ L94/65所取代)、《公共部门采购救济指令89/665/EEC》[1989] OJ L395/33、《公用事业指令2004/17/EC》[2004] OJ L134/1(目前被《指令2014/25/EU》[2014] OJ L94/243所取代),以及《公用事业救济指令92/13/EEC》[1992] OJ L76/14。另外,在2014年改革中增加了一个有关特许经营的新的《指令2014/23/EU》[2014] OJ L94/1。

(1999)⑪,也有一部分体现在另一部专著《欧洲联盟法与国防一体化》(European Union Law and Defence Integration)(2005)当中⑫。作者的研究表明:由于法律制度上的原因,欧洲防务装备市场呈现条块分割的景象,不仅体现在内部市场法规尤其是采购规则上,还体现在竞争法、国家补助、企业兼并规则、欧共体内部人员、货物与服务的流动与出口等。此项研究还表明,欧盟成员国内部对国防采购的规范体现为三种情况:规范、半规范和完全无规范——在实践中并不总是遵守相关的国防采购法。除此之外,此项研究还表明欧盟内部市场法适用于国防采购市场,而《欧盟运行条约》是实现欧盟国防一体化的一个有效途径。本书即以该项研究为基础,同时又对详尽的国防安全法规面世之后的欧盟国防采购进行了分析。本书从2009年《国防指令》生效开始论述,一直论述到最近各成员国先后将《国防指令》转化为国内法并将其在国内实施。本书完成于2013年11月,此时《国防指令》已在两年前转化为国内法,各企业已在新的国内法律制度之下运行。但是这些日期也可能意味着此时的分析尚不成熟。关于《国防指令》的构想、引入、成型和转化,可能已经进行了比较充分的讨论,但对《国防指令》在实践中的实施却没有可靠的分析数据。

　　本书的目的是回答这样一个重要问题:通过制定和转化《国防指令》,国防安全法律框架发生了多大程度的转变? 要回答这个问题,就必须对《国防指令》各个条款以及与《国防指令》密切相关的其他法律进行深入分析,从历史、经济、政治和法律等方面进行剖析。首先要对《国防指令》各条款与《公共部门指令2004/18/EC》各条款进行对比分析。《国防指令》是以《公共部门指令2004/18/EC》为基础制定出来的。在制定《国防指令》时,对《公共部门指令2004/18/EC》进行了修改并加入了国家安全方面的因素。因此可以说对这两个《指令》的对比是整个分析中最为重要的一部分。要问国防安全采购方面的法律制度发生了什么样的变化,在很大程度上取决于《国防指令》转化为成员国国内法的情况如何。除了与《公共部门指令》进行对比,还要与其他相关法律进行对比,主要是《公用事业指令2004/17/EC》(Utilities Directive 2004/17/EC)、《采购救济指令665/89/EEC》(Procurement Remedies Directives 665/89/EEC)、《采购救济指令92/13/EC》(Procurement Remedies Directives 92/13/EC),以及以前制定的《欧洲防务局采购行为供应链行为准则》(European Defence Agency Codes of Conduct for Procurement and the Supply Chain)⑬、《意向书》(Letter of Intent)各条款、西欧军备

---

⑪　特莱伯斯(Trybus),《欧洲国防采购法:作为欧洲开放的国防采购市场示范法的国际国内采购制度》(European Defence Procurement Law:International and National Procurement Systems as Models for a Liberalised Defence Procurement Market in Europe)(The Hague:Kluwer Law International,1999)。

⑫　马丁·特莱伯斯(Martin Trybus),《欧盟法律与防务一体化》(European Union Law and Defence Integration)(Oxford:Hart,2005)。

⑬　参见第五章。

小组（Western European Armaments Group）和北约等机构的各项规定⑭。作者将分析这些法律文件与《国防指令》之间的相互影响。由于这些法律文件是或曾经是欧盟国防采购法律框架的一部分，因此对这些法律文件进行深入分析也是非常必要的。

作者在书中不准备讨论新的《公共部门指令2014/24/EU》。第一个原因是，作者在进行本书的写作时，后者还只是一个"移动靶"⑮。最重要的还是因为2004年的《公共部门指令》（而不是后来的新指令）才是《国防指令》的雕刻原石。不过有时候也会提及新的《公共部门指令》和新的《公用事业指令2014/25/EU》，以证明《国防指令》中的某个条款具体对应的就是这两个条款中的某个条文，而不是欧盟采购法规大趋势中的某个抽象特征。总体来说，新《公共部门指令2014/24/EU》的所有新内容，都可认为是对《国防指令》的一种改造。不过这应当是另一本书的话题，因此我们在本书并不就这个话题进行讨论，只是在第七章涉及几个有关采购程序例外的问题。

对《国防指令》和《欧盟运行条约》进行解释很有必要，而这个解释的依据包括欧盟的几个相关《通讯》（Communications）（包括《国防指令》颁布前一些涉众的征求意见）⑯、2007年《国防指令影响评估》（Impact Assessment of the Defence Directive）⑰、欧盟委员会关于实施《国防指令》若干问题的《指导说明》⑱，以及欧洲法院和学术文献上的相关判例。这样就可以将《国防指令》的发展历程一直写到2013年：从20世纪90年代第一次提议开始，到不断完善的欧洲法院判例法、2004—2006年间对涉众征求意见、《2007年建议书》、2008—2009年欧洲理事会和欧洲议会开始立法过程，一直到2011—2013年间各成员国先后将《国防指令》转化为国内法。

本书还将讨论欧盟成员国将《国防指令》转化为国内法的情况。在讨论过程

---

⑭ 参见第五章。

⑮ 2014年2月26日欧洲议会和欧洲理事会关于公共采购及废止《指令2004/18/EC》的《指令2014/24/EU》[2014] OJ L94/65，首次正式公布于2014年3月28日，而本书于2013年11月完成，当时本书正在校对过程中。版本的变化请参见："关于就公共采购制定一个欧洲议会和欧洲理事会指令的建议"（Proposal for a Directive of the European Parliament and of the Council on Public Procurement），COM(2011) 896 final (20/12/2011)；《欧洲议会2012年5月3日草案报告》（Draft Report of the European Parliament of 3/5/2012），于www.europarl.europa.eu/document/activities/cont/201205/20120521ATT45794，另外相差较大的版本：Presidency compromise/consolidated version 24/7/2012, http://register.consilium.europa.eu/pdf/en/12/st12/st12878.en12.pdf [2013年11月22日登录]。

⑯ COM(1996) 10 final, COM(1997) 583 final, COM(2003) 113 final, COM(2004) 608 final, COM(2005) 626 final, COM(2006) 779 final 和 COM(2013) 542 final。

⑰ 《欧盟委员会工作人员工作文件——效果评估》（Commission Staff Working Document-Impact Assessment）SEC(2007) 1593, http://ec.europa.eu/governance/impact/ia_carried_out/docs/ia_2007/sec_2007_[2013年11月1日登录]。

⑱ 关于适用范围、例外、研发、供应安全、信息安全、分包和补偿贸易等方面的信息，均见以下网址：http://ec.europa.eu/internal_market/publicprocurement/rules/defence_procureme [2013年11月22日登录]。

5

中将介绍《2012年欧盟委员会转化报告》(2012 Commission Transposition Report)[19]。数个成员国在将《国防指令》转化为国内法时所制定的法律法规,本书也进行了分析。本书讨论的国内法包括:《奥地利联邦采购国防安全法(2011)》(Austrian Federal Procurement Defence and Security Act 2011)[20]、2011年12月修订的《德国竞争法》(German Competition Act)[21]和《国防安全采购条例(2012)》(Defence and Security Procurement Regulation 2012)[22]、《爱尔兰欧盟(国防安全合同授予)条例(2012)》(Irish European Union(Award of Contracts Relating to Defence and Security) Regulations 2012)[23],以及《联合王国国防安全合同条例(2011)》(United Kingdom Defence and Security Contracts Regulations 2011)。[24] 对成员国的选择包括罗马法系国家和习惯法国家、大成员国、小成员国、北约国家和中立国家,有助于从多个国家的角度理解《国防指令》。另外,通过对成员国转化法律法规的综合讨论,可以更好地理解《国防指令》。将若干成员国转化《国防指令》的国内法进行对比讨论,可以了解欧盟成员国对《国防指令》的实施情况。《国防指令》的所有条款并没有全部转化为成员国的国内法,这说明需要对《国防指令》各条款的重要性进行评估,没有必要将其所有条款转化为国内法。

  本书分为两部分:第一部分讨论《国防指令》的制定背景,第二部分讨论《国防指令》各条款。第一部分又分为五章。第一章讨论《国防指令》的经济、历史和政治背景、影响国防采购的国防安全因素以及国防采购方面的各种规则。第一点,首先解释欧洲国防安全工业的结构和生产能力,描述其主要合同和供应链的情况。另外,还论述了国防采购在经济方面的特征。正是这些经济特征,将国防采购与其他公共部门的采购、公用事业采购区分开来。本章一方面讨论了生产武器装备的国防工业,另一方面对提供非军事用途货物与服务的供应商也进行了论述。第二点,将讨论一些政治与战略因素,如欧盟成员国各自不同的国防政策和目标以及主权的重要性,包括国防安全与保密的总体目标。关于国防安全与保密的讨论是全书的主要特征。第三点,是国防采购在技术和合同方面的一些重要特征,如寿命周期长、成本高、补偿贸易盛行和研发地位突出等,这些重要特征对国防采购的规范具有很大影响。

---

[19] COM(2012) 565 final。

[20] Bundesgesetz über die Vergabe von Aufträgen im Verteidigungs - und Sicherheitsbereich(Bundesvergabegesetz Verteidigung und Sicherheit 2012-BVergGVS 2012), BGBl. I Nr. 10/2012。

[21] Gesetz gegen Wettbewerbsbeschränkungen, 2005年7月15日, BGBl. I S. 2114; 2009 I S. 3850, 最近于2012年12月5日由该法第1条和第4条第(2)款进行修订, BGBl. I S. 2403。

[22] Vergabeordung für die Bereiche Verteidigung und Sicherheit-VSVgV, BGBl. I S. 1509/2012。

[23] 《欧盟(国防安全合同授予)条例》(2012) European Union(Award of Contracts Relating to Defence and Security) Regulations 2012, SI No. 62 of 2012。

[24] (2011年联合王国国防与安全公共合同条例)(United Kingdom Defence and Security Public Contracts Regulations 2011), SI 2011/1848。

第二章讨论欧盟内部市场实施《国防指令》的法律依据。与欧盟所有采购《指令》一样,《国防指令》是欧盟的次级法,其目的是对《欧盟运行条约》的欧盟内部市场机制进行详细解释。欧盟次级法是由相关欧盟机构以《欧盟运行条约》为法律依据,在权限范围内制定的法规。《国防指令》必须转化为成员国的国内法,让这些法律法规之间达到统一。本章首先讨论的是《国防指令》在《欧盟运行条约》欧盟内部市场制度下的基础,即《欧盟运行条约》第 34 条中规定的货物自由流动、《欧盟运行条约》第 56 条规定的服务自由流动,以及《欧盟运行条约》第 49 条中规定的人员自由流动。另外,还包括对《欧盟运行条约》第 36 和第 52 条第(1)款关于豁免规定的讨论。出于公共安全方面的考虑,这些自由流动规则往往会受到限制。除此之外,本章还讨论了《国防指令》第 53 条第(2)款、62 条和《欧盟运行条约》第 114 条在内部市场中的法律基础[25]。

第三章讨论了《欧盟运行条约》中关于国家安全方面的豁免条款。在第二章已经说过,《欧盟运行条约》内部市场制度中关于货物和服务自由流动的规定,也适用于武器装备和其他安保货物与服务。只有在非常严格的范围内,经过非常严格的审查,才可应用公共安全豁免条款。有些武器装备不在《国防指令》专管范围内,但从本质来说与保密和危机处理关系密切,则适用另外一套豁免条款。本章讨论的是根据《欧盟条约》专用于国防的豁免条款,涉及《欧盟运行条约》与装备有关的第 346 条第(1)款(b)项、与保密有关的第 346 条第(1)款(a)项,以及与与危机处理有关的第 347 条。

《国防指令》的主要目标是减少实践中对豁免条款的应用,建立一个武器装备和关乎安全的其他货物与服务的内部市场,因此了解《欧盟运行条约》第 346 条第(1)款(b)项即关于武器豁免的条款具有非常重要的意义。可以说理解这个规定对于理解本书其他章节,尤其是本书第二部分非常重要:一本书如果论述的是《国防指令》,就必然论述《欧盟运行条约》关于武器装备的豁免条款,即第 346 条第(1)款(b)项。本书要说明的是,与第二章所讨论的《欧盟条约》内部市场公共安全豁免条款相比,实施《国防指令》的豁免条款必须经过各种司法前审查和司法审查程序,并经过各种级别的审查。本章的目的是解释《欧盟运行条约》基本豁免条款的适用范围和意义,而这些豁免条款的适用范围和意义,可以说是第二部分各章节的实质内容,即《国防指令》的实质内容。具体来说,就是《国防指令》的豁免范围即《国防指令》的约束范围,详见第六章讨论。

第四章讨论的是关于欧盟内部市场的法规。这些法规处于《欧盟运行条约》约束范围之外,但对国防采购也具有约束意义,如次级贸易法规中有关关税、欧共体内部物资移转和防务装备出口等方面的法规。作者重点讨论了欧共体内部的物资移转,将欧共体内部的武器移转分为武器装备的移转和军地两用货物的移转。

---

[25] 在《国防指令》前言第 1 段之前,仍有"《欧共体条约》第 47 条第(2)款和第 55、59 条"字样,因为该《指令》可回溯到 2009 年 7 月 13 日,而《欧共体条约》于 2009 年 12 月 1 日由《欧盟运行条约》所取代。

由于武器装备的移转具有十分重要的地位，因此在制定《国防指令》的同时也制定了一个《欧共体内部移转指令》(Intra-Community Transfers Directive)，成为欧盟"一揽子国防法"的次级法。欧共体内部的物资移转制度，尤其是成员国之间的移转许可证制度，也是本章的中心之一，因为这些规定对《国防指令》的条款和实施具有直接影响，尤其是因为它们与供应安全有关，详见第八章讨论。接下来是关于标准化、竞争（反托拉斯）法、企业兼并管理和国家补助的内容。本章的结尾是对欧盟委员会相关倡议和政策的一个综述。

第五章讨论欧盟内部市场之外与武器装备有关的法律与政策。制定欧盟统一的武器装备政策，不仅是《国防指令》的唯一目标，也是《国防指令》的核心目标。这个目标在《欧盟运行条约》和《国防指令》以外的法律中也有提及。首先，国防采购及其他相关政策被认为是欧盟武器装备政策的一部分，是即将出台的"共同安全与防卫政策"(Common Security and Defence Policy, CSDP)的重要组成部分，而后者又是欧盟《共同外交与安全政策》(Common Foreign and Security Policy, CFSP)的一部分。2005年欧洲防务局(EDA)成立，负责管理欧洲武器装备政策方面的事务，即被成员国认为不受《欧盟运行条约》约束的事务，不久前还包括与国防采购有关的事务。另外，欧盟以外的组织结构提出要对欧洲国防工业基础或部分基础进行重组和保留，其目的与欧洲防务局类似，是对内部市场制度和倡议的补充或完善。相关组织为联合军备采购组织(Organisation for Joint-Armaments Procurement, OCCAR)和意向书组织(Letter of Intent, LoI)，这两个组织都只面向欧盟成员国。这些组织的倡议不包括针对成员国的国防采购法规，但对内部市场制度各方面都有影响，而《国防指令》就是这个内部市场制度中最为重要的组成部分。这些倡议与欧洲防务局制度一样，是对欧盟委员会某些法规的补充和完善。另外，为了在第六章更好地对《国防指令》的约束范围进行讨论，必须对联合军备采购组织和意向书组织的约束范围有一个好的了解，应当知道什么样的采购行为不受《国防指令》和《欧盟运行条约》的约束，但必须受欧盟内部市场以外的法律的约束。第六节讨论的是如何解决本章前几部分论述的国防采购分割化的问题。作为第一部分最后一章，将在结尾处对北约组织的相关机构进行简要论述，如北约保障局(NSPA)、北约"台风"与"龙卷风"战机管理局(NETMA)和北约20世纪90年代直升机(NH90)设计开发、生产与后勤管理局(NAHEMA)。这些机构都是北约组织的组成部分，而不是"欧洲"的组织。另外，还将对某些双边倡议进行讨论。

第一部分讨论了《国防指令》的背景，在第二部分，作者将分析《国防指令》的具体内容。第二部分又分为五章，分别讨论《国防指令》的适用范围、实施程序、供货与信息安全、补偿贸易与分包，以及复议与救济。欧盟立法专家在制定《国防指令》时，将《公共部门指令 2004/18/EC》作为"雕凿原石"。换句话说，《国防指令》就是一个适应国防安全采购特殊需求的公共部门指令。之所以要进行这样的修改，是为了避免成员国以《欧盟运行条约》第 346、36、51、52 和 62 条为借口，对采购法规进行规避。在第二章和第三章讨论了《欧盟运行条约》第36、51、52和62条。《国防指令》希望适应大多数成员国的国防安全需求,将其大多数国防采购纳入《国防指令》(和《欧盟运行条约》)的约束范围。在向国内法转化的过程中,转化最多的是关于约束范围(第六章)、采购程序和适用情况(第七章)、合同规格和合同履行条件(第八章)、决定最终承包商的授标标准(第八章)、补偿贸易和分包(第九章),以及针对受害投标人设立的复议与救济措施(第十章)。由于这部新制定的《国防安全采购指令》考虑到了国防安全的特殊需要,因此与以前的法律相比,按照《国防指令》约束国防采购,以安全为借口实施的豁免情形应当有所减少。因此,相关领域的采购,尤其是武器装备的采购不能再完全不受内部市场规则的约束了。正是在这种情况下,专为国防安全"量身定做"了一个《指令》[26]。同时,欧盟公共采购法的其他目标,如不得以国家利益为借口实施歧视性措施,对投标人一视同仁,竞争性、市场准入和透明性也都得到了促进。

第六章讨论分析采购法时首先必须考虑的问题:该法的约束范围或者应用领域,也就是它的适用范围。从欧盟各采购《指令》来看,这个范围问题涉及承包实体(法人范围)以及这些实体的合同范围(适用范围)。合同范围包括合同类型、合同总价以及若干例外情形。法人范围指将合同授予私企实体的法律性质。第七章讨论有关采购程序的法规;第八章讨论合同规格、合同条件、投标人资格和授标标准;第九章讨论补偿贸易和分包;第十章讨论复议与救济措施,其前提是相关实体与合同处于《国防指令》约束范围内。因此在第二部分的开头,必须对这部新《国防指令》的约束范围进行深入讨论。通过讨论向读者说明欧盟的立法专家通过"限制性措施"、提高门槛价,最为重要的,是通过增加及修改《国防指令》的非适用范围而确定了《国防指令》的适用范围。

第七章讨论《国防指令》的采购程序。采购程序也称为采购方法,是为采购官员或采购委员会制定的从合同公告开始,到合同最终签订的有关采购程序的法律规定。从严格意义上来说,受欧盟内部市场法和欧盟采购《指令》约束的,是在说明需求之后、进入合同管理或合同履行阶段之前的程序。采购程序包括最大竞争采购程序和单一货源采购程序。所谓最大竞争采购程序,指有多位投标人参加投

---

[26] A. 乔格波洛斯(A. Georgopoulos)指出:"这个新法……是针对该领域特点量身定做的"。"法律评论:新的《国防采购指令》开始实施"(Legislative Comment: The New Defence Procurement Directive Enters into Force)(2010)第19期,《公共采购法评论》(Public Procurement Law Review),第NA1-3页,第NA2页。C. 肯尼迪-卢伊斯特和N. 布尔拜(C. Kennedy-Loest and N. Pourbaix)称此法目标是"形成一个适应国防与安全合同授标目的的采购制度,"新的《国防采购指令》"(The New Defence Procurement Directive)(2010)第11期,《时代论坛》(ERA Forum),第399期,第403页。欧盟委员会本身则称其为"非常适合国防采购的法律文件",参见"国防采购——常见问题,布鲁塞尔,2009年8月28日,问题2:制定《国防安全采购指令》的主要动机是什么?"(Defence Procurement-Frequently Asked Questions, Brussels, 28 August 2009, Question 2: What are the main innovations of the Directive?): http://ec.europa.eu/internal_market/publicprocurement/docs/defence/faqs_28-08-09_en.pdf [2013年9月23日登录]。

标的采购程序。竞争越多,内部市场的限制就越少。《国防指令》中的采购程序并不特别适应国防安全方面的需要。但通过增加采购程序的"灵活性",采取竞争不那么激烈的谈判方式,可以在采购过程中将国防安全方面的特殊需求考虑进去。因此,《国防指令》改变了《公共部门指令2004/18/EC》的采购程序,增加了国防采购的灵活性。

第八章讨论《国防指令》中关于供货与信息安全方面的规范问题。在确定承包实体及相关合同处于《国防指令》约束范围之后(相关讨论见第六章),且确定相应的采购程序之后(见第七章讨论),就必须考虑与采购程序各阶段有关的问题了。第一点,针对相关货物、服务或工程的精确描述或定义,即所谓的(技术)规格,有相关的法规。第二点,对于不符合合同要求的投标书的筛选,有相关的法规。第三点,对于参加投标的企业资格也有相关法规,这个问题在国防安全采购中尤为重要,因为供应商的可靠性对于安全来说是至关重要的。第四点,关于授标标准也有相关法规。合同条件与合同规格关系密切。《国防指令》考虑到了国防安全方面的特殊性。之所以要考虑这些特殊性,主要有两个重要原因:供应安全与信息安全。可能有人会说,《国防指令》对这些特殊性的考虑,主要体现在"说明"了供货和信息方面的安全要求,而根据《公共部门指令》,在法律上也可以保证这两方面的安全。虽然这些说明并没有增加实质性的东西,但是通过明确表述这两方面的要求,可促进人们实施《国防指令》,让供应安全和信息安全有了法律上的保证。

第九章讨论《国防指令》中关于补偿贸易和分包的重要制度。在此将介绍欧盟立法专家为了让《公共部门指令》适应国防安全方面的需求而采取的第四种手段:替代。不过作者需要说明的是,替代与限制(第六章)、灵活性(第七章)和说明(第八章)等适应国防安全需求的手段是完全不同,涉及的主要是欧盟的国防工业。本章首先讨论内部市场法关于补偿贸易的法律规定,然后分析《国防指令》制度下补偿贸易的法律定位,最后介绍《国防指令》中关于分包的法律规定。作者指出,《国防指令》没有明确提到补偿贸易,却在本应规范补偿贸易的地方让分包制度取而代之,使得补偿贸易在欧盟法律中很难找到合法理由。

第十章讨论针对受害投标人而制定的国家复议和救济制度,以及各成员国的采购复议机构。公共部门和公用事业部门的公共采购复议和救济事宜,分别由各自的《公共部门救济指令》和《公用事业救济指令》进行规范,而与国防采购有关的公共采购复议和救济制度,则位于《国防指令》第Ⅳ部分。《国防指令》的复议和救济制度是以《公共部门救济指令》为基础的,只做了几处修改。前面章节中说过,欧盟立法专家在根据《公共部门指令》制定《国防指令》的规则时动用了数种手段,本节将对这些手段进行论述。通过对修改手段的论述,可以让读者更好地理解以下观点:《公共部门指令》和《公共部门救济指令》经过修改,适应了国防安全方面的需求,最终成为《国防指令》,而《国防指令》的复议与救济制度也是如此。因此《国防指令》,更具体地说是它的第Ⅳ部分,也可视为一种适应国防安全需求的公共部门救济指令。另外,《国防指令》中所做的某些修改对《国防指令》的救济范围和复议程序也有所影响。最重要的是,本章将对《国防指令》中的复议与救济制度进行讨论,如对成员国国防安全采购复议机构的分析,这些公共采购复议机构可以采取的救济措施,以及这些规则是否符合人权标准等。

在颁布《国防指令》之前,《欧盟条约》第346条范围内的国防安全采购受《公共部门指令2004/18/EC》的约束[27]。但《公共部门指令》有时并不适应国防采购,不能让成员国按照内部市场规则进行国防采购[28],甚至对《欧盟运行条约》第346条的动用起到了促进作用。《国防指令》的初衷,是制定一个专门的国防采购法,改变目前在国防采购中滥用《欧盟运行条约》第346条的情况[29]。欧盟委员会《2004年国防采购绿皮书》2004 (Green Paper on Defence Procurement)[30]咨文指出:"大多数涉众认为制定一个《国防指令》会非常有益","会对《欧盟条约》第346条之外的国防采购合同提出更加灵活更加适用的新规则;如果没有这些更加灵活的新规则,现有《国防指令》将显得过于刻板,过于不和时宜"[31]。随后该咨文又提出一个行动计划,包括制定《〈欧盟运行条约〉第346条的解释性通讯》(见第三章讨论)和《国防指令》本身。这两个法律文件的目的,都是减少实践中对《欧盟运行条约》346条的动用。

欧洲理事会于2009年通过了《国防指令》,有26个国家持赞成意见,只有波兰弃权(克罗地亚于2013年才加入欧盟)。这说明大多数欧盟成员国政府愿意通过立法来遏制本国采购当局对《欧盟运行条约》第346条第(1)款(b)项的滥用;另外也说明一方面是欧洲理事会成员国政府,另一方面是该成员国的国防采购当局,两者之间可能会持不同意见,具有不同的侧重。还有一点是:在立法过程中,某些成员国的态度可能会发生改变。如最初法国和英国不赞成发布一个《解释性通讯》

---

[27] 参见《公共部门指令2004/18/EC》第10条,对比其被《国防安全采购指令》第71条修订之前与之后。另参见新的《指令2014/24/EU》第15条。

[28] 情况并非一直如此。在COM(1996) 10 final,17页,欧盟委员会指出只须将民用制度延伸到军事领域即可。对于以公共部门和公用事业的民用采购制度作为国防采购制度模型的分析(对《公共部门指令》和《公用事业指令》的分析),参见 Trybus, *European Defence Procurement Law*,见前面注11,分别见于第三章和第四章。

[29] 欧盟委员会的 B. 施密特和 N. 斯皮盖尔(B. Schmitt and N. Spiegel)(《国防指令》起草人)于2010年11月25日在马斯特里赫特的公共管理研究院召开的"欧洲国防采购及其他国防市场倡议"(European Defence Procurement and Other Defence Market Initiatives)研讨会上做了名为"欧洲《国防安全采购指令》的特点"(The Specificities of the European Defence and Security Procurement Directive)的发言,在发言中指出了这一点。欧盟委员会的《适用范围指导说明》(Commission's Guidance Note *Field of Application*)(见前面注17)第1-2页也对这一点做了详细说明。有一点必须指出:本书中引用的欧盟或国家机构官员的话语,均来自其在研讨会和会议上面对广大公众的发言,而非个人谈话。对会议论文的引用均见作者(对文件的)注解,如位于他处则另有说明。

[30] COM(2004) 608 final。

[31] COM(2005) 626 final,7;另参见:A. 乔格波洛斯(A. Georgopoulos),"欧盟委员会关于欧洲国防采购意见征询结果的通讯"(Commission's Communication on the Results of the Consultation Process on European Defence Procurement)(2006)第15期,《公共采购法评论》(*Public Procurement Law Review*),第NA119页。

或制定一个《国防指令》,而其他成员国最多不过持不温不火的态度[32]。但是不得不承认,一个成员国的政治愿望经过深思熟虑,在进行了通盘考虑之后,最直接的表现形式就是在欧洲理事会的投票。最后,法国和英国都对《国防指令》投赞成票,而英国作为当时的欧盟轮值国,对《国防指令》在欧洲理事会获得通过起到了引导作用。欧洲议会,尤其是通过其内部市场、消费者保护委员会(Consumer Protection Committee)和报告起草人亚历山大·康特·拉姆斯多夫(Alexander Count Lambsdorff)的工作,对于《国防指令》的最后通过起到了很大的推动作用。最值得一提的是,第十章中讨论的《国防指令》第Ⅳ部分关于复议与救济的制度,就是由欧洲议会制定的,欧洲议会以明显多数通过了这个法律文件。

虽然到 2011 年 8 月并不是所有成员国都根据《国防指令》制定了自己的国内法[33],但到 2013 年 3 月,欧盟所有成员国都将《国防指令》转化为国内法[34]。从 2011 年 8 月到 2013 年 3 月,根据《国防指令》授予的合同有 872 个,价值 17.7 亿欧元[35]。在第六章所讨论的《国防指令》适用范围内,欧盟成员国将本国采购当局的采购行为纳入欧盟的管治体系,而不是本国的管治体系——除非采购当局动用了《欧盟运行条约》第 346 条。欧洲理事会制定了《国防指令》,使其以法律形式得以通过,可以对欧盟成员国进行强制性判决[36]。可以这样认为:欧洲理事会将针对这个国防采购新法规的实施情况进行定期检查。不过我们希望随着时间的推移,人们会越

---

[32] 参见 J. 米歇尔和 J. 瑞维埃尔(J. Michel and J. Rivière)(起草人),《欧洲防务建设新挑战信息报告,国防及军队委员会》(Rapport d'information sur les nouveaux défis de la construction de l'Europe de la défense, Commission de la Défense Nationale et des Forces Armées),法国国民议会,第 2531 号 2005 年 9 月 27 日,第 42 页及以下各处,引自 B. 休尼克斯(B. Heuninckx),"潜伏在边界:欧盟法律在国防与安全采购的应用"(Lurking at the Boundaries: Applicability of EU Law to Defence and Security Procurement)(2010)第 19 期,《公共采购法评论》(Public Procurement Law Review),第 91-118 页,第 91 页脚注 3。

[33] 许多成员国并没有及时将《国防指令》转化为本国法律。参见 R. 威廉姆斯(R. Williams),"欧盟委员会在国防采购规则的实施上采取行动"(Commission Takes Action on Implementation of Defence Procurement Rules)(2012),第 21 期,《公共采购法评论》(Public Procurement Law Review),第 NA223-NA224 页。

[34] 根据欧盟委员会《工作人员国防工作文件》(SWD(2013) 279 final),43 页。在 28 个欧盟成员国中,挪威作为唯一一个具有海陆空三军的欧洲经济区国家,其按照《国防指令》制定的《国防与安全采购条例》(在挪威被称为 FOSA)于 2014 年 1 月才正式生效。同样是在欧洲经济区国家的冰岛,对《国防指令》的转化也没有完成。参见修订《欧洲经济区国家协议》附录ⅩⅥ(采购)部分的《欧洲经济区联合委员会 2013 年 6 月 14 日第 No. 129/2013 号决议》,www.efta.int/media/documents/legal-texts/eea/other-legal-documents/adopted-joint-committee-decisions/2013%20-%20English/129-2013.pdf[2013 年 11 月 22 日登录]。

[35] 根据 Commission Staff Working Document on Defence, SWD(2013) 279 final,第 44-46 页。同样数据见 http://export.gov/europeanunion/defenseprocurement/[2013 年 11 月 5 日登录]。

[36] 欧盟委员会可以《欧盟运行条约》第 258 条为依据,向欧洲法院提出诉讼,控告成员国违反了欧盟法律,也可以《欧盟运行条约》第 348 条为依据控告成员国违反了《欧盟运行条约》第 346 条和第 347 条的规定。K. 维尔利希-尤尔克(K. Vierlich-Jürcke)指出:《国防指令》向成员国国内法转化的最后期限过去之后,这个机制会被更加频繁地使用。参见维尔利希-尤尔克在"欧洲国防与安全采购"(European Defence and Security Procurement)研讨会上的发言"《国防采购指令》的特点"(Specificities of the Defence Procurement Directive),公共管理研究院,马斯特里赫特,2012 年 1 月 19 日。

来越多地接受《国防指令》,在实践中对它的运用也越来越多,因此这种检查也就越来越没有必要了。欧洲理事会经过深思、对比,最终制定了一个专门的《国防指令》,而不是维持现状、通过欧洲防务局进行国防采购的管理,也不是对《解释性通讯》进行进一步的解释或对《公共部门指令》进行修订[37]。将所有因素考虑进去之后,人们发现只有制定一个专门的《国防指令》,才会有一个操作性强、具有法律约束力、切实可行的法律,才会将目前分散的 28 个国内市场整合为一个欧盟内部国防安全采购市场,保证物有所值,为武装部队提供最好的装备和服务,形成一个具有竞争力的欧洲国防工业。

---

[37] 《欧盟委员会工作人员工作文件——效果评估》(Commission Staff Working Document-Impact Assessment) SEC(2007) 1593,前注 17,第 32-44 页。

第一部分 《国防指令》的背景

第一章 《国防指令》的政治经济背景：采购者、出售者与国家安全

1. 引言

　　本书第六章至第十章对《国防指令》进行的法律分析不可孤立对待。因此在第二章至第五章将对该法律文件的法律背景进行更加深入的分析，包括欧盟法中的基本法源和次级法源，以及其他的相关法律，但是除了这些法律方面的因素，在国防安全领域还有一些其他因素影响着国防采购及相关法规，这些影响因素可大致分为经济因素、政治/军事因素和技术因素。首先解释的是经济因素——其中最为主要的是欧洲国防安全工业的结构和能力。这两个因素与主合同、供应链都有关联。另外，本书还将论述国防采购的环境特点。国防采购在采购环境方面有自己的特点，与其他公共部门和公用事业方面的采购有很大的不同。国防采购甚至与《国防指令》中的安全采购也有很大的不同。此部分讨论将生产武器的国防工业与提供非军事敏感货物和服务的其他工业区分开来。其次是政治、战略因素，如欧盟成员国各不相同的国防政策和目标，以及各国主权的重要性。此部分对国家安全和国家机密的最高目标进行了论述。这是整本书的一个突出特点。第三点是国防采购中的技术和合同因素，其中最为重要的是寿命周期长、费用高、补偿贸易以及研发的重要性。

　　经济、政治和技术因素是相互交织的。最为重要的是，国防工业的能力和高昂的成本对国防政策的影响不可小觑。同样，如果一个国家为了强化主权而制定了雄心勃勃的国防政策，那么其对国防工业基础的投资也必将受到影响。不过本节主要论述的还是这些经济、政治和技术因素对国防安全采购法规的影响，其中的许多因素将在第一部分和第二部分的章节中再次进行论述。本章将对这些因素的背景和重要性进行讨论。

2. 经济背景

　　国防安全采购的经济背景可分为三部分：欧盟国家对国防安全货物与服务的

需求综述(2.1节),欧盟国防安全工业的结构分析(2.2节),以及国防采购有别于其他采购的一些经济特点介绍(2.3节)①。

2.1 谁在买? 欧盟对国防安全货物与服务的需求

《国防指令》适用范围内的货物和服务,应当分为国防货物与服务和其他敏感货物与服务。之所以进行这样的划分,是因为诸多经济、政治、技术因素和法律因素的影响。本章将对上述政治、政治和技术因素进行讨论,而对上述法律因素的讨论将贯穿全书,尤其是第三章②。正是这些因素将武器装备的采购与其他合同区分开来。武器装备的采购大多由国防部门完成,而其他采购则可由任何一个采购当局或采购实体进行合同的授予。因此有必要将采购市场分为两个:一个是"武器装备市场"(主要由国防部门进行采购),另一个是"安全市场"(由《国防指令》范围内的所有采购实体进行采购)。

武器装备市场对于欧洲经济有着举足轻重的作用。欧洲防务局(EDA)2012年的数据显示,2010年欧盟国家③用于国防采购的开支为1940亿欧元,其在武器装备、民用物资、服务和工程方面的采购预算,包括运行和维修的预算,大约为869亿欧元④。也就是说,当时27个欧盟国家的国防开支占其GDP的1.6%,占政府采

---

① 与国防采购有关的2.2节和2.3节,参见M. 特莱伯斯(M. Trybus),《欧洲国防采购法:作为欧洲开放的国防采购市场示范法的国际国内采购制度》(European Defence Procurement Law: International and National Procurement Systems as Models for a Liberalised Defence Procurement Market in Europe)(The Hague: Kluwer Law International,1999),第1章,第7-10页,以及阿瑞斯·乔格波洛斯(Aris Georgopoulos),"欧洲国防采购一体化:在欧盟范围内的行动建议"(European Defence Procurement Integration: Proposals for Action within the European Union),博士论文,诺丁汉大学(2004),第61-62页(可查);最近及深入分析参见博杜安·休尼克斯(Baudouin Heuninckx),"欧盟通过国际组织进行协作式国防采购的法律"(The Law of Collaborative Defence Procurement through International Organisations in the European Union),博士论文,诺丁汉大学与比利时皇家海军学院(2011),第2章,第33-45页(可查)。

② 与欧盟内部市场法武器例外有关的《欧盟运行条约》第346条第(1)款(b)项的分析,见104-125页。

③ 丹麦没有加入共同外交与安全政策(CFSP)中的国防政策,包括欧洲防务局。

④ 以当时加入欧洲防务局的26个成员国的数据为依据。该数字是采购与研发的总预算,即860亿欧元,其中包括90亿欧元的研发预算,并包括占运转与维修总预算(1940亿欧元)22%~23%的费用。参见www.eda.europa.eu/docs/default-source/news/eu-us-defence-data-2011.pdf [2014年3月28日28日登录]。2010年的总体预算(1940亿欧元)在最近的欧盟委员会通讯《欧洲防务新政:形成一个竞争力更强效率更高的国防与安全领域》(COM(2013) 542 final)第7页也得到了印证。这个数据包括不受《国防指令》约束但受《公共部门指令2004/18/EC》约束的"民用"货物与服务的采购,将于第六章进行讨论。经济学家强调指出,想要提供国防市场上的可行数据是比较困难的,因此本章及全书提到的数据均应谨慎对待。但是这些数据可以让人对市场规模和市场趋势有一个大致的了解,而对于本章的目的来说这就足够了,因为本章的目的,就是为其他章节的法律分析提供一个经济背景。稍旧一些但更加详细的数据,参见《欧盟委员会工作人员工作文件》,《欧洲议会和欧洲理事会就国防与安全领域某些公共工程合同、公共供应合同和公共服务合同授予方式进行统一制定一个〈指令〉的建议附录》(Annex to the Proposal for a Directive of the European Parliament and of the Council on the coordination of procedures for the award of certain public works contracts, public supply contracts and public service contracts in the fields of defence and security),欧盟委员会,布鲁塞尔,2007年,http://ec.europa.eu/internal_market/publicprocurement/docs/defence/impact_ass [2013年10月17日登录]。下文称"国防指令建议附录"。

购总支出的 3.2%[5]。20 世纪 80 年代冷战结束之后,欧盟成员国的国防预算持续下滑甚至出现了几次大幅下降。但是国防预算的下滑速度因成员国的不同而不同,此间也出现了几个停止期和增长期[6]。出现这种情况的原因有几个:第一,之所以出现国防预算广泛削减的趋势,是因为苏联的威胁不复存在,大规模的武装部队也就没有了存在的必要。此时公众希望得到一种"和平红利",减少国防预算。第二,欧盟货币联盟制定的收敛判别标准,迫使欧盟国家削减开支,国防预算也因此受到影响[7]。第三,2008 年开始的经济危机,加速了国防预算的削减。英国、法国、西班牙、比利时和丹麦的国防预算将减少两位数以上,而希腊和保加利亚的国防采购将减少 30%以上。到 2015 年以前,这种大趋势将在欧美国家一直持续下去,国防预算还会减少 170 亿美元[8]。尽管国防预算会持续削减,但欧盟"国防市场"依然将保持几十亿欧元的宏大规模。

"国防开支"这个词,指的是国防部门的采购以及国防部门对武器装备的采购。《国防指令》中的"人"还包括这些专业国防部门以外的所有采购当局和实体,如警察、监狱甚至是公用事业,我们将在第六章对此进行更加详细的讨论[9]。虽然国防部门负责领土保卫、应对军事危机,但其他采购当局和实体也需要应对各种各样的公共或私人安全威胁,如处理恐怖袭击、有组织犯罪、水源保护以及机场安全。以上机构的采购活动往往只有一小部分属于《国防指令》的约束范畴,而《国防指令》中的"人"则包括欧盟国家的无数采购当局和实体,而且这个数字还会继续扩大。与武器装备和其他敏感货物(即"安全市场"中的货物)相关的采购机构有着非常大的数量,但是有关这些机构的采购需求数据却少之又少。不过完全可以这样认为:这些安全市场中的机构每年的采购需求,大大增加了前面所提到的国防开支。2011 年,人们对欧盟市场"反恐怖主义袭击和有组织犯罪的货物与服务"进行了调查,将欧盟各种安全机构的采购需求都包括进去,其采购额占了 2007 年欧盟

---

[5] 同上。

[6] 斯德哥尔摩国际和平研究所军费开支数据库提供的 1988 - 2012 年数据,见 http://milexdata.sipri.org/files/?file=SIPRI+military+expenditure+database+1988-2012.xlsx [2013 年 5 月登录]。COM(2013) 542 final,第 7 页指出军费开支从 2510 亿欧元下降到 1940 亿欧元。

[7] 多米尼克·艾森哈特(Dominik Eisenhut),*Europäische Rüstungskooperation* (Baden - Baden: Nomos, 2010),第 38 页。

[8] 盖伊·安德森(Guy Anderson),"紧缩时期的主要防务市场——趋势与平复策略"(Major Defence Markets in an Era of Austerity-Trends and Mitigation Strategies),于"简式防务工业(Jane's Defence Industry)会议,伦敦,2011 年 10 月 17 日。详见 F. 斯蒂文·拉拉比等 (F. Stephen Larrabee et al.),《北约及紧缩挑战》(*NATO and the Challenges of Austerity*) (Santa Monica, Arlington, Pittsburgh: RAND Corporation, 2012), www.rand.org/content/dam/rand/pubs/monographs/2012/RAND_MG1196.pdf [2013 年 6 月 5 日登录]。另外,欧洲理事会主席赫尔曼·范·罗姆普伊(Herman van Rompuy)在 2013 年 5 月 21 日名为"欧洲防务——按照实用主义方式前行"(Defence in Europe-Pragmatically Forward)的发言中认为还存在这样的风险:到 2017 年欧盟"因为经济危机的开始,欧盟军费开支将总体减少 12%"。见 COM(2013) 542 final,35 页。

[9] 第 251-256 页。

GDP 的 0.48%⑩,也就是说当时欧盟 27 个成员国在此方面的采购预算为 590 亿欧元⑪。此次调查显示,2001 年之后这些数字有了显著增加⑫,而经济危机的影响也可能导致该市场交易额的下降。不过没有迹象表明这个市场的萎缩会达到冷战结束之后国防市场的程度。

2.2 谁在卖？欧洲国防安全市场的结构

要讨论欧洲的国防与安全市场结构,首先要将国防市场或武器市场与安全市场区分开来。目前这两个市场都受到《国防指令》的制约,这一点将在第六章进行详细论述。但是国防市场或者说是武器装备市场,与其他"民用市场"有着很大的不同。与此相反,国家安全部门的运作往往具有类似的国内安全环境,而相关工业领域和供应商与其他部门也没有什么大的不同。在区别国防市场与安全市场时,必须考虑两个因素:第一,许多高技术产品既可用于军事,也可用于民事;第二,下文提到的欧盟大多数"防务"公司,既生产军事产品,也生产军民两用产品,而这些产品的生产只是其生产领域的一部分。它们往往还同时生产安全和"民用"产品。如横跨欧洲的大公司 EADS,它既生产军事产品,也生产航天航空产品,而且后者是其主要产品。这样一来,要定义"国防工业"就显得有些困难了⑬。但是《国防指令》是在《欧盟运行条约》第 346 条的背景下起草的,将武器装备和其他货物进行了区分,这一点将在第三章进行详细讨论。既然有了这样一个法律,即便有国

---

⑩ 卡洛斯·马尔迪·塞姆拜尔(Carlos Martí Sempere),"欧洲安全市场概观"(*A Survey of the European Security Market*),安全经济工作论文第 43 号 (Berlin:Deutsches Institut für Wirtschaft(DIW),2011),第 157 页,www.diw.de/documents/publikationen/73/diw_01.c.369424.de/diw_econsec00 [2013 年 5 月 24 日登录]。

⑪ 同上,第 18 页。据以下来源为 665 亿欧元:欧洲统计署,政府开支功能,功能划分:3 公共秩序与安全,2007 年数据,引自塞姆拜尔(Sempere),"欧洲安全市场概观"(*A Survey of the European Security Market*),前注 10,第 13 页。

⑫ 2001 年,27 个(2011 年)成员国的数据为 447 亿欧元,到 2002 年增长了 15.2%,其他年分的增长位于 2.3% ~ 8.3%。参见塞姆拜尔(Sempere),"欧洲安全市场概观"(*A Survey of the European Security Market*),前注 10,第 13 页。

⑬ 为国防工业领域定义的困难见 K. 哈特利(K. Hartley),"武器工业,采购与工业政策"(Arms Industry, Procurement and Industrial Policies),见于凯斯·哈特利和托德·桑德勒(Keith Hartley and Todd Sandler)(eds.),《国防经济手册》(*Handbook of Defence Economics*),2 卷本,(Amsterdam:North Holland,2007),第 II 卷,第 1139、1141 及以下各处。哈特利认为,国防工业就是(同时)生产防务产品的所有公司。而 P. 邓恩(P. Dunne),"国防工业基础"("The Defence Industrial Base"),凯斯·哈特利和托德·桑德勒(Keith Hartley and Todd Sandler)(eds.),《国防经济手册》(*Handbook of Defence Economics*),2 卷本,(Amsterdam:North Holland,2007),第 I 卷,第 399、402 及以下各处,则强调货物的特别用途。参见第三章讨论的某些案例法。在这些案例法中,这些定义的重要性开始凸显。相关深入研究参见《安全与防务边界的模糊对于欧洲工业的意义研究:最终报告》(*Study on the Industrial Implications in Europe on the Blurring of Dividing Lines between Security and Defence:Final Report*)(Institut des Relations Internationales et Strategiques,Instituto Affari Internazionali,and Manchester Institute of Innovation Research for the European Commission,2010),http://ec.europa.eu/enterprise/sectors/defence/files/new_defsec_final_report_en [2013 年 10 月 17 日登录]。欧盟委员会也指出了对国防工业领域进行定义的困难性,见《〈国防安全采购指令〉建议书》附录,前注 4,第 10 页。

防经济学者指出很难将国防工业进行一个准确定义,且《国防指令》的约束范围超出了国防采购,我们还是要将国防工业和安全工业区分开来。

2.2.1 欧洲的国防市场:总承包商

欧洲的国防工业每年产值为550亿欧元,雇用人员40万[14]。这些企业是全球市场的一部分,2010年排名前100的企业中,有许多位于欧盟国家。2010年,排名前100的军工企业出售的产品和服务达4111亿美元[15]。从整个欧洲防务市场来看,这些企业具有各种产品的生产能力,包括海陆空部队所有类型的武器[16],仅次于美国。这些企业的产品包括火炮[17]、国防电子产品[18]、飞机[19]、导弹[20]、小型武器和弹药[21]、舰船[22]、空间设备[23]、军用车辆[24]和发动机。[25]

不过如果分开来看,欧盟成员国的国防工业在生产能力方面差别很大。这些

---

[14] 2012年数字。《欧盟委员会工作人员国防工作文件》(Commission Staff Working Document on Defence),SWD(2013) 279 final 及 COM(2013)542 final,32页。下处来源间接指出增加了960万个工作岗位:《2012年欧洲陆军军备领域前景工业研究》(2012 Industrial Study on the Perspectives of the European Land Armaments Sector),www.industriall-europe.eu/sectors/defence/2012/INFF_E3779_Final%20Report_v03-EN.pdf [2014年3月28日登录]。2007年数字,来自欧盟委员会提交给欧洲议会、欧洲理事会、欧洲经济及社会委员会以及地区委员会的通讯:《更加强大更具竞争力的欧洲国防工业战略》,COM(2007) 764 final,第2页,指出该数字为300万。该通讯还指出,20年以前,该数字是现在的2倍。下处2010年旧数字较高:《新兴防务市场及竞争者对于欧洲防务领域竞争力的影响研究》(Study on the Impact of Emerging Defence Markets and Competitors on the Competitiveness of the European Defence Sector)(ECORYS, Teknologisk Institut, Cambridge Econometrics, CES Info, DEA Consult; for the European Commission),http://ec.europa.eu/enterprise/sectors/defence/files/study_defence_final_report_ [2013年10月17日登录],下称"新兴防务市场"。可以推测2014年的数字较低。

[15] 斯德哥尔摩国际和平研究所(SIPRI) 2011年年鉴(Yearbook)(2012年2月27日发布),www.sipri.org/research/armaments/production/Top100/media/pressreleases/20 [2013年5月登录],第3页。前100名武器生产商中有许多公司位于欧盟国家(有名次的附排列名次),来自英国的公司:BAe系统(3)、罗尔斯·罗伊斯(17)、巴布科克(30)、西尔科(45)、奎耐蒂克(56)、GKN(72)、柴姆林(68)、超级电子(90);来自意大利的公司:芬梅卡尼卡(8)、阿古斯塔·韦斯特兰、芬坎蒂尼(63)、萨维奥辛芬(93)、萨莱克斯·伽利略、萨莱克斯通信、MDBA意大利;来自法国的公司:塔勒斯(11)、赛峰(15)、DCNS(24)、EADS阿斯特里姆、奈克斯特(66)、达索(62);来自德国的公司:莱茵金属(26)、克劳斯-玛菲-威格曼(54)、蒂森·克虏伯(49)、迪尔(60);来自西班牙的公司:纳万蒂亚(55)和英德拉(94);来自瑞典的公司:萨伯(25);来自荷兰的公司:塔勒斯荷兰;来自芬兰的公司:帕特里亚(87)。"跨国公司":EADS(7)、MDBA和欧洲直升机被列为欧盟公司。参见 www.sipri.org/research/armaments/production/Top100 [2013年5月登录]。

[16] 斯德哥尔摩国际和平研究所列出的生产能力位于前100名的公司,同上。

[17] BAe、芬梅卡尼卡、莱茵金属、达信。

[18] BAe、EADS、芬梅卡尼卡、塔勒斯、赛峰、萨伯、莱茵金属、萨莱克斯·伽利略、超级电子、塔勒斯荷兰、英德拉。

[19] BAe、EADS、芬梅卡尼卡、CASA(EADS)、欧洲直升机(EADS)、阿古斯塔·韦斯特兰、阿莱尼亚、达索、帕特里亚。

[20] BAe、EADS、芬梅卡尼卡、塔勒斯、MDBA、萨伯、迪尔、塔勒斯防空荷兰。

[21] BAe、芬梅卡尼卡、塔勒斯、莱茵金属、迪尔、奈克斯特、柴姆林、帕特里亚。

[22] BAe、DCNS、巴布科克、蒂森·克虏伯、纳万蒂亚,芬坎蒂尼。

[23] EADS、阿斯特里姆、塔勒斯。

[24] 芬梅卡尼卡、塔勒斯、莱茵金属、克劳斯-玛菲-威格曼、奈克斯特、帕特里亚。

[25] 罗尔斯·罗伊斯、赛峰。

国防工业可分为四大类。[26] 第一类是英法两国。这两个国家是核武器国家,在欧盟安全理事会具有永久席位,国防工业规模最大,外交政策也是野心勃勃,包括武装力量的使用,至少从2011年的利比亚可以看出来。英国无论是在军事上还是在工业上都对美国亦步亦趋,而法国则具有较强的国家和欧盟倾向。[27] 第二类是德国、意大利和瑞典,西班牙的生产能力也越来越强。[28] 第三类是比利时、芬兰、荷兰、波兰、捷克共和国、丹麦和罗马尼亚,这些国家的国防工业生产能力有限。最后一类是欧盟其他成员国。这些成员国的国防工业能力非常有限,或者根本就没有国防工业。这些国家的国防政策都不能与英法两国相提并论。大多数成员国至少要从国外采购部分产品以满足自己的需求。但是这些国家往往具有分包能力,这一点将在下文进行详细论述。欧盟成员国在经济规模和经济范围上各有不同,因此进行军事装备的采购时,采购需求和采购潜力也各有不同,这一点有可能对形成统一的欧洲市场造成不良影响。[29]

为了本书论述方便,在此将欧盟成员国只划分为两类:一类是具有强大国防工业能力的六个成员国,即英国、法国、德国、意大利、西班牙和瑞典;另一类是国防工

---

[26] 沃克尔和加麦特根据其防务工业生产能力将欧洲国家分为五类:第一类:法国和英国;第二类:德国、意大利和西班牙;第三类:比利时、挪威、丹麦和瑞士;第四类:希腊、葡萄牙和土耳其;瑞典单成一类,为第五类(之所以单成一类是因为其经济总量较小,但其防务工业能力金榜,是欧盟"六强"之一),参见苏珊·沃克尔和菲力普·加麦特(Susan Walker and Philip Gummett),"民族主义、国际主义和欧洲防务市场"(Nationalism, Internationalism and the European Defence Market),夏约论文第9号(Paris: Institute for Security Studies of the Western European Union, 1993),第12页,以及20—23页。其他人将欧洲国家划分为三或四类:安德鲁·考克斯和凯斯·哈特利(Andrew Cox and Keith Hartley),"国防采购非欧成本——概要"(The Costs of Non-Europe in Defence Procurement-Executive Summary),欧盟第三防务指导委员会,1992年7月(未公开),第11页。2010年的《新兴防务市场及竞争者对欧洲防务领域的影响研究》,前注14,则含蓄地将成员国进行了类似的划分。

[27] 所有这些特征使法国和比利时与具有同等或更大经济规模和地位的欧盟其他成员国(如意大利和德国)区分开来,并将国防(包括国防采购)放到国内政治日程的前列。

[28] COM(2013) 542 final,49页也指出欧洲防务生产的87%集中在六个成员国:法国、德国、意大利、西班牙、瑞典和英国。欧盟委员会在"欧洲防务相关工业面临的挑战:对于欧洲整体行动的促进因素",COM(1996) 10 final,第4页,评论当时的15个成员国时指出:"欧盟防务装备总产量的90%左右集中在某些国家:法国、英国、德国、意大利和瑞典。"名为"欧盟委员会提交给欧洲理事会和欧洲议会的由国防采购绿皮书发起的意见咨询结果和未来欧盟委员会倡议"的通讯 COM(2005) 626 final,第2页如此评论当时的25个成员国:"85%的国防开支和90%的欧盟工业能力集中在六个主要的武器生产国",并在脚注3中列出了英国、法国、德国、意大利、西班牙和瑞典。同样数据见2010年《新兴防务市场及竞争者对欧洲防务领域的影响研究》,前注14。另参见COM(2007) 764 final,第4页。

[29] 皮埃尔·德·维斯泰尔(Pierre de Vestel),"欧洲的防务市场及工业:政治决策时代?"(Defence Markets and Industries in Europe: Time for Political Decisions?),夏约论文第21号(Paris: Institute of Security Studies of the Western European Union, 1995),第71页;沃克尔和加麦特(Walker and Gummett),"民族主义、国际主义和欧洲防务市场"(Nationalism, Internationalism and the European Defence Market),前注26,第19页;安德鲁·考克斯(Andrew Cox)"欧洲防务政策的未来:以集中采购局为例"(The Future of European Defence Policy: The Case of a Centralised Procurement Agency),(1994) 第3卷,《公共采购法评论》(Public Procurement Law Review),第65期,第73页。虽然这些出版物有些陈旧,观点所依据的数据并不是最新数据,但观点仍然是可信的。

业能力有限或根本不具备国防工业的国家。本书并不是自始自终将欧盟成员国划分为"六强"和"其他国家",但这种对成员国的划分或多或少是存在的[30],至少从第五章各相关组织的成员国结构[31],各国对工业政策和购买美货的态度(见下文),以及各国对《国防指令》诸多问题的立场,都可以看出这一点。关于各成员国对《国防指令》诸多问题的立场,本书将进行全面的讨论。如何在具有强大国防工业的成员国和其他成员国之间取得平衡,是一个非常重要的问题[32]。

所有不具备国防工业能力的国家,甚至是英法两国,其国防工业的生产能力都是有限的。没有任何一个国家的国防工业能够生产军队需求的所有武器,尤其是那些造价昂贵的武器。由此而引发了多种后果,如人们都希望能并入大型国防企业,尤其是那些航空和电子领域的工业巨头,进而成为一个国内的领头企业[33]或泛欧企业[34]。各国国防工业的限制,使各国纷纷寻求项目合同以积聚生产能力,这一点将在下文进行详细讨论。许多高端装备的生产必须进行合作,因此国与国之间几乎不可能在这些项目上产生竞争,在欧盟范围内的竞争也不太可能实现。另一方面,某些类型的装备,如军用车辆和舰船的生产已相当成熟,足以在欧盟内部形成竞争,甚至某些成员国内部也存在着激烈竞争。国有企业之间的兼并[35]要少得多,尤其是在南欧国家,因为在这些企业技术往往不是最为重要的东西,且因为产品寿命周期很长而规模庞大,使得各企业之间的兼并压力要小得多。[36] 一些政治

---

[30] 对于成员国的划分可能发生变化。例如,西班牙曾经与希腊、土耳其一样是一个国防工业并不发达的国家,而比利时的能力有限,但在联合军备采购组织中的合作非常出色。参见第五章,第 22 页。

[31] 尤其是联合军备采购组织和意向书,参见第五章,第 225-237 页。

[32] 沃克尔和加麦特(Walker and Gummett),"民族主义、国际主义和欧洲防务市场"(Nationalism, Internationalism and the European Defence Market),前注 26,第 66 页;皮埃尔德·维斯泰尔(Pierre de Vestel),"欧洲的防务市场及工业"(*Defence Markets and Industries*),前注 29,第 71-73 页。虽然这些出版物有些陈旧,观点所依据的数据并不是最新数据,但观点仍然是可信的。

[33] BAe 系统公司是英国航空航天公司与其他几个英国公司合并的结果,而后者则收购了美国通用电气公司(马可尼)的防务部分。法国的塔勒斯是数个法国公司,即阿尔达特、达索和航空航天公司合并的结果,而意大利公司芬梅卡尼卡也是数个公司合并的结果。法国公司赛峰是法国斯内克玛和萨根公司合并的结果。

[34] 欧洲航空防御与航天公司(EADS)是德国 DASA、法国马特拉航空航天公司和西班牙卡萨公司合并的结果。阿古斯塔·韦斯特兰(直升机)由意大利阿古斯塔和英国韦斯特兰公司合并而来。生产火箭和导弹的公司 MBDA 是 BAe 系统公司、EADS 和芬梅卡尼卡合并的结果。

[35] COM(2007) 764 final,第 5 页。20 世纪末的兼并结果另参见汤姆·多德(Tom Dodd),《欧洲防务工业及军备合作》(*European Defence Industrial and Armaments Cooperation*)(London: House of Commons Library Research Paper 97/15, 1997)。

[36] T. 桂伊和 R. 盖洛普(T. Guay and R. Callum),"欧洲防务工业的转型和未来远景"(The Transformation and Future Prospects of Europe's Defence Industries)(2002)第 78 期,《国际事务》(*International Affairs*),第 757、773 页;J. 安德森(J. Anderson),"冷战恐龙还是高技术武器供应商?处于世纪之交的西欧武器工业"(*Cold War Dinosaurs or High-Tech Arms Providers? The West European Armaments Industry at the Turn of the Millennium*),不定期论文第 23 号(Paris: EU Institute of Security Studies, 2001),第 3 页及以下各处。关于国家补助与企业合并的讨论详见第四章,172-176(兼并)和 176-182(国家补助)。

因素也往往使企业兼并无法实现㊲。不过即便是战斗机这样的大型武器系统,在欧盟范围内也仍然有几个竞争者:如"台风"战斗机、英国—瑞典生产的"鹰狮"战斗机,以及法国生产的"阵风"战斗机。可以说尽管竞争在国防领域不容易实现,但总体来说也不是不可能。

除了国防工业上的竞争,另一个问题也会对欧洲未来的国防工业产生重要影响,即:当总承包商的现有产品出现滞销时,它们又会在欧洲内外销售什么样的装备?因此欧洲国防工业的竞争,不仅被市场规模和竞争者数量所左右,未来能否生产出有竞争力的产品,也会对竞争产生影响。

2.2.2 欧洲的安全市场:总承包商

《国防指令》的约束范围不仅包括军事装备,还包括敏感装备、与敏感装备有直接关系的工程、货物和服务,以及具有特别军事目的的工程和服务。关于《国防指令》的约束范畴将在第六章进行详细论述㊳。机场使用的扫描设备、空军基地的建设以及军事设施的维修,都属于《国防指令》的约束范畴。范畴如此广泛的货物和服务,其相关厂商和供应商的地理位置因货物和服务的种类及合同大小而有很大不同。高技术产品及其工业结构与国防工业一样,只有少数几个成员国的供应商才能进入这样的合同竞争。前面提到的 2011 年 DIW 调查显示㊴,具有大型安全设施的系统一体化能力,且在市场上占有一定份额的总承包商人数最多的国家,有法国㊵、德国㊶、英国㊷和瑞典㊸,西班牙㊹和荷兰㊺也拥有部分能力。这个名单非常抢眼的地方,是意大利不在其中。将欧盟成员国进行这样的划分似乎更恰当:一部分是具有安全工业能力的"六大成员国",另一部分具有一定安全能力或没有安全能力的其他成员国。但是如果把工程列入《国防指令》物资范畴,那么承包数个"安全合同"的总承包商的基数将大于上述六大成员国总承包商的数量。另外,由于这些货物和服务的特色,相关供应商不一定像武器生产公司一样只固定于某些成员国。另外成本高、寿命周期长、研发负担重以及其他经济问题(见下文讨论),在这些国家并没有那么严重。因此相关货物和服务供应商在欧盟范围内的分布更加广泛、更加均匀,包括更多的中小企业。从各相关合同来看,这些货物中包含的经济因素和政治因素与武器领域相比,数量要少得多。但是这些合同必须考虑到安全和保密问题。关于安

㊲ 如德国总理默克尔就在 2012 年阻止了 BAe 系统公司和 EADS 的合并。
㊳ 第 263—266 页。
㊴ 塞姆拜尔(Carlos Martí Sempere),"欧洲安全市场概观"(*A Survey of the European Security Market*),前注 10,第 22—23 页。
㊵ 塔勒斯安全方案、萨基姆摩尔福和卡西迪安。卡西迪安被认为是一个欧盟公司。
㊶ 西门子建筑技术公司、捷德公司、博世安保系统公司和卡西迪安。
㊷ G4S 和史密斯检测公司(部分为美国所有)。
㊸ 塞科利达集团、尼斯卡亚、固力保有限公司、安讯士网络通讯有限公司、亚萨合莱有限公司。
㊹ 保赛固公司(Prosegur)。
㊺ 金雅拓公司(Gemalto NV)。

全和保密问题的讨论见下文。

2.2.3 分包商

分包是军事防卫领域[46]和非军事安全领域中的一大特色,该领域的分包合同与《公用事业指令》和《公共部门指令》中的合同一样,是一种非常常见的现象。合同越复杂,分包合同的供应链就越长。大公司常常既是总承包商,又是分包商,常常将合同分包给中小企业。而中小企业一般是不可能得到总承包合同的[47]。与总承包层次上的国防工业能力相比,欧洲的工业和服务能力在分包层次上变化更多,广泛而均匀地分布在欧盟范围内的各成员国。比起大型武器系统本身,更多的公司可进入这些大型武器系统部件的供应(如灯泡一类的物品)市场。除了我们在上一标题讨论的非军事安全市场(这一部分市场目前属于《国防指令》的约束范畴),分包市场也广泛分布于欧盟各成员国,而不是仅限于"六强"。因此从武器合同的主合同来说(在一定程度上包括安全合同),欧盟成员国可分为以下几种:具有总承包能力的成员国和不具有总承包能力的成员国;而从分包层次来说,多数成员国的工业和服务公司都具有相关分包能力。由于所有成员国的公司在分包层次上都有机会,因此《国防指令》特别制定了一个分包制度。我们将在第九章就此进行讨论[48]。

2.3 国防采购的经济特点

国防领域的经济特点对于国防采购的规制具有很大影响。这些特点是:保护主义还是购买美国货(2.3.1节)、买主垄断(2.3.2节)、卖主垄断(2.3.3节)、重复性(2.3.4节)、防务装备的高成本(2.3.5节)、国有与控制(2.3.6节),以及效率低下(2.3.7节)。这些特点主要表现在武器领域,而非军事安全领域则没有这些特点。另外,这些特点主要表现在总承包商身上,而整个供应链则不一定具有这个特点。在欧盟范围内,之所以会出现买主垄断、卖主垄断、重复和效率低下的现象,是因为欧盟防务装备市场条块分割,各成员国的防务装备市场相对封闭。这些特点也有法律方面的原因。我们将在第二章和第三章进行讨论,而《国防指令》也正着眼解决这个问题。从美国来看,高成本是防务装备的一个特征,与欧盟市场的条块分割没有关系。但是欧盟市场的条块分割导致防务装备成本更高,我们将在下文就此进行讨论。

---

[46] 可参见斯德哥尔摩国际和平研究所列出的百强公司名单:英国科巴姆(47)和GKN(72)或者意大利的萨莱克斯·伽利略,见前注15。这三个公司都是飞机部件和防务电子设备供应商。COM(2013) 542 final,54页指出,在欧盟的1320个防务相关中小企业中,"其销售量占欧盟防务装备总销售量的11%~17%"。另外,欧盟"六强"总产量可能占欧盟总产量的87%,而六强国家中的防务相关中小企业只占欧盟中小企业总数量的52%。

[47] 在下列文中得到承认:"欧洲防务相关工业面临的挑战:对于欧洲整体行动的促进因素",COM(1996) 10 final,第4页。

[48] 第428-452页。

2.3.1 购买欧洲货是最后的救命稻草：实施保护主义还是购买美国货

欧洲国防采购的一个重要经济特征，是具有国防工业能力的欧盟成员国实施的保护主义政策。欧洲人一直不愿意把国防市场向其他成员国开放[49]。例如2005年，防务装备开支的80%用于国内采购项目[50]，只有13%用于采购其他成员国的产品[51]。该现象与"民用"采购机构，甚至是公用事业机构的行为没有什么区别，在其他采购《指令》面世之前尤其如此。由于经济和政治方面的原因（如前面提到的20世纪90年代开始的国防开支缩减），国防领域的保护主义趋势更加突出。保护主义既是国防采购中的一个经济特征，也是一个政治特征。另外，保护主义也是买方垄断、卖方垄断和重复性的一个重要诱因，并间接引发了防务装备的高成本[52]和低效率（相关讨论见下文）。

保护主义的实施有各方面的因素。国防采购是一种回报国防工业盟友和历史伙伴的手段。另外，采购机构往往长期与其合作伙伴保持友好关系，因为这些机构认为其合作伙伴最理解自己军队的基本需求[53]。该领域的保护主义也会引发公共

---

[49] 关于国防领域保护主义的最新论述包括：COM（2013）542 final，第41页和53页；COM（2007）764 final，第4页和《国防指令建议》附录，前注4，第4页。这一点在20世纪80年代就引起了人们的重视，参见：凯斯·哈特利（Keith Hartley），"公共采购与竞争力：军事硬件与技术的欧共体市场？"（Public Procurement and Competitiveness: A Community Market for Military Hardware and Technology?）(1987) 第25期，《共同市场研究杂志》（Journal of Common Market Studies），第237-247、238和242页。20世纪90年代的研究参见考克斯（Cox），"欧洲防务工业政策的未来"（The Future of European Defence Policy），前注29，第65和68页；沃克尔和加麦特（Walker and Gummett），"民族主义、国际主义和欧洲防务市场"（Nationalism, Internationalism and the European Defence Market），前注26，第28页；德·维斯泰尔（de Vestel），《欧洲防务市场与工业》（Defence Markets and Industries in Europe），前注29，第26页；考克斯和哈特利（Cox and Hartley），"国防采购中的非欧洲成本——概要"（The Costs of Non-Europe in Defence Procurement-Executive Summary），前注26，第9页；COM（1996）10 final，第8页。

[50] COM（2013）542 final，第41和54页；让·皮埃尔·丹尼斯·乔万尼·加斯瓦尼·克里斯托夫·格拉姆、丹尼尔·科哈尼、法比奥·利波蒂、让·皮埃尔·莫尼、梅布里特·斯图鲍姆（Jean-Pierre Darnis, Giovanni Gasparini, Christoph Grams, Daniel Keohane, Fabio Liberti, Jean-Pierre Maulny, May-Britt Stumbaum），"欧洲防务装备项目教训"（Lessons Learned from European Defence Equipment Programmes），不定期论文第69号（Paris: EU Institute of Security Studies, 2007），第10页。但是下文讨论的欧盟成员国协作项目的费用远远超出了这些国家的计划。参见哈特姆特·库希勒（Hartmut Küchle），Rüstungsindustrie im Umbruch: Strategien deutscher Unternehmen und Ansätze einer europäischen Neuordnung（Baden-Baden: Nomos, 2001），第49页。

[51] 《欧盟委员会工作人员工作文件》，《欧洲议会和欧洲理事会就国防与安全效果评估领域某些公共工程合同、公共供应合同和公共服务合同授予方式统一制定一个〈指令〉的建议附录》（Commission Staff Working Document, Accompanying Document to the Proposal for a Directive of the European Parliament and of the Council on the Coordination of Procedures for the Award of Certain Public Works Contracts, Public Supply Contracts and Public Service Contracts in the Fields of Defence and Security Impact Assessment），SEC（2007）1598 final，附录13：《欧共体内部防务移转与渗透速度》（Defence intra-community transfers and penetration rates），第81页。

[52] 如关于20世纪80年代，哈特利（Hartley）在"公共采购与竞争性：军事硬件与技术的欧共体市场？"，前注49，第240页引用了英国官方文件的话——Cmnd 9430-I, 1985, 第37页，及HCP 399, 1986, 第xii页——指出一个开放性竞争性的市场可以节约20%的费用，而某些项目则可节约35%。

[53] 考克斯（Cox）"欧洲防务政策的未来"，前注29，第84页。

部门采购中的所有问题,如缺乏市场情报或出现文化障碍的问题[54]。从法律和实践来看,保护主义可以有多种形式,如不按照采购法在公告和采购程序上的规定进行直接授标,或一些相对隐蔽的行为,如按照国内标准制定技术规格,或把国内供应商才具备的接触机密材料许可证作为投标人资格预选标准。《国防指令》针对的就是国防领域的这种保护主义。

对于国防工业能力有限或者根本就没有国防工业的成员国来说,只有具备了一定的国内生产能力,才会采取保护主义措施。如果国内根本就没有相关能力需要保护,那么这些成员国也就没有必要从具有国防能力的成员国那里进行采购。因此,这些成员国一直主要是从美国进行采购[55]。例如,20世纪90年代的波兰几乎全部从美国进行采购[56]。欧盟产品往往效率低下、成本高昂(相关讨论见下文),而相比之下,美国竞争者的产品成本低且技术先进。另外,几个欧洲防务公司的采购让美国公司进入欧洲市场变得更加方便[57]。不过一个关键问题是:对于那些没有国防工业能力的欧盟成员国来说,如果放着物有所值的欧盟以外的国防物资不买,偏要去买欧盟其他成员国生产的竞争力并不那么强的产品,那么这些国家从内部市场的国防物资采购中可以得到什么样的好处?这些成员国担心的,是它们牺牲了纳税人的金钱,牺牲了国内军队的装备质量,被迫对邻国的低效国防工业进行补贴[58]。这个担心影响了成员国对欧洲防务装备市场一体化政策(欧洲防务装备市场一体化政策见下文讨论)的制定,而且由于欧洲防务装备市场一体化受到国防工业能力有限或根本就没有国防工业能力的成员国的反对,"六强"最终成立了自己的组织,将这些没有国防工业能力或国防工业能力有限的成员国排除在这些组织之外。相关讨论见第五章。[59]

《国防指令》有一个明确的内部市场时间表,直接针对的是保护主义,我们将在第二章就此进行详细讨论。虽然《国防指令》实际上引起了美国的关切,但它直

---

[54] 另参见特莱伯斯(Trybus),《欧洲国防采购法》(European Defence Procurement Law),前注1,第7-8页。

[55] COM(1996)10 final,第8页指出欧盟大型武器系统的总采购量中只有3%~4%被授予其他采购国的公司;艾森哈特(Eisenhut),《欧洲军备合作》(Europäische Rüstungskooperation),前注7,第69页,脚注236。COM(2003)600 final,第12页指出,当时15个成员国的防务合同中,有1/4被授予美国公司。

[56] I.安东尼(I. Anthony),"美国:武器出口及其对武器生产的意义"(The United States: Arms Exports and Implications for Arms Production),见于赫伯特·伍尔夫(Herbert Wulf)(ed.),《受限的武器工业》(*Arms Industry Limited*)(Oxford University Press,1993),第63、80页及以下各处。

[57] 艾森哈特(Eisenhut),*Europäische Rüstungskooperation*,前注7,第69页,脚注236指出,通用动力公司收购了西班牙的圣巴巴拉公司、瑞士的莫瓦格公司和奥地利的施泰尔戴姆勒普赫公司。联合防务公司收购了瑞典的博福斯公司。

[58] 关于国防工业能力有限的欧盟成员国所关心事项及动机,参见乔格波洛斯(Georgopoulos),博士论文,前注1,尤其是第Ⅳ章。乔格波洛斯的讨论基于希腊(第Ⅴ章)和比利时(第Ⅵ章)。

[59] 尤其是联合军备采购组织和意向书组织,参见第五章,第222-231页。

接针对的并不是人们所说的购买美国货的政策[60]。我们在第六章指出[61]。《国防指令》并没有规定第三方国家(如美国)的投标人是否可以进入采购程序。受到《国防指令》影响的,是来自欧盟其他成员国的投标人是否可以进入采购程序。但是按照《国防指令》的规定,必须允许来自所有成员国的供应商参加投标,而且其他贸易障碍在内部市场和内部市场之外也得到了解决:在内部市场之内是通过《欧共体内部移转指令》规定的许可证制度(相关讨论见第四章)[62],在内部市场之外是通过欧防局或意向书和各种倡议(相关讨论见第五章)[63]。所有这一切都可能会给欧洲竞争者一个优势,但具体情况视各合同而定。本书不准备详细分析《国防指令》中的第三方国家,尤其是跨大西洋的第三方国家;如果要对这一话题进行论述,至少需要一部专著的篇幅[64]。但是,国防采购和贸易方面的进一步融合,主要会对欧盟的货物和服务提供商业机遇,而且会以第三方国家供应商的利益为代价,这一点并不夸张。

2.3.2 买主垄断

国防领域的特征就是买主垄断[65]。所谓买主垄断就是指国内多数武器生产商往往只有一个潜在客户,而这个客户就是他们的政府。这个政府机构往往是本国的国防部,或者采购武器的其他政府部门,如警察一类的内部事务部门、监狱服务一类的司法部门,或者边境管理机构等。只有国家政府或外国政府(通过出口)才会采购装备。但是我们将在第四章指出[66],针对外国政府的军售是通过出口法进行限制的,而且面向私人客户的军售是被本国政府或法律所禁止的。在一些出口限制比较多的国家,如德国和荷兰,政府几乎是企业唯一的伙伴;而在一些更加开

---

[60] 本观点参见杰夫·P·比亚罗斯、凯瑟琳·E·费舍尔和斯图尔特·L·科尔(Jeff P. Bialos, Catherine E. Fisher and Stuart L. Koehl),《堡垒与冰山:跨大西洋防务市场的演变及其对美国国家安全政策的意义》(*Fortresses & Icebergs: The Evolution of the Transatlantic Defense Market and the Implications for U. S. National Security Policy*),2卷本(Baltimore and Washington DC: Centre for Transatlantic Relations, The Johns Hopkins University and the U. S. Department of Defense, 2009),第Ⅰ卷。

[61] 第295-298页。

[62] 第139-160页。

[63] 第186-222页(欧防局)及第225-231页(意向书)。

[64] 参见博士论文:卢克·巴特勒(Luke Butler),"作为跨大西洋防务市场自由化障碍的采购法"(Procurement Law as a Barrier to Transatlantic Defence Market Liberalisation),伯明翰大学(2013,可查)。

[65] 参见《国防指令建议》附录,前注4,第9页。关于美国的讨论:戴维·T·戴伊(David T. Day),"买主垄断定价力量对防务物资市场的限制"(The Limits of Monopsony Pricing Power in the Markets for Defence Goods),《国防采办竞争限制》(*The Limits of Competition in Defense Acquisition*),国防采办大学研究专题讨论会,2012年9月;关于欧盟的讨论:《新兴防务市场》(*Emerging Defence Markets*),前注14,第33页;考克斯和哈特利(Cox and Hartley),"国防采购非欧成本——概要"(The Costs of Non-Europe in Defence Procurement - Executive Summary),前注26,第3页。"买主垄断"一词描述的是只有一个买主,许多卖主的市场。该词为新造:琼·罗宾森(Joan Robinson),《不完善竞争经济》(*The Economics of Imperfect Competition*)(London: Macmillan, 1933)。

[66] 第160-166页和第139-160页。

放的国家,如英国,政府只采购了国内武器工业总产量的一半,而另一半则出口海外[67],只是每年的具体情况稍有不同。武器出口政策可能会对欧洲的国防采购市场化造成不良影响,因此欧洲应当有统一的武器出口政策,否则国防工业公司和政府会因为武器工业的不确定性和缺乏一体化而放弃合作。如果成员国为本国的防务公司提供一个更加宽松的出口政策,就会为本国公司带来一些好处,我们将在第四章就此进行讨论[68]。但是从内部市场和第三方国家的角度来说,国防领域受到政府的限制,因为政府是其唯一的客户,这一点与"民用"领域是完全不一样的。在民用领域,政府虽然是企业的一个重要客户,但通常只是企业众多客户中的一个。

买主垄断对于政府买主和国内国防工业之间的关系有很大影响。国内国防工业在生意和出口许可方面都依赖于政府。如果某个企业被认为是国家的防务公司甚至是"国内一流公司",那么政府就会觉得要为该公司的工业能力、就业、技术专长和研发而负责。这一点会对国防采购中的竞争产生影响,尤其是当只有一个国内供应商的时候。政府出于对某种国防工业能力的责任,往往将合同授予这个国内唯一的供应商,以保证该供应商的正常运转。这一切可能是因为工业政策,可能是因为国家安全,也可能二者都有。出于国家威望和经济方面的考虑,各国政府会对它们的某些产业进行保护,保持其国家一流产业的形象。当大量劳动力富余时,采购决策对选区的就业常常产生非常明显的影响,会影响整个地区并对政府产生压力,因此即使政府知道自由竞争对经济的各种好处,但出于政治上的考虑却无法实施这样的开放政策。在《欧盟运行条约》和《国防指令》的规制下能否实现法律意义上的自由竞争,我们将在本书其他章节进行讨论[69]。另外,买主垄断可能会引发政府对企业的干预,如国家补助或国有制,我们将在下文和第四章就此进行详细讨论[70]。这种情形主要出现在欧盟国防工业"六强"国家。

但是由于《国防指令》的适用范围更加广泛(相关讨论见第六章),买主垄断的问题没有那么突出了。第一,《国防指令》的主要目标之一是市场一体化,而市场一体化会使防务公司有28个或32个[71]潜在客户,而不是只有一个客户。第二,《国防指令》将许多采购当局和公用事业单位纳入其法人范围,并将小型武器和弹药纳入其物资范畴,产生了大量的采购人,如为了安全而采购装备的自来水公司。第三,对于许多非军事安全货物和服务来说,买主垄断根本就不存在。同样,对于许多大型建筑公司来说,建造部队营房只是其公私客户合同中的一个。

---

[67] 关于英国的详细讨论参见第Ⅷ章:特莱伯斯(Trybus),《欧洲国防采购法》(*European Defence Procurement Law*),前注 1。

[68] 第 160—161 页。

[69] 关于《欧盟运行条约》的讨论见第二章和第三章。而第六至第十章将详细讨论《国防指令》。

[70] 第 176—182 页。

[71] 2013 年 7 月 1 日以来,欧盟 28 个成员国包括克罗地亚及欧洲经济区国家挪威、冰岛和列支敦斯登。这些国家也必须将《国防指令》转化为本国法律,而瑞士是一个特例。

2.3.3 卖主垄断

欧盟成员国的国内武器市场具有卖主垄断和两家卖主垄断市场的特点[72]。在武器方面,国内市场往往只有一家国内供应商,而这个市场由于保护主义的缘故又不对内部市场开放(见前文讨论)。这种情形,再加上前面提到的买主垄断,使采购当局与垄断者的关系非常密切。只有开放市场,打破这种卖主垄断,才会有竞争。这种卖主垄断只存在于上述第一组中的"六强"国家。这些六强国家具有产生垄断工业的能力。对于其他成员国来说开放市场是唯一的选择,对于市场来说也是如此。例如,德国的军用车辆有不止一家的供应商,但是这些供应商都具支配地位,因为供应商的数量非常有限。卖主垄断和支配地位的形成,是因为欧盟的竞争和国家补助制度并没有得到完全实施,我们将在第四章就此进行进一步的讨论。《国防指令》的确在其范围内(见第六章讨论)促成了国防采购方面的内部市场,因此同时解决了买主垄断和卖主垄断的问题。非军事安全市场和分包市场不存在武器市场那样的卖主垄断和寡头卖主垄断的现象,如果存在,程度也没有那么严重。

2.3.4 重复

欧盟防务装备市场的条块分割,加上买主垄断和卖主垄断,导致了重复现象的产生,这一点在欧盟第一组的"六强"国家[73]尤其明显[74]。换言之,对于许多类型的装备来说,欧盟市场上有许多供应商,而这些供应商的规模加起来只有美国的40%。在美国,每一类装备供应商的数量要少得多。我们在第四章指出[75],自20世纪90年代以来,国内市场上的兼并,甚至是成员国之间的跨境兼一直没有停止,但欧盟的国防工业总地来说并没有得到充分统一。如上所述,航空航天和电子行业的企业合并分别产生了四个和七个相关领域的供应商[76]。这一点与美国很相似:

---

[72] 凯斯·哈特利(Keith Hartley),《防务政策经济:新角度》(The Economics of Defence Policy: A New Perspective)(Abingdon: Routledge, 2011),第151-153页;哈特利(Hartley),"公共采购与竞争力:军事硬件与技术的欧共体市场?"前注49,第238页;以及哈特利(Hartley),"欧洲防务政策的未来:经济角度"(The Future of European Defence Policy: An Economic Perspective),(2003)第14期,《防务与和平经济》(Defence and Peace Economics)第107-115页,第113页。

[73] 此时人们可以说"四强"国家,因为在脚注15中描述的合并和收购说明西班牙(圣巴巴拉)和瑞典(考库姆公司和赫格隆公司)的陆地和海上系统能力一部分属于西班牙和瑞典以外国家的公司。不过这些公司仍然在西班牙和瑞典进行生产。

[74] 哈特利(Hartley),《防务政策经济》(The Economics of Defence Policy),前注72,第151-153页;"公共采购与竞争力:军事硬件与技术的欧共体市场?"(Public Procurement and Competitiveness: A Community Market for Military Hardware and Technology?)前注49,第237、238、239页,以及"欧洲防务政策的未来"(The Future of European Defence Policy),前注72,第110页。另参见COM(2013) 542 final,第41页。

[75] 第172-6页。

[76] 根据斯德哥尔摩国际和平研究所的百强名单,前注15:在飞机制造领域是BAe系统公司、EADS、塔勒斯和芬梅卡尼卡,在电子领域是BAe系统公司、EADS、塔勒斯、赛峰、超级电子、英德拉和塔勒斯荷兰。关于防务领域的企业合并也可参见COM(2013) 542 final,第48-53页,强调了"防务公司形成一个临界质量的必要性"。

在美国这个更大的市场,有七个或八个飞机供应商,而电子设备的供应商则有17个[77]。但是在其他领域,尤其是在军用车辆领域有七个供应商[78],通用自动着陆系统和造船有七个供应商[79]——兼并之后仍然还有许多供应商。与此相反,在美国这个大得多的市场,生产自动着陆系统的公司只有四家[80],生产航海系统的公司只有六家[81]。在研发方面重复现象尤其严重[82]。

重复既有负面影响,也有正面影响。一方面,为了形成竞争,必须有一个以上的供应商。因此从装备类型来看,某种程度的重复是必要的,可以通过《国防指令》规定的某个竞争性采购方式而受益(相关讨论见第七章)。另一方面,重复也是国内市场封闭的结果。由于市场封闭,无法取得规模效益,因而成本更加高昂。因此《欧洲安全战略》(European Security Strategy, ESS)希望能降低重复性[83]。

欧洲防务市场的重复性必须与需求方的重复性区分开来。虽然从更大的美国防务市场采购的部门只有国防部,但整个欧盟却有28个独立的国防部门、有各个国家的陆海空部队。虽然需求方的重复开支有多高并没有可靠的公开数据,但是可以想象其价钱肯定是相当高的[84]。因此人们开始讨论成立一个集中式的欧洲防务机构[85],一部分组织(相关讨论见第五章)[86],其中最重要的是欧洲防务局和联合

---

[77] 据斯德哥尔摩国际和平研究所的百强名单,同上:飞机制造:洛克希德·马丁、波音、诺斯罗·普·格鲁曼、联合技术(包括西科尔斯基)、达信、凯旋集团和豪客比奇。电子:洛克希德·马丁、波音、通用动力、雷神、诺斯罗普·格鲁曼、BAe 系统、L-3 通信、联合技术、霍尼韦尔、ITT 埃克里斯、达信、洛克韦尔·柯林斯、URS 集团、哈里斯、SRA 国际、吉恩考普和菲利尔系统。

[78] 德国拥有最为广泛的陆地系统工业基础,包括莱茵金属 De Tec、克劳斯·玛菲、威格曼、迪尔和玛恩。而 BAe 公司在收购了艾尔维斯·维克斯(罗尔斯·罗伊斯)之后,成为英国主要的陆地系统供应商。而后者曾兼并英国的一些小型公司,还收购了瑞典供应商赫格隆。GIAT 在法国进行生产,芬梅卡尼卡在意大利进行生产。参见:艾森哈特(Eisenhut),《欧洲军备合作》(Europäische Rüstungskooperation),前注7,第50页。

[79] 经过数次兼并和收购后,蒂森·克虏伯海事系统公司在德国、瑞典(考库姆公司)和希腊(希腊造船厂)市场上占有统治地位。在英国,BAe 系统公司和沃斯普索尼克拉夫特公司提供海事系统。在法国,DCNS 在市场中占主导地位;在意大利,是芬坎蒂尼公司,在西班牙是伊扎尔公司,荷兰是达门公司。参见艾森哈特(Eisenhut),《欧洲军备合作》(Europäische Rüstungskooperation),前注7,第51页。

[80] 据斯德哥尔摩国际和平研究所百强名单,前注15:通用动力、奥什科什卡车、达信、纳威斯达、美国汽车综合公司和英美 BAe 系统公司。生产部件和发动机的公司未计算在内。

[81] 据斯德哥尔摩国际和平研究所百强名单,前注15:通用动力、诺斯鲁普·格鲁曼、哈汀顿英格尔斯工业和英美 BAe 公司系统。

[82] 哈特利(Hartley),《防务政策经济》(The Economics of Defence Policy),前注72,第133页、第151-153页;"公共采购与竞争力"(Public Procurement and Competitiveness),前注49,第239页。

[83] 《欧洲安全战略:更好的世界更好的欧洲》(European Security Strategy: A Secure Europe in a Better World),欧洲理事会,布鲁塞尔,12月12日[2013,6月13日登录],www.consilium.europa.eu/uedocs/cmsUpload/78367.pdf 第13页。

[84] 哈特利(Hartley),"欧洲防务政策的未来"(The Future of European Defence Policy),前注72,第109页。

[85] 哈特利(Hartley),《防务政策经济》(The Economics of Defence Policy),前注72,第144页;考克斯(Cox),前注29。

[86] 第186-222页(欧防局)第222-225页(联合军备采购组织)。

军备采购组织,可能最终担起这个重任。但是,《国防指令》并不需要面对这样的举措,其针对的主要是目前各种各样的采购当局[87]。但是集中式机构也可以使用《国防指令》,关于这一点我们将在第六章进行讨论[88]。

2.3.5 高成本

防务装备是非常昂贵的,而且价钱一年比一年高[89]。据考克斯(Cox)和哈特利(Hartley)估计,防务装备成本每7.25年增加一倍,而且还要把寿命周期成本,如维修与部件的费用考虑进去。寿命周期成本大约是初始装备成本的1.25~5倍[90]。举个例子来说,军用飞机的费用大约是1亿欧元,最贵的机型为每架24亿美元[91],一辆作战坦克的成本大约是1000~1700百万欧元[92],潜水艇和航空母舰每艘大约几百万欧元[93]。这样的高成本引发了数种后果:第一,每个武器项目对国家预算的影响都非常大,因此武器问题也成了政治问题。第二,成本高昂往往使相关合同成为媒体报道的对象,引发公众的注意。许多其他高成本项目也有这样的特点。仅仅是高昂的成本,就足以引发一定程度的政治干预,而这种干预在其他领域是不多见的。第三,武器系统的大量投入,成为中标供应商在知识和就业方面的一个重大投资。第四,不断上升的单元成本与不断萎缩的国防采购预算同时发生,各国的国防采购当局采购的装备数量越来越少。这个趋势被哈特利称为"国防经济问题"(defence economic problem)[94]。由于欧盟防务装备市场的条块分割,取得规模效益相当困难,因此各种装备的价钱更高了,而这个"国防经济问题"也就更加突出了。

---

[87] 哈特利(Hartley),《防务政策经济》(The Economics of Defence Policy),前注72,第144页;"欧洲防务政策的未来"(The Future of European Defence Policy),前注72,第112页,指出开放竞争性强的欧盟市场将节省9%的费用,而如果成立一个集中采购机构则可以节省15%,将两者结合起来。这说明通过解决需求方的重复问题,还可以节约更多的费用。

[88] 第255-259页。

[89] 哈特利(Hartley),《防务政策经济》(The Economics of Defence Policy),前注72,第143页。在"欧洲防务政策的未来"("The Future of European Defence Policy"),前注72,第108页,Hartley指出每年的费用增加10%。欧盟委员会在《国防指令建议》附录中也提出了高费用的问题:前注4,第9页。

[90] 考克斯和哈特利(Cox and Hartley),"国防采购中的非欧成本——概要"(The Costs of Non-Europe in Defence Procurement-Executive Summary),前注26,第17页。

[91] 即B-2"幽灵"隐身战略轰炸机,其他非常昂贵的装备包括F-22"猛禽"战斗机费用为3.5亿美元,G-17A"环球霸王"II费用为3.28亿美元,P-8A"海神"2.9亿美元。参见www.time.com/time/photogallery/0,29307,1912203,00.html[2013年6月13日登录]。

[92] "豹"2费用为100亿欧元:www.faz.net/aktuell/wirtschaft/ruestungsindustrie-qatar-will-angeblich-bis-zu-200-leopard-panzer-kaufen-11835934.html[2013年6月13日登录]。2008年,"勒克莱尔"主战坦克每辆1700万欧元:www.marianne.net/Le-char-Leclerc-un-bide-a-113-millions-par-an_a184346.html[2013年6月13日登录]。

[93] 英国皇家海军两艘新航空母舰费用为70亿英镑:www.bbc.co.uk/news/uk-13218582[2013年6月13日登录]。美国海军采购的潜艇每艘20亿美元左右:http://tech.military.com/equipment/view/138675/[2013年6月13日登录]。

[94] 哈特利(Hartley),"欧洲防务政策的未来"(The Future of European Defence Policy),前注72,第108页。欧盟委员会在COM(2013) 542 final,第7页也指出了这个两难问题:"国防预算不断下降而现代能力成本则不断上升。"

一个重要的问题,是成员国还能承担多久的有效空中打击或海上打击。另外,一部分装备,如飞机、直升机、电子设备和导弹等,具有学习经济的特点,其开发成本一般与各类装备的单元生产成本是成比例的[95],我们在下文讨论国防采购的技术特点时将对此进行分析。

不过,并不是《国防指令》范围内的所有装备或服务都具有前面所说的高成本且成本不断上升的特点。例如,某些合同仅仅是为警察或公用事业的安全部门采购一些小型武器。这些小型武器的价格相对较低,而且相对稳定。另外,像敏感军事地点的建设可能会有很高的价格,但是相关工程合同的价格并不像防务装备那样不停地上涨。对于此类的多数供应、服务和工程合同来说,一部分在不久之前还是受《公共部门指令》的约束,需要采取一些安全和保密措施,但是相关采购与任何"民用"采购合同相比并没有什么区别。

2.3.6 国有与控制

许多欧盟成员国对本国国防工业进行了很大程度的控制。首先,一部分成员国仍然至少部分拥有某些防务公司,如法国、葡萄牙、波兰和德国[96]。第二,政府以各种好处对本国国防工业进行支持,因此对竞争起到了破坏作用,影响了成员国之间的贸易[97]。对本国国防工业施以资金补助的方法各有不同,如税务减免、延期缴税或税务取消;拨款;成功后预付款偿还;低利率或软贷款;担保;资本注入;非货币支持;以优惠条件提供货物和服务;以及加速折旧等[98]。2009年《欧防局国有与控制研究》(EDA Study on State Ownership and Control)[99]描述了一个非常详细的国家补助景象,将各种国家补助划分为对研发和创新的补助[100]、特殊情况下对国防工业

---

[95] 考克斯和哈特利(Cox and Hartley),"国防采购中的非欧成本——概要"(The Costs of Non-Europe in Defence Procurement-Executive Summary),前注26;对于低价导弹来说是1000:1,对于战斗机来说是100:1。

[96] COM(2013) 542 final,第53页;COM(1996) 10 final,第5页。2009年,具有国有防务公司的成员国有比利时(1家,由瓦隆地区所有)、保加利亚(4家)、捷克共和国(4家)、芬兰(1家)、法国(8家)、德国(6家)、希腊(3家)、匈牙利(9家)、意大利(3家)、波兰(23家)、葡萄牙(10家)、罗马尼亚(3家)、斯洛伐克共和国(8家)、斯洛文尼亚(2家)、西班牙(5家)。参见卡洛斯·马尔蒂·塞姆拜尔等(Carlos Martí Sempere, et al.),《欧洲国防工业的公平竞争之地:所有制与国家补助行为的作用》(Level Playing Field for European Defence Industries: The Role of Ownership and Public Aid Practices)(Madrid: ISDEFE and Euskirchen: Fraunhofer Institut, for the European Defence Agency(EDA), Brussels, 13 March 2009), www.eda.europa.eu/docs/documents/Level_Playing_Field_Study.pdf [2013年6月18日登录]。据此研究,第18页,英国率先实现私有化,目前只有7家"黄金股"公司。参见下文。在奥地利、瑞典和荷兰没有国有防务工业。塞浦路斯、爱尔兰、拉脱维亚、卢森堡和马耳他没有国防工业。

[97] "防务相关工业面临的挑战"(The Challenges Facing the Defence-related Industries),COM(1996) 10 final,第22页。

[98] 《欧洲国防工业的公平竞争之地》(Level Playing Field for European Defence Industries),前注96,第26页。

[99] 同上,第26-40页。

[100] 同上,第28-30页。还可进一步划分为非国内军队装备开发补助(2.6.1.1)和支持装备开发的其他补助(2.6.1.2)。

的补助[101]、对海外军售的补助[102]和其他形式的国家补助[103]。这些不同的补助措施虽然在各国家之间、各补助类型之间的情况各有不同,但补助程度远大于其他任何领域。各种部门、公共机构都可以提供补助。2009年《欧防局国有与控制研究》指出,正是因为这个原因,国防部门才并不总是对本国国防工业取得的所有补助进行监督。最后一点是,大多数成员国对某些战略性防务公司进行控制,如以"黄金股份"的形式对管理决策、兼并或资产重组进行干预。最近这种干预的例子,是2012年德国政府阻止了欧洲防务局和BAe系统公司的兼并[104]。本书的论述目标是国防采购,因此不打算对欧洲国防工业的国家补助进行详细分析。但是由于国家补助非常广泛且各成员国之间各有不同,因此目前并没有形成一个"公平的比赛场地"[105]。英国和法国在国家补助和国防工业政策方面的差异非常突出[106]。伦敦热心于维持一个竞争性的市场,而巴黎则希望在本国国防工业中扮演一个积极的角色[107]。这一切对于自由化进程都有影响[108]。因此,第四章在讨论欧盟内部市场法制度对国防工业的影响时(不是对采购规制的影响)将对这一现象进行分析[109]。

2.3.7 效率低下

经济学家和决策者一致认为,欧洲的国防采购效率非常低下[110]。装备与服务的价格高于实际价值,完成项目需要的时间长于应当需要的时间,而货物和服务

---

[101] 同上,第30-32页。还可进一步划分为救援性补助(2.6.2.1)和重组补助(2.6.2.2)。

[102] 同上,第33-37页。相关行动可进一步划分为市场开拓援助、公共关系、军队对服役期内物资的展示和操作、客户操作员培训和人员借调、出口信贷补助、采购项目管理与技术支持服务援助、对国内军队交付时间的再调整、从军队非必需系统的采购转向更好地支持海外军售和限制性援助。

[103] 同上,第37-40页。可进一步划分为就业补助、训练补助、中小企业补助、中小企业风险资本投资的补助、地区补助和气候变化及其他环保补助。

[104] "德国因BAE-EADS项目失败被批"(Germans Blamed for BAE-EADS Failure),www.ft.com/cms/s/0/aa352788-148c-11e2-aa93-00144feabdc0.html#axzz2WYoMuNSC〔2013年6月18日登录〕。

[105] 这是2009年欧洲防务局《国有与控制研究》所传递的最终信息,前注96,第3页:"(国家补助可能具有)向企业提供选择有利性的能力,而这种能力可能会影响贸易条件,进而影响竞争,破坏在(欧盟防务市场)公平竞争的成就。"

[106] 德·威斯泰尔(De Vestel),《欧洲的防务市场与工业》(Defence Markets and Industries in Europe),前注29,第62-73页;沃克尔和加麦特(Walker and Gummett),"民族主义、国际主义和欧洲防务市场"(Nationalism, Internationalism and the European Defence Market),前注26,第30页;详见"政策问题"标题下有关各个国家的讨论,见第Ⅵ-Ⅷ章对德国、法国和英国的讨论,见于特莱伯斯(Trybus),《欧洲国防采购法》(European Defence Procurement Law),前注1,以及对比利时和希腊的讨论,见乔格波洛斯(Georgopoulos),论文,前注1。

[107] 进一步的讨论见第四章第176-182页。

[108] 第Ⅵ-Ⅷ章对德国、法国和英国的讨论:特莱伯斯(Trybus),《欧洲国防采购法》(European Defence Procurement Law),前注1,以及对比利时和希腊的详细讨论:乔格波洛斯(Georgopoulos),论文,前注1。

[109] 第136-184页。

[110] 哈特利(Hartley),《防务政策经济》(The Economics of Defence Policy),前注72,第133页。另参见:COM(1996)10 final,第8页。

31

的质量又低于人们的期望。虽然国防预算非常慷慨,而防务出口又不占主要地位,但公共舆论和政府却可以容忍这一切,而且一直在容忍这一切。但是,成本高昂、超出时限且结果令人失望的国防项目在经济危机期间是时间上的极大浪费。因此,当国防只能量力而行时,就必须缩减国防预算,并通过出口来取得规模效益和学习效益。另外,装备老旧或者缺乏装备,也会影响军队的有效性,进而对国家安全造成不良影响,我们将在下文就此进行讨论。欧盟的"一揽子国防法规",尤其是《国防指令》是否解决了欧盟防务市场上的效率低下问题,在多大程度上解决了这个问题,需要进行经济上的分析,而这并不是本书的目标。我们在引言中指出,本书进行的是法律分析,而本章只是将这个分析置于相关的经济背景中。在研究效率低下问题时,应当考虑到国防采购的特点(见上文及下文讨论)。有人认为,非军事货物和服务的生产及贸易原则对于形成高效的进出口市场起到了促进作用。这个观点很有道理。保护主义和市场扭曲毫无疑问会对竞争造成不良影响,进而影响效率。因此,消除或减少这些因素会增加市场的竞争性。

3. 政治与军事背景

从传统意义上来说,欧盟所有成员国都认为国防是国家主权的核心。而国防采购方面的独立也被认为是事关国家安全的事情,拥有成熟的国防工业基础被认为是所有国家的骄傲。国防和国防采购是一个非常敏感的政治话题,因为国防和国防采购与国家安全、就业和一个国家的政治地位有关[11]。我们在前面指出,所有这些都可能导致一个国家与其国防工业形成非常密切的关系,并最终形成保护主义,对欧盟形成一个武器方面的内部市场起到阻止作用。但是从20世纪90年代早期开始,欧洲的这种基本格局发生了变化:欧盟成员国各国的国防政策开始融合,国防工业的一部分实现了私有化,开始在欧洲范围内进行联合统一。最终,内部市场的规则主要通过《国防指令》开始在国防与安全领域实施。本节将讨论欧洲国防与安全采购的政治军事背景,即国家主权(3.1节)和安全(3.2节)。第二,将讨论没有统一的欧洲国防标准带来的军事安全成本。最后论述和解释的是过去20年来不断变化的形势(3.4节)。

3.1 主权与自给自足

欧洲及其他地区的国防政策,尤其是国防采购政策方面的一个政治特色,是国

---

[11] 关于20世纪90年代末的讨论见特莱伯斯(Trybus),《欧洲国防采购法》(European Defence Procurement Law),前注1,第10—12页。

家在该领域的政策上尤其重视主权问题[112]。在许多情况下领土的防御就是保证国家的独立。为了保护人民和领土不受外来进攻,或者对另一国家的人和领土发起进攻,都是国家进行国防采购的最终原因。但是从欧盟成员国的角度来说,这种对主权的强调似乎有些可疑。欧盟成员国大多是"彻头彻尾"的北约成员国,或者是与北约关系密切的国家[113]。因此,对于某些成员国来说,五十年来的国防政策不过是在意愿中或实践中与该组织的其他成员国(主要是美国)相互应和。另外,军队的使用也是受到国际法严格规制的一个政策领域(主要是《联合国宪章》),只能在自卫的情况下使用军队,或者经过联合国安理会的授权使用军队。许多成员国在不同程度上将军队进行了整合[114]。欧盟共同安全与防卫政策(相关讨论见下文)的目的,是在安全与防卫领域进行进一步的整合。欧盟成员国运用军队时,一般都是与其他国家共同采取行动。最后一点是,对国家边境和货币政策的控制,也曾是"国家主权的核心"。但是先是在申根区(Schengen Zone)的成员国,后来是在欧元区的成员国,它们在这些问题上的主权最终进行了转让,至少是受到了限制。因此人们认为,国防上的主权问题与国家政策上的其他事情一样,只要成员国觉得合适,只要有这样的政治意愿,就可以让与欧盟或其他组织。因此,国防并不是一个特别的政策领域,是可以进行整合的。

  主权意味着不受任何外来势力的控制。从国防采购的角度来说,主权意味着可以在国内自行生产所有的国防必需品,实现国防上的自给自足。这同时也是一个国家安全方面的问题,我们将在下文就此进行讨论。但是由于国防工业基础的限制,加上资金有限,不可能牺牲其他政策领域的利益,如卫生与教育领域的利益,来增加国防采购方面的资金。因此对于大多数欧盟成员国来说,国防采购上的自给自足是一件不切实际的事情。从前面讨论的国防经济困境来看,即防务装备价格扶摇直上,而目前各国又陷于经济危机,这种状况在不远的将来是不可能发生变化的。不过国防方面的自给自足一直是各成员国的传统目标[115],涉及经济与安全两方面的问题,而这两个方面都与国防工业能力有着密切的联系。具有国防工业能力的成员国政府可能会给国内的国防企业下订单以保持其技术能力,至少保证国家在某种程度上的自给自足。换言之,进行这样的合同授予从安全角度来说是很有必要的——为了避免对其他国家的依赖,保证供应安全。关于在多大程度上可以实现国防采购上的自给自足,我们将在第三章和第六章进行专门讨论。

---

  [112] COM(1996) 10 final, at 9;考克斯(Cox)"欧洲防务政策的未来",前注29,第71-72页;沃克尔和加麦特(Walker and Gummett),"民族主义、国际主义和欧洲防务市场"(Nationalism, Internationalism and the European Defence Market),前注26,第29页;德·威斯泰尔(De Vestel),《欧洲的防务市场与工业》(Defence Markets and Industries in Europe),前注29,第18页。另参见COM(2013) 542 final,第8页。

  [113] 最主要的是通过"和平伙伴关系"。唯一的例外是相对较小的国家塞浦路斯和马耳他。

  [114] 例如欧洲军团。

  [115] 可参见第六章关于法国"方法策略"的讨论:特莱伯斯(Trybus),《欧洲国防采购法》(European Defence Procurement Law),前注1。

但是几个方面的原因使主权和国防自给自足的问题提到了人们的议事日程。第一,任何防务装备从来就不是百分之百某一个国家的产品。每一件现代装备至少会有一些外国的部件。当武器与众多"民用"货物的界限日益模糊时,这种情况就更加明显了。因此单从技术上的原因来说,在国防上实现百分之百的自给自足,对于所在国家来说都是一种幻想。第二,人们普遍认为,由于资金有限,单元成本的不断上升,国防上的自给自足对于任何成员国来说都是一种不切实际的政策。法国或英国或许还有自给自足的资金和国防工业能力,但是它们在政治上并不愿意牺牲其他方面的预算来达到这样的目标。如果成员国不想实现国防方面的自给自足,就必须寻找合作伙伴,最有可能的候选人就是美国和欧盟其他成员国。

3.2 国家安全

对于国防政策(包括国防采购政策)来说,国家安全是一个非常重要的问题。从"国家"这个词来看,国家安全这个概念指的是国家或成员国的安全,换言之,人们考虑的是成员国的国家安全,而不是整个欧盟的安全,这一点在《欧盟运行条约》第 346 条的武器豁免条款和其他相关豁免条款中表现得尤为突出(相关讨论见第三章)。国家安全与"公共安全"的一般概念也有密切的联系。公共安全在数个内部市场例外条款中都有相关规定,相关讨论见第二章[116]。这些例外条款的共同特征,是通过这些例外条款,可完全不受或部分不受欧盟内部市场法的限制。这说明如果国家安全问题在内部市场法中没有得到充分考虑,将会成为一种贸易壁垒。处理好安全问题不仅对于武器贸易来说非常重要,对于敏感货物和服务来说也非常重要,只不过重要程度稍逊一筹。在整个采购过程中以及采购前后,都必须充分考虑国防采购决策对于国家安全的影响。在什么情况下国家安全方面的问题可能成为首要问题,要视具体情况而定,我们将在第二章、第三章和其他章节就这个问题进行讨论。但是,国家安全方面两个最为重要的问题对于国防采购也有影响,即供应安全问题和信息安全问题。

3.2.1 供应安全

按照欧盟委员会《供应安全指导说明》(Commission's Guidance Note Security of Supply)的规定,"一般意义上"的供应安全定义是:

货物与服务安全的一种保障,可以保证成员国根据其外交及安全政策的要求履行国防与安全方面的义务。……包括成员国在国家控制下不受第三方限制使用军队的能力。此宽泛定义可能涵盖工业、技术、法律和政治等各方面[117]。

供应安全后面有一个基本问题:无论是和平时期还是危机或战争期间,在合同履行的开始和履行期间(该合同的寿命周期往往很长),成员国都必须确信其用于

---

[116] 第 70-82 页。
[117] 欧盟委员会的《供应链指导说明》,http://ec.europa.eu/internal_market/publicprocurement/docs/defence/guide-sos_en.pdf [2013 年 6 月 14 日登录],第 1 页。

军队的货物、工程和服务能够得到及时供应与保障。这一点对于国防政策的有效性非常重要,因此对于国家安全也非常重要。供应安全必须有一个"保障",必须有一个"控制",不得有"第三方限制",否则会对军队的有效使用产生不良影响,或者使军队的使用安全失去意义。另外,不可靠的经营者(不管这个经营者是总承包人还是供应链上的供应商)以及运输或其他流通方面的中断,都会对供应安全造成不良影响。这些情况可能发生在国内合同身上,也可能发生在与另一成员国签订的合同或与第三方国家签订的合同身上。但是如果这种情况发生在非国内环境,可能会引起更大的不良后果,因为政府对影响供应安全因素(如对经营者或运输链)的控制力度更小。另外,在非国内环境中还存在着影响供应安全的其他威胁。第一,国防与安全移转必须符合生产国国家机构的许可证(授权)要求。《国防指令》中的供应安全要求在"一揽子国防法规"中的另一法律中,即《欧共体内部移转指令》中也有体现,相关讨论见第五章[118]。但是,供应链上的许多生产者或经营者来自欧盟以外的第三方国家。第二,国防与安全移转可能会受到与供应安全有关的其他法律和政治约束的限制。供应安全是国防采购新旧格局的一部分(将在下文就此进行讨论)。唯一的不同是:如果合同授予欧盟内部的经营者,那么供应安全问题受到内部市场法的制约,尤其是《国防指令》和《欧共体内部移转指令》的制约[119],如果是在其他相关组织内(尤其是欧洲防务局和意向书组织)的合同(相关讨论见第五章),则受到此组织法律文件的制约。《国防指令》对供应安全方面的考虑,尤其是规格、资格预选和授标标准等方面的考虑,见第七章讨论。关于《欧共体内部移转指令》和一揽子国防法规中其他措施的讨论见第四章[120]。在本书写作期间的2014年,判断制定一揽子国防法规一类的举措是否很好解决了供应安全方面的问题为时尚早。我们现在只能确定:供应安全这个概念正在发生变化,采取的相关措施是为了在实践中逐渐降低这个问题的重要性。

3.2.2 信息安全

欧盟委员会《信息安全指导说明》(Commission's Guidance Note Security of Information)明确指出,信息安全指的是"经营者保护机密信息的能力和可靠性"[121]。由于信息安全与"经营者的能力和可靠性有关",因此它主要对投标人的资格预选和选择有影响。但它也对合同条件规则有影响,并在一定程度上影响着授标标准。

根据《国防安全采购指令》第1条第(8)款的规定,机密信息指:

具有一定安全或保护密级,为了国家安全利益或根据成员国法律法规或现

---

[118] 第147-160页。

[119] 保证供应安全显然是《国防指令》的一个主要目标,参见欧盟委员会《国防指令建议》附录,前注4,第17-18、22、25-26、27、34 和第44-45页。

[120] 第147-160页(《欧共体内部移转指令》)和第182-183页(其他)。

[121] 欧盟委员会《信息安全指导说明》(Commission's Guidance Note *Security of Information*),http://ec.europa.eu/internal_market/publicprocurement/docs/defence/guide-soi_en.pdf [2013年10月16日登录],第1页。

行行政管理规定的要求必须进行保护,防止任何未授权个人对其进行不当使用、破坏、转移、泄露、遗失、读取或其他破坏的任何形式、性质或传输方式的信息或材料。

《指导说明》认为信息安全是《国防指令》的一个"特别重要的特色",因为"许多国防采购是非常敏感的"[122]。这一观点是完全正确的。机密信息的安全必须在合同的整个寿命周期内进行保护。但是由于缺乏欧盟统一的信息安全制度,成员国自行决定对什么样的信息得到保护,自行设定其保密级别,自行发放接触机密材料许可证书,而这些接触机密材料许可证并没有得到其他成员国的自动认可,我们将在第八章就此进行讨论[123]。与前面提到的欧共体内部移转许可证制度不同的是,这一方面并没有统一的欧盟指令。关于在欧盟以外的意向书组织内人们如何应对这个问题,我们将在第五章进行讨论,并在第八章讨论《国防指令》如何解决信息安全要求的问题[124]。

3.2.3 没有统一的欧洲国防标准带来的军事安全成本

欧盟在国防市场和采购制度上分割为 28 个条块,常常使 28 个成员国的军队所使用的装备在技术上完全不同,无法兼容。如果这 28 个独立的国防政策只关注这 28 个相互独立、相互分割的成员国的领土防卫,倒也没有什么问题。但是大多数成员国出于传统领土防卫和危机安全管理方面的原因,在联合国、北约、或通过共同安全与防卫政策在以前的西欧联盟(即现在的欧盟体系)内进行合作,我们将在下一标题就此进行进一步的讨论。当某国军队的分遣队与其他国家进行合作时,各国之间的协同工作能力对此类军事行动的效果有直接影响。军队的有效性事关国家安全,有效性的缺失或降低会对国家安全造成不良影响。协同工作能力的一个要素,是多国部队或防卫力量的各单元所使用的装备具有兼容性。但是这些装备往往并不具有兼容性。北约驻阿富汗某高级指挥官指出:

我的桌子上必须放九个不同的系统才能与所有部队进行联络。所有这些五花八门的国内系统都没有用。没有一个通用的操作网络真是太糟糕了[125]。

因此有人指出,欧盟防务市场的条块分割,导致各成员国军队所使用的装备之间有很大的不同,与盟国装备常常不能相互兼容,因此影响了协同行动的能力,进而影响了军队协同行动的有效性,影响了国家安全。如果建立一套统一的内部市

---

[122] 同上。

[123] 见 392-397 页。

[124] 保证供应安全显然是《国防指令》的一个主要目标,参见欧盟委员会《国防指令建议》附录,前注 4,第 18-19、27、34 和第 46-48 页。

[125] 引用自 A. 迈农(A. Menon),"无事生非:《里斯本条约》之后的欧盟防务政策"(Much Ado about Nothing: EU Defence Policy after the Lisbon Treaty),见于里卡多·阿尔卡罗和埃里克·琼斯(Riccardo Alcaro and Erik Jones)(eds.),《欧洲安全与大西洋两岸关系的未来》(*European Security and the Future of Transatlantic Relations*)(Rome: Edizioni Nuova Cultura, 2011),第 133 页,第 138 页。

场规则,有助于同一类型或兼容装备的采购,至少可以提高欧盟范围内的联合军事行动和防卫行动的有效性,也可以提高欧盟以外军事联合行动的有效性。因此,国家安全方面的原因,尤其是《欧盟运行条约》第346条的例外条款所规定的情形虽然可以实现对内部市场法的豁免,但必须权衡该豁免措施对参加联合军事行动的国家军队的协同能力所造成的影响。从国防到北约或欧盟共同防务之间的距离越远,越要重视防卫联盟、"北约安全"或"欧盟安全"的共同"国家"安全。只有当国防只是纯粹意义上的国防时,纯粹的国防安全才有意义,而在欧盟纯粹意义上的国防是不存在的。在判断以国家安全为由豁免于内部市场的约束是否合理时,必须把这一点考虑进去。

3.3 欧洲国防与安全一体化的正反效应

过去几十年来,欧洲和全球的地缘政治形势一直在发生着变化,而这些变化对于欧盟成员国的军队产生了深远的影响,对供应军队的国防工业也产生了深远影响。第二次世界大战的结束使美国和苏联成为军事联盟的领导国家,而这两个军事联盟又各自将欧洲各国纳入自己的麾下,在这两大对立集团之间只有少数几个不同程度上的中立国家。在北约和华约集团内,美国和苏联虽然不是唯一的军队武器供应国,至少是主要的武器供应国。在这两大军事集团内,军事预算、军队规模和国防采购活动都反映出来自另一方的威胁。在北约国家,国防工业协作几乎全部是大西洋两岸国家的合作[126]。华约集团和苏联的解体改变了这种格局。首先,一些华约国家,即波兰、匈牙利、东德、捷克斯洛伐克、保加利亚和罗马尼亚,甚至是苏联的加盟共和国,即爱沙尼亚、拉脱维亚和立陶宛,也进行了重组并最终加入了北约和欧盟。我们在前面指出,所有欧盟国家都缩小了军队规模,减少了国防预算和武器采购。它们不再需要一个庞大的军队来保护自己国家不受"另一方"的侵犯了。它们所需要的是一个小规模的军队进行传统意义上的领土保护,可以方便地为完成国际军事任务而进行部署。

随着华约集团的消失,北约和欧盟都经历了一个扩张阶段,并发生了"使命的改变"。北约扩大后,仍然是欧洲的主要防卫组织[127],但另外它还具备了新的功能,成为一个危机管理组织,尤其是对阿富汗危机的管理上[128]。与此同时,欧盟将自己的作用扩展到贸易以外的领域,自从1992年《马斯特里赫特条约》(Maastricht)签

---

[126] 艾森哈特(Eisenhut),《欧洲军备合作》(*Europäische Rüstungskooperation*),前注7,第29页。
[127] 参见《欧盟条约》(里斯本)第42条第2款第2段和第7款第2段对北约的提及。
[128] 北约和欧盟之间可能发生的竞争不能在本书进一步展开讨论。参见H. 克莱格尔(H. Krieger),"共同欧洲防务:竞争还是与北约相容?"(Common European Defence:Competition or Compatibility with NATO?),见于马丁·特莱伯斯和尼格尔·D. 怀特(Martin Trybus and Nigel D. White)(eds.),《欧洲安全法》(*European Security Law*)(Oxford University Press,2007),第174-197页。

订以来,其共同外交与安全政策(Common Foreign and Security Policy,CFSP)分几个阶段逐渐演变成2009年《里斯本条约》(Treaty of Lisbon)中的共同安全与防卫政策(CSDP)[129]。目前这个共同安全与防卫政策首先包括一个危机管理部分[130],包括一些永久性的军事组织[131],这些军事组织已在欧洲及欧洲以外地区完成了大规模的军事行动[132]。第二,按照这个共同安全与防卫政策的规定,当欧盟某个成员国遭受军事打击时,所有成员国具有自动采取军事行动的义务[133]。最后,也是与本书关系最为密切的一点,这个共同安全与防卫政策包括一个军备政策,而这个军备政策就包括建立一个永久性的欧洲防务局[134],相关讨论见第五章[135]。这些倡议许多尚在襁褓之中,而欧盟则已成为一个兼具防御功能的组织,并有进一步发展该功能的勃勃雄心。共同外交与安全政策,以及共同安全与防卫政策的实施,是独立于内部市场的。这意味着这些"第二支柱"[136]政策的实施是在欧洲理事会和共同外交与安全政策高级代表的控制下进行的,欧盟委员会、欧洲议会和欧洲法院的作用被降至最低。这些组织中的某些人认为这是对其政策和"一揽子国防法规"(《国防指令》是"一揽子国防法规"最为重要的一部分)的一种威胁,至少从某种程序上反映出人们对欧盟军备政策功能定界的担忧。

一些政治学者(如 Jones)指出,冷战结束后美国作为唯一的超级大国,其作用发生了变化,欧盟国防与安全政策应运而生[137]。在这个"单极"世界里,欧盟成员国

---

[129] 参见艾尔基·阿尔托(Erkki Aalto),"形成一个共同防御?《里斯本条约》之后的法律基础"(Towards a Common Defence? Legal Foundations after the Lisbon Treaty),见于马丁·特莱伯斯和卢卡·卢比尼(Martin Trybus and Luca Rubini)(eds.),《〈里斯本条约〉及欧洲法律政策的未来》(The Treaty of Lisbon and the Future of European Law and Policy)(Cheltenham:Edward Elgar,2012),第305页。

[130] 参见《欧盟条约》(里斯本)第43条第1款。

[131] 政治与安全委员会、欧盟军事委员会、欧盟军事参谋部。

[132] 对前期任务的综述见弗莱德里克·纳尔特(Frederick Naert),"实践中的欧洲安全与防务政策:日益多样雄心勃勃的的欧盟安全与防务活动"(ESDP in Practice:Increasingly Varied and Ambitious EU Security and Defence Operations),见马丁·特莱伯斯和尼格尔·D·怀特(Martin Trybus and Nigel D. White)(eds.),《欧洲安全法》(European Security Law)(Oxford University Press,2007),第61-101页。

[133] 《欧盟条约》(里斯本)第42条第7款第1段。参见马丁·特莱伯斯(M. Trybus),"有还是没有《欧盟宪法条约》:形成一个共同安全与防务政策?"(With or Without the EU Constitutional Treaty:Towards a Common Security and Defence Policy?)(2006),第31期,《欧洲法律评论》(European Law Review),第145-166页。

[134] 《欧盟条约》(里斯本)第45条第3款第2段。

[135] 第186-222页。

[136] 《里斯本条约》废除了三大支柱式的结构;但是共同外交与安全政策虽然不再是第二大支柱,但仍然是一个独立的政府间体系,由欧洲理事会的成员国主导,与欧盟内部市场及《欧盟运行条约》的决策和法律原则相分离。相关讨论见第五章,第221-222页。

[137] 塞斯·琼斯(Seth Jones),《欧洲安全合作的兴起》(The Rise of European Security Cooperation)(Cambridge University Press,2007),第136页及以下各处,以及"欧洲防务的兴起"(The Rise of European Defence)(2006),第121期,《政治科学季刊》(Political Science Quarterly),第245-295页。本段前部分关于政治科学的背景讨论受益于艾森哈特(Eisenhut),《欧洲军备合作》(Europäische Rüstungskooperation),前注7,第29-30页。

看到美国这个霸权国家仍然继续存在,但作为国际关系上的危险因素它已逐渐不会对欧洲的安全利益造成不良影响。这种形势上的变化使欧洲人产生了勃勃野心,希望形成一种自主军事能力,不受美国的控制,必要时还可按照与美国意愿相反的方向行事[138]。这种形势上的变化还使欧洲的国防工业项目从与美国合作走向由欧洲人主导,并因而产生了共同安全与防卫政策。但是以加布里埃尔(Gabriel)为代表的机能主义者认为欧盟在安全与国防方面的快速融合,是与国防政策相关领域的经济发生一体化的意外结果,如武器贸易、竞争法或出口控制等[139],我们将在第二章和第四章就此进行讨论。在内部市场范围内这些领域的规制促使人们对欧盟范围内的国防与安全进行规制,但是加布里埃尔指出,进行这方面的规制仍然要有政治上的意愿[140]。

因此,德·古希特(De Gucht)和克科莱尔(Keukeleire)将这两个方面结合起来,对欧盟国安全一体化的正反效应进行了解释:正的方面是欧盟快速的国防一体化与政治意愿,推动着欧洲远离单极世界秩序;反的方面是从机能主义出发,拉着欧洲远离经济上的一体化[141]。在对正反两方面进行解释时,需要强调两点。第一,除了大洋两岸之间关系上的细微差别与欧洲经济一体化的进展,在不远的将来,欧洲国防进一步一体化的正反效应都不会减弱。第二,《国防指令》也是这些基本限定因素共同作用的结果。虽然《国防指令》是内部市场的一部分,但它是内部市场中事关国防与安全一体化的非常重要的一部分,甚至可以说是最为重要的一部分[142]。从这一方面来说,《国防指令》和整个"一揽子国防法规"是一个特例,因为欧盟/欧共体/欧洲经济共同体一直在一定范围内对国防市场进行着管制(管制范围见第三章讨论)。我们将在第二章就此进行解释。因此,内部市场只是"占领"了自从1957年就已经拥有的领域。但是有人指出,之所以现在对此才有一个看似合理的解释,是因为地缘政治形势上的变化而产生的正效应,以及半个世纪以来经济一体化带来的机能主义反效应。这些正反效应的发生只是近30年来公共采购规制领域才有的事情[143]。正反两方面的效应不仅促使欧盟立法委员会制定了《国防指

---

[138] 艾森哈特(Eisenhut),《欧洲军备合作》(Europäische Rüstungskooperation),前注7,第29页。

[139] J. M. 加布里埃尔(J. M. Gabriel),"欧洲安全一体化:从机能主义角度进行分析"(The Integration of European Security: A Functionalist Analysis),(1995)第50期,《对外经济》(Aussenwirtschaft),第135-159页,第135页及以下各处。

[140] 同上,第145页。

[141] K·德·古希特和S·克科莱尔(K. de Gucht and S. Keukeleire),"欧洲安全体系,欧共体在形成新的欧洲地缘政治风景的作用"(The European Security Architecture, the Role of the European Community in Shaping a New European Geopolitical Landscape)(1991),第6期,《外交研究》(Studia Diplomatica),第29期,第30-31页。

[142] 关于欧盟内部市场对欧盟国防一体化的促进作用,参见马丁·特莱伯斯(Martin Trybus),《欧盟法与防务一体化》(European Union Law and Defence Integration)(Oxford: Hart, 2005),第四至第九章。

[143] 关于欧盟公共采购制度参见彼德·特莱普特(Peter Trepte),《欧盟的公共采购:从业者指南》(Public Procurement in the EU: A Practitioner's Guide),第2版(Oxford University Press, 2007),第27-38页。

令》，还让欧盟委员会从20世纪90年代以来发布了各种《通讯》[144]，甚至促使欧洲法院对欧盟重要的法律条款进行了解释，其中最为著名的是《欧盟运行条约》第346条（相关讨论见第三章）[145]。

从冷战走向联合国、北约或欧盟体系内的危机管理，应当使欧盟成员国的军队发生转型，从大规模的领域防卫军队到较小规模的可部署可整合的军队，但是这种转型只限于某种程度。欧盟成员国目前有大约160多万联合军队，但只有10万军队可在全球范围内进行部署[146]。其中的原因，不仅是因为军队没有受过相关任务的训练，还因为缺少必要的装备。装备上最大的缺口是空运能力，需要外来支援，从美国、俄罗斯或乌克兰租借飞机[147]。其他方面的缺口包括通信、卫星侦察和防区外任务移动司令部[148]。欧洲军队能力上的巨大欠缺产生了两个后果：第一，从短期和中期来说，仍然需要美国在关键地区的支持，《柏林补充协议》（the Berlin-Plus Agreement）的目的，是保证得到北约部队（实际上是美国部队）的正式支持[149]。第二，欧盟成员国主要通过欧洲防务局形成了一系列的总体目标，逐渐填补能力上的空白[150]，并在最近就成

---

[144] 尤其是"欧洲防务相关工业面临的挑战：对于欧洲整体行动的促进因素"，COM（1996）10 final；"在防务相关工业实施欧盟战略"，COM（1997）583 final，包括"防务相关工业行动计划"（Action Plan for the Defence-related Industries），其中介绍了许多内部市场政策及其对防务工业（包括公共采购）的影响；"欧洲防务——工业与市场问题：形成一个欧盟防务装备政策"，COM（2003）113 final，然后是最终导致《国防指令》的《国防采购绿皮书》，COM（2004）608 final。

[145] 参见案件 C-414/97，*Commission v. Spain*［1999］ECR I-5585，［2000］2 CMLR 4 之后的判例法，相关讨论见第三章，第109-125页。

[146] COM（2013）542 final，第8页提供了160万这个数据。达尼斯等（Darnis，*et al.*），《欧洲防务装备项目教训》（*Lessons Learned from European Defence Equipment Programmes*），前注50，第18页，数据为200万，并提供了可部署部队的数据。

[147] 特莱弗·C·萨尔蒙和阿里斯泰尔·J·K·谢波德（Trevor C. Salmon and Alistair J. K. Shepherd），《形成一个欧洲军队：正在形成的军事力量？》（*Toward a European Army: A Military Power in the Making?*）（Boulder: Lynne Rienner Publishers, 2003），第130页及以下各处。

[148] 科里·谢克（Kori Schake），《建设性重复：减少欧盟对美国军事资源的依赖》（*Constructive Duplication: Reducing EU Reliance on US Military Assets*），工作文件（London: Centre of European Reform, 2002），第19页及以下各处。

[149] 《柏林补充协议》用来简称北约和欧盟之间按照1999年北约华盛顿峰会协议达成的一揽子协议，包括以下主要部分：北约-欧盟安全协议；确保欧盟领导的危机管理行动可得到北约计划能力；欧盟领导下的危机管理行动可得到北约资源；北约资源与能力的投放、监督、返还和召回程序；北约盟军最高司令职权范围及北约欧洲司令部特权；欧盟领导下的危机管理行动应用北约资源及能力的欧盟-北约磋商协定；协调和相互强化能力要求的协定。所有这些部分通过所谓的"框架协议"被整合到一起，而这个框架协议主要由总秘书长/高级代表和北约高级代表之间的交换信件组成，时间为2003年3月17日。此后一揽子《柏林补充协议》开始生效，成为欧盟和北约之间在欧盟领导下的危机管理行动中，为保证行动的实施而使用北约计划支持或北约能力和资源的根本性行动基础。www.europarl.europa.eu/meetdocs/2004_2009/documents/dv/berlinplus_/berli［2013年6月14日登录］。

[150] 综述请参见《共同安全防务政策：欧洲军事能力的发展》（CSDP: *Development of European Military Capabilities*）（Brussels: Council, 2011），http://consilium.europa.eu/media/1222506/110106%20updated%20factsheet%20capacites%%20version%208_en.pdf［2013年10月17日登录］。就成

立能力"共享"机制达成了一致[151]。

4. 国防采购的技术与合同特征

国防采购在技术和合同上有许多特征,对于规制国防采购具有重要影响。这些特征包括:研发的重要性(4.1节)、较长的寿命周期(4.2节)、协作(4.3节)、补偿贸易(4.4节)、较长的供应链(4.5节)、私营企业的不断加入(4.6节)和腐败(4.7节)。在国防采购中,协作是一个非常突出的特点,但其他领域也有此特征,表现最突出的是飞机与卫星领域。补偿贸易几乎只发生在国防采购。研发可以是任何较大型采购项目(包括但不限于安全装备)的一部分,但研发在新武器开发过程中的作用尤其重要。较长的寿命周期和较长的供应链主要表现在武器上,也表现在其他领域。腐败在所有领域都存在,但在建筑和国防领域,腐败现象更为严重。《国防指令》除了要解决欧盟的国家安全问题,还要针对以上所有技术和合同特征制定出相应对策。

4.1 研发

研发(R&D)在武器采购中具有非常重要的作用[152]。至少由于前面所说的买主垄断方面的原因,私营部门还不具备资助这种研发的能力,因此需要大量的公共投资。研发也导致了漫长的寿命周期(关于寿命周期的讨论见下文)。大多数防务装备具有高技术特征。第一,这说明装备的技术越先进,使用该装备的军队作战能力就越强。例如2003年,伊拉克军队使用的是20世纪80年代的装备,与装备了21世纪最新装备和进行了相关训练的美国或英国军队作战,根本就没有机会。装备赢得了战争。第二,占据技术上的优势非常重要,因此必须频繁更换装备并不断进行新装备的研发。供应品的采购可以分为两大类:现货采购和研发采购。

4.1.1 现货采购

现货采购指对业已存在装备的采购,在采购时不需要任何形式的研发。但这并不一定意味着相关物项已经生产出来并实际"放在货架上",而是说这些装备可以马上生产出来。如果此装备属于武器(在第三章有针对武器的完整讨论)[153],那么应当考虑到一般性的国家安全与保密问题(相关讨论见上文);如果不是武器则应当按照一般采购规则进行,但应当考虑到供应安全和信息安全方面的问题(相关讨论见第八章)。

---

[151] 参见第5章,第218页。

[152] 这一点在说明条款第13条和《国防指令》第55条得到了明确。另外还有一个完整的欧盟委员会《研发指导说明》,http://ec.europa.eu/internal_market/publicprocurement/docs/defence/guide-research_en.pdf [2013年10月17日登录]。

[153] 第88-104页。

41

由采购当局和非军事部门(如警察、监狱和过境管理机构)购买的武器大多为现货产品,这些现货包括小型武器和弹药以及装甲车辆。但是这些机构的任务非常复杂,有时候也包括一些涉及研发的项目。军队、安全部门甚至是机场一类的实体所使用的非军事安全装备一般都是现货产品。这并不是说这些装备一般不需要进行研发。但是与那些需要在研发上投入大量公共资金的大型武器项目相比,这些现货产品的研发一般由出售这些产品的私营公司出资。私营公司愿意接受研发风险,因为前面描述的买主垄断的情况在这些产品中并不存在。由于存在其他潜在客户,研发并不一定由国家出资,因此从采购当局和实体的角度出发,这些产品具备了现货产品的特征。

4.1.2 研发采购

涉及研发的采购是非常复杂的采购。相关产品根本就不存在,既没有设计图,也没有现货。与构思、研发相关的各个重要阶段,在这些采购过程中非常必要也非常重要。一般来说,这些阶段包括构思、研究、开发、生产和推广阶段[154]。这个项目周期是非常复杂的,对于采购过程也会产生影响。其他高技术产品的采购,如空间产品的采购,在许多方面与国防采购是相同的。由于前面提到的买方垄断、研发采购的高成本和高风险,大部分成本只能由各国政府承担,大量的风险也只能由政府承担,否则国防工业是不会就此类项目与政府合作的。另外,这些成本高、周期长、风险高的研发项目,其国防工业基础往往弱于"现货产品"合同基础,至少从总承包商来说是这样,因此很难采取竞争性的采购方式;而且由于公司数量少,采取竞争性的采购方式也没有什么意义。由于成本高且相关国防工业基础有限,往往需要在数个国家及其国防工业之间进行协作,这些项目因而变得更加困难。国防及其国防工业间的协作是国防采购的一个重要特征,也是不可避免的,我们将在下文就此进行进一步的讨论。在这样的协作项目中,每一个合作成员国都为本国国防工业寻求投资上的"公平回报",因此在采购过程中做到竞争、透明是非常困难的,至少从总承包商来说是这样。从整个供应链来说,竞争透明是可以做到的,但也是非常困难。通过单独授予研发阶段合同和生产阶段合同的方式,将研发和生产阶段分开进而引入一些竞争的成分,也是很困难的。一般来说,国防工业公司只有得到新产品的生产合同时,才愿意承担研发带来的风险和成本。所有这些问题将在第六章讨论《国防指令》适用范围和第七章讨论采购程序时进行讨论[155]。

由国防部门以外的采购当局和非军事实体进行的受《国防指令》约束的采购,往往不是本节讨论的研发项目,其中的大多数采购属于现货采购。如果这些采购的确涉及研发,那么这些研发既不是公共投资,也不存在军事研发上的风险。作为其私营业务活动的一部分,相关公司将进行必要的研发。协作一般也仅限于军事

---

[154] 对各个阶段的详细论述参见特莱伯斯(Trybus),《欧洲国防采购法》(*European Defence Procurement Law*),前注1,第26页。

[155] 分别见第245-309页和第310-357页。

采购项目。我们将在后面就此进行讨论。

4.2 较长的寿命周期

许多军事产品的寿命周期很长,从构思、可行性研究、通过研发进行项目定义、生产和服役期内支持,再到报废,可能是一个非常漫长的时期。取决于不同的产品,这个时期可能是几十年,甚至是半个世纪。虽然将研发与生产阶段分开是一个非常重要的问题(见上文讨论),但在生产之前的阶段往往将合同授予同一集团,而服役期内的支持和报废阶段,往往会产生不同的合同并将相关合同授予其他经营者。其原因至少一部分是由于军事装备较长的寿命周期,因为几十年之后,生产相关装备的公司可能不复存在了。另外,服役期内的支持和报废属于可拆分服务合同,可以是生产合同的一部分,也可以不是。研发可以是一个单独的服务合同。同样,如果把几十年的服役期内合同、最后的报废合同与装备生产合同合成一体,必然会对竞争造成不良影响。因此从理论上来说,在可形成可拆分合同的寿命周期各阶段,只有按照独立服务和供应合同的形式进行发包,才能得到最大程度的竞争,这样也为中小企业提供了更多的机会。但是这样会影响企业参加寿命周期内的一部分合同的投标的积极性,尤其是参加拆分出来的研发合同投标的积极性,进而影响竞争。总体而言,某些阶段将会从研发和生产分离出来,将服役期内合同和报废合同按照附属合同与独立授予合同相组合的方式,以军事合同内部条款和传统采购条款相组合的方式进行处理,可以进行多种形式的组合。

非军事安全产品的寿命周期,包括警用小型武器或机场使用的安检设备的寿命周期可能也会很长,但其研发一般由经营者承担。服役期的支持和报废处理常常由内部或独立的承包商完成。

4.3 协作

两个或多个成员国之间的协作项目,如欧洲战机/"台风"战斗机、"流星"空空导弹或 A400M 运输机项目,是很常见的情况,其目的是在欧盟范围内开发新型防务装备[150]。之所以会出现这样的情况,是因为即使前面所说的"六强"在相关工业能力方面也是有限的;另一个原因是因为防务装备的成本非常高昂(见前文讨论):只有数个成员国都下订单,取得规模效益,而且这些国家都对某个项目进行联合投资,才能让这个项目运转起来。在以前这些项目均与美国有关,并进行临时性

---

[150] COM (1996)10 final,第 8 页。通过联合军事采购组织、欧防局或北约的后勤组织(NPSA)和北约生产后勤组织,如"龙卷风"战斗机开发生产与后勤管理局(NETMA/NEFMO 与 NAMMO)),或通过使用所谓的"牵头国家概念";例如:"美洲虎"(牵头国家法国)、Bréguet Atlantique(牵头国家法国)、BVRAAM/"流星"(牵头国家英国)、F-16 MNFP(牵头国家美国)、F-35 JSF/FJCA(牵头国家美国)。参见 B. 休尼斯(B. Heuninckx)在"欧洲防务与安全采购"研讨会上的发言"协作性国防采购",公共管理研究所(EIPA),马斯特里赫特,2012 年 1 月 19 日(第 12 章,可查)。

的组织。自从20世纪90年代以来,由于政治上的原因,而且由于市场互惠不复存在,欧洲人得不到相关技术,因此这些项目几乎全部是在欧洲范围内进行[157]。另外,协作越来越倾向于在永久性的组织内进行,如联合军备采购组织和欧洲防务局(相关讨论见第五章)。协作项目一般都是成本高昂、备受瞩目、技术先进的国防项目,其后果往往是:第一,研发与生产阶段的高昂成本,意味着高额公共投资,而做出投资的政府则希望本国产业参与合作,以此得到投资回报。由于这些项目往往令人瞩目,对本国就业会产生影响,因此对于投资政府来说,取得"公平回报"具有一种政治上的压力。正因为如此,投资政府得到回报的愿望更加强烈,以竞争性的采购方式对此类合同进行发包(相关讨论见第七章),虽然不是不可能,但非常困难,我们将就此进行讨论。另外,这些项目的高技术特征带来了与研发有关的各种问题:一是必须对研发进行公共投资,二是将研发与生产阶段分开非常困难。

为了取得规模效益,保证相关成员国在投资上得到公平回报,这些成员国在项目结束时,都会从参与项目的国际财团那里采购需要的装备。实际上,军工企业为了参与项目,必须缴纳一定数量的保证金。因此,参加协作项目的成员国会直接授予合同,而不是按照竞争性采购的方式授予合同。重重困难,加上缺乏相关的采购规范,成员国之间就协作项目签订了各种各样的协议,产生的结果也各有不同。欧洲协作式国防项目常常效率低下、成本高昂,花费的时间远超计划[158]。在经济困难时期和预算减少时,成本仍然持续增加,而且在军事能力上又存在许多缺口——所有这一切都说明必须对欧洲的协作项目进行改革。协作项目的改革可以在内部市场的体系内进行,但不一定仅通过《国防指令》或通过第五章讨论的各种组织进行。

4.4 补偿贸易

补偿贸易[159]是国防采购中的常见现象,只要合同被授予采购实体所在国以外国家的经营者,就有可能发生补偿贸易。作为与外国经营者所达成合同的一部分,发包国家要求中标人所在国的经济对本国纳税人的钱进行"补偿"。德国国防与安全工业协会(BDSV)对补偿贸易的定义如下:

补偿贸易是某种形式的工业补偿,产生于采购国防技术产品和/或相关服务时。相关采购可能是国家政府间的交易,也可能是企业与某个国家政府间的交易

---

[157] K·冯·沃高和B·拉普-容格(K. von Wogau and B. Rapp-Jung),"监管外国在国防与安全领域投资的欧洲制度案例"(The Case for a European System Monitoring Foreign Investment in Defence and Security)(2008),第45期,《共同市场法评论》(Common Market Law Review),第47—68页,第55页。

[158] 关于此观点参见B·休尼克斯(B. Heuninckx),"欧洲的协作式采购简介:麻烦、成就和进展"(A Primer on Collaborative Defence Procurement in Europe: Troubles, Achievements and Prospects)(2008),第17期,《公共采购法评论》(Public Procurement Law Review),第123—45页,详情见其2011年诺丁汉大学博士论文,前注1。

[159] 描述补偿贸易的其他术语有:工业补偿、工业合作、工业与地区利益、均衡、公平回报。

……补偿贸易可指任何形式的补偿[160]。

补偿贸易的形式有多种。2008年欧洲防务局《补偿贸易对欧洲国防工业与市场发展的影响效果研究》(Study on the Effects of Offsets on the Development of a European Defence Industry and Market)[161]指出,补偿贸易可分为三大类:直接(军事)补偿贸易、间接军事补偿贸易和间接民事补偿贸易。直接和间接军事补偿贸易的要求有利于发包国家的国防工业,例如可在发包国家建立生产基地增加就业,或进行"分包、特许经营、技术转让、投资,或由出售者和采购国进行合资"[162]。直接军事补偿贸易只要求对最初的国防采购合同进行补偿,而间接军事补偿贸易则不管初始国防采购合同履行情况如何,都要求以与初始合同发包国家的军工企业签订合同的方式进行补偿。最后是对民用工业的间接补偿贸易(即间接民用补偿贸易)。这种补偿贸易完全独立于初始合同和发包国家的国防工业部门。2008年公布的《补偿贸易研究》指出,2007年参与协作项目的成员国的补偿贸易按照类型划分,其相关数据如下:直接补偿贸易40%;间接军事补偿贸易35%;民事间接补偿贸易25%[163]。乔格波洛斯(Georgopoulos)指出,由于现代国防系统同时包括民用和军事技术,因此间接民事补偿贸易和间接军事补偿贸易在实践中很难区分[164]。

补偿贸易协议是一个独立于初始采购合同的合同[165],但这个独立合同又是后者的条件[166]。补偿贸易在价值上可以达到初始合同的100%以上[167]。补偿贸易的实施在欧盟成员国之间有很大不同。有的成员国,主要是法国和德国,并没有就补偿贸易做出相关要求;而其他国家则将补偿贸易作为一个法律要求,如将补偿贸易作为一个授标标准[168]。这意味着补偿贸易合同可能与初始国防合同没有任何关系,

---

[160] 德国国防工业协会(Bundesverband der Deutschen Sicherheits-und Verteidigungsindustrie)(BDSV),www.bdsv.eu/en/Issues/Offsets_compensation_benefits.htm[2013年10月16日登录]。

[161] E·A·埃里克森等(E. A. Erikson, et al.),《补偿贸易与欧洲国防工业及市场发展的影响研究》(Study on the Effects of Offsets on the Development of a European Defence Industry and Market)(Henley on Thames:SCS and Stockholm:FOI, for the EDA, Brussels,2007),下称"欧防局补偿贸易研究"("EDA Offsets Study"),第3页。

[162] 同上。

[163] 据2007年《欧防局补偿贸易研究》数据,前注161,第4页。

[164] A·乔格波洛斯(Georgopoulos),"欧洲国防采购中的补偿贸易再访:欧防局的《补偿贸易准则》"(Revisiting Offset Practices in European Defence Procurement:The European Defence Agency's Code of Conduct on Offsets)(2011)第20期,《公共采购法评论》(Public Procurement Law Review),第29-42页。

[165] 德国国防工业协会(BDSV),前注160:"补偿贸易包括供应商的义务,该义务是补偿贸易协议中的一种附加福利,与供货合同有关,但是一种独立协议。"

[166] "补偿贸易是向外国政府销售防务物项的一个条件,该外国政府及其经济借此对采购价值的一部分进行补偿。"来源:美国商务部工业与安全局,第14期,国防贸易中的补偿贸易(2009),第 i 页。

[167] 据2008年欧洲防务局《补偿贸易影响研究》发布的2007年数据,前注161,第4页,当时欧盟24个成员国补偿贸易合同潜在总额为42亿欧元,补偿贸易平均比重为135%,补偿贸易总额达到56亿欧元。

[168] 法国和德国没有将补偿贸易视为政策性的问题。英国、意大利、瑞典和荷兰(欧盟净出口国,同时进行跨大西洋进口)使用间接军事补偿贸易。芬兰、波兰、葡萄牙、希腊和西班牙(进口大国,一部分具有某些出口能力)使用不同种类的补偿贸易,主要是直接补偿贸易。没有国防工业的成员国使用间接民事补偿贸易。参见《欧防局补偿贸易研究》,前注161,第4页。

经营者的资格或投标书的质量成为次要的东西。许多成员国都设立了规模相当大的补偿贸易管理部门,一般为经济部门的一部分,但最近更多地属于国防部门。之所以进行这样的组织,可能是为了掩盖补偿贸易背后的经济利益,而不是国防利益。但是必须强调指出,补偿贸易对国家安全的作用微乎其微,它带来的只是经济上的利益[169]。补偿贸易被称为"奇怪的动物",是"国防采购特有的东西"[170]。

一般情况下,发包的国防采购当局在初始国防采购合同中以合同义务的形式提出补偿贸易要求。这些合同义务要求与发包国专门的补偿贸易管理部门和发包国家的公司签订专门的补偿贸易合同。与公司签订的最终合同一般为私法合同,是否符合补偿贸易的要求由国家补偿贸易管理部门决定。补偿贸易要求常常被认为是一个次要授标标准,因此在采购条款中,补偿贸易要求也是合同履行条件[171]或者次要授标标准[172]。首先,投标人如果达不到补偿贸易条件要求就会被淘汰;第二,没有补偿贸易出价或者补偿贸易出价不那么诱人的投标人,与提出诱人补偿贸易条件的投标人相比,胜算的机会要少很多。按照欧盟公共采购《指令》进行合同授予的要求受到了双重影响。第一,提出补偿贸易要求的初始合同的授予,直接受到合同履行条件或次要授标标准的影响。第二,补偿贸易合同的授予受到了影响,因为该合同要么被授予另一投标人,要么根本就不授予。必须对这个双重影响的两个方面进行独立评估。但是我们在讨论《国防指令》时,主要关心的是对初始合同的影响。

4.5 较长的供应链

在武器合同中常常有一个很长的供应链。我们在前面讨论欧洲国防工业基础结构时对此进行了讨论。

4.6 公私伙伴关系

国家安全和内在的国防保密要求,常常使国防部门很难与私营企业有更多的延伸关系,像私有化、外购、合同外包,以及公私伙伴关系(PPP)等项目都很难实现。一般来说,国防属于公共事务,国家不仅是授权人和规制人,也是国防的供应人。从私营企业那里采购装备及某些相关服务,是上述规则的一个重要例外。在

---

[169] D·艾森哈特(D. Eisenhut),"国防采购中的补偿贸易:一种奇怪的动物——处于灭绝边缘?"(Offsets in Defence Procurement:A Strange Animal-at the Brink of Extinction?)(2013)第38期,《欧洲法律评论》(*European Law Review*),第393-403页。

[170] 同上,第1页。

[171] 相关讨论见第九章。

[172] 相关讨论见第九章。

某些成员国,这种情况自 20 世纪 90 年代以来发生了变化,英国的变化尤其明显[173]。某种服务是否可以让更多的私营企业参与,如作为 PPP 项目的海军基地建设、外包给私营安保公司的保安服务,甚至是由经营者而不是由内部机构提供的情报服务,取决于每种服务的国家安全意义、采购当局及市场的思维定式和态度。另外,成员国与成员国之间也有所不同。但是这些采购应当签订新的公共合同,必须按照《国防指令》的要求进行发包。因此采购法应当考虑到这些实际情况,尤其是在适用范围(相关讨论见第六章)和采购方式上(相关讨论见第七章)。关于投标人资格预选的规则必须考虑到私营企业加入的可能,尤其要考虑到合同被授予另一成员国经营者的可能。

私营企业可以加入到采购当局的相关项目中,而不是加入到国防部门的项目中。另外,私营企业还常常加入公用事业项目,如机场的安检工作就可以与私营安全公司签订合同。

4.7 腐败

透明国际(Transparency International)公布的《贿赂者指数》(Bribe Payer's Index)将国防领域列为世界上腐败最为严重的三大领域之一[174]。在安全货物和服务方面没有类似数据。腐败对欧盟的国防采购也产生了影响,各成员国之间在腐败

---

[173] 凯斯·哈特利(Keith Hartley),"英国采购政策经济"(The Economics of UK Procurement Policy),http://web.cenet.org.cn/upfile/53069.pdf [2013. 年 6 月 13 日登录];D·帕克尔和 K·哈特利(D. Parker and K. Hartley),"交易成本、关系采购以及公私伙伴关系:英国防务案例研究"(Transaction Costs,Relational Contracting and Public Private Partnerships:A Case Study of UK Defence)(2003)第 9 期,《采购与供应管理杂志》(Journal of Purchasing and Supply Management),第 97－108 页;"军事外包:英国经验"(Military Outsourcing:UK Experience),http://web.cenet.org.cn/upfile/53057.pdf [2013 年 6 月 13 日登录];K·哈特利(K. Hartley),"军事外包经济"(The Economics of Military Outsourcing)(2002)第 11 期,《公共采购法评论》(Public Procurement Law Review),第 287-297 页;K·哈特利(K. Hartley),"军事外包经济"(The Economics of Military Outsourcing)(2004)第 4 期,《防务研究》(Defence Studies),第 199－200 页;J·E·弗莱兰德(J. E. Fredland),"外包军事力量:军火公司任务交易成本分析"(Outsourcing Military Force:A Transaction Cost Analysis on the Roles of Military Companies)(2004)第 15 期,《防务与和平经济》(Defence and Peace Economics),第 205-219 页;J·布劳尔(J. Brauer),"从经济学的角度分析雇佣兵、军火公司和军队私有化"(An Economic Perspective on Mercenaries,Military Companies,and the Privatisation of Force)(1999)第 13 期,《剑桥国际事务评论》(Cambridge Review of International Affairs),第 130-146 页;D·西尔拉(D. Shearer),"私人军事力量与未来挑战"(Private Military Force and Challenges for the Future)(1999)第 13 期,《剑桥国际事务评论》(Cambridge Review of International Affairs),第 80-94 页。

[174] M·皮曼(M. Pyman),《在防务系统内应对腐败建设廉正》(Addressing Corruption and Building Integrity in Defence Establishments),透明国际工作文件 02/2007(Berlin:Transparency International,2007),www.transparency.org/publications/publications/working_papers/wp_02_2007,S·古普它、L·德·迈尔托和 R·沙兰(S. Gupta,L. de Mello and R. Sharan),《腐败与军事支出》(Corruption and Military Spending),国际货币基金组织工作文件,2000 年 2 月,www.imf.org/external/pubs/ft/wp/2000/wp0023.pdf;控制风险集团(Control Risks Group),《国际商业对腐败的态度——2006 年纵览》(International Business Attitudes to Corruption-Survey2006)(New York:Simmons & Simmons,2006),www.crg.com/pdf/corruption_survey_2006_V3.pdf。

程度上各有不同。采购中的腐败是一个非常复杂的问题，本书或本章不可能进行详细论述，但是缺乏透明性和一个可执行的采购制度，显然是一个促进因素。采购程序及相关要求，尤其是在第七章和第八章讨论的透明性、第十章讨论的复议和救济制度，都无法解决腐败问题。但是建立在透明和竞争基础上的国防采购制度具有法律约束力并具有可执行性，因此腐败变得更加困难。评判《国防指令》对国防与安全采购中的腐败产生了多大影响现在为时尚早，但有一点是毫无疑问的：《国防指令》很有可能会减少腐败现象。

5. 结论

即使在金融危机、国防预算缩水和存在能力差距的情况下，欧盟成员国的国防采购仍然存在重复性和低效性。之所以出现这样令人惋惜的局面，原因有很多，但主要是因为保护主义导致了市场的条块分割，而且成员国在国有制与控制、补偿贸易和腐败方面各有不同，规模效益和学习效益无法取得。国防物资和服务上的内部市场并不存在，如果能够建立这样一个市场，则可以节约大量成本——成员国只需相互间开放市场，可节约9%（如果向第三方国家开放则可节约11%）；如果成立一个欧盟集中采购机构，从开放市场进行采购，则可节约15%（如果这个集中采购机构也从第三方国家进行采购，则可节约17%）[175]。可见，"非欧防务成本"是非常可观的。《国防指令》只想建立一个国防物资的内部市场，换言之，是要建立一个最不具野心的采购环境，稍稍节约一下采购成本。但是如果想建成其他的采购环境，则需要与第三方国家尤其是美国达成复杂的互惠协议；如果欧盟成立了集中采购机构，则会在政治上更具野心，因为这实际上就是要求欧盟军队的一体化[176]。《国防指令》更多地是拥有一些程度有限的野心。它并不想建立一个集中采购机构，但我们在第五章讨论的某些组织可能最终会发展成为这样的机构。《国防指令》面对的是采购，不足以建立一个内部市场。但是"一揽子国防法规"的其他部分以及其他法规对实现这个目标也会起到促进作用。

受《国防指令》约束的合同可能是一次非常简单的交易，如警方完全依赖公共资金从某个竞争性很强的市场上进行手枪的现货采购。一个采购《指令》就可以对这种合同进行有效规制。如果某个国家的国防部门与其他国家的国防部门甚至是私营企业为了某个涉及研发的复杂的新武器系统而实现了资源共享并签订了合同，那么这个合同长且复杂的供应链虽然不在《国防指令》的约束范围内，但也可

---

[175] 哈特利（Hartley），"欧洲防务政策的未来"（The Future of European Defence Policy），前注72，第112页；以及"军事联盟中的国防工业政策"（Defence Industrial Policy in a Military Alliance）（2006），第43期，《和平研究杂志》（Journal of Peace Research），第473页及以下各处。

[176] 哈特利（Hartley），"欧洲防务政策的未来"（The Future of European Defence Policy），前注72，哈特利称其为"政治上不可能的事情"。

以受到某个采购《指令》的约束。相关讨论见第六章。

　　内部市场法,如《国防指令》必须考虑到国防领域的特点。在整个采购过程中,为了国家安全必须考虑到供应安全和信息安全的问题[177]。除了较长的寿命周期、研发的重要性以及协作的普遍存在,都要求对《国防指令》的适用范围进行灵活处理[178]甚至是进行一些限制[179]。必须考虑到补偿贸易的问题[180]。另外,还要注意较长的供应链问题,但这也为总承包商(主要位于"六强"国家)以外的经营者提供了机遇[181]。最后,为受害投标人建立一个复议与救济制度也是非常必要的,可以保证《国防指令》的有效实施,对于保密和国家安全也有好处[182]。

　　在进行安全货物和服务(而非武器与相关服务)的采购时,其经济政治形势与武器采购的经济政治形势是不一样的。采购实体及其可能采购的货物和服务各有不同;人们可以把防务或相关货物[183]划入武器清单[184],但不可能列出一个采购实体清单。国防领域的特殊情况可能适用《国防指令》,也可能几乎完全不适用。但最适用《国防指令》的是安全问题,因此安全货物的采购属于《国防指令》的约束范畴。

---

[177] 见第八章。
[178] 见第七章。
[179] 见第六章。
[180] 见第九章。
[181] 同上。
[182] 见第十章。
[183] 见第六章,第249-251页。
[184] 见第三章,第90-91页。

第二章 《国防指令》在欧盟内部市场法中的法律依据:禁令、豁免和比例原则

1. 引言

  我们在第一章分析了《国防指令》的经济和政治背景之后,接下来就要讨论其复杂的法律背景了。首先要讨论的是《国防指令》的内部市场法律依据。《国防指令》与欧盟所有的采购指令一样,是一个次级欧盟法,其目的是对《欧盟运行条约》关于欧盟内部市场的各项制度进行详细解释。所谓次级欧盟法,指经广泛咨询相关利害关系人,由欧盟委员会提出倡议,由欧洲理事会和欧洲议会依据《欧盟运行条约》授予的法律权力而通过的法律。欧洲理事会代表欧盟各成员国,而欧洲议会则从欧盟成员国中直接选举生。欧盟内部市场的各项法律通过欧盟各成员国政府共同意愿而形成,由这些国家的议会或公民投票批准,最终形成了《国防指令》的基础并形成了《国防指令》的约束范围。在分析《国防指令》这个次级法之前,首先必须要讨论它的主要依据和限制范围。另外,如果对这些主要的法律基础没有一个很好的了解,就不可能完全理解第六至第十章对《国防指令》各条款的讨论。

  《国防指令》在《欧盟运行条约》中的主要法律依据,除了欧洲《内部市场法》,还包括《欧盟运行条约》各条款,如竞争法(反托拉斯法)(包括合并法)、国家补助(补贴)法、经第三方国家出口法、欧共体内部武器及其他敏感物资转运法(后两者严格说来属于《内部市场法》)。但是这些法律及其对欧洲国防市场的影响十分复杂,在一章的篇幅内不可能对它们进行详尽的讨论。另外,《国防指令》显然是想规范欧洲内部市场采购制度,因此由《欧盟运行条约》和其他次级法规范的非内部市场法,以及欧共体内部的物资移转法,将在第四章进行专门的讨论。第四章讨论的是《国防指令》更为宽泛的背景基础。第三章讨论的是《欧盟运行条约》中规定的专门针对国防采购的一些豁免。《内部市场法》在武器、保密和一般性国防豁免方面的各种限制,也适用于《欧盟运行条约》其他相关条款,因为这些法律条文是《欧盟运行条约》和总体约束范围。关于这些国防豁免的讨论紧跟第二章对欧盟采购制度基础,即内部市场法的讨论,之后是对《国防指令》更加宽泛的背景的讨论。欧共体内部的物资移转在第四章也要进行讨论,因为要理解第四章的讨论,就必须对前面三章的讨论有一个深刻的理解。

本章首先讨论《欧盟运行条约》的内部市场法,即其第34条关于物资流动自由、第56条关于服务流动自由、以及第49条关于开业自由的法律规定,因为它是《国防指令》的法律基础。本章讨论内容包括公共安全领域对这些自由的豁免规定,即《欧盟运行条约》第36条、第45条第(3)款、第52条第(1)款、第65条第(1)款(b)项和第72条。另外,作者在本章还将对《欧盟运行条约》第53条第(2)款、62条和114条进行讨论[1]。作者将在本章指出,《国防指令》约束范围内的物资与服务,受到《欧盟运行条约》内部市场法的规范,受到例外条件的限制。通过这些规定,可以在逐案审查的条件下对《欧盟运行条约》进行克减,而这些克减条件必须通过欧洲法院的司法审查,必须符合比例原则且得到所有相关成员国的证实。

2. 欧盟内部市场以及国防与安全采购

在欧盟各成员国之间建立一个内部市场是欧洲一体化的核心所在。《欧盟运行条约》序言以及《欧洲条约》第二条即表明欧盟各成员国

决心通过共同行动消除障碍,保证经济和社会的进步⋯⋯

当时规定的内部市场,从某种程序上来说指的是《欧盟运行条约》第3条所规定的欧盟专属权限[2],但主要还是指《欧盟运行条约》第3条所规定的欧盟及各成员国的共享权限[3]。欧盟专属权限排除成员国的任何专属权限,它代表从成员国向欧盟的广泛的主权让渡[4]。共享权限并不排除成员国的权限。但是如果欧盟规定了某个领域为共享权限领域,那么成员国在该领域的法律具有有限权。如果欧盟在某个领域没有制定相关法律,那么成员国可以制定本国的相关法律[5]。因此,如果国防与安全方面的采购不受《公共部门指令》和《公用事业指令》的约束,至少要受到《国防指令》的约束。成员国在该领域的法律(不是指通过《国防指令》的转化而形成的国内法)具有优先权。

《欧盟运行条约》第26条第(3)款强调了建立欧洲内部市场的目标:

内部市场应当有一个不存在任何内部屏障的领域,在该领域可根据《欧盟运行条约》的规定实现货物、人员、服务和资金的自由流动。

---

[1] 在《国防指令》前言第1段之前,仍然有"(欧盟条约)第47条第2款和第55条、第95条"之说,这是因为《国防指令》是2009年7月13日生效,而《欧盟运行条约》是2009年12月1日取代了《欧共体条约》。

[2] 《欧盟运行条约》第3条规定:"1. 欧盟应当在以下领域具有严格限制能力:(a)进口税统一;(b)为内部市场的正常运转制定竞争规则⋯⋯"

[3] 《欧盟运行条约》第4条第2款规定:"欧盟和成员国之间的共享能力适用于以下原则领域:(a)内部市场⋯⋯"

[4] 详细讨论见P·P·克莱格(P. P. Craig),"里斯本条约:进程、结构和实质"(The Lisbon Treaty: Process, Architecture, and Substance)(2008)第33卷,《欧洲法律评论》(*European Law Review*),第137期,第144页。

[5] 对罗列出来的《欧盟运行条约》内部市场能力的讨论超出了本书范围。见上处。

在《欧盟运行条约》的内部市场制度中，与国防与安全采购和一般公共采购关系最为密切的，是《欧盟运行条约》第28条（有关货物自由流动的条款）、《欧盟运行条约》第56条（有关服务自由流动的条款）以及《欧盟运行条约》第49条（有关开业的条款）。另外，我们还必须提一提《欧盟运行条约》第18条。该款全面禁止以民族利益为借口采取任何形式的歧视措施。《欧盟运行条约》以上各条款，加上它的第18条，主要是禁止针对欧盟成员国采取任何形式的保护主义措施。换句话说，《欧盟运行条约》以上条款禁止成员国在实践中对货物、服务的自由流动和开业自由设置任何障碍。《国防指令》显然是以《欧盟运行条约》前言中有关内部市场制度的规定为其法律依据。在《国防指令》生效之时，其法律依据可归纳为：《欧共体条约》第47条第（2）款（现《欧盟运行条约》第53条第（1）款）关于开业自由的规定，《欧共体条约》第55条（现《欧盟运行条约》第62条）关于服务自由流动的规定，《欧共体条约》第95条（现《欧盟运行条约》第114条）关于内部市场一般基础的规定。有一点需要重申：《国防指令》是一个次级欧盟法，其作用是欧盟法的某一方面，即与国防采购安全相关的货物供应、服务和安全做出相应的详述。

2.1 货物的自由流动

欧盟内部市场法的核心是建立一个自由货物贸易区（《欧盟运行条约》第28条）[6]。欧洲法院在其"Arts Treasures"一案的判决中，将"货物"非常宽泛地定义为"可以金钱衡量其价值、可作为买卖对象的产品"[7]。这个定义显然包括武器装备，即1958年武器清单上的物品。关于该清单将在第三章进行详细讨论。[8] 这些物

---

[6] 一般性的自由流动参见彼得·J·奥利弗（Peter J. Oliver），《奥利弗论欧盟自动流动》(Oliver on Free Movement of Goods in the European Union)，第5版（Oxford：Hart，2010）；保尔·克莱格和克莱尼·德·布尔加（Paul Craig and Gráinne de Búrca），《欧盟法：文本、案件和材料》(EU Law：Text, Cases, and Materials)，第5版（Oxford University Press，2011），第611—692页（下称《欧盟法》）；J·威勒（J. Weiler），"从达松维尔到凯克及未来：对货物自动流动的文本和内容的进展性思考"(From Dassonville to Keck and Beyond：An Evolutionary Reflection on the Text and Context of the Free Movement of Goods)，见于保尔·克莱格和克莱尼·德·布尔加（Craig and Gráinne de Búrca）(eds.)，《欧盟法律的发展》(The Evolution of EU Law)（Oxford University Press，1999），第349—376页（2011年第2版中未包括此部分内容）；克里斯丁·伯纳德（Christine Barnard），《欧盟独立存在的法律》(The Substantive Law of the EU)，第5版（Oxford University Press，2010），第33—192页；达米安·查尔默斯、加莱特·戴维斯和吉奥尔吉奥·蒙迪（Damian Chalmers, Gareth Davies and Giorgio Monti），《欧盟法》(European Union Law)，第2版（Cambridge University Press，2010），第744—782页；阿兰·达什伍德等（Alan Dashwood et al.），《怀亚特与达什伍德心目中的欧盟法》(Wyatt and Dashwood's European Union Law)，第6版（Oxford：Hart，2011），第391—460页；朱卡·斯耐尔（Jukka Snell），《欧共体法中的货物与服务》(Goods and Services in EC Law)（Oxford University Press，2002）。

[7] Case7/68, Commission v. Italy（Arts Treasures）[1968] ECR423。该定义也表示禁止设定定量限制并禁止采取具有相同效果的任何措施。相关讨论见下文。

[8] 适用《欧盟条约》第223条第（1）款（b）项（即现《欧盟运行条约》第346条第（1）款（b）项规定的产品清单（武器、弹药和战争物资）的决议（doc. 255/58）。1958年4月15日备忘录：doc. 368/58，引自《国防指令》前言，L-216/77，前注1。

52

品都属于欧洲法院的货物范畴,因为其价值都可以金钱进行衡量,都可作为商品进行买卖。另外,在 Arts Treasures 一案的判决中,关于货物的定义还包括安全货物。不管采购的是什么东西,都是通过买卖完成,而这就要求通过金钱对其价值进行衡量。

《欧盟运行条约》中有一个非常重要的条款,该条款规定成员国之间的货物进出口禁止收取任何关税或任何等同于关税的费用。关于"等同于关税的费用",其定义也是非常宽泛[9]。与内部市场其他制度不同的是,《欧盟运行条约》中的禁令却是斩钉截铁,没有任何豁免条件,也没有明确指出何种程度的违反属于合法范畴、或者在此禁令范畴之外可采取什么样的应对措施(见下文)[10]。如果说内部市场是欧洲一体化的核心,那么货物自由贸易区就是这个核心的核心。对来自欧盟以外第三方国家的货物实施共同关税率,可将这个自由贸易区升级为关税上的统一区。根据《欧盟运行条约》第 29 条的规定,来自第三方国家的货物一旦进入自由流通,即享有与来自欧盟国家的同等待遇。禁止收取关税和相当于关税的其他费用,与欧盟的公共采购制度并没有直接的关系。但是通过废除这些费用,消除了贸易上的障碍,第三方国家的货物可以通过一个成员国进入其他成员国。在投标时,如果必须在投标价上加上另一国 8% 甚至是 8% 以上的关税,显然很难报出最低价或者成为最具经济效益标。因此《欧盟运行条约》第 30 条是实现自由欧洲采购市场,包括欧洲国防市场的重要前提。关于关税问题,也将在第四章进行简短讨论。

在《欧盟运行条约》中,与货物(供应)采购相关的最重要的条款,是第 34 条:

成员国之间不得针对进口货物进行数量上的限制或任何具有相同效果的其他措施。

关于出口货物也有类似的规定,使第 34 条的禁令得到了补充[11]。所谓"数量上的限制",指"成员国(根据某种货物的数量或价值)对其进口、过境或出口进行任何形式的限制"[12]。不过在实践中单纯数量上的限制很少发生。成员国不会那么头脑简单,也不会公开与内部市场规则作对。因此《欧盟运行条约》中的第 34

---

[9] 欧洲法院针对一种与海关税具有相同效果的收费做出了相关规定:"任何收费,不论数量如何、目的如何、应用方式如何,只要是以过境为由而向国内外货物收取且不属于严格意义上的海关税的费用,均视为具有同等效果的费用……即使受益者不是国家、不具有歧视性、保护主义特性,或收取费用的产品不会对任何国内产品形成竞争。"参见 Case24/68, Commission v. Italy (Statistical Levy) [1969] ECR193, [1971] CM-LR611; Joint Cases2&3/69, Sociaal Fonds for de Diamantarbeiders v. Brachfeld (Diamond Workers) [1969] ECR211, [1969] CMLR335; Case29/87, Dansk Denkavit Aps v. Danish Ministry of Agriculture [1988] ECR2965.

[10] 参见克莱格和德·布尔加(Craig and de Búrca),《欧盟法》(EU Law),前注 6,第 18 章,第 611—630 页。

[11] 《欧盟运行条约》第 35 条规定:"对出口进行数量限制以及具有此效果的任何措施,均应当在成员国之间禁止实施。"

[12] Case 2/73, Geddo v. Ente Nazionale Risi [1973] ECR 865, [1974] 1 CMLR1.

条,即禁止采取"相当于数量限制的措施",才是最为重要的禁令。在欧洲法院著名的Dassonville[13]一案判决中,对它的定义相当宽泛:

　　成员国制定的能直接或间接、实际上或有可能对欧共体内部贸易形成障碍的任何规则……

如果欧盟没有就某种货物制定统一的法规,那么此禁令适用于根据货物性质制定出来的妨碍货物自由流动的所有障碍性措施。这些依据货物性质规定的障碍性措施包括在形状、尺寸、重量、成分、标记、包装或说明上的各种条条框框。只要是另一成员国的合法产品,就不得对该产品实施任何此类限制。此规则不仅适用于成员国的国内产品,还适用于非国内产品[14]。

一般来说,如果采取某个措施是为了保护公众利益,或者是一种强制性需求,那么可以不受《欧盟运行条约》第34条的约束。欧洲法院在其著名的Cassis一案的判决中对首次提出了这种强制性需求原则:

　　以达到财政监督、保护公众利益、买卖公平以及顾客利益[15]。

强制性需求是一种以案例法为基础的要求,欧洲法院一直通过判例丰富其内容,如有关环保[16]、保护媒体多样性[17],或者保持社会保障制度的财政平衡等方面的内容[18]。这样做的目的,是给予成员国足够的自由,让它们在遇到《欧盟运行条约》中没有规定的情形时,可自行决定为公众利益而不受内部市场规则的限制,同时又不违反《欧盟运行条约》。但是要以强制性需求公众利益作为借口,必须遵守比例原则。这个比例原则同样适用于对《欧盟运行条约》第36条中关于豁免的规定,下文将对该款进行详细的讨论。为了满足强制性需求而采取的比例性措施虽然是合法措施,但仍然会对货物交易形成障碍,因而会对内部市场的运行造成不良影

---

[13] Case 8/74, *Procureur du Roi v. Dassonville* [1974] ECR 837, [1974]2 CMLR436. 欧盟委员会和欧洲理事会的目的,是用《指令 70/50/EEC》[1970] OJ Sp. ed. I-17 第1-3条中的一个说明性清单对此概念进行解释。该清单包括进口产品的最低和最高价格,以及只适用于外国货物的在包装、结构、识别、尺寸、重量等方面的条件;与国内产品相比进口货物的有限公开;并针对进口货物做出必须在进口国有一个代理商的强制性规定。

[14] 由于在 *Dassonville* 判例法中对"具有等同于数量限制的措施"定义得很宽泛,因此贸易商越来越多地以《欧盟运行条约》第34条为依据,向限制其商业自由的任何规则发起诉讼。*Keck* 判例法,即 Cases C-267 and C-268/91, *Criminal Proceedings against Bernard Keck and Daniel Mithouard* [1993] ECR I-6097 的争议性主要就是因为这个原因。在这个判例法中,欧洲法院一方面坚持了与货物特征规则有关的判例法,另一方面又规定:"与以前判决相反的是,……不应当认为某些销售协议妨碍了 *Dassonville* 意义上的国家贸易。"由此产生了一个相当大的不同:与货物特性有关的规则(仍然)受到《欧盟运行条约》第34条的约束;而与某些销售协议有关的规则,只要它们适用于所有贸易商,对进口和国货具有相同效果,则不(再)受《欧盟运行条约》第34条的约束。

[15] Case120/78, *REWE-Zentrale AG v. Bundesmonopolverwaltung für Branntwein* (Cassis de Dijon) [1979] ECR649, [1979]3 CMLR494。

[16] Case302/86, *Commission v. Denmark* (Danish Bottles) [1986] ECR4607。

[17] Case C-368/95, Vereinigte Familiapress Zeitungsverlags-und Vertriebs GmbH v. Heinrich Bauer Verlag (Familiapress) [1997]3 CMLR1329。

[18] Case C-120/95, *Decker* [1995] ECR I-1831, [1998]2 CMLR 879。

响。于是像《国防指令》这样的次级欧盟法就必须减少或消除这种合法的贸易障碍。

从欧洲法院的判例法来看,不仅仅是采购法、采购政策和一些范围更加宽泛的惯例,在采购活动中做出的一些决策也会产生类似于《欧盟运行条约》第34条所说的效果[19]。"de minimis原则"(最低豁免原则)并不存在,因此任何一个采购行为都不能因其微不足道而不受此禁令的约束[20]。《欧盟运行条约》第34条适用于成员国所有中央、联邦、地区和地方一级的政府、这些政府下设的各机构,所有受公法约束由政府负责的机构[21],以及所有政府行政、立法和司法部门[22]。显然,该条禁令适用于受《采购指令2004/17/EC》(现以被《指令2014/25/EU》所取代)、《采购指令2004/17/EC》(现已被《指令2014/24/EU》所取代)和《采购指令2009/81/EC》约束的所有采购当局的采购行为。此条禁令是否也适用于具有特权或专营的私营公用事业公司,尚不得而知,但它似乎不适用于其他私人或实体[23]。因此与公共采购有关的所有法律和行为,都必须遵守《欧盟运行条约》中有关货物自由流动的要求。关于货物的采购(供应)在《欧盟运行条约》第34条有明确的规定。

2.2 服务的自由流动和开业自由

《欧盟运行条约》对于内部市场规则中关于服务的自由流动和开业自由也持

---

[19] 参见Case C-243/89, Commission v. Denmark ("Storebaelt") [1993] ECR I-3353。在该案中,采购实体在规格中提出的将国内产品和劳动力考虑进去的要求,被认为与《欧共体条约》第28条不符(当时《欧共体条约》第30条即现在《欧盟运行条约》);Case C-359/93, Commission v. The Netherlands ("UNIX") [1995] ECR I-157;Case C-59/00, Bent Mousten Vestergaard v. Spøttrup Boligselskab [2001] ECR I-9505。另参见苏·爱罗史密斯(Sue Arrowsmith),《公共与公用事业采购法》(The Law of Public and Utilities Procurement),第2版(London:Sweet & Maxwell,2005),第185页;彼德·特莱普特(Peter Trepte),《欧盟的公共采购:从业者指南》(Public Procurement in the EU:A Practitioner's Guide)(Oxford University Press,2007),第8页。

[20] 特莱普特(Trepte),《欧盟的公共采购》(Public Procurement in the EU),前注19。关于货物自由流动最低克减原则的讨论和观点见安东尼·阿努尔(Anthony Arnull),《欧盟及欧洲法院》(The European Union and its Court of Justice),第2版(Oxford University Press,2006),第434-435页和第440-441页。这一点被数位总检察长讨论过,如总检察长雅各布斯在Case C-412/93, Leclerc-Siplec v. TFI Publicité and M6 Publicité [1995] ECR I-179中的讨论。但是这样的原则不适用于针对进口货物的歧视性措施,因为此类措施是被《欧盟运行条约》第34条所禁止的,即使此类措施的影响并不大。参见阿努尔,第435页。感谢托尼·阿努尔就此观点与本人进行的讨论。

[21] Joined Cases C-1/90 and C-176/90, Aragonesa de Publicidad Exterior SA and Publivia SAE v. Departamento de Sanidad y Seguridad Social de la Generalidad de Cataluña [1991] ECR I-4151。

[22] 例如,Case50/80, Dansk Supermarked A/S v. A/S Imerco [1981] ECR181。

[23] Joined Cases177/82 and178/82, Jan van der Haar and Kaveka de Meern BV [1984] ECR1797。参见劳伦斯·哥姆利(Laurence Gormley),《禁止欧共体范围内的贸易壁垒》(Prohibiting Restrictions on Trade within the EEC)(Amsterdam:North-Holland,1985),第261页。

同一态度,见《欧盟运行条约》第 56 条[24]和《欧盟运行条约》第 49 条[25]。第 56 条保护成员国国民短期内向其他成员国自由提供商品或专业服务或接受来自其他成员国的商品或服务的权利。人们常常将服务的自由流动说成是提供服务的自由,其实并不十分准确,因为这种自由还包括接受服务的自由,甚至是通信上的自由。因此,服务自由流动的原则并不意味着服务商要从一个国家来到另一个国家才适用服务的自由流动原则。任何个人或公司不需要永久离开自己的成员国就可以在经济上与另一成员国融入一体,而这种融入是通过在另一成员国开业而实现的。虽然涉及人员的自由流动,但是服务的短期性使它与货物有些相像。因此欧洲法院一直在制定与此相关的各项原则,首先制定的是与货物和服务有关的原则[26]。下文将对这些原则进行解释。

开业自由原则保护成员国国民在其他成员国永久立足或开设永久机构、分公司或子公司的自由。想让个体经营者或公司融入其他成员国的经济结构,就需要为这些经济活动者及其家人营造一个相应的社会环境,而这样一个经济环境的营造与《欧盟运行条约》所规定的关于人员自由流动的条款息息相关。因此相关的次级欧盟法,其中最为重要的是《市民指令 2004/38/EC》[27],不仅适用于开业自由的条款,而且适用于有关人员自由流动的条款。在这些原则中,关于服务自由流动的原则和开业自由的条款在很大程度上是一致的[28],因此许多与此相关的问题都在有关开业自由的条款中做出了规定,而与服务自由流动有关的条款只是参照这一部分进行处理[29]。

欧洲法院以强制性需求和照顾公众利益为依据对 Cassis 一案进行了判决,而货物自由流动的法律依据也是如此。欧洲法院认为,如果某个措施符合比例原则,

---

[24] 《欧盟运行条约》第 56 条规定:"在下列条款体系内,当在欧共体他国定居的成员国公民在对定居国提供服务时,禁止对其提供服务的自由采取任何限制措施。"

[25] 《欧盟运行条约》第 49 条规定:"在下列条款体系内,禁止对定居于欧共体他国的公民开业自由采取任何限制性措施。该禁令也适用于对定居于其他成员国的成员国公民开设机构、分部或分公司的限制。开业自由应当包括自营者的开业和经营活动,以及开设、管理企业的权利,尤其是第 48 条第 2 段所说的各类企业,这些企业必须受所在国法律的约束,受资本条款的限制。"

[26] 特别参见斯奈尔(Snell),《欧共体法律中货物与服务》(*Goods and Services in EC Law*),前注 6。

[27] [2004] OJ L229/35。

[28] 共性:Case 48/75, *Royer* [1976] ECR 497。差异性:Case C-55/94, *Gebhard v. Consiglio dell' Ordine degli Avvocati e Precuratori di Milano* [1995] ECR I-4165。

[29] 《欧盟运行条约》第 62 条规定:"第 51 至 54 条的规定应当适用于本章范围内物资。"

即符合公众利益[30]或有利于保护消费者利益[31],那么此措施可不受《欧盟运行条约》第 56 条和第 49 条禁令的约束。

采购法和政策、意义更加宽泛的一些惯例及采购活动中某些决策,都可能导致人们采取《欧盟运行条约》第 56 条所禁止的措施[32]。在欧洲法院的判例中就曾经有这样的案例,如在参加数据处理系统的投标时,要求参加投标的公司必须是意大利的公有公司或部分公有公司[33],在合同中规定必须使用丹麦劳工[34],或者在法国项目中禁止从葡萄牙将劳工带入法国[35]。

与《欧盟运行条约》第 34 条一样,最低豁免原则并不存在,任何一个采购行为都不得以微不足道为借口而不遵守这个禁令。关于服务自由流动的原则适用于成员国所有中央、联邦、地区和地方一级的政府、这些政府下设的各机构,所有受公法约束由政府负责的机构,以及所有政府行政、立法和司法部门。该原则适用于各成员国的国防部门和采购部门。由于服务和货物在许多方面存在着共性,尤其是投标人可能与采购实体并不是来自同一个国家,因此这两个禁令在货物、服务和工程的公共采购中关系最为密切。开业自由不太容易受到采购决策的影响,因为违反开业自由的措施一般不是在采购过程中实施的。但是如上所述,关于开业自由的原则与服务自由流动原则关系密切且有部分重合的地方。

2.3 禁止以民族利益为借口采取任何歧视性措施

《欧盟运行条约》第 18 条明确规定,不得以民族利益为借口采取任何歧视性措施[36]。此原则一般不单独运用[37],因为在《欧盟运行条约》关于货物和服务自由流动

---

[30] Case33/74, Van Binsbergen v. Bestuur van de Bedrijfsvereiniging Metaalnijverheid〔1979〕ECR1299。

[31] Case C-180/89, Commission v. Italy (Italian Tourist Guides)〔1991〕ECR I-709. 其他强制性要求包括:司法制度的运行(Case33/74, Van Binsbergen, supra note30)、重视劳动者在劳动力市场的良好关系(Case279/80, Webb〔1981〕ECR3305;重视保险客户的利益(Case205/84, Commission v. Germany〔1986〕ECR3755);保护国家历史与艺术遗产(Case C-180/89);重视社会政策与彩票、博彩业的反腐,保护知识产权,广播质量与多元化(Case352/85, Bond van de Adverteerders v. Nederland〔1988〕ECR2085);国内税务制度的统一,以及对国内金融领域良好声誉的保护。

[32] 参见 Case C-243/89, Commission v. Denmark("Storebaelt"),前注 19。在此判例法中,采购实体在合同规格中提出的将国内产品和劳动力考虑进去的要求,与《欧盟运行条约》第 34 条是不相符的;Case C-359/93, Commission v. The Netherlands (UNIX),前注 19;Case C-59/00, Bent Mousten Vestergaard v. Spøttrup Boligselskab,前注 19。另参见爱罗史密斯(Arrowsmith),《公共与公用事业采购法》(The Law of Public and Utilities Procurement),前注 19,第 185 页;特莱普特(Trepte),《欧盟的公共采购》(Public Procurement in the EU),前注 19,第 8 页。

[33] Case C-3/88, Commission v. Italy (Re Data Processing)〔1989〕ECR4035。

[34] Case C-243/89, Commission v. Denmark (Storebaelt),前注 19。

[35] Case C-113/89, Rush Portuguesa v. Office national d'immigration〔1990〕ECR I-1417。

[36] 《欧盟运行条约》第 18 条规定:"在该《条约》适用范围内,且对所有条款一视同仁的条件下,禁止以国家利益为由采取任何歧视性措施。"

[37] Case307/87, Commission v. Greece〔1989〕ECR I-461。

的条款中对此已有详细规定。该原则

要求受(欧盟)法律约束的任何人,必须享有与成员国国民同样的待遇[38]。

此原则只适用于欧盟成员国的国民,以及居住于某成员国但非居住国国民的的第三方国家的所有个人和法人。

如上所述,关于公共采购的多数决策问题,如资格预选、设立最终候选人名单以及合同授予等,在有关货物和服务自由流动的条款中已经有了非常具体的规定,这些详尽的规定在多数情况下会与《欧盟运行条约》第18条关于歧视性措施的禁令有所重叠。因此在制定与采购相关的规则时,就没有必要将《欧盟运行条约》第18条的内容再重复一遍了[39]。

2.4 公共安全豁免

在货物的自由流动方面,《欧盟运行条约》第34条和第35条没有规定不得收取关税或相当于关税的费用,显得不那么绝对。《欧盟运行条约》第36条规定:

第34和35条不排除在以下情况下可对进出口货物或过境货物采取禁止性措施:维护公共道德、公共政策或公共安全;保护人类、动物或植物的健康和生命;保护具有艺术、历史或考古价值的国家宝藏;保护工商财产。但是这些禁令或限制不得形成对成员国之间的贸易形成任意歧视或隐性限制。

如前所述,除了案例法中所确定的强制性需求原则,《欧盟运行条约》本身也规定,成员国在数种情况下可以公众利益为依据,对不得采取数量限制或相当于数量限制的禁令采取比例性豁免措施,此豁免措施甚至适用于针对某个成员国的货物采取歧视性措施。这样规定的目的,是给予成员国一定的灵活性,让其可以在责任范围内采取必要措施保护某些非常重要、且已在《欧盟运行条约》中有过直接阐述的公共利益。

《欧盟运行条约》第34条规定为了某些公共利益可对货物自由流动的规定采取豁免措施,与此相似,《欧盟运行条约》第52条[40]规定,为了某些公共利益也可以对服务自由流动和开业自由的条款采取豁免措施。这个利益清单在数量上要少于《欧盟运行条约》第36条所规定的利益清单,但其中包括公共安全方面。成员国仍然可以强制需求为借口对货物自由流动的规定采取豁免措施,但该豁免措施必须符合比例原则。

---

[38] Case187/87, *Cowan v. Trésor Public* [1989] ECR195,第219页。

[39] 爱罗史密斯(Arrowsmith),《公共与公用事业采购法》(*The Law of Public and Utilities Procurement*),前注19,第218页,也对J·温特尔(J. Winter),"欧共体的公共采购"(Public Procurement in the E. C.),(1991)第28期,《共同市场法律研究》(*Common Market Law Review*),第741-762页,提出了反对意见,认为《欧盟运行条约》第18条(当时分别是《欧共体条约》第12条和第6条)并不适用于不受自由流动制度约束的实体。

[40] 《欧盟运行条约》第52条(前《欧共体条约》第46条)规定:"1. 如果法律、法令或行政规定以公共政策、公共安全或公共卫生为由针对外国公民制定了特殊待遇,则本章各条及相关措施不得影响这些规定的实施。2. 欧洲议会和欧洲理事会应当根据一般司法程序,为上述规定发布相关实施指令。"

《欧盟运行条约》第36条和第52条规定在例外情况下可以采取豁免措施,这种例外在《公共部门指令》、《公用事业指令》和《国防采购指令》中也有类似的规定[41]。我们将在第六章对这些例外进行详细讨论。

在《欧盟运行条约》有关人员、资金和报酬的条款中(与公共安全的关系较弱),以及与自由、安全和公正有关的条款中(与公共安全的关系较强),都有一些类似于《欧盟运行条约》第36条和第52条的规定,规定可以以公共安全为借口采取一些豁免措施。上述条款包括《欧盟运行条约》第45条第(3)款(关于人工的自由活动)[42]、《欧盟运行条约》第65条第(1)款(b)项(关于资本和报酬的自由流动)[43]和《欧盟运行条约》第72条(关于自由、安全和公正)[44]。之所以在此提到这些条款,是因为下文讨论的欧洲法院的许多判例法都提到了安全豁免,包括《欧盟运行条约》第346条和第347条所规定的国防豁免。我们将在第三章对国防豁免进行详细讨论。

《国防指令》的主要目标,是减少欧盟成员国对《欧盟运行条约》第346条的应用,尤其是减少它们对《欧盟运行条约》第36条和第52条的应用,即以公共安全为借口对货物和服务的自由流动采取一些豁免措施。《国防指令》并不局限于《欧盟运行条约》第346条所指的武器装备的采购,还包括一些与安全有关的货物和服务,这一点将在第六章进行详细讨论。可以说透彻理解与安全有关的货物和服务豁免规定,不仅有助于理解武器装备的采购,还有助于理解《欧盟运行条约》中与武器不相关的一些因素,而这些因素也是《国防指令》的制定背景。从公共安全和国防出发而实施的自由流动豁免,都是出于安全方面的豁免。欧洲法院判例法关于公共安全豁免的解释,要更加全面,也更加明确。与《欧盟运行条约》第346条有关的判例法在时间上要晚一些,而且是以公共安全豁免原则为基础的。

2.4.1 公共安全

《欧盟运行条约》第36条、45条第(3)款和52条第(1)款阐述的是"公共安全"方面的问题。公共安全是一个非常广泛的概念,欧洲法院在Richardt、Werner和Leifer等案[45]的判决中指出,公共安全包括内部安全和外部安全,总之包括安全的各个方面,甚至包括国家安全的概念。(施瓦兹)Schwarze对安全的定义是:

---

[41] 关于秘密合同和需要采取特别保密措施的合同,可参见《公共部门指令2004/18/EC》(Public Sector Procurement Directive2004/18/EC)第14条。

[42] 《欧盟运行条约》第45条第(3)款相关部分规定:"应当包含此权利,并可以……公共安全……为由而受限。"

[43] 《欧盟运行条约》第65条第(1)款(b)项相关部分规定:"1. 第56条的规定不应当损害成员国的以下权利:……(b)采取任何必要措施防止发生违背国家法律制度的行为,尤其是在税务和对金融机构的监管方面,或者制定相关程序规范因行政目的而公布资本流动或统计信息的行为,或者为了公共政策或公共安全而采取相关措施。"

[44] 《欧盟运行条约》第72条规定:"本部分不应当影响成员国履行维护法律秩序保护国内安全的义务。"

[45] Case C-367/89, Criminal Proceedings against Aimé Richardt and Les Accessoires Scientifiques SNC [1991] ECR I-4645,第22段;Case C-70/94, Fritz Werner Industrie-Ausrüstungen GmbH v. Germany [1995] ECR I-3989,第22段;Case C-83/94, Criminal Proceedings against Peter Leifer and others [1995] ECR I-3231,第26段。

为了政治利益并保持社会完整而由当权政府设立的不可违反的一整套规则[46]。

这一整套规则包括为保持成员国的社会完整而实施的法律、法规和决策。如果某个成员国决定采取此类措施,应当是有某种因素威胁到了它的社会完整。与此相反的是,《欧盟运行条约》第346条和第347条所规定的豁免情况与安全的狭隘意义有关[47],这一点我们将在第三章进行详细的讨论。这种狭隘意义上的安全可称为"国家安全",或"外部军事安全"[48],不过在《欧盟运行条约》中并没有使用这样的表述方式[49]。根据施瓦兹对公共安全的定义,"国家安全"可以这样定义:国家为保护领土完整、重大战略利益和政治独立而采取的一整套规则。《欧盟运行条约》第346和347条是两个特殊条款,取代了《欧盟运行条约》第36、45条第(3)款、第52条第(1)款和第65条第(1)款(b)项中意义更加广泛的公共安全概念,其"安全"概念在大多数情况下指的是"国家安全"。如《欧盟运行条约》第36条只适用于那些不在《欧盟运行条约》346条第(1)款(b)项约束范围内,且不属于《欧盟运行条约》第347条约束范围的物资。关于这一点,我们将在第三章进行详细的讨论。这样一来,出于"公共安全"而对自由流动原则采取豁免措施,只在少数情况下才适用,即涉及国家安全进而涉及国防时才适用。因此《国防指令》力图限制的东西,是《欧盟运行条约》第346条提出的豁免措施,而不是人们采取的公共安全豁免措施。除此之外,《国防指令》还适用于敏感非军事性质的采购,目的是限制人们对《公共部门指令 2004/18/EC》第14条的使用,不过这只是《国防指令》的一个附加功能。《公共部门指令 2004/18/EC》第14条是依据《欧盟运行条约》第36和第52条第(1)款[50]制定出来的,我们将在第六章进行详细解释。

2.4.2 狭义解释:Johnston、Sirdar、Kreil 和 Dory 判例

关于《欧盟运行条约》第36条、第45条第(3)款、第52条第(1)款、第65条第(1)款第(b)项和第72条的豁免规则,以及《欧盟运行条约》第346、第347条的安全豁免规则,最为著名的是 Johnston 一案的判例法[51]。此案的焦点是禁止(现北爱尔兰警察部队)的女警官配带武器的命令。由于这一条禁令,女警察有许多警事活

---

[46] 汝尔根·施瓦兹(Jürgen Schwarze),《欧洲行政法》(European Administrative Law) (London: Sweet & Maxwell, 1992),第778页,基于瓦格巴尔(Wägbaur),见于 v. d. 格洛本、v. 博克、蒂埃辛、埃勒曼(v. d. Groeben, v. Boeckh, Thiesing, Ehlermann)(eds.),Kommentar zum EWG Vertrag,第3版(Baden‐Baden: Nomos, 1983),第36条,边注第18及以下各处。

[47] 总检察长戈登·斯林(Advocate General Sir Gordon Slynn),Case72/83,Campus Oil Limited v. Minister for Industry and Energy [1984] ECR2727,第2764页,[1984] 3 CMLR544,第558页。

[48] 同上。

[49] "重大……安全利益"一词出现在《欧盟运行条约》第346条第(1)款(a)项和(b)项。安全问题在《欧盟运行条约》第347条没有明确提到,但是描述的情景会对国家安全造成影响。详细讨论见第三章。

[50] Commission Staff Working Document‐Impact Assessment SEC (2007)1593, http://ec.europa.eu/governance/impact/ia_carried_out/docs/ia_2007/sec_2007_[2013年11月1日登录],第34页。

[51] Case222/84,Marguerite Johnston v. Chief Constable of the Royal Ulster Constabulary [1986] ECR1651,[1986] 3 CMLR240。

动不能参加,于是有人依据《欧盟平等待遇指令》对此提出了质疑[52]。欧洲法院的判决是:"在《欧盟运行条约》的条款中,可以公共安全为依据采取例外措施的,只有第36条、第45条、第52条、第346条和第347条,而这些条款只有在特殊情况下符合特定条件时才能应用。"欧洲法院指出:

由于这些条款的局限性,不能对其进行广义性解释,而且不可以这些条款为依据进而认为《欧盟运行条约》有一个通用但书,即以公共安全为借口采取任何形式的豁免措施(强调为作者所加)[53]。

此判决生效后,人们在《欧盟运行条约》中加入了第65条(1)款(b)项[54]和第72条[55],而这两个条款应当加入到Johnston判例法所列出的豁免条件清单中。对

---

[52] 《指令76/207/EEC》对实施男女在就业、职业培训、晋升和工作条件的原则 [1976] OJ L39/40。关于本案的详细讨论见 M. 特莱伯斯(M. Trybus),"手持武器的姐妹们:女军人与军队中的性别平等"(Sisters in Arms:Female Soldiers and Sex Equality in the Armed Forces),(2003)年第9期,《欧洲法律杂志》(*European Law Journal*),第631-658页,以及马丁·特莱伯斯(Martin Trybus),《欧盟法与防务一体化》(*European Union Law and Defence Integration*)(Oxford:Hart,2005),第266-269页。

[53] Case222/84,*Johnston*,前注51,第26段;另参见Case13/68,*SpA Salgoil v. Italian Ministry of Foreign Trade* [1968] ECR453,第463页,[1969] CMLR181,第192页,和Case7/68,*Commission v. Italy* [1968] ECR633,第644页。

[54] 但是欧洲法院在列举安全例外时,从未提到《欧盟运行条约》第65条第(1)款(b)项:Case C-285/98,*Kreil v. Germany* [2000] ECR I-69,第16段;Case C-414/97,*Commission v. Spain* [1999] ECR I-5585,[2000]2 CMLR4,第21段(关于此案的详细讨论见第三章);Case C-273/97,*Sirdar v. The Army Board* [1999] ECR I-7403,[1999]3 CMLR559,第16段(关于Sirdar和Kreil的详细讨论见特莱伯斯(Trybus),"手持武器的姐妹们:女军人与军队中的性别平等"(Sisters in Arms:Female Soldiers and Sex Equality in the Armed Forces),前注52,第631-658页,以及特莱伯斯(Trybus),《欧盟法与防务一体化》(*European Union Law and Defence Integration*)第9章,第262-290页。P. 库特拉科斯(P. Koutrakos),"欧共体法与军队中的平等待遇"(Community Law and Equal Treatment in the Armed Forces),(2000) 第25期,《欧洲法律评论》(*European Law Review*)第433页。在这些案件中欧洲法院引证了Johnston一案的判例法。在当时的1986年,这个判例法不可能把现在《欧盟运行条约》第65条第(1)款(b)项的规定考虑进去,因为这个条款是在1994年制定的(曾是《欧共体条约》第73d条,1999年后成为《欧共体条约》第58条第(1)款(b)项)。欧洲法院没有把这个规定加入到*Kreil*或*Sirdar*判例法中的清单,似乎是一种疏漏。总检察长科斯马斯在Case C-423/98,*Alfredo Albore* [2000] ECR I-5965,第47段,似乎支持此观点,而相关判决([1999] ECR I-5965),第19段)则引证了当时《欧共体条约》第73d条,以此作为公共安全豁免的理由,而Johnston判例法使用的就用这个例外。《欧盟运行条约》第65条第(1)款(b)项,当时《欧盟运行条约》第58条第(1)款(b)项,也被列入后来的案件中:Case186/01,*Alexander Dory v. Germany* [2003] ECR I-2479,第31段;Case C-337/05,*Commission v. Italy* (Agusta) [2008] ECR I-2173,第43段,和Case C-157/06,*Commission v. Italy* [2008] ECR I-7313,第23段(这些案件的详细讨论见下文)。这个规定也被列入下一脚注判决清单中相关判决的相关段落里。

[55] 最近2009-2010年的执行案件都列出了《欧盟运行条约》第65条第(1)款(b)项和第72条。Case C-284/05,*Commission v. Finland* [2009] ECR I-11705,第45段;Case C-294/05,*Commission v. Sweden* [2009] ECR I-11777,第43段;Case C-372/05,*Commission v. Germany* [2009] ECR I-11801,第68段;Case C-409/05,*Commission v. Greece* [2009] ECR I-11859,第50段;Case C-461/05,*Commission v. Denmark* [2009] ECR I-11887,第51段;Case C-38/06,*Commission v. Portugal* [2010] ECR I-1569,第62段;Case C-239/06,*Commission v. Italy* [2009] ECR I-11913,第46段。Case C-186/01,*Alexander Dory v. Germany*,前注54,也在第31段引用了《欧盟运行条约》第72条。下列判例法也引用了《欧盟运行条约》第72条:Case C-337/05,*Commission v. Italy*(Agusta),前注54,第43段,和Case C-157/06,*Commission v. Italy*,前注54,第23段。

所有安全豁免进行狭义解释的"Johnston 原则",日后成为欧洲法院对其他所有公共安全和国家安全案例的判决基础。这些判例法包括 Sirdar 判例法、Kreil 判例法、Dory 判例法、Commission v. Spain 判例法、Agusta 判例法和最近实施的与军品出口相关的判例法[56]。下文将对其中许多案例进行详细解释,尤其是在第三章。因此,判例法明确规定必须对安全豁免进行狭义、严格的解释,尤其是当涉及《欧盟运行条约》第 36 条(关于货物的自由流动)和第 52 条(关于服务的自由流动)时[57]。

在 Johnston 判例法中,欧洲法院解释了为什么要对安全豁免进行这种狭义性解释:

如果不顾《欧盟运行条约》对其每一个条款的具体要求而使所有条款有一个通用但书,那么(欧盟)法的约束性及统一实施将大受影响[58]。

欧洲法院在上述有关公共安全和国家安全的多数判例法中,对这一基本解释进行了多数重复[59]。因此一个潜在原则是:以安全为借口对《欧盟运行条约》各条款进行豁免是有条件限制的,对这些条款的豁免只能进行狭义解释。在《欧盟运行条约》中根本就不存在通用、自动的国家安全豁免,因为这种通用自动的安全豁免将会对欧盟法律的有效性产生不良影响。如果欧盟成员国通过对安全豁免的广义解释,让自己违反《欧盟运行条约》禁令的多数措施披上合理的外衣,那么《欧盟运行条约》,包括其中有关自由流动的各项规则、这些法律法规的法律约束力、有效性以及这些法律法规的统一应用,都会受到非常不好的影响,而这些禁令也就失去了意义。因此内部市场的法规是适用的,在具体条件下成员国可依据某个豁免条款为自己的豁免措施找到合法理由。另外,"Johnston 原则"明确指出:将这种豁免条件编入《欧盟运行条约》,说明《欧盟运行条约》的各条款是经过司法审查的,《欧盟运行条约》无论是在抽象的文本还是在具体实施过程中,都经过了非常严格的研究。下面讨论的一些判例法将会很好地说明这个问题,这些判例法是《欧盟运行条约》和欧盟各《指令》豁免的根本原则。从《欧盟运行条约》关于自由流动的豁免的角度来说,安全豁免主要的意思就是必须从严格意义上理解"公共安全"这个词,任何与公共安全没有关系或关系不密切的东西都不享有此方面的豁免。关于国家安全豁免的规定出现在《欧盟运行条约》的结尾处。Johnston 判例法中关于狭义理解的规定,影响了《欧盟运行条约》第 346 条第(1)款(b)项关于武器的解释,也影

---

[56] 参见前两个脚注中引用了这些判决的相关段落。对基本自由例外的严格解释另参见 Case C-503/03, *Commission v. Spain* [2006] ECR I-1097,第 45 段;Case C-490/04, *Commission v. Germany* [2007] ECR I-6095,第 86 段;以及 Case C-141/07, *Commission v. Germany* [2008] ECR I-6935,第 50 段,关于对基本自由例外的狭义理解。

[57] 例如 Case C-546/07, *Commission v. Germany* [2010] ECJ I-439,第 48 段:"此为根据《欧盟运行条约》第 52 条)得出,必须进行严格解释:只能以……公共安全为由制定歧视性规则";以及 Case C-490/04, *Commission v. Germany* [2007] ECR I-6095,第 86 段,措辞与此类似。

[58] Case222/84,前注 51,第 26 段。

[59] 参见注 54 和 55 中相关判例法的相关段落。

响了《欧盟运行条约》第346条第(1)款(a)项和第347条关于豁免条件的解释,我们将在第三章对此进行详细讨论。在对下面的判例法进行深入研究之后,就会对安全豁免的狭义解释和比例要求有一个更好的认识。

2.4.3 比例原则:Campus Oil 及 Greek Petroleum Law

《欧盟运行条约》第36条、第45条第(3)款、第52条第(1)款、第65条第(1)款(b)项和第72条,以及 Cassis 判例法中关于公共利益或强制性需求的规定,并没有给成员国开出一张可以随心所欲的空白支票。成员国所采取的豁免措施必须符合《欧盟运行条约》的比例原则,《国防指令》在其说明条款第17条对此也进行了重申。

因此,深入理解比例原则以及比例原则在公共安全豁免方面的应用,对于理解《国防指令》的精确约束范围是非常重要的。

2.4.3.1 比例标准

比例标准的第一个阶段要求,是豁免措施的妥当性。第二个阶段要求是必要性,也就是说成员国采取豁免措施时,在严格程度上不得松于内部市场规则。第三个阶段要求是豁免措施的严格的法益相称性,必须在所追求的目标和豁免措施之间保持某种平衡[60]。比例标准的第三个阶段似乎并没有得到全面的审查[61]。但是如果在前面一个或两个阶段就可以保证其比例标准,或者说相关方面没有就严格意义上的比例标准提出异议,那么欧洲法院也就不必进入这第三个阶段了[62]。在某些情况下需要对前两个阶段进行严格区分,而在其他情况下这两个阶段关系密切,对这两个阶段的分析似乎没有清晰界限[63]。只有达到了这个三阶段比例标准,才有可能在自由流动法规方面达到公共利益和内部市场利益的平衡。这个比例标准是欧洲法院用来衡量如果欧盟成员国根据《欧盟运行条约》第36条、第45条第(3)款、第52条第(1)款、第65条第(1)款(b)项或第72条的规定,以公共安全为理由对《欧盟运行条约》第30、45、49、56或第67条采取豁免措施,那么欧洲法院就是依据该比例标准判断这些豁免措施的合法性。

---

[60] 总检察长范·戈文(van Gerwen) Case C-159/90,*SPUC v. Grogan* [1991] ECR I-4685 中做出简短说明,包括更具争议性的第三要素。对三部原则(以德国行政法为基础,参见 Craig and de Búrca,*EU Law*,前注6,第545页)的支持性观点,参见施瓦兹(Schwarze),《欧洲行政法》(*European Administrative Law*),前注46,第712页。比例原则参见 G. 德·布尔加(G. de Búrca)的重要文章"比例原则及其在欧共体法中的应用" (The Principle of Proportionality and its Application in EC Law),(1993)第13期,《欧洲法年鉴》(*Yearbook of European Law*)第105期。

[61] 保尔·克莱格(Paul Craig),《欧盟行政法》(*EU Administrative Law*),第2版(Oxford University Press,2012),第17章。

[62] 克莱格和德·布尔加(Craig and de Búrca),《欧盟法》(*EU Law*),前注6,第526页。

[63] 同上,第526页如此评论:"在某些情况下欧洲法院可以……把调查的第三阶段折叠回到第二阶段。"

豁免措施合理性的审查力度依情况不同而不同,成员国的豁免空间也因此而或大或小。布尔加(Búrca)指出:

欧洲法院对比例原则的应用有很大的范围空间,可能是非常温和的审查也可能是非常严格的审查,可能对某个措施的法律依据进行非常严格透彻的查究[64]。

对具体某个案件而采取的审查应当处于这个"范围"内什么位置,取决于欧盟的法院权限、相关政策(欧盟法)的约束范围、欧洲法院的专家队伍和资格与决策国家的对比(相当的专家队伍),以及因具体问题而通过非民选形式指定的法院的权力(而不是立法机构或政府某个部门——立法机构和政府某个部门体现的是权力分配问题)。后两种情形可发生于任何一个国家法院,而前一种只能发生于欧洲法院,但也有可能发生于某个国家的联邦法院。换句话说,欧洲法院一般会尊重成员国的决定,但如果欧盟某个权限(指欧盟法)受到质疑,那么欧洲法院便会对成员国相关豁免措施进行更加严格的审查。如果欧洲法院认为自己缺乏相关方面的专家,便会推迟相关审查;但如果欧洲法院认为有足够的判断能力(相当的专家队伍),便会对成员国相关豁免措施进行更加严格的审查。欧洲法院不会对政府其他机构的裁决提出事后异议,但如果政府行政部门或立法部门产生了越权行为(权力分配问题),便会进行干涉。有了这些比例标准审查的不同力度,欧洲法院在多数情况下就有了一定的灵活度。如果涉及安全问题,尤其是涉及国家安全问题,欧盟的审查会比较温和[65]。而如果审查不那么严格,成员国就会有相对更大的空间采取一些豁免措施。不过这个问题也有可能根本就不适合通过法院寻求解决。豁免措施的不合法证据必须由申请人提供[66],这一点将在下文对相关判例法的讨论中进行深入论述。

比例标准是欧洲法院从德国法律那里"学来"的[67]。德国公法中关于国家所有措施必须符合比例标准的规定,源于德国联邦宪法《基本法》第20条的法治原则。国家措施一般会影响个人的基本权利;而为了让国家措施合乎法律、合乎宪法,国家措施不得过度,必须具有必要性,与其目标必须相称[68]。欧盟及所有其他成员国也都是以《欧盟条约》(里斯本)前言[69]及其第2条[70]中的法治原则为基础成立的。另外,在欧盟立法和欧洲法院的判例法中,比例原则显然也占有相当重要的地

---

[64] 德·布尔加(De Búrca),前注60,第111页。

[65] 同上,第112页。

[66] 同上,第112页。

[67] 克莱格和德·布尔加(Craig and de Búrca),《欧盟法》(*EU Law*),前注6,第526页,引用自舒瓦兹(Schwarze),《欧洲行政法》(*European Administrative Law*),前注46,2006年第1次修订版中是在第685-686页。

[68] 参见施瓦兹(Schwarze),《欧洲行政法》(*European Administrative Law*),前注46,第685-686页。

[69] 《欧盟条约》(里斯本)前言第4段指出:"进一步确定其加入到……法制中"。

[70] 《欧盟条约》(里斯本)第2条规定:"欧盟是建立在……法制的基础上,这些规则是所有成员国的共同规则。"

位[71]。欧盟法中的比例原则作为一个源自法治思想的一般性原则,也是《欧盟条约》第5条第(4)款和《欧盟条约》前言的基本内容[72]。这个比例原则对于理解《欧盟运行条约》中的第346条和第347条,具有非常重要的作用,这一点将在第三章进行详细论述。

当成员国启用公共安全豁免,对自由流动某一法规采取豁免措施时,比例原则一般适用[73]。此时一般都需要经过严格的审查,因为此时显然发生了欧盟自由流动原则的行为,而自由自由流动原则恰恰又是欧盟的核心所在[74]。欧洲法院是欧盟经济一体化的保护人之一。克莱格和德布尔加(Craig and de Búrca)指出,影响公共安全豁免审查力度的变量因素有四个:第一,随着时间的推移,审查变得越来越严格[75]。第二,如果欧洲法院认为相关措施只是国家保护主义的"幌子",那么审查就会非常严格[76]。第三,当成员国说明其真正关心的事物时,该事物的性质就成为审查的决定性因素[77]。第四点,欧洲法院在实践中常常将比例标准案件交由国家法院处理,但此举不可理解为审查力度的宽松。审查力度如何,取决于欧洲法院对相关领域比例原则的应用方针[78]。

2.4.3.2 Campus Oil

以《欧盟运行条约》第36条为依据,以公共安全为理由对有关自由流动的规定采取豁免措施,并最终应用比例标准的最为著名的案例,是Campus Oil一案[79]。这个案子牵扯到一条爱尔兰法律。该法要求经营石油产品的所有爱尔兰公司,至少要有35%的原油来自本国唯一的炼油厂。之所以要提出这样的要求,是为了保证本国炼油厂的生产能力。《欧盟运行条约》第34条(当时的《欧共体条约》第34条)禁止爱尔兰实施此项要求,因为作为一个国家措施,此要求将对欧共体内部贸易形成障碍,其实是一种变相的数量限制措施。而爱尔兰则援引《欧盟运行条约》第36条(当时的《欧共体条约》第34条),以公共安全为理由为自己的措施进行辩解。欧洲法院运用比例标准对此案进行了判决。欧洲法院认为,爱尔兰的采购要求是适当且有必要的,因为该国炼油能力具有战略意义,与此相关的石油产品对该国的正常运转来说也至关重要。欧洲法院还考虑到爱尔兰的地

---

[71] 克莱格和德·布尔加(Craig and de Búrca),《欧盟法》(EU Law),前注6,第526页。

[72] 《关于补助和比例原则应用的第二号协定》(《里斯本条约》附录)(Protocol No.2 on the Application of the Principles of Subsidiarity and Proportionality)。

[73] 参见T·特里迪马斯(T. Tridimas),《欧共体法的一般原则》(*The General Principles of EC Law*),第2版(Oxford University Press,2006),第4章;克莱格(Craig),《欧盟行政法》(*EU Administrative Law*),前注61,第18章;克莱格和德·布尔加(Craig and de Búrca),《欧盟法》(EU Law),前注6,第532页。

[74] 克莱格和德·布尔加(Craig and de Búrca),《欧盟法》(EU Law),前注6,第532页。

[75] 以判例为例进行的讨论同上,第532页。

[76] 同上,第532页。

[77] 同上,第532页。

[78] 同上。

[79] Case72/83,*Campus Oil*,前注47。

理孤立状态以及该国的中立状态。此判决是以安全为理由,成功运用《欧盟运行条约》第 36 条的是佳案例,且涉及国家安全,这一点将在第三章进行详细论述。

Campus Oil 一案说明:当涉及国家安全时,成员国在国家安全方面有较大的自由空间;而国家安全这个相对狭义的概念,包括在《欧盟运行条约》第 36 条有关公共安全的范围之内。但这个判决不能理解为一个普遍原则,并没有赋予成员国很大的自主空间。需要重申的是,豁免必须从狭义上进行理解[80]。因此,一个国家的唯一行业或技术能力,或者该国某种服务的唯一提供商,如果不采取豁免措施将关门大吉。举个例子来说:如果没有了相关的唯一服务商,该国政府和私营公司将不得不从其他国家采购相关货物或服务。这种能力必须是某个小国的唯一能力,这个服务商也必须是该国广泛领土内某一地区唯一的服务商,比如在法国或瑞典这样的国家。因此豁免只适用于某几个市场。另外,这种能力必须与国家安全有关。从 Campus Oil 案例可以看出,诸如国家唯一的燃料供应商就符合这个条件,因为没有燃料,坦克、警车和救护车是跑不起来的。而诸如国家唯一的靴子供应商就不符合这个条件,因为士兵和警察没有靴子,完全可以穿鞋子[81]。因此豁免只适用于某几种货物或服务。

不过,在 Campus Oil 判例法中虽然欧洲法院认为爱尔兰可以通过经济手段实现安全目标,但这一点并不见得一定适用于其他成员国。爱尔兰共和国在地理上孤悬一方,遇到严重危机时,除了北爱尔兰,很难从其他成员国得到重要补给[82]。而且爱尔兰与其他成员国不同,从理论上来说它在政治上是中立国,在战争时期不会与任何国家结盟[83]。如果位于中欧的某个欧盟成员国同时也是北约国家,那么该国通过经济手段实现安全利益的愿望是很难实现的。因此 Campus Oil 判例法只

---

[80] Case222/84,Johnston,前注 51,第 26 段。另参见 Case13/68,Salgoil,前注 53,第 192 页,以及注解 54 和 55 中提到的所有其他判例,包括 Kreil、Sirdar、Dory、Commission v. Spain、Agusta 判例法以及 2009 年和 2010 年的执行案件。

[81] 在 Case231/83,Cullert v. Centre Leclerc [1985] ECR I-306,第 313 页,[1985]2 CMLR524,第 535 页,总检察长弗隆伦·范·蒂曼特(Verloren van Themaat)引证了 Campus Oil 判例法的第 34 段和第 47 段,指出:"只有当相关生产能力会影响到爱尔兰公共机构和重要公共服务正常运转、甚至是爱尔兰公民的生存时,公共安全才可以作为一个理由。"

[82] 参见总检察长斯林(Slynn)在 Case72/83,Campus Oil,前注 47,第 2764 页的观点,以及爱尔兰政府的观点,第 2735 页。

[83] 参见爱尔兰国家石油有限公司在 Case72/83,Campus Oil,同上,第 2738 页的观点。该公司指出:"奥地利、巴巴多斯、塞浦路斯、牙买加、新西兰和泰国与爱尔兰在地缘政治和政治上都很相似","都认为国内炼油能力对于国家安全来说非常重要。"由于 297 条的规定,欧共体团结一致的原则在危机或战争期间可能会受到影响。该原则要求成员国相互帮助,而相互帮助是欧盟的基础。参见 Case77/77,BP v. Commission [1978] ECR1513,[1978]3 CMLR174,第 15 段。而 2013 年,即使这个以中立为基础的观点也可能会受到人们的质疑,因为 2009 年的《里斯本条约》制定了《欧盟条约》第 42 条第(7)款。该条款规定:至少那些具有欧盟和北约双重身份的成员国,包括那些声称中立的成员国,在受到打击的情况下必须相互保护,即使像爱尔兰这样的"中立"成员国可能用不着去保护其他成员国。参见特莱伯斯(Trybus),《欧盟法与防务一体化》(European Union Law and Defence Integration),前注 52,第十章。

适用于某些国家。最后一点是,这个豁免的运用必须符合非常严格的比例标准,实施这个比例标准将会考虑到市场、产品和国家中立性等因素。如果某个国家的相关工业能力对国防来说并不是至关重要,或者说相关产品可以很方便地从附近某个北约国家进行补给,那么该国以《欧盟运行条约》第36条为依据采取针对自由流动的豁免措施,很有可能会判为非必要性措施,因此以这种理由为借口很难为欧洲法院所接受。

2.4.3.3　Greek Petroleum Law

Campus Oil 判例法通过 Greek Petroleum Law 一案又进行了强调[84]。Greek Petroleum Law 中的希腊是一个欧盟成员国,同时又是一个北约国家,与邻国土耳其长期失和。该案与 Campus Oil 一案几乎安全相同。欧洲法院指出:

的确,欧洲法院(在 Campus Oil 一案中)曾指出,如果一个成员国在石油产品上完全或几乎完全依赖进口,而国内炼油厂的产品无法在相关市场上进行价格竞争,则可以按照《欧盟运行条约》第36条的规定,以公共安全为由要求进口商从国内炼油厂采购一定比例的石油产品,其价格由相关部门根据国内炼油厂的运行成本而定。

但欧洲法院继续说道:

重要的是,希腊政府并没有证据说明如果不采取强硬措施对该国石油产品的进口和市场化权力进行保护,那么该国公有炼油厂的产品就不可能以竞争价格在市场上流通,该炼油厂也就不可能继续运行。因此,希腊政府在此基础上提出的观点必然是站不住脚的。

这个判决支持了以上 Campus Oil 一案中对公共安全一词的广义性理解。因此欧洲法院是不太可能轻易发布另一版本的 Campus Oil 判例法的。当涉及具有重要战略意义的商品的供应时,甚至可以进行狭义上的解释并提出严格的比例要求。但是必须指出,这里指的是货物而不是武器装备,因为武器装备要遵守的豁免规定是《欧盟运行条约》第346条,对该款的理解、审查标准和对应的判例法也是不同的,将在第三章对此进行讨论。

2.4.4　审查力度——一种真正无疑的巨大风险:Albore 判例法

在 Albore 一案[85]的判决中,欧洲法院的审查力度说明得非常明确。此案涉及一个意大利法律规定。该法规定,非意大利人在意大利某些地区购买房产之前,必须先得到地方政府的同意。这些地区都是一些军事要地,包括意大利所有的岛屿。有人对此提出质疑,认为这是假借国籍实施的一种歧视性措施。意大利政府则引用现在的《欧盟运行条约》第65条第(1)款(b)项和第347条为自己辩解。欧洲法院指出,"仅仅是保卫国家领土的需求,(并不能成为违反《欧盟运行

---

[84] Case C-347/88,*Commission v. Greece* [1990] ECR I-4747。

[85] Case C-423/98,前注54。

条约》的借口,因为《欧盟运行条约》第347条并)没有此方面的规定⑧。"欧洲法院指出:

只有当有证据表明(如果不采取与《欧盟运行条约》不符的措施,此成员国的军事利益将面临真实明确的巨大风险,而此风险通过非限制性措施无法消除)时,情况才会有所不同。⑧

因此,所谓的成员国军事利益(明确的风险)必须是真实存在的风险(真实的风险),此风险必须具有明确的军事性,且此风险必须达到一定的严重程度(巨大的风险),应当不包括小型风险。这说明有一个非常具体的三维合适性标准,并以此构成比例标准的一部分。这些相关措施必须足以达到预期效果(不得形成与非限制性措施相反的效果)。因此当涉及与军事利益相关的公共安全时,欧洲法院会启用非常严格的比例标准,包括一个非常具体的三维合适性标准。欧洲法院还强调指出:自由流动法规的公共安全豁免,与《欧盟运行条约》的国防豁免是不一样的,因为"(前一种)情形并不属于《欧盟运行条约》第347条的范畴"。进行这种力度的审查是正确的,其中的原因有两个:第一,在这些有关自由流动的重要条款中,所有相关限制性措施必须具有比例性,以保证内部内场的正常运转。第二,成员国的军事利益通过《欧盟运行条约》第346条和第347条已得到很好的保障,关于这一点我们将在第三章进行讨论。可以说在公共安全豁免方面,没有必要再对审查力度进行限制了⑧。

3.《国防指令》内部市场的法律依据

根据欧盟授权原则,当成员国授权欧盟机构制定某个领域的法律时,欧盟机构只能制定次级法⑧,该次级法必须在《欧盟运行条约》中具有法律依据。《国防指令》的法律依据在《指令2009/81/EC》的前言:

由于(《欧盟运行条约》)尤其是(《欧盟运行条约》)第53条第(1)款、62条和114条的规定,……按照《欧盟运行条约》第294条规定的程序……

欧盟其他《指令》也是以此为法律依据的⑧。《欧盟运行条约》第114条是一个非常重要的条款,该条款规定:

---

⑧ Case C-423/98,同上,第21段。
⑧ Case C-423/98,同上,第22段。
⑧ 参见 M. 特莱伯斯(M. Trybus),"作为欧洲防务一体化手段的《欧共体条约》:对国防与安全例外的法律分析"(The EC Treaty as an Instrument of European Defence Integration:Judicial Scrutiny of Defence and Security Exceptions)(2002)第39期,《共同市场法评论》(Common Market Law Review),第1347-1372页,第1352-1353页。
⑧ 参见《欧盟条约》第1条第(1)款和第4条第(1)款。
⑧ 参见《公共部门指令2004/18/EC》、《公共部门指令2014/24/EU》、《公用事业指令2004/17/EC》和《公用事业指令2014/25/EU》的前言开头部分。

为了达到第26条设定的目标,必须遵守以下条款。欧洲议会和欧洲理事会应当按照一般司法程序……,采取相应措施保证成员国所制定的法律、法规和行政行为,与内部市场的建立和运行具有目标上的一致性。

《欧盟运行条约》第114条是一个残余条款,当明确的内部市场法律依据(如《欧盟运行条约》第40、50和53条)都不存在时,才可启用该条款[91]。《欧盟运行条约》第53条也是《国防指令》的明确法律依据。除此之外,《国防指令》在《欧盟运行条约》中再没有明确的法律依据了。《公共采购指令》以《欧盟运行条约》第114条作为法律依据,是不存在任何争议的。从未有任何一个成员国或欧盟机构以缺乏法律依据或者法律依据不当为由提出取消合同的诉讼。《欧盟运行条约》第114条规定:欧盟法律在内部市场方面具有相对宽泛的法律依据,但欧洲法院在著名的 Tobacco Advertising 判例法中又表明欧盟法其实还是受到一定限制的[92]。另外,《国防指令》前言也承认国防豁免,尤其是《欧盟运行条约》第346条规定的豁免,是具有一定限制的。关于这些豁免的限制将在第三章进行论述。需要强调的是,《欧盟运行条约》第114条的目的,是对上述有关自由流动的法律制度进行详细解释,在一些细节方面做出相关规定。《欧盟运行条约》第114条的一个突出特点,是允许欧洲理事会和欧洲议会做出实施某个法律的全员"共同决策",此规定在《欧盟运行条约》第294条中被称为"普通立法程序"。通过这个方法,欧洲议会对欧洲理事会的初始文本进行了大量的修订,这一点将在本书第二部分进行论述。

4. 结论

本章讨论了《国防指令》在《欧盟运行条约》中的法律依据,即有关自由流动的法律规定——关于货物的自由流动的的《欧盟运行条约》第30条、关于服务自由流动的《欧盟运行条约》第56条和关于开业自由的《欧盟运行条约》第49条。本章还讨论了《欧盟运行条约》第36条、第45条第(3)款、第52条第(1)款、第65条(1)款(b)项和第72条在公共安全领域对以上自由流动法规采取豁免措施的种种限制。另外,作者在本章还论述了《国防指令》在内部市场方面的法律依据,即《欧盟运行条约》第114条[93]。本章认为,《国防指令》中有关货物和服务的规定,受制于《欧盟运行条约》自由流动的法规,在例外情况下针对《欧盟运行条约》采取的克减措施必须在逐案审查的基础上经过欧洲法院的司法审查。成员国在采取这些豁

---

[91] 参见克莱格和德·布尔加(Craig and de Búrca),《欧盟法》(EU Law),前注6,第590页。
[92] Case C-376/98, Germany v. European Parliament and the Council [2000] ECR I-8419.
[93] 在《国防指令》的前言,第1段开始之前,仍然有"(《欧共体条约》)第47条第(2)款和第55条、第95条"的说法,因为《国防指令》于2009年6月13日生效,而《欧共体条约》于2009年12月1日才被《欧盟运行条约》所取代。

免措施时应当符合比例标准且提供充分证据。

  显然《欧盟运行条约》是一个市场一体化(包括公共采购)的法律文件,但它显然不是一个有关国防与安全一体化的法律文件。其原因有两个:第一,在《欧盟运行条约》中并没有有关国防与安全一体化的法律依据;第二,当内部市场与成员国在国防与国家安全利益方面出现交迭时,《欧盟运行条约》中有关国防豁免的规定妨碍了这种市场一体化。由于《国防指令》恰恰是有关国防的指令,我们将在第三章将对这些国防豁免条款进行分析。

第三章 《欧盟运行条约》的国防豁免条款：《欧盟运行条约》第346和第347条

1. 引言

如第二章所述，在《欧盟运行条约》内部市场制度中，关于货物和服务自由流动的规定也适用于武器装备和其他安全货物及服务，与公共安全相关的例外有着严格限制和严格审查。但是当涉及本书主要论述目标即武器装备时，以及涉及重大机密或面临严重危机时，则另有一套豁免规定。本章将讨论《欧盟运行条约》中与国防有关的武器豁免条款，即第346条第(1)款(b)项、与机密有关的346条第(1)款(a)项和与危机有关的第347条，其中包括欧洲法院、欧盟委员会、学术界和各成员国政府对这些条款的解释。全面理解《欧盟运行条约》第346条(1)款(b)项对武器装备的豁免规定是非常重要的，因为《国防指令》的主要目标，就是减少实践中对这些例外的运用，在武器装备以及其他安全敏感货物和服务方面建立一个内部市场。

在第二章所讨论的公共安全豁免，在《欧盟运行条约》的第346和347条中被"国家安全"或"国防"豁免所取代，制定了一些专门针对武器、机密和国家安全形势的特别豁免条款。第二章所讨论的公共安全豁免，如《欧盟运行条约》第36条所规定的豁免，只适用于不受《欧盟运行条约》第346条第(1)款(b)项约束的货物，且只适用于《欧盟运行条约》第347条规定之外的情形。国家安全豁免的一个共同特征，是一旦"使用不当"，将会进入一个特别"强制性"程序。该强制性程序见《欧盟运行条约》第348条，我们将在下文对此进行详细讨论[①]。

在20世纪90年代以前，欧洲法院对《欧盟运行条约》第346条和第347条的应用一直持某种宽松态度。即便是在著名的 Johnston 一案（该案涉及所有形式的安全豁免规定），欧洲法院仍然认为没有必要就与《欧盟运行条约》第347条有关

[①] 《欧盟运行条约》第348条规定："(1)如果在第346条和第347条规定的情形下采取的措施对共同市场的竞争造成了影响，那么欧盟委员会应当与相关国家一起，研究如何以本《条约》规则为依据对这些措施进行调整。(2)如果对第258条和第259条规定采取豁免措施，而欧盟委员会或任何成员国认为此举是对第346条和第347条所赋予权力的滥用，可将此问题直接反映到欧洲法院，欧洲法院应当在保密情况下做出判决。"

的具体问题做出解释②。在 Aimé Richardt③ 一案中,欧洲法院参照 Johnston 一案的判决,再次指出与《欧盟运行条约》第 36 条相关的豁免一律严格限制。但是欧洲法院又按照总检察长雅各布斯(Jacobs)的意见④,指出没有必要处理与《欧盟运行条约》第 346 条和第 347 条相关的事务。在 Werner⑤ 和 Leifer⑥ 这两个案件中,欧洲法院又一次按照总检察长雅各布斯⑦的意见,认为没有必要处理与《欧盟运行条约》豁免条款有关的事务,因为在《欧洲理事会(出口)条例 2603/69/EEC》中就有一个专门的针对性条款⑧。在 Albore⑨ 一案的判决中,欧洲法院按照总检察长科斯马斯(Cosmas)的意见,认为《欧盟运行条约》第 347 条根本就不适用于此案。在国防采购方面,《欧盟运行条约》第 346 条第(1)款(b)项是欧洲法院处理的第一个也是唯一一个有关国防豁免的条款,这实在是一件幸事。既然本书是一本关于《国防指令》的专著,而《国防指令》又是一个针对武器装备和其他安全产品与服务采购的指令,那么如何解读"武器装备豁免"条款,显然是一件非常重要的事情。还有一点是,限制采购实践中对该豁免条款的应用,显然应当是《国防指令》的主要运行或法律目标:

欧盟委员会的运行目标,是根据(欧洲法院的)判例法,限制《欧盟运行条约》第 346 条第(1)款(b)项这种例外条款在实际采购中的应用⑩。

本书第二部分将讨论《国防指令》的各项主要规则。要理解这些规则,并理解这些规则独特的适用范围、规定程序、授标标准和复议制度,首先必须对《欧盟运行条约》第 346 条第(1)款(b)项有一个透彻的了解。《欧盟运行条约》第 346 条对《公共部门指令 2004/18/EC》中的多数变动进行了解释,人们在起草《国防指令》时,首先也是从这些新变动入手。还有一点是:《欧盟运行条约》第 114 条关于武器装备的豁免规定,使《国防指令》有了明确的法律基础,我们将在第二章对此进行讨论。

本章将讨论《欧盟运行条约》的第 346 条,之后将对《欧盟运行条约》第

---

② Case222/84,*Marguerite Johnston v. Chief Constable of the Royal Ulster Constabulary* [1986] ECR1651,[1986]3 CMLR240,第 60 段。

③ Case C-367/89,*Criminal Proceedings against Aimé Richardt and Les Accessoires Scientifiques SNC* [1991] ECR I-462。

④ Case C-367/89,同上,第 30 段。

⑤ Case C-70/94,*Fritz Werner Industrie-Ausrüstungen GmbH v. Germany* [1995] *ECR* I-3189。

⑥ Case C-83/94,*Criminal Proceedings against Peter Leifer and others* [1995] ECR I-3231。

⑦ Cases C-83/94,同上,以及 C-70/94,前注 5,第 51 段。

⑧ 《条例 2603/69/EEC [1969] OJ L324/25》(Regulation2603/69/EEC [1969] OJ L324/25),由欧洲理事会《条例 3918/91/EEC [1991] OJ L372/3》((Regulation3918/91/EEC [1991] OJ L372/3)修订。

⑨ Case C-423/98,*Alfredo Albore v. Italy* [2000] ECR I-5965。

⑩ 关于国防与安全领域某些公共工程合同、公共供应合同和公共服务合同的授予程序统一,参见欧盟委员会《工作人员工作文件》(Staff Working Document)、欧洲议会和欧洲理事会的《<国防指令建议>附件》(Annex to the Proposal for a Directive),http://ec. europa. eu/internal_market/publicprocurement/docs/defence/impact_ass [2013 年 11 月 12 日登录],第 3 页和第 31 页。另参见《国防安全采购指令》说明条款第 16-18 条。

347条进行简要讨论。第347条相对来说没有那么重要。之所以对第347条进行讨论,是出于本书的需要。在《欧盟运行条约》第346条中有两个国防安全方面的豁免规定,一是《欧盟运行条约》第346条第(1)款(b)项关于武器装备的豁免规定,二是《欧盟运行条约》第346条第(1)款(a)项关于保密的豁免规定。应用这些豁免条款时要走的审前程序(pre-judicial review procedure)和司法审查程序,与《欧盟运行条约》内部市场法中的公共安全豁免条款相比是不同的,审查标准也是不同的。我们将在第二章讨论《欧盟运行条约》内部市场法中的公共安全豁免条款。《欧盟运行条约》机制复杂,目的是取得欧盟内部市场和其他利益以及成员国国家安全利益之间的平衡,而《欧盟运行条约》第346条第(1)款(a)项和第346条第(1)款(b)项规定的豁免条款,只是这个复杂机制的一部分。通过这种平衡机制,以上豁免条款的应用者、相关成员国、欧盟委员会,甚至是欧洲法院,可以明确在不同条件下内部市场与各成员国之间的权属范围。

本章在全书占有举足轻重的地位,其目的是对《欧盟运行条约》中重要豁免条款的适用范围和基本内涵进行解释,也正是这些豁免条款的适用范围和基本内涵构成了《国防安全采购指令》的核心内容,同时也构成了《国防安全采购指令》预定的有关欧盟内部市场的目标。我们在第二部分各章中对《国防安全采购指令》的核心内容进行讨论,在第二章对欧盟内部市场的目标进行讨论。我们必须知道,这些豁免条款明确了《国防安全采购指令》的适用范围,关于这一点我们将在第六章进行讨论。

2.《欧盟运行条约》346条第(1)款(b)项中关于武器的豁免规定

根据《欧盟运行条约》346条第(1)款(b)项[11]的武器豁免规定,成员国可以采取必要措施,以保护与武器、弹药和战争物资的生产、贸易有关的重大安全利益。

本章以下各节将对这些豁免的各个方面进行分析讨论。首先讨论"武器、军火和战争物资"的内涵(2.1节),然后是该豁免条款的作用(2.2节)、其程序要求(2.3节),最后是对《欧盟运行条约》第348条规定的特别司法程序的讨论。第348条的目的是防止人们对这些豁免条款的滥用(2.4节)。

---

[11] 前《欧共体条约》(阿姆斯特丹和尼斯)第296条第(1)款(b)项,及《欧洲经济欧共体/欧洲共同体条约》(罗马和马斯特里赫特)第223条第(1)款(b)项。

2.1 《欧盟运行条约》第 346 条第(2)款的武器清单

欧洲理事会根据当时《欧共体条约》第 223 条第(2)款[12]的规定,拟定了一个精确的"武器、弹药与战争物资清单",这个清单目前适用于《欧盟运行条约》346 条第(1)款。这个清单是《欧盟运行条约》第 346 条第(1)款(b)项的一部分,详细解释了《欧盟运行条约》中"武器、弹药与战争物资"的意义。该清单的法律地位目前并不明确。该清单不是《欧盟运行条约》中的文件,而是一个针对《欧盟运行条约》某个概念的 sui generis 文件(特殊文件)。将这个清单放入《欧盟运行条约》第 346 条第(1)款(b)项,会让该条显得很长,而该条作为创立条约中的一个条款,不宜过长。还有一点,如果将该清单加入第 346 条第(1)款(b)项,可能会延长相关谈判进而使 1957 年的《罗马条约》延期签订,因为人们可能会针对清单上的各个项目产生分歧。之后在 1958 年召开的一次欧洲理事会会议上,人们对这个问题的细节进行了讨论:此可谓聪明之举。是在《欧盟运行条约》里对这个清单进行明确的规定,还是通过欧洲理事会制定一个单独的清单,两者的不同之处在于:如果是前一种情况,针对该清单的修订只能通过政府间会议来实现。而如果是后一种情况,对清单的修订只须欧洲理事会的一个一致决议。在《欧洲防御共同体条约》(European Defence Community Treaty)[13]中也有一个类似的武器清单,该清单放在该条约第 107 条的附录 I 和附录 II 里,而不是直接放在该条约正文里。

1958 年,欧洲理事会拟定了这个适用于《欧盟运行条约》第 346 条第(1)款

---

[12] 目前对待的条款是《欧盟运行条约》第 346 条第(2)款:"欧洲理事会可以按照欧盟委员会的建议,对这个 1958 年 4 月 15 日制定的清单进行更改。清单上的产品适用第(1)款(b)项的规定。"

[13] 1952 年《欧洲防务共同体条约》附录 I 第 107 条规定:"1. 武器。小型武器、机枪、反坦克武器、火炮与迫击炮、防空武器,以及人造雾、毒气和喷火装备。2. 所有军用弹药和火箭。上述武器的弹药、手榴弹、自行式导弹、鱼雷、地雷及各种类型的炸弹。3. 军用推进剂和炸药。民用例外清单已列出。4. 装甲装备。坦克、装甲车辆和装甲火车。5. 所有类型的军舰。6. 所有类型的军用飞机。7. 自动武器。8. 生物武器。9. 化学武器。10. 只适用于以上 1、2、4、5、6 类物项的部件。11. 只适用于构造以上 1、2、4、5、6 类物项的机械部件。《欧洲防务共同体条约》附录 II 107 条新增了一个清单,包括原子能武器;化学武器;生物武器;远程导弹、制导导弹和感应地雷;小型防御型舰船之外的海军舰船;以及军用飞机。根据《欧洲防务共同体条约》107 条第(4)款(a)项和(b)项的规定,从专员委员会那里得到以上类型武器的出口许可证是极其困难的。关于《欧洲防务共同体条约》中的一般防务经济制度,参见马丁·特莱伯斯(Martin Trybus),《欧盟法与防务一体化》(European Union Law and Defence Integration)(Oxford:Hart,2005)第 39-42 页。

(b)项的产品清单[14]。迄今为止此清单再没有进行过修订[15],人们常常指出此清单早已过时[16],关于这一点我们将在下文进行讨论。该清单上的产品也被称为战争物资或硬性防务物资,不过这种叫法稍稍有些误导。对此我们也将在下文进行讨论。长期以来,该清单一直没有得到官方正式发布[17],欧盟各成员国政府对此持不同态度。欧盟委员会和部分成员国政府认为此清单是一个机密文件,而其他政府则乐意向任何感兴趣的人提供这个清单。20世纪八九十年代,该清单出现在一些学术性出版物里[18],从此该清单便进入了公众视野。不过并不是所有人都能轻易得到该清单。这个半保密性质的清单有着自身的问题:成员国政府可能将此清单扩大,将本不在该清单上的产品也纳入其中,进而达到滥用《欧盟运行条约》第346条第(1)款(b)项的目的。很明显,如果不知道该清单的具体内容,很难针对成员

---

[14] 《确定适用〈欧盟运行条约〉第223条第(1)款(b)项(现在第296条第(1)款(b)项[里斯本第346条第(1)款(b)项])规定的产品(武器、弹药和战争物资)清单的决议》(Decision defining the list of products (arms, munitions and war material) to which the provisions of Art. 223(1)(b)-now Art. 296(1)(b) [under Lisbon Art. 346(1)(b)]-of the Treaty apply (doc. 255/58))(doc. 255/58)。1958年4月15日备忘录:doc. 368/58,引用自《国防安全采购指令》脚注1,[2009] OJ L216/77。

[15] 《欧盟委员会对书面问题的答复》(Commission Answer to a Written Question)573/85 [1985] OJ C-269;《总检察长雅各布斯意见书》(Advocate General Jacobs in his Opinion),于Case C-367/89, Richardt, 前注3,第30段;P·基尔基多夫(P. Gilsdorf),"从《欧盟条约》的角度看《欧共体条约》中对安全的保护"(Les Reserves de sécurité du Traité CEE, à la lumière du Traité sur l'Union Europénne)(1994)《共同市场与欧盟评论》(Revue du marché commun et l'Union europénne),第17期,第20页。

[16] 可参见欧盟委员会《国防采购绿皮书》(the Commission's Green Paper on Defence Procurement),COM(2004)608 final,第7页;布加尔·施密特(Burkard Schmitt)(ed.),《欧洲武器合作:核心文件》(European Arms Cooperation: Core Documents),夏约论文第59号(Challiot Paper No. 59)(Paris: Institute of Security Studies of the European Union, 2003),第10页;拉姆西斯·A·威塞尔(Ramses A. Wessel),《欧盟外交与安全政策:从法律制度的角度看》(The Foreign and Security Policy of the European Union: A Legal Institutional Perspective)(The Hague: Kluwer Law International, 1999),第312页;K·艾肯伯格(K. Eikenberg),"第296条(前第223条)欧共体与战略物资对外贸易"(Article296 (ex223) E. C. and External Trade in Strategic Goods)(2000)第25期,《欧洲法律评论》(European Law Review),117期,128页;威姆·F·艾克伦(Wim F. van Eekelen),"国防采购的议会视角:需求、生产、合作与采购"(The Parliamentary Dimension of Defence Procurement: Requirements, Production, Cooperation, and Acquisition),不定期论文第5号(Occasional Paper No. 5)(Geneva: Geneva Center for the Democratic Control of the Armed Forces, 2005),第54页:"清单到现在为止显然是过时了"。

[17] 参见欧盟委员会的《国防采购绿皮书》(Green Paper on Defence Procurement),同上。另外,该清单在欧盟官方公报中找不到(2013年11月)。

[18] 参见A·库拉德·阿里贝克(A. Courades Allebeck),"欧洲共同体:从欧共体到欧盟"(The European Community: From the EC to the European Union),见H·伍尔夫(H. Wulf)(ed.),《受限的武器工业》(Arms Industry Limited)(Oxford University Press, 1993),第214页;马丁·特莱伯斯(Martin Trybus),《欧洲国防采购法:作为欧洲开放性国防采购市场模型的国际与国内采购制度》(European Defence Procurement Law: International and National Procurement Systems as Models for a Liberalised Defence Procurement Market in Europe)(The Hague: Kluwer Law International, 1999),第14-15页(脚注41)。此清单在独立欧洲方案小组(Independent European Programme Group)的出版作品也出现过(该组织是西欧联盟西欧军备小组的前身,名为"走向一个更加强大的欧洲"(Towards a Stronger Europe)(Brussels, 1987),现可见于下列网址:www.assembly-weu.org/en/documents/sessions_ordinaires/rpt/2005/1917.php#P132_16717 [2013年11月12日登录]。

国政府的滥用行为提出质疑[19]。

2.1.1 清单上的武器

2001年,欧洲议会的一个成员国向欧洲理事会书面提出一个问题:"第296条第(1)款(b)项提到的1958年4月份清单包括那些产品?"[20]于是欧洲理事会提供了这样一个清单作为回复[21]:

[《欧盟运行条约》第346条第(2)款的清单]

1. 便携式自动轻武器,如步枪、卡宾枪、左轮手枪、手枪、冲锋枪、机枪等,狩猎用武器、手枪以及其他7mm以下小口径武器不在此列。

2. 火炮以及发烟、施放毒气和喷射火焰的武器,如

(a) 加农炮、榴弹炮、迫击炮、火炮、反坦克炮、火箭筒、火焰喷射器、无后坐力炮;

(b) 军用发烟炮及军用毒气炮。

3. 以上1、2类武器的弹药。

4. 炸弹、鱼雷、火箭及制导导弹:

(a) 炸弹、鱼雷、手雷,包括发烟手雷、发烟弹、火箭、地雷、制导导弹、水下榴弹、燃烧弹;

(b) 专为操作、组装、拆卸、发射或侦察以上(a)类物品所设计的军事设备及部件。

5. 军事火控装备:

(a) 用于红外及其他夜间制导装置的发射计算机及制导系统;

(b) 遥测计、位置指示器、测高仪;

(c) 陀螺、光学及声学电子跟踪部件;

(d) 用于本清单设备的投弹瞄准潜望镜和射击瞄准潜望镜。

6. 坦克及专用作战车辆:

(a) 坦克;

(b) 配备武器或装甲的军用车辆,包括两栖车辆;

(c) 配备装甲的小型车;

(d) 半履带式军用车辆;

(e) 具有坦克主体的军用车辆;

---

[19] 参见卢克·巴特勒(Luke Butler),"作为跨大西洋防务市场自由化障碍的采购法"(Procurement Law as a Barrier to Transatlantic Defence Market Liberalisation),伯明翰大学(2014)(可查),第2章。

[20] 《巴特·斯蒂斯(Verts/ALE)向欧理事会提出的书页问题E-1324/01》(Written Question E-1324/01 by Bart Staes (Verts/ALE) to the Council),[2002] OJ C-364 E,2001年10月20日,第85-86页。

[21] 关于理事会答复的详细讨论见M·特莱伯斯(M. Trybus),"论《欧共体条约》第296条清单"(On the List According to Article296 EC Treaty)(2003)第12期,《公共采购法评论》(Public Procurement Law Review),第NA15-21页。

（f）为运输以上第 3、第 4 类武器之弹药而特别设计的拖车。

7. 有毒或放射性制剂：

（a）战争中用于人、动物或作物的毁灭性有毒、生化制剂或放射性制剂；

（b）用于以上（a）类物质之宣传、侦察与鉴定的军用设备；

（c）用于应对以上（a）类物质的材料。

8. 火药、炸药以及液体/固体推进剂：

（a）专为使用以上第 3、第 4、和第 7 类物资而设计、制造的火药和液体/固体推进剂；

（b）军用炸药；

（c）军用燃烧剂和凝固剂。

9. 军舰及其专用设备：

（a）所有类型的军舰；

（b）布雷、探测和扫雷专用设备；

（c）水下电缆。

10. 用于军事的飞机及设备。

11. 军用电子设备。

12. 军用照相机。

13. 其他设备和物资。

14. 以上清单中所有物资的用于军事目的的部件及材料。

15. 为以上军事目的而设计,用于武器、弹药和军用设备的研究、生产、试验和控制的机器、设备和物品。

此后人们便可以比较方便地得到至少一个版本的武器清单了[22]。2008 年 11 月 26 日,欧洲理事会发布了一个《1958 年 4 月 15 日理事会 255/58 决议选录》(Extract of Council Decision255/58 of15 April1958)[23]。根据《欧盟委员会国防指令适用范围指导性说明》(Commission's Guidance Note for the Defence Directive on Filed of Application),该清单是一个适用清单：

1958 年清单于 2008 年 11 月被翻译成欧盟所有国家的语言,此后该清单可公开获得[24]。

---

[22] 2001 年 9 月 29 日对 2001 年 5 月 4 日巴特·斯蒂斯(Verts)向欧洲理事会提出的书页问题 E-1324/01 的答复》(Reply of29 September2001 to Written Question C-1324/01 of4 May2001 of Barts Staes (Verts) to the Council),[2001] OJ C-364E/85-6,另参见 http://eur-lex.europa.eu/LexUriServ/LexUriServ.do?uri=OJ:C:2001:364E:0085:0086:EN:PDF[2013 年 11 月 12 日登录]。

[23] 《1958 年 4 月 15 日欧洲理事会决议 255/58》节选(Council Decision255/58 of15 April1958),文件 14538/4/08 第 4 次修订,http://register.consilium.europa.eu/pdf/en/08/st14/st14538-re04.en08.pdf[2013 年 11 月 12 日登录]。

[24] 前注引用的文件见欧盟委员会《适用范围指导文件》(Guidance Note Field of Application),第 4 页,脚注 11。

这说明欧洲理事会公布的清单就是具有法律意义的清单,且意味着该清单即为完整意义清单。但是在欧洲理事会2008年11月发布的决议选录中使用了"选录"一词,又说明该清单不是一个完整清单。有人指出,发布一个选录不足以取代欧盟委员会在官方公报上公布的清单。因此,这个1958年清单仍然没有得到完全的公布[25]。休尼克斯(Heuninckx)因而指出,这个清单得到了"公开但并没有公布"[26]。

关于这个可公开获取的武器清单,我们必须说几句[27]。

第一点,2001年的答复清单和2008年的选录清单,在长度和细节上都不及早先公布于公共领域的清单[28],在这些早先的清单中还有其他类别的武器。而且在这些早先的清单中,对军舰(第9类)、坦克(第6类)和轻武器(第1类)的规定也更加详细。但是也有一个例外:关于火炮(第2类)的规定,欧洲理事会提供的清单说明得更加详细。因此,欧洲理事会的答复清单和选录清单并不是一个完全的武器清单。不过得不承认,这些清单上的变化并没有引起本质上的改变。在先前可公开获取的清单中,多出来的种类大多指主要武器种类的零部件。因此可以这样认为:该清单并没有发生实质性的变化。至于2001年的答复清单,可能是因为欧洲理事会官员或stagiaires(实习人员)处理得不够精细。之所以这样说,是因为在先前发布的清单中,"出于军事目的的飞机及其设备"(aircraft and their devices for military purposes)还是"说得过去"的,但是在欧洲议会的答复清单的第10类里,"军用飞机及设备"(aircraft and equipment for military use)就说不过去了,因为"军用设备"指的是与"飞机"有关的设备,因此该种类应当是"用于军事的飞机及相关设备"(aircraft and related equipment for military use)。如果看一看德国[29]和法国[30]对这个清单的翻译,就可以发现其实问题在于对英语的不同理解和翻译,而不在于清单拟定时的粗心大意[31]。另一个原因可能是欧洲议会在给出这个书面答复清单时,根本就不想给人提供过多的细节。欧盟理事不可能针对某个人提出一个专用清单。

第二点,在2001年的答复清单中,第13类"其他设备和材料"显然是一个尚未

---

[25] 2010年4月,英国国防部公布了一个类似的清单,www.aof.mod.uk/aofcontent/tactical/toolkit/downloads/ecregs/ecregs_annd1.pdf [2011年3月登录,2013年11月12日不复存在]。

[26] 博杜安·休尼克斯(Baudouin Heuninckx),"欧盟通过国际组织完成的协作式国防采购法"(*The Law of Collaborative Defence Procurement Through International Organisations in the European Union*),博士论文,诺丁汉大学(2011)74页,脚注193(可查)。

[27] 本节的多数观点曾公开发表,见特莱伯斯(Trybus),"《欧共体条约》第296条清单评论"(On the List According to Article 296 EC Treaty),前注21。

[28] 见前注17。

[29] Luftfahrzeuge und *ihre* Ausrüstungen zu militärischen Zwecken(强调为作者所加)。

[30] Aéronefs et *leurs* équipments à usage militaire(强调为作者所加)。

[31] 由于该清单起草于1958年,因此可以推测至少德语和法语版本的欧洲理事会答复是以最初的清单为基础的。当时主要的英语国家,即英国和爱尔兰共和国还没有成为欧共体成员国,因此英语版本很有可能是最近从欧洲理事会答复翻译过来的。

决定的种类,欧洲理事会和成员国可在其中加入当时拟定 1958 年清单时没有考虑到的任何类型的产品。这样一来,这个清单的穷举性就不复存在了。而清单的穷举性,正是《欧盟运行条约》第 346 条的应用进行严格审查的核心所在。第二章在讨论公共安全豁免条款时指出[32],在应用《欧盟运行条约》的所有豁免条款时,必须使用狭义解释的方式,因为如果使用广义解释的方式,整个内部市场将无法正常运行[33]。不过,这种初步印象只是由于欧洲理事会的清单不够详细。在这个清单的前几个版本中,该种类只是无法归入其他武器种类的所有物资的一个标题,包括降落伞和涉水装备等[34]。2008 年由欧洲理事会发布的选录清单与 2001 年的书面答复清单的不同,只表现在第 13 类"其他设备和物资"(见 2001 年书面答复清单,而在 2008 年选录清单中,此类表述为"其他设备")。在 2008 年的选录清单中,该标题下有一些副标题,将先前清单中该种类下的细节都罗列出来[35]。因此可以说欧洲理事会于 2001 年发布的答复清单中的第 13 类,并不是为了颠覆该清单的穷举性。2008 年的选录清单对此进行了说明。

第三点,对于一个 1958 年制定的文件来说,该清单已经是很新的了。2004 年欧盟成员国武装部队的大部分军事装备都可划分到该清单上的某个种类。如隐身轰炸机,就包括在第 10 类"军用飞机及其设备"里。这说明该清单的宽泛是有道理的,它把军事领域的进步都囊括进来。这个清单一点也不过时。面对技术上的进步,人们没有进行大的改动,也不会进行大的改动。《国防指令》说明条款第 10 条就提到了这个清单,肯定了这个观点:

该清单是一个一般性清单,在解读该清单时应对其进行广义上的理解,因为技术、采购政策和军事需求的变化将导致新型装备的开发……

这一点与上文提到的对该清单的狭义性理解并不矛盾。这个清单是一个穷举性清单:清单中没有包括的物资不在豁免范围内[36]。因此《欧盟运行条约》第 346 条第(2)款以及该条提到的清单,是对《欧盟运行条约》第 346 条第(1)款(b)项的

---

[32] 第 73—76 页。

[33] Case222/84,*Johnston*,前注 2,第 26 页。

[34] 降落伞和涉水装备出现在硬性防务物资清单上似乎不合时宜了。这些装备似乎是两用物资。由于这种类型的两用物资出现在清单上,而其他物资都没有出现在清单上,因此有人提出这样的理解:只有出现在该清单上的物资才属于受《欧盟运行条约》第 346 条第(1)款和(2)款约束的物资。军民两用物资,除上述两类外,不在例外范畴内。

[35] 第 13 点:"其他装备:
(a)降落伞及降落装备;
(b)涉水装备尤其是用于军事用途的涉水装备;
(c)电力控制的军用探照灯。"

[36] 参见 Case T-26/01,*Fiocchi Munizioni SpA v. Commission of the European Communities* [2003] ECR II-3951,详见下文以及特莱伯斯(Trybus),《欧洲法与防务一体化》(*European Law and Defence Integration*),前注 17,第 249—250 页。

限定㊲。有人提出这样的观点:《欧盟运行条约》第346条第(2)款中的措辞,显然限制了《欧盟运行条约》第346条第(1)款(b)项用于该清单上的物资。

另外,Johnston判例法制定了这样的一般性原则:为了保证整个内部市场的正常运行,必须以狭义方式理解国防采购豁免条款㊳。按照这一要求,人们应当制定相关条款对该清单上的产品进行限制。《国防指令》说明条款第10条中的广义解释,指的是清单上的物资而不是那些不在清单上的物资。该清单是某个豁免条款的一部分,仅仅这一点就说明这个清单是一个穷举性清单。最后一点是,《欧盟运行条约》第346条第(2)款规定,欧洲理事会可以在必要时向该清单加入新产品。向清单中加入新的产品,必须得到欧洲理事会的全体通过㊴。由于特别提到可由欧洲理事会对该清单进行修订,也说明了这个清单的穷举性。如果只是一个说明性的清单,就没有必要专门为它的修订制定一个法律基础了,而且清单以外的装备也可以享受豁免。

2.1.2 清单以外的物项

该清单的穷举性影响重大:具有军民两用性质的"两用型货物"、物资等,不在《欧盟运行条约》第346条第(1)款(b)项的豁免之列㊵。欧盟普通法院在Fiocchi

---

㊲ 威塞尔(Wessel),前注16,第312页。

㊳ Case222/84,*Johnston*,前注2,第26段。另参见Case13/68,*SpA Salgoil v. Italian Ministry of Foreign Trade*[1968]ECR453,第463页,[1969]CMLR181,第192页,以及Case7/68,*Commission v. Italy*[1968]ECR633第644页。

㊴ 威塞尔(Wessel),前注16,第312页。

㊵ 这一点还需要讨论。在Case C-70/94,*Werner*中,前注5,英国认为"该清单不应当认为是一个穷举性的清单,《欧共体条约》第223条第(1)款(b)项(现《欧共体条约》第296条第(1)款(b)项)可以应用到此清单之外的产品"。而法国和德国则认为:"不能把《欧共体条约》第223条第(2)款(现《欧共体条约》第296条第(2)款)的规定应用到1958年清单上的产品"。参见《总检察长雅各布斯意见书》(Opinion of Advocate General Jacobs),同上,第62段。关于第296条第(1)款(b)项是否可应用到两用产品的讨论,见艾肯伯格(Eikenberg),前注16,第125-128页。艾肯伯格认为该规定不应当适用到两用产品上。另参见欧盟委员会通讯"欧洲防务相关工业面临的挑战:对欧洲统一行动的促进"(The Challenges Facing the European Defence-related Industries: A Contribution for Action at European Level),COM(1996)10 final,第14页;O·罗埃斯特(O. Lhoest),"武器生产与贸易,及《欧共体条约》第223条"(La Production et la commerce des armes, et l'article223 du traité constituant la Communauté européene)(1993)第26期,《比利时国际法评论》(*Revue belge de droit international*)176期,第184-185页;苏·埃罗史密斯(Sue Arrowsmith),《公共与公用事业采购法》(*The Law of Public and Utilities Procurement*)(London: Sweet & Maxwell,1996),第858-859页(第2版),2005),和第243-244页;帕诺斯·库特拉科斯(Panos Koutrakos),《贸易、外交政策以及欧盟宪法中的防务》(*Trade, Foreign Policy, and Defence in EU Constitutional Law*)(Oxford: Hart,2001),第184-186页;以及J·B·威顿(J. B. Wheaton),"国防采购与欧共体:法律条款"(Defence Procurement and the European Community: The Legal Provisions)(1992)第1期,《公共采购法评论》(*Public Procurement Law Review*)第432期,第434页;W·哈默(W. Hummer),"第223条"(Artikel223)见于爱柏哈德·格朗比兹和梅拉德·希尔夫(Eberhard Grabitz, Meinrad Hilf)(eds.),《EWGV评论》(*Kommentar zum EWGV*)(Munich: C. H. Beck Verlag,1997)活页,第II卷,第223条,第12段;威塞尔(Wessel),前注16;N·埃米利奥(N. Emiliou),"对战略性出口物资、两用货物的限制和共同商业政策"(Restrictions on Strategic Exports, Dual-use Goods and the Common Commercial Policy),(1997)第22期,《欧洲法律评论》(*European Law Review*)68期,第72页。

Munizioni 一案也有这样的判例法[41],我们将在下文对此进行讨论。"两用货物"有时也被称为"软性国防物资",如运输机、越野车和帐篷等。

有人指出,制定一个用以判断某产品属于军用产品还是民用产品的标准,是一个非常重要的问题。另外还有人指出,缺乏这样的标准将导致理解上的真空,进而影响内部市场法在国防工业上的应用[42]。不过我们认为,这样的标准并不需要。根据《欧盟运行条约》第 346 条第(2)款,这个清单具有穷举性。硬性防务物资适用于《欧盟运行条约》第 346 条第(1)款(b)项,而其他物资则不适用于该条。区分这两种物资的唯一标准就是这个 1958 年清单。不在这个清单上的物资就不在《欧盟运行条约》第 346 条第(1)款(b)项的范围之列。甚至作为一个法定种类的"硬性防务物资"这个词,也容易引起人们的误解。由于这个清单的穷举性,某种显然属于硬性防务物资的产品却有可能不在这个 1958 年清单上。这样的硬性防务物资就不在《欧盟运行条约》第 346 条第(1)款(b)项的豁免之列了,只能通过《欧盟运行条约》第 36 条的公共安全豁免规定豁免了。关于这一点我们将在第二章进行讨论[43]。同样也可能发生这样的情况:某种民用或两用产品被列入清单,适用于《欧盟运行指令》第 346 条第(1)款(b)项,如清单第 13 类中的"降落伞和涉水装置"。因此唯一的决定性因素是相关产品在不在这个清单上。

这个清单的存在,并不会产生理解上的真空。比"硬性防务物资"更准确的叫法,应当是"根据《欧盟指令》第 346 条第(2)款的规定处于清单上的物资"。不过这个叫法过于拗口,我们在本书以后的章节中仍称之为"硬性防务物资"。

2.1.3 军用:Agusta 判例法及 Finnish Turntables 判例法

关于如何理解 1958 年清单的另一个相关问题,是 1958 年清单上的某个相关物品,仅仅启用《欧盟运行条约》第 346 条第(1)款(b)项行不行,是不是还需要满足其他的要求。

2008 年,欧洲法院在两起意大利采购案中就遇到了这样的问题[44]。Agusta[45] 一案涉及一种在意大利由来已久的惯例,即意大利军事或民事团体进行奥斯塔或奥斯塔·内尔直升机的采购时,一般采取直接授予合同的方式[46]。相关部队的机群

---

[41] Case T-26/01, *Fiocchi Munizioni SpA v. Commission of the European Communities*,前注 36,第 61 段。

[42] 库特拉科斯(Koutrakos),《贸易、外交政策以及欧盟宪法中的防务》(*Trade, Foreign Policy, and Defence in EU Constitutional Law*),前注 40,第 176 页引用威顿(Wheaton),《国防采购与欧共体》(*Defence Procurement and the European Community*),前注 40,第 434 页,以及各国区分军用和军民两用产品的方法,见 M·布提和 T·马龙(M. Bothe and T. Marauhn),"武器贸易:法律比较"(*The Arms Trade: Comparative Aspects of Law*),(1993)第 26 期,《比利时国际法评论》(*Revue belge de droit international*)第 20 期,第 27 页及以下各处。

[43] 第 70—82 页。

[44] 以下对 Cases C-337/05 和 C-157/06 的讨论以作者在(2009)第 46 期《共同市场法律评论》(*Common Market Law Review*)第 973—990 页的案例注解为基础。

[45] Case C-337/05, *Commission v. Italy* [2008] ECR I-2173。

[46] 在 *Agusta* 案中,这些包括消防部队、宪兵、国家森林警察、海岸警卫队、金融警卫队、国家警察及部长理事会民保部。

81

全部为此类直升机。所有直升机的采购都没有在欧盟范围内按照竞争性招标的方式进行采购。欧盟委员会认为，这些合同应当按照当时尚有效的旧版《供应指令93/36/EC》(Supplies Directive 93/36/EC)第6条的规定，按照竞争性招标的方式完成合同授予[47]。意大利则认为，这些为军队采购的供应品符合《欧盟运行条约》第346条第(1)款(b)项和《指令93/36/EC》所规定的武器豁免条件。这些豁免条款适用于这些直升机，因为这些直升机是"两用物资"，既可军用，也可民用。欧盟委员会在经过必要的诉前程序之后，对意大利提出了诉讼，其法律依据是目前《欧盟运行条约》的第258条。

第二个案例是 C-157/06, Commission v. Italy。[48] 在该案中，意大利颁布了部级法令，要求将直升机采购合同直接授予某些实体。[49] 也就是说该部级法令要求采取与前面所描述的 Agusta 一案中的相似做法。

该部级法令的诉前程序与 Agusta 一案中的诉前程序如出一辙，[50]于是意大利政府再一次抛出其"两用"[51]和"技术特性"[52]的理由。

在 Agusta 一案中，欧洲法院依据本书第二章和本章下文中提到的判例法，指出《欧盟运行条约》中关于公共安全方面的克减条款，即第 36、45、52、65、72、346 和第 347 条，从一开始针对的就是一些例外和有明确限制条件的情况。这些条款不能理解为与生俱来的一般性例外条款，以公共安全为理由豁免于内部市场法[53]。必须对这些条款进行狭义解释[54]。必须遵守这些条款的特殊要求。如果承认存在一种无条件的例外，就会对内部市场法的约束力和统一应用造成不良影响[55]。这些例外条款的存在，是为成员国提供豁免依据，但其豁免不得超出这些例外情况的条件限制[56]。

---

[47] 当时的《公共供应指令 93/36/EC》[1993] OJ L199/1,现在被欧洲议会和欧洲理事会关于公共工程合同、公共供应合同和公共服务合同授予程序的《指令 2004/18/EC》,[2004] OJ L134/114 所取代。

[48] [2008] ECR I-7313。

[49] 《2003 年 7 月 11 日关于批准警用和国家消防轻型直升机采购公共服务合同豁免于欧共体规则的内务部长第 558/A/04/03/RR 号令》(Decree No. 558/A/04/03/RR of the Minister for the Interior of11 July2003 authorising the derogation from the Community rules on public supply contracts in respect of the purchase of light helicopters for the use of police forces and the national fire service)。

[50] P·迈克格文(P. McGowan),"对 C-157/06 的评论",见于(2009)年第 18 期《公共采购法评论》(*Public Procurement Law Review* NA59),第 NA61 页。

[51] Case C-157/06, *Commission v. Italy*,前注 48,第 16 段。

[52] Case C-157/06, *Commission v. Italy*,同上,第 18 段。

[53] Case C-337/05,前注 45,第 43 段。

[54] Case C-157/06,前注 48,第 23 段。

[55] Case C-337/05,前注 45,第 43 段。已在下列案例中确认:Case222/84, *Johnston*, *supra* note2,第 26 段; Case C-273/97, *Sirdar v. The Army Board* [1999] ECR I-7403,[1999]3 CMLR559,第 16 段; Case C-285/98, *Kreil v. Germany* [2000] ECR I-69,第 16 段; 以及 Case186/01, *Alexander Dory v. Germany* [2003] ECR I-2479,第 31 段,引自欧洲法院,于 C-337/05, *Agusta*。

[56] Case C-337/05,前注 45,第 44 段,以及 C-156/06, *supra* note48,第 23 段,引自 Case C-414/97, *Commission v. Spain* [1999] ECR I-5585,[2000]2 CMLR4,第 22 段。

意大利政府提出,这些直升机为军地两用物品,具有民用和军用双重功能,适用于《欧盟运行条约》第346条第(1)款(b)项。欧洲法院驳回了意大利的观点,指出享受《欧盟运行条约》第346条第(1)款(b)项的产品必须是军事专用品:

这说明该设备的军事意图难以明确,因此该设备的采购必须遵守公共合同授予法规。向军队供应民用直升机,也必须遵守这些法规(强调为作者所加)[57]。

之所以做出这样的解释,其依据就是条款自身的措辞。欧洲法院将这种解释应用到手头的案子上。涉案中的直升机肯定是民用,也可能是军用,这一点各方观点是一致的。因此这些直升机的军事用途"难以明确",《欧盟运行条约》第346条第(1)款(b)项也就不适用[58]。C-157/06的判决是与《欧盟运行条约》第346条第(1)款(b)项有关的Agusta判决的一个"真实反映"[59]。

我们在第二章说过[60],欧洲法院在Johnston一案[61]的判决中指出,对《欧盟运行条约》的安全豁免条款进行广义理解,将影响内部市场法的限制作用,进而动摇它的功能。

因此,要建立一个内部市场,对豁免条款进行狭义解释是合乎逻辑的,也是必要的。在Agusta和Case C-157/06案中,欧洲法院反复强调在应用《欧盟运行条约》第346条第(1)款(b)项,即有关武器豁免的条款时,应当遵守的这一原则。这一原则过去似乎没有受到重视。在Agusta和Case C-157/06案之前[62],有关此方面的豁免判决只有Spanish Weapons一案[63]的判决,我们将在下文就此进行讨论。这三个案子的判决表明,欧洲法院认为武器豁免是有条件限制的。

《欧盟运行条约》第346条第(1)款(b)项的第二部分对这种豁免进行了限制:

但前提是,这种措施不得对共同市场上非军事专用产品的竞争条件产生任何影响。

欧洲法院对这些条款的理解,正是以这些豁免条款为依据的[64]。成员国之所以应用武器豁免条款,是为了保护内部市场中的民用产品。这一点与相关行业20世纪50年代业已存在的某些特点正相吻合。当时人们正在起草该条,其重要性似乎比现在还要大,因为当时国防工业和民用工业的界限并不总是那么清晰。关于这一点,我们在第一章已经讨论过[65]。许多产品具有军用和民用的双重特性,且欧

---

[57] Case C-337/05,同上。第47段。类似于Case C-157/06,同上,第26段。
[58] Case C-337/05,前注45,以及Case C-157/06,前注48,第26-28段。
[59] 迈克格文(McGowan),前注50,第NA61页。
[60] 第73-76页。
[61] Case222/84,前注2。
[62] 对避免应用《欧盟运行条约》第346条第(1)款(b)项的综述,见前注2、3、5和6。
[63] Case C-414/97,前注56。
[64] Case C-337/05,前注45,第47段:"从条款的措辞可明显看出,相关产品必须是专门用于军事用途。这意味着那些军事用途不明确的装备的采购,必须按照公共合同授予程序进行"(强调为作者所加)。
[65] 第21-22页。

洲大多数军工企业同时也生产民用产品[66]。因此,让武器产品游离于内部市场法,很容易对民用产品造成不良影响。《欧盟运行条约》346条第(1)款(b)项的第二部分就禁止这种影响的产生。但是对此人们完全可能有不同的理解。该条曾有一个广泛认可的最低豁免条件,由休尼克斯[67]最早提出。这一最低豁免条件是:某种豁免措施应用到非军事产品中时,如果不会对此类产品的市场竞争形成负面影响,仍可视为合法措施。但是在 Agusta 和 Case C-157/06 中,欧洲法院规定了一个更加狭义的解释[68]。以上判案法规定:不得以《欧盟运行条约》第 346 条第(1)款(b)项为理由,对非军事专用品采取任何豁免措施。针对《欧盟运行条约》第 346 条第(1)款(b)项的狭义解释,欧洲法院设立了一个"难以明确"的标准,对此进行了进一步的说明,即军事用途"难以明确"的任何物资,都不在《欧盟运行条约》第 346 条第(1)款(b)项的范围之内。不过这个标准的意义不是很清晰,人们对此仍然会有两种不同的理解。

关于这个"难以明确"的标准,存在着另一种不同的理解,即如果某产品的军事用途十分明确,那么不管它是否被列入 1958 年的武器清单,都属于豁免范围之内。这意味着军民两用产品是一种混合类型,是否属于《欧盟运行条约》第 346 条第(1)款(b)项所说的"武器、弹药和战争物资",要看它的军事用途有多大的明确性。在 Agusta 一案和 Case C-157/06 一案中,欧洲法院根本就没有提到 1958 年的清单,而这恰好支持了以上这种观点。欧洲法院总检察长马扎克在《马扎克总检察长意见书》(Opinion of Advocate General Mazák)中特别指出:"(《欧盟运行条约》第 346 条)只适用于列入该清单的产品……"[69] 在 Fiocchi Munizioni 一案中,欧洲法院普通法庭(the General Court)肯定了这一点(之后欧洲法院初审法庭也对此提出肯定)[70]。综上所述,该清单并不是一个例证性清单,而是《欧盟运行条约》条款的一部分。另外,欧洲法院总检察长指出,《欧盟运行条约》第 346 条第(1)款(b)项并不适用于军民两用货物[71]。以"明确程度"为标准,将会为《欧盟运行条约》第 346

---

[66] 可参见爱罗史密斯(Arrowsmith),《公共与公用事业采购法》(The Law of Public and Utilities Procurement),前注 40,第 4.62 段。

[67] B. 休尼克斯(B. Heuninckx),"欧盟委员会对意大利案(Case-337/05)(阿古斯塔直升机案)说明"(A Note on Case Commission v. Italy(Case-337/05)(Agusta Helicopters Case))(2008)第 17 期,《公共采购法评论》(Public Procurement Law Review)第 NA187 和 NA190 页。休尼克斯还举了一个说明性的例子:"如果相关采购造成的影响相对于市场规模来说可以忽略(例如欧盟成员国军方采取非竞争性方式以正常市场价只采购一架民用直升机,而每年共同市场上此类直升机销售给航空公司的数量有 100 架,就可能会是这种情况。"不过应当指出,休尼克斯本人并不是在鼓吹这种解读方式,他只是在讨论这种可能性。

[68] 同上。

[69] Case C-337/05,前注 45,《马扎克总检察长意见书》(Opinion Advocate General Mazák),于 2007 年 7 月 10 日,第 58 段。

[70] Case T-26/01,前注 36,第 61 页。

[71] Case C-337/05,《马扎克总检察长意见书》(Opinion Advocate General Mazák),于 2007 年 7 月 10 日,第 59 段。

条第(1)款(b)项的实际应用带来巨大困难,甚至无法实施,进而会助长对该条的滥用。因此,这种以"明确程度"为标准的观点最终将导致违法。1958年的武器清单通过《欧盟运行条约》第346条第(2)款,成为《欧盟运行条约》第346条第(1)款(b)项的一部分,而欧洲理事会作为《欧盟运行条约》确立的相应"立法者",规定了适用武器豁免的武器装备类型。所有这些工作都做得非常细致,因此有了1958年的清单,欧洲法院没有必要再制定一个军民两用的混合种类,因为依据这个清单就可以确定相关产品的军用性质了。最后一点是,以军用的明确程度作为标准,将与《欧盟运行条约》第346条第(1)款(b)项规定的狭义性豁免理解不符,将导致豁免范围超出1958年清单。

另外,针对1958年清单中的第10类物项,欧洲法院可以使用"难以明确"的判定标准。该清单第10类包括"用于军事的飞机及设备"(强调为作者所加)。从第10类的措施来看,该类实际上包括双步检验。第一步,相关武器必须是飞机;第二步,它必须用于军事。清单上的其他物项大多不需要这个双步检验,如坦克(6a类)和军舰(9a类),因为这些物项只能用于战争,其军事目的是非常明确的。[72]

与以上"军事用途的明确性"正相反,欧洲法院的"难以明确"其实可用于1958年清单上的物项。换句话说,这个物项是在这个清单"里",而不是在这个清单"外"。这个标准与《欧盟运行条约》第346条第(1)款(b)项的狭义性标准是一致的,因为它将豁免限制在清单以内,而不是扩展到清单以外。从第10类物项来说这样的标准也是合理的,因为这些物项的军事用途必须通过这个清单得到确认,然后才能应用《欧盟运行条约》第346条第(1)款(b)项。这个观点在《总检察长意见书》第31个脚注中也得到了支持。在这个意见书中,总检察长指出:"出现在该清单上的非军事专用产品,的确属于(欧盟法)的约束范围"。因此至少对于清单上的部分产品来说,除了必须在这个清单上,还必须要有明确的军事目的。

有人对此提出了强烈反对,指出欧洲法院最近只是在下文提到的Finnish Turntables一案中提到1958年的清单,在其他案件中根本就没有提到过。于是人们提出了这样的问题:既然这个清单通过《欧盟运行条约》第346条第(2)款成为《欧盟运行条约》第346条第(1)款(b)项的一部分,那么在下文提到的Spanish Weapons等案件中,欧洲法院为什么没有提到这个清单?其中一个原因可能是因为这个清单还没有正式公布,在判决该案时,该清单还被认为是一个半保密性质的文件[73]。我们在前面已说过,欧洲理事会在当年即2008年该案件判决之后才公布了一个选

---

[72] 清单上还有许多种类可用于非军事,或者对民用市场产生影响:物项1(小型武器),物项3(其弹药),物项7.b(放射检验物资不依赖于军事或民事应用),物项8.b(军用炸药:许多炸药用于军事和矿业等),13.a(降落伞)。感谢鲍都因·休尼克斯(Baudouin Heuninckx)(比利时空军)让我关注这些例子。这些物项确定在1958年清单上后,第二步才会明确它们的军事用途。

[73] 参见特莱伯斯(Trybus),《欧盟法与防务一体化》(*European Union Law and Defence Integration*),前注13,第143-154页。

录清单[74]。另外,针对依据《欧盟运行条约》第346条第(1)款(b)项采取的豁免措施进行司法审查时,实际上应当按照《欧盟运行条约》第348条之规定,多数为了保密以非公开方式进行。对《欧盟运行条约》第346条第(1)款(b)项的分析也必须按照《欧盟运行条约》第258条规定的程序进行,如我们下文将要讨论的Spanish Weapons一案。

欧洲法院可能不愿意提及《欧盟运行条约》第348条之外还有一个半保密性质的清单。前面已说过,《马扎克总检察长意见书》[75]指出在欧洲议会的会议记录中可以找到一个版本的清单[76],因此说这个清单不太可能是一个保密性清单[77]。但是我们在前面说过,这个版本与其他版本并不是完全一样[78]。如果确实公布了某个官方版本,那么欧洲法院可能只是采用了该版本的一个要略。不过有一点倒是十分肯定:欧洲法院在做出判决之前参考了该清单的官方版本。因此有人认为欧洲法院没有直接提到这个清单,只是参照这个版本制定了一个"难以明确"的判定标准,也是有道理的[79]。

欧洲法院在Agusta一案的判决中没有特别提到1958年清单,是一件令人遗憾的事情,因为这样一来法律的清澈透明就受到了影响。有人甚至指出,军民两用产品是否属于《欧盟运行条约》第346条第(1)款(b)项的豁免范围仍然是一个没有定论的问题[80]。这个清单既然通过《欧盟运行条约》第346条第(2)款成为《欧盟运行条约》第346条第(1)款(b)项的一部分,那么某个物项是硬性防务物资、军民两用物资还是民用物资,就不是问题的关健了,问题的关健是这个物项是否在这个清单上。一个极为重要的区别就是清单物项和非清单物项。如果某个物项不在清单上,那么《欧盟运行条约》第346条第(1)款(b)项是否适用就是一个否定的回答。在这个清单上存在着军民两用物资,对于清单物项来说,如对于飞机来说,除了必须在这个清单上,还必须要有明确的军事用途。既然这个清单对于《欧盟运行条约》346条第(1)款(b)项来说至关重要,那么欧洲法院在判决中甚至没有提到这个清单,虽然由于以上原因可以理解,但仍然是一件令人遗憾的事情。正是因为如此,欧洲理事会最终决定将这个1958年武器清单进行正式公布,以保证法制和法律的透明性。不过该清单直至2014年初也没有公布,个中原因不得而知。

---

[74] 判决是在2008年4月8日,公布日期是在2008年11月。
[75] 参见《意见书》脚注29,前注45。
[76] 参见《巴特·斯蒂斯(Verts/ALE)书面问题》(Written Question E-1324/01 by Bart Staes (Verts/ALE)),前注22。
[77] 另参见学术出版界对此清单的公布,前注18。
[78] 特莱伯斯(Trybus),"论《欧共体条约》第296条清单"(On the List According to Article296 EC Treaty),前注21。
[79] 另参见《总检察长马扎克意见书》(the Advisory Opinion of Advocate General Mazák),第58-61段。
[80] 休尼克斯的评注,"欧盟委员会对意大利案笔记",前注67,第NA191页。

最近在 2012 年 Finnish Turntables 一案的判决中[81],终于明确提到了 1958 年武器清单。欧洲法院在分析《欧盟运行条约》第 346 条第(1)款(b)项时,首先提出了这样一个问题:芬兰国防部队技术研究中心(Finnish Defence Forces Technical Research Centre)所采购的转车盘是否属于该清单中的某个物项。该研究中心没有按照《公共部门指令》的要求采购这些转车盘,因为该中心认为按照《公共部门指令》第 10 条的规定,以及《欧盟运行条约》关于武器豁免的规定,这些转车盘是享受豁免的。这个以清单为基础进行的分析,按照前面提到的欧洲理事会文件中的 2008 年清单版本,最终得出这样的结论:根据清单第 11 点和 14 点的说明,转车盘属于清单第 15 类。欧洲法院进而又转到虽用于军事但也有可能主要民用的清单物项上。欧洲法院指出:只有当相关物项从其自身性质来看属于专为军事目的而设计开发,或者经过重大改装用于(军事)目的时,才可豁免于《欧盟运行条约》和《公共部门指令》……

欧洲法院的这个最新判决意义重大,因为它首次将《欧盟运行条约》第 346 条第(1)款(b)项的第一步分析与第二步分析如此明确地区分开来。所谓第一步,就是看相关物项是否在 1958 年的武器清单上;第二步,看从成员国的国家安全利益出发是否需要实施豁免[82]。该判决又进了一步,明确指出了前面提到的 Agusta 判例法的特别之处指出:具有明确的军事用途,但也可能出于同一目的而用于民事的物资,要享受《欧盟运行条约》第 346 条第(1)款(b)项的豁免规定,必须满足一定的条件。相关物资从其自身性质来看必须是专为军事目的而设计开发,或者说经过"实质性改装"而用于军事。这是一个相当高的门槛。1958 年武器清单中的两用物项必须是为了军事目的而经过专门的设计、开发和改装。这个规则的依据,是对《欧盟运行条约》所有豁免条款包括《欧盟运行条约》第 346 条第(1)款(2)项的狭义性解释[83]。在以清单为基础的第一阶段,Finnish Turntables 判例法对《欧盟运行条约》第 346 条第(1)款(b)项进行了一个两步分析。该判例依据 1958 年的武器清单进行了第一步的分析,明确指出该清单对于正确理解豁免条款是非常重要的。这个判例做出了一个非常明确的说明,而在之前所有判例中包括 Agusta 判例都没有这样一个明确的说明。首先,某个物项必须属于该清单下的某个种类,然后才能被考虑豁免之列。再一点,该判例明确指出该物项必须是军用,但也可能用于民事,只有这样才有可能享受武器豁免。最后一点是,《欧盟运行条约》第 346 条具有它的限度,这个判例是对该事实的最新肯定。

根据《国防指令》说明条款第 10 条的规定,《国防指令》适用于那些"军事装备","属于该清单中的产品类型"。但是《国防指令》的应用范围不止于此。关于

---

[81] Case C-615/10, *Insinööritoimisto InsTiimi Oy* v. *Puolustusvoimat*,2012 年 6 月 7 日判决,尚未公布。
[82] 同上,参见第 34 段,然后参见以下各段的分析。
[83] 同上,第 35 段,引用自 Case C-284/05, Commission v. Finland [2009] ECR I-11705,第 46 段,以及引用的判例法。

这一点我们将在第六章进行讨论。本章的目的是解读《欧盟运行条约》第 346 条，因此我们在此也要对上述清单进行一番解读。

2.1.4 供出口的武器：Fiocchi Munizioni 案

在此我们再次强调：《欧盟运行条约》的所有豁免条款必须进行狭义性解释[84]。在 Fiocchi Munizioni[85]一案中，欧洲法院普通法庭似乎对《欧盟运行条约》第 346 条适用范围又进行了缩小。此案中一家意大利武器弹药生产商向欧盟委员会正式提出诉讼，指控西班牙政府向生产武器、弹药和坦克的某个西班牙国有企业发放补贴。于是欧盟委员会围绕《欧盟运行条约》第 348 条第 1 款与西班牙展开了双边交流。西班牙认为，此案中西班牙企业的行为适用《欧盟运行条约》第 346 条第(1)款(b)项，而且从西班牙法律角度来说涉及西班牙国家安全利益，其生产主要是为了满足西班牙武装部队的需求，而且这些行为也适用西班牙关于国家机密的法律。对此欧盟委员会一年之后也没能采取任何措施，于是该意大利生产商又依据《欧盟运行条约》第 265 条第 3 项的规定，将欧盟委员会告上了法庭[86]。在此之前该西班牙生产商曾成功参加在其他成员国包括意大利举行的邀请招标。正因为如此，该意大利企业认为西班牙的做法破坏了竞争，因而提出了诉讼。

普通法庭除了下面提到的几个程序性问题，还数次提到了原告的观点，即以出口为目的而不是为了满足国内需求而生产的硬性防务物资，不在《欧盟运行条约》第 346 条第(1)款(b)项所规定的重大安全利益保护范围[87]。但是普通法庭在 Fiocchi Munizioni 一案中没有确立这个规则。之所以会有这样的判读，是因为存在着这样的一般规则，即必须狭义理解豁免条款，而成员国进行的硬性防务物资的生产和贸易只有针对本国军队时，才可以说是为了保护本国的重大安全利益。举个例子来说，从现有地缘政治形势来看，德国军队的武器装备不可能涉及西班牙的重大安全利益[88]。不过不得不承认，《欧盟运行条约》第 346 条第(1)款(b)项确实涉及了用于出口的硬性防务物资。首先我们在前面已提到，欧洲法院并没有规定出口硬性防务物资不能应用 Fiocchi Munizioni 判例法。法院之所以会做出这样的判决，一部分原因是此案中的国家补贴。关于国家补贴我们将在第四章进行讨论[89]。第二点，法院确实强调指出，《欧盟运行条约》第 346 条第(1)款(b)项对于整个《欧盟运行条约》都有效[90]，也就是说，如果启用成功，该条款可以让相关物项对整个的

---

[84] Case222/84, *Johnston*, 前注 2, 第 26 段。

[85] Case T-26/01, *Fiocchi Munizioni SpA v. Commission of the European Communities*, 前注 36。

[86] 《欧盟运行条约》第 265 条第 4 款规定："任何自然人或法人，如果符合前述条件，可以向欧法法院提出诉讼，控告欧共体某个机构除了提出一些建议或发表一些意见，并没有针对性地采取任何行动。"

[87] Case T-26/01, 前注 36, 第 77 段, 回引了第 8 段, 另见第 63 段。

[88] 但是在 20 世纪 30 年代，像法国这样的国家如果为捷克斯洛伐克和波兰提供武器，就可能是因为安全利益。感谢安东尼·阿诺尔在评论本章早期版本时向我指出这一点。

[89] 第 176-182 页。

[90] Case T-26/01, 前注 36, 第 58 段。

《欧盟运行条约》进行克减,没有任何例外。让所有出口国防物资都不能享受《欧盟运行条约》第346条第(1)款(b)项的豁免规定,显然有悖于此条款的规定。在豁免条款中,没有任何措辞说豁免只限于满足国内需求的国防物资。第三点,欧洲法院指出,关于什么才是成员国的安全需求,此条款授予成员国极大的裁量空间[91]。成员国可以认为某国国防工业的生产能力对于国家安全利益来说非常重要。该国国防工业如果只依赖于本国军队的需求,可能在经济上无法生存。为了让该企业正常运转,可能只有向其他成员国进行产品出口。该条款的普遍效应和成员国充分的决断空间,必须与采取此措施的必要性和欧盟各法庭所采取的相应司法审查区分开来。前者是针对所有出口国防物资而普遍采取的整体豁免措施进而使其无法应用《欧盟运行条约》的第346条第(1)款(b)项而提出的强烈反对意见,但并不是针对具体个案下的豁免。但是由于这一点在Fiocchi Munizioni中没有明确定论,因此针对《欧盟运行条约》的豁免条款所采取的狭义解释,很有可能使用于出口的清单武器无法应用《欧盟运行条约》第346条第(1)款(b)项的豁免。

2.2 《欧盟运行条约》第346条第(1)款(b)项的效力

《欧盟运行条约》第346条第(1)款(b)项的效力如何,存在着很大的争议。那些认为应当从狭义角度理解《欧盟运行条约》346条第(1)款(b)项的人认为,必须从狭义角度理解豁免,且豁免不应当是自动无条件实施,成员国如果想要启用豁免,必须提出明确的请求[92]。只有当成员国能够证明必须无条件实施豁免时,相关硬性防务物资才适用《欧盟运行条约》。让我们打个"房子"的比方:武器放在一个房子里(即内部市场),但是房子有一个门(即《欧盟运行条约》346条第(1)款(b)项),成员国在满足某些条件时可通过这个门将部分武器拿出这座房子,而欧洲法院对通过该门将部分武器拿出该房子的行为提出质疑。

---

[91] 同上。

[92] 最主要是欧盟委员会,见"防务相关工业面临的挑战"(The Challenges Facing the European Defence-related Industry),COM (96)10 final,第14页(之前是爱罗史密斯(Arrowsmith),《公共与公用事业采购法》(The Law of Public and Utilities Procurement),前注4040,第861-863页;《国防采购绿皮书》(Green Paper Defence Procurement),COM (2004) 608 final,第5页。另参见"书页问题回答 1088/89"(Answer to Written Question1088/89) [1991] OJ C-130/2 引自库物特拉科斯(Koutrakos),《贸易、外交政策以及欧盟宪法中的防务》(Trade, Foreign Policy, and Defence in EU Constitutional Law),前注40,第176页;罗埃斯特(Lhoest),"武器生产与贸易"(La Production et la commerce des armes),前注40,第183页,艾肯伯格(Eikenberg),"第296条(前第223条)欧共体与战略物资对外贸易"(Article296 (ex223) E. C. and External Trade in Strategic Goods),前注16,第119页,以及她在脚注8中的引用;埃米利奥(Emiliou),"对战略性出口物资、两用货物的限制和共同商业政策"(Restrictions on Strategic Exports, Dual-use Goods and the Common Commercial Policy),前注40,第59页。

另一方面,也有很多成员国认为硬性防务物资豁免于《欧盟运行条约》是一个一般性的、无条件的自动性条款[93]。这些国家认为,这些硬性防务物资不受司法约束,成员国的国家安全利益使内部市场目标自动失效。这种观点又一次引用了"房子"的比喻,指出武器永远都在这个房子的外面,因此根本就没有必要将它们拿出这座房子。《欧盟运行条约》第346条第(1)款(b)项不是一扇门,而是对武器所在处的一个说明:这些武器的所在之处就是房子的外面。

这两种不同的解释,无论对国防采购法规还是对国防采购实践来说,都有很大的影响。如果欧盟委员会启用的是狭义性解释,那么武器"通常"就处于内部市场的约束范畴,包括《公共部门指令》,只是在某些具体条件下可能会有豁免情况的产生。在内部市场体系之外不再有任何法规,因为欧盟法规早已覆盖了这些空间。如果欧盟委员会启用的是广义性解释,那么武器不仅仅"通常"处于欧盟内部市场之外,而且永远都处于欧盟内部市场之外。可以在这个内部市场之外制定一些法规,包括建立一些相关组织(相关讨论见第五章);欧盟不会针对这些空间制定法规,也没有资格针对这些空间制定法规。

由于缺乏一个明确的解释,很有可能产生豁免滥用且得呈的情况[94]。豁免的滥用有两种形式。一种是将1958年清单以外的货物也纳入豁免范围之内,另一种是无法律依据地对国家"硬性防务"市场进行保护,导致"武器、弹药和战争物资"的国家市场实际上的相互分割。欧盟委员会曾发布了一则通讯,名为《更加强大更具竞争力的欧洲国防工业战略》(A Strategy for a Stronger and More Competitive Eu-

---

[93] 例如法国:La Notion de sécurité en droit européen, ministère de la défense, secreteriat général pour l'administration, direction des affaires juridiques (DAJ), études juridiques No. 17 September1999 at7: "Cependant, une partie des Etats membres, et notament la France, on jusqu'ici considéré qu'en vertu de cette disposition [Art. 296 (1)(b) EC (ex223)] les règels du traité ne sont pas applicables au secteur de l'armement." 本文提到的各成员国在各种情况下提出了这一观点。参见英国在Case222/84,Johnston,前注2,第1671页的观点:"《欧洲经济共同体条约》本身为成员国保留了采取此类措施的权利,如果成员国认为有必要,或者有利于上述目标的实现(保证国家安全或保护公共安全或公共秩序),如第36、48、66、223和第224条(现第36、45、52、346和347条)这些'保护条款'所述。" Case C-285/98 的《总检察长拉颇哥拉意见书》(Advocate General la Pergola's Opinion),希尔达尔(Sirdar),前注56,第10段指出:"法国和葡萄牙政府承认,军队的活动与主权概念密切相关,《欧盟运行条约》认为,成员国'只在国防以外'的某些领域共享主权。因此国防仍然是各成员国自己的事情"。在脚注9中,总检察长指出:"法国政府尤其认为国防问题与司法、外交、财政和警察一样,是一个传统的国家功能。"在Case C-285/98中,克瑞尔(Kreil),前注56,第12段,指出:"(德国政府)认为,欧共体法从原则上并不管理国防问题,这是成员国共同外交和安全政策的一部分,属于成员国各自的主权问题",并在第13段指出:"意大利和英国政府口头提出了它们的观点,认为事关军队组织和作战能力的决议不属于《欧盟运行条约》的约束范畴"。

[94] S. 梅扎德里(S. Mezzadri),"防务市场的开放:问题与程序"(L'Ouverture des marchés de la défense: enjeux et modalités),不定期论文第12号(Paris:Institute for Security Studies of the Western European Union, February2000),第5页。

ropean Defence Industry）。欧盟委员会在这个通讯中指出,通过《欧盟运行条约》第346条,大约有85%的国防采购永远不受《欧盟运行条约》的约束[95]。但是如果前面所说的广义性解释是正确的,那么这种情况正是《欧盟运行条约》制定者的意图所在,因此按照内部市场法的规定是完全合法的。

几十年来为什么没有一个正式的官方解释,有几个方面的原因。第一个原因,1954年欧洲防务共同体(the European Defence Community)建立失败后[96],人们于1957年制定了《欧共体条约》。之所以建立欧洲防务共同体没有成功,是因为某些成员国尤其是法国提出了反对意见,担心此举会破坏国家主权。因此人们认为欧共体和《欧共体条约》完全避免了国防事务上的共同制度和共同政策。《欧共体条约》第223条第(1)款(b)项,即现在《欧盟运行条约》的第346条第(1)款(b)项,被认为是此普遍性豁免的公开表述。

第二个原因,是几十年来欧洲法院一直不愿意对例外事宜进行解释。欧洲法院的不情愿助长了豁免的滥用。也可能是因为欧洲法院觉得避开这个对政治极其敏感的法规,它在其他领域的司法能动性不会受到威胁。另外,法院,不仅仅是欧洲法院,一般对涉外案件和国防案件怀有几分敬意,而武器豁免可以说是政治领域的一部分,也可以说与政治领域距离很近,但在为数众多的案件中涉及武器豁免规则的案件也并不多。因此从欧盟委员会的角度来说,它也不愿意就与《欧盟运行条约》第346条第(1)款(b)项有关的案件提出诉讼。欧盟委员会之所以不愿意提出诉讼,可能是为了寻求"案件的无瑕性"。欧盟委员会可能是想通过一个稳妥的判例,建立起对武器豁免的狭义性理解规则,以限制此法规在实践中的应用。但是我们将在下文讨论的几个执行案和某些出版物说明欧盟委员会在过去的几年中,一直在采取一些更加积极的措施防止人们对《欧盟运行条约》第346条的滥用。

最后一个原因是,凡是涉及国防的案件,同时也涉及机密,因此欧盟委员会很难发现并证实对豁免条款的滥用。人们曾尝试对《欧盟运行条约》第346条第(1)

---

[95] COM(2007)764 final. 2013年通讯"欧洲防务新政:形成一个更具竞争力更加有效的防卫安全领域"(A New Deal for European Defence: Towards a More Competitive and Efficient Defence and Security Sector),COM(2013)542 final,第41页,指出,从2008年到2010年,在欧盟官方公报网站的《每日电子标讯》(TED)上公布的合同总额达40亿欧元,这些采购都是按照《公共部门指令2004/18/EC》的规定完成的。这个数量只是同期国防采购支出总额的1.5%左右。

[96] 参见特莱伯斯(Trybus),《欧盟法与防务一体化》(European Union Law and Defence Integration),前注13,第47-49页。

款(b)项进行修订,或者干脆废止,但都没有成功⑰。在《马斯特里赫特条约》《阿姆斯特丹条约》《尼斯条约》和《欧盟运行条约》中,该条款都没有发生变化。虽然欧盟制宪大会(European Convention)曾讨论废除有关豁免条款⑱,但在时运不济的2004年《制宪条约》中还是保留了豁免条款⑲。

不让某些类型的物资应用《欧盟运行条约》中的豁免条款是很难找到法律依据的。我们在第一章的讨论中说过⑳,举个美国的例子来说,它巨大且竞争激烈的防务装备市场,说明内部市场的种种好处,如规模效应和协力效应,在国防领域来说尤其明显。在硬性防务物资的内部市场里成员国的国家安全如何受到永久性威胁,其实是一件含混不清的事情。欧盟成员国大多为北约国家,在绝大多数的重大武器开发项目中进行合作,所有重大国防武器上都有外国部件。国家安全似乎只是保护非竞争性产业的一个借口。但是也有可能发生内部市场对成员国国家安全造成威胁的极端情况,如对高度敏感货物或在危机发生时所采取的一些限制性措施。《欧盟运行条约》中的国家安全豁免法规,就是为了应对这种情况。

2.2.1 对于国防安全来说没有必要:Spanish Weapons 一案及判决之后的情况

我们在前面讨论过,欧洲法院和欧盟委员会长期以来绕开了武器豁免的问题。但是1999年欧洲法院做出了一个重大判决,对《欧盟运行条约》第346条第(1)款

---

⑰ 克莱普希报告(Klepsch-Report),E. 克莱普希(E. Klepsch),《欧洲武器采购合作》(European Armaments Procurement Co-operation)(Luxembourg,1978);格林伍德报告(Greenwood-Report),D. 格林伍德(D. Greenwood),《欧洲技术合作与国防采购》(European Technological Co-operation and Defence Procurement)(Brussels,1979);汀德曼报告(Tindemanns-Report),L·汀德曼(L. Tindemanns)与A·布朗(A. Drown),《单一的欧洲武器工业? 20世纪90年代的欧洲防务工业》(A Single European Arms Industry? European Defence Industries in the 1990s)(London,1990),第77-78页。阿尔托(Aalto)认为完全废止是不可能的,进行修订更加可行,参见E·阿尔托(E. Aalto),"第296条的解读"(Interpretations of Article 296)与D·科奥汉恩(D. Keohane)(ed.),《形成一个欧洲防务市场》,夏约论文第13号(Chaillot Paper No. 13)(Paris:Institute for Security Studies,European Union,2008),第18页。

⑱ 《宪法条约》第III-436条(2004年10月13日版)。

⑲ 参见"'欧洲防务'的促进因素",兰博特·迪尼(Lamberto Dini),布鲁塞尔,2002年9月26日,与简-伊夫·海恩(Jean-Yves Haine),《从拉肯到哥本哈根,欧洲防务:核心文件》,夏约论文第57号(Paris:Institute of Security Studies of the European Union,2003),第205页:"对《欧共体条约》第296条进行修订是不是一个好主意,这个问题很值得问一问。该条把武器从单一市场中清除了。"句子的后半句说明了人们认为该条让武器自动豁免于《欧盟运行条约》的约束。另参见多米尼克·德维勒潘和约什卡·费舍尔(Dominique de Villepin and Joschka Fischer),"联合建议"(Joint Proposal),布拉格,2002年11月21日,见于J.-Y·海涅(J.-Y. Haine),同上,第217页:"La France et l'Allemagne proposent d'inscrire dans le Traité:les fonctions d'une politique européenne d'armement, dont la création progressive d'un marché européen d'armement, moyennant des procédures spécifiques, notamment d'une adaption de l'article 296 du TCE."但是,部长们并没有规定该规定应当怎样修改。关于《宪法条约》(Constitutional Treaty)的更多细节参见特莱伯斯(Trybus),《欧盟法与防务一体化》(European Union Law and Defence Integration),前注13,第342-347页。

⑳ 第29-30页。

(b)项做出了规定,规定对武器豁免必须进行狭义性解释。Spanish Weapons 一案[101]涉及一条西班牙法规,按照该法规的规定,硬性防务物资在出口和在欧盟内部进行移转时免除附加税(VAT)。在一个欧盟《指令》中,所有出口、进口和欧盟内部的移转都必须缴纳附加税。在最后的欧洲法院诉讼阶段,西班牙承认其国家法律应当与欧盟法一致,尤其应当考虑到与现在的《欧盟运行条约》第346条第(1)款(b)项一致,而西班牙法律必须是在此法规基础上制定出来的东西。可以认为免除附加税是为了保证达到西班牙的重大整体战略计划目标,尤其是为了保证西班牙武装力量的有效性而采取的必要措施。但是这种观点并不可信,似乎西班牙为了促进本国国防工业的发展而降低这些国防工业产品的附加税。对于欧盟委员会来说提出这个诉讼案,可能不仅是为了追求案件的无瑕疵,还有一个原因是因为西班牙的这个法规影响了欧盟的税收[102]。

2009年和2010年的 Military Exports 案与此有着相似的背景。当时的欧洲法院在一系列执行案中针对众多成员国做出了判决[103]。这些案件都涉及欧盟自身的资金,而这个资金问题与1999年的案件一样,可能正是欧盟委员会将提出这些执行诉讼的原因,至少是一部分原因。在这些案件中,欧盟委员会针对丹麦、芬兰、德国、希腊、意大利、葡萄牙和瑞典提出了诉讼,指责这些国家违反了相关次级法[104],免除了军事物资的关税,对于因此而引发的欧盟关税损失拒不进行计算和支付。在诉前阶段,相关成员国依据《欧盟运行条约》第346条第(1)款(b)项,提出免除军事物资的关税是合法的。

在 Spanish Weapons 案中,欧洲法院无法绕过《欧盟运行条约》第346条第(1)款(b)项,因为该条款是唯一的主要法律依据。于是便以它之前在 Johnston 一案中的判例(我们在前面已对 Johnston 一案进行了讨论),并首次将该判例法直接应用到与《欧盟运行条约》第346条第(1)款(b)项相关的案件中。在判决中欧洲法院支持由欧盟委员会和其他机构提出的狭义理解观点。让我们再次回到"房子"的

---

[101] Case C-414/97,前注56。参见 M·特莱伯斯(M. Trybus),"论《欧共体条约》在军备领域的应用"(On the Application of the E. C. -Treaty to Armaments)(2000)第25期,《欧洲法评论》(European Law Review),第633-638页;M·特莱伯斯(M. Trybus),"最近欧盟委员会对西班牙案的判决以及硬性防务物资的采购"(The Recent Judgment in Commission v. Spain and the Procurement of Hard Defence Material),(2000)第9期,《公共采购法评论》(Public Procurement Law Review),第NA99-105页。

[102] 除了成员国的捐款、各机构工作人员的所得税和向第三方国家出口,增值税的一部分也增加了欧盟机构的预算。

[103] Case C-284/05,Commission v. Finland,前注83;Case C-294/05,Commission v. Sweden [2009] ECR I-11777;Case387/05,Commission v. Italy [2009] ECR I-11831;Case C-409/05,Commission v. Greece [2009] ECR I-11859;Case C-461/05,Commission v. Denmark [2009] ECR I-11887;Case C-38/06,Commission v. Portugal [2010] ECR I-1569;Case C-239/06,Commission v. Italy [2009] ECR I-11913。

[104] 1989年5月29日《理事会条例》(EEC,Euratom)第2和9-11条,欧洲原子能共同体关于欧共体自身资源制度的实施决议 88/376/EEC,(OJ1989 L155/1),经1996年7月8日《理事会条例》(EC,Euratom)第1355/96号(OJ1996 L175/3;"条例第1552/89号"修订),及2000年5月22日《理事会条例》(EEC,Euratom)第1150/2000号,欧洲原子能共同体关于欧共体自身资源制度的实施决议 94/728/EC,(OJ2000 L130/1)。

比喻:武器就放在房子里,而《欧盟运行条约》第346条第(1)款(b)项是一道门,成员国在某些条件下可通过这道门将武器拿出这座房子。欧盟法院按照狭义性理解的一般原则,指出

在本案中,……西班牙没有证据说明(1987年)西班牙法是为保护重大安全利益而采取的必要措施……也就是说免除附加税并不是为了保护西班牙重大安全利益的必要措施[105]。

欧洲法院在西班牙面前关上了大门,不允许西班牙将武器拿出房子之外。Spanish Weapons 案的判决意义重大,因为它明确表示欧洲法院有权对成员国启用《欧盟运行条约》第346条第(1)款(b)项的决策做出审查,包括相关成员国启用该条款时所依据的法律条文。这是欧洲法院首次处理与《欧盟运行条约》第346条和第347条有关的国家安全豁免的案件。欧洲法院认为成员国以国家安全为借口启用豁免条款是不合法的。既然西班牙提供了这样一个明明白白又直截了当的案子,那么欧洲法院做出这样的判决是适当的,也是不可避免的。

在刚才提到的2009年和2010年的 Military Exports 判例法中,欧洲法院先是重复了 Spanish Weapons 判决案第22段的重要原则,指出成员国具有举证责任以证明对《欧盟运行条约》第346条的应用为合法行为[106],但是相关成员国并没有拿出有力证据证明这一点。欧洲法院接着做出如下判决:

(成员国) 没有拿出证据证明满足了应用(《欧盟运行条约》第346条)的必要条件[107]。(强调为作者所加)

最近的这七个判决虽然与过去案件有细微差别,但都对 Spanish Weapons 一案的判决做出了肯定。

2.2.1.1 审查的严格程度

欧洲法院的审查程度如何是一个非常重要的问题。我们认为,在1999年、2009年和2010年的判决中使用"必要"[108]一词,表明在审查《欧盟运行条约》第346条第(1)款(b)项的应用时要严格审查比例原则[109]。这并不意味着欧洲法院此时的审查程度与 Campus Oil 一案[110]中对《欧盟运行条约》第36条的应用有着相同的严

---

[105] Case C-414/97,前注56,第22段,强调为作者所加。

[106] 此问题将在下文进行更加详细的讨论。

[107] Case C-284/05, *Commission v. Finland*,前注83,第54段;Case C-294/05, *Commission v. Sweden*,前注103,第52段;Case C-372/05, *Commission v. Germany*,前注103,第77段;Case C-387/05, *Commission v. Italy*,前注103,第54段;Case C-409/05, *Commission v. Greece*, 前注103,第59段; Case C-461/05, *Commission v. Denmark*,前注103,第60段;Case C-38/06, *Commission v. Portugal*,前注103,第71段;Case C-239/06, *Commission v. Italy*,前注103,第55段。

[108] Case C-414/97,前注56,第22段,强调为作者所加。总检察长萨吉奥还使用了与此同义的词(第12段,为欧洲法院所引用,第23段)。

[109] 可能进行的其他审查有:合法性、非歧视性和必不可少的透明性。

[110] Case72/83, *Campus Oil Limited v. Minister for Industry and Energy* [1984] ECR2727,第2764页,[1984]3 CMLR544。

格程度,我们在第二章对此案进行了讨论[11]。正如德布尔加指出的那样,比例原则是一个"光谱式的范畴,从非常宽松渐进到非常严格,对豁免措施的合法性进行审查"[12]。欧洲法院在审理以国家安全为理由采取豁免措施的案件时,对比例原则的应用程度不尽相同,为成员国留下了不同程度的裁量空间。在审查以公共安全为理由采取内部市场法规豁免措施的案件时,该标准应用得非常严格,为成员国留出的裁量空间就很小。但是 Campus Oil 和 Belgian Coastal Photography 两案[13]表明,如果发生国家安全和国防安全方面的情况,那么成员国在公共安全方面的裁量空间得以扩大,我们在第二章对此进行了讨论[14]。《欧盟运行条约》第 347 条位于这个光谱式范畴的另一端,为成员国留出了最大的裁量空间[15],我们在下文将对此进行简短讨论。《欧盟运行条约》第 346 条第(1)款(b)项位于这两个极端之间,但与后一条的距离更近一些。既然比例原则可以采取宽松态度也可采取更加严格的态度,因此就没有必要采取非此即彼的态度了[16]。

既然法院判决豁免附加税(Spanish Weapons)和豁免关税(Military Exports)都属于不必要措施,因此可以说这些判决都说明对豁免措施并没有进行非常严格的审查。这种审查对成员国政府来说留下了很大的政府裁量空间[17],问题是相关成员国政府是否在裁量范围内行事,是否任意滥用裁量权,是否在应用过程中出现了不诚信的情况。有一点我们可以肯定,欧洲法院在审查《欧盟运行条约》第 346 条第(1)款(b)项的应用是否合适时,如出现以下情况将会做出不符合比例原则的判决:(1)国家安全的理由显然站不住脚,且国家安全的提出没有遵守诚信原则;(2)成员国随意采取某种措施对内部市场造成不必要的破坏;(3)成员国显然没有在

---

[11] 第 79—80 页。

[12] G. de 布尔加(G. de Búrca),"比例原则及其在欧共体法中的应用"(The Principle of Proportionality and its Application in EC Law)(1993)第 13 期,《欧洲法年鉴》(Yearbook of European Law)第 105 期,第 111 页。

[13] Case C-251/01, Commission v. Belgium [2003] ECR I-11859.

[14] 第 76—82 页。

[15] 详情参见:特莱伯斯(Trybus),《欧盟法与防务一体化》(European Union Law and Defence Integration),前注 13,第 188—189 页。

[16] 阿瑞斯·乔格波洛斯(Aris Georgopoulos),在其博士论文中提出一种替代性的"不适合证明","欧洲国防采购一体化:欧盟范围内的行动建议"(European Defence Procurement Integration: Proposals for Action within the European Union),诺丁汉大学(University of Nottingham)(2004),第 120—122 页。欧洲法院对于审查力度的这种新解释形成于 2006 年《解释性通讯》、2008 年 Agusta 判例法和最近的 Military Exports 系列判例法之前。帕诺斯·库特拉科斯(Panos Koutrakos)也建议欧洲法院只要"确认国家政府提出的观点不成立即可",参见《贸易外交政策与欧盟宪法中的防务》(Trade Foreign Policy and Defence in EU Constitutional Law (Oxford: Hart, 2011),第 189—191 页,以及最近出版的《欧盟共同外交与安全政策》(The EU Common Foreign and Security Policy) (Oxford University Press, 2013),第 268 页。

[17] 这一点后来被初审法庭在 Case T-26/01, Fiocchi Munizioni SpA v. Commission of the European Communities, 前注 36, 第 58 段中得到了确认。初审法座指出:"《欧共体条约》第 296 条第(1)款(b)项在评判是否需要接受这样的保护[措施以保证重大安全利益]上,授予成员国一种特别大的裁量权。"

两者之间找到平衡。不论是 Spanish Weapons 还是 Military Exports,都不是对豁免措施实施严格审查的权威判例,因为在这些判例中还夹杂有关公共安全方面的豁免。可以这么说:正是由于国家安全方面的因素,欧洲法院对豁免措施是否合乎比例原则的检查一直处于"粗浅"或者"宽松"的范围,而且也只能维持在这个程度。

首先,之所以对比例原则的审查只能是"粗浅"程度,是因为防务出口物资免收附加税或者其他税务是一种政策上的选择。如果出现限制个人权利的情况,那么比例审查就要严格起来,因为要承认个人权利就必须保证符合比例原则[118]。但是我们在第二章讨论比例原则时说过[119],政策性选择是政府执行机构和立法机构(权力部门)的保留权。在"某些特定政策性条件下",如当涉及国家安全时,司法谦抑[120]程度或者说"司法克制程度"[120]就会高一些。

第二点,军事安全与前面提到的权力部门关系密切,而政府因为受到军事部门的支持,有责任做出(职能范围内的)决策:政府权力部门不仅受过此方面的训练,而且也有此方面的专长。权力部门做出的决策不会轻易被欧洲法院判为非法。

第三点,在欧盟结构体系内,国防与军事安全方面的问题主要由各成员国处理,而不是由欧盟(从"联盟"的角度)着手处理[122]。因此,如果欧洲法院要进行比例原则的审查,那么它必然认为 Spanish Weapons 一案中的西班牙法律和 Military Exports 一案中的行为不符合比例原则,因为这显然是以国家安全为借口所采取的不适宜、不合理的豁免措施。只有在一些事实清楚证据明显的案件中,成员国以《欧盟运行条约》第 346 条第(1)款(b)项为理由采取了完全不合理完全不符合比例原则的豁免措施时,欧洲法院才会判其为非法[123]。在一些证据不太清晰事实不太明显的案件中,欧洲法院往往更加谨慎。不过有一点我们必须强调:虽然国防与军事

---

[118] 保尔·克莱格和格莱尼·德·布尔加(Paul Craig and Gráinne de Búrca),《欧盟法:文本、案件和材料》(*EU Law: Text, Cases, and Materials*),第 5 版(Oxford University Press,2011),第 546 页。

[119] 第 75-82 页。

[120] 德·布尔加(de Búrca),比例原则及其在欧共体法中的应用"(The Principle of Proportionality and its Application in EC Law),前注 112,第 111 页。

[121] N·布尔拜(Pourbaix)的措辞,"《欧盟运行条约》第 346 条的未来适用范围"(The Future Scope of Application of Article 346 TFEU")(2011)第 20 期,《公共采购法评论》(*Public Procurement Law Review*)第 1-8 期,第 4 页。

[122] 德·布尔加(de Búrca),"比例原则及其在欧共体法中的应用"(The Principle of Proportionality and its Application in EC Law),前注 112,第 111 页。

[123] 《总检察长雅各布斯为〈欧盟运行条约〉第 347 条辩护》(Advocate General Jacobs on Art. 347 TFEU),于 Case C-120/94 R, *Commission v. Greece* (FYROM) [1996] ECR I-1513,第 46 段。P·库特拉科斯(P. Koutrakos),"《欧共体条约》第 297 条是否是一种'主权保留'"(Is Article 297 EC "A Reserve of Sovereignty")(2000)第 37 期,《共同市场法律评论》(*Common Market Law Review*)第 1339 页;M·特莱伯斯(M. Trybus),"在欧共体和成员国能力之间:《欧共体条约》第 297 条的三重特性"(At the Borderline between Community and Member State Competence: The Triple-Exceptional Character of Article 297 EC),见于 T·特里迪马斯和 P·尼比亚斯(T. Tridimas and P. Nebbia)(eds.),《21 世纪的欧盟法:新法律秩序再思考》(*EU Law for the 21st Century: Rethinking the New Legal Order*),2 卷本(Oxford: Hart,2004),第 II 卷,第 137 页。

安全显然是各成员国份内的事情,但是这些成员国必须遵守欧盟关于货物与服务自由流动的法规。我们在第二章曾说过[124],武器装备虽然属于军事物资,但也是欧盟内部市场中的"货物"。

2.2.1.2 比例原则

有人认为在 Spanish Weapons 和 Military Exports 案件中进行了比例原则审查。"必要"这个字眼意味着在某种措施的目标及其负面效果之间达到平衡。在《欧盟运行条约》的某些条款中使用了"必要"这个词,让比例原则在欧盟法中稳稳站住了脚跟[125]。在 Spanish Weapons 一案中,欧洲法院依据的是 Johnston 一案的判例法。在该判例法中,对《欧盟运行条约》中安全一类的豁免措施不加区别地统一对待,只讨论了以公共安全为由对内部市场法规的豁免情况[126]。在 Kreil 和 Sirdar 案例中,欧洲法院针对公共安全豁免措施进行了比例原则审查,在检查过程中并没有将《欧盟运行条约》中有关安全的各类豁免措施区别对待[127]。在 Military Exports 一案中,欧洲法院的论点与 Sirdar, Kreil and Dory 判例法一样,都是通过 Spanish Weapons 判例法引向更加具体的《欧盟运行条约》第 346 条。

最后一点是,正如我们在第二章讨论的那样[128],比例原则是法律的一个重要方面,欧盟及所有成员国的建立基础,在《欧共体条约(欧盟运行条约)前言》以及《欧共体条约》第 2 条中有着明文昭示。另外,欧洲法规和欧洲法院判例法都赋予比例原则极大的重要性,要求豁免措施必须符合比例原则。因此我们可以这样认为:第一,如果欧洲法院具有裁判权,那么比例原则是无可变通的必然要求;第二,人们按照比例原则的灵活性可以对任何豁免措施、实施领域和实施情况进行必要程度的比例审查[129]。

不过也可能有人认为比例原则的应用是不合理的,关于这一点我们必须进行

---

[124] 第 63-64 页。

[125] 克莱格和德·布尔加(Craig and de Búrca),《欧盟法:文本、案件和材料》(*EU Law: Text, Cases, and Materials*),前注 118,第 371-372 页。

[126] Case 222/84,前注 2,第 26 段。

[127] Case C-273/97,克瑞尔(Kreil),前注 55,第 26 段。另见 Case C-285/98,西尔达(Sirdar),前注 55,第 25 页。但法庭只是说不能根据这些例外规定就认为与安全相关的武器可全部豁免。并不是说两种豁免之间没有差别,并不是说比例原则会以一种完全相同的方式应用到第三类上。

[128] 第 76-79 页。

[129] 布尔拜(Pourbaix),"《欧盟运行条约》第 346 条未来的适用范围"(The Future Scope of Application of Article 346 TFEU),前注 121,第 7 页,指出"与通常意义上的针对内部市场豁免规定分析的重大不同,是(欧洲法院)从未将比例原则应用到成员国对《欧盟运行条约》第 346 条的反应上。换句话说,如果成员国以《欧盟运行条约》第 346 条为由不受《欧盟条约》约束,而这些限制性措施是为了保护成员国安全利益的必要措施,符合比例原则,而其他非限制性措施都不能达到这样的目标。到目前为止,欧洲法院还从未就此做出过评判。"这个观点不能令人信服。第一,比例原则并不总是在三个部分全部适用。"必要性"的第二部分并不一定要适用比例原则,"适合性"的第一部分往往就足够了。第二,即使"必要性"的第二部分也适用,欧洲法院也不会总是去考虑哪一种措施可由成员国自行裁量。从国家安全的角度来说,由欧洲法院提出这样的措施往往是不恰当的。在 *Commission v. Spain* 一案,欧洲法院反复使用了"必要性"一词。

讨论。提出反对意见的人援引有效解释原则，并以《欧盟运行条约》第346条第(1)款(b)项中的特别审查程序为依据。

2.2.1.2.1 《欧盟运行条约》的措辞

《欧盟运行条约》第346条第(1)款(b)项允许成员国"为了重大安全利益采取其认为必要的措施(强调为作者所加)"。因此从这个措辞来看，只要成员国认为有"必要"采取措施就可以了[130]。可以这么认为：如果欧洲法院做出不同于此的判决，则有悖于《欧盟运行条约》的措辞，而一个条约的措辞就是理解该条约的基石[131]。

与内部市场豁免条款如《欧盟运行条约》第36条的措辞进行对比似乎不能说明什么问题，因为在这些豁免条款中使用的是"justified"(有充分法律依据的——译者注)，而不是"necessary"(必要的——译者注)。但是《关贸总协定》(GATT)[132]第XXI条第(b)款的措辞与《欧盟运行条约》第346条第(1)款(b)项的措辞非常相像。《关贸总协定》是后者《欧盟运行条约》的范本。另外，欧洲法院认为《关贸总协定》"可用于解释关于国际贸易的(欧盟)法律"[133]。在著名的Nicaragua一案[134]中，国际法庭(the International Court of Justice)比较了《关贸总协定》第XXI条和《1956年美国—尼加拉瓜友好、商业与航行条约》(1956 US-Nicaragua Treaty of Friendship, Commerce and Navigation)(下称《友好条约》)第XXI条第(d)款的措辞[135]。国际法庭强调指出，后者只提到了"必要"措施，而不是各方都认为是"必要"的"必要"措施。这种不同的措辞从另一方面证明国际法庭可以对《友好条约》下的措施进行必要性方面的详细审查。

关于"必要性"是否可由法庭进行审判，国际法庭的判决还是给人们留出了解释《关贸总协定》第XXI条的一定空间。在Nicaragua一案中，国际法庭并没有对《关贸总协定》第XXI条进行解释，只是解释了《友好条约》中的条款。从《友好条约》的措辞确实可以看出人们在《关贸总协定》第XXI条上留有一定的空间。不过

---

[130] 布尔拜(Pourbaix)认为这可能是一种理解方式，这种理解方式"可能在未来案件中盛行开来"。这种判断的基础是国防与国家安全的特别性质，是"成员国主权中占有核心地位"，参见《欧盟运行条约》第346条未来的适用范围》(The Future Scope of Application of Article 346 TFEU)，前注121，第7页。

[131] 关于对《欧盟运行条约》的解读，此原则已确立于 Van Gend en Loos v. Nederlandse Administratie der Belastingen [1963] ECR1，第12页，[1963] CMLR105，第129页。关于《欧盟运行条约》的一般性解读，参见1969年《维也纳条约法公约》(Vienna Convention of the Law of Treaties)，1155 UNTS331，第31和第32条。

[132] 《关贸总协定》第XXI条（也是《关贸总协定服务贸易总协定》的第XIV条、《与贸易有关的知识产权协定》第73条)："此协定中任何部分不得……(b)用于禁止任何缔约方为保护重大安全利益而采取任何必要措施……"。

[133] Case C-83/94, Leifer, 前注6，第24段。

[134] 《在尼加拉瓜境内及针对尼加拉瓜采取的军事及准军事行动》(Military and Paramilitary Activities in and against Nicaragua (Nicaragua v. USA)，事实)，1986年欧洲法院报告第14号，第116页，第222段(6月27日)。

[135] 《友好条约》第XXI条："1. 本条约不妨碍……(d)缔约方为维护国际和平与安全，履行相关义务或保护自身重大安全利益而采取的措施。"

《友好条约》并不否认应当由法院判决以《关贸总协定》第 XXI 条为依据采取的措施是否合法[136]。因此与《欧盟运行条约》第 346 条第(1)款(b)项措辞相似的《关贸总协定》第 XXI 条,并不排除法庭对"必要性"的审查。另外,与《关贸总协定》不同的是,《欧盟运行条约》第 348 条第(2)款明确指出欧洲法院至少应当实施某种形式的审查。最后一点是,审查力度的低下说明成员国享有很大的裁量空间,避免了与《欧盟运行条约》之间的冲突。因此在 Spanish Weapons 判例法第 22 段,欧洲法院根本就没有提到《欧盟运行条约》第 346 条第(1)款(b)项中的"必要性"一词。这个第 22 段对于理解《欧盟运行条约》具有十分重要的意义。

在最近发生的 2009 年、2010 年针对众多成员国的 Military Exports 案中,欧洲法院从另一角度使用了"必要"一词。欧洲法院首先重复了 Spanish Weapons 案第 22 段的重要原则,然后指出:成员国负有举证责任证明确实存在需要动用《欧盟运行条约》第 346 条的情况[137],而如果相关成员国不能举证,那么

(成员国)就不能证明满足了必须应用(《欧盟运行条约》第 346 条)的条件(强调为作者所加)[138]。

此处的"必要"一词似乎说明必须满足豁免措施的举证要求。但是在每个 Military Exports 案判决书的下一段,欧洲法院如此说道:

考虑到以上因素,成员国不得以向来自第三方国家的军事物资克以关税将增加成本为由,将费用转移到征收和支付此项关税的其他成员国身上。缴纳和支付关税是共同体预算共同融资原则赋予各成员国的责任[139]。

这个判决虽然说的是举证要求,但实际上却与一个要点关系密切:军事物资的成本并不能形成免除进口关税的必要理由。另外,还是在 Military Exports 系列判决书中,有几个段落对"必要"一词的使用进行了阐明。我们在本章脚注 138 中标出了这些段落:

具体说到(《欧盟运行条约》第 346 条),我们必须指出:虽然该条提到了成员

---

[136] C·施洛曼和 S·奥洛夫(C. Schloemann and S. Ohloff),"'宪法化'及世界贸易组织中的纷争解决:作为能力问题的国家安全"("Constitutionalisation"and Dispute Settlement in the WTO:National Security as an Issue of Competence)(1999)第 93 期,《美国国际法杂志》(*American Journal of International Law*),第 424 期,第 443 页(脚注 104,最后一段)。

[137] 下文对此问题进行详细讨论。

[138] Case C-284/05,*Commission v. Finland*,前注 83,第 54 段;Case C-294/05,*Commission v. Sweden*,前注 103,第 53 段;Case C-372/05,*Commission v. Germany*,前注 103,第 77 段;Case C-387/05,*Commission v. Italy*,前注 103,第 54 段;Case C-409/05,*Commission v. Greece*,前注 103,第 59 段;Case C-461/05,*Commission v. Denmark*,前注 103,第 60 段;Case C-38/06,*Commission v. Portugal*,前注 103,第 71 段;Case C-239/06,*Commission v. Italy*,前注 103,第 55 段。

[139] Case C-284/05,*Commission v. Finland*,前注 83,第 55 段;Case C-294/05,*Commission v. Sweden*,前注 103,第 53 段;Case C-372/05,*Commission v. Germany*,前注 103,第 78 段;Case C-387/05,*Commission v. Italy*,前注 103,第 55 段;Case C-409/05,*Commission v. Greece*,前注 103,第 60 段;Case C-461/05,*Commission v. Denmark*,前注 103,第 61 段;Case C-38/06,*Commission v. Portugal*,前注 103,第 72 段;Case C-239/06,*Commission v. Italy*,前注 103,第 56 段。

国为了保护重大安全利益而采取一些自认为必要的措施,……但并不能就此认为该条赋予成员国仅以这些利益为借口就背离《欧盟运行条约》规则的权利(强调为作者所加)[140]。

这一段一方面引出了我们刚刚讨论的举证责任,另一方面又明确指出必要性就是审查的标准。如果允许成员国仅以国家安全利益为借口对《欧盟运行条约》第 346 条进行豁免,那么在对此措施的必要性进行司法审查时,只要成员国自己决定就可以了,用不着欧洲法院了。欧洲法院也没有必要进行比例原则或其他原则的审查了。

在 Spanish Weapons 案、Agusta 案的判例法和 2009 年、2010 年的 Military Exports 案中,欧洲法院所使用的"必要"一词,指的是按照《欧盟运行条约》第 346 条第(1)款(b)项的规定,成员国所认为的"必要"。根据这些判决,不得仅以国家安全利益作为豁免措施的借口,欧洲法院一直以来都要对这些措施是否为"必要"措施进行司法审查。这一点对我们上面的观点形成了有力支持:Spanish Weapons 案中的"必要"与《欧盟运行条约》第 346 条第(1)款(b)项中的"必要"是不一样的。

2.2.1.2.2 《欧盟运行条约》第 346 条(和第 347 条)的有效解释原则

《欧盟运行条约》的发起者之所以除内部市场豁免条款之外还要在《欧盟运行条约》里加上第 346 条等条款,是因为他们想要制定一套独立的豁免条款[141]。可以说如果应用比例原则,那么依据内部市场豁免条款的规定(在第二章对此进行了讨论)就可以应对了,《欧盟运行条约》第 346 条和第 347 条就成了多余,没有必要进行有效解释了[142]。换句话说,欧洲法院为了保证这些条款的有效解释而在 Spanish Weapons 案和 Military Exports 案中进行的审查与比例原则审查是不一样的。首先,由于上述审查力度的不高,使《欧盟运行条约》关于豁免的第 346 条和第 347 条的有效解释受到格外重视。其次,即使进行了比例审查,《欧盟运行条约》第 346 条和第 347 条仍然形成了另一套独立的豁免规定,因为根据《欧盟运行条约》第 348 条第(2)款的规定,比例审查必须符合一套特定程序。最后,《欧盟运行条约》第 346 条和第 347 条适用于整个《欧盟运行条约》,包括且超越了内部市场法的管理规则:

---

[140] Case C-284/05, *Commission v. Finland*,前注 83,第 47 段;Case C-294/05, *Commission v. Sweden*,前注 103,第 45 段;Case C-372/05, *Commission v. Germany*,前注 103,第 70 段;Case C-387/05, *Commission v. Italy*,前注 103,第 47 段;Case C-409/05, *Commission v . Greece*,前注 103,第 52 段;Case C-461/05, *Commission v. Denmark*,前注 103,第 53 段;Case C-38/06, *Commission v. Portugal*,前注 103,第 64 段;Case C-239/06, *Commission v. Italy*,前注 103,第 48 段。

[141] 总检察长科斯马斯(Cosmas),于 Case C-423/98, *Alfredo Albore*,前注 9,论述现《欧盟运行条约》第 347 条。

[142] 布尔拜称此为《欧盟运行条约》第 346 条存在的理由:"《欧盟运行条约》起草人坚持要保留免责条款,必然意味着该例外条款并不是对《欧盟运行条约》第 36 条、第 52 条和第 62 条的简单重复,而是一种非常特别的措施,受制于它自己的制度",参见"《欧盟运行条约》第 346 条未来的适用范围"(The Future Scope of Application of Article346 TFEU),前注 121,第 8 页。

内部市场法的管理规则受到其公共安全豁免条款的影响,如在竞争法、政府补助法等方面。这些竞争法、政府补助法等在内部市场都没有专门的安全豁免规定[143]。仅仅将国防豁免规定应用到刚才提到的这些条款,就可以让这些条款变得有效、有道理。这些条款就不再是多余的东西,人们也就不会对比例原则审查提出是否有效的疑问了。

2.2.1.2.3 《欧盟运行条约》第348条第(2)款的特别审查程序

《欧盟运行条约》第348条第(2)款,是关于如何对滥用《欧盟运行条约》第346条等条款进行审查的规定。之所以制定这些程序,是因为《欧盟运行条约》的缔造者希望这些豁免受到内部市场各种豁免审查的制约。在Johnston、Salgoil、Kreil 和Sirdar判决书中,欧洲法庭只说任何豁免不得以安全为借口完全不受《欧盟运行条约》的约束。以上这些判例都没有直接提到《欧盟运行条约》第346条及之后各条。也就是说,这些判决书认为国防豁免与以公共安全为理由提出的针对货物、服务自由移动的豁免是一样的。

不过有一点必须承认,《欧盟运行条约》第348条第(2)款的目的,并不是为了提出另一个审查力度。首先,审查力度有多大,包括如何针对以公共安全为由采取的自由流动豁免措施进行全方位的比例原则审查,都是按照《欧盟运行条约》的目标和原则由欧洲法院实施的,而不是由《欧盟运行条约》各成员国实施的。1957年,当时的6个成员国并没有做出后来可被欧盟法院应用的有关豁免审查的设想,即便提出了,在《欧盟运行条约》的文字中也显然并没有提到。在后来的《马斯特里赫特条约》、《阿姆斯特丹条约》、《尼斯条约》和《欧盟运行条约》中,都采取了与《欧盟运行条约》同样的措辞,都没有提出任何形式的安全豁免规定。

第二点,Spanish Weapons一案中的实施程序相当于现在《欧盟运行条约》第258条,而不是《欧盟运行条约》第348条第(2)款中规定的特殊实施程序。这是因为西班牙政府当时只在欧洲法院听证会上援引了《欧盟运行条约》第346条第(1)款(b)项做为自己的理由,在诉讼前置程序中并没有提出这个理由[144],因此可以说为时过晚。如果西班牙援引上述条款,那么欧盟委员会就有可能启动《欧盟运行条约》第346条第(2)款的程序。但是《欧盟运行条约》346条第(2)款中的"may",说明这个程序与《欧盟运行条约》第258条、第259条不同,并没有任何强制性。同样,在2009年和2010年的Military Exports案件中,也是在诉讼阶段,人们使用了

---

[143] 相关讨论见特莱伯斯(Trybus),《欧盟法与防务一体化》(European Union Law and Defence Integration),前注13,第8章。

[144] Case C-284/05,*Commission v. Finland*,前注103,第18-23段;Case C-294/05,*Commission v. Sweden*,前注103,第18-26段;Case C-372/05,*Commission v. Germany*,前注103,第18-27段;Case C-387/05,*Commission v. Italy*,前注103,第18-27段;Case C-409/05,*Commission v. Greece*,前注103,第18-22段; Case C-461/05,*Commission v. Denmark*,前注103,第18-27段;Case C-38/06,*Commission v. Portugal*,前注103,第18-25段;Case C-239/06,*Commission v. Italy*,前注103,第18-28段。

《欧盟运行条约》第258条规定的常规的执行诉讼[145]。德国和希腊对《欧盟运行条约》第258条的执行诉讼是否恰当提出了质疑，因为这些诉讼都是以《欧盟运行条约》第346条为基础的，因此欧盟委员会不能以《欧盟运行条约》第258条为基础提出诉讼，而是应当以《欧盟运行条约》第348条第（2）款所规定的特别程序提出诉讼。不过欧洲法院认为，在这场诉讼中，欧盟委员会的目标是宣告相关方面没有按照相关次级法的规定实施相关义务[146]。只有在欧盟委员会认为出现了《欧盟运行条约》第346条、第347条的不当应用时，才会动用《欧盟运行条约》第348条[147]，这一点将在后面进行详细讨论。

《欧盟运行条约》第348条与第258条的主要不同，在于前者有一个新类型的诉讼前置阶段，且公众不得旁听。之所以会有这个新类型的诉讼前置阶段，部分原因是因为形势紧迫和政治方面的敏感性。因此根据《欧盟运行条约》第348条第（1）款的规定，双方的协商就没有《欧盟运行条约》第258条、第259条那么正式了[148]。按照这个新形式，人们不再发布正式的公告，也不用对观点进行解释。这个程序更加突出外交方面的意义，因为成员国国防与安全方面的主权问题并没有移交给欧盟，而后者也没有能力承担这样的责任。与《欧盟运行条约》第346条不同的是，《欧盟运行条约》第347条规定成员国在协商过程中也有机会提出自己的观点[149]。另外，根据《欧盟运行条约》第348条的规定，为了保证成员国的国家安全和保密利益，公众不得旁听[150]。这说明《欧盟运行条约》第348条第（2）款的目的，就是在一个新型诉讼前置阶段禁止公众旁听且照顾到成员国的安全和国防利益，而不是简单地引入一个新类型的审查。

---

[145] Case C-284/05, Commission v. Finland, 前注83, 第18-22段；
Case C-294/05, Commission v. Sweden, 前注103, 第18-26段；
Case C-372/05, Commission v. Germany, 前注103, 第18-27段；
Case C-387/05, Commission v. Italy, 前注103, 第18-27段；
Case C-409/05, Commission v. Greece, 前注103, 第18-22段；
Case C-461/05, Commission v. Denmark, 前注103, 第18-27段；
Case C-38/06, Commission v. Portugal, 前注103, 第18-25段；
Case C-239/06, Commission v. Italy, 前注103, 第18-28段。

[146] 《条例1552/89/EEC》（Regulations1552/89/EEC）第2条，以及《条例1150/2000/EC》（Regulations1150/2000/EC）第9-11条。

[147] Case C-372/05, *Commission* v. *Germany*, 前注103, 第28-35段；Case C-409/05, *Commission* v. *Greece*, 前注103, 第23-28段。

[148] 特莱伯斯（Trybus），《欧盟法与防务一体化》（European Union Law and Defence Integration），前注13, 第4章, 第132-134页，关于《欧盟运行条约》第258条诉讼程序。

[149] 同上，第6章, 第178-182页。

[150] 《欧共体法院法令》第28条，经《理事会决议94/993/EEC OJ [1994] L379/1》和《阿姆斯特丹条约》修订，欧洲法院因任何重大原因可推翻庭审结果。通过《法令》第34条的豁免规定，并不是判决所有部分都公开宣读。

以《欧盟运行条约》第 346 条第(1)款(b)项为由所采取的任何豁免措施都要受到欧洲法院的审查,这一点受到了人们的欢迎。成员国要有正当理由证明自己所采取的保护性措施为正当措施,因此减少了成员国对豁免措施的滥用,进而可能就促进了防务产品自由市场的发展[51]。从理论上来说,由于成员国知道欧盟要针对豁免措施实施详细审查,因此不会轻易以该条为由采取一些保护性措施。但是正如我们在本书引言和以上章节所说的那样,在《国防指令》颁布之前,司法审查在实践中并不能非常有效地遏制成员国采取保护性措施。这是因为多方面因素使然,如对《欧盟运行条约》第 346 条没有一个非常明确的说明,这一点人们已经达成了共识。还有一个因素就是在相关案件中,针对成员国所采取的执行诉讼案件少之又少。

2.2.2 举证责任

根据 Spanish Weapons 判例法的规定,按照《欧盟运行条约》第 346 条第(1)款(b)项的规定,采取豁免措施的举证责任在于成员国:

> 成员国以这些豁免规定为依据采取豁免措施的,成员国有义务证明相关豁免措施的应用不超出此种情况下的应用限度[52]。

这个判决将举证责任推到成员国身上,这一点在 Military Exports 一案的判决中得到了进一步的肯定,阐述得更加明确——在此案中,欧洲法院首先指出,单以豁免条款为由是不够的,接着又说道:

> 因此,成员国如果想利用(《欧盟运行条约》第 346 条),就必须举证说明必须采取这些豁免措施以保护重大安全利益[53]。

有人指出,欧洲法院在确定该举证责任时,并没有充分考虑到我们之前提到的《欧盟运行条约》第 346 条第(1)款(b)项所规定的权力分散和联邦制度。根据欧盟宪章的规定,由成员国政府承担各自国家的国防责任,因此成员国政府在敏感政策领域履行国防责任时需要一定的灵活性。这种灵活性部分体现在成员国享有很大的裁量权。让成员国举证证明自己行为处于该裁量权范围之内,从某种程度上降低了这种灵活性,而人们可能认为这恰恰有悖于这种灵活性。可以这么认为:成员国没有必要举证说明其措施的合法性,而且《欧盟运行条约》也没有提出这样的要求。欺骗行为或者滥用条款的举证责任,可以由欧盟委员会或怀疑此措施合法

---

[51] 另参见下文对《欧盟运行条约》第 346 条第(1)款(a)项的讨论。
[52] Case C-414/97,前注 56,第 22 段。
[53] Case C-284/05,*Commission v. Finland*,前注 83,第 49 段;Case C-294/05,*Commission v. Sweden*,前注 103,第 47 段;Case C-372/05,*Commission v. Germany*,前注 103,第 72 段;Case C-387/05,*Commission v. Italy*,前注 103,第 49 段;Case C-409/05,*Commission v. Greece*,前注 103,第 54 段;Case C-461/05,*Commission v. Denmark*,前注 103,第 55 段;Case C-38/06,*Commission v. Portugal*,前注 103,第 66 段;Case C-239/06,*Commission v. Italy*,前注 103,第 51 段。

性的其他成员国来承担。为了保护这种必要的灵活性,或许应当进行证据推定,推定相关成员国政府行为的合法性,包括推定成员国的任何合理怀疑都是有好处的[134]。在 Spanish Weapons 和 Military Exports 案中,欧洲法院在这一点上可能有些过了。关于这个问题,我们将在下面讨论《欧盟运行条约》第 346 条第(1)款(a)项有关信息权限时再次进行讨论[135]。不过成员国负有举证责任的事实,在该案例法中是有明确说明的。

2.2.3 按照逐案审查的方式进行豁免

在 Spanish Weapons 案件中,欧洲法院并没有明确规定《欧盟运行条约》第 346 条第(1)款(b)项只能在逐案审查的情况下应用。不过豁免措施肯定是只能在逐案审查的情况下应用的。第一,在 Military Exports 案中欧洲法院明确指出,与此密切相关的《欧盟运行条约》第 346 条第(1)款(a)项中的保密豁免,只能在逐案审查的情况下应用[136]。另外,在 German Military Exports 案中,欧洲法院确定了豁免措施的逐案审查通性[137]。可以说逐案审查也包括《欧盟运行条约》第 346 条第(1)款(b)项的应用,我们将在下面对此进行讨论。第二点,欧盟委员会对 Spanish Weapons 和 Military Exports 系列案中的豁免进行的审查,包括我们在前面讨论过的举证责任,说明人们对这些案件的具体情况进行了具体分析,而这也意味着只有在逐案审查的情况下,才可采取豁免措施,否则的话这一切分析就没有什么意义了。换句话说,既然举证责任和豁免措施是否必要只能通过逐案审查的方式进行判定,那么豁免措施也就只能在逐案审查的情况下应用了。这意味着虽然某个国家法规豁免了《欧盟运行条约》中的某项义务,如我们前面讨论的 Case C-157/06 Commission v. Italy 一案,但按照《欧盟运行条约》的规定可能就是非法的,因为《欧盟运行条约》第 346 条第(1)款(b)项的豁免措施只能在逐案审查的情况下应用,并不是抛开具体情况以某个抽象的东西为依据就可以应用的[138]。

---

[134] 参见德国联邦宪法法院在防务与外交政策相关案件中的观点,见于托马斯·M·弗朗克(Thomas M. Franck),《政治问题/司法答案:法制适用于外交事务吗?》(*Political Questions/Juridical Answers:Does the Rule of Law Apply to Foreign Affairs?*)(Princeton University Press,1992),第 107-125 页。

[135] 见下文。

[136] 例如第 76 段,Case C-372/05,*Commission v. Germany*,前注 103,指出:"在这些情况下,《欧盟条约》(里斯本)第 4 条第(3)款规定,成员国有义务对欧盟委员会保证《欧盟条约》的实施起到促进作用,成员国有义务向欧盟委员会提供相关文件,以便欧盟委员会进行检察,保证欧盟资源的移转符合规定。但是…… 此义务并不意味着成员国不可以《欧盟运行条约》第 346 条为依据,在逐案审查的基础上采取例外措施,限制信息向文件的某些部分披露,或者安全不对外公布。"参见《总检察长瑞兹-扎拉博·科罗默意见书》第 168 点。

[137] Case C-372/05,*Commission v. Germany*,前注 103。

[138] 这一点在 Case C-157/06,*Commission v. Italy*,前注 48 有明确判决,因为《欧盟运行条约》第 346 条第(1)款(b)项的应用被否决,相关装备的军事用途并不明确。

104

2.2.4 程序要求与供出口的硬性防务物资

在启用《欧盟运行条约》第346条第(1)款(b)项时有几个程序上的要求。在前面提到的Fiocchi Munizioni案中,欧洲法院普通法庭针对与《欧盟运行条约》346条第(1)款(b)项和第348条有关的几个问题进行了说明。首先,当成员国认为必须采取《欧盟运行条约》第346条第(1)款(b)项所规定的豁免措施时,没有必要事先通知欧盟委员会,因为该条款允许对国家补助相关条款实施豁免。而且在这种情况下,欧盟委员会也不得启用《欧盟运行条约》第108条规定的审查程序[159]。由于对《欧盟运行条约》第346条的应用,成员国对《欧盟运行条约》中的所有义务都实现了豁免,包括其具体的国家补助制度中的法律义务,关于这一点我们将在第四章进行详细讨论。

另外,欧洲法院强调指出,关于成员国以《欧盟运行条约》第346条第(1)款(b)项为依据所采取的相关措施,《欧盟运行条约》规定了两种特殊的救济方式:按照《欧盟运行条约》第348条第(2)款进行双边检查;按照《欧盟运行条约》第348条第(2)款进行法庭诉讼。如果采取双边审查的方式,那么成员国所采取的豁免措施是否大致合法由欧盟委员会进行判定。与《欧盟运行条约》第108条的规定正相反的是,欧盟委员会没有义务对相关措施做出判决,而且欧盟委员会也没有权力做出最终判决或者对相关成员国做出任何指令[160]。关于这一点,欧洲法院对Fiocchi Munizioni和1999年3月27日《欧盟委员会决议1999/763/EC》背后有关豁免措施的案件进行了区分。在该决议相关案件中,德国号称自由和行会城市的不来梅市为了保护乐顺海事有限责任公司(Lürssen Maritime Beteiligungen GmbH & Co. KK.)的利益,提出并采取了一些豁免措施[161]。在该案中,欧盟委员会开启了《欧盟运行条约》第108条第(2)款的程序,并最终做出了判决。在这个案件中,德国引用《欧盟运行条约》第346条第(1)款(b)项为自己辩护。与此相反的是,在Fiocchi Munizioni一案中,欧盟委员会按照《欧盟运行条约》第348条第(1)款的规定进行了双边审查。

Fiocchi Munizioni是一个以法律程序为基础进行判决的案件,并不是一个针对《欧盟运行条约》第346条第(1)款(b)项的应用而进行司法审查的案件。不过此判例强调指出,一旦成员国援引《欧盟运行条约》第346条第(1)款(b)项,那么欧盟委员会就只能采取《欧盟运行条约》第348条规定的特别程序,并具有判断该成员国的理由是否可信的裁量权。

---

[159] Case T-26/01,前注36,第59段。
[160] Case T-26/01,同上,第74段。
[161] [1999] OJ L301/8。

2.2.5 在什么条件下启用《欧盟运行条约》第348条规定的审查程序

有一个问题是:在以《欧盟运行条约》第346条为由采取相关措施时,在什么情况下应当启用《欧盟运行条约》第348条规定的特别审查程序,而不是启用《欧盟运行条约》第258条规定的人们常常启用的程序。在Spanish Weapons一案中,欧盟委员会按照惯例启用了《欧盟运行条约》第258条的执行程序。没有任何一方援引《欧盟运行条约》第348条,"连提出该条议案的欧洲法院也没有援引过"[162]。另外,在50多年的历史当中,FYROM[163]一案是启用《欧盟运行条约》第348条第(2)款所规定的相关程序的唯一案件[164]。

不过,《欧盟运行条约》第348条在Military Export系列案中是一个颇有争议的问题。在诉讼阶段,德国[165]和希腊[166]就《欧盟运行条约》第258条的执行诉讼提出了资格质疑,因为根据《欧盟运行条约》第346条的规定,欧盟委员会不能提起常规执行诉讼,它必须通过《欧盟运行条约》第348条第(2)款规定的特殊程序才能提起诉讼。不过欧洲法院认为,欧盟委员会的目的是申诉相关方未按照次级法的规定履行相关义务[167]。只有在欧盟委员会认为相关方不恰当使用了《欧盟运行条约》第347条所赋予的权力时,才会动用《欧盟运行条约》第348条[168]。《瑞兹-扎拉博·科罗默总检察长意见书》(Opinion of Advocate General Ruiz-Jarabo Colomer)指出,《欧盟运行条约》第348条的任何一个语言版本[169],都不支持欧盟委员会有义务使

---

[162] 见以下出处:《总检察长瑞兹·扎拉博·科罗默意见书》(Opinion of Advocate General Ruiz-Jarabo Colomer),于Case C-284/05,*Commission* v. *Finland*,前注83;Case C-294/05,*Commission* v. *Sweden*,前注103;Case C-372/05,*Commission* v. *Germany*,前注103;Case C-387/05,*Commission* v. *Italy*,前注103;Case C-409/05,*Commission* v. *Greece*,前注103;Case C-461/05,*Commission* v. *Denmark*,前注103;Case C-239/06,*Commission* v. *Italy*,前注,第42点。

[163] Case C-120/94,*Commission* v. *Greece* [1996] ECR I-1513。该案并没有判决,而是从登记中去除。该案涉及希腊采取的单边措施。欧盟委员会认为这些措施的目的是禁止通过塞萨洛尼基港将产自、来自或运往前南斯拉夫马其顿共和国并进口到希腊的产品贸易。希腊引用了《欧盟运行条约》第347条。将在下文就该条进行讨论。

[164] 据Military Export系列案中的《总检察长卢兹-哈拉博·科隆默意见书》,前注103,脚注26。

[165] Case C-372/05,*Commission* v. *Germany*,前注103,第28段。

[166] Case C-409/05,*Commission* v. *Greece*,前注103,第23段。

[167]《条例1552/89/EEC》(Regulations1552/89/EEC)第2条和《条例1150/2000/EC》(Regulations1150/2000/EC)第9-11条。

[168] Case C-372/05,*Commission* v. *Germany*,前注103,第29段;Case C-409/05,*Commission* v. *Greece*,前注103,第25段。在后一判决的第24段,欧洲法院考虑到了其他规程:"希腊共和国指出是因为防务原因而不允许相关产品进入,但这个很适当的的命令却只表现为一个答复,因此根据欧洲法院《程序规则》第42条的规定,该拒绝只能不予承认,因为申请人被剥夺了反驳机会。"

[169] 西班牙(la Comisión o cualquier Estado miembro *podrá* recurrir directamente),法国(la Commission ou tout État membre *peut* saisir directement la Cour de justice),英国(the Commission or any Member State *may* bring the matter directly before the Court of Justice)和德国(*kann* die Kommission oder ein Mitgliedstaat den Gerichtshof unmittelbar anrufen)。参见《意见书》第34点,前注103。

用该程序的说法:"这种直接提出质疑的方式,只能说明这是它的一种权利"[170]。因此哈默(Hummer)指出,在《欧盟运行条约》第 348 条第(1)款出现的"may"一词,说明这个程序的使用与《欧盟运行条约》第 258 条、第 259 条是不一样的,根本就不是强制性的[171]。总检察长认为,任何一个法律程序的主题,是防止不被许可的东西对有争议的东西形成歪曲[172]。欧盟委员会的目的,是申诉相关方没有履行《欧盟运行条约》第 31 条、欧盟内部市场法规和决议所规定的义务,而不是《欧盟运行条约》第 346 条所规定的义务。而德国就曾经以这个第 346 条为依据作为其自我辩护的主要理由[173]。被告在辩护过程中不能决定原告方提出什么样的诉讼方式[174]。

另外,从《欧盟运行条约》第 348 条和对它的两段系统阐述来看,欧盟委员会如果认为出现了对《欧盟运行条约》第 346 条的不当使用,或者认为"共同市场的竞争条件"受到了破坏,就"可以直接将事情诉诸欧洲法院"[175]。Military Exports 系列案的《总检察长瑞兹-扎拉博·科罗默意见书》和 FYROM[176]案的《总检察长雅各布斯意见书》,都支持《欧盟运行条约》第 348 条第(2)款所规定的救济限制措施,以避免"(《欧盟运行条约》第 346 条和第 348 条)对竞争和经济的潜在间接影响"[177]。由于 Military Exports 系列案并没有涉及破坏竞争的问题,因此《欧盟运行条约》第 348 条第(2)款在此无效[178]。

最后一点是,总检察长认为,《欧盟运行条约》第 258 条的诉讼比起《欧盟运行条约》第 348 条的诉讼来,并不一定会给成员国带来更多的不利之处:

它强调了成员国的辩护权利,该辩护权利在诉讼前置阶段就开始了,这一点在《欧盟运行条约》第 348 条是没有的……该条下的诉讼更确切地说是一种简化即

---

[170] 在脚注 23 中,总检察长卢兹-哈拉博·科隆默引用了罗博特·布雷(Robert Bray)(ed.),《莱纳茨、阿尔茨和马赛利斯,欧盟程序法》(Lenaerts, Arts, and Maselis, Procedural Law of the European Union),第 2 版(London:Sweet & Maxwell,2006),第 141 和第 142 页,在《欧盟运行条约》第 114 条第(9)款的特别程序方面,卢兹-哈拉博·科隆默与作者们的观点是一致的。在《欧盟运行条约》第 348 条第(2)款规定的特别程序上也是这样。上述作者在其名为"《欧共体条约》第 226 条和第 227 条(目前《欧盟运行条约》第 258 条和第 259 条)之间的关系,以及与豁免规定不当使用有关的特别程序"的标题下,提到了《欧盟运行条约》第 348 条中的特别程序。作者们认为:"(《欧盟运行条约》第 114 条)为欧盟委员会提供了直接向欧洲法院提起诉讼的机会,可以不受诉讼前程序之累。其目的是全方面保护内部市场的秩序。但是这不能预先排除欧盟委员会为保护成员国的利益按照(《欧盟运行条约》第 258 条的规定)提起诉讼的可能。"

[171] 特莱伯斯(Trybus),《欧盟法与防务一体化》(European Union Law and Defence Integration),前注 13,第 156 页。

[172] 第 35 点。
[173] 第 36 点。
[174] 第 37 点。
[175] 第 38 点。
[176] 《总检察长雅各布斯意见书》(Opinion of Advocate General Jacobs)第 63—67 点,于 Case C-120/94,Commission v. Greece [1996] ECR I-1513,为总检察长瑞兹-扎拉博·科罗默(Advocate General Ruiz-Jarabo Colomer)所引用。
[177] 第 39 点。
[178] 第 40 点。

107

时诉讼,因为按照它的规定,欧洲法院只能判定市场和贸易是否正常运行,因此限制了成员国的自我辩护能力[179]。

不过也有人不同意《欧盟运行条约》第348条第(2)款只是非强制性条款的观点,不同意欧盟委员会只能启用其他形式的诉讼,即《欧盟运行条约》第258条的执行诉讼。"may"这个词只能说明欧盟委员会可以选择,但没有义务从《欧盟运行条约》第348条第(1)款的诉讼前置阶段转移到第(2)款的司法阶段。在《欧盟运行条约》第258条也有这样的非强制性。另外,虽然《欧盟运行条约》第348条只有一次因为《欧盟运行条约》第347条而得到了应用,但是从它的措辞来看,它明确规定了还可以因为《欧盟运行条约》第346条而启用。如果只是一种非强制性的东西,那么《欧盟运行条约》第348条的有效性虽然并没有消除,但是受到了影响。不过从 Fiocchi Munizioni 和 Military Exports 判例法来看,《欧盟运行条约》第348条确实只是一种非强制性的东西。

2.3 欧盟委员会2006年的《解释性通讯》

最重要的是,到1999年年底,前面提到的 Spanish Weapons 一案的判例法已确立了对《欧盟运行条约》第346条第(1)款(b)项的大部分解释内容,不过这一点似乎对实际中的国防采购并没有起到什么影响。这个判例法在很大程度上被成员国遗忘了[180],可能是出于蔑视、无知,也可能是因为以此解释为基础实施豁免措施过于困难。为了解决这个问题,2004年《国防采购绿皮书》(2004 Green Paper on Defence Procurement)指出欧盟委员会应当发布一个《解释性通讯》(Interpretative Communication),对现有法律制度进行解释[181]。《绿皮书》的磋商会议指出,"大多数(涉众)认为发布一个解释性通讯会大有裨益"[182]。

终于,在2006年12月7日,《关于在国防采购领域应用《欧盟运行条约》第346条的解释性通讯》(Interpretative Communication on the Application of Article [346] of the Treaty in the Field of Defence Procurement)发布了[183],其目的是:

---

[179] 第41点。

[180] 伯卡德·施密特(Burkard Schmitt)(Rapp.),《欧盟和国防采购》(*Defence Procurement in the European Union*)(Paris:Institute for Security Studies of the European Union,2005),第17页;H. 库希勒(H. Küchle),《安全与防务领域的非欧成本》(*The Cost of Non-Europe in the Area of Security and Defence*)(European Parliament,2006),文件 DGExPo/B/PolDep/2005/13,第42页及下文各处;休尼克斯(Heuninckx),博士论文(Thesis)(2011),前注26,第76页。

[181] COM(2004)608 final,第9页。但是欧盟委员会似乎决定至少提前一年发布一个解释性通讯,见通讯"欧洲防务——工业与市场问题:形成一个欧盟装备政策"(European Defence-Industrial and Market Issues:Towards an EU Defence Equipment Policy),COM(2003)113 final,第15页:"近年来与本工作相关的欧洲法院重要判决有数个——尤其是在限定第346条的适用范围方面。到2003年底,欧盟委员会将就这些判决的意义发布一个解释性通讯。"

[182] COM(2005)626 final,第6页。

[183] COM(2006)779 final。

108

防止在国防采购领域可能出现的针对(《欧盟运行条约》第346条的)误解和误用[184]。

这个《解释性通讯》重申了前面讨论的相关判例法[185],也就是说豁免措施的使用在程序上必须受到严格控制[186]。它只提到了1958年清单中列出的产品——该清单"只包括那些纯粹军事性质和目的的武器装备"(第3节"应用范围")[187]。还有一点,就是这些物资"不能自动豁免",而是必须要满足《欧盟运行条约》第346条所规定的各种条件(第4节"应用条件")[188]。虽然该条的措辞给了成员国很大的裁量空间和灵活性,但限制并非不存在。欧盟委员会引用 Spanish Weapons 判例法中关键性的第22段,指出:

这个语气强烈的措辞("重大"),把可能采取的豁免措施限制在对成员国军事能力具有重大影响的采购过程中。

此句的目的,是说明应用《欧盟运行条约》第346条的前提条件,什么才是"对成员国军事能力具有重大影响的采购",这个词本身都需要一个定义,以保证人们对《欧盟运行条约》第346条的正确理解,但是这个定义根本就不存在。不过问题的重点在于欧盟委员会能不能做出这样的定义。这是《欧盟运行条约》中的一个词,显然却最终只能由欧洲法院进行明确的定义。《解释性通讯》接下来又强调指出,采取豁免措施必须"以万分的小心"按照逐案审查的方式进行(第5节"怎样应用(《欧盟运行条约》第346条)")[189]。相关采购当局必须评估

涉及何种重大安全利益,该安全利益与具体采购决策之间有何种关联,为何为保护此重大安全利益必须豁免于《公共采购指令》[2004/18/EC]的约束。

《国防指令》颁布以后,人们在进行国防采购时参照的就不再是《指令2004/18/EC》了,而是《国防指令》。说明豁免措施理由的举证责任在于各个成员国(第6节"欧盟委员会的作用")[190]。在第6节,欧盟委员会还强调了自己在依法使用《欧盟运行条约》第346条过程中的作用,提出在应用《欧盟运行条约》第258条、第348条时,它的作用比以前更加积极[191]。我们在前面讨论的 Agusta 和 Military Exports 判例法,正是这种积极作用的表现。

---

[184] 同上,第3页。
[185] 后来的 Agusta, Finnish Turntables 和 Military Exports 判决除外。
[186] Interpretative Communication COM (2006) 779 final,第5页。
[187] 同上。
[188] 同上,第6页。
[189] 同上,第6-7页。
[190] 同上,第8-9页。
[191] A. 乔治波洛斯(A. Georgopoulos)也持此观点,"欧盟委员会关于《欧共体条约》第296条在国防采购领域的解释性通讯"(The Commission's Interpretative Communication on the Application of Article 296 EC in the Field of Defence Procurement)(2007)第16期,《公共采购法评论》(Public Procurement Law Review) NA43-52,第NA52页。

这个《通讯》虽然不具法律约束力[102]，但它对诠释《欧盟运行条约》第346条起到了很好的作用[103]。这个《通讯》一方面在某些重要问题上进行了详细的解释，如对补偿贸易的解释[104]，但是这个《解释性通讯》并没有超出相关的判例法。另外，从2006年开始，Agusta和Military Exports判例法对于欧洲法院解释《欧盟运行条约》第346条起到了很大的帮助作用，因此该《解释性通讯》代表此方面的最高水平。乔格波洛斯指出，如今它最大的作用是"启发人们理解欧盟委员会（对《欧盟运行条约》第346条）的态度，同时向人们提示欧盟委员会的意图"[105]。换句话说，它明确说明了欧盟委员会对该条的理解，并警告人们欧盟委员会可能会动用法律及其法律权力，监督成员国是否按照这个解释行事。

从《国防采购绿皮书》可看出，《解释性通讯》的目的是对《国防指令》进行补充[106]，而《国防指令》的准备工作与《解释性通讯》是同时开始的。它先于《解释性通讯》面世，但并没能改变成员国对《欧盟运行条约》第346条的错误理解，恰好说明为了彻底改变这种现象，必须使《国防指令》具有法律约束力。

这个2006年《解释性通讯》稍稍有些过时了。欧洲法院的一些判例法，尤其是Agusta，Military Exports和Finnish Turntables判例法，加上以《国防指令》为核心的欧盟"一揽子国防法规"，都是它重要的参照。因此我们必须承认，这个《解释性通讯》也必须被欧盟委员会的最新成果所替代，同样，在制定这个最新成果时也必须考虑到以上参照。

2.4 概要：对《欧盟运行条约》第346条第（1）款（b）项的解释

按照欧洲法院判例法的规定，尤其是Spanish Weapons，Agusta，Military Exports和Finnish Turntables，加上Sirdar，Kreil，Dory和Fiocchi Munizioni判例法的规定，《欧盟运行条约》第346条必须在严密监督的基础上实施。只有在为了军事目的（Agusta）而采购1958年清单上的武器装备（Fiocchi Munizioni）时，方可采取豁免措施。豁免措施不具有必然性和无条件性（Spanish Weapons），必须在逐案审查（Military Exports）的基础上方能实施。

如果成员国采取豁免措施，必须举证说明当时情形确实需要采取这样的措施

---

[102] 根据《欧盟运行条约》第288条（前《欧共体条约》第249条）的规定，只有条例、指令和决议才具有法律约束力。解释性通讯不具法律约束力，这个观点在最近才由欧洲法院普通法庭在T-258/06，Germany v. Commission [2010] ECR II-2027，第162段予以明确。

[103] A·乔治波洛斯（A. Georgopoulos）也持此观点，"欧盟委员会关于《欧共体条约》第296条在国防采购领域的解释性通讯"（The Commission's Interpretative Communication on the Application of Article 296 EC in the Field of Defence Procurement），前注191，第NA47页。

[104] 在第一章第54-57页进行了介绍，并在第九章进行了详细论述。

[105] 乔格波洛斯（Georgopoulos），前注191，第NA52页。

[106] COM（2004）608 final，第9-11页：法律制度的解释和补充表现为一种补充性措施，而不是一种替代性措施。另参见《解释性通讯》，第9页："同时欧盟委员会将为不受《欧盟运行条约》第346条约束的军事装备的采购指令的制定继续进行准备工作。"

110

(Spanish Weapons 和 Military Exports),采取的相关措施不得影响非清单物资市场的竞争(Military Exports)。欧洲法院或者欧洲法院普通法庭将按照比例原则审查其是否合法。总体而言,武器装备豁免于《欧盟运行条约》是一种很少发生的情况,按照法律规定应当纳入《欧盟运行条约》整个内部市场的约束之下。让我们再次使用房子的比喻:武器装备在一般情况下放在内部市场这个房子的里面,而《欧盟运行条约》第346条第(1)款(b)项的应用只是在例外情况下存在的紧急事件。在这个房子的出口设置了警报,守门人会询问为什么要使用这个出口,且有可能将这些武器装备再推回到这个房子里。这个守门人以前是很松懈的,但将来不太可能再松懈下去了。我们在本书第二部分将就这个问题进行详细讨论。我们在第一章讨论的欧洲武器市场的形势以及在第五章讨论的法律制度和实际作法,都有悖于眼下对《欧盟运行条约》第346条第(1)款(b)项的通行理解。

3.《欧盟运行条约》第346条第(1)款(a)项的保密性豁免

《欧盟运行条约》第346条还有另外一个"国防"例外。第346条第(1)款(a)项规定如下:

如果成员国认为相关信息的披露将损害本国重大安全利益,则不得强迫该成员国提供该信息。

该条赋予相关成员国在国防安全与机密方面的诉讼权利。它说明根据欧盟次级法的规定,或者根据《欧盟运行条约》第337条[197]和《欧盟条约》第4条第(3)款[198]的规定,成员国向欧盟组织提供信息的普遍义务可能会得到豁免。因此只有当按照欧盟法律必须提供相关信息时,此条款才适用。至于这么做是否会影响成员国的重大安全利益,成员国是享有政治裁量权的。但是启用该条必须受到欧洲法院的严格审查,尤其是通过《欧盟运行条约》第348条第(2)款规定的严格审查。不过这种情况从未发生过,而且按照《欧盟运行条约》第348条第(1)款的规定,如果欧盟委员会认为有必要,可以在欧盟委员会和相关成员国之间进行双边交流后再行决定。我们在前面所讨论的对《欧盟运行条约》346条第(1)款(b)项的严格审查,可能使这一豁免特权显得越发重要。

《采购指令》规定了向欧盟组织提供相关信息的许多义务,其中最为重要的是

---

[197] 《欧盟运行条约》第337条规定:"欧盟委员会根据本《条约》的规定,在欧洲理事会设立的限度和条件下,可以收集任何信息并对其任务进展情况进行任何必要的审查。"

[198] 《欧盟条约》第4条第(3)款规定:"根据诚信合作的原则,欧盟和成员国应当在相互尊重的基础上,在实施《条约》任务时相互帮助。成员国应当采取任何适当的一般性或特别措施,保证《条约》中产生的义务欧盟机构行动过程中产生的各项义务的履行。成员国应当促进欧盟任务的完成,避免采取措施妨碍欧盟目标的实现。"

在《欧盟官方公报》上发布合同公告和合同授予公告[199]。要公开发布这些信息,也就意味着必须向任何感兴趣的人提供相关信息,甚至这些信息的点滴披露都会对相关成员国的重大安全利益造成损失。因此《欧盟运行条约》第346条第(1)款(a)项的保密豁免在采购中具有重大意义。《国防指令》的目的,是将《公共部门指令》中的相关法规套用到"信息安全"上,限制人们对保密豁免规定的滥用。我们将在本书第二部分的第七章和第八章对此进行详细讨论。

3.1 对《欧盟运行条约》第346条第(1)款(a)项的滥用

在采购过程中存在着对《欧盟运行条约》第346条第(1)款(a)项的滥用。如成员国在以国家安全为由采用相关豁免措施时,成员国可能会拒绝向欧洲法院提供相关证据。根据Spanish Weapons及尔后判例法的规定,成员国必须举证证明确实发生了《欧盟运行条约》第346条第(1)款(b)项所规定的情形[200]。如果相关信息为仅有证据,那么成员国完全可以通过第346条(a)款规定的权利使信息提供义务大打折扣,进而影响欧洲法院对第346条(b)项的应用是否合法进行判定[201]。我们将在下文讨论发生《欧盟运行条约》第348条或第258条规定的诉讼时,向欧洲法院提供相关信息的问题。在这些诉讼的前置阶段,这些信息必须提供给欧盟委员会。有人指出,向欧盟委员会提供敏感信息不应当是一个严重问题。从经验来看,欧盟委员会在处理与竞争有关的案件时,在按照《条例1/2003/EC》第28条的规定处理专业机密的过程中,成员国的保密利益在欧盟委员会可以得到很好的保护[202]。

按照《关贸总协定》的规定,运用司法诉讼权利不得损害成员国的利益[203]。如果是在欧盟范围内,这意味着如果成员国按照《欧盟运行条约》第346条第(1)款(a)项的规定拒绝提供相关信息,那么欧洲法院只能判定对《欧盟运行条约》第346条第(1)款(b)项或第347条的使用为合法使用。在这种情况下,就不会要求成员

---

[199] 可参见《公共部门指令2004/18/EC》:第IV章"广告规则与透明性",第1节"公告的发布",第35-36条(第37条"非强制性公告"不构成义务),第29条第(2)款关于竞争性对话,第33条第(3)款关于动态采购制度,第30条第(1)款关于事先发布合同公告的谈判,第58条第(1)款和第64条关于公共工程特许经营,第69条第(1)款关于设计竞赛。在第75条还有关于提供统计信息的义务。

[200] Case C-414/97,前注56,第22段,见前文讨论。另参见:Case C-284/05, Commission v. Finland,前注83,第49段;Case C-294/05, Commission v. Sweden,前注103,第47段;Case C-372/05, Commission v. Germany,前注103,第72段;Case C-387/05, Commission v. Italy,前注103,第49段;Case C-409/05, Commission v. Greece,前注103,第54段;Case C-461/05, Commission v. Denmark,前注103,第55段;Case C-38/06, Commission v. Portugal, supra note103,第66段;Case C-239/06, Commission v. Italy,前注103,第51段。

[201] 爱罗史密斯(Sue Arrowsmith),《公共与公用事业采购法》(The Law of Public and Utilities Procurement),前注40,第245页。

[202] 感谢安东尼·阿诺尔(Anthony Arnull)在评论本章早期草稿时向我指出这一点。

[203] 关于《关贸总协定》第XXI条(a)款的类似规定,参见舒尔曼和奥洛夫(Schloemann and Ohloff),"'宪法化'与WTO纠纷的解决:作为能力的国家安全问题"("Constitutionalisation" and Dispute Settlement in the WTO: National Security as an Issue of Competence),前注136,另参见1949年捷克斯洛伐克争端中的美国代表伊万斯的陈述,Doc. GATT/CP. 3/38,第9页(1949)。

国提供证据证明必须采取相关的豁免措施。

不过在行使《欧盟运行条约》第346条第(1)款(a)项所规定的裁量权时,欧洲法院可能会按照《欧盟运行条约》第348条第(2)款的规定,按照禁止旁听的诉讼程序对其进行严格审查。由于禁止公众旁听,成员国在此诉讼过程中就不能再运用《欧盟运行条约》第346条第(1)款(a)项中的权利,它只能将相关信息提供给欧洲法院,而欧洲法院也就可能运用这些信息对成员国动用第346条第(1)款(b)项进行是否合法的判定了。如果这些诉讼的主题是《欧盟运行条约》第346条第(1)款(b)项和第347条,那么成员国同样也无法享有这种保守秘密的权利[204]。原因如下:

第一,如果不这样,那么欧洲法院的审查就变得多余了。例如在Spanish Weapons案件中,如果成员国可以运用其裁量权,拒绝向欧洲法院提供相关信息以判断其豁免措施是否合法,那么针对《欧盟运行条约》第346条第(1)款(b)项的使用进行的严格审查也就失去了实际意义。一个成员国既然滥用了第346条第(1)款(b)项,当然也会毫不犹豫地滥用第346条第(1)款(a)项为自己开脱。另外,欧洲法院明确指出举证责任在于成员国。

第二,《欧盟运行条约》第348条第(2)款规定的诉讼不允许旁听,充分考虑到了成员国的保密需求。举个例子来说:如果《欧洲法院法令》(Statute of the Court)第34条得到了豁免,那么甚至在向公众宣读判决时都要考虑到保密的问题。在任何情况下只宣读判决的有效部分;如果是与《欧盟运行条约》第348条有关的判决(此类案件从未发生过),则可以推定根本就不会向公众宣读判决[205]。

最后一点是,如果成员国因为滥用《欧盟运行条约》第346条第(1)款(a)项而引发了欧洲法院的诉讼,一般不大可能过分到再通过滥用《欧盟运行条约》第346条第(1)款(a)项为自己开脱,因为这样会引发成员国和欧盟机构之间的政治对立,而这种事件在实践中并不是常常发生。成员国一般会遵循欧洲法院的判决,尽量与欧盟机构进行合作。

由成员国承担举证责任,与对《欧盟运行条约》第346条第(1)款(b)项的严格审查一样[206],都可以控制成员国对相关豁免权的滥用[207]。另外,也可以认为这些措施并没有考虑到保密问题。另外,欧盟委员会如果想证明某个豁免措施不符合比例原则,也是一件相当困难的事情。这样一来《欧盟运行条约》第348条第(2)款所规定的欧盟委员会的作用几乎就成了多余的东西,欧盟委员会针对《欧盟运行条

---

[204] 参见爱罗史密斯(Sue Arrowsmith),《公共与公用事业采购法》(The Law of Public and Utilities Procurement),前注40,第245-246页。

[205] 感谢安东尼·阿诺尔(Anthony Arnull)在评论本章早期草稿时向我指出这一点。

[206] 见上条。

[207] 爱罗史密斯(Sue Arrowsmith),《公共与公用事业采购法》(The Law of Public and Utilities Procurement),前注40,第245页。

113

约》第346条第(1)款(a)项所进行的审查诉讼也就失去了实际意义。不过有一点非常明显:成员国在启用《欧盟运行条约》第346条第(1)款(a)项时,一定是先启用了《欧盟运行条约》的第346条第(1)款(b)项。另外还有一点:必须考虑到《欧盟运行条约》第346条第(1)款(b)项和第347条所规定的证据法则,即所有国防例外措施的证据规则是相同的。因此在判决与《欧盟运行条约》第346条、第347条有关的案件时,如果需要相关信息作为证据,那么成员国不得以《欧盟运行条约》第346条第(1)款(a)项为借口拒绝履行提交相关信息的义务。因此也可以说成员国为了证明自己对第346条第(1)款(a)项的启用为合法行为,也是要承担举证责任的。《欧盟运行条约》第348条解决的是保密问题,而正是《欧盟运行条约》第346条、第347条所规定的成员国举证责任与《欧盟运行条约》第346条第(1)款(a)项所规定的特权之间的冲突,使人们在《欧盟运行条约》中又加上了一个特别诉讼程序。不过从Spanish Weapons,尤其是Military Exports判例法中可以看出,欧盟在实践中使用的是《欧盟运行条约》第258条中的常规执行诉讼程序,而不是《欧盟运行条约》第348条所规定的特别审查程序。

3.2 审查的严格性:German Military Exports系列案

直到最近,《欧盟运行条约》第346条第(1)款(a)项所说的审查标准并不是很清楚,因为目前根本就没有与该条有关的判例法[208]。也正是因为我们前面讨论的与《欧盟运行条约》第346条第(1)款(a)项有关的种种原因,人们只能假定欧洲法院对比例原则的审查比较宽松,会给成员国留出很大的裁量空间。只有当欧洲法院认为某个措施超出这个裁量范围,认为成员国滥用裁量权或者有欺诈行为时,才会判定它不符合比例原则[209]。

在最近的Military Export系列案中,部分成员国指出它们没有义务向欧盟委员会提供相关信息,而欧盟委员会恰恰需要这些信息来证明成员国出现了违反《欧盟运行条约》的行为。在German Military Exports中[210],欧盟委员会以《欧盟运行条约》第258条为依据对德国提出执行诉讼,而德国则认为该诉讼为无效诉讼,因为由于该诉讼本身的性质,欧盟委员会无法证明成员国有违背《欧盟运行条约》的行为。由于成员国没有义务向欧盟委员会提供所需信息,欧盟委员会也就没有足够的证据证明案件中的系列进口没有履行《欧盟运行条约》所规定的义务。德国还指出,它有权不向欧盟委员会提供所需信息,而且由于该诉讼以该信息为基础,因此它就不能称为有效诉讼。这些辩论一方面并没有提到具体的《欧盟运行条约》第346条第(1)款(b)项,而是笼统提到了《欧盟运行条约》第346条;另一方面,它们又以

---

[208] 各种可能出现的解释,参见爱罗史密斯(Arrowsmith)的罗列,同上,第245-246页。

[209] 参见特莱伯斯(Trybus),《欧盟法与防务一体化》(European Union Law and Defence Integration),前注13,第165页。

[210] Case C-372/05, *Commission v. Germany*,前注103,第31和32段。

《欧盟运行条约》第346条第(1)款(b)项为依据,认为可以豁免向欧盟机构提供信息的普遍义务。欧洲法院没有接受这个理由。欧盟海关制度要求积极参与相关案件的欧盟和成员国官员"在处理敏感数据时,在必要时有保密的义务,以保护成员国的重大安全利益"[211]。另外,欧洲法院还指出:

成员国必须定期完成并提交给欧盟委员会的申诉书必须达到一定的要求,但其目的并不是要损害这些成员国的安全利益或者保密利益[212]。

欧洲法院指出,《欧盟条约》第4条第(3)款规定成员国有义务向欧盟委员会提供必要的文件,以便欧盟委员会进行相关检查,保证欧盟内部的资源移转为合法移转。但是这种义务并不能阻止成员国

在逐案审查和采取例外措施时,以(《欧盟运行条约》第346条)为依据,对文件中某些部分的信息进行限制,或者完全不提供[213]。

虽然在判决书中没有明确说明,但必须承认此时所指的不向欧盟机构提供信息的义务豁免条款,显然只是《欧盟运行条约》第346条第(1)款中的(a)项,而不是整个的第346条。同样,应当如何理解和正确应用《欧盟运行条约》第346条第(1)款(b)项所规定的豁免,也得到了明确的说明。依据《欧洲联盟条约》第4条第(3)款的规定,向欧盟机构提供信息的义务豁免范围相对狭小;除此之外,此豁免规定与其"姐妹条"或者"近似条"的克减规定,即《欧盟运行条约》第346条第(1)款(b)项相比还有许多共同之处。最为重要的是,这种措施只能在特殊条件下采用,而且需要逐案审查。武器豁免的"逐案审查"含义,没能像 German Military Exports 对保密豁免那样有一个明确的说明。在 German Military Exports 判例法中,欧洲法院将《欧盟运行条约》第346条作为一个整体,可以说这是对《欧盟运行条约》第346条第(1)款(b)项的豁免措施进行"逐案审查"的一个权威性解释。这个判例法意义重大,因为它是对《欧盟运行条约》第346条第(1)款(a)项的第一个判决,而且欧洲法院也做出了不允许采取豁免措施的判决。欧洲法院并没有使用"必要"一词。不过欧洲法院对德国的观点进行了详细研究,认真考虑了德国所采取的保密措施,认为这些保密措施可以满足德国的保密要求。

这证明就像《欧盟运行条约》第346条第(1)款(b)项中的豁免措施一样,第346条第(1)款(a)项也不是自动启用,也不是无条件的,而是必须进行严格的审查,只能在例外情况下按照逐案审查的方式进行,而且成员国有举证责任证明确实需要采取该第346条第(1)款(a)项规定的克减措施,欧洲法院要对这些克减措施进行严格的审查。判例法并没有就比例原则做出判决。但是通过我们前面对《欧盟运行条约》第346条第(1)款(b)项的应用论证(即所有成员国采取的克减措施

---

[211] 同上,第74段。

[212] Case C-372/05, *Commission v. Germany*,前注103,第75段。

[213] 同上,第76段,及《总检察长瑞兹-扎拉博·科罗默意见书》(the Opinion of Advocate General Ruiz-Jarabo Colomer),第168点,也为欧洲法院所引用。

必须符合比例原则),可以推出比例审查是可以发生的。

4.《欧盟运行条约》第347条中的危机豁免

国防豁免包括危机豁免。《欧盟运行条约》第347条规定了成员国之间的特别咨询程序,通过这个特别程序,可以避免成员国在国家安全受到威胁时采取的措施对内部市场的正常运行造成不良影响[214]。这些情况包括:

(1)"发生了严重的国内骚乱,国内法律秩序受到了影响";
(2)"发生了战争";
(3)"国际形势严重紧张,战争即将暴发";
(4)"为了维持和平和国际安全它[成员国]必须履行某些义务"。

《欧盟运行条约》第347条与采购之间的关系很弱,因为它与货物或服务都没有直接的关系[215]。另外,《欧盟运行条约》第347条与国防采购的实际关系也是有限的。这是因为《欧盟条约》通过《欧盟运行条约》第346条第(1)款(b)项规定了一个有关武器的特别豁免条款,而该条款将取代《欧盟运行条约》第347条的豁免条款——《欧盟运行条约》第347条是一个以现状为基础的更加宽泛的条款。不过由于《欧盟运行条约》第347条只能在一些极端和极特殊的情况下使用,也可将其视为第346条的特别法[216]。《国防指令》中数个条款的目的是限制实践中对《欧盟运行条约》第347条的使用,而不是限制对《欧盟运行条约》第346条的使用。这些条款针对的是危机情况下的采购,或已向外国派军情况下的采购[217],我们将在第六章对此进行讨论。总之,与《欧盟运行条约》第347条所描述的极端情况相比,《欧盟运行条约》第346条第(1)款(b)项开出了一个武器清单,对豁免做出了更加具体的规定。

当欧盟委员会或某个成员国提出诉讼时,这种情况的存在将增加成员国的裁量空间,减少欧洲法院的审查力度。在危机情况下进行1958年武器清单之外的货物和服务采购时也是如此,此时适用的是《欧盟运行条约》第36条和第52条第

---

[214] 作者对此条款进行了深入分析:特莱伯斯(Trybus),《欧盟法及防务一体化》,前注13,第六章,第167-195页,及特莱伯斯(Trybus),"边界"(Borderline),前注123,137。

[215]《欧盟运行条约》第347条是一个典型的国家安全豁免条款,在国际条约中有这样的豁免也并不是不常见。参见《关贸总协定》第XXI条第(b)款(iii)项、第(c)款、《服务贸易总协定》第XIV条、《与贸易有关的知识产权协定》第73条、《欧洲人权宪章》第15条第(1)款,或者1955年《美伊友好、经济关系及领事权利条约》第XX条第(1)款(d)项。

[216] 感谢安东尼·阿诺尔(Anthony Arnull)在评论本章早期草稿时向我指出这一点。

[217] 关于《国防指令》第13条第(d)款的免责规定,23条第(d)和(e)款中的供应安全免责,第28条第(1)款(c)项中关于使用不事先发布合同公告的谈判的条件。从字面意义来看,第23条和第28条的危机相关性比第13条更加密切。

（1）款，即在成员国国内采取豁免措施，我们在第二章[213]对此进行了讨论。

5. 结论

我们在第二章指出，《欧盟运行条约》适用于货物和服务的采购，不管欧盟次级法如《国防指令》或《公共部门指令》是否（也）适用。这样可以防止成员国在国防采购中采取保护主义措施，保证相关采购的透明性。《欧盟运行条约》第 36 条、第 45 条第（3）款、第 52 条第（1）款、第 65 条第（1）款（b）项和第 72 条规定了可以公共安全为由针对自由流动的法律制度采取豁免措施。除此之外，《欧盟运行条约》第 346 条和第 347 条还允许成员国针对《欧盟运行条约》采取豁免措施。前者允许在成员国国内针对货物、工人、服务、开业、资本与支付自由的法律制度采取豁免措施，而后者则与此完全相反，为了保证自由、安全和公正，允许成员国采取针对整个《欧盟条约》的豁免措施，但必须按照《欧盟运行条约》第 348 条第（2）款的要求经过特别的审查程序。对于《欧盟运行条约》第 346 条第（1）款（b）项的武器豁免和《欧盟运行条约》第 346 条第（1）款（a）项的保密豁免，也必须进行狭义解释。这些条款并不是自动豁免条款，而是必须提出正当理由，成员国如果想采取这些豁免措施，必须提出申请并承担举证责任。为了避免对这些豁免措施的滥用，防止可能对整个内部市场正常运转带来的破坏，就必须对这些豁免措施进行狭义解释。与前一组豁免措施相比，成员国按照《欧盟运行条约》第 346 条的规定，在武器和保密方面的豁免享有更大的裁量空间。

对于《欧盟运行条约》第 346 条第（1）款（b）项的解释，尤其是我们在前面提到的欧洲法院对它的解释，对于正确理解《国防指令》具有重大意义。第一，为了保证《国防指令》的效果，必须对其进行狭义解释。如果武器采购无条件豁免于《欧盟条约》，那么以武器为核心内容的《国防指令》就没有什么用处了。第二，由于《欧盟运行条约》第 346 条没有废止，《国防指令》必须尽可能适应众多的国家安全问题，以减少实践中对武器豁免措施的采用。这正是《国防指令》借用《公共部门指令》的地方。《国防指令》将《欧盟运行条约》第 346 条中的国家安全问题考虑进去，使成员国的豁免措施变得没有必要。《国防指令》适用于武器采购，只有面临非常特殊的国家安全问题时，我们在第六章讨论的某个豁免措施才适用。

---

[213] 第 70-82 页。

第四章 《国防指令》之外的欧盟法和政策：欧共体内部移转、出口、标准化、竞争法、兼并和国家补助

1. 引言

《国防指令》的法律背景并不局限于其法律基础，也不限于我们在第二章和第三章所讨论的种种限制。这个"更加广泛"的法律背景包括欧盟的数个经济法和政策，以及《欧盟运行条约》之外的一些法律制度。对所有这些东西进行讨论就超出了本书的范围。但是这些法律制度和倡议对欧洲采购和安全市场具有重大影响，也许它们之间还存在着相互矛盾的地方，但是不研究它们就不可能很好地理解《国防指令》这个新法。我们先在本书第一部分的第四章和第五章讨论这些法律与《国防指令》之间的关系，在第二部分再对《国防指令》本身进行分析。

将在本书第二部分讨论的采购问题，我们在本章不再进行讨论。本章将讨论《欧盟运行条约》相关制度与《国防指令》之间的关系，以及通过《国防指令》对采购法规造成的直接或间接的影响[①]。本章讨论的内容包括与《国防指令》和《欧共体内部移转指令》[②]同时颁布的欧盟"一揽子国防法规"的其他重要内容。在具有次级法律效力的指令中规定欧共体内部移转问题，可见内部移转问题对于欧洲国防安全市场的重要性。另外，这两个《指令》的同时面世，也强调了它们之间的关系。

[①] 本章讨论的多数问题在作者出版的专著中专门设立了一章：马丁·特莱伯斯（Martin Trybus），《欧洲国防采购法：作为欧洲开放的国防采购市场示范法的国际国内采购制度》（*European Defence Procurement Law: International and National Procurement Systems as Models for a Liberalised Defence Procurement Market in Europe*）（The Hague: Kluwer Law International, 1999），第四章，以及《欧盟法与防务一体化》（*European Union Law and Defence Integration*）（Oxford: Hart, 2005），第八章；另参见："欧洲国防采购：形成一个详尽方法"（*European Defence Procurement: Towards a Comprehensive Approach*）（1998）第4期，《欧洲公共法》（*European Public Law*）第111—133页，重印于苏·爱罗史密斯和凯斯·哈特利（Sue Arrowsmith and Keith Hartley）（eds.），《公共采购》（*Public Procurement*），第2卷（Edward Elgar: Cheltenham, 2002）。另外，在编写本章过程中采用了这些出版的材料。但是近年来的研究发展得很快，21世纪早期可以查到的材料也很多，因此本研究的背景也发生了很大变化。因此本领域的研究必须重新编写一章。另外，在讨论中还增加了一些内容。

[②] 《指令2009/43/EC》OJ[2009] L-146/1 简化了欧共体范围内防务相关产品的移转条件。在最近的欧盟委员会通讯"欧洲防务新政：走向一个更具竞争力有加有效的国防与安全领域"（*A New Deal for European Defence: Towards a More Competitive and Efficient Defence and Security Sector*），COM(2013)542 final，第8页，该《指令》和《国防指令》被称为"欧洲防务市场的基石"。

由于《欧共体内部移转指令》的重要性以及它与《国防指令》之间的密切关系,我们将在本章对其进行分析并以此作为本章的主要目标。"一揽子国防法规"的另一个重要因素是一篇名为《更加强大更具竞争力的欧洲国防工业战略》的通讯(the 2007 Communication "A Strategy for a Stronger and More Competitive European Defence Industry")[3],它并没有为本章讨论的欧盟法律和政策提供全面建议。但是这篇通讯对过去的国防工业和采购问题提出了全面建议[4]。在2003年发布的名为《欧洲国防工业和市场问题:欧盟防务装备政策》(European Defence-Industrial and Market Issues:Towards an EU Defence Equipment Policy)[5]的通讯中,人们就提出除了采购法规之外,还可以就标准化问题、对国防工业的监管问题、欧共体内部移转问题、竞争法则(包括企业兼并管理)问题、两用货物的出口和研究等问题提出诉讼[6]。不过有人认为向第三方国家出口"硬性防务物资"也应当列入诉讼范围。所有这些制度和政策都可以依据《欧盟运行条约》(尤其《欧盟运行条约》346条第(1)款(b)项)的国防豁免条款得到豁免,这一点我们在前面一章已进行了讨论。我们在本章先选取这些时间久远的"欧共体"制度和倡议进行讨论,然后再在第五章讨论欧盟内部市场法以外的相关制度和倡议,即《欧盟运行条约》签订之前被称为"第一支柱"(First Pillar)的那些法律和倡议。

本章第2节将讨论次级贸易法制度,这些次级贸易法将对《欧盟运行条约》的核心内容,即前面第二章所讨论的内部市场制度进行详述和理顺,并从一定程度上规范了第三方国家的贸易:关税(2.1节)、欧共体内部移转(2.2节)和防务出口(2.3节)。我们特别关注欧共体内部移转问题,这个问题分为武器的移转(2.2.1节)和军民两用货物的移转(2.2.2节)。这两个方面的问题对于《欧共体内部移转指令》与《国防指令》的同期颁布起到了非常重要的作用。关于这一部分的内容请参见下面各章节内容:标准化(第3节)、竞争(反托拉斯)法(第4节)、企业兼并控制(第5节)和国家补助(第6节)。本章的最后是对欧盟其他重要倡议和政策的简要综述(第7节),尤其是与研究有关的重要倡议和政策。作者指出,《欧盟运行条约》及其他相关的欧盟次级法为欧洲的国防和安全市场提供了一个相对完整的法律制度,而这个法律制度的核心就是《国防指令》。

2. 武器和军民两用货物的贸易

欧洲国防工业的法律和政治环境在很大程度上取决于对武器和军民两用货

---

[3] COM(2007)764 final。

[4] "欧洲防务——工业与市场问题:形成一个欧盟防务装备政策"(European Defence-Industrial and Market Issues:Towards an EU Defence Equipment Policy),COM(2003)113 final;"欧洲防务相关工业面临的挑战"("The Challenges facing the European Defence-related Industry"),COM(1996)10 final。

[5] COM(2003)113 final。

[6] 同上,第3-4页。

物贸易的法规⑦,这些法规包括关乎从一个成员国向另一成员国移转的防务产品的所有法规,尤其是与此移转有关的许可证制度。我们在第一章指出⑧,欧盟成员国国内市场非常狭小,因此武器和军民两用货物的"欧共体内部移转"以及向第三方国家的出口对于保护国防工业基础具有非常重要的意义。2003年,欧共体内部移转许可量为89亿欧元,向第三方国家的出口许可量为194亿欧元⑨。对于武器贸易的法规对国防工业的竞争产生了直接影响⑩。一个自由开放的体制一般会促进销售,在带来竞争价格的同时还会带来规模效益和学习效益;而一个限制性的体制则恰恰相反。因此贸易法规对国防工业的竞争会产生重大影响,其影响效果堪比竞争法、企业兼并控制和国家补助等方面的制度。我们将在本章对此进行讨论。

武器和军民两用货物的贸易被分为两个独立但又相互关联的方面。第一,在欧盟成员国之间存在着武器和军民两用产品的流动。尽管在2009年12月1日《欧盟运行条约》生效之后欧共体不复存在并以欧盟取而代之,但在通常情况下这些流动还是被称为欧共体内部移转(intra-Community transfers),其实这些流动应当被称为"欧盟内部移转"。不过此方面最为重要的法律在《里斯本条约》生效之前就颁布了,因此被称为《欧共体内部移转指令》。本章将使用"欧共体内部移转"这个词。我们首先讨论的就是欧共体内部移转(2.2节),这个制度与《欧盟运行条约》中关于内部市场的系列制度有着非常密切的关系(在第二章已对此进行了讨论),但同时它又取决于国防豁免的法规(在第三章就此进行了讨论)。第二,存在着武器和军民两用货物从欧盟成员国向第三方国家流动的现象。这种流动称为防务出口,我们在结束欧共体内部移转的讨论之后将对此进行讨论(2.3节)。

2.1 关税

成员国甚至针对欧共体内部移转的武器也征收了关税⑪。人们认为在Spanish

---

⑦ COM(1996)10 final,第24页。
⑧ 第22-28页。
⑨ 《欧共体内部防务产品移转》专题研究(*Intra-Community Transfers of Defence Products* Study (Brussels:Unisys Belgium for the European Commission)2005,www.edis.sk/ekes/en_3_final_report.pdf[2013年10月29日登录],第95页。《欧盟武器出口行为准则》合作规定第6次年度报告(6th Annual Report According to Operative Provision 8 of the European Union Code of Conduct on Arms Exports)[2004] OJ C-316/1。
⑩ COM(2003)113 final。
⑪ COM(1996)10 final:"欧洲军队某些武器装备的进口应当免于关税,这符合欧盟和欧共体的利益,因此需要制定一个豁免于此类关税的装备清单"。另参见"在防务相关工业实施欧洲战略"(Implementing European Union Strategy on Defence-related Industries),COM(1997)583 final,附录Ⅱ"防务相关工业行动计划"(Action Plan for the Defence-related Industry),第5页。

Weapons[12]、Agusta[13]和 Military Exports[14] 等案判决之后,尤其是考虑到这些判决背后的案情之后(在第三章对此进行了讨论),这种行为有悖于《欧盟运行条约》第346条第(1)款(b)项的狭义解释[15]。对过境武器征收关税并不是为了国家安全而采取的比例措施,而是对《欧盟运行条约》346条第(1)款(b)项的赤裸裸的滥用,其目的是为了保护本国的国防工业。换句话说,根本就无法证明征收关税是保护成员国安全利益的必要手段[16]。正因为如此,欧洲法院在 Spanish Weapons 案中驳回了对武器出口免收增值税的豁免申请[17]。在相关案件中,针对欧共体内部的武器移转关税,欧洲法院很有可能做出不利判决[18]。

2.2 欧共体内部移转

武器和军民两用货物的欧共体内部移转,指的是欧盟成员国之间国防物资的交易。我们在第二章、第三章[19]和本章的前面说过,《欧盟运行条约》的货物自由流动,包括《欧盟运行条约》第36条和第346条第(1)款(b)项范围内的此类武器在欧共体内部的移转。欧共体内部移转从《欧盟运行条约》第36条的角度来说不利于公共安全,而从《欧盟运行条约》第346条第(1)款(b)项的角度来说又不利于国家安全。因此如果为了保护这些公共利益而采取了比例措施,而这些比例措施又起到了实质上的限制作用,属于《欧盟运行条约》第34条明令禁止的范围之内,那么这些措施必须符合《欧盟运行条约》的规定。

成员国所采取的这些相关措施,一般表现为大量且耗时的国家授权或认证程序。欧共体内部的武器移转程序平均耗时两月且不能保证成功[20]。这些程序通常与向第三方国家出口的申请程序一样,需要公司的事前许可、进出口许可、交货检查,有时还需要提供终端用户证明[21]。成员国之所以要设置这么繁琐的"官样文

---

[12] Case C-414/97, *Commission v. Spain* [1999] ECR I-5585,[2000] 2 CMLR4。

[13] Case C-337/05, *Commission v. Italy* [2008] ECR I-2173 和 C-157/06, *Commission v. Italy* [2008] ECR I-7313。

[14] 参见第三章第 109-119 页讨论的 Case C-284/05, *Commission v. Finland* [2009] ECR I-11705;Case C-294/05, *Commission v. Sweden* [2009] ECR I-11777;Case 387/05, *Commission v. Italy* [2009] ECR I-11831;Case C-409/05, *Commission v. Greece* [2009] ECR I-11859;Case C-461/05, *Commission v. Denmark* [2009] ECR I-11887;Case C-38/06, *Commission v. Portugal* [2010] ECR I-1569;Case C-239/06, *Commission v. Italy* [2009] ECR I-11913。

[15] 第 108-109 页。

[16] 另参见 Military Exports 判例法,前注 14。

[17] 前注 12。

[18] 关税在 COM(2003)113 final 中没有提到,可以解释为不再课以关税的一个迹象。

[19] 第二章第 63-82 页和第三章第 87-128 页。

[20] 优利系统研究《欧共体内部的防务产品移转》(*Intra-Community Transfers of Defence Products*),前注 9,第 59 页。

[21] COM(2003)113 final。

章",就是想控制防务装备的最终目的地,尤其是当这些装备涉及第三方国家时[22]。很多成员国并不希望自己的战略物资通过所谓的转口方式,通过另一个成员国被输往战争地区甚至是敌国[23]。正是由于这些方面的顾虑,成员国依据《欧盟运行条约》第36条对军民两用货物的规定以及《欧盟运行条约》第346条对武器的规定,采取了这些控制措施[24]。但是这些程序对贸易造成了很大的障碍,加剧了欧洲武器市场的分割[25]。

2.2.1 欧共体内部的武器移转

据2005年《欧共体内部防务产品移转研究》称,2003年提交了欧盟25个国家之间12627份常规防卫产品移转许可申请,总价值达到89亿欧元,相当于所有移转额的31.4%,剩下的移转额则属于向第三方国家的出口[26]。在所有这些许可申请中只拒绝了15个,均为巴尔干国家的申请[27]。欧盟其他地区的申请,包括我们在第一章提到的6大主要武器生产国的申请[28],则没有任何拒绝。因此可以说虽然存在着许可证制度,但是许可申请几乎从未被拒绝过。

《2005年研究报告》针对许可证制度对内部市场的影响做出了非常令人信服的概括:

> 对所有国家提出特别许可证要求,本身就是对欧盟内部贸易的一种障碍,有悖于内部市场的法规……一概要求许可证,对公司来说是一个很大的管理负担,为了得到移转许可证,需要很长的等待期,甚至数月[29]。

我们在此讨论欧共体内部的武器移转,目的并不是要对许可证要求进行间接成本分析[30]。我们只要借用一下2005年《欧共体内部防务产品移转研究》的数据

---

[22] 同上。

[23] 关于成员国安全动机的详细分析见克里斯蒂安·默林(Christian Mölling),"欧共体内部国防货物移转的欧盟制度选择"(Options for an EU Regime on Intra-Community Transfers of Defence Goods),与戴维·克奥汉(David Keohane)(ed.),《走向一个欧洲防务市场》(Towards a European Defence Market),夏约论文第113号(Paris:EU Institute of Security Studies,2008),第51期,第63-65页。

[24] Case C-367/89,*Criminal Proceedings against Aimé Richardt and Les Accessoires Scientifiques* SNC [1991] ECR I-4621.

[25] COM(1996)10 final,第19页。COM(1996)10 final,第8页指出,欧共体内部武器贸易只占武器贸易总量的3%~4%。

[26] 优利系统研究(UNISYS Study)《防务产品的欧共体内部移转》(*Intra-Community Transfers of Defence Products*),前注9,第95页,指出该比例与大型欧洲企业的产量相一致,例如泰利斯30%的产量为欧盟内部贸易,70%供出口(截至2004年8月访谈)。

[27] 同上,第94页:爱沙尼亚和拉脱维亚各6个,立陶宛3个。

[28] 第24页。

[29] 优利系统研究(UNISYS Study)《防务产品的欧共体内部移转》(*Intra-Community Transfers of Defence Products*),前注9,第5页。另参见默林(Mölling),"欧共体内部国防货物移转的欧盟制度选择"(Options for an EU Regime on Intra-Community Transfers of Defence Goods),前注23,第55、61-62和68页。

[30] 参见第一章讨论,优利系统研究(UNISYS Study)《防务产品的欧共体内部移转》(*Intra-Community Transfers of Defence Products*),前注9,第112页,估计与欧盟内部称转有关的间接成本为27.3亿欧元。

就能说明问题了:2003年有12627个许可证手续,直接成本为2.38亿欧元,其中必须由国防企业承担的达1.3542亿欧元。1998年,欧洲国防工业集团(EDIG)估计因出口管理而形成的直接成本高达1.071亿欧元,占军工生产全年营业额的0.22%[31]。2007年《更加强大更具竞争力的欧洲国防工业战略》通讯指出国防工业每年花在"官样文章"上的金钱达4亿欧元[32]。仅仅是这些成本,就足以说明成员国采取的某个措施,可以按照Dassonville[33]的方式对欧盟内部贸易造成直接和实质性的影响。关于Dassonville一案我们在第二章进行了讨论[34]。因此欧共体内部武器移转的许可证要求,与《欧盟运行条约》第34条所描述的限额措施一般具有相同的影响。

如果移转的是武器,成员国可以根据我们在前面讨论的《欧盟运行条约》第346条第(1)款(b)项的武器豁免规定为以上手续寻找理由,因为由于国家安全原因,武器贸易是需要采取某些措施的。另外,许可证的要求似乎也符合比例原则,因为许可证只是形式上的要求,对内部市场造成的影响最小。换句话说,为了保护成员国的国家安全利益,许可证制度对内部市场造成的影响最小。但是是否合乎比例标准,要看不同的许可制度都有什么样的具体要求。《欧共体内部防务产品移转研究》(Intra-Community Transfers of Defence Products Study)考虑到欧盟在采取一系列协调措施前欧盟的动荡情况,并对所有欧盟经济区(EEA)国家和瑞士进行评估之后,明确做出如下评价:

总地来说,许可证的要求似乎与实际的控制需求之间不成比例,尤其因为欧盟内部移转的许可证申请几乎从未被拒绝过(强调为作者所加)[35]。

这个评价是很有说明力的。因此国家许可证制度在通常情况下是不合乎比例标准的[36]。另外,这个许可证制度似乎是对《欧盟运行条约》第346条第(1)款(b)项进行广义解释之后才制定或继续实施的——按照这个广义性解释,1958年清单上的硬性防务物资几乎可以自动豁免《欧盟条约》的规定。没有传闻说成员国依据这个豁免条款为它们的许可证制度进行辩护。如果《欧盟运行条约》第346条第(1)款(b)项是一个自动豁免条款,那么就不可能会出现许可证制度不合乎比例原则的问题,因为与武器有关的所有措施都可以豁免于《欧盟条约》。但是根据

---

[31] 引自优利系统研究(UNISYS Study)《防务产品的欧共体内部移转》(Intra-Community Transfers of Defence Products),前注9,第112页。

[32] COM(2007)764 final,第4页。

[33] Case 8/74,*Procureur du Roi v. Dassonville*〔1974〕ECR 837,〔1974〕2CMLR 436。

[34] 第65-66页。

[35] 前注9,第94页;在第6页该研究指出:"按照[欧防局]最新年度行为准则报告,2003年只有15个欧共体内部移转证书被拒绝,而发放的证书有12627个。"

[36] 默林(Mölling),"欧共体内部国防货物移转的欧盟制度选择"(Options for an EU Regime on Intra-Community Transfers of Defence Goods),前注23,第52页,也提到"不成比例费用高昂的负担和障碍"。他提到的是不是欧盟内部市场法的比例原则并不明确,但其措辞显然暗指该比例原则。

Spanish Weapons 案[37]、Agusta 案[38]，以及 2009 年和 2010 年 Military Exports 系列案[39]判例法的武器豁免狭义解释原则（在第三章对此进行了讨论）[40]，成员国提出的任何一个手续要求，都必须经过特别批准。也就是说以《欧盟运行条约》第 346 条第（1）款（b）项为理由而提出的某些许可证要求可能是不当要求，因此不符合比例标准。众所周知，在以上系列判例之后形势变得明朗起来，必须对这些国家手续进行审查和改革[41]。

除了以《国防指令》为中心的"一揽子国防法规"，欧盟还通过《指令 2009/43/EC》，针对欧盟范围国防相关产品移转条款和条件的简化形成了《欧共体内部移转指令》。成员国将该指令转化为国内法的最后期限是 2011 年 6 月 30 日。但是转化为国内法之后，可以一直等到 2012 年 6 月 30 日再生效，这样该指令向国内法的转化就有了一个征求意见期。欧盟委员会 2012 年的《〈指令 2009/43/EC〉国内法转化报告》（Report on the Transposition of Directive 2009/43/EC）指出[42]，有 20 个国家在最后期限内完成了该指令向国内法的转化[43]，丹麦完成了部分转化，5 个成员国计划于 2012 年完成向国内法的转化[44]，而罗马尼亚则尚未开始向国内法的转化。下面首先要讨论的，是《欧共体内部移转指令》完成国内法的转化并生效之前的欧共体内部移转情况，包括这个"老"制度对国防采购造成的影响。然后将是对《欧共体内部移转指令》法规及其变化的说明，包括可能对国防采购造成的影响。本书认为，国防采购和欧共体内部移转是欧盟防务装备市场自由化的两个密切相关的方面，必须通过法律条文使其具有法律约束力并使其成为"一揽子国防法规"的一部分。

2.2.1.1 《欧共体内部移转指令》之前的情况

《欧共体内部移转指令》颁布之前，关于武器的移转在欧盟范围内没有一个统一的制度[45]。在 28 个成员国中，每个国家针对欧共体内部的移转都有自己的一套

---

[37] 前注 12。
[38] 前注 13。
[39] 前注 14。
[40] 第 109-119 页。
[41] 另参见：优利系统研究（UNISYS Study）《防务产品的欧共体内部移转》（Intra-Community Transfers of Defence Products），前注 9，第 7 页。
[42] "欧盟委员会就简化欧盟内部防务相关产品移转条件的《指令 2009/43/EC》向成员国国内法转化而提交给欧洲议会和欧洲理事会的报告"（Report from the Commission to the European Parliament and the Council on Transposition of Directive 2009/43/EC Simplifying Terms and Conditions for Transfer of Defence-related Products within the EU），COM(2012)359 final。
[43] 保加利亚、捷克共和国、德国、希腊、爱沙尼亚、爱尔兰、西班牙、法国、塞浦路斯、拉脱维亚、立陶宛、匈牙利、马耳他、荷兰、奥地利、波兰、斯洛文尼亚、斯洛伐克、瑞典和英国：同上，详见第 15-19 页。
[44] 比利时、意大利、卢森堡、波兰和芬兰，参见《转化报告》（Transposition Report），前注 42，第 5 和第 15-19 页。
[45] 参见默林（Christian Mölling），"欧共体内部国防货物移转的欧盟制度选择"（Options for an EU Regime on Intra-Community Transfers of Defence Goods），前注 23，第 58 页。

许可证制度[46],这些制度之间有很大的不同。各个成员国使用不同的武器清单[47],往往是因为"它们根据自己国家的法律和文化做了某些更改"[48]。另外,许可证的形式、许可证的发放标准(甚至根本就没有列出明确的发放标准)和许可证的责任机构也各有不同[49]。相关的责任机构往往滥用职权。2005年的《欧共体内部防务产品移转研究》指出,在欧共体内部移转方面存在大量的法律,且由于缺乏共同的信息系统,贸易商和管理部门对欧共体内部移转法律知之甚少,这一点对于"欧共体内部的移转来说是一个很大的负担",更不用说语言问题了[50]。之所以产生这样的问题,是因为各国根据不同的清单对国防相关产品做出的定义、许可证的有效期限以及手续办理的步骤都不相同[51]。另外,在某些成员国,办理许可证还须缴纳一定的费用。有的国家要求很宽松,许可证在数年之内都有效,而也有一些国家的规定很苛刻,每次运输都要办理许可证。许可证往往也可以更换,但是各国有不同的要求,其有效期也不一样。另外还存在着责任不清的问题,往往需要涉及多个部门[52],这样就有可能需要一系列的其他许可证书[53]。对于武器出口商来说,申请许可证的过程会因为各个成员国的习惯做法而各有不同[54]。

所有这一切往往会引起缺乏透明、时间延误和决策前后不一的问题。2005年《欧共体内部防务产品移转研究》促成了《欧共体内部移转指令》的实施。在此之后,欧共体各国在欧共体内部移转方面的国内法有一个非常重要的原则:欧共体内

---

[46] 优利系统研究(UNISYS Study)《防务产品的欧共体内部移转》(*Intra-Community Transfers of Defence Products*),前注9,第12页。

[47] 同上,第9页列出:1958年清单/第[346]条,1991年清单/欧洲禁运,1998通用清单/《行为准则》,2003年清单/客户规则[2003] OJ C-314/1,瓦森那清单和国家立法中提到的各个清单。第10页,继续指出:"大多数成员国要么接受了《瓦森那军火清单》,要么接受了《欧洲通用军火清单》,并自行增加了少许内容。增加的这些内容使各国稍有不同,反过来又增加了防务工业的障碍。某种物项在一个成员国是可以发放许可证的,但在另一个成员国就不能发放许可证。这对于国际公司来说意味着困难,因为它们必须就公司可能出口、进口和移转物项的所有物项查证所有相关军火清单。这样就增加了不必要的复杂性,成为企业的一种不必要的管理负担。请注意"不必要"一词的使用。这个词意味着不符合比例原则,使人们对以《欧盟运行条约》第346条第(1)款(b)项为由发放许可证书的要求产生了疑问。另参见63页。

[48] 默林(Christian Mölling),"欧共体内部国防货物移转的欧盟制度选择"(Options for an EU Regime on Intra-Community Transfers of Defence Goods),前注23,第58页。

[49] 见默林(Mölling)的讨论,同上。

[50] 优利系统研究(UNISYS Study)《防务产品的欧共体内部移转》(*Intra-Community Transfers of Defence Products*),前注9,第12页,另见第59和第64页。

[51] 同上,不同程序见第17-24页。另参见:默林(Mölling),"欧共体内部国防货物移转的欧盟制度选择"(Options for an EU Regime on Intra-Community Transfers of Defence Goods),前注23,第58页。

[52] 优利系统研究(UNISYS Study)《防务产品的欧共体内部移转》(*Intra-Community Transfers of Defence Products*),前注9,第13和第60-61页。

[53] 同上,第15-16页,新增要求举例,另参见第60-61页。

[54] 默林(Christian Mölling),"欧共体内部国防货物移转的欧盟制度选择"(Options for an EU Regime on Intra-Community Transfers of Defence Goods),前注23,第59页。

部移转和向第三方国家的出口,必须遵守同一法规和惯例[55]。换句话说,任何成员国不得以国家责任为借口,在制定国内法规时对内部市场法规做出任何更改——产品是否运往另一成员国没有什么区别。欧共体内部移转,还是出口到第三方国家,两者之间没有区别。欧洲国防工业对此也有不少诟病[56]。

　　武器和军民两用产品的出口都有三种类型的许可证书:个别许可证书、通用证书和全球证书[57]。按照《欧共体内部移转指令》第 7 条的定义,个别许可证书成员国按照个别供应商的要求向其发放的特别授权证书,允许其向一个或数个接收国运送相关物项。在《欧共体内部移转指令》转变为各成员国的国内法之前,欧盟成员国最常用的许可证书就是个别许可证书[58]。个别许可证书有效期通常为一年,或者运输量达到一定限定之后作废。由于这些方面的限制,个别许可证书的费用很高,手续很繁琐。

　　按照《欧共体内部移转指令》第 5 条第(1)款的定义,通用许可证书指成员国向国内供应商发放的特别授权证书,允许其向其他成员国的某一类或某几类接收人实施移转。在《欧共体内部移转指令》转化为国内法之前,成员国只在非常有限的条件下使用此类许可证书。在"开放性通用许可证书"(Open General Licence)(OGEL)的使用方面,英国可谓最好的例子。首先,英国并没有随着《欧共体内部移转指令》的实施而对自己的《2008 年出口规程》(Export Order 2008)进行真正意义上的改动,因为正是英国为通用许可证的使用提供了范本[59]。但是英国在《欧共体内部移转指令》实施之后对本国的法律进行了修订,我们将在下文对此进行讨论。通用许可证书与个别许可证书不一样的地方,在于它允许大批量货物向一系列接收国的移转。因此这类许可证书相对于个别许可证书来说费用没有那么高,手续也没有那么繁琐。

　　按照《欧共体内部移转指令》第 6 条第(1)款和第(2)款的定义,全球移转许可证书是成员国应供应商的要求向其发放的特别授权证书,允许其向某个或数个成员国的经授权接收人或某类经授权接收人移转防务产品或者防务相关产品。在

---

　　[55] 优利系统研究(UNISYS Study)《防务产品的欧共体内部移转》(Intra-Community Transfers of Defence Products),前注 9,第 13 页。

　　[56] 参见欧洲防务工业集团总裁科拉多·安东尼尼(Corrado Antonini):"政治协调性与合并"(Political Harmonisation and Consolidation),欧洲防务工业未来 EMP 会议,布鲁塞尔,2003 年 12 月 10-11 日,引自《防务产品的欧共体内部移转》(Intra-Community Transfers of Defence Products),前注 9,第 80 页。

　　[57] 《欧盟委员会工作人员工作文件,欧洲议会和欧洲理事会关于简化欧共体内部防务相关产品移转条件的〈指令〉的建议附件》(Commission Staff Working Document, Accompanying Document to the Proposal for a Directive of the European Parliament and of the Council on Simplifying Terms and Conditions of Transfers of Defence-related Products within the Community), SEC(2007)1593, 2007 年 10 月 5 日, http://eur-lex.europa.eu/LexUriServ/LexUriServ.do?uri=CELEX:52007SC1593:EN:HTML[2013 年 10 月 29 日登录](下称"欧共体内部移转委员会工作文件"),第 4 页。

　　[58] 同上,第 26 和第 34 页。

　　[59] 感谢卢克·巴特勒(Luke Butler)在评判本章早期版本时为我指出这一点。

《欧共体内部移转指令》转化为国内法之前,成员国只针对军民两用产品发放全球许可证书[60]。使用此类证书可以取代大量的个别许可证书的使用。全球许可证书的有效期也是一定的,这一点与个别许可证书是一样的,但是全球通用许可证书在数量上没有限制。通用证书的使用,一些意料之外的移转也得以进行,且可通过通用许可证书完成相同种类的多次移转。通用许可证书申请人必须每三个月提供产品接收人的详细信息。

《欧共体内部移转指令》实施之前,移转许可证书并不受欧盟法规的限制,它只受内部市场之外一个重要倡议的约束。"意向书"(LoI)是欧盟之外的一个组织体系,通过这个体系形成了《意向书框架协议》(LoI Framework Agreement),目的是简化移转许可证书的手续,我们将在第五章对此进行讨论[61]。意向书组织成员都是欧盟成员国。欧盟成员国不允许将已授予欧盟的权力再授予欧盟以外的组织,因为此行为违背了《欧盟条约》第4条第(3)款的忠诚条款。只有对《欧盟运行条约》第346条第(1)款(b)项进行广义解释时,欧盟成员国才有可能通过意向书组织制定相关规则,而对《欧盟运行条约》第346条第(1)款(b)项进行广义解释的行为,欧洲法院在Spanish Weapons[62], Agusta[63]和Military Exports[64]判例法中已做出了否定判决(见第三章)。如果欧盟在某一领域占了先,欧盟成员国就不能制定自己的规则了。《欧共体内部移转指令》颁布之后,在欧盟内部进行的货物移转就是这种情况。如果想动用这个法律文件以外的任何框架协议,必须成功启用《欧盟运行条约》第346条第(1)款(b)项。联合军备采购组织(the Organisation for Joint Armaments Procurement, OCCAR)也是欧盟之外的一个组织结构,该组织并没有涉及许可证问题,欧洲防务局也没有。我们将在第五章对联合军备采购组织进行讨论[65]。

2.2.1.2 欧共体内部移转与采购

供应安全[66]是我们在第一章[67]提出的概念,在任何一次国防采购中都必须认真考虑这个问题,因此非国内货物的移转许可证书的要求,以及这些在证书在实践中的具体操作方式,都对采购有着直接影响。采购官员千万不要认为来自另一成员国的货物(包括备件和部件)发放的许可证书所附带的被授予权利是铁定的事情,

---

[60] "欧共体内部移转委员会工作文件",前注57,第13页。
[61] 第225–231页。
[62] 前注12。
[63] 前注13。
[64] 前注14。
[65] 第222–225页。
[66] "供应安全"一词定义的是防务当局或防务生产商"保证或被保证防务商品和防务服务服务的供应,以便其履行外交或安全政策所赋予的针对另一国家(国家功能)或个人的义务,或合同义务(个人功能)。北约定义引自威廉姆·登克(William Denk),发言,"供应安全"(Security of Supply),美国-西班牙国防工业合作会议,马德里,2003年7月16日,http://proceedings.ndia.org/3991/Denk.pdf[2013年10月29日登录]。
[67] 第42–43页。

至少从理论上来说该权利可能会被撤销或延迟。之所以会这样,在很大程度上是因为在整个欧盟范围内没有一个通用明确的移转制度[68]。如果货物来自欧盟以外的第三方国家,也可能会发生这样的情况。仅仅因为从理论上来说许可证书可能被撤销,采购官员们在采购国防货物时,如果国内供应商有货,往往会将国防货物合同授予国内供应商[69]。2005年的《欧共体内部防务产品移转研究》指出,尽管在实践中许可证书很少被撤销,但确实发生了将合同授予国内供应商的倾向[70]。从某种程度上来说,这些由货物移转要求引起的供应安全方面的担忧,可以通过国防采购法规来避免,我们将在第八章对此进行讨论,这个问题也将成为采购总体环境中与供应安全有关的一个重要研究课题[71]。《国防指令》第23条第(a)款和(b)款允许考虑投标人在相关货物方面的出口、移转或运输能力[72]。通过制定专门针对欧共体内部货物移转的法规可将相关规则统一起来,使移转许可证书的申请程序变得快速有效且手续简便。通过改善许可证制度,可以避免许可证制度对采购决策带来的负面影响。不过由于许可证很少被撤销,因此许多采购官员对该制度的改革持反对态度。在实践中甚至在《欧共体内部移转指令》转化为国内法之前都没有发生许可证被撤销的情况,因此可以说许可证制度对供应安全没有什么影响;不从本国订货而从另一成员国订货,也可以说是一种符合比例原则的行为。

2.2.1.3 《欧共体内部移转指令》

欧盟委员会和各成员国一直在共同努力以简化欧共体内部移转问题[73]。《欧共体内部移转指令》于2009年6月30日开始生效[74],目的是简化欧共体内部防务产

---

[68] 默林(Christian Mölling),"欧共体内部国防货物移转的欧盟制度选择"(Options for an EU Regime on Intra-Community Transfers of Defence Goods),前注23,第55页。

[69] ICT Commission Staff Working Document, *supra* note 57, at 16. 另参见 默林(Christian Mölling),"欧共体内部国防货物移转的欧盟制度选择"(Options for an EU Regime on Intra-Community Transfers of Defence Goods),前注23,第55和63页。

[70] ICT Commission Staff Working Document, *supra* note 57, at 16;默林(Christian Mölling),"欧共体内部国防货物移转的欧盟制度选择"(Options for an EU Regime on Intra-Community Transfers of Defence Goods),前注23,第55和63页。

[71] 第359-361页及本章各处。

[72] 参见第八章第368-361页。

[73] COM(1996)10 final,第19页:"它尤其意味着只要可能,对各成员国在欧共体内部贸易管理要进行简化并合理化";COM(1997)583 final,附录Ⅰ:为形成一个欧洲武器政策而形成共同立场,第5条:"将按照合适程序尽快采取下列措施:……适用于欧共体内部移转的简化制度(包括出口和再出口保证金)和监管机制",附录Ⅱ:防务相关工业行动计划,第3页,"欧盟委员会将建议制定一个适用于欧共体内部防务相关产品运输的简化版许可证制度。该制度应当包括出口和再出口保证金,以及监管机制。"此计划定于1998年,参见第10页时间表;COM(2003)113 final. 优利系统研究(UNISYS Study)《防务产品的欧共体内部移转》(Intra-Community Transfers of Defence Products),前注9,是另一个倡议。在让成员国就此研究进行讨论之后,2006年《意见咨询书》(Consultation Paper)就防务相关产品在欧共体内部的流动发起了一次公开辩论。之后进行了效果评估研究,接下来提出了制定一个指令的意见,使之成为"一揽子国防制度"的一部分。

[74] 《欧共体内部移转指令》(ICT Directive)第18条第(1)款。

品的移转规则和程序[75]。欧盟委员会制定了一个《指令》而不是一个法规,因为前者更适合内部市场的体制。这个法令要求各成员国制定出详细的实施措施。《欧共体内部移转指令》说明条款第 6 条规定:

该《指令》指只涉及防务产品的处理规则和程序,不影响各成员国的防务产品移转政策。

《指令》在其第 1 条定义其适用范围时,没有提到各成员国在欧共体内部的移转权限问题[76]。《欧共体内部移转指令》第 1 条第(2)款指出,"(该指令)不影响成员国在防务产品出口方面的裁量权"。因此该《指令》只适用于许可证制度,对成员国防务产品出口政策方面的权限没有影响;它在规范欧共体内部货物移转的同时,并不一定要求各成员国的移转政策与其一致。《欧共体内部移转指令》第 1 条没有明确规定欧盟的权限,对该《指令》的适用范围也没有进行明确的定义,只是提到了出口问题。这说明在货物移转问题上,欧盟显然没有在成员国和欧盟权限之间划出界线,也可能印证了欧盟在出口权限方面并不是很明确。如我们在下文将讨论的与出口有关的《欧盟出口法》(EU Code on Export)就是一个非常宽泛的东西,没有法律约束力且非常粗略,对欧盟权限问题一略而过[77]。

2.2.1.3.1 对移转和《移转指令》目标的定义

可以说《欧共体内部移转指令》最大的创新之处表现在它的第 3 条第(2)款。该条将"移转"定义为

将防务产品从一个供应商输运或移动到另一成员国接收人的行为。

这个定义将"移转"和"出口"进行了明确区分:后者现在成了一个独立的词语,仅指将防务产品从一个供应商输运或移动到欧盟以外的第三方国家的行为。这个区分太重要了,将向其他成员国进行的输运和向欧盟以外的第三方国家的输运区分开来。这个新的《指令》将欧盟成员国之间防务产品的输运和出口到第三方国家的输运进行了根本性的区分[78]。这说明了该《指令》的主要目标:将欧盟内部的移转程序与向第三方国家出口的程序区分开来,避免因同等对待两者而在程序上产生不合乎比例原则的问题。

根据《欧共体内部移转指令》说明条款第 29 条,《欧共体内部移转指令》的一个重要目标是"逐渐以通用的事后控制替代个别的事前控制"。但是这个《欧共体内部移转指令》仍然允许对货物的移转进行事前控制,规定货物的移转必须事先取

---

[75] 《欧共体内部移转指令》说明条款第 3 条和第 6 条。这个新制度的目标更加具体:保证国防物资在欧盟内部的自由移动;保证考虑到成员国的国家安全和政治利益,尤其是再出口和供应安全;简化和协调证书发放程序;建立可追溯的透明的移转制度;将该制度与《出口行为公约》和其他国际条约关联起来;确保成员国的选择权。

[76] 感谢卢克·巴特勒(Luke Butler)在评判本章早期版本时为我指出这一点。

[77] 在形成本段观点时,本人大大受益于与卢克·巴特勒(Luke Butler)在评判本章早期版本时的讨论。

[78] 卢克·巴特勒(Luke Butler),"作为跨大西洋开放性防务市场障碍的采购法"(Procurement Law as a Barrier to Transatlantic Defence Market Liberalisation),博士论文,伯明翰大学(2013),第 2 章。

得授权,只有某些情况下例外。

根据第 4 条第(1)款的规定[79],成员国不得提出过境或进入接收人所在成员国的其他要求,除了某些例外情况。《欧共体内部移转指令》第 4 条第(2)款规定,成员国在以下情况下可不事先取得许可证进行防务产品的移转:

(a) 供应商或接收人为政府机构或武装部队的一部分;

(b) 欧盟、北约、国际原子能机构或其他政府间组织为履行职责而进行的供货;

(c) 为完成成员国之间的合作性军备项目而必须进行的移转;

(d) 移转货物为灾难发生时进行的人道主义援助,或者是紧急情况发生时进行的捐助;

(e) 为修理、维护、陈列或展示而必须进行或之后必须进行的移转。

这一点非常重要,因为成员国在确认《欧共体内部移转指令》的适用范围时,可将这些例外情况转化为国内法,也可以不转化为国内法[80]。2012 年《欧盟委员会国内法转化报告》称,某些成员国已经利用了这种可能性[81]。2012 年,有 20 个成员国完全实施了《欧共体内部移转指令》。在这 20 个国家中,有 12 个国家曾启用《欧共体内部移转指令》第 4 条第(2)款中的(a)种例外,有 11 个曾启用(b)和(c)种例外,12 个国家曾启用(d)种例外,还有 9 个曾启用(e)种例外。可以说成员国有利用这些例外的趋势,但尚未形成普遍现象。

2.2.1.3.2 《欧共体内部移转指令》下的许可证类型

《欧共体内部移转指令》仍然有个别许可证书、全球许可证书和通用证书的制度,但它意欲限制目前最为常用的个别许可证,增加全球许可证和通用许可证的使用,其目的是从最为繁琐的许可证形式转向简便的许可证书形式。按照《欧共体内部移转指令》的规定,个别许可证书只在某些例外情况下发放。根据《指令 2009/43/EC》的规定,在以下情况下适用于个别许可证:(a)许可证书仅用于单次移转;(b)为了保护成员国的重大安全利益或者因为公共政策的原因必须使用个别许可证书;(c)为了遵守国际责任和义务必须使用个别许可证书;(d)成员国有正当理由认为供应商无法达到发放全球许可证书的要求。第 7 条中罗列的条件是一个穷举条件清单。罗列这些例外情况,是为了应对《欧共体内部移转指令》中的国家安全利益问题,限制成员国以《欧盟运行条约》第 346 条为借口,通过个别许可证书的

---

[79] 《欧共体内部移转指令》第 4 条第(1)款规定:"1. 成员国之间防务相关产品的移转应当事先得到授权。从成员国过境或进入防务相关产品收货方所在成员国境内不再需要其他成员国的授权,但必须遵守公共安全或公共政策(如交通安全)相关规定。"

[80] H·英格尔斯(H. Ingels),"欧盟内部军火贸易指令:积极目标"(The Intra-EU Defence Trade Directive:Positive Goals),见于艾利森·J·K·拜利斯、萨拉·蒂鲍和托马斯·包姆(Alyson J. K. Bailes,Sara Depauw and Tomas Baum)(eds.),《欧盟防务市场:平衡效果与责任》(The EU Defence Market:Balancing Effectiveness with Responsibility)(Brussels:Flemish Peace Institute,2011),第 61 和 65 页。

[81] 前注 42,第 6-7 页。感谢卢克·巴特勒(Luke Butler)在评判本章早期版本时为我指出这一点。

使用对《国防指令》和《欧盟运行条约》中的义务进行豁免。这一点与我们在本书第二部分所讨论的《国防指令》的应用很相似。与《国防指令》一样,规定这些例外是为了将许可证制度保留在自身法律体系和内部市场内,而不是在发生每一次货物移转时都要求出示全球、通用的许可证书。这种灵活的处理方式可以保证许可证制度的实施,未来对《欧共体内部移转指令》进行修订时,可能会对其中的某些例外情况进行修订或删减。

《欧共体内部移转指令》显然偏向于通用证书的使用。按照说明条款第 21 条的规定,通用证书只需公布即可[82],供应商没有必要再去专门申请许可证书。在某些条件下必须使用通用证书,而在某些条件下通用证书的使用仅为可选项。根据第 5 条第(2)款的规定,在以下条件下必须使用通用证书:(a)接收人是某成员国武装部队的一部分,或者是国防领域的某个采购当局;(b)接收人依照《欧共体内部移转指令》持有相关证书。其他情况还有:(c)移转的目的是为了进行展示、评估和陈列;(d)当接收人为初始供应商时,为了维护和修理而进行的移转[83]。强制使用通用许可证书,降低了以上情况下的国家安全风险,或者因为之前已经对接收人进行了核查,或者因为接收人造成风险的可能性很小。这种通用许可证书使货物的移转具有更大的可控性,效率更高,其证书要求对防务产品的移动所形成的障碍几乎为零。

根据《欧共体内部移转指令》第 5 条第(3)款的规定,参加政府间一个或多个防务产品的开发、生产与应用合作项目时,通用许可证的使用可自行决定。为了完成此类项目,往往需要将产品从一个成员国移转到参与该项目的另一成员国。我们在前面已提到,通用许可证书已成为此类合作项目中最为常用的许可证书。合作性项目并不受《国防指令》的约束,但可自愿将其纳入《国防指令》的约束之下,关于这一点我们将在第六章进行详细的讨论[84]。正因为如此,任何一个《指令》都没有就此类项目做出强制性的规定[85]。

对于《欧共体内部移转指令》来说,全球证书是一个"第二好"的选择。当通用许可证书无法发放时,只要相关公司提出申请,便会向其发放全球许可证书(见说明条款第 26 条)。《欧共体内部移转指令》第 6 条第(2)款第 2 段的规定,全球许可证书的有效期限为 3 年且可以更换。人们在为《国防指令》起草做准备工作时曾想制定一个"仅全球证书"的制度,但因为担心成员国对全球证书的理解过于局限化并最终等同于个别许可证书,才放弃了这个打算。

2.2.1.3.3 认证

《欧共体内部移转指令》第一次为欧共体内部移转接收人提出了通用认证要

---

[82] 《欧共体内部移转指令》第 21 条规定:"为了方便防务相关产品的移转,成员国应当发放通用移转许可证书,向满足发放通用移转证书条件的公司授权,允许其进行防务相关产品的移转。"

[83] 参见 2011 年《转化报告》(Transposition Report),前注 42,第 9 页。

[84] 第 283-288 页。

[85] 参见 2012 年《转化报告》(Transposition Report),前注 42,第 9 页。

求。《欧共体内部移转指令》第9条第(1)款规定:成员国必须设立相关机构管理本国的移转接收人认证。第9条第(2)款规定:之所以对移转接收人进行认证,是为了确认接收人的可靠性,尤其是在出口来自另一成员国的同一欧共体内部许可证书下的产品时,按照规定标准遵守相关出口限制的能力[86]。2011年的《欧盟委员会2011年1月11日根据《指令2009/43/EC》第9条关于国防工业认证……简化欧盟内部军工产品手续的建议》(Commission Recommendation of 11 January 2011 on the Certification of Defence Undertakings und Article 9 of Directive 2009/43/EC … simplifying terms and conditions of defence related products within the Community)[87]为成员国相关机构制定了通用的认证方针。该《建议》规定:认证有效期不得多于3年,相关机构必须每3年检查一次。《欧共体内部移转指令》第9条第(6)款规定,根据《国防指令》在另一成员国发放的许可证书,成员国之间没有相互承认的义务。《欧共体内部移转指令》第9条第(7)款规定,如果持认证的一方不再符合认证条件,相关部门可以撤销相关认证。

欧盟委员会通用企业名录中的认证国防企业名单(Register of the Certified Defence-related Enterprises, CERTIDER)[88]为人们提供在《欧共体内部移转指令》下经认证的企业信息。认证国防企业名单包括一个成员国国家认证机构的名单、证书详情以及与相关国家法规的链接信息。

2.2.1.3.4 出口限制

军工产品在完成欧共体内部移转之后再出口到第三方国家,这个问题对于许多成员国来说都是一个非常重要的问题。《欧共体内部移转指令》在出口限制方面的条款中对这个问题进行了规定。第11条是其中最为核心的条款:

当武器产品通过某一许可证书来自另一成员国且相关产品具有出口限制时,接收此产品的成员国应当保证武器产品接收人在申请出口许可证时向相关机构申报出口事宜,以保证此产品符合相关限制上的规定,如取得产品来源成员国的许可。

《欧共体内部移转指令》第8条第(1)款要求成员国保证供应商向接收人提供有关移转许可证方面的信息,如对相关产品最终用途或者出口等方面的限制。接收人必须向其相关国内机构申报,说明其行为符合所有限制性规定,如已经取得供应商所在国的许可等[89]。《欧共体内部移转指令》第11条的内容是相关的海关程

---

[86] 这些标准包括:(1)证实的经历,尤其考虑到公司遵守出口规则的记录;(2)相关防务工业活动;(3)指定专门的高级管理人员负责移转与出口;(4)公司将采取所有必要措施,遵守并履行任何与收到的特定部件或产品的最终用途和出口有关的书面承诺;(5)公司将按照要求提供所有与出口、移转或收到产品终端用户或最终用途有关的详细信息的书面承诺;以及(6)公司内部制定的制度规则以及出口管理制度的说明:第9条第(2)款(a)-(f)项。

[87] [2011] OJ L11/62。

[88] http://ec.europa.eu/enterprise/sectors/defence/certider/[2013年10月29日登录]。

[89] 参见《欧共体内部移转指令》(ICT Directive)第35条。

序,以保证对相关出口的最终核查,保证这些产品在离开欧盟之前符合相关管理规定。成员国必须制定相关惩罚措施,处罚在许可证书附带的出口限制方面提供错误或不完整信息的行为。说明条款第 34 条对此进行了很好的总结[90]。

2.2.1.3.5 《欧共体内部移转指令》的限制

在此应当强调一下《欧共体内部移转指令》中重要的限制性规定。第一,该限制不会对成员国有关武器产品移转的各项政策造成影响(说明条款第 6 条)[91],也不会影响其申请许可证书的自主裁量权和相关认证(说明条款第 7 条)。但是我们在研究最近的相关限制时,必须考虑到这样的事实:许可证书的申请在实践当中几乎从未被拒绝过。另外,许可证书的发放和认证仍然是成员国的特权,而《欧共体内部移转指令》却又规定了一整套商定的共同规则和标准[92]。不管怎么说,《欧共体内部移转指令》的目的不是单单为了发放许可证书,并不是说没有了这个《指令》证书就发放不了了。其最终目的,是简化证书发放的程序,加快其发放速度[93]。

第二,只要遵守《欧共体内部移转指令》的各项规定,就不会对成员国开展国际合作、履行其他国际义务和成员国责任造成任何影响(说明条款第 7 条)[94]。从这一点可看出,国际合作被认为是开放欧洲防务装备市场的又一利器。但正如我们在前面指出的那样,在协作性武器项目中使用全球许可证书,降低了《欧共体内部移转指令》在防务装备市场中的必要性。不过《欧共体内部移转指令》已经"共化"并占领了此领域的很大一部分,在欧共体内部移转方面的国际合作范围也因此受到了限制。

第三,《欧共体内部移转指令》仍然受到《欧盟条约》第 36 条和《欧盟运行条约》第 346 条豁免条款的制约。不过虽然从理论上来说这意味着某种限制,但在实践中不大可能造成实际性的影响。另外,在这个新法令转化为成员国的国内法之前,成员国对许可证书的申请就几乎从未受到拒绝。再有一点是:《欧共体内部移转指令》的目标就是简化手续、加快速度。欧盟的各个《指令》不可能删除《欧盟运行条约》中的豁免条款;如果需要删除的话,就得对《欧盟运行条约》进行修订。之

---

[90] 说明条款第 34 条规定:"为了促进相互信任,当移转许可证有出口限制时,防务相关产品的移转收货方应当避免出口这些产品。"

[91] 说明条款第 6 条(第二句话)规定:"本《指令》只负责防务产品的规则和程序,因此对成员国防务相关产品的移转政策不会产生影响。"

[92] 默林(Christian Mölling),"欧共体内部国防货物移转的欧盟制度选择"(Options for an EU Regime on Intra-Community Transfers of Defence Goods),前注 23,第 84 页。

[93] 说明条款第 6 条(第一句话)规定:"成员国相关法律规则必须进行协调统一,简化欧共体内部防务相关产品的移转,保证内部市场的正常运转。"

[94] 说明条款第 7 条规定:"成员国相关法律规则的协调不应影响成员国的国际职责和义务,也不应影响其在防务相关产品出口政策方面的裁量权。"

所以会制定这些豁免条款,目的是防止成员国以这些条款中规定的公共利益为借口,即公共和国家安全为借口,钻这些针对内部市场豁免条款的法律空子,并减少因此而造成的不良影响。

这些限制只针对《欧共体内部移转指令》附录中列出的货物,这个货物清单与2010年2月15日更新的《欧盟通用军火清单》(Common Military List of the European Union)是一致的[95]。《2012年欧盟委员会国内法转化报告》指出,《欧共体内部移转指令》中的货物清单参照2010年的清单是很成问题的[96]。虽然《欧共体内部移转指令》附录

应当与《欧盟通用军火清单》时时保持一致,但实践表明,对该附录的修订至少需要七个月的时间,因此该附录清单与同年的《欧盟通用军火清单》至少相差七个月[97]。

修订该附录的欧盟委员会指令必须转化为成员国的国内法。因此成员国在转化该附录中的清单时,永远不会与当时的2010年军火清单相一致,除非成员国不等到附录的修订就提前将新的清单转化为到国内法中。对于国内管理机构和欧盟内部的国防企业来说,这种滞后

必然引发法律和管理上的分歧,与立法者的初衷大相径庭:立法者们本想在《欧共体内部移转指令》清单和《欧盟通用军火清单》之间保持高度的一致[98]。

为了让《欧共体内部移转指令》附录与2010年清单之间保持一致,欧盟委员会提出了简化修订程序的建议。

我们在前面已经说过,《2005年欧共体内部防务产品移转研究》(2005 Study Intra-Community Transfers of Defence Products)指出:成员国长期以来依赖的清单数量过多,规定一个最新的参照点,意味着这种情形得到了改善。另一方面,这也意味着只有特定种类的货物才可以不经过个别许可证书便实现移转——即那些"具有军事用途但在国家安全利益方面不那么敏感的部件"[99]。不过废除个别许可证书的步子已经迈开,未来更多的货物被归入这个种类也不是不可能的事情。

《2012年国内法转化报告》称,已有20个成员国将《欧共体内部移转指令》完全转化为国内法,1个实现部分转化,6个成员国将于2012年完成向国内法的转化,还有1个成员国没有就该指令的转化做出任何回应[100]。我们在第二部分提到的

---

[95] [2010] OJ C-69/19。

[96] 前注42,第13页。

[97] 同上。

[98] 同上。

[99] 默林(Christian Mölling),"欧共体内部国防货物移转的欧盟制度选择"(Options for an EU Regime on Intra-Community Transfers of Defence Goods),前注23,第84页。

[100] 前注42,第15—19页。

转化《国防指令》的成员国,即奥地利[101]、德国[102]、爱尔兰[103]和英国[104],都完成了《欧共体内部移转指令》向国内法的转化。

总之,《欧共体内部移转指令》提供了防务产品在内部市场的统一规则,成员国可依此采取措施保护自己的公共利益和国家安全利益,同时又不致对防务产品的自由流动造成不良影响。但莫林(Mölling)指出:"突破的取得……不是取决于欧盟委员会,而是取决于各个成员国"[105]。这不仅指成员国对《欧共体内部移转指令》向国内法的转化,还指成员国在实践中对该指令的实施。这个制度必须委托给合适的机构,在成员国之间必须建立起相互信任,制度必须简化,制度的实施必须逐步完成。莫林并不指望在减少官样文章和节约成本上立即发生显著变化:

建立相互信任必须有一个渐进的过程,而这个很费时间的过程通过积累效应会对该过程的金融利益造成消耗[106]。

英格斯(Ingels)认为《欧共体内部移转指令》"显然不是一个完美的东西",它到底会取得多大成功,取决于各成员国对该指令的实施[107]。因此我们在前面提到的关于通用许可证书的适用范围,最终是由成员国决定的。成员国之间互认许可证书可能会遇到语言障碍,必须加强管理合作以免发生任何误解。最后一点是,是否追求认证,取决于企业在供应链中的地位以及供应商所在成员国的许可证书发放制度。如果相关部件必须取得全球或个别许可证书,那么认证也就没有什么意义了[108]。英格斯还预言:《欧共体内部移转指令》将使采购更加透明,因为成员国必须制定统一的许可证书制度,国防供应商也必须按照统一的报告要求行事。国内的许可证书管理机构具有相当大的控制权,因为它们决定了哪个企业向其他成员

---

[101] Änderung des Kriegsmaterialgesetzes(KMG) vom 29.7.2011(KMG),BGBl 72/2011.

[102] Gesetz zur Umsetzung der Richtlinie 2009/43/EG des Europäischen Parlaments und des Rates vom 6. Mai 2009 zur Vereinfachung der Bedingungen für die innergemeinschaftliche Verbringung von Verteidigungsgütern (AWGuaÄndV k. a. Abk.) G. v. 27.07.2011 BGBl. I S. 1595(Nr. 41).

[103] 《欧共体(欧共体内部防务相关产品移转)条例(European Communities(Intra-Community Transfers of Defence Related Products)Regulation) 2011 S. I. 2011 年 346 号。

[104] 《2008 年出口控制令》(Export Control Order 2008)已经与《欧共体内部移转指令》部分相符。参见 2012 年转化报告(Transposition Report),前注 42,第 19 页。但是向国内法的转化在《出口控制(修订)令 2013》(S. I. 2013 No. 428)颁布后才最终完成。

[105] 默林(Christian Mölling),"欧共体内部国防货物移转的欧盟制度选择"(Options for an EU Regime on Intra-Community Transfers of Defence Goods),前注 23,第 84 页。另参见 英格尔斯(Ingels),"欧盟内部军火贸易指令:积极目标"(The Intra-EU Defence Trade Directive:Positive Goals),前注 80,第 5 页。

[106] 默林(Christian Mölling),"欧共体内部国防货物移转的欧盟制度选择"(Options for an EU Regime on Intra-Community Transfers of Defence Goods),前注 23,第 87 页。

[107] 英格尔斯(Ingels),"欧盟内部军火贸易指令:积极目标"(The Intra-EU Defence Trade Directive:Positive Goals),前注 80,第 65 页。

[108] 同上。

国提供防务产品;而且许可证书也是由它们发放的[109]。

要对这个新制度进行评判,只能等到它完全转化为成员国的国内法并实施之后了——要看使用情况,要从一个长期的角度来看,因此数年之后才能对它做出一个全面的评判。不过人们已经做出了一个非常重要的决策:这个许可证书制度是内部市场的一部分,而不是内部市场之外的一个可遵守可不遵守的东西。这说明欧共体内部武器装备的移转将"共同化",与《国防指令》下的国防采购"共同化"一样。这两个制度中都有一些早已过时的统一性措施。当时为了建立防务装备内部市场机制才制定了这些措施。《欧共体内部移转指令》和《国防指令》是同一个"一揽子国防法规"家族的兄弟产物。它们的目的,都是为了减少实践中对《欧盟运行条约》第346条的使用,促进更多的货物在欧盟成员国之间进行跨境流动。不过《欧共体内部移转指令》是两者之中的"小兄弟",因为它关注的只是不同的许可证书,而《国防指令》则要改变授标程序和授标决定,将一个曾是政治程序的东西合法化。不过小兄弟往往比其大哥们更加成功。

2.2.2 军民两用货物在欧共体内部的移转:《法令428/2009/EC》

如果是《欧盟运行条约》第346条第(2)款中1958年武器清单之外的安全货物与服务(在第三章里就此进行了讨论)[110],它们自然也就不在《欧盟运行条约》第346条第(1)款(b)项的适用范围之内。此时可以应用《欧盟运行条约》第36条和第52条有关公共安全豁免的规定(在第二章就此进行了讨论)[111],但必须符合比例原则并经过司法审查。如果经审查认为成员国可以应用公共安全豁免条款,其豁免内部市场规则的行为为合法行为,那么欧盟立法者有权以《欧盟运行条约》第114条,以及为了控制此类豁免行为、统一国内法规的内部市场其他法律为依据,制定相应的法规[112],这一点与军民两用货物的关系十分密切。我们在第一章说过,军民两用货物指可能具有民事和军事两种用途的货物、软件和技术[113]。关于《法令428/2009/EC》,我们将在下文进行详细讨论。其第2条第(a)款规定:

"军民两用物项"指可用于民事和军事的各类物项,包括软件和技术,应当指可用于非爆炸性用途、或有助于生产核武器或其他核爆设施的所有货物。

作者在第三章指出,此物项范畴不足以解释《欧盟运行条约》第346条第(1)款(b)项,因为它只适用于1958年清单中的产品。换句话说,武器装备的豁免措施

---

[109] 同上。
[110] 第88-94页。
[111] 第63-82页。
[112] 参见第二章,第82-83页。
[113] COM(2003)113 final,引自《法令1334/2000/EC》(Regulation 1334/2000/EC),在下一脚注中引用。《法令3381/94/EC》(Regulation 3381/94/EC)[1994] OJ L367/1 第2条第(a)款否认两用产品为"既可用于民事又可用于军事的产品"。

136

只认"在清单上"和"不在清单上"这两个种类[114]。但是"军民两用"的法律规定对于本书来说却至关重要,因为此类货物也在《国防指令》的约束范围之内,不局限于武器装备,还包括与安全有关的其他敏感货物、工程和服务,关于这一点我们将在第六章进行详细讨论[115]。因此这些货物的出口和在欧共体内部的移转对于军民两用货物的采购竞争具有很大影响,因为开放制度下的供应商和服务商可以得到规模效益和学习效益。

出口法规对采购所带来的影响是间接影响;而武器装备和军民两用货物的出口和欧共体内部移转法规则除了会间接影响竞争,从供应安全方面来说,它还会对采购决定产生直接影响。武器装备在欧共体内部移转所带来的直接影响见上文讨论。由于军民两用产品在安全方面的顾虑更少一些,常常与武器分开对待,受到的法律管控也没有那么严格。

在欧盟,军民两用货物的出口[116]、代理和过境受到《欧洲理事会法令 428/2009/EC》(Council Regulation 428/2009/EC)[117]的制约,这个法令生效之后,先前的《军民两用货物法令 1334/2000/EC》(Dual-use Regulation 1334/2000/EC)也就废止了[118]。

---

[114] 第88—94页。

[115] 第263—266页。

[116] 《法令 428/2009/EC》(Regulation 428/2009/EC)第2条第(2)款规定:"'出口'应当指(i)《法令(欧共体)No. 2913/92》(欧共体海关准则)第161条意义上的出口程序;(ii)该《准则》第182条意义上的再出口,但不包括移转过程中的物项;(iii)通过电子媒体,包括传真、电话、电子邮件或任何其他电子方式向欧共体以外的地方进行软件或技术的移转,包括以电子方式向欧共体同外的法人和自然人及合作伙伴提供相关软件或技术。出口还包括通过电话对技术进行说明的口头移转……"

[117] 2009年5月5日《欧洲理事会法令(EC)No. 428/2009》(+COR)为两用物项出口、移转、经营和转化制定了一个欧共体制度(重新制定)(和勘误)[2009] OJ L134/1,并于2009年8月27日正式生效。(2000年6月22日《欧洲理事会法令(EC)No. 1334/2000》为两用物项的出口控制制定了一个欧共体制度,将技术部分删除。)

[118] 2000年6月22日《欧洲理事会法令1334/2000/EC》制定了一个欧共体两用物项和技术出口控制制度[2000] OJ L159/1 勘误:[2000] OJ L176/1。《两用法令》(Dual-use Regulation)废除了以前的相关制度。此举的依据是一个多支柱方式,通过这种方式,相关制度通过《欧共体支柱法令 3381/94/EC》(Community Pillar Regulation 3381/94/EC)[1994] OJ L367/1 和《第二支柱决议 94/942/CFSP》(Second Pillar Decision 94/942/CFSP)[1994] OJ L367/8 得到确立。《决议 2000/402/CFSP》(Decision 2000/402/CFSP)[2000] OJ L159/218 废止了《决议 94/942/CFSP》(Decision 94/942/CFSP)。后者包括物资范畴和以前办理程序。多支柱方式受到了人们的批评,因为它以一种非常过时的方式把贸易和外交政策孤立开来,把欧盟政策与欧盟的法律制度分开来,使欧盟措施变得没有效果。根据多支柱方式,经济制裁也是一种措施。根据《马斯特里赫特条约》第60条和301 EC条的规定,对第三方国家的经济制裁必须通过欧洲理事会法令并由合格大多数通过,符合《欧盟条约》第V部分制定的《共同立场》或《联合行动》。1992年以前《欧洲政治合作》计划下的欧共体和非欧共体措施的统一被公式化。参见帕诺斯·库特拉科斯(Panos Koutrakos),《欧盟宪法下的贸易、外交政策和防务:制裁、两用货物和武器出口的法律规则》(Trade, Foreign Policy and Defence in EU Constitutional Law: The Legal Regulation of Sanctions, Exports of Dual Use Goods and Armaments)(Oxford:Hart,2001),第四章。另参见库特拉科斯(P. Koutrakos),"欧洲安全与防务政策的多支柱方式——安全的经济因素"(Inter-pillar Approaches to the European Security and Defence Policy-The Economic Aspects of Security),文森特·科洛耐伯格(Vincent Kronenberger)(ed.),《欧盟及国际法律秩序:无序还是协调?》(The European Union and the International Legal Order: Discord or Harmony?)(The Hague:T. M. C. Asser Press,2001),第435页。经济制裁是一种外交政策,具有安全意义。

《欧洲理事会法令 428/2009/EC》的第 1 条是关于其功能的解释,但该条没有明确提到欧共体内部的移转也受其制约。不过在这个法令第 22 条和附录Ⅳ中有一个关于军民两用货物移转问题的规定,其内容有限,与我们前面所讨论的《欧共体内部移转指令》有明显的相似之处:这两个法规都针对移转货物列出了货物清单并制定了监督机制;其目的都是为了减少繁文缛节,节省时间,减少管理中的官样文章。

当然两者之间也有不同之处。最为明显的不同是《法令 428/2009/EC》是一个对外贸易法令,因此它是以《欧盟运行条约》第 207 条为法律依据的[119],它为成员国在国内实施军民两用货物的出口管理法规提供了具有法律效力的共同原则和规则(见第 1 条)。《法令 428/2009/EC》列出了一个通用管控物项清单(附录Ⅰ),该清单以前面提到的国际法规为依据,直接从中列出共有的物项清单[120]。不过正如我们在前面所说的那样,《法令 428/2009/EC》也包括一些与军民两用货物在欧共体内部移转有关的制度,但内容有限。《法令 428/2009/EC》第 22 条第(1)款规定:

附录Ⅳ中的物项进行欧共体内部移转时须得到授权方可执行。附录Ⅳ第 2 部分所列出的物项不得纳入通用授权物项范围。

当时的附录Ⅳ[121]分为两个部分。第一部分列出了一个清单,该清单上的物项可经过"国内通用授权"进行欧共体内部贸易。罗列出来的物项包括与窃听技术、密码技术和 MTCR 技术(有部分例外)有关的产品。欧共体内部进行这些货物的移转必须得到国家授权,不过可以是不那么繁琐的通用授权的形式,与我们前面讨论的《欧共体内部移转指令》的通用许可证书很相似。第二部分则列出了不予以授权的物项清单,包括《禁止化学武器公约》(Chemical Weapons Convention)及《核供应国集团技术》(NSG Technology)中列出的各种物项。这些物项比第一部分中的物项更加敏感,必须取得手续最为繁琐的授权,即国内的个别授权。这后一类授权与《欧共体内部移转指令》中的个别许可证书十分相似。《法令 428/2009/EC》第 22 条第(2)款还列出了可能会要求成员国取得授权的其他几种情形,不过这些情形都是为了过境给第三方国家而将相关物项移转到另一成员国。可以说这些情形类似于向第三方国家的出口,而这正是本法令主要的管控目标。

其实针对军民两用货物的真正严格意义上的管控制度,只存在于《法令 428/2009/EC》的第 22 条第(1)款中。必须强调的是,这个条款只包括数量很少的高度敏感的货物。还有一点是,此条所规定的各项措施都符合比例原则,并在两类不同货物和相关措施之间进行了详细的划分。(附录Ⅰ中的)大多数军民两用货物只能依据《欧盟运行条约》第 36 条的规定,视货物具体情况采取管控措施,而《法令 428/2009/EC》的第 22 条第(1)款则规定要针对这几种货物进行欧共体内部的全

---

[119] 该《法令》中有适用范围限制的欧共体内部移转制度与《欧共体内部移转指令》一样是一种内部市场法律文书。因此这一部分,也就是整个的《法令》,也应当以《欧盟运行条约》第 114 条为依据。

[120] 由欧盟委员会在 COM(2003)113 final 中指出。

[121] [2009] OJ L134/260。

局管控。大多数军民两用货物进行欧共体内部移转时不会受到任何全局管控,但这些"附录Ⅳ"货物完全不同,它们受到的管控与《欧共体内部移转指令》中的武器装备很相像。

上述措施可能会对这些货物的采购产生类似于"供应安全"措施的效应。换句话说,在处理国内产品时,国防采购当局不能认为得到授权是理所应当的事情,届时只能完全按照供应安全措施行事。不过总体而言,除了一小部分物项和一些例外情况之外,军民两用货物可以在《欧盟运行条约》第36条的约束之下,实现在欧盟内部的自由移动。

2.3 防务出口

我们在第一章指出,在欧洲,武器和军民两用产品的出口,即向欧盟之外第三方国家的移转,不仅具有经济上的重要性,还是一个非常重要的政治问题,是外交与经济政策的重要手段。另外,欧盟各政府对武器出口进行鼓励和控制,以便对世界其他地区施加影响、增加外部财源、维持国内生产能力、保证就业和生产线的正常生产,以维持其武器系统一体化的能力。防务产品的出口同时也具有很大的争议性,至少某些政府、某些公众和某些国家议会担心武器落入坏人之手、容易引发内战或者会对专制政府起到支持作用。2013年,有五个欧盟成员国进入斯德哥尔摩国际和平研究院(SIPRI)开列的武器出口商名单前10名,每一个出口商都具有相当可观的全球市场:第3名,德国,7%;第4名,法国,6%;第6名,英国,4%;第7名,西班牙,3%;第8名,意大利,2%[122]。总体而言,欧盟成员国向第三方国家出口武器装备的总额在2010年就达到54.6亿欧元[123]。

不同成员国之间在政策和惯例上的不同,可能会影响军工企业之间的竞争。由于欧洲主要武器生产国没能意识到完全可以与其他成员国建立良好的贸易关系,因此保护主义盛行,欧洲只是欧洲人小得可怜的市场;而美国则由于实行保护主义和缺乏招标产品,在很大程度上关上了欧洲生产商通往美国和美洲的市场[124]。结果是第三世界国家,尤其是中东国家,成为欧洲主要的出口市场。由于上述问题的存在,在欧盟成员国之间就大幅军控问题存在着争论,一方是德国和荷兰,主张更大幅度地实施军备控制;另一方是法国和英国,主张保持各国的灵活性。各国之间的不同对竞争造成了很大的影响:来自法规宽松国家的生产商比起那些来自法规严格的生产商来具有很大的竞争优势,举个例子来说:从采购程序上来说,在法规严格的国家可能只能采取公开招标的竞争性形式。

欧盟成员国加入了与防务出口管控有关的大部分国际组织,如澳大利亚集团

---

[122] www.sipri.org/yearbook/2013/05 [2013年10月30日登录]。

[123] 欧洲理事会数据分析,由作者完成。

[124] 与美国有关的复杂的武器出口问题,以及由此而引发的出口逆差都不在本章进行分析,参见 COM(1996)10 final,第7页。

139

(Australia Group)、导弹技术控制制度(Missile Technology Control Regime)、核供应国集团、瓦森那协定(Wassenaar Arrangement)[125]、以及之前的多边出口控制协调委员会(Coordinating Committee on Multilateral Export Controls, COCOM)[126]。成立这些组织的目的,是防止相关国家在向某些地区移转战略物资和技术时,由于该地区形势恶化而使本国陷入严重的政治、战略或经济泥沼。这些制度并不具法律约束力,只是某些方面形成了一些共同标准,如武器积聚到什么程度才会影响到国家稳定,以及对所有相关出口的通程序等。在欧盟,战略性物资规则必须分为军民两用物资制度(2.3.1节)和武器装备制度(2.3.2节)。

2.3.1 军民两用货物出口

前面说过,军民两用货物指可能具有民事和军事两种用途的货物、软件和技术[127]。我们在前面讨论此类产品在欧共体内部的移转时,对此类货物的移转与此书的密切关系以及对采购造成的影响进行了讨论。根据欧盟委员会《法令428/2009/EC》而采取的管控措施,一般表现为"授权"的形式:个别授权、全球授权和通用授权[128]。所有类型的授权在欧盟内部都有效。将欧盟以外的国家划分为两类。在附录Ⅱ中,澳大利亚、加拿大、美国、日本、挪威、新西兰和瑞士属于"通用出口授权群体",大部分军民两用产品享受通用授权[129],也就是说此类授权通过《欧盟官方公报》发布之后,就不需要其他授权了。向安全系数最高的国家或者向欧盟关系最为密切的国家出口军民两用货物时,大部分货物只需要欧盟的通用出口授权即可。在出口安全问题上,大多数欧盟国家(如果不是所有欧盟国家)与上述名单中的第三方国家持相同态度。可以说我们在前面讨论的《欧共体内部移转指令》中的"通用许可证书",就是受到《法令428/2009/EC》的启发,更严格地说,是受到该法令前身的启发,即《法令1334/2000/EC》。

成员国向其他所有国家的出口授权由相关部门发放,相关部门名录提交给欧盟委员会。"全球出口授权"的授予规定是:"某类型或某种类的军民两用物项向一个或多个具体终端用户出口,和/或向一个或多个第三方国家出口的,发放""全

---

[125] COM(2003)113 final,脚注18:"澳大利亚集团控制出口和运输,可能会导致生化武器的扩散。导弹技术控制组织的目的,是通过控制导弹和相关技术的出口,防止大规模杀伤性武器无人发射系统的扩散。核供应国集团控制了与核有关的两用装备、物资和技术的移转,以防止民间核贸易促发核武器的采购。《瓦森那协定》控制了常规武器、敏感两用货物和技术(主要是各种电子产品)的移转。"

[126] 目的是为了控制向华约国家的的出口,因此与其他组织不同的是,这是一种冷战时期的法律手段,参见P·达让(P. d'Argent),"多边出口控制协调委员会协定"(Les Enseignements du COCOM)(1993)26期,《比利时国际法评论》(*Revue Belge de droit international*),第500页。

[127] COM(2003)113 final,引用《法令1334/2000/EC》,下一脚注。《法令3381/94/EC》[1994] OJ L367/1第2条第(a)款否认两用产品为"既可用于民事目的又可用于军事目的"。

[128] 《法令1334/2000/EC》第6条第(2)款。

[129] 捷克共和国、匈牙利和波兰也被列入名单,但2004年成为欧盟成员国后,就必须在这些货物上受欧共体内部移转制度的约束了。

球出口授权书"[133]。"国内通用出口授权书"的发放"以第9条第(2)款和根据第9条、附录Ⅲc制定的国内法予以解释"[133]。"个别出口授权书"的授予规定是:"向某个终端用户或第三方国家收货人出口,货物为某种或多种军民两用物项的,向出口商发放""个别出口授权书"[132]。这些授权书与《欧共体内部移转指令》中的各类许可证书十分相像。

如果某个成员国认为从另一成员国出口的物项损坏了本国安全利益,可申请拒绝发放授权书、作废、吊销、变更或撤销授权书。如果发生上述情形,这两个成员国应当立即进行非强制性商谈,并于10日内结束。在考虑是否发放授权书时,成员国必须考虑到本国作为国际非扩军组织成员的义务,在欧盟、欧安组织和欧盟的地位,《欧盟武器出口行为准则》(EU Code of Conduct on Arms Exports)(见下文),并考虑到该出口物项的最终用途和可能发生的用途改变。相关成员国可以危害公共安全或违反人权为理由,禁止出口或提出必须取得授权书的要求。

在 Aimé Richardt[133]、Werner[134] 和 Leifer[135] 案例中,欧洲法院指出应当在当时还是欧共体的对外关系法律制度范围内,保护成员国的对外政策制定权,以保证共同商业政策(Common Commercial Policy)能够有效发挥[136]。本书第三章[137]讨论了对《欧盟运行条约》346条第(1)款(b)项的狭义解释,尤其是 Spanish Weapons[138]、Agusta[139] 和最近的 Military Exports[140] 判例法将军民两用货物明确置于武器豁免范围之外,使其纳入《欧盟运行条约》约束之下后[141]对此第346条第(1)款(b)项的狭义解释。由于《欧盟运行条约》涵盖此类物资,因此军民两用货物的出口必须受到《欧盟运行条约》的约束。因此可以说《法令428/2009/EC》将会是一个次级欧盟法,与《欧盟

---

[133] 第2条第(10)款。
[133] 第2条第(11)款。
[132] 第2条第(8)款。
[133] Case C-367/89,[1991] ECR I-4645.
[134] Case C-70/94,[1995] ECR I-3989.
[135] Case C-83/94,[1995] ECR I-3231.
[136] 特莱伯斯(Trybus),《欧盟法与防务一体化》(European Union Law and Defence Integration),前注1,第六章,尤其是第122页。
[137] 第104—185页。
[138] 前注12。
[139] 前注13。
[140] 前注14。
[141] 另参见欧盟委员会于COM(1996)10 final,第14页;K·艾肯伯格(K. Eikenberg),"第296条(前223条)与战略物资对外贸易"(Article 296(ex 223) E. C. and External Trade in Strategic Goods)(2000)第25期,《欧洲法评论》(European Law Review),第117、125—128页;O·卢埃斯特(O. Lhoest),"武器生产与贸易,以及欧洲宪法第223条"(La Production et la commerce des armes, et l'article 223 du traité constituant la Communauté européene)(1993)第26期,《比利时国际法评论》(Revue belge de droit international)第176期,第184—185页;N·艾米利奥(N. Emiliou),"战略出口、两用货物限制以及共同商业政策"(Restrictions on Strategic Exports, Dual-use Goods and the Common Commercial Policy),(1997)第22期,《欧洲汪评论》(European Law Review),第68期,第72页。

运行条约》和欧洲法院判例法是一致的。另外,它还表明了成员国对《欧盟运行条约》和欧洲法院判例法是持接受态度的。

2.3.2 武器出口:《共同立场2008/944/CFSP》

如果考虑到《法令428/2009/EC》对武器出口管控的法律性质,其重要性就变得更加突出了。《共同立场2008/944/CFSP》就是以《欧盟条约》现第29条为基础制定的,规定了军事技术和装备出口的共同规制规则[142]。《共同立场2008/944/CFSP》与其前身《行为准则》的不同之处,在于它具有法律约束力,是对《行为准则》的一个大幅更新和升级[143]。但是《共同立场》是一个共同外交与安全政策体系内的法律文件。这意味着即便在《欧盟运行条约》正式生效之后,欧盟委员会、欧洲议会和欧洲法院的作用仍然可以忽略,只能通过成员国共同的"同伴压力"才能促成对《共同立场》的遵守。

针对欧盟成员国向第三方国家出口具有争议性武器的管理,《共同立场2008/944/CFSP》设立了最低标准,并建立了交易与商谈机制,通过《年度报告》(Annual Reports)监督该法的实施情况[144]。其目的是在武器交易方面取得更大的透明性,使欧盟各国的出口政策取得更大的一致性。

《共同立场2008/944/CFSP》对物资涵盖范围没有进行明确的界定[145],而且与其前身一样也没有提供一个适用的产品清单。倒是有一个《欧盟通用军火清单》(EU Common Military List)且该清单最近的一次更新是在2013年[146]。不过根据《共同立场2008/944/CFSP》第12条的规定,这个《欧盟通用军火清单》不能替代成员国国内的清单,只能作为一个参照。尽管如此,该《通用清单》还是会对《共同立场》进行精简并划定其适用范围,哪怕它只是一个参照。《通用清单》的这个功能

---

[142] 2008年12月8日《欧洲理事会共同立场2008/944/CFSP》(Council Common Position 2008/944/CFSP)说明了军事技术与装备出口的共同规则[2008] OJ L335/99。这个新的《共同规则》采用的法律手法是"共同立场",以《欧盟条约》(里斯本)第29条(以前的第15条)为基础。CFSP(共同外交与安全政策)中的《共同立场》的目的,是"说明欧盟的态度"。第29条规定成员国"应当保证其公共政策与欧盟立场保持一致"。换句话说,按照《欧盟条约》(里斯本)的规定,成员国应当遵守并坚持这个由理事会全体通过的立场。共同立场意味着欧盟全体和各个成员国都有相关义务。《共同立场》的效果在2011年进行了评估。关于这个很不明确的评估结果,参见《理事会关于理事会共同立场2008/944/CFSP评估的结论》(Council Conclusions on the Review of Council Common Position 2008/944/CFSP),说明了规治军事技术和装备出口的共同规则,第3199次外交事务理事会会议(Foreign Affairs Council Meeting),布鲁塞尔,2012年11月19日,www.consilium.europa.eu/uedocs/cms_Data/docs/pressdata/EN/foraff/133569。[2013年10月30日登录]。

[143] 《共同立场2008/944/CFSP》(Common Position 2008/944/CFSP)说明条款第15条。

[144] 如可参见《2012年12月14日第十四号年度报告,根据《理事会共同立场2008/944/CFSP》第8条第(2)款说明规治军事技术与装备出口的共同规则》(Fourteenth Annual Report According to Article of Council Common Position 2008/944/CFSP Defining Common Rules Governing Control of Exports of Military Technology and Equipment, 14 December 2012)[2012] OJ C-386/1。

[145] 库特拉科斯(Koutrakos),(贸易,外交政策与防务)(Trade, Foreign Policy and Defence),前注118,第202页。

[146] 《欧盟通用军火清单》(Common Military List of the European Union)[2013] OJ C-90/1——说明规治军事技术和装备出口共同规则的《共同立场2008/044/CFSP》范围内的装备。

通过其他功得到强化,如我们在前面讨论的关于欧共体内部移转的规定,以及人们依此对欧盟武器禁运的解释。

修订之后的 8 个标准,可在武器出口授权方面对国内出口官员提供指南。如果拒绝发放出口授权书,必须发布通告且通过外交渠道说明理由[147]。如果某成员国接到某国某产品出口许可证书申请,且该产品出口许可申请被另一成员国拒绝,则适用"无潜流"(no undercutting)原则。接到相关申请的成员国必须与拒绝发放许可证书的另一成员国进行商谈。如果在这种情况下针对此产品发放了许可证书,则发放证书的成员国必须向拒绝发放证书的另一成员国进行解释[148]。在确实弄清相关产品的最终用途之后,方可发放出口许可证书,一般需要提供对最终用户的"彻底核查"证明或者相关证明文件,和/或由最终用户所在国出示一个官方证明。每一个成员国必须向其他成员国发布一个年度报告,对军事装备和技术的出口进行通告。另外,欧盟还必须在其官方刊物上发布年度报告[149],这一点我们在前面已经提到过。针对向第三方国家出口军事技术和装备的管理政策的实施标准,以及此标准的应用情况,成员国之间必须进行定期交流。由常规武器出口工作组(the Working Party on Conventional Arms Exports)制定并定期更新的《欧盟军事装备出口行为准则说明书》(the European Code of Conduct on Exports of Military Equipment),可作为欧盟成员国的指导性材料[150]。

不过,即便是共同外交与安全政策下的《行为准则》也必然受到人们的批评,因为它假设并要求武器装备自动豁免于《欧盟运行条约》的约束。通过对《欧盟运行条约》第 346 条第(1)款(b)项的狭义解释,尤其是在 Spanish Weapons[151],Agusta[152]和 Military Exports[153] 判例法生效之后(相关讨论见第三章[154]),武器装备便被纳入《欧盟运行条约》内部市场的约束范围之内,除非相关成员国就相关情况提出此案适用于《欧盟运行条约》的豁免条款。因此一个抽象的《准则》只是内部市场制度的一部分,因为对武器装备的出口已在《欧盟运行条约》中有了详细规定,只有成功启用《欧盟运行条约》第 346 条第(1)款(b)项时才会有例外。

武器出口方面的对外政策可能会导致武器豁免条款的频繁使用并成功实现豁免。因此即便是有了《欧盟武器出口条例》(EU Armaments Exports Regulation),共同外交与安全政策仍然会起到很大的作用,况且这个《条例》根本就不存在。问题的解决,在某种程度上可能要依靠先前军民两用货物出口制度的交互支撑法。武

---

[147] 《共同立场 2008/944/CFSP》(Common Position 2008/944/CFSP)第 4 条第(1)款。
[148] 同上。
[149] 参见前注 114。
[150] http://register.consilium.europa.eu/pdf/en/09/st09/st09241.en09.pdf [2013 年 10 月 30 日登录]。
[151] 前注 12。
[152] 前注 13。
[153] 前注 14。
[154] 第 104—125 页。

器出口将会受到内部市场规则的限制,而这个《条例》将会根据《欧盟运行条约》第346条第(1)款(b)项规定一个国家安全豁免条件。在成功启用该豁免条款之后,这种与武器出口有关的情况将"移转"给共同外交与安全政策。共同外交与安全政策将通过共同外交与安全政策机制制定一个《行为准则》,并以此《行为准则》作为这些案例的后继约束制度。另外,如果以该共同外交与安全政策制度为基础再签订一个条约,就可以让第三方国家参与到这个《行为准则》中来。在极端情况下,成员国可以不受这两个制度的约束,而是依据《行为准则》行事,将《行为准则》作为第二个后续约束制度。总之,如果对《欧盟运行条约》第346条第(1)款(b)项进行狭义解释,那么当《欧盟运行条约》的武器豁免条款可以成功应用时,就必须通过《共同外交与安全政策武器出口共同立场》对《欧盟武器出口规则》进行补充。这说明国防一体化被分化成了两大块,可能会对国防一体化的效果形成不良影响。不过我们必须承认,这个《共同立场》对于武器出口政策向一体化发展会起到好的作用,某个成员国的"单独行动"通过这个"过滤体系"也就更加困难了。另外,这个《共同立场》将成为欧盟唯一的出口制度,只有在动用国家安全条款时才会有例外。

3. 标准化

与其他市场一样,国防市场也有自己的标准。根据欧盟委员会的定义,

标准是为产品、服务和生产过程制定的自愿遵守的一系列技术和质量尺度。任何人没有使用或应用这些标准的义务,但是标准可以让企业共同运转并最终为消费者省钱[155]。

标准对于货物的自由流动起着很大的作用,因为有了标准,就可以保证产品符合重要的安全要求,这些安全要求往往在统一性的《指令》中有规定。如果产品符合了安全要求,就可以减少甚至消除成员国以公共利益为由启动豁免条款,如《欧盟运行条约》第36条。公共安全也是一种公共利益。标准化是一个进行中的过程。派尔克曼斯(Pelkmans)指出:

在技术流程方面,应当由具备法定资格的(私营)标准化机构规定技术规格,企业必须以此为基础制造和出售符合该基本指令要求的产品……[156]。

需要再次强调的是,标准并不具有法律约束力。但是标准可以推翻"举证义务"。如果欧盟委员会在《欧盟官方公报》上发布了一个标准,那么所有成员国都

---

[155] 定义来自欧盟委员会网站:http://ec.europa.eu/enterprise/policies/european-standards/standardisation-policy/index_en.htm [2013年10月30日登录]。

[156] J·派尔克曼斯(J. Pelkmans),"达到技术统一与标准的新途径"(The New Approach to Technical Harmonisation and Standardization)(1987)第25期,《共同市场研究杂志》(Journal of Common Market Studies),第249期,第252-253页。

必须接收符合此标准的产品。如果成员国拒绝接收此产品,就必须举证说明该标准不符合相关《指令》的要求。货物的生产必须按照从相关标准派生出来的规格,而生产者必须证明该产品符合相关《指令》的安全要求[157]。派尔克曼斯还强调:

标准具有形成市场的作用,或者说邻国之间缺乏统一标准,那么欧洲交易(即成员国之间的贸易)也就成了不可能的事情……标准还具有预订效果。举个例子来说,只有在保证相关产品符合标准的条件下,产品开发、技术处理和进一步的创新才会得到充足投资[158]。

欧洲标准化委员会(European Committee for Standardization,CEN)、欧洲电子技术标准化委员会(European Committee for Electrotechnical Standardisation,CENELEC)以及欧洲电信协会(European Telecommunications Institute,ETSI)等类似组织保证"标准化过程与(欧盟)范围内的一致化过程同时进行,且以'基本要求'为基础[159]。"

对于公共采购来说,标准具有非常重要的作用,因为在进行公开招标和限制招标时(参见第七章)[160],规格可以作为标准使用,只要加上"或同等规格"即可。不过标准毕竟没有法律约束力,如果只有达到相关标准才可以达到安全方面的相关要求,那么这些标准也可能具有歧视性,或者说至少它们对市场进入形成了限制。如果相关部件不要求什么创新,那么标准也可用于谈判。规格和标准与《国防指令》之间的关系将在第八章进行详细讨论[161]。

标准具有重要的军事安全维度。当某国军队或数个国家的军队联合执行任务时,甚至在和平时期,使用的都是根据同一标准制造出来的武器装备。相关武器装备的互操作性决定了军队之间的协作性,可以大大促进军队行动的有效性[162]。反之,如果武器装备的生产标准各有不同,就可能影响武器装备的互操作性及军事行动的有效性,进而影响国家安全。欧盟委员会反复强调标准化对于建立欧洲武器市场的重要性。欧盟委员会在其 1996 年名为《欧洲防务相关产业面临的挑战》(The Challenges Facing the European Defence-related Industry)的通讯中指出:

欧盟范围内的标准化政策对于防务相关产业,如信息技术、电信、供电、激光技术、新材料、航空航天、质量体系和质量评估等方面都有非常重要的作用[163]。

但该通讯也承认,"民用标准化进程快于类似的纯军事化进程"[164]。欧盟委员会鼓励在民事和军事方面加大标准化力度,提高现有国家、欧洲和国际标准化机构

---

[157] 同上。
[158] 同上,第 260 页。
[159] 同上,第 256 页。
[160] 第 364-365 页。
[161] 第 365-366 页。
[162] 另参见 COM(2003)113 final,第 13 页。
[163] COM(1996)10 final,第 21 页。
[164] 同上。

145

的使用价值。在1997年的《实施欧盟防务相关产业战略的通讯》(Communication Implementing European Union Strategy on Defence-related Industries)中[165],以及更加具体的《防务相关产业行动计划》(Action Plan for the Defence-related Industries)中,指出下一步的工作是将防务部门使用的各项标准合理化,鼓励欧洲国防企业共同制定一个统一的标准体系,在北约和欧洲标准化组织之间进行定期交流,以及对欧洲标准化机构进行大力支持[166]。在2003年名为《欧洲防务——产业与市场问题:走向欧盟统一的防务装备政策》(European Defence-Industrial and Market Issues: Towards an EU Defence Equipment Policy)的通讯中[167],设想发布一个《防务标准化手册》(Defence Standardization Handbook),将常用标准和此类相关标准的最佳选择方针罗列出来,为国防采购合同提供支持。该《手册》原计划于2004年之前由各成员国国防部门与欧洲标准化委员会合作完成,将给予该《手册》正式的法律地位,并辅以"合适的补充措施,以保证该《手册》日后的更新和使用"。不过2004年发布的《国防采购绿皮书》(Green Paper on Defence Procurement)[168]还是发出了这样的哀叹:在国防采购方面,"技术规格往往非常详细,所依据的标准往往有很大的不同"。2007年发布的名为《更加强大、更具竞争力的欧洲国防工业战略》(A Strategy for a Stronger and More Competitive European Defence Industry)的通讯也指出了同样问题,并再次提到了该《手册》:

  欧盟委员会将促进共同标准的使用以促进防务市场的开放。欧盟委员会将涉众召集起来制定一个《防务标准化手册》,并且正与欧洲标准化委员会合作促进该手册投入使用。欧盟委员会号召欧盟成员国在其国防采购中充分利用该手册[169]。

  这个《手册》现名为《欧洲防务标准参照体系》(European Defence Standards Reference System, EDSTAR)[170],包括一些"最佳实践"标准和一些"类似于标准"的规格。"最佳实践"标准指被行业和政府部门共同认定的标准,是最适用于防务的标准[171]。

  对《欧洲防务标准参照体系》进行深刻分析超出了本章目标。在该《体系》的起草过程中,虽然有国防工业发达的数个成员国参加,但积极参与其起草的成员国为数不多[172]。该《体系》并没有包罗万象,只包括了几个产品的标准[173],不过更多的

---

[165] COM(1997)583 final。
[166] 同上,第4—5页。
[167] COM(2003)113 final。
[168] COM(2004)608 final,第7页。
[169] COM(2007)764 final,第7页。
[170] www.eda.europa.eu/EDSTAR/home.aspx[2013年10月30日登录]。
[171] 同上。
[172] 比利时、芬兰、法国、德国、意大利、挪威、波兰、西班牙、瑞典、土耳其和英国。
[173] 核生化探测器、能源原料、燃料与润滑剂、电池组、电接口、电磁环境、环境工程、装甲陆地车辆技术(ALVT)、弹药、油漆与涂料、流体处理系统、全寿命管理——使用寿命管理、寿命周期管理——技术文件、电力供应质量/移动式发电机、术语。

产品标准将会收录到该《体系》中来。

欧洲产品的标准化政策有以下几个特征。第一，虽然在民用产品方面使用统一标准对于成员国和生产商来说具有显而易见的好处，可以不承担前面提到的举证责任，但这些标准不具法律约束力。另外，这个《体系》还可以与欧盟在技术规格方面的法律要求达成一致，因此这些标准虽然不具法律约束力，但已不再是一个劣势或者缺点了。第二点，只有少数产品制定了标准，多数备受瞩目的产品或与防务关系密切的产品，如歼击机和军舰，都没有相应的标准。这一点与该政策第三个特征，即渐进性有关。会有越来越多的产品标准增加进来，主要是加入到《欧洲防务标准参照体系》中来。会有越来越多的国防部门使用这些标准，越来越多的产品会根据这些标准生产出来，因此这些倡议得到全面评估还需要数年时间。2007 年名为《更加强大、更具竞争力的欧洲国防工业建设战略》[174]、《国防指令》和《欧共体内部移转指令》形成了欧盟的"一揽子国防法规"。这个《建设战略》仍然认为使用"非统一标准"妨碍了研发合作和生产项目[175]，提出要通过该《手册》，即《欧洲防务标准参照体系》的前身"促进共同标准的使用"[176]。因此在标准方面，许多因素，如欧盟委员会和欧防局，在相互之间不冲突的前提下，将会起到重大作用。

4. 竞争（反托拉斯）法：《欧盟运行条约》第 101 条和第 102 条

《欧盟运行条约》第 101-106 条和《法令 1/2003/EC》规定了欧盟的竞争法或者反托拉斯法[177]。《欧盟运行条约》第 101 条第（1）款禁止企业之间达成妨碍、限制或破坏竞争的协议，也不允许企业团体做出妨碍、限制或破坏竞争的决定——这样的协议或决定会对欧盟成员国之间的贸易造成不良影响。竞争法对于国防工业来说至关重要。许多防务公司规模和成交量都很大。如果将各个成员国分开来看，可以发现许多产品只能由少数几个公司生产，而某些产品甚至只有一个制造商[178]。如我们在第一章[179]提到的大型作战飞机，只有三家欧盟生产商：英—德—意—西联合研制的"欧洲战斗机/台风"、法国的"阵风"战斗机和瑞典—英国联合研制的"鹰狮"[180]。另外，企业兼并正在国内不断上演，欧洲范围内的兼并也在不断增多，因此

---

[174] COM（2007）764 final。
[175] 同上，第 4 页。
[176] COM（2007）764 final，第 6 页。
[177] 关于实施《欧盟运行条约》第 81 条和第 82 条规定的竞争规则的《欧洲理事会法令 1/2003/EC》[2003] OJ L1/1。
[178] 参见对法国（第六章）、德国（第七章）、英国（第八章）国防工业的评述，特莱伯斯（Trybus），《欧洲国防采购法》，前注 1，分别见于第 102-104 页、第 140-141 页和第 174-175 页。
[179] 第 25 页。
[180] 例子来自 COM（2003）113 final，第 11 页。

147

大型公司的数量会变得越来越少。

如果公司规模巨大且公司数量少之又少，那么它们很有可能发生《欧盟运行条约》第101条中的行为；这并不是说这个条款只适用于垄断企业和寡头独占企业，而是因为这两种企业是欧洲国防工业的典型特征，关于这一点我们在第一章已经进行了讨论。

国防工业公司在欧洲自由化市场当中违反《欧盟运行条约》第101条的行为屡见不鲜，GEC-Siemens v. Plessey 一案就是一个很好的例子[181]。如果企业想根据其产品（如A公司生产导弹，B公司生产坦克），或者根据地域（如A公司负责南欧的生产，B公司负责北欧的生产）来划分市场，就有可能发生有害于竞争的行为。总之，在民用产品领域发生的所有反竞争行为，都有可能发生在国防工业领域。另外，内部市场有可能间接促进了反竞争行为的发生，因为在欧洲范围内这种行为发生难度降低了。因此为了防止上述行为的发生，《欧盟运行条约》第101条显然很有必要。

《欧盟运行条约》第102条禁止企业滥用其优势地位。之所以要制定这个规则，是为了对垄断企业的行为进行控制。这些企业通过自身垄断地位可以免受来自竞争市场的正常压力。为了保证一个自由竞争的国防市场通过竞争达到其物有所值的最终目标，《欧盟运行条约》第102条与《欧盟运行条约》第101条一样，其必要性越来越突出。如果某些企业（尤其是一些大型企业）在市场中具有垄断地位，就会对这个目标的实现造成不良影响。企业之间的兼并不断发生，在某种程度上是市场压力的结果，而未来的企业兼并更有可能产生某些得到欧洲市场垄断地位的企业滥用其垄断地位的情况，关于这一点我们将在下文进行详细讨论。在防务市场的许多领域，如歼击机、导弹或者军舰，某些国家的生产商即便不与其他成员国的企业进行兼并，也在该领域占有垄断地位。一个自由开放的国防采购制度，会进一步促进这种兼并的发生，因为兼并是取得政策目标（如避免重复采购、国防预算最小化，以及与欧盟以外的国家建立起竞争关系等）的一个条件。

我们在第三章讨论过的《欧盟运行条约》第346条第（1）款（b）项中的武器豁免规定，对于在国防部门应用《欧盟运行条约》第101条和第102条具有至关重要的作用。《欧盟运行条约》第346条第（1）款（b）项只能由成员国应用还是个人（如国防工业的现有企业）也可以应用，并不是很清楚，不过人们更多地还是认为只有成员国可以应用武器豁免条款[182]。因此公司还是与平常一样受到《欧盟运行条约》第101条和第102条的制约，只是在成员国授权允许应用此豁

---

[181] 见下一标题下。

[182] 参见对以《欧洲经济共同体条约》第85、86条为依据进行的一次诉讼（IV/33.018 *GEC-Siemens/Plessey*）公告［1990］OJ C-239/2 的讨论，以及对此理解方式的看法：特莱伯斯（Trybus），《欧盟法与防务一体化》（*European Union Law and Defence Integration*），前注1，第七章，第233-234页。

免条款时才会有豁免情况的发生。换句话说,防卫公司想要得到《欧盟运行条约》第346条第(1)款(b)项的好处,就必须得到成员国的保护。我们在第三章已经说过[183],相关成员国如果想应用豁免条款,必须提出正当理由证明确实发生了影响其国家安全的情况,并由欧洲法院做出核查。因此《欧盟运行条约》第101条和第102条适用于整个防务领域,只有当有成员国成功启用《欧盟运行条约》第346条才会有例外。

在《国防指令》和欧盟竞争法之间显然存在着相互影响。二者的目标都是为了保证竞争。后者直接瞄准私营防卫与安全企业,而前者则直接瞄准国防与安全采购当局和实体。竞争本身是竞争(反托拉斯)法的目标,而对于公共采购法来说,竞争是达到物有所值目标的一个手段。另外,对于欧盟来说竞争本身也是其采购制度的目标,因为竞争是达到内部市场目标的关健所在,即促进市场开放并以此促进跨境采购。

投标人之间发生串标行为时,这两个制度就可以同时发生作用了。欧盟反托拉斯法直接禁止此类串标行为的发生,并制定了相关惩罚法规;而公共采购法则专门制定了与采购相关的惩罚措施,如取消投标资格和淘汰未来合同的投标资格。

历史上确实存在成员国鼓励垄断企业的形成,进而影响竞争或发生滥用其垄断地位的情况。如法国和德国就实际促成了欧洲直升机公司(Eurocopter S. A.)的诞生。这个欧洲直升机公司是这两个国家作战直升机的垄断企业。在这次企业兼并发生之前,法德两国还促成了国家垄断企业法国宇航公司(Aérospatiale)和德国MBB公司的诞生。欧盟委员会对于这种企业兼并不反对。促进垄断企业的形成与鼓励违反竞争法是不一样的。这意味着受到国家鼓励的垄断企业在采取反竞争措施时,如果此类反竞争措施不是受到所在成员国的国家鼓励,可能会受到《欧盟运行条约》第101条和第102条的约束[184]。

5. 企业兼并管理

从广义上来说,欧盟竞争法还包括对企业兼并和企业接管的管理。《兼并条例139/2004/EC》[185]适用于企业兼并、并购和具有一定世界规模的大型企业之间的某

---

[183] 第104—125页。

[184] 致使在当时也不存在对《欧盟运行条约》的"无限单边豁免",因为《欧盟运行条约》第348条允许对按照《欧盟运行条约》第346条的规定实施的豁免进行司法审查。

[185] 2004年1月20日关于企业间兼并管理的欧洲理事会法令(Council Regulation of 20 January 2004 on the Control of Concentrations between Undertakings)[2004] OJ L24/1。《兼并法令139/2004》第25条第(1)款废止了《欧洲理事会法令4064/89/EEC》(Council Regulation 4064/89/EEC)[1989] OJ L395/1。

些合资,以避免此类交易过程中可能发生的不利于竞争的行为,保证货物和服务在欧盟内部的自由流动[186]。《接管条例2004/25/EC》[187]适用于企业接管投标,其目标与上述目标相同。在兼并和接管过程中如果没有竞争者,就会对竞争造成不良影响,进而对采购造成不良影响。在极端情况下(这种极端情况不是不可能发生)可能只剩一家企业能够提供某种装备,此时我们在第七章讨论的公开招标也就失去了意义,除非此招标向第三方国家公司开放。

我们在第一章提到[188],企业兼并、接管,尤其是合资,在防卫领域变得越来越常见[189]。而且通过企业兼并达到某种程度的一体化,也是保持欧洲国防工业基础的必要手段,因为欧洲企业规模太小,有太多的公司为了各种各样的装备在进行无情竞争。不过到目前为止各成员国公司之间的完全兼并次数并不多。与此相反,欧洲各个防卫公司之间往往在某个商业领域就某个项目进行合资。这种产业合作具有某种优势,如规模效益和生产过程中的学习效益。另外,通过这种方式还可以避免重复生产,减少浪费。不过合资企业的各个部门仍旧独立运行。跨境兼并需要进行所有权的变更,仍旧存在一些问题[190],这主要是因为成员国政府和防卫公司的传统思想在作祟。国防工业对于成员国来说具有战略性意义,是国防的一部分,人们仍然认为这些国防工业不能被"外国人"所有和控制。但是这些合作可以形成企业的优势地位,甚至是垄断地位,在不久的将来很有可能发生大规模的企业兼并。一部分欧洲公司已经实现了对其他公司的购置、与其他公司进行了合资,或者在不止一个项目上实现了跨境股份制。另外,同一成员国内部的公司之间也频繁发生大规模的兼并[191]。人们一致认为,为了维持国防工业基础,在欧洲的一体化过

---

[186] 与兼并控制和国防工业相关法律的讨论,参见特莱伯斯(Trybus),《欧盟法与防务一体化》(*European Union Law and Defence Integration*),前注1,第235-248页。

[187] 《2004年4月21日欧洲议会和欧洲理事会关于出价盘进的指令2004/25/EC》[2004] OJ L142/12-23。

[188] 第24-25页。

[189] 卡洛斯·马尔迪·塞姆拜尔等(Carlos Marti Sempere et al.),《欧洲防务工业的公平竞争之地:所有制与政府补助行为》(*Level Playing Field for European Defence Industries: The Role of Ownership and Public Aid Practices*)(Brussels: Ingeniería de Sistemas para la Defensa de España S. A. (ISDEFE) Madrid in association with the Fraunhofer Institut für Naturwissenschaftliche Trendanalysen Euskirchen for the European Defence Agency, 2009), www.eda.europa.eu/docs/documents/level_playing_field_study.pdf [2013年10月30日登录],第25页,以及附录B到最终报告第I阶段案例清单(下称"欧防局2009年公有制与补助研究")。

[190] COM(2003)113 final。

[191] 例如在英国,"GEC"收购了军用车辆制造与造船商"VSEL";在意大利,"芬梅卡尼卡"通过接管得到了意大利防务工业75%的控制权。但是欧洲防务公司的合并速度远低于它们在美国的竞争者。

程中必须进行企业兼并[192]。更多的企业兼并趋势很有可能会持续下去而且欧洲各政府对此也会越来越鼓励。将来很有可能发生这样的情形:某些装备由"欧洲公司"生产出来,而这些"欧洲公司"就是跨境兼并和接管的结果。这一切可能会促进欧洲防卫采购市场的形成。出于供应安全方面的考虑,人们在向包含"国内部门"的合资企业授予相关合同时可能会对《欧盟运行条约》第346条第(1)款(b)项进行一些改变,但是由于该公司还包括一些"非国内部门",这个合同仍然包括一些跨境采购。

通过企业兼并而实现的一体化,可以导致欧盟竞争利益与国防工业基础生存及其战略意义之间的矛盾冲突[193]。欧盟竞争利益主要表现在《兼并条例》上。欧盟委员会可以根据《兼并条例》第8条允许或禁止企业兼并[194]。欧洲直升机公司判例法明确规定,《兼并条例》适用于防卫领域的企业合并[195]。欧盟委员会认为,《兼并条例》适用于防卫企业,企业兼并可以与内部市场并存。

《兼并条例》受到国防与安全豁免条款的制约。第一点,《兼并条例》说明条款第19条[196]指出:兼并受到《欧盟运行条约》第346条武器和保密豁免条款的制约。关于武器和保密豁免我们在第三章进行了讨论。说明条款第19条的效果如何取决于如何解释《欧盟运行条约》第346条。发生在防卫领域的兼并如果由成员国发令实施或者受到国家鼓励,那么相关的某个或数个成员国如果能够成功启用《欧盟运行条约》第346条第(1)款(b)项,就可以逃脱《兼并条例》的约束。相关成员国必须以豁免条款为依据,证明确实发生了需要启用该豁免条款的情况,并提交欧洲法院进行审核。有人指出,甚至在欧盟委员会禁止硬性防务企业进行兼并的条件

---

[192] COM(1997)583 final,第24页;W·沃克尔和S·威利特(W. Walker and S. Willet),"欧洲防务工业基础的重建"("Restructuring the European Defence Industrial Base")(1993)《防务经济杂志》(Journal of Defence Economics)第141期,第147页和第152页;K·哈特利(K. Hartley),"公共采购与竞争性"(Public Procurement and Competitiveness)(1989)第3期,《共同市场研究杂志》(Journal of Common Market Studies)总237期,第241页,以及"英国国防采购中的竞争"(Competition in Defence Contracting in the United Kingdom)(1992)第1期,《公共采购法评论》(Public Procurement Law Review)总440期,第441页;J·拉夫林(J. Lovering),"军费开支与资本重建:英国的军火工业"(Military Expenditure and the Restructuring of Capitalism: The Military Industry in Britain)(1990)第14期,《剑桥经济杂志》(Cambridge Journal of Economics)总453期,第458和460页;在COM(2003)113 final中有提示;其他观点参见亨得里克·弗莱德林(Hendrik Vredeling),《走向一个更加强大的欧洲》(Towards a Stronger Europe)(Brussels:IEPG,1986),第32点:"但是我们认为,短期来看企业兼并并不是答案。面对欧洲各国间自由贸易和合作上的真正障碍,人们不会采取任何措施……"

[193] COM(1997)583 final,第24页。

[194] 《兼并条例》(Merger Regulation)第2条第(1)款列出了需要考虑的一系列因素,包括市场结构、公司经济力量、供应源以及市场进入障碍。

[195] Case 0.17, Aérospatiale/MBB [1992] 4 CMLR M70;另参见 Case M.086, Thompson/Pilkington,1991年10月23日裁决,未报告。

[196] 《兼并法令》说明条款第19条规定:"将本法令用于欧共体内部的企业兼并,不影响《欧盟运行条约》第296条的应用,不影响成员国采取适当措施保护本《法令》规定以外的司法利益,但这些措施必须符合基本原则,符合欧共体法的其他相关规定。"

下,成员国也可能通过《欧盟运行条约》第346条第(1)款(b)项授权完成此兼并。另外,启用豁免条款,一般是为了防止欧盟委员会针对企业兼并对竞争造成的影响进行调查[197]。欧洲防务局2009年《公有制及国家补助研究》(Study on Public Ownership and Aid)指出,在《兼并条例》的约束下,启用《欧盟运行条约》第346条的次数少之又少[198]。不过此《研究》发现,成员国,尤其是具有大规模国防工业基础的成员国,曾对国防工业中的某些企业兼并进行了限制,一般会要求先取得授权或者先对防卫企业的管理进行检查[199]。这些限制是国防工业中由国家实施的国家控制,在其他领域是不存在的[200]。这些限制会立即生效。举个例子来说,如果授权申请被否定,那么企业兼并立即被否定。不过这些限制也可以间接生效,因为通过这些限制措施,可以妨碍企业兼并和接管的发生,最终结果就是防卫企业不能像其他企业一样自由进行跨境兼并。

说明条款第19条还规定,如果有合法的利益需求,就可以不受《兼并条例》的约束,前提是相关成员国采取的措施必须"适当"、"符合[欧盟]法的一般原则和其他规定"。《兼并条例》第21条对可作为《兼并条例》豁免依据的合法利益进行了详细的解释。《兼并条例》第21条第(3)款规定,任何成员国不得以国家竞争利益为理由,对欧盟范围内的企业兼并申请豁免。但是《兼并条例》第21条第(4)款规定,为了保护合法利益,成员国可采取适当措施,"这些利益可以是该《兼并条例》没有考虑到的措施,符合[欧盟]法的一般原则和其他规定"。公共安全就是这样一种合法利益。有人指出,甚至在欧盟委员会已禁止安全领域相关企业的兼并之后,成员国仍然可以授权防卫企业的兼并。另外,成员国之所以申请豁免,一般是为了防止欧盟委员会针对企业兼并对竞争造成的影响进行调查。

关于《接管指令》(Take-over Directive),欧洲防务局2009年的《公有制及国家补助研究》指出,在国防工业还没有发生恶意兼并的现象[201]。该《研究》认为,最有说服力的原因,在于此类恶意兼并成功的几率很低,因为成员国可以通过《欧盟运行条约》第346条第(1)款(b)项阻止此类恶意兼并。如当公司前景不甚明朗,人们担心重要的防务产能可能会被取消或在后期消失时,成员国就可依据此条款阻止恶意兼并的发生[202]。所谓恶意兼并,一般指违背被接管公司管理层意愿,即违背

---

[197] 《欧防局公有制与补助研究》(EDA Study on Public Ownership and Aid),前注189,第25页。
[198] 同上。
[199] 同上,第20—22页。在"六强"中,德国、法国、瑞典、西班牙和英国有这样的规则。在其他成员国中,比利时、捷克共和国、芬兰、立陶宛和葡萄牙也有这样的规则。保加利亚、爱沙尼亚、匈牙利、爱尔兰、卢森堡和斯洛文尼亚没有这样的规则。意大利没有具体规则:"可采取间接限制措施,如武器生产的行政授权,防止出现不利的外国投资。芬梅卡尼卡和芬坎泰里的投资由公司规则进行管理。"
[200] 其适用范围见《欧防局国有制及国家补助研究》(EDA Study on Public Ownership and Aid),前注189,第20—22页。
[201] 同上,第26页。
[202] 同上。

其背后的政府意愿而发生的企业接管行为。

欧盟委员会认为,欧盟与各成员国之间在防卫领域可能发生竞争利益上的冲突,通过建立一个防卫装备内部市场化解这种冲突[203]。名为《更加强大、更具竞争力的欧洲国防工业建设战略》的通讯[204],加上《国防指令》和《欧共体内部移转指令》,形成了欧盟"一揽子国防法规"。该通讯认为,"在战略资源方面存在的国家立法混乱情况",是"实现一体化、消除重复生产和提高产业效率"[205]的一个重大障碍。它提出在"进行重要物资和其他重要资源管控时",要"在自由投资和保护安全利益之间建立起一种平衡"[206],但具体应当如何实现这种平衡,则没有提出任何建议或细节性的东西。如果此"混乱情况"不利于国防货物内部市场的建立,就应当考虑制定一个欧盟法将这些规则统一起来。

6. 国家补助

我们在第一章说过,欧洲国防工业的一部分由其注册所在国国有[207]。在国防工业是否国有化方面,成员国之间存在着很大差别,如法国和波兰很大部分为国有,而英国则有一个私有化的国防工业基础。竞争和贸易可能会因此而受到影响,因为相关成员国希望"公有企业能够从国家主要采购项目中获利"[208]。换句话说,人们推定一个成员国如果拥有防卫公司,一般会将相关合同授予该公司。这种合同授予是否符合《国防指令》的要求,我们将在本书第二部分进行讨论[209]。国防工业国有化在《欧盟运行条约》中没有任何相关规则。

针对本国或私有或部分国有的国防工业,各成员国政府提供了各种形式的补助,这种补助可能对《欧盟运行条约》第107-109条关于国家补助的规定[210]造成一定影响[211]。以国家补助为表现形式的国家补助措施如果破坏了竞争或对竞争造成了威胁,并且会对成员国之间的贸易造成影响,则涉嫌违反了《欧盟运行条约》第

---

[203] 同上,第26页。"只要地域市场存在,进一步加剧的兼并可能会进一步降低垄断效率,这种效率的降低可能会蔓延到民用领域。另一方面,如果向防务装备共同市场的进程取得了进步,且竞争条件得到保留,那么企业兼并可能会提高欧洲在全球市场上的竞争力。"

[204] COM(2007)764 final。

[205] 同上,第7页。

[206] 同上,第7页。

[207] 第37-38页。

[208] 2009年《欧防局国有制及国家补助研究》(*EDA Study on Public Ownership and Aid*),前注189,第52页。

[209] 尤其是第七章。

[210] 关于国家补助的欧盟法最新研究,参见克利恩·贝肯(Kelyn Bacon)(ed.),《关于国家补助的欧盟法》(*European Union Law of State Aid*, 2nd edn(Oxford University Press, 2013)。

[211] COM(1996)10 final,第22-24页。

107条[212]。成员国必须将此类国家补助计划通报给欧盟委员会,且只有达到某些要求时欧盟委员会才会批准相关补助计划。欧盟委员会认为,这些规则可为欧洲国防货物市场提供一个适当的制度体系[213]。

6.1 国防领域的国家补助行为

欧盟各成员国对本国的国防工业提供了各种好处,对竞争和成员国之间的贸易造成了不良影响[214]。用于提供补助的手段五花八门,有税务减免、递延或取消;拨款;成功后返还预收款;低息或软贷款;担保;资本注入;非货币补助;以优惠条件提供货物和服务;以及不断增加的折旧补贴[215]。2009年度《欧洲防务局公有制及国家补助研究》(EDA Study on State Ownership and Aid)[216]对各成员国的补助实践进行了详细描述,将其划分为研发创新补助[217]、特别形势下的国防工业补助[218]、海外销售支持[219]以及其他形式的国家补助[220]。虽然各成员国的补助形式各有不同,补助程度也不一样,而且补助类型也有差异,但是国防领域的国家补助远高于其他领域。补助的来源可以是各个部门或各公共团体。2009年度的《欧洲防务局研究》指出,正是因为这个原因,各成员国的国防部不会对发放下去的所有补助进行审查,这说明此方面的透明度严重缺乏。欧盟委员会在其《更加强大、更具竞争力的欧洲国防工业战略》通讯中强调指出,成员国对国防工业的国家补助必须透明[221]。这个《国防工业战略》是2007年"一揽子国防法规"的一部分。本书不会详细分析各成员国对本国国防工业的国家补助,因为本书的主题是关于国防与安全采购。但是如上所述,由于国防补助广泛存在且形式多样,因此目前一个"公平竞争的市场"尚未建立[222]。

欧洲初审法院认为,如果合同授予不能体现出"正常的商业交易",那么此合

---

⑫ Case 730/79,*Philip Morris Holland v. Commission* [1980] ECR 2671,第2688页。

⑬ COM(1996)10 final,第22—24页。

⑭ 同上,第22页。

⑮ 2009年《欧防局国有制及国家补助研究》(*EDA Study on Public Ownership and Aid*),前注189,第26页。

⑯ 同上,第26—40页。

⑰ 同上,第28—30页。这些补助又被进一步划分为非国家武装力量装备开发补助(2.6.1.1)和支持装备开发的其他补助(2.6.1.2)。

⑱ 同上,第30—32页。这些补助又被进一步划分为救援性补助(2.6.2.1)和重组补助(2.6.2.2)。

⑲ 同上,第33—37页。被进一步划分为市场援助、公共关系、军队对服役期限内武器的展示和操作、客户操作人员训练和人员借调、出口信贷援助、采购项目管理与技术支持服务援助、对国家军队交货日期的变更、为更好地支持对外军售而由军队采购并不需要的武器系统,以及限制性援助。

⑳ 同上,第37—40页。这些又被进一步划分为就业补助、训练补助、中小企业补助、向中小企业风险资本投资补助、地区补助、气候补助以及其他环保补助。

㉑ COM(2007)764 final,第7页。

㉒ 这是2009年《欧防局国有制及国家补助研究》(*EDA Study on Public Ownership and Aid*)的最终结论,前注189,第3页:"[国家补助]可能会给向企业带来选择性优势,这个选择性优势可能会影响贸易条件,进而影响公平竞争,破坏[欧洲防务装备市场]的公平竞争环境。"这一点在COM(2007)764 final,第7页也有提示。

同授予即可视为《欧盟运行条约》中的国家补助[223]。休尼克斯则具体指出，如果采购当局对所采购的货物或服务没有实际需求，或者相关合同的条款在某些方面"对承包商极其有利"，那么这种交易就不是"正常的商业交易"[224]。判断某个措施是否为国家补助，标准不在于原因或目标是什么，而在于其影响是什么，因此采购当局无意当中授予的合同完全可能被视为一种国家补助[225]。一般来说，欧盟委员会以"正常商业交易"为标准，因此如果一个合同按照"公开、透明与非歧视性"的标准被授予承包商，是不可能有国家补助的[226]。欧盟委员会并没有从字面上要求一定要使用《公共部门指令》和《公用事业指令》中所规定的公开招标形式（相关讨论见第七章）[227]，第七章中谈到的其他竞争方式也是可以的。换句话说，竞争方式可以是限制招标、事先发布合同公告的谈判和竞争性对话，而不事先发布合同公告即进行谈判的采购方式则不包括在内[228]。这一点非常重要并在第七章进行了详细讨论，因为《国防指令》根本就没有把公开招标规定为采购方式[229]。休尼克斯指出，如果合同不进行公告，则投标审查不能以透明方式进行，只与一方或几方进行谈判，合同最终被授予非最低价格标和最具经济效益标，即使以上做法并不能构成国家补助的证据，但欧盟委员会仍有可能认为这样的合同是《欧盟运行条约》中的国家补助。而根据欧盟的规定，任何形式的国家补助都必须通报给欧盟委员会[230]。休尼克斯指出：

似乎在描述一种非常极端的合同授予过程。该过程有可能违反了[《欧盟运行条约》]规定的有关公共采购的各项原则，但在国防采购领域这种情形并不是完全没有可能[231]。

如前所述，相关国防部门常常不知道某个国防合同已经形成了《欧盟运行条约》中提到的国家补助，因此不会按照《条约》要求通知欧盟委员会。这样，至少从理论上来说，参与合同竞争的某个公司就有可能向国内法庭提起诉讼。休尼克斯

---

[223] Case T-14/96, *Bretagne Angleterre Irlande (BAI)* v. *Commission* [1999] ECR II-139, 第71—89段。

[224] B·休尼克斯（B. Heuninckx），"国防采购：发放非法国家补助而不受惩罚的最有效方法，果真如此吗？"(Defence Procurement: The Most Effective Way to Grant Illegal State Aid and Get Away With It, Or Is It?) (2009) 第46期，《共同市场法律评论》(*Common Market Law Review*) 总141期（下文称"非法国家补助"），第198页。

[225] 同上。

[226] Commission Case N 264/2002, *London Underground Public Private Partnership*, C(2002) 3578, [2002] OJ L309/14; Case C-280/00, *Altmark Trans GmbH* v. *Nahverkehrsgesellschaft Altmark GmbH* [2003] ECR I-774, at para. 93; Commission Decision 2000/513/EC of 8 September 1999 on aid granted by France to *Stardust Marine* (notified under document number C(1999) 3148) [2000] OJ L206/6, 均引自休尼克斯（Heuninckx），"非法国家补助"（"Illegal State Aid"），前注224，第198页。

[227] 第312—318页。

[228] 参见休尼克斯（Heuninckx），"非法国家补助"（Illegal State Aid），前注224，第198页，引自《伦敦地铁PPP项目》(*London Underground PPP*)，前注226，其脚注34尚有其他引用。

[229] 第312—318页。

[230] 休尼克斯（Heuninckx），"非法国家补助"（Illegal State Aid），前注224，第198页，引用《决议2000/513/EC》(Decision 2000/513/EC)，《星团海事》(*Stardust Marine*)，前注226，第63—64页。

[231] 休尼克斯（Heuninckx），同上。

指出,这样的诉讼可导致合同废除,理由是违反了《欧盟运行条约》第108条第(3)款的规定[㉒]。

我们在前面指出,如果采取不发布合同公告的谈判方式,且此合同授予不是"正常的商业交易",则有可能形成《欧盟运行条约》第107条中定义的国家补助。在国防合同中,一般没有商业市场做参照,无法判定某次交易是不是"正常的"商业交易[㉓]。因此休尼克斯认为,必须对具体合同的价格结构进行分析,这样才能判断此国防采购合同是否是正常的商业交易[㉔]。此价格结构必须避开极端价格和各公司在民事活动中的交叉补助。必须根据不同的标准区分固定价格合同、成本加成合同和目标成本激励合同的"价格合理性"[㉕]。由于多数国防合同的合理价格不可能事先决定,因此当成本超出预期时固定价格合同[㉖]更有可能构成国家补助[㉗]。如果只能在最后决定价格且价格与合同履行有关,那么成本补偿就不

㉒ Case 120/73, Gebrüder Lorenz GmbH v. Germany [1973] ECR 1471; Case C-354/90, Fédération Nationale du Commerce Extérieur des Produits Alimentaires and Syndicat Nationale des Négociants et Transformateurs de Saumon v. France [1991] ECR I-5523; Case C-499/99, Italy v. Commission [2001] ECR I-7303; M. 罗斯(M. Ross),"国家补助与国家法庭:说明与其他问题——是否是一种不成熟的解放?"(State Aids and National Courts: Definitions and Other Problems—a Case of Premature Emancipation?)(2000)第37期,《共同市场评论》(Common Market Law Review),第401页;J·希格尔(J. Hilger),"符合《欧共体条约》第87条第(1)款条件的作为国家补助的合同授予"(The Award of a Contract as State Aid within the meaning of Article EC)(2003)第12卷,《公共采购法评论》(Public Procurement Law Review),第109期,第127-129页,引自休尼克斯(Heuninckx),"非法国家补助"(Illegal State Aid),前注224,第200页。

㉓ A·乔治波洛斯(A. Georgopoulos),"欧盟委员会国防采购绿皮书"(The Commission's Green Paper on Defence Procurement)(2005)第14期,《公共采购法评论》(Public Procurement Law Review),第NA34页;卡提亚·G·弗拉科斯(Katia G. Vlachos),"保护欧洲的竞争力:欧洲武器生产与采购未来战略",不定期论文第4号(Safeguarding European Competitiveness: Strategies for the Future European Arms Production and Procurement, Occasional Paper No. 4)(Paris: WEU Institute of Security Studies, 1998),第2.4节;斯蒂芬尼·纽曼(Stephanie Neumann),"防务工业与依赖性:当前与未来全球防务领域的趋势"(Defence Industries and Dependency: Current and Future Trends in the Global Defence Sector)(Zurich: ISN, 2006),第6页;伯卡德·施密特(Burkard Schmitt),《欧盟的国防采购:当前争论》(Defence Procurement in the European Union: The Current Debate)(Paris: EU Institute of Security Studies, 2005),第15页;A·多尔恩(A. Doern),"欧共体公共采购规则与国家补助的相互作用"(The Interaction between EC Rules on Public Procurement and State Aid")(2004)第13卷,《公共采购法评论》(Public Procurement Law Review),第97期,第123页,引自休尼克斯(Heuninckx),"非法国家补助"(Illegal State Aid),前注224,第202页。

㉔ 休尼克斯(Heuninckx),"非法国家补助"(Illegal State Aid),前注224,第202页。

㉕ 同上。

㉖ 同上,第198页,第204页:"在约定价格和固定价格的合同中,将要为货物和服务支付的价格在合同授予时达成一致,可能不再变动(约定价格)也可能根据价格变动公式(VOP)对变动的劳动力和材料价格进行补偿(固定价格)。"

㉗ 爱伦·科夫曼(Allen Kaufmann),《我们信任采购官员:1938-1948年的宪法标准、空军采购与工业组织》(In the Procurement Officer We Trust: Constitutional Norms, Air Force Procurement and Industrial Organisation 1938-1948)(Boston: MIT, 1998),第21页;凯斯·哈特利(Keith Hartley),《英国采购政策经济学》(The Economics of UK Procurement Policy)(RMC Canada, 2002),第449页,引自休尼克斯(Heuninckx),"非法国家补助"(Illegal State Aid),前注224,第224页。

构成交叉补助。因此成本加成合同[238]不大可能构成国家补助[239]。最后一点,如果有了有效的成本核算后措施,那么目标成本激励费合同[240]最不可能构成《欧盟运行条约》所规定的非法国家补助[241]。

但必须强调的是,只有在不可能成功应用《欧盟运行条约》第346条第(1)款(b)项(相关讨论见第三章)时,才会应用有关非法国家补助的规定。在新的《国防指令》转化为国内法之后,像《欧盟运行条约》第346条描述的情况发生的可能性不大,而减少这种情况的发生正是《国防指令》的目标所在。这意味着大多数国防合同是按照转化《国防指令》的国内法的规定进行合同授予的。根据前面所罗列的原则,以限制招标、事先发布合同公告的谈判和竞争性对话都是"正常商业交易"的表现,按照这些形式进行的采购不可能构成《欧盟运行条约》所规定的国家补助行为。采取不事先发布合同公告而直接谈判的方式授予的合同,属于《国防指令》例外的合同(相关讨论见第六章),以及仍然受《欧盟运行条约》第346条约束的合同(属于下列有关国家补助例外情形之一的除外),如果其价格结构无法构成"正常商业交易",都有可能构成《欧盟运行条约》规定的国家补助行为。如果符合应用《欧盟运行条约》第346条的例外规定,则相关合同可采取任何采购程序。

欧盟委员会规定,针对国防工业的所有国家补助反映出国防领域的特色,尤其是该领域与公共机构的密切关系[242]。成员国之间的武器贸易受到了影响,因为即使享受国家补助的企业并不出口(移转)武器到其他成员国,也要与其他成员国中不享受此补助的企业进行竞争。国防采购过程中的竞争也受到了影响,因为得不到公共支持的公司必须与享受国家补助的公司进行竞争[243]。

---

[238] 休尼克斯(Heuninckx),"非法国家补助"(Illegal State Aid),前注224,第204页:"在成本保利合同中,承包商履行合同过程中的正当成本将会被返还,加上一个达成一致的利润。这个利益可以是实际成本的某个比例(成本加一定比例费用),一个固定数量(成本加固定费用),或者按照成本的一定比例所确定的数额(成本加奖励费用)。"见马克·A·罗瑞尔等(Mark A. Lorell, *et al.*),《更廉价、快速、更好?获取武器的商业途径》(*Cheaper, Fast, Better? Commercial Approaches to Weapons Acquisition*)(兰德,2000)(RAND,2000),第111页及以下各处,引自休尼克斯(Heuninckx),"非法国家补助"(Illegal State Aid),前注224:"在国防领域尤其是在研究开发方面使用成本保利合同,是高成本不确定性和防务产品缺乏商业出口的直接结果。"

[239] 休尼克斯(Heuninckx),"非法国家补助"(Illegal State Aid),前注224,第208页。

[240] 同上,第204页,亦引自英国政府合同评审委员会(UK Review Board for Government Contracts),《2006年非竞争性政府合同利润公式评审报告》(*Report on the 2006 Annual Review of the Profit Formula for Non-Competitive Government Contracts*)(London,2006),第ix页:"在目标成本奖励费用合同中,合同的目标成本在合同授予时达成一致并构成一个最高价。如果实际成本低于预期,相关获益根据商定方案,按照最高价格由承包商和采购当局共同分享。如果实际成本高于预期,那么即使合同包括一个损失分摊方案,承包商的利润也将会降低(甚至会亏损)。"

[241] 休尼克斯(Heuninckx),"非法国家补助"(Illegal State Aid),前注224,第209页。

[242] COM(2003)113 final。

[243] 休尼克斯(Heuninckx),"非法国家补助"(Illegal State Aid),前注224,第141页。

6.2 《欧盟运行条约》规定的国家补助的合法情形

《欧盟运行条约》第 346 条第(1)款(b)项规定,生产《欧盟运行条约》第 346 条第(2)款所列国防物资(相关讨论见第三章)的公司[244],不自动享受《欧盟运行条约》有关国家补助规定的豁免权。根据 Spanish Weapons[245],Agusta[246] 和 Military Exports[247] 的判决(相关讨论见第三章[248]),以及欧盟委员会第 1999/763/EC 号决定[249],如果成员国没有按照逐案审查的方式应用《欧盟运行条约》第 346 条并接受欧洲法院的审查,那么国防物资生产企业必须受到《欧盟运行条约》中关于国家补助制度的制约。不过欧盟委员会指出,《欧盟运行条约》第 346 条第(1)款(b)项还从未应用到国防工业的国家补助方面[250]。

《欧盟运行条约》第 107 条第(2)款规定了数种特别例外,有的自动生效,有的可根据《欧盟运行条约》第 107 条第(3)款由欧盟委员会判决生效。与国防工业有关的最重要的例外是《欧盟运行条约》第 107 条第(3)款(b)项[251]和第 107 条第(3)款(c)项[252]。《欧盟运行条约》的国家补助制度也规定了在什么情况下可以对国防工业实施国家补助。因此成员国在不应用《欧盟运行条约》第 346 条第(1)款(b)项的情况下也可以对本国的国防工业进行支持了。不过仍然存在着一些问题。其

---

[244] 第 88-94 页。
[245] 前注 12。
[246] 前注 13。
[247] 前注 14。
[248] 第 108-125 页。
[249] 《1999 年 3 月 17 日欧盟委员会关于德国不来梅州针对吕尔森海事集团采取的实际实施及建议的优惠措施的决议 1999/763/EC》(Commission Decision 1999/763/EC of 17 March 1999) on the measures, implemented and proposed, by the Federal State of Bremen, Germany, in favour of Lürssen Maritime Beteiligungen GmbH & Co. KG) [1999] OJ L301/8.
[250] 同上。关于国家补助的讨论另见 COM(2013)542 final,第 11 页。
[251] 《欧盟运行条约》第 107 条第(3)款(b)项就为促进欧洲共同利益项目的实施而提供的补助而做出了相关规定。欧盟委员会几乎是在抱怨,到 2003 年 3 月之前,一直没有以此规定为基础的公告(参见 COM(2003)113 final)。这显然说明国家发放给重大防务装备项目(如英—德—意—西的"欧洲战机/台风"项目)的补助公告是可以查到的。但是"欧洲共同利益"一词(强调为作者所加),说明至少要有来自两个成员国的防务公司参与。有人指出,这样的公告甚至都不需要声明相关项目对促进欧洲防务工业基础的生存而有所裨益,也不需要对第五章第 217-218 页描述的共同安全与防务政策或欧洲能力计划形成有力支持。《欧盟运行条约》第 107 条下的另一个例外,是针对普遍性经济危机而发放的国家补助(参见 COM(1985)310 final,第 39-40 页)。另参见 COM(2007)764 final,第 9 页。
[252] 《欧盟运行条约》第 107 条第(3)款(c)项针对为促进地区经济发展而进行的补助,以及为了促进工业某些方面的发展而发放的补助做出了相关规定。针对这种领域方面的补助,欧盟委员会的态度是:对于因外部原因而陷入困境或在死亡线上挣扎的"夕阳"行业,或者主要位于新技术领域具有良好未来前景的"朝阳"产业是可以进行补助的。前者通过既定重组计划(如现代化),后者经过促进其发展的任何形式的补助进行支持。但是营销补助以及能力扩展补助一般是不允许的。另一方面,如果遇到严重困难,必须进行临时重组补助时,则可在严格条件下按照规定进行补助。参见 COM(1996)10 final,第 22 页。另参见 COM(2007)764 final,第 9 页。

中一个问题,是对军事领域实施国家补助对民用领域造成的影响,即前面讨论价格问题时提到的交叉补助问题。有许多企业既生产军事物资又生产民用物资,对公司军事部门进行补助会影响到公司的民用部门,也破坏了民用领域的竞争[53]。公司内部的这种军民交互性,成了欧盟委员会发现并证明两栖企业违反《欧盟运行条约》第 107 条的最大绊脚石。

另外一个问题是军民两用产品问题,也就是既可用于军事又可用于民事的相关产品的问题。根据《欧盟运行条约》第 346 条第(1)款(b)项关于国家安全例外的规定,民用领域对竞争的间接破坏不享受国家补助例外。如第三章所述[54],武器方面的例外条款明确规定了"此类措施不得从另一方面影响非军事产品的普通市场的竞争"。

7. 其他规定

欧盟委员会还提出了许多其他相关倡议,如对国防企业的监督[55]、征税[56]、结构投资[57]以及中小企业等方面提议[58]。虽然中小企业问题与采购有关且将在第九章讨论分包时进行讨论[59],但是这些政策大多不完整且常常具有很大局限性。另外,在欧盟委员会的相关通讯中,关于中小企业的说法常常不一致,且中小企业大多不受相关法规约束,因此本章不再对中小企业进行讨论。

我们在第一章指出[60],研发在国防领域具有非常重要的作用。虽然欧盟委员

---

[53] COM(1996)10 final, at 22; COM(2003)113 final。

[54] 第 98-99 页。

[55] COM(2003)113 final,第 13 页;参见"标杆"(benchmarking)于 COM(1997)583 final,附录Ⅱ"防务相关工业行动计划"(Action Plan for the Defence-related Industries),第 9 页。2005 年《国家补助行动计划》(State Aid Action Plan)见 COM(2007)764 final,第 9 页。

[56] 间接和直接税务问题见 COM(1997)583 final,附录Ⅱ"防务相关工业行动计划"(Action Plan for the Defence-related Industries),第 8 页。在《欧盟运行条约》第 110-113 条,有一个内容有限的税务制度,主要是禁止以国籍为由采取歧视性税收措施。税收问题在 COM(2003)113 final 、COM(2004)608 final 和 COM(2007)764 final 中都没有涉及。

[57] COM(1997)583 final,附录Ⅱ"防务相关工业行动计划"(Action Plan for the Defence-related Industries),第 7-8 页; COM(1996)10 final,第 24-25 页。结构性投资在 COM(2003)113 final 和 COM(2004)608 final 中都没有涉及。这些问题在 COM(2007)764 final,第 9 页有简短提及。

[58] COM(1997)583 final,附录Ⅱ"防务相关工业行动计划"(Action Plan for the Defence-related Industries),第 5 页。中小企业在 COM(2003)113 final 和 COM(2004)608 final 中都没有涉及。关于中小企业的深入讨论见《欧洲防务领域中小型企业(SMEs)的竞争力研究》(*Study on the Competitiveness of European Small and Medium sized Enterprises(SMEs)in the Defence Sector*)(European Economics, London for the European Commission, 2009),http://ec. europa. eu/enterprise/sectors/defence/files/2009-11-05_europe_economics_final_report_en. pdf[2013 年 10 月 31 日登录]。

[59] 第 428-432 页。

[60] 第 50 页。

159

会相关通讯强调了研发的重要性[20]、但内部市场以及欧盟委员会在该领域的作用相当有限,关于国防领域的研发在《欧盟运行条约》中并没有相关规定。研发一般是按照协作的方式在内部市场体系之外进行,我们将在第五章就此进行讨论。我们在第六章将指出,研发活动属于《国防指令》中的例外情形[26]。

8. 结论

除了本书第二章讨论的关于自由流动的规则和第二部分讨论的关于公共采购的规则,要建立一个防务装备的内部市场还必须制定有关竞争、兼并控制、出口、欧共体内部移转、标准化和国家补助等方面的规则。武器装备在欧共体内部的移转问题有一个专门的《欧共体内部移转指令》,该《移转指令》是《国防指令》"一揽子国防法规"的一部分。但是由于它们向国内法的转化截止时间不一致,因此它们之间并没有达到真正意义上的协调一致。不过2012年以后,无论是《欧共体内部移转指令》还是《国防指令》都完全转化为成员国的国内法,并完全得到了实施。《欧共体内部移转指令》的目的,是减少不确定性及欧盟内部武器装备移转特许证和证书等方面的官样文章。自从《欧共体内部移转指令》和《国防指令》转化为成员国的国内法并生效之后,这两个指令之间步调一致,促进了欧盟内部武器装备的自由流动。关于欧共体内部军民两用物资的移转、武器出口和两用产品向欧盟以外的第三方国家的出口制度也相继制定出来并生效。另外,《欧盟运行条约》的各项规定都是为了保护竞争,防止串标、滥用垄断地位、企业兼并操控行为和违反《欧盟运行条约》第346条第(1)款(b)项的规定对国防工业进行国家补助。这些制度同样也适用于安全工业。目前关于国防采购和欧共体内部武器装备移转已经有了具体的制度,但是与国防工业领域的竞争有关的相关法律尚未制定。另外一些重要方面,如税收、中小企业、结构基金和对国防工业的监管,还没有一个综合性的法律制度,这些法律制度可能永远都不会制定出来。

这些关于国防采购的制度,其效果具有直接性,也有间接性。其直接性表现在与供应安全有关的欧共体内部移转和标准化。其间接性表现在出口和竞争法,因为防务公司在本国的运作环境更加宽松,享受更多的补助,因此它们比起竞争者具有更大的优势,这一点是很不公平的。

---

[25] 参见 COM(2007)764 final,第8页;COM(2003)113 final,第12页;COM(1997)583 final,附件I"防务相关领域的特点说明"(Definition of Specific Characteristics of the Defence-related Sector)附录,第7页,附件II"防务相关工业行动计划"(Action Plan for the Defence-related Industries),第4页;COM(1996)10 final,第20-21页;COM(2013)542 final,第16页,及随附的《工作人员工作文件》(Staff Working Document)SWD(2013)279 final,第36-37页。

[26] 第283-288页和第299-301页。

第五章 欧盟内部市场之外的欧洲军备法与政策：欧洲防务局、联合军备采购组织、意向书组织与北约

1. 引言

前面三章讨论了与国防和安全采购有关的欧盟内部市场法，下面五章将讨论《国防指令》的各项规则。不过欧洲军备政策的核心目标并不仅仅在《欧盟运行条约》和《国防指令》中进行了阐述。在《国防指令》生效之前，许多涉众根本没有把欧洲军备政策看作是欧盟的法律。首先，国防采购和其他相关问题被认为是欧洲军事政策的一部分，是新近面世的共同安全与防卫政策（CSDP）的主要内容，而共同安全与防卫政策又是欧盟共同外交与安全政策（CFSP）的一部分。2005年，欧洲防务局（European Defence Agency，EDA）成立，目的是管理这些被欧盟成员国认为不受《欧盟运行条约》约束的欧洲军事政策。不久前欧洲军备政策中还包括与采购相关的政策。这些制度和倡议或者对内部市场的各项法规形成了补充，或者与其矛盾，因此我们将在本章第二部分对其进行简述，包括它们与《欧盟运行条约》相关规定（见第二章和第三章的讨论）的兼容性问题。我们将在第六章讨论《国防指令》的适用范围，因此必须对共同外交与安全政策/共同安全与防卫政策/欧洲防务局的这些规则有一个深入的了解。

第二点，欧盟以外的组织结构与欧洲防务局一样，对欧洲国防工业基础或部分基础进行了重组和保存，对内部市场各项制度和倡议形成了补充，或者说形成了竞争。相关机构有联合军备采购组织和意向书组织，这两个机构都只吸纳欧盟成员国参加。这些倡议不包括针对欧盟成员国的国防采购规则，但是对内部市场制度的各个方面都有影响（《国防指令》就是内部市场制度最为重要的一部分）。与欧洲防务局的制度一样，这些倡议对欧盟委员会的某些规则形成补充，或者相互对立，因此将在本章第3节和第4节对其进行简述，如与《欧盟运行条约》相关规定的兼容性（相关讨论见第二章和第三章）。另外，为了能够在第六章对《国防指令》的适用范围时行讨论，必须对联合军备采购组织和意向书组织的各项活动有一个深入的了解：凡是不适用《国防指令》和《欧盟运行条约》的，都可以通过欧盟内部市场之外的机构来解决。第5节将讨论双边倡议。第6节讨论如何克服这些机构的分裂和重叠（相关讨论见本章前面部分）。另外，第一部分的最后一章简要介绍了

与《国防指令》有关的一些相关机构,如北约保障局、北约欧洲战斗机和"龙卷风"管理局或北约20世纪90年代直升机(NH90)设计开发生产与后勤管理局(EAHEMA),这些都是北约组织的一部分,因此不是"欧洲"的组织。

2. 欧洲防务局[①]

在2004年5月12日的《联合行动2004/551/CFSP》(Joint Action 2004/551/CFSP)中[②],欧洲理事会以《尼斯条约》(Treaty of Nice)为背景,成立了一个国防能力发展、研究采购与军备的机构。欧洲防务局具有独立的危机管理能力和共同防御条款,是目前《欧盟运行条约》下共同安全与防卫政策的三大主要内容之一。当时《欧盟运行条约》的主要内容体现在目前的《欧盟条约》第42条第(3)款。《联合行动2004/551/CFSP》后来被2011年7月12日欧洲理事会的《欧洲理事会决议2011/411/CFSP》(Council Decision 2011/411/CFSP)所取代。后者规定了欧洲防务局的规则、席位和运行规则(下称《欧防局欧洲理事会决议》),并撤销了《联合行动2004/551/CFSP》[③]。2011年的《欧防局欧洲理事会决议》与《2004联合行动》相比变化不大,甚至大多数条款的编号都没有改变。但是在《欧盟运行条约》生效后,为了反映出该条约的"新"法规,必须由《欧洲理事会决议》取而代之。

欧洲防务局一开始是一个法—英倡议,于2003年2月由法国总统希拉克和英国首相布莱尔在乐图凯(Le Touquet)峰会上发起。同年6月在萨洛尼卡(Thessaloniki)召开的欧洲理事会会议上,他们的建议变成了欧盟政策。当时的《欧洲未来公约》(Convention on the Future of Europe)在后来失败的《公约条约》里还将有关欧防局的内容加了进去[④]。按照《欧盟运行条约》的规定,"欧洲能力与军备政策"(European Capabilities and Armaments Policy, ECAP)是共同安全与防卫政策的一部分,由欧洲防务局负责实施[⑤]。欧洲防务局的活动包括提高防务能力,促进防务研究和技术的发展,促进军备合作,形成一个竞争性的欧洲防务装备市场(European

---

[①] 关于欧防局的章节一部分基于 M·特莱伯斯(M. Trybus),"新的欧洲防务局:对欧洲共同安全防务政策的促进,还是对欧共体法律制度的挑战?"(The New European Defence Agency: A Contribution to a Common European Security and Defence Policy or a Challenge to the Community *Acquis*?)(2006)第43期,《共同市场法评论》(*Common Market Law Review*)第667—703页。但是该讨论经过了更新并更加深入。

[②] 《2004年5月12日关于成立欧洲防务局的欧洲理事会联合行动2004/551/CFSP》(Council Joint Action of 12 May 2004 on the establishment of the European Defence Agency),[2004] OJ L245/17。《联合行动》第1条第(1)款规定:"一个在防务能力发展、研究、采购和军备方面的机构(欧洲防务局),下称'该局',正式成立。"

[③] [2011] OJ L183/16。

[④] 此方面的发展详见 M·特莱伯斯(M. Trybus),"有或没有《欧盟宪法条约》:形成一个共同的安全与防务政策?"(With or Without the EU Constitutional Treaty: Towards a Common Security and Defence Policy?)(2006)第31期,《欧洲法律评论》(*European Law Review*)第145—166页。

[⑤] 《欧盟条约》(里斯本)第42条第(3)款第2目,以及第45条。

Defence Equipment Market，EDEM），加强欧洲防务技术与工业基础（European Defence Technological and Industrial Base，EDTIB）⑥。因此欧洲防务局的运作涉及防务经济领域，与共同市场下的方方面面关系密切，可能还有相互交叉的地方。《欧防局决议》第 2 条规定，欧洲防务局的任务是"支持欧洲理事会和成员国提高欧盟的防御能力，提高危机管理水平，维持现有及未来发生相应改变的共同安全与防卫政策。"这种措辞体现出欧防局的功能局限于危机管理。但是从关于欧防局功能和任务的《欧防局欧洲理事会决议》第 2 条第（2）款以及《欧盟条约》（里斯本）第 45 条来看，欧洲防务局的职能范围很广，覆盖成员国的一般军事能力。

本章关于欧洲防务局的部分将简要讨论欧洲防务局的组织结构。这个组织结构非常合理。我们在将在下文指出，欧洲防务局除了是欧盟内部市场的专门机构，还应当最终成为欧洲军备政策的唯一专门机构。接下来是关于欧洲防务局任务的讨论，重点讨论的是相关政策，并对《国防采购行为准则》（Code of Conduct on Defence Procurement）和相关法律文件进行了更加详细的讨论。

2.1 欧洲防务局的组织结构

欧洲防务局有工作人员 109 名（2011 年）⑦，位于布鲁塞尔⑧，2013 年的年度预算为 3050 万欧元左右⑨。欧洲防务局下设欧洲防务局局长、指导委员会和最高行政长官，以及工作人员。欧盟外交事务及安全政策高级代表兼任防务局局长，负责欧洲防务局的总体组织和运转，并负责与第三方国家和其他国际组织的行政协定谈判⑩。高级代表与欧防局局长重要职位的合二为一引起了外界的批评。基奥哈尼（Keohane）指出，集这些重要职位为一身的人根本没有时间和资源对欧防局进行有效领导。欧盟应当像大多数成员国内阁那样，设立一个独立的防务职位或类似职务，专门处理防务政策问题，比如欧防局可专门设立高级代表，负责处理共同外交与安全政策方面的问题⑪。至少可以任命一个安全与防务副高级代表，类似于马德里恐怖主义袭击后于 2004 年 3 月设立的反恐副职⑫。不过人们也承认，高级代表的"双重官帽"——既要负责共同外交与安全政策，又要担任欧盟内部市场委

---

⑥ www.eda.europa.eu/［2013 年 10 月 18 日登录］。
⑦ 据欧防局 2011 年财政报告，2012 年 6 月出版，http://eda.europa.eu/docs/finance-documents/2011-financial-report.pdf? sfvrsn=0［2013 年 6 月 23 日登录］。
⑧ 关于欧防局的更多信息参见 www.eda.europa.eu/home［2013 年 7 月 23 日登录］。《欧防局理事会决议》第 1 条第（5）款："本局将在布鲁塞尔有一席之地。"
⑨ www.eda.europa.eu/Aboutus/how-we-do-it/Finance［2013 年 7 月 23 日登录］。
⑩ 《欧防局理事会决议》（EDA Council Decision）第 7 条第（1）款、第（2）款和第（4）款。
⑪ 戴维·科奥哈恩（David Keohane），"欧洲的新防务局"（Europe's New Defence Agency），政策摘要（欧洲改革中心，伦敦，2004 年 6 月），第 6 页。
⑫ 同上。

员会的副委员长和委员——有助于担任重叠政策和倡议的桥梁,促进欧盟各项政策在防务市场,尤其是国防采购方面的总体协调。

指导委员会的构成是:加入欧防局的每个成员国各设一个代表,欧盟委员会设一个代表(没有投票权)[13]。指导委员会是欧防局的主要决策组织[14]。该组织的责任是实施一般预算,完成与第三方的管理协定,批准欧防局特别项目的设立和与第三方达成的特别协定,决定事关成员国进退的技术与资金安排[15]。指导委员会每年至少召开两次成员国国防部长级会议,由欧防局局长担任主席。有时候也召开各种其他级别的会议,如成员国国家能力局长会议。《欧防局欧洲理事会决议》第9条第(2)款规定,成员国三分之二的大多数投票通过则为有效决议,必须根据《欧盟条约》第16条第(4)款和第(5)款的规定进行衡量。不过指导委员会的决议一般都是全票通过。

指导委员会还负责任命主要行政长官及其副手,由欧防局局长授权并按照指导委员会的决议进行工作[16]。主要行政长官负责欧防局年度工作计划、人员事务的实施,对各功能单位进行监管和协调,并负责指导委员会的准备工作,包括年度工作计划的起草和年度总体预算的起草准备工作。另外,还要保证欧洲理事会下属各机构(如政治与安全委员会和欧盟军事委员会)的密切合作并为之提供相关信息[17],最主要的是负责欧防局的日常管理工作[18]。主要行政长官有权签订合同,并负责人员招募工作[19]。因此主要行政长官对指导委员会负责,并且是欧防局的法人代表[20]。工作人员包括欧防局直接招募的人员,成员国资助的国内专家和欧盟官员[21]。

2.2 欧洲防务局的任务

欧防局的任务可以分为三个主要大类:政策制定,国家能力义务评估,以及联合研究计划和项目管理。由于国防采购管理是政策制定任务的一部分,下面将主要针对这一点进行讨论。

2.2.1 政策的演变

欧防局具有政策制定功能。《欧盟条约》第42条第(3)款第2项规定:

---

[13] 《欧防局理事会决议》第9条第(2)款第3句话:"只有加入欧防局的成员国代表才将参与投票。"
[14] 《欧防局理事会决议》(EDA Council Decision)第8条第(1)款。
[15] 《欧防局理事会决议》(EDA Council Decision)第9条第(1)款(a)-(p)项。
[16] 《欧防局理事会决议》(EDA Council Decision)第10条第(1)款。
[17] 关于这些机构参见马丁·特莱伯斯(Martin Trybus),《欧盟法与防务现代化》(*European Union Law and Defence Integration*)(Oxford:Hart,2005),第109-111页。
[18] 《欧防局理事会决议》(EDA Council Decision)第10条第(2)款和第(3)款。
[19] 《欧防局理事会决议》(EDA Council Decision)第10条第(4)款。
[20] 《欧防局理事会决议》(EDA Council Decision)第10条第(5)款和第(6)款。
[21] 《欧防局理事会决议》(EDA Council Decision)第11条。

成员国应当持续提高军事能力。[欧洲防务局]应当确定操作要求,促进各国为达到这些要求而制定的相关措施的实施,促进强化防务领域工业技术基础的相关措施的制定和实施,参与制定欧洲能力和军备政策,帮助欧洲理事会评估军事能力的提高情况。

《欧防局欧洲理事会决议》第2条赋予欧防局很大的权力。欧防局"要参与制定欧洲能力和军备政策"。《欧防局欧洲理事会决议》第5条罗列了关于欧防局应当参与制定的相关政策的详细清单,这些政策包括能力目标、国防工业和技术政策、采购政策,甚至是与作战需要有关的政策。这说明欧洲能力与军备政策(European Capabilities and Armaments Policy, ECAP)是一个综合性的政策,覆盖了所有相关方面,包括欧洲国防工业政策。欧洲理事会在参与制定欧洲能力与军备政策的过程中所起到的作用,比它在双边项目技术领域和联合防务研究领域的作用更加重要,相关讨论见下文。欧防局还要为欧洲理事会的决议做准备。欧防局的任务在《欧防局欧洲理事会决议》前言和第5条里有更加详细的规定。但是这些非常详细的任务并没有超出《欧盟条约》所规定的范围。

欧洲能力与军备政策及其实施机构欧防局是一种政府间的东西[22]。《欧防局欧洲理事会决议》前言、第1条第(2)款、第4条规定,以及《欧盟条约》第45条第(1)款规定,所有活动必须"由欧洲理事会授权"方可实施。另外,《欧防局欧洲理事会决议》第2条第(2)款和第42条第(3)款第2项强调指出,欧防局"应当支持欧洲理事会",或者"辅助欧洲理事会"。因此,欧防局将受到欧盟主要政府间机构的监督。《欧盟条约》第45条第(2)款第3句话规定,欧防局应当在必要的时候联系欧盟委员会。《欧防局欧洲理事会决议》第23条明确指出:欧盟委员会是欧防局指导委员会(欧防局的主要决策机构)中没有投票权的成员,参与欧防局的各个计划和项目。另外,欧防局应当与欧盟委员会形成必要的协定,

尤其当欧盟活动对欧防局任务有重大影响,或者欧防局活动与欧盟活动密切相关时,以方便交换专家意见和建议。

这些协定说明了超国家机构的参与性是有限的,且只会在绝对必要的情况下才会参与。但是我们在本书第四章指出,欧盟委员会具有非常详尽的国防工业和研究政策。由于这两个机构的活动具有重叠性,因此这些协定很有必要。

不论是在《欧防局行动》还是在《欧盟条约》上,欧防局根本就没有提到过欧洲议会。后者在欧防局和共同安全与防卫政策方面的作用非常有限[23]。另外,《欧盟

---

[22] 欧防局政府间特性更加突出。这一点最近得到了反复强调。2003年3月20-21日欧洲理事会在布鲁塞尔召开的会议,安东尼奥·密西罗利(Antonio Missiroli)《从哥本哈根到布鲁塞尔,欧洲防务,核心文件》(*From Copenhagen to Brussels*, *European Defence*, *Core Documents*)(Paris: Institute for Security Studies of the European Union, 2004),第70页(被认为是欧防局的开端),及《欧洲安全防务政策主席报告》(Presidency Report on ESDP),欧洲理事会会议,萨洛尼卡,2003年6月20日;密西罗利,同上,153期,第159页。

[23] 《欧盟条约》(里斯本)第24条第(1)款第2项第5句话:"欧洲议会和欧盟委员会在该领域的具体作用在《条约》中进行了说明。"

条约》第24条第(1)款第2项第6句话规定:欧洲法院对共同外交与安全政策和共同安全与防卫政策事务的权限非常有限[24]。因此在《欧防局欧洲理事会决议》和《欧盟条约》的欧防局条款中,都没有提到欧洲法院。可以说欧洲能力与军备政策、欧防局都存在一种民主赤字,在法治或司法审查方面存在缺陷。总之,欧洲议会、欧洲法院和欧盟委员会这些跨政府机构在欧防局的影响有限。在共同安全与防卫政策的其他方面,这些机构的作用也是非常有限的[25],因此一旦欧防局制定了具有法律意义的规则,甚至是不具法律意义的行为准则,这些不足都会引发一系列的问题。任何一个规则的制定,由民主选举而产生的欧洲议会都不参与,而且也不会受到司法审查。如果欧洲能力与军备政策和欧防局是《欧盟运行条约》的一部分,或者按照《欧盟条约》受制于欧洲议会和欧洲法院的司法审查,现在这种情况就不可能发生了。与本书主题关系最为密切的政策,是欧防局的采购政策,这些政策的目的是协调各成员国的采购行为。这些政策包括采购程序、供应安全、信息安全、供应链以及分包等方面的规则。

2.2.1.1 《欧防局采购准则》

《欧防局欧洲理事会决议》第5条第(3)款(b)项和《欧盟条约》第45条第(1)款(b)项指出,欧防局负责采购程序的协调工作,目的是让各相关法律相互一致。因此加入欧防局的成员国在其国防采购制度上保持一致具有法律基础。2005年11月21日,欧防局由24个成员国[26]的国防部长组成的指导委员会达成一个"自愿性质、不具法律约束力的政府间国防采购行为准则(下称《欧防局采购准则》)[27]……各[成员国]在互惠互利的基础上签订了这个行为准则[28]。"该准则于2006年7月1日生效。2013年初,有26个欧防局成员国签订了同意书。欧盟成员国除丹麦外都是欧防局成员国,罗马尼亚和克罗地亚后来没有加入,挪威加入了欧防局[29]。《欧防局采购准则》是一个范围更加宽泛的制度体系的一部分。该制度体系还包括供应安全与信息安全规则、供应链规则和分包规则。相关讨论见下文[30]。《准则》的目标是针对

决策过程的需求,形成一个具有国际竞争力的[欧洲防务装备市场],并以此

---

[24] 《欧盟条约》(里斯本)第24条第(1)款第2项第6句话:"欧盟法院在这些规定上没有审判权,但具有监督相关规定是否符合条《条约》第40条的权力,以及审查某些决议是否与《欧盟运行条约》第275条第2段相一致的权力。"

[25] 参见特莱伯斯(Martin Trybus),《欧盟法与防务现代化》(*European Union Law and Defence Integration*),前注17,第17章,第305-353页。

[26] 如上所述,丹麦没有加入。

[27] www.eda.europa.eu/docs/documents/code-of-conduct-on-defence-procurement.pdf? sfvrsn=0 [2013年7月23日登录]。

[28] 《欧防局采购准则》(EDA Procurement Code),第1页。

[29] www.eda.europa.eu/Otheractivities/Intergovernmentalregimedefenceprocureme [2011年7月登录]。

[30] 另参见《欧防局新防务装备市场指南》(*A Guide to the EDA's New Defence Equipment Market*)(Brussels:EDA,2006,on file)。

作为加强［欧洲防务技术与工业基础］的主要手段[31]。

因此《准则》的目的是促进欧洲军事市场的成立。但是《准则》并不是为了挑战《欧盟运行条约》的欧盟内部市场,具体说不是为了挑战各个采购《指令》,而是一个在应用《欧盟运行条约》第 346 条豁免条款时可以应用的法律文件(关于《欧盟运行条约》第 346 条豁免条款的讨论见第三章)。《欧盟运行条约》第 346 条是制定该《准则》的主要原因。人们在应用豁免条款时才会以《欧盟运行条约》第 346 条为依据。这说明欧防局认为在不应用豁免条款时,内部市场法是适用的[32]。由于《准则》的目标是"调节"《欧盟运行条约》第 346 条的使用,因此国内安全形势必然使该《准则》具有以下特征:(1)自愿性;(2)非法律约束性;(3)政府间性;(4)互惠性。关于该《准则》的自愿性在第 2 页有解释,意思是决定遵守该准则的成员国可以改变主意,"随时可退出"。《准则》的非法律约束性在第 2 页也有解释,意思是"［不遵守该《准则》的］成员国不会招致遵守该准则的成员国的任何制裁。"同意该《准则》的成员国没有强制实施的义务[33],只有来自其他成员国的"朋辈压力"。相关讨论见下文。

《欧防局采购准则》的自愿性和非法律约束性有好处也有坏处。第一个好处是:如果一个法律文书不具法律约束力,且随时可以退出,那么成员国更容易同意这样的法律文件。第二个好处是不具法律约束力的性质,有可能对国防采购中的竞争起到促进作用[34],因为成员国如果知道发生意外情况时,如采购进展不顺时可以"紧急制动",就会更愿意加入一个更加透明、更加强调竞争的体系。成员国以任何理由都可以"退出"或"不遵守"该《准则》。

《准则》的自愿性和非法律约束性,源于其政府间的特性。而《欧盟运行条约》下的超政府制度,如《国防指令》,则受到欧盟法特性的影响,如欧盟法的至上性及其直接起效性;另外,它们在欧盟委员会和欧洲议会的立法程序也不一样,必须受到欧洲法院的司法监督。最后一点是,《准则》的互惠性使《准则》具有一定的灵活性。欧盟成员国(丹麦和罗马尼亚除外)都在《准则》上签了字,使其互惠性成为一种可能。不过应当指出一点:签了字的成员国在某些情况下也可以不遵守该《准则》,而其他国家在面对上述国家经营者时也可以不遵守该《准则》,这样《准则》的互惠性就没有了[35]。关于这一点我们将在本书第二部分进行详细讨论。必须指出,《准则》是自愿性质的,而《国防指令》是强制性质的;《准则》没有法律约束力,而《国防指令》具有完全的法律约束力;《准则》是政府间的东西,而《国防指令》是

---

[31] 《欧防局采购准则》(EDA Procurement Code)第 1 页。

[32] B·休尼克斯(B. Heuninckx)在评论本章早期版本时与我进行了讨论并使我受益匪浅。

[33] A·乔格波洛斯(A. Georgopoulos),"欧洲防务局的《军备采购准则:是否是一种错构症?"(The European Defence Agency's Code of Conduct for Armaments Acquisitions: A Case of Paramnesia?)(2006)第 15 期,《公共采购法评论》(Public Procurement Law Review),第 51 期,第 52 页。

[34] 《欧防局采购准则》(EDA Procurement Code),第 1 页。

[35] 感谢 B·休尼克斯(B. Heuninckx)在评论本章早期版本时为我指出这一点。

超国家的东西;《准则》从理论上来说具有互惠性,而《国防指令》则具有普遍性和统一性[36]。这些不同使欧盟成员国在通过《国防指令》过程中的每一个步骤都显得非常重要:比起《欧防局采购准则》来,《国防指令》更加全面详尽,且具有法律约束力和统一性。

以下对《欧防局采购准则》的讨论,将大致按照《国防指令》的讨论结构进行(《国防指令》的讨论见本书第二部分):《准则》的适用范围,授标程序和标准,补偿贸易和分包,执行与救济。接下来是对《准则》和《国防指令》的对比。《欧防局采购准则》于2013年终止,由一个新的制度取而代之,相关解释见下文。但是要理解《国防指令》,《准则》仍然是一个非常重要的背景制度,因为《准则》中有一些规则与《国防指令》面对的问题非常相似;《准则》的某些部分是对《国防指令》的启发,尤其是在规范《欧盟运行条约》第346条的使用方面。而《国防指令》的目的就是为了防止对《欧盟运行条约》第346条的滥用。

2.2.1.1.1 《欧防局采购准则》的适用范围

在研究《欧防局采购准则》的适用范围时,必须区分以下四个重要方面:

第一点,《准则》适用于

按照《欧盟运行条约》第346条的规定不受欧盟内部市场规则约束的国防采购部分,该部分在国防采购中占有很大比例[37]。

这意味着许多武器装备合同适用于《准则》[38]。乔格波罗斯指出,豁免货物和服务的清单(相关讨论见下文)从反面说明大多数常规硬武器的采购适用《准则》[39]。这样,《准则》和对《欧盟运行条约》第346条的解释就关联起来了(对《欧盟运行条约》第346条的讨论见本书第三章)。《准则》只适用于"满足第346条应用条件的情形"[40]。在《准则》中,对《欧盟运行条约》第346条第(1)款中的(a)项和(b)项并没有进行区分,说明《准则》主要针对的是清单列出的武器合同。另外,像"满足……应用条件的情形"的措辞也使人想起欧洲法院的某些判例法[41]。这是一个很高的门槛,因为豁免不是自动发生,只适用于某些例外情况。与国家安全有关的采购在什么条件下才属于例外,才可以根据第346条对《欧盟运行条约》的规定进行豁免,这一点并不清楚,但是应用《欧防局采购准则》的透明性竞争性规则却是一

---

[36] 与《准则》不同的是,《国防指令》对丹麦和罗马尼亚没有约束。《国防指令》对于欧洲经济区国家也有约束力。

[37] 《欧防局采购准则》(EDA Procurement Code),第1页。

[38] 乔格波洛斯(Georgopoulos),"准则"(Code),前注33,第52和53页,指出"大多数武器"属于被约束范围。

[39] 同上,第53页。

[40] 《欧防局采购准则》(EDA Procurement Code),第1页。

[41] 参见第三章,第104-125页。

件好事[42]。从《欧防局采购准则》的措辞来看,《准则》无意规范《欧盟运行条约》约束范围内的采购行为。

第二点,《准则》适用于门槛价100万欧元以上的大合同。这个门槛价与欧盟采购指令中的门槛价并不一样,源自早先的政府间国防采购制度,尤其是西欧军备组织(Western European Armaments Organisation, WEAO)和独立欧洲计划组织(Independent European Programme Group, IEPG)[43],相关讨论件6.1节。于是引发了这样一个问题:为什么本适用于《欧盟运行条约》第346条但低于100万欧元的合同可以不受任何限制。但是我们在前面第一章指出,由于大多数军事装备都非常昂贵,因此这个范围内的合同虽然存在(如弹药合同或装备维护合同),但数量并不多。

第三点,《欧防局采购准则》适用于成员国的国防采购当局,而不是欧防局自身。这意味着《准则》与《国防指令》一样具有很多相同的适用对象。相关讨论见第六章[44]。

第四点,《准则》有许多豁免情形。这些豁免情形可大致分为三类。第一类,研究技术采购和协作采购可豁免于《准则》[45]。协作项目的采购规则由参与采购的成员国按照项目的具体情况特别制定[46]。虽然存在这些豁免条款,之前独立欧洲计划组织和西欧军备组织的各项规则仍然继续实施。我们在第一章指出,研究技术采购和协作采购属于政治敏感领域,也属于《国防指令》的豁免范围。相关讨论见第六章[47]。第二类,某些类型的装备和服务属于豁免范围:

核武器,核推进系统,化学、细菌和放射性货物与服务,密码装备的采购[48]。

在此需要强调的是,虽然存在这些豁免条款,之前独立欧洲计划组织和西欧军备组织的各项规则仍然继续实施。我们在第六章将讨论人们对《国防指令》中这些货物和服务的看法[49]。成员国在以下情况可享受豁免,属于豁免的第三类情形:

作战急需;后续工程和补充货物/服务;出于国家安全方面的特殊情况或不得

---

[42] 该问题已经被B·休尼克斯(B. Heuninckx)提了出来,"形成一个统一的欧洲采购制度? 欧洲防务局及欧盟委员会倡议"(Towards a Coherent European Defence Procurement Regime? European Defence Agency and European Commission Initiatives)(2008)第17卷,《公共采购法评论》(Public Procurement Law Review)第1-20期,第8页。

[43] 参见马丁·特莱伯斯(Martin Trybus),《欧洲国防采购法》(European Defence Procurement Law)(The Hague:Kluwer,1999),第18-20页;阿瑞斯·乔格波洛斯(Aris Georgopoulos),"欧洲国防采购一体化:欧盟范围内行动建议"(European Defence Procurement Integration:Proposals for Action within the European Union),博士论文,诺丁汉大学(2004),第65-69页;乔格波洛斯(Georgopoulos),"准则"(Code),前注33,第57-58页。

[44] 第248-260页。

[45] 《欧防局采购准则》(EDA Procurement Code),第1页。

[46] 乔格波洛斯(Georgopoulos),"准则"(Code),前注33,第53页。

[47] 第283-188页和第299-301页。

[48] 《欧防局采购准则》(EDA Procurement Code),第1页。

[49] 第245-272页。

己的理由⑩。

作战急需、后续工程和补充货物/服务在采购规则中常常享有特殊待遇。但是按照《公共部门指令》、《公用事业指令》和《国防指令》的规定,这些采购并不一定完全不受相关规则的约束,而是在规则许可范围内采取一些竞争不那么激烈的采购形式。另外,这些竞争不那么激烈的采购方式由于具有明确的适用范围,使用空间非常有限。不过这些情形下的采购豁免于《准则》则并不罕见,也并不令人惊讶。我们在第六章将讨论《国防指令》适用范围[51],在第七章讨论《国防指令》的采购程序[52]。

由于《欧防局采购准则》的自愿性的非法律约束性,"出于国家安全方面的特殊情况或迫不得已的理由"并没有超出成员国已经享有的灵活性。因此这个说明虽然没有必要,但很受人们的欢迎[53]。由于《准则》针对的是受《欧盟运行条约》第346条约束的合同,而"出于国家安全方面的特殊情况或非常重要的原因"的措辞,目的是允许对第346条进行完全的克减,因此可以推断这个出于国家安全方面的理由肯定比《欧盟运行条约》第346条所规定的克减理由还要特殊,还要重要。而《欧盟运行条约》第346条所针对的也是非常特殊的豁免情形。与第一类和第二类豁免理由不同的是,第三类豁免必须有正当理由并通知给欧防局,必须接受指导委员会的监督和正式讨论。

2.2.1.1.2 授标程序与标准

《准则》与《公共部门指令》和《国防指令》一样,是以公平、平等待遇、信息的透明和平等原则为基础的[54]。《准则》与以前的倡议相比有一些创新性的东西[55],如合同必须在一个唯一的内部端口进行公布[56]。关于投标人选择标准、投标要求的说明和陈述、授标标准和保密要求,都有一套相关规则。对投标人的邀请通告必须公布在欧防局的欧洲公告板(EBB)上,并链接到"能找到完整文件的国家网站"。另外,

公告[必须]简要描述竞争要求、程序和时间量程,并简要说明授标标准。

另外,还需要有一个简要的"手册"以方便供应商查阅国防采购当局和程序。这样成员国的国防部门仍然是主要角色,他们仍然使用自己国家的采购程序。但

---

[50] 《欧防局采购准则》(EDA Procurement Code),第1页。
[51] 第288-292页。
[52] 第338-344页。
[53] 感谢B·休尼克斯(B. Heuninckx)在评论本章早期版本时向我指出这是一个说明。
[54] 《欧防局采购准则》(EDA Procurement Code),第2页。
[55] 按照《西欧军备小组综合政策文件》(Comprehensive Policy Document of the WEAG)的规定,合同应当公告在加入西欧军备小组的成员国的防务合同公告栏。相关讨论见特莱伯斯(Trybus),《欧洲国防采购法》(*European Defence Procurement Law*),前注43,第31-44页。
[56] 《欧防局采购准则》(*EDA Procurement Code*),第2页。欧洲公告栏EBB网址:www.eda.europa.eu/ebbweb/[2013年1月登录,该网站从2013年7月起不再运行,见下文]。

是在使用《准则》时,国家部门和国家程序的主导性应当符合《准则》中已经相当宽松的要求。不过在公告方面还是有一些基本要求。

对投标要求的说明和陈述应当"从功能性和性能上阐述得尽可能清楚"。这一点与欧盟采购《指令》的规定是一致的,在欧洲法院的判例法中也有明确规定[57]。尽可能在各处附上国际标准而不是国家标准,也不是公司要求的链接,也就是说,只要相关国际标准存在,就要附上。投标人选择标准必须透明客观,要平等对待所有公司。"接触机密材料许可、必要的专门知识和以往经历"都是必须列出的非常重要的选择标准。授标标准必须从一开始就在投标邀请书上有明确说明。"满足具体要求的最具经济效益标"是授标的"根本标准"[58]。"成本(采购与寿命周期)、合规性、质量、供应安全和分包"是"最具经济效益标"的重要方面[59]。文中使用了"及其他"这样的措辞,说明罗列出来的这些并不是全部标准。对采购成本、寿命周期成本和质量的考虑并不是稀奇事,在指令《2004/17/EC》、《2004/18/EC》、《2014/24/EU》、《2014/25/EU》和《2009/81/EC》中都有表述[60]。《准则》对"合规性"并没有进行解释,其意义是什么并不是非常清楚。但是大多数采购法,包括欧盟采购法都要求将不合规的投标人淘汰出去[61]。将合规性列为次要授标标准提示了一个更具相对性的概念,这个概念可能用于谈判采购而不是公开招标或限制招标。

补偿贸易是国防采购中特有的现象。供应安全也是《国防指令》中的一个重要概念(相关讨论见第一章[62]),但它并不仅仅是一个次要授标标准[63],我们将在第八章对此进行详细讨论[64]。这一点对于所有采购合同来说都是非常重要的。补偿贸易的重要性在国防采购中的突出地位也是可以理解的,因为这是一种国家安全方面的考虑:如果一个产品或服务没有到位,就意味着可能要影响部队的部署。供应安全的重要性在《准则》的其他地方也提到了多次[65]。由于《准则》要求相互信任和相互依赖,因此欧防局成员国有权要求相互间维持"可靠且竞争力强的货源供应"。虽然《准则》的这一部分强调了政府和国防工业的作用,但人们认为这并不意味着成员国有维持现有工业能力的义务。不过它明确说明当做出影响他国工业能力的决策时,不管这种决策在实践中意味着什么,成员国都有考虑其他成员国供应安全的义务。《准则》对于这一点没有进行详细的说明,仍然非常含糊,

---

[57] 参见第八章,第364-365页。
[58] 同上。
[59] 《欧防局采购准则》(EDA Procurement Code),第2-3页。
[60] 参见第八章,第400-403页。
[61] 参见第八章,第364-366页。
[62] 第42-43页。
[63] 参见第八章,第401-402页。
[64] 第401-402页。
[65] 关于补偿贸易与供应安全,另参见:B·休尼克斯(B. Heuninckx),"国防采购中的供应安全与补偿贸易:欧盟有什么新鲜事"(Security of Supply and Offsets in Defence Procurement: What's New in the EU)(2014)第23期,《公共采购法评论》(Public Procurement Law Review)第33-49页。

但如果想说明得更加明确并不是一件容易的事情——国防工业能力方面的决策不仅与国防工业有关,还与政府有关,想对其进行规范是非常困难的。供应安全的另一个方面与欧防局成员国有关:"提高规则和政策的可预见性及可靠性",尤其是"支持简化欧共体内部国防武器及技术移转和运输的各项措施"[66]。虽然这方面的考虑对于供应安全来说非常重要,但它并没有成为欧防局关于欧共体内部移转制度的一个缩影。关于欧盟指令中相关规定的详细讨论见本书第四章[67]。欧防局《紧急作战条件下欧防局成员国之间的供应安全框架协定》(Framework Arrangement for Security of Supply between subscribing Member States(sMS) in Circumstances of Operational Urgency)于2006年9月20日签订[68],针对供应安全的一个重要方面制定了欧防局成员国之间相互协商的制度,内容涉及各国企业和相互间在管理上的支持。

对补偿贸易的研究(相关讨论见第一章[69])非常重要,原因如下:第一,从《欧盟运行条约》和《国防指令》的角度来说,证明补偿贸易的正当性是一件极其困难的事情(相关讨论见第九章)[70]。因此当补偿贸易被当作一个次要授标标准时,就显得非常突兀,因为这意味着在《欧防局采购准则》中补偿贸易是可以接受的。第二点,次要授标标准的重要性没有先后,这意味着补偿贸易与价格、质量和供应安全一样重要。因此在《欧盟运行条约》中很难接受的行为,在《欧防局采购准则》那里成了"最具经济效益标"的促成因素。《准则》中的补偿贸易将在下文进行详细讨论。但是在此可以指出,将补偿贸易作为授标决定的一个重要因素,是《欧防局采购准则》和《国防指令》的一个最大区别。

2.2.1.2 补偿贸易与分包

补偿贸易和分包是国防市场的特征,我们在第一章进行了讨论[71],它们与《国防指令》的关系将在第九章进行讨论。补偿贸易和分包不仅在《欧防局采购准则》中有所触及,还有一个专门的2011年《欧防局补偿贸易行为准则》(EDA Code of Conduct on Offsets,下称《欧防局补偿贸易准则》)[72]和《欧防局供应链最佳实践准则》(EDA Code of Best Practice in the Supply Chain,下称《欧防局供应链准则》)[73]。不过与与《欧防局采购准则》一样,它们都是欧防局政府间国防采购制

---

[66] 《欧防局采购准则》(EDA Procurement Code),第3-4页。
[67] 第147-160页。
[68] www.eda.europa.eu/SOSWeb/Libraries/Library/Framework_Arrangement_for_[2013年10月18日登录]。
[69] 第54-57页。
[70] 第410-422页。
[71] 第54-57页和第16页。
[72] www.eda.europa.eu/docs/default-source/documents/The_Code_of_Conduct_on_Offsets.pdf[2013年8月27日登录]。
[73] www.eda.europa.eu/docs/documents/EDA_Code_of_Best_Practice_in_the_Sup sfvrsn=0[2013年8月27日登录]。

度的一部分。

2.2.1.2.1 补偿贸易

前面讨论了在《欧防局采购准则》中将补偿贸易作为次要授标标准的事情。《欧防局补偿贸易准则》现有版本于2011年5月公布,取代了2008年10月达成、于2009年7月1日生效的旧版本。在该版本公布之前,欧防局公布了《补偿贸易对欧洲国防工业和市场的影响研究》(下称《欧防局补偿贸易研究》)[74]。《准则》在其前言中承认,补偿贸易在经济上和法律上都有问题:

[加入准则的成员国]都有一个最终目标,即形成市场条件,发展欧洲国防技术与工业基础,使补偿贸易不再成为必要。但是目前的欧洲国防技术与工业基础结构和我们早期的市场开放要求在短期内发展补偿贸易(这一点与欧盟法是一致的),同时减轻它们可能对跨境竞争造成的任何负面影响。

[强调为作者所加]

但是在"目标与适用范围"的标题下,《准则》如此总结道:

《补偿贸易行为准则》一方面保证了发展欧洲国防技术与工业基础和在欧洲与全球市场形成公平竞争之间的平衡[强调为作者所加],另一方面又为补偿贸易的发展制定了一个规则体系。

引用的这些段落总结了《欧防局补偿贸易准则》的"精神",我们对此有如下评论:第一,补偿贸易对开放的国防市场的负面影响得到了承认,补偿贸易几乎被认为是一种不可避免的弊病[75]。这意味着《准则》至少从某种程度来说是一种反对补偿贸易并最终使补偿贸易不再具有必要性的一个文件。但是《欧防局补偿贸易准则》的引入可解释为欧防局和签署《准则》的成员国放弃了建立一个没有补偿贸易的"完美市场"的期望,至少短期看是如此。第二,《准则》可能是欧盟第一个直接针对补偿贸易的文件,因此它是一种"初期"措施,将来可能会变得更加详尽更加有效。仅仅在三年后的2011年,这个《准则》就进行了修订,说明对补偿贸易的处理正在进行。这个《准则》本是一个短期措施,不是长期措施。从短期来说,补偿贸易将会变得越来越少,范围也会变得越来越小。第三,从措辞看,《准则》似乎认为有一些补偿贸易是合乎欧盟法的要求的。从我们在本书第三章对《欧盟运行条

---

[74] E·安德斯·艾利森等(E. Anders Erikson et al.),《补偿贸易对欧洲防务工业和市场发展的影响研究》(*Study on the Effects of Offsets on the Development of a European Defence Industry and Market*)(Henley on Thames;SCS;Brussels:FOI Stockholm for the European Defence Agency,2007),www.Eda.europa.eu/docs/documents/EDA_o6-DIM-022_Study_on_the_effects_of_offsets_on_the_Development_of_a_European_De [2013年8月27日登录]。

[75] 《欧防局补偿贸易准则》(EDA Offsets Code),第2页:"在一个运转良好的市场,补偿贸易是不会存在的。但是我们承认今天的防务市场并不是一个完美的市场……我们要减轻补偿贸易的任何负面影响……"

约》第346条第(1)款(b)项的解释以及欧盟委员会2011年的《补偿贸易指导说明》[76]来看,对于补偿贸易的看法有很大争议,我们将在第九章对此进行详细讨论[77]。第九章指出,即使有一些补偿贸易案例符合《欧盟运行条约》或各采购指令如《国防指令》的规定,这样的案例也是少之又少的。只有在成功应用《欧盟运行条约》第346条的情况下补偿贸易才会成为合法行为,而要证明补偿贸易的合法性是非常困难的。这说明了欧防局和这个《准则》上的两难之处:补偿贸易无处不在,对许多重大利益都会造成影响。补偿贸易行为可能无法一夜之间消除,如果能消除的话也是逐渐消除。第四点与第三点有关:《准则》的目标是减少补偿贸易的负面影响,随着补偿贸易的发展,确切说是随着补偿贸易的逐渐消亡,逐渐形成公平竞争或跨境竞争。

与《欧防局采购准则》一样,《欧防局补偿贸易准则》具有以下特征:(1)自愿性;(2)非法律约束性;(3)政府间性;(4)可退出性[78]。另外,《欧防局补偿贸易准则》的适用范围是适用《欧盟运行条约》第346条的产品或服务。与《欧防局采购准则》不同的是,《欧防局补偿贸易准则》包括政府间现货采购,既适用于加入《准则》的成员国家,又适用于第三方国家[79]。《准则》把这些第三方国家包括进去,因此与《国防指令》相比,其覆盖范围更加宽广,关于这一点的讨论见第六章[80]。但是有人指出,只全面限制或禁止加入《准则》的成员国家或欧盟成员国进行补偿贸易是没有道理的。某些来自欧盟以外的公司,尤其是来自美国的公司在欧盟市场是非常强大的。给这些公司提供机遇,让它们毫无顾忌地进行补偿贸易,同时又消减欧盟公司进行补偿贸易的机遇,那么后者将会处于不利地位。如果想对补偿贸易进行管控而不是全面禁止,那么这就是一个很大的两难问题,因此必须把第三方国家也包括进去。

实际上这个"指导方针"的目的,是"帮助我们朝着补偿贸易政策和行为的同一性而前进"。这个指导方针可分为两个类别,一种是为了增加透明性,另一种是为了"优化补偿贸易的使用"。

加入《准则》的成员国必须相互提供有关"补偿贸易行为和基本政策"方面的信息,这种信息必须定期审查以保证时效性。另外,加入《准则》的成员国必须向欧防局通报有关补偿贸易承诺的所有信息,"是采购合同的一部分还是其他情况"。这些措施对于欧防局和加入《准则》的成员国来说将增加透明性,但对于公司或第三方国家来说并不构成义务。

---

[76] http://ec.europa.eu/internal_market/publicprocurement/docs/defence/guide-offsets_en.pdf［2013年7月23日登录］。

[77] 第54-57页。

[78] 《欧防局补偿贸易准则》(EDA Offsets Code),第2页。

[79] 同上。

[80] 参见第六章,第292-299页。

关于如何"优化补偿贸易的使用",有许多指导方针可用来对补偿贸易进行规范。第一点,补偿贸易要求必须在合同公告中有明确说明,这样对于所有方面来说——不仅对于防务公司,而且对于第三方国家,透明性都有一定程度的增加。第二点,从一开始就必须明确补偿贸易在"采购过程中是否是衡量公司投标书的一个因素"。第三点:

当补偿贸易作为投标书选择标准或合同授予标准时,其权重必须为次级权重(或当其具有同样权重时将其作为次要标准),以保证采购过程以满足要求的最佳标书和最具经济效益标为基础。

这样补偿贸易的地位被降低,《欧防局采购准则》中只能作为投标人选择的次要选择标准和次要授标标准。第四点,基于2008年《欧防局补偿贸易研究》的推荐意见,是一个非常重要的限制:"人们有补偿贸易的要求,同时也接受了补偿贸易,但补偿贸易不得超越采购合同价值本身"。因此《欧防局补偿贸易准则》最为具体的规则就是为补偿贸易协定规定了一个100%的上限。我们在第一章指出,军事方面的补偿贸易协定往往占合同本身很大比例[81],因此在实践中实施这个规则可能就是对《准则》最好的遵守。第五点,

为了履行补偿贸易合同,加入《准则》的成员国将允许提供补偿贸易的外国供应商在采购国选择最具成本效益的商业机遇,以实现供应链的公平、开放和公开竞争,使供应链高效、实用且价格适当。

这个指导方针似乎为受益于补偿贸易协定的采购国的企业提供了竞争机遇,使它们可以参加总承包商的竞争,也可以参加分包商的竞争。但是因为提到了供应链,说明采购国的企业常常是作为合同本身的分包商参与补偿贸易的,或者说因为其他合同而参与补偿贸易。另外,采购国的国防工业规模可能非常小,规则非常有限(相关讨论见第一章)。尤其是在直接补偿贸易中,换句话说,在《欧防局补偿贸易准则》没有明确禁止、因而可能增加的军事领域的补偿贸易中,竞争是一件很难实现的事情。如果在成员国的国防工业中只有一两家公司且提出了直接补偿贸易的要求,那么显然只有这些公司才能从中受益。如果补偿贸易必须按分包的形式整合到原有合同,那么可能只有一家公司可以融入这个补偿贸易。换言之,竞争可能很难形成,或者说根本就不可能形成竞争,那么方针中的"高效、实用且价格适当"就成了一件非常重要的事情。在应用《欧盟运行条约》第346条的情况下进行间接补偿贸易也是非法的。正是因为这个原因,《欧防局补偿贸易准则》中根本就没有提到间接补偿贸易[82]。但是许多成员国的国防工业能力有限,至少在某种程度上解释为什么在《欧防局补偿贸易准则》中既没有提到间接补偿贸易,也没有提出要限制补偿贸易的建议,更没有提到用民事合同补偿军事采购。许多成员国没

---

[81] 第54—57页。
[82] 感谢B·休尼克斯(B. Heuninckx)在评论本章早期版本时向我指出这一点。

有"仅满足直接补偿贸易"要求的国防工业能力,这种情况也突出了补偿贸易对于竞争的破坏作用。公司之所以能得到合同,并不是因为竞争性的决标程序,而是为了完成补偿贸易协定。可以想象,公司已经习惯于补偿贸易协定,同时变得价格高企、行动迟缓、效率低下且很难打交道。另一方面,非军事补偿贸易或间接补偿贸易将提高竞争程度。这种竞争不是总体采购过程中的竞争,而是指授予补偿贸易合同过程中的竞争,因为这些领域的工业基础更具多样性。人们甚至可以将此作为发展间接补偿贸易的一个理由,认为可以以此替代间接军事补偿贸易[83],完全不顾以下事实:所有形式的补偿贸易都对竞争有破坏作用,与内部市场是很难相容的;而间接补偿贸易甚至违反了《欧盟运行条约》第346条。第六点,

同意《准则》的成员国在切实可行和完全自愿的基础上,将通过相互消减的方式减少补偿贸易的互惠义务。

通过相互消减可以减少补偿贸易。双方可以事先达成一致,以此作为补偿贸易报价的一部分,在履行现有补偿贸易义务过程中的某个阶段加以应用[84]或以谅解备忘录的形式规定相互消减补偿贸易,甚至相互取消补偿贸易[85]。要达到《欧防局补偿贸易准则》逐渐消减补偿贸易甚至完全消除补偿贸易的总体目标,这显然是一种非常重要的手段。但是欧防局的内部调查报告《消减:促进欧洲防务装备市场发展的实用补偿贸易手段》(Abatements: A Pragmatic Offset Tool to Facilitate the Development of the European Defence Equipment Market)指出,只有少数几个成员国和挪威使用了这种方式[86]。另外,该调查在承认消减的积极作用的同时,也指出:"并不是所有补偿贸易义务都可以消减,相关国家可能会通过消减对补偿贸易的义务提出一个最低比例的要求"[87]。只有当两个加入《准则》的成员国都是附带补偿贸易义务的国防合同总承包商时,相互消减才有可能实现[88]。因此相互消减补偿贸易的方式只限于国防工业领域具有总承包商地位的成员国[89]。相互消减补偿贸易显然一方面是实现《欧防局补偿贸易准则》目标的重要手段,但另一方面这种手段的使用可能仍然会受到限制。

《欧防局补偿贸易准则》一方面承认补偿贸易的负面影响,并打算消减补偿贸易,但针对补偿贸易也有肯定的措辞,如第3页指出:

---

[83] 同上。

[84] 参见欧防局内部研究《消减:一种促进欧洲防务装备市场发展的实用主义补偿贸易手段》(EDA In-House Study, *Abatements: A Pragmatic Offset Tool to Facilitate the Development of the European Defence Equipment Market*)(欧防局,2010年,可查),第11页。

[85] 参见《英国、荷兰与丹麦谅解备忘录》(Memorandum of Understanding between the United Kingdom, the Netherlands, and Denmark), www.epicos.com/WARoot/News/Abatement_on_offsets_MoU_signed_between [2013年8月28日登录]。

[86] 欧防局内部研究《消减》(*Abatements*),前注84,第5页。

[87] 同上,第6页。

[88] 感谢B·休尼克斯(B. Heuninckx)在评论本章早期版本时向我指出这一点。

[89] 欧防局内部研究《消减》(Abatements),前注84,第5页。

通过补偿贸易的手段可促进工业能力的发展，使其成为一个出色、竞争力强且基于能力的行业。因此补偿贸易可促进未来欧洲国防技术与工业基础的形成以满足人们的渴望，尤其是促进具有强大竞争力的全球性工业中心的发展，可以避免不必要的重复。

这一点说明《欧防局补偿贸易准则》承认补偿贸易是一种建设欧洲国防技术与工业基础的有效的工业政策手段，以满足成员国军队的各种需求。建立全球性具有强大竞争力的工业中心，避免不必要的重复，是对上述研究报告意图的一个说明。这说明每个人在得到自己应得利益的同时，让相关工业也得到了合理化的改革。像分包协作和企业兼并这样的手段有可能是达到这个目标的有效途径，而通过补偿贸易是否能达到这个目标就没有那么清楚了。可能因政治敏感性而在《欧防局补偿贸易准则》中没有明确提到的是，如果合同总承包商来自欧盟以外的国家，那么补偿贸易对于欧盟的国防工业发展会起到促进作用；但如果总承包商不是来自欧盟以外的国家，那么欧盟的国防工业与此次采购就没有什么关系[90]，补偿贸易就对欧洲国防技术与工业基础的竞争性产生负面影响。因现有某种业务而停止某些业务的公司，可能会通过某些"专有"任务而得到补偿贸易。防止欧盟内部的重复，显然对竞争也有不良影响，因为竞争要求至少有两个竞争者，换句话说，竞争要求至少有某种程度的重复。但是，竞争似乎要通过全球性的竞争来得到保证——《欧防局补偿贸易准则》也将同样应用到第三方国家。不过要建立一个包括第三方的国防市场是一个相当复杂的问题，仅仅由《欧防局补偿贸易准则》来应对显然是不够的，更不用说《欧防局采购准则》了。另外，对于某些成员国来说建立这样一个市场是一个非常敏感的问题[91]。《欧防局补偿贸易准则》还提到了"不必要"的重复，说明尽管没有进一步的说明，但某些重复是有必要的。这种对补偿贸易的肯定也是在所有限制性方针出台前的第一个指导方针（相关讨论见上文）。但是人们承认，这并不能说明《欧防局补偿贸易准则》对补偿贸易的态度是全面肯定，只能说明对补偿贸易不加区分地进行限制受到了人们的反对，取消对补偿贸易的限制可以作为一种外交手段。对补偿贸易的限制可能导致补偿贸易的减少，而补偿贸易的减少则可能代表着很大的进步。这个准则针对补偿贸易还有如下"正面"评论：

补偿贸易还有可能对提高欧洲国防供应商基础的深度和广度起到促进作用，尤其会促进中小企业和欧洲国防技术与工业基础中非传统供应商的全面参与，促进工业合作，提高低端供应商的效率和反应速度，使之符合《供应链最佳实践准则》的原则。

于是补偿贸易与国防采购中的另一个问题，即分包，又被联系起来。关于分包

---

[90] 感谢 B·休尼克斯（B. Heuninckx）在评论本章早期版本时向我指出这一点。
[91] 感谢 B·休尼克斯（B. Heuninckx）在评论本章早期版本时向我指出这一点。

将在第九章进行详细讨论[92],因为《国防指令》特别提出要用分包制度取代补偿贸易制度。欧防局制度中这两个问题的密切关系要求我们对《欧防局供应链准则》进行认真研究,这个《准则》专门针对的就是分包。

2.2.1.2.2 分包

《欧防局供应链准则》的"理解和实施应当与《采购行为准则》相一致,是《采购行为准则》的一部分,"[93]因此这个《供应链准则》在目标、适用范围和特点上与前面讨论的《欧防局采购准则》是一致的。特别需要强调的是《欧防局供应链准则》的自愿性和非法律约束性,适用于应用《欧盟运行条约》第346条以及国家规则优先的情形。该规则

的制定是为了促进人们遵守《国防采购行为准则》在供应链方面的各项规则,进而鼓励为所有供应商,包括中小企业(SME)提供公平竞争的机会。《欧防局供应链最佳实践准则》应当将好的实践向下贯彻到整个供应链,鼓励价值流向遵守该《准则》的成员国。

这说明该政策一方面与供应链的竞争有关,另一方面又要保护中小企业。另外,《欧防局供应链最佳实践准则》后来可能会经过扩充"将签署《准则》的所有成员国的公共采购行为纳入其约束范围"[94],可能会把不适用《欧盟运行条约》第346条的合同也包括进去。在《国防指令》的分包制度出台之前(相关讨论见第九章),这些不受第346条约束的合同产生的问题不多,因为《公共部门指令》的规则很不详细,只有一些最基本的内容[95]。

《欧防局供应链准则》的各项"原则"可分为"核心价值"、一般原则、具体采购要求和"纠纷解决"等几类。在核心价值方面,同意遵守《欧防局供应链准则》的成员国国防采购当局和供应商必须保证"公平性,诚实与公开性,高效性与有效性,以及专业性,保持最高水平的公正、公平和客观"[96]。这些核心价值可称为《欧防局供应链准则》的"使命陈述"。

所谓一般原则就是:即使按照《欧防局供应链准则》的要求,总承包商也"要对供应链的选择和管理负最终责任"[97]。缔约自由是有保障的,"但有法律规定或客户要求的除外"。这意味着,

采购人必须具有制定条款和履行要求的自由,以满足其采购需求;但是这些条

---

[92] 第428-452页。

[93] 《欧防局供应链准则》(EDA Supply Chain Code),www.eda.europa.eu/docs/documents/EDA_Code_of_Best_Practice_in_the_Sup sfvrsn=0 [2013年10月登录],第1页。

[94] 同上,第3段。

[95] 《指令2004/18/EC》第25条。

[96] 《欧防局供应链准则》(EDA Supply Chain Code),第8段。

[97] 同上。

款在一开始就必须规定得很清楚,措辞明确,履行严谨[98]。

这句话的第二部分已经含有与采购要求有关的内容了。但有时候缔约自由并不是一般性的原则,因为

同意遵守《欧防局供应链准则》的成员国相关部门的采购当局,对于具体供应货源的最终说明可能会导致对风险的重新评估[99]。

与采购相关的原则主要与分包中的竞争有关:

该《准则》的目的是宣传商业机遇,实现竞争的高效、实用且在经济或技术上可行,在公平竞争的基础上为合格供应商(包括中小企业)提供一个参与竞争的机会。从采购人和供应商的利益出发,可对邀请参加投标的人数进行限制,以保证最好的经济效益,同时承认(必要时还要进行检验)理想供应商的地位,并保持已有的战略同盟。对商业机遇的宣传包括尽快在[遵守《准则》的成员国]相关部门合同公告板、欧防局电子公告板或供应商网站上进行公告,以便人们发现合同与分包合同机遇[100]。

因此,《欧防局供应链准则》在竞争的基础上更倾向于分包,但前提是"高效、实用且在经济或技术上可行"。虽然这个规定只能具体问题具体分析,但说明竞争可能并不总是"高效、实用且在经济或技术上可行"。另外,竞争是否适当由遵守《准则》的成员国来决定。该《准则》允许"承认理想供应商的地位,并保持已有的战略同盟"[101],意味着可以在具体情况下不遵守上述竞争原则,允许对某个供应商有特别偏好。这一点可能严重偏离了竞争原则,如果频繁使用,可能会影响该《准则》目标的实现。

如果在供应链上存在竞争,那么总承包商应当"公布评标标准,客观评标并将评标结果在同一天通知所有投标人"[102]。在《准则》中没有对授标程序进行具体规定,但是授标程序必须清楚、透明、确定[103]。最具经济效益标应当是主要的授标标准,但是"应当考虑到无论是采购人还是供应商都必须做出战略性采购决策,其广度远远超过个别合同或项目要求"[104]。评标时应当考虑到"采取或提议的供应商选择方法(可能还包括制造或采购计划)"[105]。此处所说的是总承包商评标(从此段落措辞可看出)还是分包商评标(因为此段是《欧防局供应链准则》的一部分)并不是很清楚,但是可以看出该原则两者都适用。

---

[98] 同上,第9段。
[99] 同上。
[100] 同上,第11段。
[101] 同上。
[102] 同上,第12段。
[103] 同上,第16段。
[104] 同上,第13段。
[105] 同上,第14段。

与其他《准则》一样,《欧防局供应链准则》在法律上没有强制性,也没有审查或救济方面的规定。但是必须在"商业机密许可范围内,当中标人或未中标人提出要求时,告知其投标结果和未中标原因,以保证进行其他投标时有更好的表现"[106]。另外,任何级别的采购人在遇到《欧防局供应链准则》范围内的"供应链上的任何困难都必须克服。如果这些问题得不到解决,那么"为了保证透明性必须将这些问题告知成员国相关部门的联系人"[107]。对总承包商公布的分包合同相关信息还应当有一个监管制度,"以评估《准则》的执行情况"[108]。这说明相关执行制度只是建立在成员国朋辈压力的基础上,如果签署《准则》的成员国总承包商不遵守《欧防局供应链准则》,那么在其他成员国的"推动"下总承包商所在成员国就会提出质疑。虽然这只是一个外交性的政府间执行机制,不能与《国防指令》第Ⅳ章的审查与救济制度相提并论(相关讨论见第十章),但其作用不可小觑。联系人的参与,相关信息的告知要求,监督机制和对《准则》履行情况的评估,都说明同意遵守《准则》的成员国具有遵守该《准则》的义务,也对那些不想遵守该《准则》的成员国提出了警告。如果这样的机制付诸实践,将会起到非常好的作用。

《国防指令》第Ⅲ部分有一个非常详细的分包制度,我们将在第九章进行详细讨论。与《欧防局采购准则》一样,《欧防局供应链准则》具有自愿性和非法律约束性,而《国防指令》具有强制性和法律约束性;《欧防局供应链准则》具有政府间性而《国防指令》是具有超国家性;《欧防局供应链准则》(从理论上来说)可以退出而《国防指令》具有普遍性和统一性[109]。另外,与《行为准则》不同的是,《行为准则》对于签署该《准则》的成员国来说如果违反了相关原则则必须面对来自其他成员国的朋辈压力,因此具有更强的约束力,而《最佳实践准则》的约束力要弱得多。因此在缺乏国防合同分包制度的情况下,该《欧防局供应链准则》可以发挥重要作用。另外,这个《准则》只适用于应用《欧盟运行条约》第346条的情况。但是与《欧防局采购准则》一样(相关讨论见上文),当出现国家安全方面的极端情况时,应当怎样遵守这个不具法律约束力的供应链最佳实践标准也不是很清楚。

2.2.1.3 执行与救济

作为内部市场以外的制度,《欧防局采购准则》不像《欧盟运行条约》和《国防指令》那样有一个执行和救济制度。欧盟委员会针对成员国的执行规定见《欧盟

---

[106] 同上,第12段。
[107] 同上,第15段。
[108] 同上,第17段。
[109] 《与准则》不同的是,《国防指令》对于丹麦和罗马尼亚没有约束力。《国防指令》对欧洲经济区国家也有约束力。

运行条约》第258条;《国防安全采购指令》中的成员国国内法庭司法审查制度见第十章的讨论。按照《准则》的规定,不可能向法庭提出暂停采购决定、宣告合同无效或提出赔偿金的请求。该《准则》如此总结道:"任何签署该《准则》的成员国如果出现违反该准则的情况,不会有任何形式的惩罚措施"[110],这一点与前面讨论的自愿性和非法律约束性是一致的。另外,"没有惩罚措施"是《欧防局采购准则》、欧防局其他准则和《国防指令》的最大不同,相关讨论见本书第二部分。

不过任何一个公共采购制度如果没有某种形式的执行措施,没有支持相关规则的"牙齿",是不可能正常运转的。从表述"无惩罚"原则那句话的后半部分来看,《欧防局采购准则》的执行措施总结起来就是:"对该制度下其他成员国负责的要求"[111]。乔格波洛斯称此为"不遵守此《准则》时一种制度化的朋辈压力。"(见上述相关讨论)[112]。如果签署该《准则》的成员国以其中某个豁免条款为理由不遵守该《准则》,就必须提出理由并"在欧防局指导委员会上就此进行解释"[113]。乔格波洛斯认为这种"解释"要求实际上是辩解要求[114]。因此欧防局,更具体地说是指导委员会,是这种"实施机制"的辩论场所[115]。某些更加具体的问题见该《准则》相关规定:

一方面[签署《准则》的成员国]都不希望欧防局对本国相关事务进行独立调查,另一方面我们也认识到,欧防局必须有一个有效的监督制度,定期向指导委员会报告各成员国对《准则》的执行情况,保持各国间的相互透明和相互承诺[116]。

因此人们向各国提出了定期向指导委员会报告的要求。签署《准则》的国家必须保证相关国家的公务员以合作态度向欧防局提供相关信息[117]。这一点与朋辈压力的手法是一致的,乔格波洛斯称之为对滥用豁免条款的成员国的"公开谴责"[118]。

虽然《欧防局采购准则》没有法律约束力,也没有相关救济制度,但是不遵守《准则》必须提出解释或正当理由,必须告知欧防局,而且可以在指导委员会上进行辩论,这一点与《准则》提出之前的无压力状态相比是一种进步。乔格波洛斯认为,这种机制"为制度提供了'板子',否则这个制度是一个'没有牙齿'的制度"[119]。

---

[110] 《欧防局采购准则》(EDA Procurement Code),第2页。
[111] 同上。
[112] 乔格波洛斯(Georgopoulos),"准则"(Code),前注33,第55页。
[113] 《欧防局采购准则》(EDA Procurement Code),第3页。
[114] 乔格波洛斯(Georgopoulos),"准则"(Code),前注33,at 55.
[115] 《欧防局采购准则》(EDA Procurement Code),第3页:"欧防局将成为取得这种相互透明相互负责的手段。"
[116] 同上。
[117] 《欧防局采购准则》(EDA Procurement Code),第3页。
[118] 乔格波洛斯(Georgopoulos),"准则"(Code),前注33,at 55.
[119] 同上。

这个"板子"就是必须在指导委员会那里为自己的疑似滥用豁免条款行为做出辩解,甚至可能招致其他成员国的报复,因为滥用豁免条款是对《准则》互惠原则的破坏。其结果显然取决于相关机制在实践中的具体应用,以及对签署《准则》的成员国应用豁免条款的检查力度。

2.2.1.4 《欧防局准则》与《国防指令》的一致性

《欧防局准则》与《国防指令》之间的关系在《欧防局欧洲理事会决议》和《欧盟条约》中都有提及。《欧防局欧洲理事会决议》和《里斯本欧盟条约》对欧盟所有法律条文、欧洲理事会的所有资格和其他所有超国家制度都没有进行任何改变[120],因此这两个体系之间的关系取决于内部市场的限制。我们在第三章指出,武器采购并不是自动或无条件免责于《欧盟运行条约》或欧盟的公共采购指令。如果成员国不能成功应用《欧盟运行条约》第346条第(1)款(b)项,那么武器装备的采购必须受到《欧盟运行条约》和《国防指令》的约束。因此只有当成功应用《欧盟运行条约》第346条时,《欧防局准则》才适用。《准则》抓住的是例外情况下的采购。但是在多数情况下,这些采购特定的安全与保密性使这些成员国必须对《准则》进行克减,而且按规定也可以对《准则》进行克减,因为如果将相关信息公开,按照相关程序进行采购,与此情况下的紧急和安全要求是不相符的[121]。但是在这个法律背景下引入《欧防局准则》,不能说明《欧防局准则》针对的不是《欧盟运行条约》第346条的例外情况下的采购;它针对的并不是欧洲所有武器装备采购中的大多数[122]。制定《欧防局准则》并不是为了取代以前的欧盟《公共部门指令》和《欧盟运行条约》[123]。根据我们在前面对《欧盟运行条约》第346条的理解(相关讨论见第三章),如果不对第346条豁免条款进行修订,要取代它从法律上来说是不可能的。按照目前的《里斯本条约》或以前的《尼斯条约》的规定(当《准则》实施时尚处于有效期内),对所有国防采购进行规范是共同外交与安全政策的一部分。《准则》不管是否具有法律约束力,都要求对《欧盟运行条约》第346条第(1)款(b)项进行宽泛的解释,将武器装备的采购自动无条件地免责于《欧盟运行条约》。另外,还要求所有武器装备的采购无理由免责,不必按照逐案审查的方式进行处理。但是这种对免责条款无理由无条件式

---

[120] 在提到《欧盟条约》第45条时对此进行了强调,"充分尊重"在《欧防局理事会决议》前言和第1条第(2)款、第5条第(1)款规定的"欧盟及其机构的责任"。《欧防局理事会决议》第1条第(2)款规定:"欧防局将按照理事会的授权,在欧盟单一组织体制内支持共同外交与安全政策、共同安全与防务政策,不影响欧盟机构及理事会机构的责任。欧防局的任务,是对欧盟权限一视同仁,充分尊重《欧盟条约》第40条。"

[121] 休尼克斯(Heuninckx),"形成"(Towards),前注42,第8页。

[122] 本观点的讨论参见特莱伯斯(Trybus),"欧防局"(EDA),前注1。

[123] 这也是乔格波洛斯(Georgopoulos)的观点,见乔格波洛斯,"准则"(Code),前注33,第53页。

的理解显然在Spanish Weapons[124]、Agusta[125]、Military Exports[126]和Finnish Turntables[127]案例中受到欧洲法院的否决(相关讨论见第三章)[128]。成员国可以按照逐案审查的方式实现对《欧盟运行条约》相关条款的克减,但必须接受欧洲法院的审查(审查力度不大),这一点在《欧盟运行条约》第348条有明确规定,在别处也可能存在,如《欧盟运行条约》第258条。因此如果《准则》针对的是所有国防采购,那么《准则》就可能建立在对《欧盟运行条约》的错误理解上,对内部市场的国防采购政策来说可能是一个挑战。如果情况果真如此,那么在更具政府间性质的共同安全与防卫政策的背景下,成员国面对国防采购规则可能会认为武器装备的采购自动不受《欧盟运行条约》的限制。人们可能会制定一个政府间、自愿性和不具法律约束力的《准则》,而这个《准则》可能会与超国家且具有法律约束力的《公共部门指令》和后来的《国防指令》发生一些重叠。但是我们将在下文指出,《欧防局采购准则》和其他《准则》的目的并不是为了挑战内部市场,而是在适当应用或不当应用《欧盟运行条约》第346条时保证透明性、竞争性和非歧视性的一个制度[129]。

但是存在这样一种可能:《准则》可能会发展成为对欧盟所有现有法律的一个威胁,成员国可能会运用《准则》而不是《公共采购指令》。休尼克斯[130]通过对2006年和2008年公布在电子公告板上的合同进行研究,发现了一些非常有趣的数字。当时《国防指令》还没有出台。从1958年清单之外的货物和显然达不到《欧盟运行条约》第346条要求的货物[131]来看,在电子公告板上公布的27.1%的合同"没有正当理由或存在问题"。剩下的72.9%的合同显然达不到《欧盟运行条约》第346条的要求,而这样的合同竟然在电子公告板上公布了出来,而且属于与《公共部门指令》没有多大差别、以透明性和非歧视性为基础的《准则》的约束范畴[132]。出现极端的国内安全形势时,可以豁免于内部市场制度,也可以不受欧防

---

[124] Case C-414/97, *Commission v. Spain* [1999] ECR I-5585, [2000] 2 CMLR4。

[125] Case C-337/05, *Commission v. Italy* [2008] ECR I-2173 和 C-157/06, *Commission v. Italy* [2008] ECR I-7313。

[126] Case C-284/05, *Commission v. Finland* [2009] ECR I-11705; Case C-294/05, *Commission v. Sweden* [2009] ECR I-11777; Case 387/05, *Commission v. Italy* [2009] ECR I-11831; Case C-409/05, *Commission v. Greece* [2009] ECR I-11859; Case C-461/05, *Commission v. Denmark* [2009] ECR I-11887; Case C-38/06, *Commission v. Portugal* [2010] ECR I-1569; Case C-239/06, *Commission v. Italy* [2009] ECR I-11913。

[127] Case C-615/10, *Insinööritoimisto InsTiimi Oy*, 尚未公布, 2012年6月7日。

[128] 参见 第3章,第104-125页。

[129] 本段提出的观点我与B·休尼克斯(B. Heuninckx)进行了讨论并从中受益。

[130] B·休尼克斯(B. Heuninckx),"欧洲防务局电子公告板:两年之后的综述"(The European Defence Agency Electronic Bulletin Board: A Survey after Two Years) (2009) 第18卷,《公共采购法评论》(*Public Procurement Law Review*) 43-66期,第62页。另参见《欧盟委员会工作人员国防工作文件》SWD(2013)279 final 附随的 COM(2013)542 final 数据,第41页。

[131] 休尼克斯(Heuninckx),"电子公告板"(EEB),前注130,举了一个"庆典用空弹头"的例子。

[132] 同上,第63页。

局制度的限制。在此期间似乎存在以欧防局制度取代《公共部门指令》的危险。《国防指令》转化为国内法的最后期限过去之后,发布在欧盟电子公告板上的合同也显示出以《准则》取代《国防指令》的危险。

之所以认为有这样的危险出于两个方面的原因。第一,到现在为止,成员国的国防采购当局大多从未真正应用过《欧盟运行条约》第 346 条第(1)款(b)项[133],因此《公共部门指令》在现实生活中并不包括武器装备采购。另外,与欧洲法院在 Spanish Weapons 一案中的判决相一致的《国防指令》相对较新。因此迄今为止人们对该豁免条款的应用经历非常有限。《欧防局采购准则》反映了欧盟公共采购指令的核心内容[134],因此自然可以提高国防采购中的竞争性和透明性,对于形成欧洲防务装备市场具有重要的推动作用。换句话说,即使《欧防局采购准则》针对的是对《欧盟运行条约》第 346 条的滥用,它也是一个聊胜于无的东西。第二,欧洲理事会的《理事会通讯》在 2006 年末才对现有法律制度进行了说明[135],在 2009 年才通过了《国防指令》,对《国防指令》的实施在 2011 年才完成。我们在本书引言中说过,《国防指令》在成员国的完全实施可能还需要更长的时间。因此在《国防指令》出台并转化为成员国国内法之后、《说明性通讯》公布之前,专门针对国防采购的法律是不存在的,也没有解释性的法律文书来限制成员国对《欧盟运行条约》第 346 条的滥用。

2004 年 10 月,英国政府用一份非正式文件对本书引言中提到的《绿皮书》做了回应,提出在经过一系列繁琐程序完成欧盟国防采购法的制定之前,可以用《欧防局采购准则》作为临时法律,使这个阶段的采购更加透明[136]。参加相关咨询过程并最终于 2005 年 12 月出台《欧洲理事会通讯》的一部分人也提出了这个建议[137]。因此在《准则》被具有法律约束力的《国防指令》和《解释性通讯》取代之前(这个《解释性通讯》使人们对内部市场规则的应用更加频繁),它作为一个临时性手段对于促进市场的公平待遇和透明性起到了积极作用而不是消极作用。

《欧防局采购准则》是一个政治性的举措。《欧盟运行条约》第 346 条显然被许多成员国所滥用;人们之所以采纳《欧防局采购准则》,是因为人们承认眼下这

---

[133] 参见成员国国防部门在欧盟官方公报上发布的合同信息,COM(2005)626 final,第 4 页。

[134] 乔格波洛斯(Georgopoulos),"准则"(Code),前注 33,第 54 页:"[《行为准则》] 显然与欧盟公共采购法核心内容有相似之处。"

[135] "《国防指令》第 346 条在国防采购领域适用范围的说明性通讯"(Interpretative Communication on the Application of Article [346] of the Treaty in the Field of Defence Procurement),COM(2006)779 final,参见第 3 章,第 125-127 页。

[136] 在英国上院、欧盟,第 9 次报告,第 61 点。

[137] 《欧盟委员会就〈国防采购绿皮书〉发起的关于国防采购和未来欧盟委员会倡议的意见征询结果提交给欧洲理事会和欧洲议会的通讯》(Communication from the Commission to the Council and the European Parliament on the results of the consultation launched by the Green Paper on Defence Procurement and future Commission initiatives,COM(2005)626,第 9 页。另参见休尼克斯(Heuninckx),"形成"(Towards),前注 42,第 7-8 页。

种情况在很大程度上是不可避免的,人们试图让市场变得更具竞争性,更加透明,逐渐把国防采购也纳入内部市场规范当中。因此《欧防局采购准则》是对 2004 年英国非正式文件提议的肯定,不是对内部市场和《公共部门指令》的一个挑战,是在一个更加合适的内部市场法(即后来的《国防指令》)到来之前,以一种政治实用主义方式针对《欧盟运行条约》第 346 条的滥用而制定的一个法律文件。2013 年,当所有成员国完成《国防指令》向国内法的转化后(相关讨论见下文),该《欧防局采购准则》即中止使用,这也是对《欧防局采购准则》解读的肯定。当所有成员国全面完成《国防指令》向国内法的转化后,这个实用主义色彩的欧防局"应急"制度便立刻被永久性的内部市场制度取代了。

《欧防局采购准则》于 2005 年 12 月制定后[138],欧盟委员会在其《通讯》中指出,《准则》是对其自身倡议的一个补充,适用于不同领域的国防市场。欧盟委员会指出,《准则》适用于满足《欧盟运行条约》第 346 条的情形[139],因此欧盟委员会似乎认为他们自己的倡议适用于不满足《欧盟运行条约》第 346 条的情形[140]。另外,根据欧洲法院对 Spanish Weapons 一案的判决,成员国只有因为国家安全的原因,在非常严格且在逐案审查的基础上,才可能以《欧盟运行条约》第 346 条第(1)款(b)项为基础,豁免于《欧盟运行条约》的约束。这种使成员国豁免于《欧盟运行条约》的情形也可以使其豁免于《欧防局准则》,不仅是因为《准则》没有任何法律约束力,还因为其他任何成员国都不可能在该国面临国家安全的严峻形势时对其提出批评。但是成员国可以决定豁免于《欧盟运行条约》的措施,但不能决定豁免于《准则》的措施,这样将有利于提高采购合同的竞争性、透明性和公平待遇。但是针对那些处于《欧盟运行条约》约束范围内同时又不受成员国司法限制的武器装备合同,成员国似乎形成了一种制度,而如果《欧盟运行条约》346 条第(1)款(b)项应用恰当,这个制度本来是没有必要存在的。另外,该欧防局制度是对《国防指令》出台前滥用武器装备采购豁免条款的一个反应。由于豁免条款的滥用,大多数武器装备采购处于内部市场规范之外[141]。有了这个《准则》,总比完全没有竞争和透明性要好。但是休尼克斯在一个调查报告里指出[142],公布在电子公告板上的部分合同并不属于《欧盟运行条约》第 346 条范围内的情况。采购当局是否机械地将武器装备采购公布在电子公告板上,而不是

---

[138] COM(2005)626 final,第 8—10 页。
[139] 同上,第 10 页。
[140] 乔格波洛斯(Georgopoulos),"准则"(Code),前注 33,第 53 页。
[141] 欧防局指出,在《准则》生效之前,成员国一半以上的国防采购在内部市场以外完成,参见欧防局媒体消息,"欧盟政府就防务装备市场竞争达成自愿准则"(EU Governments Agree Voluntary Code for Cross-Border Competition in Defence Equipment Market),布鲁塞尔,2005 年 11 月 21 日,以及"欧防局欢迎欧盟委员会关于国防采购规则的举措",(EDA Welcomes European Commission Move on Defence Procurement Rules),布鲁塞尔,2005 年 12 月 6 日,引自休尼克斯(Heuninckx),"形成"(Towards),前注 42,第 6 页。
[142] 休尼克斯(Heuninckx),"电子公告板"(EBB),前注 130。

公布在《欧盟官方公报》上，不愿意将相关采购按照逐案审查的方式进行评估？如果他们想应用《欧盟运行条约》的豁免条款，就必须把采购公告发布在《欧盟官方公报》上，并按照逐案审查的方式对此进行评估。由于缺乏相关数据，这个问题无法回答，但是如果情况果真如此，那么《欧防局采购准则》和电子公告板的存在可能会使相关合同不受内部市场机制的约束。另外，欧洲理事会本可以通过《欧盟运行条约》第 258 条和第 348 条赋予他们的权力，使采购当局对《欧盟运行条约》第 346 条第（1）款（b）项的滥用更加困难。最后一点是，这个《通讯》的结果可能已经过时，因为它讨论的主要是原有公共采购指令下的法律体系和实践，不足以应对目前的武器装备采购。我们在本书第二部分指出，《国防指令》比起先前的欧盟法更适合国防采购[143]。因此在 2011 年的版本里，留给《欧防局采购准则》的空间就更少了。

在写作本书的 2013 年，《欧防局采购准则》中止使用。欧防局网站如此评论《欧防局采购准则》：

由于欧洲防务装备市场的变化，欧防局指导委员会于 2013 年 3 月 12 日责成对新的政府间协议需求进行分析，以取代《准则》[144]。

欧防局网站以同样的方式提到《欧防局供应链准则》：

2013 年 3 月 12 日，欧防局指导委员会责成欧防局开始对此《准则》进行审查[145]。

这次审查并没有完成。由于 2013 年 3 月的指导委员会会议备忘录没有公布，我们无法研究到底是什么事情触发了此次审查。但是多种迹象说明人们必须认真思考"由于欧洲国防采购市场的变化"这一措辞的含义。《国防指令》于 2009 年生效，必须于 2011 年之前开始实施。到 2012 年 10 月，《欧洲理事会国内法转化报告》[146]指出，在所有成员国完成国内法转化报告时，《国防指令》并没有按照截止日期在所在成员国开始实施[147]。即使那些很晚才将《国防指令》转化为国内法的成员国，也常常承认《国防指令》在转化截止日期和实际转化为国内法之间这段时间对

---

[143] 关于以前的各个《指令》作为国防采购的法律规治手段，参见特莱伯斯（Trybus），《欧洲国防采购法》，前注 43，第 47-63 页。

[144] www.eda.europa.eu/procurement-gateway/information/eda-codes-arrangements［2013 年 7 月 23 日登录］。2014 年 4 月 24 日在欧防局网站上仍可以找到这段话。

[145] 同上。

[146] "欧盟委员会就关于国防与安全采购的《指令 2009/81/EC》提交给欧洲议会和欧洲理事会的报告"（Report from the Commission to the European Parliament and the Council on Transposition of Directive 2009/81/EC on Defence and Security Procurement），COM(2012)565 final。

[147] 来自美国政府的一个出处，http://export.gov/europeanunion/defenseprocurement/［2013 年 11 月 5 日登录］，说 2013 年 4 月完成了向国内法的转换——这个时间点与 2013 年 3 月的会议非常接近。在这个会议上，决定中止《准则》，而欧防局指导委员会可能已经知道所有成员国都比预定时间稍早完成了《国防安全采购指令》向国内法的转化。

本国国防采购的直接影响[148]。他们的变通方法是要求临时采用本国以《公共部门指令》为基础制定的"民事"采购制度[149]。因此 2013 年 3 月,欧防局指导委员会只能对这个在大多数成员国已转化为国内法的《国防指令》做出回应。《欧防局采购准则》、《供应链准则》和内部市场《公共部门指令 2004/18/EC》(许多人指出《公共部门指令 2004/18/EC》不适合国防采购)的"共存",欧防局、成员国甚至欧盟委员会都可以进行解释。要解释为什么《欧防局采购准则》会与内部市场专门应对国防安全采购的《国防指令》并存,并不是一件容易的事情。如前所述,《欧防局准则》和《国防指令》是针对滥用《欧盟运行条约》第 346 条的法律制度,前者是一个内部市场之外的法律制度,后者是一个内部市场之内的法律制度。这两个法律文件的持续并存表明共同外交与安全政策、内部市场法与相关成员国的矛盾政策之间存在一种持续的拉锯战,更不用说它们之间存在的重复与不一致了[150]。因此人们认为目前的审查和很可能被取代的《欧防局采购准则》实际上是《准则》面对(几乎)完全转化为成员国国内法的《国防指令》而做出的一种后退反应。新的"欧防局采购门户"信息的到来印证了这个观点。这个新的"欧防局采购门户"于 2013 年 6 月 28 日投入使用[151]。电子公告板消失(!)后,采购门户包含以下信息:欧盟采购指令[152]、《欧盟官方公报》发布合同公告和其他采购公告的平台"每日电子标

---

[148] B·休尼克斯认为比利时的情况就是如此。各《指令》向成员国国内法转化的最后期限过后,这些指令的直接影响得到了欧盟法的普遍承认,成员国不必再加以说明。可参见 Case 148/78,*Pubblico Ministero v. Ratti* [1979] ECR 1629。但是对于采购官员来说,这种说明是非常有用的,可能会避免一些针对成员国的诉讼。

[149] 德国的情况就是如此。参见联邦经济与技术部,2011 年 7 月 26 日,Rundschreiben ["传阅"] zur Anwendung der Richtlinie 2009/81/EG des europäischen Parlaments und des Rates vom 13. Juli 2009 über die Koordinierung der Verfahren zur Vergabe bestimmter Bau-,Liefer- und Dienstleistungsaufträge in den Bereichen Verteidigung und Sicherheit und zur Änderung der Richtlinien 2004/17/EG und 2004/18/EG,www.bmwi.de/BMWi/Redaktion/PDF/I/interim-schreiben-anwendung-der-rl-2009-81-eg,property = pdf,bereich = bmwi,sprache = de,rwb = true.pdf [2013 年 7 月 24 日登录,提交给有采购活动的主要联邦部门],第 3 页:"Unmittelbare Wirkung der Richtlinie mit Auswirkung auf Bestimmungen des GWB"(《指令》对《竞争法》条款的直接影响):"Um Vergabeverfahren europarechtskonform zu gestalten,sollten Auftraggeber ab dem 21. August 2011 bei der Vergabe verteidigungs-und sicherheit relevanter Aufträge das GWB-Vergaberecht entsprechend anwenden."(为了按照欧盟法的规定进行公共采购,从 2011 年 8 月 21 日起,采购实体应当遵守与国防与安全合同规则类似的具有法律约束力的公共采购法。)

[150] 另参见《欧盟委员会工作人员工作文件——效果评估》(Commission Staff Working Document-Impact Assessment) SEC(2007),1593,http://ec.europa.eu/governance/impact/ia_carried_out/docs/ia_2007/sec_2007_ [2013 年 11 月 1 日登录],第 58 页,发出警告:"欧盟委员会将继续参与欧防局的各次论坛,尤其是在《行为准则》按照在国防采购领域应用第 346 条的解释性通讯实施之后。"

[151] www.eda.europa.eu/info-hub/news/2013/06/28/european-defence-agency-launches-defence-procurement-gateway [2013 年 7 月 24 日登录]。

[152] Directives 2004/17/EC,2004/18/EC,2009/81/EC and the Intra-Community Transfers Directive 2009/43/EC,www.eda.europa.eu/procurement-gateway/information/codeda-regulationaba [2013 年 7 月 24 日登录]。

讯"[153],欧洲法院解读《欧盟运行条约》第346条的判例法[154](相关讨论见第三章),以及针对成员国违反《欧盟运行条约》第258条的诉讼信息[155](相关讨论见第十章)。《欧防局采购准则》和《供应链准则》仍然可以看到[156],但现在找不到欧防局发布合同的端口了,而人们在评论"每日电子标讯"时指出成员国国防部门的合同本应公布在这个地方。"每日电子标讯"的消失让《准则》从软性法律文件变成法律史上的普通文件。但是前面讨论的《准则》有可能被修订过的法律文件所取代。这样的法律文件不可能会取代《国防指令》,可能会更加专注于应用《欧盟运行条约》第346条的情况。另外可能被取代的只有《欧防局供应链准则》。而《采购准则》似乎不可能恢复到目前的形式。本书完成时,即2013年11月,欧防局正在与签署《准则》的成员国就其未来进行讨论。结果可能有二:一是不会制定新的准则;二是制定一个新的准则,在有人应用《欧盟运行条约》第346条时采用电子公告板,或者制定一个适用于所有国防采购(甚至包括那些按照《国防指令》进行的国防采购)的新的软性法律指南。

  欧防局法律文件的结构(相关讨论如上)足以促使欧防局现有采购制度的中止、废止或改革。欧防局局长在共同外交与安全政策和欧盟委员会上都有非常重要的作用。即使指导委员会没有投票权,指导委员会仍然是欧盟委员会的代表,而欧防局和欧盟委员会的工作人员都有持久联系。这两个机构之间的"桥梁"应当有助于避免或限制各制度之间的冲突。这个桥梁有助于人们对欧防局和欧盟委员会的认识,即它们的目标是一致的,都是为了建立一个竞争透明的欧洲防务装备市场,而不是在市场规范权限上相互争吵。

2.2.2 国家能力义务评估

  根据《欧防局欧洲理事会决议》第5条第(3)款(a)项和《欧盟条约》第45条第(1)款(a)项的规定,欧防局对成员国的能力义务履行情况进行评估。这说明了能力义务监管机构的作用,与《欧盟运行条约》的任一范围或欧盟委员会的任一功能都没有重复之处。关于这个功能的准确描述一直就没有。准确描述的缺乏并不奇怪,因为这是一件颇具政治色彩的事情[157]。2006年,欧防局发布了一个关于欧洲国

---

[153] 同上。

[154] 列表:"Case 6/64 Costa v Ente Nazionale per l'Energia Elettrica(ENEL);Case 72/83 Campus Oil Ltd v Ministry for Industry and Energy;Case C-252/01 Commission v Belgium;Case T-26/01 Fiocchi munizioni SpA v Commission;Case C-337/05 Commission v Italy;Case C-157/06 Commission v Italy;Case C-273/97 Sirdar v The Army Board;Case C-414/97 Commission v Spain;Case C-615/10 Finland v European Commission"。

[155] www.eda.europa.eu/procurement-gateway/information/codeda-regulationaba/eu-infringment-cases-and-rulings[2013年7月24日登录]。

[156] www.eda.europa.eu/procurement-gateway/information/eda-codes-arrangements[2013年7月24日登录]。

[157] B·休尼克斯(B. Heuninckx),"欧洲防务局能力发展计划及欧洲军备合作战略:正确方向上的两个步骤"(The European Defence Agency Capability Development Plan and the European Armaments Cooperation Strategy:Two Steps in the Right Direction)(2009)第18期,《公共采购法评论》(*Public Procurement Law Review*),第NA136-143页。

防能力与能力需求的长期愿景(long-term vision, LTV)报告[158],在这个报告里提出了发展欧洲国防能力的三个问题：(1)互操作性；(2)快速采购,尤其是对新技术的快速应用；(3)应对欧洲国防工业企业逐步衰落的工业措施,如增加投资,合并欧洲国防工业企业和制定战略工业能力目标。在这个基础上,欧防局于2008年制定了《欧洲能力发展计划》(European Capabilities Development Plan, ECDP),目的是让长期愿景报告中的长期愿景能力引导更加具体,明确能力发展的优先项,提供资源集中和合作机遇。欧防局指导委员会以《欧洲能力发展计划》为基础,随后就12项国防能力达成了一致,一致认为应当在这一方面采取行动。《欧洲能力发展计划》"是一个活文件,需要定期进行更新"[159]。成员国必须整体达到《计划》中提出的要求,同时又强调了协作项目的重要性。2008年的《欧洲武器装备合作战略》(European Armaments Cooperation Strategy)因此而通过[160]。

休尼克斯指出,《欧洲能力发展计划》并不是一个超国家防务装备或能力计划,其目标也不是取代本国的国防计划和项目[161]。于是有人提出了这样的问题：如果一个成员国总是达不到其能力义务,欧防局应当怎么办？不可能像欧盟委员会那样,按照《欧盟运行条约》第258或第348条对其提出诉讼。《欧洲能力发展计划》的目的是对成员国的国家决策过程形成支持,而成员国就某个超国家计划过程提出承诺为时尚早。

但是以前并没有类似的政府间计划[162],因此未来应当有一个超国家计划[163],以保证这个计划的可实施性和有效性。如上所述,欧防局的这个监督功能与内部市场并不重复,与欧盟委员会的权限也没有重叠的地方。但是这个《计划》是《国防指令》背景的一部分,因为至少从这个《计划》的国家和非协作层面来说,预想中的能力提升往往需要应用《国防指令》来实现。

2.2.3 分担与共享

分担与共享是一种与能力发展有关的实践行为。2012年11月,欧防局制定

---

[158] 欧防局,《欧洲防务能力及性能需求初步长期展望》(*An Initial Long-Term Vision for European Defence Capability and Capacity Needs*),2006年10月3日,http://ue.eu.int/ueDocs/cms_Data/docs/pressdata/EN/reports/91135.pdf [2013年10月25日登录]。

[159] 欧防局,《背景说明——欧洲能力发展计划》(Background Note - European Capability Development Plan),http://consilium.europa.eu/uedocs/cmsUpload/080708-CDP_Press_Background_brief%20.pdf[[2013年10月25日登录]。

[160] 欧防局,《欧洲军备合作战略》(*European Armaments Cooperation Strategy*),2008年10月15日,www.eda.europa.eu/docs/news/European_Armaments_Cooperation_Strategy.pd [[2013年10月25日登录]]。

[161] 休尼克斯(Heuninckx),"能力发展计划"(Capability Development Plan),前注157,第NA140页。

[162] 下文讨论的西欧军备小组(WEAG)是一个政府间组织,参见《西欧联盟的成立,欧洲的军事合作：西欧军备小组与欧盟活动——对欧洲理事会的年度报告答复》(Assembly of the WEU, Arms Cooperation in Europe; WEAG and EU activities-reply to the annual report of the Council),文件编号A/1800,2002年12月4日,http://assembly-weu.itnetwork.fr/en/documents/sessions_ordinaires/rpt/2002/1800.html 引自休尼克斯(Heuninckx),"能力发展计划"(Capability Development Plan),前注157,第NA142页。

[163] 休尼克斯(Heuninckx),"能力发展计划"(Capability Development Plan),前注157,第NA142页。

了《分担与共享行为准则》(Code of Conduct on Pooling and Sharing)[164]，企图通过一种系统性的方法达到这个目标。有人指出，分担与共享包括两个方面的内容：(1)"国家项目向其他成员国的扩展"[165];(2)"成员国联合使用现有能力"[166]。第一方面的内容与国防采购有关，因为国家项目向其他成员国扩展将带来更多的与研发有关的协作机会，而这是不受《国防指令》的约束的，相关讨论见第六章[167]。《准则》还包括了各种举措，目的是把各成员国的计划和决策纳入主流。这些举措的实施以国家为基础且具有自愿性质，与成员国的国防政策相符[168]，因此它也是一个政府间的制度。总而言之，它与《欧盟运行条约》是没有冲突的。

2.2.4 协作项目与联合研究计划

根据《欧防局欧洲理事会决议》第5条第(3)款(c)项和《欧盟条约》第45条第(1)款(c)项的规定，多边项目由欧防局负责。多国协作项目，如英—德—意—西"欧洲战机/台风"就可以由欧防局领导。不过即使欧防局具有此方面的法定资格，也不认为这是它的核心工作，它的体系构成也不是为了做这项工作。欧防局更愿意将这项工作托付给联合军备采购组织[169]，下面将会就此进行讨论。

《欧盟条约》第5条第(3)款(d)项和第45条第(1)款(d)项规定，联合研究项目由欧防局负责。所谓联合研究项目指的是数个成员国就某个装备共同进行研究开发工作[170]。这样的项目也可能只与研究有关。此时共同项目一般会取代成员国的个别项目。但是成员国仍然可以以国家名义继续进行或开始类似项目。不过由于当下国防预算普遍紧张，发生这种事情的几率不大。

欧防局可以为联合项目起到协调与管理的作用。这个任务在《欧盟条约》中没有提到，这说明这种技术上的事务对于《欧盟条约》来说并没有什么争议，也不重要。《欧防局联合行动》第5条第(3)款提到了联合项目的协调与管理。另外，成员国可以自行决定是否参与某个联合项目，不能强迫成员国参与某个联合项目。

我们在第四章指出[171]，《欧盟运行条约》有一个与研究有关的政策，欧盟委员会也有一个不断增加的年度民事研究预算，2013年的预算稍低于110亿欧元[172]。某

---

[164] 《欧防局共享与分担准则》(EDA Pooling and Sharing Code)，www.eda.europa.eu/docs/news/code-of-conduct.pdf [2013年10月25日登录]。

[165] 同上，第3点。

[166] 同上，第5点。

[167] 第283-288页。

[168] 《欧防局共享与分担准则》(EDA Pooling and Sharing Code)，第1点。

[169] 博杜安·休尼克斯(Baudouin Heuninckx)，"欧盟通过国际组织进行协作式国防采购的法律"(The Law of Collaborative Defence Procurement Through International Organisations in the European Union)，博士论文，诺丁汉大学(2011)，第178页。

[170] 欧防局，《欧洲防务研究与技术战略》(A European Defence Research and Technology Strategy)(2008)，www.eda.europa.eu/docs/documents/edrt_strategy.pdf [2013年10月25日登录]。

[171] 第183页。

[172] http://ec.europa.eu/research/fp7/index_en.cfm? pg=budget [2013年8月28日登录]。

些项目,如伽利略卫星导航系统也可以完成军事任务。另外,欧盟委员会还有一个很详细的安全研究项目,针对的是恐怖主义、有组织犯罪和自然灾害[173]。虽然这不是一个竞争性项目(欧防局的项目主要是军事项目),但是与军事领域也可能有重叠的地方,需要与欧盟委员会联合处理。

前面讨论的《欧防局采购准则》和《欧防局供应链准则》中止后,涉及研发的协作式采购项目有可能成为与欧防局采购活动关系最为密切的事情之一,与内部市场的采购活动也有着密切关系。这不仅是因为这些项目在技术、资金、经济和军事上非常重要(相关讨论见第一章)[174],还因为内部市场与《国防指令》一起对《欧盟运行条约》第346条范围内的国防采购进行司法审查时,明确指出涉及研发的协作项目不属于其约束范围,详见《国防指令》第13条第(c)款。这说明通过《国防指令》在内部市场和共同外交与安全政策这两个欧盟"支柱"间进行了权限划分,相关讨论详见第六章[175]。我们有充分的理由认为,欧防局手中掌握很大一部分的国防采购。但是必须指出,欧防局目前并不认为自己是一个采购机构,而是一个决策机构(相关讨论见下文)[176]。因此这个重要功能只是一种潜在功能,目前并不是一个实际功能[177]。

欧防局本身作为一个合同机构,也有相关的采购制度对其采购进行制约,这些采购制度包括《欧防局采购条例》(EDA Procurement Regulations)[178]和《欧防局研发项目用户指南》(EDA R&T Projects User Guide)。当相关采购属于《公共部门指令》的约束范围同时又在《国防指令》的约束范围之外时,《欧防局采购条例》和《欧防局运行预算出资条例》(Rules for Financial Contributions for the Operational Budget of the European Defence Agency)与《公共部门指令2004/18/EC》大致相同,相关讨论详见第六章[179]。这些条例于2006年12月14日由指导委员会通过,此后未进行修订,但可能不久后会进行修订。《欧防局研发项目用户指南》没有法律约束力[180],覆盖范围是研发项目。在这些研发项目中,至少有两个成员国(不包括丹麦,可以包括挪威或瑞士)进行任何形式的协作。这个指南与采购指令的规则不一致,但受制于合理报酬原则,相关讨论见第一章[181]。换句话说,来自"出资成员国的公司"必须得到一定比例的项目合同,合同价值与其出资大致相等。但是我们在第六章将

---

[173] http://ec.europa.eu/enterprise/policies/security/ [2013年8月28日登录]。

[174] 第53—54页。

[175] 第286—288页。

[176] 欧防局,《欧洲军备合作战略》(*European Armaments Cooperation Strategy*),前注160。

[177] 感谢休尼克斯(Heuninckx)在评论本章时期版本时就这一点与我进行的讨论。另参见其关于供应安全与补偿贸易的文章,前注65。

[178] www.eda.europa.eu/docs/documents/EDA_Procurement_Rules_and_Rules_on_ [2013年8月29日登录]。

[179] 第286—288页。

[180] www.eda.europa.eu/RandTUserGuide [2013年8月29日登录]。

[181] 第53—54页。

会指出,此类协作式合同显然不适用《国防指令》。但是如果成员国没有成功应用《欧盟运行条约》第346条,那么《欧盟运行条约》及其采购原则仍然适用,防止出现协作式采购中的一些常见行为(如合理报酬原则的应用)。

2.3 作为《里斯本条约》共同外交与安全政策一部分的欧防局

　　欧防局是欧洲能力与军备政策的一个机构维度,而欧洲能力与军备政策又是政府间共同安全与防卫政策和共同外交与安全政策的一部分。欧防局被称为"《欧盟条约》第二个支柱",使欧洲武器装备合作带上了浓厚的政府间色彩。前面在讨论欧防局的任务时对这种政府间的特色进行了讨论。这于这一点有几个重要方面:第一,长期以来就存在一种欧洲武器装备方面的政府间合作传统,欧防局的成立延续了这种传统。只有作废的1952年《欧洲防务共同体条约》提出一种超国家欧洲武器装备政策,而按照这个政策的规定,必须由一个独立的监事会完成采购[182]。第二,成立一个超国家机构目前在政治上似乎并不可行,而成立一个政府间的欧防局则比没有这个机构要好一些。第三,尤其是在能力义务的管理方面,政府间的东西是最合适的。

　　但是在共同外交与安全政策的背景下成立欧防局是有问题的。第一,一个政府间机构是否能够应对目前的能力不足问题和条块分割问题很值得怀疑。具有法律效力的决定和法律制度根本就不存在。在过去这种方式并不是总能成功[183]。第二,成员国针对《欧盟运行条约》第346条的滥用做出了反应,制定了一个欧防局制度,尤其是制定了《欧防局采购准则》,以此作为政府间共同外交与安全政策和共同安全与防卫政策的一部分。换句话说,针对那些至少应当常常按照内部市场规则授予的合同,人们制定了一个内部市场之外的制度。但是我们在第三章指出,超国家的《欧盟运行条约》并不适用于欧防局应当处理的货物类型,除非成员国成功应用了《欧盟运行条约》第346条第(1)款(b)项。这并不是说要引入政府间的元素,而是说绝不能忽视《欧盟运行条约》的运用。欧盟委员会在其通讯《欧洲国防相关工业面对的挑战》(The Challenges Facing the European Defence-related Industry)[184]、《实施欧盟国防相关工业战略》(Implementing the European Union Strategy on Defence-related Industries)[185]、《形成一个欧盟防务装备政策》(Towards an EU Defence Equipment Policy)[186]、《国防采购绿皮书》(Green Paper on Defence Procure-

---

　　[182] 参见特莱伯斯(Trybus),《欧盟法与防务一体化》(*European Union Law and Defence Integration*),前注17,第39—42页。

　　[183] 对于过去发布的各个倡议的综述,参见特莱伯斯(Trybus),《欧洲国防采购法》(*European Defence Procurement Law*),前注43,第1章,第18—20页。

　　[184] COM(1996)10 final。

　　[185] COM(1997)583 final。

　　[186] COM(2003)113 final。

ment)[187]和《2005年12月通讯》(Communication of December 2005)中[188],对目前仍被称为"共同体法"的武器装备法律进行了讨论,没有提出具体的建议。但是对于本属于欧防局的许多政策领域来说,《欧盟运行条约》是一种替代式的模式,与当前的政府间准则相比具有非常明显的长处。例如,欧盟委员会在公共采购规则和政策方面具有丰富的经验。但是这个内部市场或"共同体"规则,以及相关政策,不能认为是一种完全的成功。具有法律约束力的《欧盟运行条约》和欧盟《公共部门指令》、《公用事业指令》和《国防指令》,针对内部市场各领域的运转形成了一个生机勃勃的法律体系。欧盟委员会必要时可按照《欧盟运行条约》第258条的规定通过欧洲法院实施这些指令。具有政府间性质的欧防局还需要丰富自己的经验并制定一个活的法律文件取代内部市场法,最终形成一个欧洲防务装备市场。虽然欧防局也取得了很大进步而发展较快,但其他所有政府间倡议都没有达到欧盟内部市场法的成就。

3. 联合军备采购组织[189]

联合军备采购组织(Organisation for Joint Armaments Cooperation, OCCAR)[190]由法国、德国、意大利和英国于1996年成立。2014年,西班牙和比利时也成为其中一员[191]。在此之前,法国、德国曾设想在西欧联盟建立一个欧洲军备局,因对军备合作结构不满而成立了这个联合军备采购组织[192]。

联合军备采购组织是涉及两个成员国以上联合项目的管理组织,但也有单

---

[187] COM(2004)608 final。

[188] COM(2005)626 final。

[189] 本章由M·特莱伯斯(M. Trybus),"国防采购:新公共部门指令及未来"(Defence Procurement: The New Public Sector Directive and Beyond)(2004)第13期《公共采购法评论》(Public Procurement Law Review)198-210,第207-209页的一个章节为基础。关于联合军备采购组织也可参见:阿瑞斯·乔格波洛斯(Aris Georgopoulos),"欧洲军备政策:安全与防务的必要条件?"(European Armaments Policy: A Sine Qua Non for Security and Defence?),见于马丁·特莱伯斯和尼哥尔·怀特(Martin Trybus and Nigel White)(eds.),《欧洲安全法》(European Security Law)(Oxford University Press, 2007), 198-222, 第209-212页,详细讨论见休尼克斯(Heuninckx),《论文》(Thesis),前注169,第158-196页。

[190] 这个缩略语是基于法语:Organisme conjointe de coopération en matière d'armement。

[191] www.occar.int/185 [2014年4月24日登录]:"此时有六个欧盟成员国加入联合军备采购组织:比利时、法国、德国、英国、意大利和西班牙。"比利时于2003年加入,西班牙于2005年加入,参见乔格波洛斯(Georgopoulos),"欧洲军备政策"(European Armaments Policy),前注189,第209页。"联合军备采购组织包括12个国家,芬兰、瑞典、波兰、卢森堡、荷兰和土耳其也加入到联合军备采购组织的一个或多个项目中",参见www.occar.int/185 [2013年7月26日登录]。

[192] 《军火贸易:防务市场一体化的欧洲倡议》(Defence Trade: European Initiatives to Integrate the Defence Market),提交给国防部长的报告(华盛顿特区:美国总审计局,1997年10月),第7页。

纯的国内项目由它管理。《联合军备采购组织公约》(OCCAR Convention)[193]（下称《联合军备采购组织》）于1998年签订，2000年12月正式批准，于2001年取得正式法律地位。根据《联合军备采购组织》第8条的规定，该组织负责的活动有许多种，而且可能成为一个完备的军备机构。联合军备采购组织位于波恩，管理数个项目[194]。

根据《联合军备采购组织》第8条的规定，该组织任务如下，并完成成员国可能托付给它的其他功能：

(a) 管理目前与未来的协作项目，可能包括配置管理和服役期支持，另外还有研究活动；

(b) 管理交付给它的成员国国家项目；

(c) 为共同确定的装备开发和采购准备一般性技术规格；

(d) 与军事人员、技术研究所合作，为联合研究活动进行协调并制定计划以满足未来作战需要。

(e) 协调涉及共同工业基础和共同技术的国家决策；

(f) 协调资本投资和试验设施的使用。

其中两个功能与《国防指令》的一部分同样重要：一是管理涉及《联合军备采购组织》第8条第(a)款规定的协作项目；二是管理交付给它的《联合军备采购组织》第8条第(b)款规定的成员国国内项目。

在协作项目管理方面，《联合军备采购组织》的"在具体项目中，成员国放弃行业合理报酬的分析计算，追求总体多项目多年的利益。[195]"我们在第一章指出，合理报酬原则严格来说对采购竞争是有破坏作用的，因为成员国的国防工业作为项目的一部分，有权得到合同的同样份额，因此杜绝严格意义上的合理报酬应当受到欢迎。但即使是采用"平衡"手段也会对竞争形成限制，不利于在欧洲形成自由的国防采购市场，而联合军备采购组织的采购行为与欧洲市场的关系非常密切。另外，"平衡"手法已经意味着对联合军备采购组织成员国企业的倾斜，而不是向整个欧盟开放，这一点在联合军备采购组织第24条第(4)款有明确的说明。

《国防指令》第13条第(c)款规定，至少由两个成员国参加的以研发为基础、以开发新产品为目标的合作项目，在本产品寿命周期的后半阶段或部分阶段，涉及研发的协作项目合同不受《国防指令》的约束，我们将在第六章就这种豁免进行详

---

[193] 《联合军备采购组织OCCAR成立章程》(Convention on the Establishment of the Organisation for Joint Armaments Co-operation OCCAR)，引自伯卡德·施密特(Burkard Schmitt)，"欧洲军备合作：核心文件"(*European Armaments Cooperation: Core Documents*)，夏约文件第59号(Paris: Institute for Security Studies of the European Union, 2003)，第45—59页，另参见 www.occar.int/media/raw/OCCAR_Convention.pdf[2013年7月26日登录]。

[194] 可参见法—德"虎"式武装直升机、法—意"未来"地对空系列导弹、比—西—土A400M运输机。后者有非联合军备采购组织国家加入。

[195] 《联合军备采购组织》第5条。

细讨论[⑯]。可以说这种活动可以根据《联合军备采购组织》规则由联合军备采购组织组织完成，并不会违反《国防指令》。

《联合军备采购组织》是《国防指令》背景的重要组成部分。它与欧盟成员国数个倡议一起促成了欧盟以外的欧洲军备政策，更重要的是，促成了欧洲内部市场以外的欧洲军备政策。但是"非军事"公共采购规则和公用事业采购规则具有欧盟内部市场法和成员国国内法相互作用的特点，而国防采购也通过欧防局受到了共同外交与安全政策的影响（讨论见上文），并受到各国际组织如联合军备采购组织的影响。这一点可能会对欧盟采购法的一致性造成影响，进而影响欧洲防务装备市场的建立效果。整个欧盟是否一致，取决于各机构是否具有互补性、竞争性甚至是否具有对立性；还取决于各个组织（如欧盟和联合军备采购组织）能否处理好相互间的关系，也就是说能否处理好任务的分工问题，我们将在第六章从《国防指令》的角度对此进行讨论。本章的一个重要目的，首先是说明联合军备采购组织并没有建立或打算建立一个成员国间的自由的军备市场[⑰]，不管这个市场是政府间的（如欧防局）还是超国家的（如《国防指令》）。联合军备采购组织是一个按照自己的规则进行采购的机构，无意影响成员国采购当局和实体的采购行为。因此从《国防指令》的角度来说，联合军备采购组织并不是一个具有竞争性的组织，而是一个受《国防指令》约束的潜在的采购当局。第二，《国防指令》第13条第（c）款的豁免规定给联合军备采购组织留下一个重要任务，这个重要任务也是不受《国防指令》约束的国防采购的重要部分[⑱]。这种豁免可能会受到人们的指责，相关原因将在第六章进行讨论。这种豁免表现出来的，实际上是欧盟内部市场的国防采购制度与联合军备采购组织制度之间的关系。这样可以避免相互冲突，使各制度之间相互补充而不是相互矛盾。但是我们将在第六章指出[⑲]，成员国可能将某个项目委托给联合军备采购组织，以避免受到《国防指令》的限制。

与欧防局不同的是，联合军备采购组织只有少数几个具有发达国防工业能力的欧盟成员国参加（比利时除外），因当时这些国家认为欧盟体系进展缓慢而成立了这个组织，主要是因为对欧洲理事会的军备政策工作组（POLARM）倡议和西欧联盟倡议不满（相关讨论见下文）。人们认为，如果具有共同立场的国家组成一个更小的组织，应当比整个欧盟或西欧联盟取得的成效更大。由于该组织是以欧防局为基础，因此与欧防局有某种程度的重叠和重复，但与欧盟内部市场则没有重叠和重复。但是从中期来看，将军备合作组织的活动移交给欧防局（联合军备采购组

[⑯] 第283—288页。
[⑰] 乔治波洛斯（Georgopoulos），"欧洲军备政策"（European Armaments Policy），前注189，第210页。
[⑱] 联合军备采购组织的数百万欧元以及2004年以来10亿欧元的军费开支综述，见休尼克斯（Heuninckx），《论文》（Thesis），前注169，第160页。
[⑲] 第283—288页。对于《国防指令》第12条第（a）款的讨论见第273—274页。

195

织成立时欧防局还不存在),可以保证欧盟国防采购制度的一致性,避免工作的重复。但我们在前面说过,欧防局并不这样认为。

4. 意向书[200]

意向书组织是影响欧洲国防工业和武器贸易的另一个重要组织。最初的意向书组织于1998年7月由法国、德国、意大利、西班牙、瑞典和英国的国防部长签署加入[201],因此它显然是由国防工业能力最突出的欧盟成员国组成的国际组织(相关讨论见第一章)。《意向书》第1.1点规定:"参与国家希望形成一个合作组织,以促进欧洲国防工业的重组。[202]"最初版本的《意向书》所确定的六个共同重要领域是:供应安全、出口程序、机密信息保密、研发、技术信息交流和军事需求的标准化。

4.1 意向书《框架协议条约》

1998年的《意向书》倡议促使人们坐下来进行谈判,而谈判又带来了具有法律意义的承诺,目的是这六个意向书国家的国防物资和服务的贸易一体化[203]。意向书组织的《框架协议条约》(Framework Agreement Treaty, FA),正式名称为《关于促进欧洲国防工业重建和运行措施的框架协议》(Framework Agreement Concerning Measures to Facilitate the Restructuring and Operation of the European Defence Industry)[204],于2000年法恩伯勒航展(Farnborough Air Show)期间由六个意向书国家的国防部长共同签署。在1998年文件中确定的六个重要领域以法律的形式再次出现:供应安全[205]、出口程序[206]、机密信息保密[207]、研发[208]、技术信息交流[209]和军事需求的标准化[210]。但是人们对这六个领域又进行了延伸;最明显的变化是现在六个国家

---

[200] 作者在此对伯明翰大学欧洲法学院列奥那多·达芬奇助理研究员布里娜·波西瓦塞克女士(Ms Brina Pocivalsek)(斯洛文尼亚,卢布尔雅那大学)在2013年夏天给予的帮助表示感谢。波西瓦塞克女士在本节给予作者很大帮助。收集到的信息基于意向书组织公布的材料。

[201] www.defensa.gob.es/Galerias/politica/armamento-material/ficheros/DGM-Letter-intent-ingles.pdf 或 http://archives.sipri.org/contents/expcon/loisign.html[2013年9月4日登录]。

[202] 另参见下文讨论的与此非常类似的《框架协议》第1条第(a)款。

[203] http://archives.sipri.org/contents/expcon/indrest02.html[2013年9月4日登录]。最初1998年成立的意向书并不具有法律约束力。参见1998年《意向书组织》第1.21.1点:"参与者决定此意向书……不代表成员国之间在国际法下的法律约束义务。"

[204] 同上。

[205] http://archives.sipri.org/contents/expcon/indrest03.html[2013年7月26日登录]。

[206] http://archives.sipri.org/contents/expcon/indrest04.html[2013年7月26日登录]。

[207] http://archives.sipri.org/contents/expcon/indrest05.html[2013年7月26日登录]。

[208] http://archives.sipri.org/contents/expcon/indrest06.html[2013年7月26日登录]。

[209] http://archives.sipri.org/contents/expcon/indrest07.html[2013年7月26日登录]。

[210] http://archives.sipri.org/contents/expcon/indrest08.html[2013年7月26日登录]。

之间的移转也纳入出口程序中,而且又增加了第七领域,即商业敏感信息的保护[211]。所有这些领域都与国家安全有关,因此可以享受《欧盟运行条约》中某个豁免条款,主要是《欧盟运行条约》第 346 条。但是从对豁免条款的解释来看,这些领域并不能无条件地不受内部市场法的约束,多数在内部市场法(主要是《国防指令》)里有相关规定。

《框架协议条约》是欧盟体系外的一个国际化政府间条约。没有办公室、秘书处,也没有预算,意向书组织依靠这六个国家来达成并制定工作计划。这六个国家轮流担任"执行委员会"的主席国,为期一年。这个委员会一年开两次或三次会议,对目前活动进行审查,约定新的优先顺序和活动,并为相关国家机构定期提供报告。《协议》本身只为这六个国家形成了一个有关军备领域合作的制度,制定了成员国之间相互合作的相关原则和政策,并在各个领域制定具体措施以促进工业和装备合作。详细的技术和管理细节记录在《框架协议》下的附属协议里。

4.2 任务

在《框架协议》下有六个专家小组委员会,目的是促进国防工业基础的重建[212]。

小组委员会 1:供应安全委员会,主要工作:制定国家之间的咨询程序以备不时之需,如成立跨国防务公司(TDC)或防务公司发生重大变化,而另一个意向书国家的供货又依赖于此公司。另外,它的目标是促进防务装备市场的开放,包括开发一个系统,以方便区分优先顺序、配置资源、加速或扩大国防物资的生产以满足意向书国家的需求。意向书成员国不得无端阻碍国防物资向另一个意向书成员国的供应,应当相互协作从国家储备中提供货物供应。《意向书行为准则》可以为欧防局所有成员国使用,甚至正式成为欧防局的《行为准则》。意向书各方签订了一个《供应安全执行协定》,而且目前正在制定一个有关国防工业重建的操作规程,规定了企业必须事先向政府通报本区域内的工业重建过程,即废弃、移转或重新选址等重要战略活动。来自所有六个国家的工业代表受邀并在自愿基础上在这个《准则》上签字。这些协定针对的是受欧盟内部市场法约束的领域,尤其是兼并管理和欧盟内部的货物移转(相关讨论见第四章)[213],以及《国防指令》中涉及的供应安全(相关讨论见第八章)。另外,这些协定对内部市场法起到了补充作用而不是与其对立,因为它们的目标是减少国家安全方面的担忧;而正是出于国家安全方面的担忧,一个国家才会以《欧盟运行条约》第 346 条为依据不受这些制度的约束。减少了供应安全方面的担忧,也就减少了意向书成员国豁免于《欧盟运行条约》的需要。另一方面,由于并不是所有欧盟成员国都加入了这个意向书组织,因此它们有

---

[211] http://archives.sipri.org/contents/expcon/indrest09.html [2013 年 7 月 26 日登录]。
[212] 下文对各小组的描述基于意向书本身材料。
[213] 第 147—160 页和第 172—176 页。

可能对那些没有加入意向书的欧盟国家形成歧视[214]。总体而言,将这个制度转移给欧防局或内部市场,应当可以避免此种歧视的发生。

小组委员会2:出口程序和移转委员会,主要目标:(1)在联合开发和生产项目期间以及为了国家军事需要而相互进行移转期间,简化意向书国家之间国防物项和国防服务的移转手续。(2)增加出口合作,根据每一个参与国家在出口控制方面的国际义务和承诺,尤其是根据《欧洲理事会共同立场2008/994/CFSP》制定的标准进行有效管理。这个标准规定了军事技术和装备出口管理的共同原则[215],规定要达成一致且按照单个项目为联合生产的军事产品制定出一个目的地许可清单。各方签订了一个《出口程序执行协定》《Implementing Arrangement on Export Procedures》。按照《框架协议》的规定,这个小组委员会成立了"全球项目证书"(Global Project Licences, GPL)制度[216],以利于合作军备项目所需要的部件、子系统和系统的移转。对于《协定》以外的成员国来说,《欧洲理事会共同立场2008/994/CFSP》规定的各项原则、它们各自的国内立法和其他相关国际责任是要遵守的主要规则。这些协定针对的是欧盟内部市场法约束范围内的领域,尤其是欧盟内部移转和向第三方国家的出口,相关讨论见第四章[217]。意向书移转制度是起草《欧盟内部移转指令》的一个模板,因此可以说这个制度在某种程度上已经被移转到欧盟内部市场了。

小组委员会3:信息安全委员会,负责个人和机构忠诚审查和与机密信息接触相关条款的有效性。其目的是减少审查时间和接触机密信息的等待时间,方便机密信息的转移。这样做的目的是修订与忠诚审查、机密信息传输和访问有关的程序,促进工业合作的同时,不对机密信息和材料的保密工作造成影响[218]。这些协定针对的是受欧盟内部市场法约束尤其是受《国防指令》约束的领域,相关讨论见第八章。但是我们在第八章也指出[219],内部市场制度没有与忠诚审查有关的条款。因此可以说这个意向书制度对其成员国进行了规范,对内部市场法进行了补充。但是存在一种针对非意向书成员国的歧视风险,因此最好能将欧防局或内部市场法引入意向书体系,以避免这种歧视的发生。

研究主管小组的任务,是促进联合研究活动中的协作,打牢高级技术基础,鼓励技术开发和创新;交换与国防相关的研发项目、战略和政策等方面的信息;在技术需求方面达成共识,形成一种满足相关需求的协作方式;分析交换信息,实现资源利用的最大化。促进联合研究活动中的研究和技术协作,打牢高级技术基础,鼓

---

[214] 感谢 B·休尼克斯(B. Heuninckx)在评论本章早期版本时向我指出这一点。
[215] OJ [2008] L-335/99。
[216] www.gov.uk/global-project-licence [2013年7月29日登录]。
[217] 第147-160页和第163-166页。
[218] 《框架协议安全附录》(Security Annex of the Framework Agreement),http://archives.sipri.org/contents/expcon/indannex.html [2013年7月29日登录]。
[219] 第392-397页。

励技术开发和创新。该小组在制定信息安全条款方面也有举足轻重的作用。这些信息安全条款包含在《欧罗巴研究与技术谅解备忘录》(EUROPA Research and Technology Memorandum of Understanding)里。以研发服务为基础的协作项目是不受《国防指令》限制的,这一点我们在前面已经提到过并将在第六章进行详细讨论[20],这意味着这些项目可以不受《国防指令》的限制。另外,从《框架条约》第28条的措辞来看,意向书只针对研究和技术,而不是研发[21]。虽然这样可以避免与欧盟内部市场法发生冲突,但是与欧防局最为重要的规则还是有重叠的地方,相关讨论见上文[22]。不过欧防局并不打算当第三个欧洲国防采购机构。这个组织并不是一个机构,也不具法人资格。意向书研究主管小组希望成为一个论坛,促进协作研究和技术方面的信息交流和分析,而不是针对以开发新装备为目的的协作式项目。另外,意向书在欧防局成立之前就有人提出,因此它的存在并不是为了取代后者,而是为了取代欧盟以前的机构,或者是因为欧盟以前没有这样的机构。前面讨论的意向书组织和联合军备采购组织是由国防工业和国防投资最为全面的几个欧盟国家提出的(相关讨论见第一章)[23],因此也最有可能参加协作式项目。欧防局成立以后,意向书组织和联合军备采购组织持续存在了七年多,说明由国防工业较发达的欧盟成员国组成的独立组织还是很有必要的。当欧防局要求这27个成员国步调一致而现实中却进展缓慢时,这些组织为意向书成员国提供了一种激励。

技术信息处理小组委员会:就技术信息的解密、转移、使用和所有权进行协调,促进欧洲国防工业的重组和运行,为国防合同协调知识产权[24]。《国防指令》并没有将这个问题当作一个重要的协调问题,因此意向书组织在这一方面可以作为《国防指令》的一个补充。但是可能会发生针对非意向书成员国的歧视问题,因此欧防局或内部市场制度应当制定相关制度。

军事需求协调小组委员会:通过制定相关策略发现协作装备项目的潜在合作伙伴,促进装备合作。正是因为这个原因,人们成立了军事需求协调(Harmonisation of Military Requirements,HMR)小组委员会。军事需求的提高需要一个过程,包括全体成员共同目标(Common Staff Targets,CST)的确定。这个活动领域与欧盟内部市场法没有重叠的地方。如何确定发现潜在装备项目合作伙伴的策略不在《国防指令》的范畴之内,因为涉及研发的协作项目是不受《国防指令》约束的。但是至少与欧防局的能力监管功能有一部分重复的地方,相关讨论见上文。

---

[20] 第283-288页和第299-301页。
[21] 感谢B. 休尼克斯(B. Heuninckx)在评论本章早期版本时向我指出这一点。
[22] 参见欧防局《研究与技术战略》(Research and Technology Strategy),前注170。
[23] 第24页。
[24] 关于技术信息的实施协议,参见www.defensa.gob.es/Galerias/politica/armamento-material/ficheros/DGM-Convenio-aplicacion-transferencia-info-tecnica-ingles.pdf[2013年9月14日登录]。

4.3 另外一个组织

另一个制度性法律性组织,旨在规范或协调某些欧盟成员国国防工业政策组织的存在、政策和相关活动,说明存在着重复与矛盾的可能。有的规则与欧盟内部市场相似或可能重叠,有的与欧防局相似或重叠,也有的与两者都相似或重叠。最初版本的意向书提出过这个问题:必须考虑到其他组织的工作[25]。但这个要求在最终的《框架协议》中没有出现。最重要的是,意向书组织和欧盟这两个组织的成员国差异是很成问题的。虽然这两个组织的政策和规则相互补充,但意向书组织只对意向书国家有影响,而不是对整个欧盟有影响。意向书组织指出,除具有政治敏感性或法律复杂性的工作,如供应安全方面的工作,《框架协议》下的多数任务已经完成或接近完成[26]。意向书组织本身也承认意向书和《框架协议》签订后,尤其是制定《欧盟运行条约共同安全与防务政策》、欧防局成立和一揽子国防法规生效后发生的种种变化。另外,意向书组织正在缓慢但日益增多地与欧防局就一些共同项目进行合作。但是,意向书组织处理的大部分问题应当在欧盟内部市场和欧防局的大体系内进行讨论,因为只有这样所有欧盟成员国才能参与进去,而不是仅在欧盟以外的具有排外性质的小圈子里。人们承认,意向书组织作为一个合作与讨论的论坛,与现有欧盟组织确实有重复的地方。

但是意向书组织也可能成为推动欧洲国防采购一体化的一个积极因素。在欧盟一揽子国防法规正式生效之前,在欧防局成立前八年,意向书组织就开始运作了。因此它的目的并不是向这些欧盟倡议挑战,而是为了让人们在1998年和2000年的欧盟、西欧联盟和意向书组织之间可以进行选择。意向书组织所做的所有工作都可以转移给欧防局和欧盟内部市场。这一切似乎已经发生了,尤其表现在《欧盟内部移转指令》上。《欧盟内部移转指令》(相关讨论见第四章[27])在很大程度上是以已经存在的意向书规则为基础的。意向书现有规则也应当进行转移。对于意向书的某些领域来说,转移到政府间的欧防局,后来再转移到欧盟内部市场,可能比直接转移到内部市场更加现实一些。

5. 双边倡议

欧洲的军备合作还有一个双边倡议的历史。例如比利时加入了比利时—荷兰

---

[25] 参见1998年《意向书》第2.4点:"执行委员会及其工作小组将认真考虑正在其他论坛进行的类似工作,以避免出现对同一问题的不同观点,在可能的情况下,确定一个一致性的共同立场。"

[26] 意向书组织执行委员会主席威尔纳·弗兰克(Werner Frank)先生的发言,"意向书组织内采取的旨在强化欧洲防务技术与工业基础的措施"(Measures Adopted within the Letter of Intent framework to Strengthen EDTIB),讨论会,马德里,2010年3月8日,第10章,www.defensa.gob.es/dgamue2010/PresentacionesSeminario2/Werner_Frank_Sp[2013年10月25日登录]。

[27] 第147–160页。

联合海军合作项目、比利时—荷兰联合 NH90 直升机联合支持项目以及比利时—卢森堡运输机采购与支持合作项目[228]。上文讨论的联合军备采购组织从法—德军备合作结构发展而来。意向书组织和联合军备采购组织从一个双边组织成为一个多边组织,如果可能的话再成为像欧防局这样的组织,将因为其有序完美的一致关系而受到欢迎,可以避免工作的无谓重复。法国和英国的合作可能是一个例外。我们在第一章指出,这两个国家是最具军事野心的欧盟成员国,都拥有核武器并在联合国安理会具有永久性席位。这两个国家在 2010 年签订了《国防条约》[229],而当时所有其他倡议,包括《国防指令》,已经存在了,而法国和英国都加入了这些倡议。《国防条约》设想在那些与内部市场、欧防局和意向书倡议有重叠的各个领域进行国防工业合作,如昂贵武器装备的合作采购(尤其是航空母舰)。但是 2010 年的《国防条约》并没有对现有组织形成威胁。《国防条约》前言第 4 条、第 8 条第(4)款、第 10 款第(2)款和第 13 条都强调指出,《国防条约》的目的是与其他条约相一致,尤其强调《国防条约》也要求遵守适用于采购程序的欧盟法。另外,《国防条约》对《欧盟运行条约》和《国防指令》的各项原则进行了强调,其第 8 条第(2)款规定:"各方对国防和安全领域的合法市场进入和政府合同进入不得设置障碍。"但是这两个国家的义务在《欧盟运行条约》和《国防指令》中并没有增加。法国人担忧《国防条约》具有排外性,因此目前不清楚它是否会成为一个有意义的组织[230]。有人指出,这两个欧盟国家具有不同于其他成员国的特性和报负,它们为什么在欧洲军备体系之外又加上一个新体系,人们不得而知。加入内部市场、欧防局、联合军备采购组织、意向书组织和《国防条约》,可能是为了实现成就分散化,也可能是为了证明法国和英国国防工业政策的重要性。有余地再成立一个组织的领域是核武领域,这个领域对于任何一个组织来说都过于敏感,且只有这两个 2010 年《国防条约》国家拥有核武。

6. 克服国防采购组织的分裂

规范或协调欧盟部分、多数或所有成员国国防工业法律和政策的机构和法律组织位于欧洲。这意味着重复和矛盾是有可能存在的:工作上的重复会浪费资金和政治能量,会产生相互削弱和可应用制度不明确的现象[231]。这种情形也会发生在与项目管理有关的倡议上,如欧防局、联合军备采购组织和北约(讨论见下文)。旨在协调欧盟成员国法律政策(如《国防指令》、先前的《欧防局采购准则》和《意向书》

---

[228] 感谢 B·休尼克斯(B. Heuninckx)在评论本章早期版本时为我提供此清单。
[229] 英语文本:(2011) Cm. 8174, www. official-documents. gov. uk/document/cm81/8174/8174. pdf [2013 年 9 月 12 日登录]。
[230] 在与我的法学硕士卢西安·拉加德(Lucien Lagarde)的讨论中受益。拉加德以 2010 年《英—法防务条约》为研究课题完成了 2012 年伯明翰大学的硕士论文。
[231] 乔格波洛斯(Georgopoulos),"欧洲军备政策"(European Armaments Policy),前注 189,第 200 页。

倡议)之间的重叠性,是本章的重点分析对象。

相关组织体系的分裂具有外部和内部的因素。首先,在欧盟之外,联合军备采购组织是除欧防局之外另一个欧洲协作项目的国防采购机构,而意向书组织的规则一部分与欧防局的有所重叠,并与内部市场规则有关。人们认为,将联合军备采购组织和意向书组织现有法律转移给欧防局将会克服这些外部分裂问题。欧防局组织的灵活性有利于解决联合军备采购组织和意向书成员国的问题,使这种法律上的转移变得有可能。这种灵活性还有利于解决法国和英国的问题,而正是由于这些问题两国才缔结了2010年的《条约》,排除了核威慑的可能。第二,也是更重要的一点,在欧盟内部,欧防局至少有一部分规则与内部市场规则是重叠的。因此有人指出,这种分裂可以通过对权限的明确界定来解决——这种权限的明确定界已经有了,而且欧防局和欧盟委员会也很尊重这种界定。因此,克服目前欧洲国防采购中的分裂是可行的。[232]

6.1 西欧军备组织:克服外部分裂

欧防局的成立有利于克服欧洲国防军备一体化方面的外部分裂。联合军备采购组织和意向书组织可以解散,其现有外部法律可以整合到欧防局。欧防局的目的是为了取代联合军备采购组织、西欧军备小组/西欧军备组织和意向书组织,后者的工作将转移到前者身上。[233]《欧防局欧洲理事会决议》前言[234]和第5条第(3)款(c)项(v)目[235]提到了外部结构问题,暗示着这些组织将最终同化到新的欧防局体

---

[232] 另参见安东尼奥·米西罗利(Antonio Missiroli),《共同外交与安全政策,灵活性与防务》(*CFSP, Flexibility and Defence*),夏约论文第38号(Paris: Institute for Security Studies of the Western European Union, 2000),第37页。

[233] 从联合军备采购组织和西欧军备小组/西欧军备组织的角度来说,这一点显然在2003年11月17日的"布鲁塞尔一般事务及外部关系委员会结论"中进行了明确表达:安东尼奥·密西罗利(Antonio Missiroli),《从哥本哈根到布鲁塞尔》(*From Copenhagen to Brussels*)前注22,第256、第263页(联合军备采购组织)和第264页。第266页文字如下:"欧防局应当与现有协定/团体/组织(如意向书组织、联合军备采购组织、西欧军备小组/西欧军种组织),包括EUROPA的研究/技术组织[谅解备忘录]建立起密切关系,以便按照适当的方式把这些组织的好的原则和经验吸收进来",2月21日在罗马召开的英一意峰会,密西罗利(Missiroli),同上,第42页最后说道:"[我们应当成立一个]机构,该机构在适当的时候将现有组织吸收进来,如西欧军备小组/西欧军备组织、联合军备采购组织和意向书组织。"2003年1月22日在巴黎召开的法德友好合作条约(Elysée Treaty)签订40年庆典上的法-德峰会上,密西罗利,同上,第23页,以及2003年2月4日在勒图凯召开的法—英峰会上,密西罗利,同上,第39页,联合军备采购组织的不断扩大,都说明事情在朝着这一方向发展。

[234] 《欧防局理事会决议》说明条款第5条规定:"欧防局应当与现有协定、团体和组织,如[意向书框架协议]下建立的各组织,以及[联合军备采购组织]和欧洲空间局(ESA),建立起一种密切的工作关系。"《欧防局联合行动》前言第8节规定:"欧防局应当与现有协定/团体/组织(如意向书组织、联合军备采购组织、西欧军备小组/西欧军种组织)建立起密切关系,以便按照适当的方式把这些组织的好的原则和经验吸收进来。"这反映出当时欧洲国防采购结构发生了细微的变化。

[235] 《欧防局理事会决议》第5条第(3)款(c)项(v)目规定:"按照成员国的要求,适当制定由联合军种采购组织或由其他组织进行管理的各项计划……"

系中。第24条第(2)款对这一点说明得特别清楚:

2. 欧防局将与联合军备采购组织和《意向书框架协议》下的各个组织形成一种密切的工作关系,以便在合适的时间在达成一致的基础上酌情将这些单元整合为一体,或实现其原则和规程的同一化。[226]

作为上述同一化或一体化的第一个重要步骤,西欧军备小组和西欧军备组织这两个前欧洲军备组织的活动被纳入欧防局。

1996年,西欧军备小组(Western European Armaments Group,WEAG)的成员国的国防部长[227](西欧军备小组是当时西欧联盟的军备政策部分),签署了《西欧军备组织宪章》(WEAO Charter)[228]和《欧洲研究组织、计划和活动谅解录》(European Understanding of Research Organisation, Programmes and Activities, EUROPA),成立了西欧军备组织(WEAO)。根据《西欧军备组织宪章》第1条的规定,该组织的目的是根据西欧军备小组制定的政策,推动和加强欧洲军备合作,巩固欧洲防务技术基础,形成一个欧洲防务装备市场。西欧军备组织的执行机构——研究小组,与西欧联盟秘书处和西欧军备组织的军备秘书处坐落在一起,被认为可能是今后某个军备机构的前身,因为1997年的《西欧军备组织宪章》第7条规定的活动范围非常广泛,包括防务研究和技术活动、防务装备采购、研究、资源设施管理和其他功能等,以实现该组织的既定目标。西欧军备组织和西欧军备小组对于本章来说尤其重要,因为从其目前和最近的主要功能来看,它就是欧防局的前身。这些主要功能包括一个不具法律约束力的政府间国防采购制度,而这些采购制度原则和在国内国防合同公告板上发布公告的规定[229],都源于20世纪70年代,随着独立欧洲计划小组(Independent European Programme Group)的成立而产生。

西欧军备组织是西欧联盟的一个组成部分,命运也与之相同。后者在《欧盟条约》的《马斯特里赫特条约》和《阿姆斯特丹条约》中具有非常突出的地位,而在《尼斯条约》和《里斯本条约》里就被删除了。可以说西欧联盟的所有功能都被移交给欧盟。西欧联盟解散了。2005年5月23日,西欧军备组织也不复存在。因此《欧防局联合行动》的前言、第5条第(3)款第4项第2目、第25条第(2)款和第(6)款虽然仍然提到了欧防局和西欧军备小组/西欧军备组织之间的关系,但在后来《欧防局欧洲理事会决议》的说明条款第5条、前言和第5条第(3)款(c)项(v)目、第

---

[226] 《欧防局联合行动》第25条第(2)款规定:"欧防局应当与联合军备采购组织、[意向书框架协议]和西欧军备小组/西欧军备组织建立起密切的工作关系,按照适当的方式,在相互同意的基础上吸收这些组织或吸收其原则和经验。"这反映出当时欧洲国防采购结构发生了细微的变化。

[227] 奥地利、比利时、捷克共和国、丹麦、芬兰、法国、德国、希腊、匈牙利、意大利、卢森堡、荷兰、挪威、波兰、葡萄牙、西班牙、瑞典、土耳其和英国是西欧军备小组的正式成员。

[228] 《西欧军备组织宪章》(WEAO Charter),引自伯卡德·施密特(Burkard Schmitt),"欧洲军备合作:核心文件"(European Armaments Cooperation: Core Documents),夏约论文第59号(Paris: Institute for Security Studies of the European Union, 2003),第11-22页。

[229] 关于此制度参见特莱伯斯(Trybus),《欧洲国防采购法》,第二章,前注43,第31-44页。

24条第(2)款,都没有提及这些事情。

联合军备采购组织和意向书组织在不远的将来也实现合并,将是一件非常重要的事情。因为意向书组织是军火生产国的一个论坛,代表着这些国家的利益,而这些国家的利益与那些军火消费国的利益是不一样的。这个组织对那些军火消费国家是持排斥态度的,要消除这种排斥不是一件容易的事情。联合军备采购组织是一个更加复杂的组织,其中除了发达的国防工业国家,比利时也是其中一个成员,尤其是土耳其、荷兰、卢森堡和波兰都加入了联合军备采购组织的项目[240],不可能强迫这些国家顺应欧盟国防工业发达国家的利益。假设欧防局的成立将最终使所有其他军备倡议与欧防局纳入一体,那么这将是一件可喜可贺之事。欧防局组织的灵活性可以解决军火生产成员国之间的不同利益问题,同时也可以解决与其他成员国之间的不同利益问题。《欧盟条约》(里斯本)第46条第(2)款规定:

欧防局向所有希望加入欧防局的成员国开放……是否加入欧防局,应当考虑到加入欧防局活动的效率水平。在欧防局内部将成立特别小组,将参加联合项目的成员国联系到一起。

这个规定表明欧防局是一个灵活的组织。成员国加入欧防局并没有强制性。应当将两个主要层次的灵活性区分开来。

第一,是否加入欧防局具有灵活性。《欧防局联合行动》第3条将"加入欧防局的成员国"定义为加入欧防局的欧盟成员国,就是一个很好的说明。如果有加入欧防局的成员国,就有不加入欧防局的成员国。因此无论是《欧盟条约》还是《欧防局联合行动》都没有设想所有成员国都加入欧防局,这一点在《欧防局联合行动》第1条第(3)款也得到了肯定。《欧防局联合行动》第(4)条将希望马上加入欧防局的成员国划分为一类,一致通过后再加入或退出的成员国划分为另一类。欧防局的基本体系平台是一个灵活的组织,因为除丹麦外[241]所有成员国都将按照《欧防局欧洲理事会决议》加入欧防局,因此这一层次的灵活性是没有差别的。但是可以退出欧防局使欧防局成为一个理论上的灵活组织,有可能导致几乎全体国家的加入。

第二,在这个基本体系内,加入某个具体计划和项目具有灵活性。《欧防局联合行动》第3条将"参与的成员国"定义为加入某个项目或计划的欧盟成员国,就是一个很好的说明。例如在某个具体项目(如新型战斗机或坦克)中进行合作的成员国小组,都具有一次性的特征,这一点与联合军备采购组织内的欧洲协作项目传统是一致的。根据《欧盟条约》和《欧防局欧洲理事会决议》的规定,协作项目应当在欧防局的体系内进行。从理论上来说,成员国可以决定永远不参与某个采购

---

[240] 我与B·休尼克斯(B. Heuninckx)就本章早些版本进行了讨论并从中受益。

[241] 《欧防局理事会决议》前言最后一段规定:"根据对丹麦立场议定书(第22号)第5条、《欧盟条约》和《欧盟运行条约》附录的规定,丹麦不参与欧盟具有防卫性质决议的研究和实施。因此丹麦将不受本决议的约束……"第Ⅳ章是关于"其他项目或计划及相关预算"。

项目。但是项目的性质决定了参与该项目的成员国常常就此项目做出长期努力[242]。尽管采购项目都是一次性的,但是可以说这个领域除了具有一种非正式的灵活性,还有一种长期合作的性质,这一点在《欧防局欧洲理事会决议》前言和第IV章得到了证明[243]。这种参与项目方面的灵活性是很有必要的,是协作项目方面的惯例。有些成员国,如卢森堡、马耳他或爱沙尼亚可能只想加入其中的几个项目,而其他成员国,如英国和法国,可能想加入大多数共同项目。欧防局必须协调成员国在国土面积、军队、国防预算和国防工业能力方面的差别,相关讨论见第一章[244]。第二个方面的灵活性还可以进一步划分。一方面,有的协作项目事先假定所有成员国都参加,不想参加该项目的成员国将就此事通知行政长官(A类)[245],这也意味着参与A类项目的成员国没有选择合作对象的自由[246]。另一方面,有的协作项目并不事先假设欧防局所有成员国都要参与。想加入协作的成员国通知指导委员会,而其他成员国可以决定是否参加(B类)[247]。后来这些想加入的成员国得到最初加入的成员国的许可才可加入,这样后来者可以选择是否与先来者进行合作[248]。指导委员会还可以在一个月内做出不允许进行欧防局主办项目的决定。这说明在事先达成一致的协作项目中,存在一种军火生产大国和军火消费小国之间的平衡。前者可以在欧防局的授权下带来此类项目,而后者如果认为受到了排挤,则可以阻止该项目的进行。但是必须指出,第二个层次的灵活性并不适用于能力义务的控制:一旦成员国在欧防局基本体制平台上签字决定参与某个项目,就说明它加入并承认了它的特定职责。除丹麦以外所有成员国都决定照此行事。

这种灵活性对于西欧军备组织既有典章制度向欧防局的转移起到了促进作用,可能还促进了联合军备采购组织的既有典章制度向欧防局的转移——毕章两者总地来说都是协作项目的体系。但在意向书组织的众多既存典章制度(尤其是与技术信息或军事需求协作有关的既存典章制度)向欧防局的转移过程中,这种灵活性的作用并没有那么强。

6.2 克服内部分裂

《国防指令》总体背景中的一个重要问题,是欧盟内部军备政策倡议的分裂,表现在内部市场法(最主要是"一揽子国防法规")和欧防局各倡议之间的分裂。

---

[242] 这取决于各个项目,有些项目只要数年即可完成。感谢B·休尼克斯(B. Heuninckx)在评论本章早期版本时向我指出这一点。

[243] 《欧防局理事会决议》前言第18条规定:"欧防局,一方面欢迎所有成员国加入,另一方面也考虑到一部分成员国可能会因某个项目或计划而形成一个特别团体。"

[244] 第22—25页。

[245] 《欧防局理事会决议》(EDA Council Decision)第19条。

[246] 感谢B·休尼克斯(B. Heuninckx)在评论本章早期版本时向我指出这一点。

[247] 《欧防局理事会决议》(EDA Council Decision)第20条。

[248] 感谢B·休尼克斯(B. Heuninckx)在评论本章早期版本时向我指出这一点。

分裂意味着存在重复、重叠和矛盾的危险,导致两者之间的不一致,以及精力和金钱的浪费,这两个体系之间可能会相互削弱。《国防指令》和《欧防局采购准则》这两个国防采购制度的长期并存,就是这种相互重复和相互削弱的极好例子。如果在《国防指令》转化为国内法多年后成员国仍然继续使用《欧防局采购准则》(直到2013年《欧防局采购准则》中止之前,这些成员国一直在使用这个制度,而不是《国防指令》)[249],就会大大削弱《国防指令》的作用[250]。但是,问题并不是这两个制度的并存,而是成员国对《欧盟运行条约》第346条的滥用,导致相关合同受制于《欧防局准则》而不是《国防指令》。这两个制度可以相互补充而不是相互削弱。从国防采购的角度来说,可能需要对《欧盟运行条约》第346条以及《国防指令》豁免条款进行狭义解释(相关讨论见第三章),以便对相关权限进行明确的界定。这样一来,许多合同就会受到《国防指令》的约束,那些在2013年以前在欧防局电子公告板上进行公告的大部分合同肯定都要受到《国防指令》的约束。适用《欧盟运行条约》第346条的合同,或者说那些豁免于《国防指令》的合同,主要是涉及研发的协作式项目。这些项目可以纳入欧防局某个制度的制约之下。但是我们在前面说过,应用《欧盟运行条约》第346条的极端情况能否让这些合同受到这些制度的制约,还是一个很值得怀疑的问题。《欧防局采购准则》尤其不适用于以下合同:广告、竞争性强且很费时的程序、透明资格预选条件和授标标准都很难与极端的国家安全情形相适应——《欧盟运行条约》第346条的豁免条款应运而生。因此一个制度要取代现已中止的《欧防局采购准则》,似乎没有多大的余地。要制定一个协作项目采购制度虽然不是没有可能但是也很困难。《欧洲航天局采购条例》(ESA Procurement Regulations)、联合军备采购组织相关规则甚至是欧防局本身就很能说明问题[251]。

　　内部市场倡议与欧防局倡议之间的划分,也是《尼斯条约》签订以前第一支柱(超国家)和第二支柱(政府间)之间的划分,仍然按照《里斯本条约》受到不同法律原则和决策程序的制约[252]。因此只要欧盟法之间的这种划分继续存在,无论是经济领域还是国家安全领域的国防工业,都会受到欧盟内部市场制度、共同外交与安全政策和共同安全与防务政策的影响和制约。只有发生根本性和本质性的变化(中短期还无法预见这些变化),现状才会改变。与此同时,这两个体系的规则通过相互尊敬各自权限和倡议间的相互协调,可以相互补充而不是相互削弱。欧防局指导委员会中的委员会代表就可以起到促进协作的作用。2013年3月中止的欧

---

[249] 从2013年3月以前仍然在欧防局门户网站电子公告板上公布的合同数量可看出这一点。
[250] 将会要求在电子公告板上公告的大多数合同在欧盟官方公报/每日标讯上进行公告。
[251] 另参见休尼克斯(Heuninckx),论文(Thesis),前注169。
[252] 参见厄尔基·阿尔托(Erkki Aalto),"形成共同防务?《里斯本条约》之后的法律基础"(Towards a Common Defence? Legal Foundations after the Lisbon Treaty),引用自马丁·特莱伯斯和卢卡·卢比尼(Martin Trybus and Luca Rubini)(eds.),《《里斯本条约》及欧洲法与政策的未来》(*The Treaty of Lisbon and the Future of European Law and Policy*)(Cheltenham:Edward Elgar,2012),第305页。

防局采购制度,说明人们对其权限的重视。另外,如上所述,具有政府间性质且非常灵活的欧防局有助于克服外部分裂。

7. 北约机构

数个北约机构,如北约"台风"与"龙卷风"战机管理局(NETMA)、北约20世纪90年代直升机(NH90)设计开发生产与后勤管理局(NAHEMA),都与国防采购有关。此处讨论的北约保障局(NSPA)是这些机构及其在欧洲军备市场作用的典型代表。

北约保障局是北约一体化后勤与服务提供机构。它由三个前北约机构组成:维修保障局(NAMSA)、中欧管道管理局(CEPMA)和北约空运管理局(NAMA)。这三个机构于2012年7月1日合并。北约保障局是北约的一个下属机构,任务是为北约及其成员国提供单独或集体保障[53]。北约保障局作为一个北约机构也包含一些北约以外的国家[54],但一些欧盟成员国被排除在外[55]。无论是北约保障局还是其前身都没有打算像《国防指令》和《欧防局采购准则》那样,对其成员国的国防采购起到规范作用。但是为一个或多个成员国(包括欧盟成员国)的利益进行采购[56]是它的任务之一[57]。由于受到某些条件的限制,货物和服务的采购是按照《北约保障与采购组织采购条例》(NSPO Procurement Regulations,2013年生效)通过国际竞争性招标来实现的[58]。成员国一般结成"保障伙伴"或"保障同盟",集体让北约保障局为它们完成采购工作[59]。但是各个成员国也可以请求北约保障局为其完成采购工作[60]。因此一个欧盟成员国或一组欧盟成员国可能把本应按照《国防指令》的规定自行完成的采购工作交由北约保障局完成,以避免受到《国防指令》的约束。我们将在第六章讨论按照《国防指令》第12条第(a)款的豁免规定此种行为是否具有合法性[61]。

---

[53] 关于前北大西洋公约组织供给保障组织,详见:休尼克斯(Heuninckx),论文(Thesis),前注169,第197-234页。

[54] 加拿大、挪威、冰岛、土耳其和美国。

[55] 奥地利、塞浦路斯、芬兰、爱尔兰、马耳他和瑞典。

[56] 比利时、保加利亚、克罗地亚、捷克共和国、丹麦、爱沙尼亚、法国、德国、希腊、匈牙利、意大利、拉脱维亚、立陶宛、卢森堡、荷兰、波兰、葡萄牙、罗马尼亚、斯洛文尼亚、西班牙、英国。

[57] 《北大西洋公约组织供给保障组织宪章》第4条第(c)款和第5条。

[58] 北约保障与采购组织监督委员会于2013年6月26日批准的条例,2013年5月30日的AC/338-D(2013)0048-REV1、2013年6月16日的AC/338-D(2013)0048-REV1-ADD1和AC/338-R(2013)0003,第7项,www.nspa.nato.int/pdf/procurement/NR-4200_e.pdf[2013年9月6日登录]。

[59] www.nspa.nato.int/en/organization/NSPA/customers.htm[2013年9月6日登录]。

[60] 同上。

[61] 第273-274页。

8. 结论

欧盟内部市场以外的组织对应的是欧洲军备市场或者说进行的是国防采购。这些组织的部分采购行为,尤其是北约机构的采购行为(包括欧盟以外的第三方国家),是不受《国防指令》的约束的。相关讨论见第六章。涉及研发的协作式项目也不受《国防指令》的约束。这样欧盟以外的组织,主要是联合军备采购组织,就可以不受《国防指令》的约束而完成采购。欧防局是欧盟共同外交与安全政策/共同安全与防务政策的一部分,而意向书组织是欧盟以外的一个组织,但只吸纳欧盟成员国加入。这两个组织并不是国防采购机构,而是国防采购政策和相关政策的制定者。与欧防局的兼收并蓄不同,意向书组织和联合军备采购组织只包括少数几个欧盟成员国。这种多边组织并不总是包括所有欧盟成员国,而有的成员国则同时加入了这两个组织。这种重复性说明存在着两者不一致的危险,尤其表现在资金和精力浪费在重复性的项目上,这样两者之间就会产生矛盾,会相互削弱。但是这个问题通过对权限的合理分配和明朗化而得到解决。欧防局以外的组织,主要是联合军备采购组织,应当纳入包容性更强具有欧盟一体化性质的欧防局。另外,意向书组织的所有规则应当纳入欧防局或欧盟内部市场。欧防局和内部市场之间的权限划分是一个非常重要的问题,可以保证欧盟军备市场政策的一致性。这种划分应当建立在对国家安全豁免条款的正确认识和应用上,尤其是对《欧盟运行条约》第346条(相关讨论见第三章)及对欧盟次级法豁免条款的正确认识和应用上。欧盟次级法豁免条款的讨论见第六章。最近,《欧防局采购与供应链准则》的中止说明人们开始重视这种权限的划分。《国防指令》的出现已经开始动摇盘根错节的欧洲国防采购体系(相关描述见本章)。它可能——有人认为它将带来一个全新的体系,在这个全新的体系中,除北约机构外,只有欧盟内部市场和欧防局,而且后者将成为前者的一部分。

第二部分 《国防指令》的内容

第六章 《国防指令》之内和之外:适用范围的限制

1. 引言

欧盟立法者以《公共部门指令2004/18/EC》为基础制定了《国防安全采购指令2009/81/EC》(《国防指令》)。换句话说,后者是一种适应国防与安全采购特别需求的《公共部门指令》。之所以要制定这个《国防指令》,是为了避免成员国以《欧盟运行条约》第346[1]、36、51、52和62条为基础不受采购制度的制约[2],对于这些条款的解释见第二章和第三章。《国防指令》的目的是满足大多数国家的安全需求,将其大多数采购行为纳入《国防指令》(和《欧盟运行条约》)的约束范畴。转化为国内法的《国防指令》条款大多与适用范围(相关讨论见本章)、采购程序和适用条件(相关讨论见第七章)、保证投标人可信度的投标人资格预选(第八章)、合同履行条件(第八章)、补偿贸易和分包(第九章)、复议和对受害投标人的救济有关(第十章)。由于新的法律考虑到了国防与安全的特殊需求,因此比起以往的制度来,以安全豁免条款为借口不受法律约束的采购必定少了许多。相关领域的采购,尤其是军备采购不再完全不受内部市场的约束了,因此一个专

---

[1] 参见《国防指令》说明条款第4、5、9和12条。说明条款第4条规定:"要形成一个欧洲防务装备市场,先决条件之一就是形成一个适当的司法体系。在采购领域,需要在合同授予程序上进行协调统一,以满足成员国的安全需求和履行《欧盟运行条约》的义务。"

[2] N·布尔拜(N. Pourbaix),"《欧盟运行条约》第346条的未来适用范围"(The Future Scope of Application of Article 346 TFEU)(2011)第20期,《公共采购法评论》(*Public Procurement Law Review*),第1—8页。

门针对国防与安全的《国防指令》诞生了[3]。与此同时,欧盟公共采购法的其他目标(相关讨论见第二章),如对他国的非歧视性、对投标人公平待遇、竞争、市场进入和透明性,都得到了推动。这个立法领域的平衡举措能否成功,取决于国防与安全环境是否适合将这些合同置于《国防指令》的约束之下。数年之后,当人们对这个新法律以内和以外的采购行为进行了深入研究,有了经验性的数据之后,才可能对其进行综合评估。但是现在可以对其进行法律上的分析,详见本书第二部分。

在研究任何一个采购法时,首先要考虑的是它的应用范围,即约束范围。在欧盟各个采购指令的大背景下,这个问题事关采购实体是谁(法人约束范围,见第2节)和哪个合同处于被约束范围(物资范畴,见第3节)的问题。后者取决于合同类型和合同价值,但也有一些例外[4]。前者要看向私人经营者授予合同的实体具有什么样的法律性质。关于采购程序(相关讨论见第七章)、合同条款和合同履行条件、投标人资格、投标人选择和授标标准(相关讨论见第八章)、补偿贸易与分包(相关讨论见第九章),以及审查与救济方面的条款(相关讨论见第一章),只适用于受《国防指令》约束的合同。因此本书第二部分的开头必须对这个新法规的适用范围进行讨论。

关于《国防指令》的适用范围在其第二章"适用范围",第 7-19 条有详细的规定。另外,在第二章还有关于服务合同的特别规则(第 20-22 条)。《国防指令》第

---

[3] A·乔格波洛斯(A. Georgopoulos)指出"立法评论:新的《国防采购指令》开始生效"(Legislative Comment: The new Defence Procurement Directive Enters into Force)(2010)第 19 期,《公共采购法评论》(*Public Procurement Law Review*)NA1-3,第 NA2 页,"这个新的法律文件是……针对该领域量身定做的。" C·肯尼迪—罗埃斯特和 N·布尔拜(C. Kennedy-Loest and N. Pourbaix),"新的《国防采购指令》"(The New Defence Procurement Directive)(2010)11 期《时代论坛》(*ERA Forum*)总 399 期,第 403 页,指出其目的是"形成一个特别适合国防与安全合同授予的采购制度。"欧盟委员会也称其为"特别适合"国防的法律制度。参见"国防采购——常见问题",布鲁塞尔,2009 年 8 月 28 日,问题 2:《国防指令》的主要创新之处是什么? http://ec.europa.eu/internal_market/publicprocurement/docs/defence/faqs_28-08-09_en.pdf [2013 年 9 月 23 日登录]。

[4] "民用"《公共部门指令 2004/18/EC》的适用范围,参见彼得·A·特莱普特(Peter A. Trepte),《欧盟的公共采购:从业者指南》(*Public Procurement in the EU: A Practitioner's Guide*),第 2 版(Oxford University Press,2007),第 89-127 页(适用范围),第 257-270 页(门槛价),第 239-256 页(例外);克里斯多夫·波维斯(Christopher Bovis),《欧共体公共采购:判例法与条例》(*EC Public Procurement: Case Law and Regulation*)(Oxford University Press,2006),第 203-206 页和第 334-396 页,第 208-212 页(门槛价),第 206-208 页(例外);R·诺盖罗(R. Noguellou),"欧盟采购指令的适用范围"(Scope and Coverage of the EU Procurement Directives),见于马丁·特莱伯斯、罗伯托·卡兰塔和古尼拉·艾德尔斯坦姆(Martin Trybus, Roberto Caranta and Gunilla Edelstam)(eds.),《欧盟公共合同法》(*EU Law of Public Contracts*)(Brussels: Bruylant,2014),第一章,第 15-36 页,适用范围也常常是欧洲法院的判决主题,参见:Case C-44/96, *Mannesmann*[1998] ECR I-73; Case45/87, *Dundalk* [1987] ECR 4929; Case C-470/89, *Universale-Bau* [2002] ECR I-11617; Case C-373/00, *Truley* [2003] ECR I-1931; Case C-380/98, *Cambridge University* [2000] ECR I-8035; Case C-323/96, *Vlaamse Raad* [1998] ECR I-5063; Case C-306/96, *Connemara* [1998] ECR I-8716; Case C360/96, *Arnhem* [1998] ECR I-6821; Case C-260/99, *Agora* [2001] ECR I-3605; Case C-107/98, *Teckal* [1999] ECR I-8121。

1条的一些定义也可用于确定该法的适用范围。《欧盟委员会适用范围指导说明》[5]（见本书引言[6]），是针对《国防指令》各个方面的六个《指导说明》之一，目的是推动《国防指令》的实施,针对性地解决适用范围问题。另外还有一个《国防采购例外指导说明》[7]，规定了适用范围的一个具体方面。在此我们再次强调，这些《指导说明》并不具有法律约束力，这一点与《国防指令》是完全不一样的。但是，由于这些《指导说明》是《国防指令》制定人对于《国防指令》的解读，书写这些《指导说明》的专家同时也是起草《国防指令》的人，因此在理解《国防指令》时应当将这些《指导说明》作为重要的指南。欧洲法院在解读与适用范围有关的相关条款时，有可能参考这些《指导说明》。更重要的是，相关采购实体在实践中也会参考这些《指导说明》。从本书写作的2013年11月来看，《国防指令》及其例外条款从时间上来说相对较新，关于这些条款的解释尚没有出现判例法。因此，欧盟委员会的《指导说明》，以及我们在第二章和第三章讨论的与《欧盟条约》豁免规定有关的现有判例法，对于解读《国防指令》的条款具有非常重要的意义。

如果某个实体或合同在法人和物资上都不受某个采购法的约束，就应当考虑是否受其他法律制度的约束。从《国防指令》的角度来说，这些其他法律制度包括《公共部门指令2004/18/EC》（见下文4.5节）及其后续的《指令2004/18/EC》、《公用事业指令2004/17/EC》（见下文4.6节）及其后续的《指令2014/25/EU》[8]，对于那些仍在内部市场范畴内的合同来说（相关讨论见第二章），还可直接参照《欧盟运行条约》（见下文第4.4节）。这些"其他法律制度"还包括必须与《欧盟运行条约》相一致的成员国国内法，也可以是欧洲防务局[9]或联合军备采购组织的相关规则。关于欧防局和联合军备采购组织的讨论见第五章及下文4.3.1节和4.3.2.3节。另外，这些其他的法律制度也可以是其他国际组织如北约或世界银行集团的规则。关于这些其他国际组织的讨论见下文4.3.1节。最后，这个采购合同可能不受任何法律制度的约束，既不在欧盟主要或次要的内部市场法范畴内，也不在任何国际国内法规的范畴内，只能在经济、政治、军事或其他方面的规则基础上完成合同的授予。

本章将首先讨论《国防指令》法人适用范围（下文第2节），然后是物资适用范围（下文第3节和第4节）。接下来讨论门槛价（下文4.2节）、《国防指令》的例外情况（下文4.3节）、《欧盟运行条约》的例外情况（下文4.4节），以及《国防指令》

---

[5] http://ec.europa.eu/internal_market/publicprocurement/docs/defence/guidescope_en.pdf［2013年9月23日登录］。

[6] 第6页。

[7] http://ec.europa.eu/internal_market/publicprocurement/docs/defence/guideexclusions_en.pdf［2013年9月23日登录］。

[8] 《适用范围指导说明》（Guidance Note *Field of Application*），前注5，第1页。

[9] 《欧防局国防采购行为准则》（EDA Code of Conduct for Defence Procurement）也曾针对所在成员国，或者曾想制定一个新的准则来替代它。现有这些规则只针对欧防局自身，参见第五章，第191-198页。

与《公共部门指令》和《公用事业指令》在适用范围上的对比(下文4.5节和4.6节)。作者将指出：相关采购实体的合同，不是有许多，而是一多半都不在这个新的《国防指令》的约束之下。换言之，并不是说成员国国防部的所有合同都要按照从《国防指令》转化而来的国内法来处理。另一方面，许多其他采购实体的合同，包括公用事业合同，都将纳入这个新法的约束范畴。《国防指令》不是一个"国防部"的法。下文关于物资范畴的讨论将说明欧盟立法者在按照《公共部门指令》制定《国防指令》时所采用的一个手法⑩：限制。

2.《国防指令》的法人范畴：适用范围内的采购实体

欧盟某个《指令》的法人适用范围指谁在约束范围内，《国防指令》也是如此。这个法规适用于怎样的采购当局和采购实体？一般来说，采购法，包括欧盟各个《指令》，都有一个对适用实体的抽象定义(见下文2.1节)，并且有一个适用于此法规的实体清单(见下文2.2节)⑪。

2.1 对采购当局的抽象定义

对《国防指令》适用范围内的采购实体的抽象定义见第1条第(17)款⑫，对采购实体的定义如下：

采购当局指[《公共部门指令》]第1条第(9)款的采购当局。

因此《国防指令》对采购实体的定义取决于《公共部门指令》中的定义。在《公共部门指令》第1条第(9)款中将采购当局定义为：

国家、地区或地方当局、受公法约束的机构、以上某个当局或数个当局组成的协会，或者受公法约束的以上某个或数个此类当局组成的机构。

因此，《国防指令》的法人范畴覆盖《公共部门指令》中的所有采购当局。虽然人们对法人的适用范围的看法并不完全一致，但对于法人却有一种共同观点。毕竟《公用事业指令》的法人适用范围也是《国防指令》的适用范围。相关讨论见下文。

2.1.1 国家、地区或地方当局

根据《公共部门指令》第1条第(9)款和《国防指令》第1条第(17)款的规定，

---

⑩ 其他手法是灵活性(第七章)、说明(第八章)和替代(第九章)。
⑪ 可参见下文讨论的《公共部门指令》第1条第(9)款和《公用事业指令》第2条。
⑫ 《国防指令》第1条第(2)款参照《公共部门指令2004/18/EC》第1条第(2)款(a)项，定义了合同的概念，认为合同是"一个或多个经营者与一个或多个采购当局达成的，以完成本《指令》范围内的工程、产品供应或提供服务为目的"，《指令2004/18/EC》已被《指令2014/24/EU》所取代。以下对《国防指令》的讨论指的是对《2004指令》的讨论。

《国防指令》的法人包括"国家、地区或地方当局"。《公共部门指令》附录Ⅳ列出了一个中央政府当局的清单,相关讨论见下文2.2节。作者将指出,在欧盟各个《指令》中,这个清单的作用似乎没有想象中的大,因为这个清单并没有把清单上的不确定性全部消除。这个清单只是一个说明性的清单,没有决定性,也没有穷举性[13]。

2.1.1.1 国防部门与军队

《公共部门指令》第1条第(9)款关于"国家"的抽象定义已经包括成员国的国防部门和军队。但是,除了清单上列出的当局,在《公共部门指令》的附录Ⅳ中明确表示或暗示成员国的国防部门和相关国防采购机构也在采购当局之列[14]。2004年5月1日,10个国家加入了欧盟,之前不久《国防指令》开始生效。在2007年和2013年的欧盟扩张之前,按照《公共部门指令》的最初文本共有15个成员国。

按照附录Ⅳ列出的的清单,列入采购当局的有比利时的"国家"[15],丹麦的"国防部",德国的"联邦国防部(非军事物资)",希腊的"陆军总参谋部、海军总参谋部、空军总参谋部(附录Ⅴ中的非作战物资)",西班牙的"国防部",法国的"国防部(非作战物资)",爱尔兰的"国防部",意大利的"国防部(非作战物资)",卢森堡的"外国事务、外贸、合作与国防部:陆军",荷兰的"国防部",奥地利的"联邦国防部",葡萄牙的"国防部(附录Ⅴ中的非作战物资),芬兰的"国防部——芬兰国防部队(非作战物资)",瑞典的"国防物资管理局和瑞典国防军",以及英国的"国防部和国防采购局"。之所以将这些实体明确列举出来,是为了强调《国防指令》本身并没有直接将这些机构明确列举出来,因此并不直接"面对"这些机构(如"你在适用范围内"),国防部门显然是通过立法进行约束的,它们是法人,显然处于《国防指令》的适用范围内。如下所述,关于什么是国家本可以更清楚,但现在已经很清楚了,因此让欧洲法院再来一个判例说明国防部和军队应当列入"国家"的概念似乎就没有必要了。

---

[13] B·休尼克斯(B. Heuninckx),"潜伏在边界:欧盟法在国防与安全采购上的适用性"(Lurking at the Boundaries: Applicability of EU Law to Defence and Security Procurement)(2010)第19期,《公共采购法评论》(*Public Procurement Law Review*)第91-118页,在第95页解释道:"[《指令2004/18/EC》附录Ⅲ中的清单]不是绝对性的,只是一个说明性的东西,被列入清单的实体如果与定义不符,则不在约束范围内;相反,一个实体虽然不在清单内,但与定义相符,则在约束范围内。一个机构在不在公共法约束范围内,必须按照逐案审查的方式才能确定。"另参见Case C-283/00, *Commission v. Spain* [2003] ECR I-11697,第77段,Case C-373/00, *Truley* [2003] ECR I-1931,第44段,引自休尼克斯(Heuninckx),同上,脚注25。

[14] 有一点很有意思:在附录Ⅳ中,2004年,15个成员国中的德国、意大利、葡萄牙和芬兰将军用物资从其各自部门和军队的采购活动中去除,而其他成员国的实体含义中则不包括这样的限制。

[15] 从2012年1月1日起开始修订的《公共部门指令2004/18/EC》,明确列入比利时"Ministère de la Défense/Ministerie van Landesvertediging"(国防部),http://eurlex.europa.eu/LexUriServ/LexUriServ.do? uri=CONSLEG:2004L0018:20120101:EN:PDF [accessed 23 September 2013]。参见《指令2014/24/EU》附录Ⅰ。

2012年1月1日的《公共部门指令》修订版和《指令2014/24/EU》⑯的附录 I 包括一些说明⑰,把2004年和2007年加入欧盟的成员国相关部门也纳入适用范围。这些新加入的有保加利亚⑱、捷克共和国⑲、爱沙尼亚⑳、塞浦路斯㉑、拉脱维亚㉒、立陶宛㉓、匈牙利㉔、波兰㉕、罗马尼亚㉖、斯洛文尼亚㉗和斯洛伐克㉘。马耳他的国防部没有列入,因为该国的国防事务由内政和国家安全部负责㉙。《2013年5月13日欧洲理事会因克罗地亚共和国的加入而修订某些公共采购指令的指令2013/161EU》㉚对附录 IV 进行了修订以适应最近的欧盟扩张㉛。部门责任和名称偶尔会发生变化(卢森堡),部门也会出现重新划分和重组(英国),因此在《指令》上将相关名称列出并不是明智之举。如果各个成员国政府的责任分配和采购机构的名称可以发生变化,那么有一个抽象的定义,再在附录中加一个说明性的清单,不失为一个更好的司法手段,因为这样可以有更多的灵活性,当采购实体发生重组时不必对法人范围进行大幅更改。

---

⑯ 同上。

⑰ 前注15。附录 I 明确将比利时"Ministère de la Défense/Ministerie van Landesvertediging"列入其中,而对于丹麦则列入了5个相关机构。卢森堡负责防务的部门不再列入其中,因为它不再位于相关外交事务与移民部门的清单上:www.mae.lu/en/Site-MAE/Defense[2013年9月23日登录]。意大利国防部原先增加的"非战争物资"被移除。英国的"国防采购局"被"国防装备与保障"所替代,反映出国防部相关部门的重组。另参见《指令2014/24/EU》附录 I。

⑱ 提到了保加利亚共和国国防部,前注15,第119页:Министерство на отбраната。感谢伯明翰大学博士生及研究生教学助理斯多伊安·潘诺夫(Stoyan Panov)为本脚注提供的帮助。

⑲ Ministerstvo obrany (国防部),前注15。感谢斯多伊安·潘诺夫(Stoyan Panov)为本脚注提供的帮助。

⑳ Kaitseministeerium (国防部),前注15。

㉑ Υπουργείο Άμυνας (国防部)。感谢阿瑞斯·乔格波洛斯(Aris Georgopoulos)(伯明翰大学)为作者提供此翻译。

㉒ Aizsardzības ministrija un tās padotībā esošās iestādes(国防部),前注15。

㉓ Institutions under the *Krašto apsaugos ministerijos*[国防部],前注15。

㉔ Honvédelmi Minisztérium(国防部),前注15。

㉕ Ministerstwo Obrony Narodowej (国防部),前注15。感谢斯多伊安·潘诺夫(Stoyan Panov)为本脚注提供的帮助。

㉖ Ministerul Apărării(国防部)。其他中央机构则可认为是军事采购机构。

㉗ Ministrstvo za obrambo(国防部)和 General štab Slovenske vojske(斯洛文尼亚军队总参谋部)。感谢(伯明翰)欧洲法学助理研究员尼娜·博克(Ms Nina Boč)为此提供翻译。

㉘ Ministerstvo obrany Slovenskej republiky (斯洛文尼亚共和国国防部),前注15。感谢斯多伊安·潘诺夫(Stoyan Panov)为本脚注提供的帮助。

㉙ 参见马耳他政府网站:http://gov.mt/en/Government/Government%20of%20Malta/Ministries%20and%20Entities/Affairs-and-National-Security.aspx[2013年9月23日登录]。

㉚ [2013] OJ L158/184。

㉛ 没有列入任何国防部门,但可以推测被列入的"克罗地亚共和国政府"、"克罗地亚共和国政府办公室"或者"各部"(前注15),包括国防部。在《指令2014/24/EU》附录 I 中,"Ministarstvo obrane"赫然在目。

2.1.1.2 国防部门及军队以外的采购当局

《公共部门指令》第1条第(9)款和附录Ⅳ对"国家、地区或地方当局"的抽象定义,还包括许多无法归入国防采购机构的其他当局[32],如国家、地区和地方上具有安保功能的实体如警察机构、海岸警备队、边境安全部门和监狱管理局等[33],另外还包括不具安保功能的机构,如文化部门或大学等。需要再次强调的是,《指令2004/18/EC》的附录Ⅲ和附录Ⅳ或者《指令2014/24/EU》的附录Ⅰ所列出的清单不过是一种说明性的清单。即使这些部门被附录"遗忘"了,或者说在编写这些附录时这些机构根本就不存在,但只要有一个抽象的定义就仍然可将它们都纳入《国防指令》的法人范畴。《国防指令》的法人包括《公共部门指令》和《公用事业指令》的法人,相关讨论见下文。因此下文讨论的物资范畴也可以决定一个合同是否处于新的《国防指令》的约束范围内。至此,《国防指令》显然不是国防部门的指令,它甚至都不是一个公共指令,它所约束的采购实体也是《公共部门指令》和《公用事业指令》的采购实体。这意味着欧洲法院关于另两个《指令》适用范围的数量庞大的判例法[34],对于《国防指令》的法人界定也有非常重要的意义。

2.1.2 受公法制约的机构

《公共部门指令2004/18/EC》第1条第(9)款(《指令2014/24/EU》第2条第(1)款)将"受公法制约的机构"也归入《国防指令》的适用范围。"受公法制约的机构"在其第1条第(9)款得到了进一步的定义,并通过2004年的《公共部门指令》附录Ⅲ上的一个非穷举性名单进行了说明。通过《国防指令》的第1条第(17)款,可看出这个名单也适用于《国防指令》。《欧洲理事会适用范围指导说明》对受公法制约的机构的定义总结如下:

为满足公共利益需求而建立的机构,不具工业或商业性质,具有法人资格,严重依赖于国家、地区或地方当局或其他受公法制约的其他机构[35]。

这一点在第1条第(9)款得到了支持,另外还有其他一些说明性的例子:"科学研究与开发实体,或者警察部门"[36]。因此所有这些机构,包括大学或开发机构,如果它们授予相关合同则都可以成为与《国防指令》有关的实体。

2.1.3 公用事业

《国防指令》第1条第(17)款根据《公用事业指令2004/17/EC》第2条(《公用事业指令2014/25 EU》第4条),将公私经营的公用事业也纳入这个新《指令》的法

---

[32] 《国防指令》适用于国防部门以外的进行相关货物和服务采购的所有相关国家、地区和市政部门,警察部门、边境管理机构和监狱也可能包括在内。

[33] 《欧盟委员会适用范围指导说明》(The Commission Guidance Note *Field of Application*),前注5,第3页,列出"科研开发机构、紧急服务或警察"。

[34] 参见前注4的判决。

[35] 《适用范围指导说明》(Guidance Note Field of Application),前注5,第3页。

[36] 同上。

人范围之内[37]。第 2 条对公用事业进行了定义，以确定《国防指令》的适用范围，包括从事《公用事业指令 2004/17/EC》第 3-7 条(《公用事业指令 2014/25 EU》第 7-14 条)规定的各项活动的公共机构。根据《适用范围指导说明》，这些公用事业活动包括"燃气、热力、电子和水的供应，交通服务和邮政服务，以及港口和机场等"[38]。在 2004 年的《公用事业指令》第 2 条第(1)款(d)项中，公用事业定义为：

采购当局通过所有权、资金参与或约束这些机构的规则而对其有直接或间接支配影响的采购实体[39]。

另外，公用事业还包括由成员国特许或授予专有权"进行前面列出的领域活动"的私营实体[40]，如具有大范围安保程序的公私港口和机场也属于《国防指令》的法人范畴[41]。《国防指令》也可以是一个公用事业指令。但是从《公共部门指令》的解释来看，《公用事业指令》或《公共部门指令》能否适用最终取决于《国防指令》对物资范畴的规定，换言之，取决于合同自身。将在下文第 3 节就此进行详细讨论。

通过《国防指令》第 1 条第(17)款在《公用事业指令》和《国防指令》之间建立起来的法律关系，可能会带来一些意想不到的后果[42]。《国防指令》的法人范畴将公用事业也包括进去，这在《国防指令》的初稿中是没有想到的，在 2008 年下半年才把这一点加进去[43]。《国防指令》的一个起草人指出，这种匆忙之举导致了难以预测的结果。回想起来，他也不能确定把这些机构加进去是不是一个明智的决定[44]。第一，由于从未就此进行过影响评估，因此也就无法对可能造成的影响进行评估[45]。

不经过影响评估也不经过咨询就进行立法，不是一种好的立法行为，当然也不是欧盟委员会的一贯作风。第二，那些将《国防指令》的法人范围扩大到公用事业

---

[37] 这可能涉及采购相关货物和服务的任何公用事业部门，甚至是水务或能源部门，但最有可能的是机场保安。

[38] 《适用范围指导说明》(Guidance Note Field of Application)，前注 5，第 3 页。

[39] 另参见如上。

[40] 同上。第 3 页。

[41] 如上。举出的还有："输送燃气、热力、电力或水的网管经营者，以及公共交通网络的经营者"。

[42] 欧盟委员会的 N·斯皮盖尔(N. Spiegel)，"《指令 2009/81/EC》:国防特点"(Directive 2009/81/EC: Defence Specificities)，在"欧洲《国防安全采购指令》及其实施挑战"(The European Defence and Security Procurement Directive and the Challenges for its Implementation)讨论会上的发言，欧洲公共管理研究所(European Institute of Public Administration)(EIPA)，马斯特里赫特，2010 年 6 月 21 日(作者记录，可查)。

[43] 斯皮盖尔(Spiegel)，同上。因此《欧盟委员会工作人员工作文件——效果评估》(Commission Staff Working Document -Impact Assessment) SEC (2007) 1593, http://ec. europa. eu/governance/impact/ia_carried_out/docs/ia_2007/sec_2007_1593_en. [2013 年 11 月 1 日登录] 针对公用事业被纳入《国防指令》的约束范畴，并没有做出相应回应。

[44] 斯皮盖尔(Spiegel)(2010 年 6 月)，前注 42(作者记录，第 7 张，可查)。

[45] 斯皮盖尔(Spiegel)，同上，以及《欧盟委员会工作人员工作文件》(Commission Staff Working Document)，前注 43,该文件没有把公用事业纳入进去。COM(2004)608 final 和 COM(2005)626 final 也没有把公用事业纳入进去。

的人,似乎没有意识到以下事实:虽然《国防指令》具有灵活性,是一个"缩减版的《公共部门指令》",但《公用事业指令》的灵活性更大,是《公共部门指令》"更加精编的缩减版"[46]。

许多公用事业部门发现他们的合同本应有一个更加灵活的约束制度,却受到了《国防指令》的严格约束。例如,按照《公用事业指令 2004/17/EC》第 30 条规定的程序,如果"采购活动直接暴露在竞争之下",则可以不纳入《公用事业指令》的物资范畴(见下文)[47]。这种采购活动虽然通过第 30 条没有纳入《公用事业指令》,但不会同时不受《国防指令》的制约。《公用事业指令》不适用了,但《国防指令》可能适用。法国总统咨文曾设想《公用事业指令》第 30 条的豁免规定能够"突破"到《国防指令》中去,在《公用事业指令》中享受豁免的采购活动在《国防指令》中也能享受到豁免,但是这一点在后来版本中被删除了。在 2008 年 8 月的版本中,供应安全和信息安全方面的章节(相关讨论见第八章)变得更加重要了。欧盟委员会说是因为国防与安全市场的特殊结构使然。因为这个特殊结构,这些采购实体的采购行为不能不受《国防指令》的约束[48]。因此《国防指令》的灵活性没有《公用事业指令》强,而这种灵活性的降低并没有带来什么好处,将公用事业纳入《国防指令》法人范畴很成问题,应当就此进行重新考虑。英国反对将公用事业纳入《国防指令》的法人范畴[49]。《国防指令》的一个起草人说他根本不知道此举是否会产生重要影响,但他认为这个问题在审核《国防指令》时可再行考虑[50]。公用事业应当受到针对公用事业制度的约束,而不是受一个改版后的《公共部门指令》(即《国防指令》)的约束。必要的国防与安全部分可以加入到《公用事业指令》的相关条款中去。总体而言,公用事业应当从《国防指令》的适用范围中剔除,应当受到具有针对性的《公用事业指令》的约束。

2.1.4 集中采购机构

《国防指令》说明条款第 23 条指出:"集中采购方式有助于提高竞争,提高采购效率"。这种对集中采购的肯定态度也反映在说明条款第 23 条对集中采购机构的态度上:

因此应当允许成员国规定采购当局通过集中采购机构完成货物、工程和/或服务的采购。应当制定一个条款在欧盟范围内对集中采购机构做出一个定义,并规定在什么样的条件下采购当局/实体根据非歧视性原则和公平待遇原则通过某个采购机构进行的工程、供货和/或服务方面的采购必须受《国防指令》的制约。必

---

[46] 斯皮盖尔(Spiegel),(2010 年 6 月),前注 42(作者记录,第 7 张,可查)。
[47] 斯皮盖尔(Spiegel)最为明显的例子,同上。
[48] 迈克尔·弗鲁曼和哈诺·列波曼(Michael Fruhmann and Hanno Liebmann),*Bundesvergabegesetz Verteidigung und Sicherheit* 2012(Vienna: Manz,2012),第 51 页。
[49] 斯皮盖尔(Spiegel),(2010 年 6 月),前注 42(作者记录,第 7 张,可查)。
[50] 同上(作者记录,第 7 张,可查)。根据《国防指令》第 73 条第(3)款规定,欧盟委员会必须在 2016 年 8 月 21 日前就《国防指令》是否达到预设目标做出报告。

须受《国防指令》约束的采购当局/实体应当在任何情况下都可作为一个集中采购机构进行采购。

按照这个思路,《国防指令》第 1 条第(18)款规定了这个集中采购机构的定义,并将其纳入《国防指令》的法人范畴。该条指出:

"集中采购机构"指《指令 2004/18/EC》第 1 条第(9)款和《指令 2004/17/EC》第 2 条第(1)款(a)项的采购当局/实体,或进行以下活动的欧洲公共机构:

- 为采购当局/实体进行供应和/或服务采购,或
- 为采购当局/实体授予工程、供货或服务方面的合同或缔结框架协议。

[强调为作者所加]

因此,根据以上讨论的对采购当局/实体的定义,集中采购机构本身也符合对采购当局/实体的定义,而为其他采购当局和采购实体进行采购或代表其他采购当局和采购实体进行采购的,也在《国防指令》的约束范畴之内。这一点与《公共部门指令 2004/18/EC》第 1 条第(10)款(《指令 2014/24/EU》第 2 条第(16)款)、《公用事业指令 2004/17/EC》第 1 条第(8)款(《指令 2014/25/EU》第 2 条第(10)款)是一致的——它们也将集中采购机构纳入约束范围。

2.1.4.1 欧防局是一个集中采购机构吗?

《国防指令》与其他指令的明显不同,是它将"欧洲公共机构"也纳入适用范围,而"欧洲公共机构"还包括未来成立的相关机构。另外,它还将已经存在的欧洲防务局(EDA)也纳入其约束范围(欧防局相关讨论见第五章)。将欧防局纳入麾下在《国防指令》说明条款第 23 条最后一句话得到了印证:

同时,成员国应当有指派不受此《指令》约束的欧洲公共机构如欧防局作为集中采购机构进行采购的自由,前提是这些机构所遵守的采购规则与该《国防指令》的所有采购规则具有一致性。

《国防指令》的一位起草人指出,"欧洲公共机构"这个概念

或多或少是专门用来指欧防局的,因为它不是一个部门,而是一个政府间机构,在进行采购时必须遵守欧盟《指令》。[当欧防局作为集中采购机构进行采购时]也要受到《国防指令》的约束[51]。

"部门"与"政府间机构"的区别不是很清楚,这种区别会有什么影响也不很清楚,但是有一点很清楚:规则是为欧防局制定的。在此需要再次强调:《国防指令》第 1 条第(18)款将欧防局作为一个(中央)采购机构,并不是因为欧防局是软性法律《国防采购行为准则》的制定者(相关讨论见第五章)。目前生效的规则是 2007 年 9 月 18 日的《欧洲理事会决议 2007/643/CFSP》,这是一个关于欧防局运行预算中的资金规则、采购规则和出资规则的决议[52]。从 2007 年这个日

---

[51] 斯皮盖尔(Spiegel),(2010 年 6 月),前注 42(作者记录,可查)。

[52] [2007] OJ L269/1,附录,第 16-36 页。

期来看(《国防指令》的立法过程在此之后才结束),这个理事会决议并不是《国防指令》的变更,而且目前也没有有关《国防指令》变更的相关信息。我们在第五章指出,目前的欧洲理事会决议规定了受《公共部门指令》约束的合同规则,要求这些合同必须在《欧盟官方公报》上进行公布,并对不受《公共部门指令》约束的合同也做出了规定。《公共部门指令》约束下的合同规则,与《国防指令》的相关规则是一致的;不受《公共部门指令》约束的合同也大致与《欧盟运行指令》的原则相符。在此需要强调的是,《国防指令》说明条款第 23 条指出,"成员国应当还有指定不受该《指令》约束的欧洲公共机构的自由":首先,成员国没有义务指定欧防局作为集中采购机构;第二,这个说明条款第 23 条指出,如果成员国不指定欧防局为集中采购机构,那么欧防局是不受《国防指令》约束的。这一点与《国防指令》第 75 条是一致的。该条指出,《国防指令》适用于所有成员国。因此可以说,《国防指令》针对的并不是像欧防局这样的欧盟机构。但是第一,这种观点与《国防指令》的明确措辞是相互矛盾的,因为《国防指令》明确将作为集中采购机构的"欧洲机构"纳入约束范围。因此我们只能对欧防局被纳入《国防指令》的法人范畴提出反对意见。

第二,通过欧防局的集中采购取代自己的采购行为,与采购当局通过集中采购机构完成采购活动多少有些相似之处。同样道理,欧防局应当纳入《国防指令》中的法人范围,除非有明确规定不受《国防指令》的约束。事实上,欧防局被明确指定为欧防局国家的集中采购机构。

第三,欧盟各机构,尤其是欧盟委员会及下属机构和欧洲议会虽然不能准确应用欧盟各采购《指令》的准确措辞,但应用的是其原则。这一点在欧洲法院的判例法中得到了明确[53]。因此,这并不是一种异常情况。让欧盟的一个机构,甚至是与共同外交与安全政策和共同安全与防卫政策相关的机构完全按照欧盟指令行事,只是向前迈出了一小步。

写作本书时,欧防局是否按照《国防指令》说明条款第 23 条所设想的那样被指派为集中采购机构,尚不得而知,可能为时过早。另外,我们在第五章指出,欧防局目前并不是欧盟的集中采购机构。这一点在将来可能会发生变化,尤其是在联合军备采购组织的功能转移给欧防局以后,而目前这个工作甚至连基本框架都没有。欧防局是否能被指定为集中采购机构,并不仅仅是《国防指令》法人范围的问题,它取决于采购物资的适用范围(相关讨论见下文)。许多合同可以在门槛价以下,或者属于众多例外条款中的一种。相关讨论见本章第 4 节。

---

[53] 关于这些规则参见汉斯—乔希姆·普莱斯(Hans-Joachim Priess),"欧盟机构批准的合同"(Contract Passed by EU Institutions),见于特莱伯斯、卡莱塔、埃德尔斯坦姆(Trybus, Caranta, Edelstam)(eds.),《欧盟公共合同法》(*EU Law of Public Contracts*),前注 4,第 417—442 页。

2.1.4.2 联合军备采购组织和意向书组织是集中采购机构吗？

我们在第五章讨论的意向书组织目前并不打算成为一个采购机构，也不会成为一个采购机构[54]。而我们在第五章讨论的联合军备采购组织则是另一回事。《国防指令》说明条款第 23 条并没有明确提到联合军备采购组织。联合军备采购组织的成员只有欧盟成员国[55]。因此，联合军备采购组织是一个欧洲政府间组织，可认为是《国防指令》说明条款第 23 条和《国防指令》第 1 条第（18）款所说的"欧洲公共机构"。另外，在说明条款第 23 条中出现的"如欧洲国防局［强调为作者所加］"说明"欧洲公共机构"并不一定局限于欧防局。而且任何一个国防采购组织，尤其是欧洲的国防采购组织，都可以通过集中采购得到好处（见上述讨论），而且已经在此方面提供了一些经验。

最后，如上所述，成员国用联合军备采购组织的采购替代本国的采购活动，就好比《国防指令》约束下的采购当局用集中采购替代自己的采购一样。允许成员国通过指定欧盟以外的组织完成采购，避免此次采购成为一次孤立的采购行为，或者避免此次采购成为欧防局的一次采购行为，是《国防指令》的一个漏洞。不过这个危险很小。这是因为必须考虑到《国防指令》的法人范围以及物资范围。

联合军备采购组织的许多活动属于新武器装备的开发，属于下面第 4 节讨论的豁免范畴。

许多人对联合军备采购组织意欲成为一个集中采购组织的观点提出了反对，这些观点很值得考虑。第一，与欧防局不同的是，联合军备采购组织在《国防指令》说明条款第 23 条中并没有明确提及。如果某个组织被提到而另一个没有提到，则可以认为前者被吸纳进去而后者没有被吸纳进去。另一方面，欧盟立法者不可能将欧盟以外的组织纳入《国防指令》的法人范畴。但是《国防指令》说明条款和第 1 条第（18）款并没有将欧防局纳入《国防指令》的法人范畴，它们只是允许成员国将欧防局指定为集中采购机构。此后如果成员国想让欧防局以外的其他机构成为其集中采购机构，则需要再次指定。按照《国防指令》第 1 条第（18）款的规定，如果联合军备采购组织被指定为集中采购机构，并不存在侵害另一国际组织规则的问题。因此虽然欧防局似乎应当是一个向所有成员国开放的体系，但《国防指令》第 1 条第（18）款和说明条款第 23 条的措辞并没有否认联合军备采购组织或意向书组织被指定为集中采购机构的可能。

2.2 《国防指令》附录的缺乏

《国防指令》本身并没有一个列举其法人范畴的附录，它只是提到《公共部门指令》的附录。《国防指令》对其他《指令》的提及和缺乏一个列举相关采购当局的

---

[54] 第 225-231 页。
[55] 比利时、法国、德国、意大利、西班牙和英国都是成员，军备联合采购组织包括芬兰、荷兰、卢森堡、波兰和土耳其，参见 www.occar-ea.org/185［2013 年 9 月 23 日登录］。参见第五章，第 222-225 页。

附录,让《国防指令》显得有点凌乱,而这种凌乱本来是可以避免的。《适用范围指导说明》对"法人范畴"也没有提出什么有益的帮助[56]。在《国防指令》本身列出必要的定义,包括给出一个附录,更有利于实现为成员国国防部门和其他相关安全机构提出明确法律规定的初衷[57]。《国防指令》应当竭力成为一个完整的制度。制定一个附录对于理解专为国防和安全量身定做的《国防指令》会有所帮助。不过成员国在将《国防指令》转化为国内法时可以解决这个问题,但这个机会的利用率并不高:奥地利、德国、爱尔兰和英国都没有制定法人范畴清单[58]。另一方面,这种参照手法被称赞为"非常具有凝聚力的手法"[59],因为合同类型是《国防指令》与《公用事业指令》/《公共部门指令》的唯一区别——适用于这后两个《指令》的相关实体的所有合同都被纳入其约束范畴[60]。但是有人指出,《国防指令》应当成为一个完整的法规,应当有自己的定义和附录,并将采购当局都列举出来。当公用事业按照前文建议被移出《国防指令》的约束范围时,事情就会简单得多。

本书研究的成员国采购法都实施《国防指令》有关法人范畴的规则[61]。因此在《国防指令》中稍显"散乱"的法人定义方式,也被照搬到许多成员国的国内法中。在奥地利和英国,这种对《公共部门指令》和《公用事业指令》的交叉引用与《国防指令》如出一辙[62],但是爱尔兰法令的《法令3》却重复了这些定义,而不是对这些定义进行交叉引用。这种非照搬方式对《国防指令》的散乱是一种补救。按照德国的传统,《德国竞争法》的地位高于《德国国防安全采购条例》,因此《德国竞争法》第98条对法人范畴的定义适用于所有采购法规。值得一提的是,爱尔兰的例子说明通过对欧盟《指令》向国内法的转换可以解决指令中存在的一些不足。

由于《国防指令》的物资范畴非常重要(相关讨论见下一标题),其法人范畴反倒没有显出其应有的重要性。欧盟委员会曾考虑只考虑"采购当局的性质",不考

---

[56] 前注5,第3页。

[57] 参见《欧盟委员会工作人员工作文件》(Commission Staff Working Document),43,第36和40页。

[58] 对于采购当局和实体的定义见以下条款,这些条款不包括附录,而是将实体罗列出来:奥地利:§ 4 Bundesgesetz über die Vergabe von Aufträgen im Verteidigungs- und Sicherheitsbereich (Bundesvergabegesetz Verteidigung und Sicherheit 2012 - BVergGVS 2012, BGBl. I Nr. 10/2012);德国:§ 1(1) Vergabeverordnung Verteidigung und Sicherheit vom 12. Juli 2012 [VgVVS](BGBl. I S. 1509), die durch Artikel 8 des Gesetzes vom 25. Juli 2013 (BGBl. I S. 2722) geändert worden ist, in connection with § 98 Gesetz gegen Wettbewerbsbeschränkungen in der Fassung der Bekanntmachung vom 26. Juni 2013 (BGBl. I S. 1750), das durch Artikel 2 Absatz 78 des Gesetzes vom 7. August 2013 (BGBl. I S. 3154) geändert worden ist;爱尔兰共和国:2012年《欧盟(国防安全合同授予)条例》(European Union (Award of Contracts Relating to Defence and Security) Regulations 2012) [ACRDSR] S. I. No. 62 of 2012,第3条第(1)款;英国:《联合王国国防安全合同条例》(United Kingdom Defence and Security Contracts Regulations) [DSPCR] 2011, S. I. 2011 No. 1848,第4条。

[59] 休尼克斯(Heuninckx),"潜伏于边界"(Lurking at the Boundaries),前注13,第98页。

[60] 可能包括塞文・特伦特水务公司(Severn Trent Water)或法国铁路公司保安用手枪。

[61] 参见前注58的引用。

[62] 同上。

虑"所采购装备的类型"[63]，因此这样一个"国防部门指令"应当把《欧盟运行条约》第 346 条和其他安全豁免以外的相关货物与服务规则都纳入进来，可能会重复《公共部门指令》的相关规则；也可能是应用相同的货物和服务规则而不考虑安全上的特殊需求，而这样会导致法律上的不确定性[64]。因此欧盟委员会并没有这么做。

3.《指令》规定的物资范畴，适用的合同

关于适用《国防指令》的合同类型，《国防指令》第 2 条是关于适用范畴的基本条款：

按照《欧盟运行条约》第 36、51、52、62 和 346 条的规定，该《指令》适用于国防与安全领域授予的以下用途的合同：

（a）军事装备的供应，包括所有零部件和/或组件的供应；

（b）敏感装备的供应，包括所有零部件和/或组件的供应；

（c）与上述（a）、（b）两点提到的装备有直接关系的工程、供应和服务，及其寿命同期内的所有元素；

（d）军事专用工程或服务，或敏感工程、敏感服务[65]。

《国防指令》适用于军事装备一点也不奇怪（见 3.1 节）。但是不仅仅是军备装备属于《国防指令》的约束范畴，受《国防指令》约束的还有敏感装备、工程和服务（见 3.2 节），与军事和敏感装备有直接关系的工程、供应和服务（见 3.3 节），以及军事专用工程和服务（见下文 3.4 节）。《国防指令》的物资范畴更大了，说明这个新的法规将适用于许多采购合同，而这些合同之前显然属于《公共部门指令》的约束范畴。换句话说，这个《国防指令》的物资范畴不仅涉及 1958 年武器清单，还涉及《欧盟运行条约》第 346 条第（1）款（b）项范围以外的工程和服务。对这些货物、服务和工程的采购现在都纳入《国防指令》的约束范围，这说明《公共部门指令 2004/18/EC》第 10 条中的"国防部门条款"（《指令 2014/24/EU》第 15 条）必须发生一些变化。该条在第三章提到过，将在下面的 4.5 节进行讨论[66]。如上所述，《国防指令》还包括 2004 年《公用事业指令》所包括的货物、服务和工程。因此必须在《公用事业指令》中加入一个新的条款，即第 22 条第（a）款（《指令 2014/25/EU》第 24 条）。

---

[63] 参见《欧盟委员会工作人员工作文件》（Commission Staff Working Document），前注 43，第 33 页。

[64] 同上。

[65] 《适用范围指导说明》（Guidance Note Field of Application），前注 5，第 3 页："'合同'、'工程合同'、'供应合同'和'服务合同'的定义见《指令》第 1 条第（2）款、第（3）款、第（4）款和第（5）款"。

[66] 参见第 305-307 页。

3.1 军事装备

根据《国防指令》第 2 条第(a)款的规定,《国防指令》适用于军事装备。军事装备在《国防指令》第 1 条第(6)款又被进一步划分为为军事目的特别设计或改装的装备,以及用于武器、弹药或战争物资的装备[67]。《国防指令》说明条款第 10 条指出,这一点参照了 1958 年武器清单(相关讨论见第三章)[68]。2012 年的《欧盟委员会转化报告》对这一点进行了强调:

有的成员国使用本国特定的清单来规定该指令在国防领域的适用范围。大体来说,这些清单若反映出 1958 年清单的内容,则为第 2 条的解释提供了法律参照[69]。

[强调为作者所加]

因此《国防指令》第在 2 条第(a)款规定的武器方面的物资范畴,与《欧盟运行条约》第 346 条第(1)款(b)项的规定是一样的。1958 年的武器清单是唯一的法律参照[70]。欧盟基本法和欧盟次级法对"军事装备"一词的不同定义会引起法律上的不确定性[71]。欧盟委员会本想按照划定物资范畴的方式进行定义,也正是因为这个原因才作罢[72]。另外,内部市场基本法相对于内部市场次级法的"最高地位"也使得对"军事装备"的其他解释变得不可能。同样,欧洲理事会作为欧盟内部市场的一个机构,按照《欧盟运行条约》第 346 条第(2)款起草了 1958 年清单。由于欧洲理事会的权

---

[67] T·布里格斯(T. Briggs),"新的《国防采购指令》(The New Defence Procurement Directive)(2009)第 18 期,《公共采购法评论》(Public Procurement Law Review)NA129,第 NA131 页。

[68] 参见《国防指令》说明条款第 10 条:"为了实现本《指令》的目标,军事装备应当属于欧洲理事会在 1958 年 4 月 15 日《决议 255/58》中列出的武器、弹药和战争物资的产品类型清单之列,成员国只有在将本《指令》转化为本国法律之后,此清单才会对这些成员国起限制作用。本清单仅包括特别为军事目的而设计、开发和生产的装备。但是,此清单具有概括性,应当随着技术特征、采购政策和军事要求的不断变化而进行宽泛理解,如应当在《欧盟一般军火清单》的基础上进行理解。这些不断变化的技术特征、采购政策和军事要求,使人们开发出新型装备。为了实现本《指令》的目标,军事装备应当包括那些最初为民用,后来经改装用于军事目的,作为武器、弹药或战争物资的产品。"另参见《适用范围指导说明》(Guidance Note Field of Application),前注 5,第 4 页。说明条款"特别"一词,同上,被理解为"不排除","类型"一词被理解为"不仅指产品"。

[69] "欧盟委员会就有关国防与安全采购的《指令 2009/81/EC》向成员国国内法的转换提交给欧洲议会和欧洲理事会的报告"(Report from the Commission to the European Parliament and the Council on Transposition of Directive 2009/81/EC on Defence and Security Procurement),COM(2012)565 final,第 4-5 页。另外,不管情况是否如此,它还需要进行进一步的详细评估。"

[70] 乔治奥斯·K·桑巴尼斯(Georgios K. Sampanis)(德国锡根大学博士生)对本章早期版本进行了评论并使我从中受益,桑巴尼斯先生 2013 年 6 月 26 日在诺丁汉召开的"公共采购:全球化革命 VI"的会议论文"确定《国防安全指令》的适用范围是其有/无效性的表现"(Defining the Field of Application of the Defence and Security Directive as an Indication of its(In)Effectiveness)(可查)使我受益匪浅。另参见布尔拜(Pourbaix),"《欧盟运行条约》第 346 条的适用范围"(The Future Scope of Application of Article 346 TFEU),前注 2,第 3 页。

[71] 桑巴尼斯(Sampanis),"确定适应范围"(Defining the Field of Application),前注 70。

[72] 参见《欧盟委员会工作人员工作文件》(Commission Staff Working Document),前注 43,第 42 页:"这导致理解与实施方面的问题"。

能,1958年清单的地位高于共同外交与安全政策任何法规。因此以《通用军火清单》为基础出台的《欧洲理事会武器出口共同立场2008/994/CFSP》(Council Common Position 2008/994/CFSP for Arms Exports)[73]对于定义军事装备非常有用,因为这个清单与1958年武器清单是一致的。最后一点是,由于欧盟内部市场法高于成员国的国内法[74],因此1958年清单也高于任何成员国自己制定的清单。

另外我们将在下文指出,第三章对《欧盟运行条约》第346条第(1)款(b)项的全部解释对于理解"军事装备"都是适用的[75]。最近Finnish Turntables一案的判例法[76]对军事装备这个概念进行了说明。在这个案件的判例法中,有一个以1958年清单上的物项为基础进行的从头分析。虽然不属于清单上某种物项的产品不属于《欧盟运行指令》第346条第(1)款(b)项的例外范围,因此也不属于《国防指令》第2条第(a)款的例外范围,但是人们对于这个清单项目进行了宽泛灵活的解释,这是因为上述1958年清单具有年代久远和一般性的特点[77]。但是在《国防指令》说明条款第10条反复强调的一般宽泛性的解释,指的是非清单项目,而不是非清单产品。因此"两用产品"不适用《国防指令》第2条第(a)款[78]。但与此相反的是,Agusta[79]和Finnish Turntables[80]判例法(相关讨论见第三章)告诉我们,经特别设计或改装可用于军事的民用装备也应当列入清单之中[81]。

3.2 敏感合同

第2条第(2)款将"敏感合同"纳入《国防指令》的约束范畴。《国防指令》第1条第(7)款对敏感合同的定义如下:

7."敏感装备"、"敏感工程"和"敏感服务"指的是用于安全目的,涉及、需要

---

[73] [2008] OJ L335/19. 以前的《欧盟武器出口行为准则》(EU Code of Conduct on Arms Exports) [2006] OJ C-66/1,参见第4章,第163-166页。

[74] Case 6/64, *Costa v. ENEL* [1964] ECR 585。

[75] 第104-125页。

[76] Case C-615/10, *Insinööritoimisto Ins Tiimi Oy v. Puolustusvoimat*, 2012年6月7日判决,尚未公布。

[77] 《欧盟委员会适用范围指导说明》(Commission Guidance Note *Field of Application*),前注5,第4页:"这种灵活性似乎非常恰当,尤其是因为该清单的概括性非常强,且已有50多年的历史。例如有可能发生这样的情况:某种军事装备在清单中没有明确提及,原因仅仅是因为这种装备在起草该清单的1958年还没有诞生(如信息技术领域的软硬件技术)。"

[78] 《转化报告》(Transposition Report),前注69,第5页。

[79] Cases C-337/05, *Commission v. Italy* [2008] ECR I-2173 和 C-157/06, *Commission v. Italy* [2008] ECR I-7313。

[80] Case C-615/10, *Insinööritoimisto InsTiimi Oy v. Puolustusvoimat*, judgment of 7 June 2012,尚未公布。

[81] 《适用范围指导说明》(Guidance Note Field of Application),前注5,第4、5页。关于专为军事目的而改装的装备,举了一个例子:"例如可能发生这样的情况,某种'被军事化'的直升机,最初是为民用市场开发的。但是如果想成为本《指令》意义上的'军事装备',该直升机必须具有明显的军事技术特征(武器系统、航空电子设备等),使其能够执行具有鲜明军事特征的任务(如武装侦察、火力支援、空战)。"这个例子显然来自前面简要讨论的Agusta判例法,参见前注75,详细分析参见第三章,第96-101页。

或包含机密信息的的装备、工程和服务……

因此判断一个合同是否为敏感合同,需要两个方面的条件:(1)合同用于某种安全目的;(2)涉及机密信息。

这里提出的安全目的可以是军事上的安全目的,也可以是非军事上的安全目的。《国防指令》说明条款第 11 条认为以下情形为出于安全目的:

当军事和非军事力量为完成同一任务进行合作的时候,

或者

当采购目的是保护欧盟和/或成员国在其本土或本本以外的安全,使其免受非军事和/或非政府因素的严重威胁的时候。

《适用范围指导说明》列出了一些例子:"边境保护、警察活动和危机管理任务",或者"警察、海关活动,民事保护"[82]。但是并不存在一个单一的欧盟安全概念,因为地缘政治变幻莫测,国防与安全难以分开。相关讨论见第一章[83]。弗如曼(Fruhmann)和列波曼(Liebmann)提出了一个宽泛的定义,将更多的因素和领域包括进去,以保证国防和安全之间的"灰色地带"也纳入《国防指令》的约束范围[84]。

"涉及、需要或使用"机密信息的要求[85]并不是最低保密等级的必要条件。《国防指令》第 2 条第(8)款将机密信息定义为"具有安全保密密级的任何信息或物资,不管其形式、性质或转移方式如何"[86]。无论是《国防指令》本身还是《适用范围指导说明》都没有举出敏感采购的具体例子。此条款的措辞并没有暗示为了安全起见相关装备必须概念化或为了安全进行一些改装[87]。

第 2 条第(b)款中的"敏感装备"比起第 2 条第(a)款中的"军事装备"来,在概念上要宽泛一些。关于"敏感装备"没有清单进行界定,也没有合同标的进行界定。军事装备具有军事目的,而敏感装备必须出于安全目的,并与保密信息有关。如果这两个条件满足,那么任何类型的装备都可成为敏感装备。

3.3 约束范围内的其他合同

根据《国防指令》第 2 条第(c)款的规定,《国防指令》适用于"与上述(a)、(b)两点提到的装备有直接关系的工程、供应和服务,及其寿命周期内的所有元素"。工程、供应和服务被限制在与军备装备和敏感合同有直接关系的工程、供

---

[82] 前注 5,第 6 页。
[83] 第 21-22 页。
[84] 前注 48,第 35-36 页。
[85] 同上,第 36 页。
[86] 休尼克斯(Heuninckx),"潜伏在边界"(Lurking at the Boundaries),前注 13,第 100 页,提到《欧盟理事会决议 2001/264/EC》(Council Decision 2001/264/EC)采纳欧盟理事会的安全条例 OJ [2001] L-101/1。
[87] 弗鲁曼和列波曼(Fruhmann and Liebmann),*Bundesvergabegesetz Verteidigung und Sicherheit* 2012,前注 48,第 36 页。

应和服务。《适用范围指导说明》举出了与军备装备和敏感合同有直接关系的工程、供应和服务的许多例子[88]。"寿命周期内的所有合同及其元素"都属于《国防指令》的约束范畴。《国防指令》说明条款第12条将以下行为列入《国防指令》约束范围：

研究与开发、工业开发、生产、修理、现代化、改装、维护、后勤、训练、试验、回收和修理。这些阶段包括研究、评估、储存、运输、一体化、检修、拆除、销毁以及初始设计后的所有其他服务。

这个长长的清单说明了对这些合同定义的宽泛理解,这实际上是一种限制,对这些合同种类的限制在于"有直接关系"。对于这个说法应当进行狭义解释[89]，"在工程、服务或供应与军事装备之间"必须有"密切关系"[90]。直接关系可能是因为"使用目的或使用条件"，也可能是因为"如果与军事装备没有密切关系,相关工程、服务或供应可能会变得无意义"[91]。与敏感装备有直接关系的工程、供应和服务的解释也是如此[92]。总体而言,"有直接关系"这个必要条件大大限制了受《国防指令》第2条第(c)款约束的合同的数量。虽然欧盟委员会在《适用范围指导说明》中提出了一个更加详细的解释,并举了一些例子,但理解什么是"有直接关系"仍然存在困难,可能会引发一些争议。有人说欧盟委员会所做的工作已经够多的了。

根据《国防指令》第2条第(d)款的规定,《国防指令》适用于"军事专用工程或服务,或敏感工程、敏感服务"。在军事目的方面,《适用范围指导说明》提到了"与军事装备没有直接关系但有具体军事目的的服务和工程"[93]。合同授予过程开始时赋予合同的性质具有决定性作用,如果没有特别的军事目的,则适用于其他采购《指令》[94]。如果是敏感工程和敏感服务,则适用3.2节讨论的敏感装备原则[95]。"军事专用"的基本要求对于此类合同具有很强的限制

---

[88] 与军事装备直接相关的供应品："特别工具、生产与维修此类装备的必要机器、附加设备——如战斗机飞行员的特别套装和头盔"。与军事装备直接相关的服务："军用车辆、坦克、军舰等的检查与修理"。与军事装备直接相关的工程："军事装备试验设施的建造"：《适用范围指导说明》(Guidance Note Field of Application)，前注5,第5页。

[89] 弗鲁曼和列波曼(Fruhmann and Liebmann)，*Bundesvergabegesetz Verteidigung und Sicherheit* 2012,前注48,第3页。

[90] 同上。

[91] 《适用范围指导说明》(Guidance Note Field of Application)，前注5,第5页。

[92] 同上,第7页。

[93] 《适用范围指导说明》(Guidance Note Field of Application)，前注5,第6页。相关服务的例子是军队运输,相关工程的例子是跑道、空袭和放射性庇护所。同上。

[94] 同上,参照第一个 Agusta Case C-337/05, *Commission v. Italy*, 前注6,第79页。

[95] 《适用范围指导说明》(Guidance Note Field of Application)，前注5,第6-7页,在同一章节讨论了敏感装备、服务和工程。

性,可以说是以欧洲法院的 Agusta[96] 和 Finnish Turntables[97] 的判例法为基础的,相关讨论见第三章[98]。这样一来,防空洞属于此类合同,而军官赌场则不属于此类。如果是敏感工程和服务,则适用上面 3.2 节讨论的安全目的和保密要求,限制了适用合同的范围。

3.4 《国防指令》和其他采购《指令》

关于物资范畴的规则,明确说明《公共部门指令》仍然适用于成员国国防部门及其他相关采购实体在许多类型的供应、服务和工程方面的采购,如办公室设备、制服、医疗设备、营房建设或清洗服务。换句话说,《国防指令》覆盖了以前《公共部门指令》约束下的某些采购,但当然不是所有采购。如国防部门必须遵守《国防指令》还是《公共部门指令》,取决于即将采购的货物、服务或工程的类型[99],如果想豁免于《国防指令》的约束,则必须符合《欧盟运行条约》第 346 条的要求[100]。

最后一点与前面 2.1 节的讨论有关。将敏感装备纳入《国防指令》的约束范围使这个新法规的适用范围远超出了国防部门,还包括采购这些货物的其他实体,如警察、监狱、边境机构和民用情报等实体[101]。另外,如上所述,《国防指令》还将相关的公用事业合同纳入约束范围。换句话说,这再次说明《国防指令》不仅仅是一个"国防部门的指令"。这也部分说明了为什么《国防指令》除了提到《欧盟运行条约》的第 346 条(相关讨论见第二章),还提到《欧盟运行条约》第 36、51、52 和 62 条(相关讨论见第二章)。虽然其他安全实体也会采购某些武器,但这个新的《指令》不仅仅是一个"武器指令"。该《指令》面对的还有《欧盟运行条约》在(内部市场)安全豁免方面的问题,而这一切都超出了国防部门的范畴。

---

[96] Case C-337/05, Commission v. Italy, 前注 79。
[97] Case C-615/10, Insinööritoimisto InsTiimi Oy v. Puolustusvoimat, 2012 年 7 月 6 日,尚未公布。
[98] 第 96-103 页。
[99] B·休尼克斯(B. Heuninckx),"欧盟《国防安全采购指令》:花招还是款待?"(The EU Defence and Security Procurement Directive: Trick or Treat?)(2011)第 20 期,《公共采购法评论》(Public Procurement Law Review),9-28 页,第 11 页:"当《国防与安全指令》适用时,《公共部门指令》就不适用了";另参见:布里格斯(Briggs),前注 67,第 NA130 页。
[100] 例如在英国,在实施《国防指令》之前,有 12% 的合同受《公共合同条例 2006》的制约(以 2004 年《公共部门指令》为基础),12% 受《欧盟运行条约》第 346 条和其他例外规定的制约,76% 为《公共部门指令》门槛价以下合同(见下文)。《国防指令》转化为本国法律之后,2% 将受《公共合同条例 2006》的制约,4% 为例外,15% 受《国防安全合同条例》(2011)的制约,79% 为《公共部门指令》和《国防指令》门槛价以下合同。参见 D·基尔蒂(D. Kiltie)(国防部),"《指令 2009/81/EC》在英国的执行与应用"(Implementing and Applying Directive 2009/81/EC in the UK),"欧洲国防与安全采购"(European Defence and Security Procurement)讨论会,欧洲公共管理研究所(EIPA),马斯特里赫特,2012 年 1 月 20 日(作者记录,可查)。
[101] 据欧盟委员会的 N·斯皮盖尔(Spiegel),(2010),前注 42,将"国内安全"包括进去的决定很晚才做出来(2008 年后半年),引起很大争议。

本书讨论的成员国在将《国防指令》第 2 条的相关规则转化为国内法时,几乎全部采购了原文照搬的形式[102],没有改变上述任何重要措辞。

4.《国防指令》的物资范畴:不适用的合同

《国防指令》第 2 条已经有了一个重要的豁免规定,限定了这个新《指令》的适用范围,但它同时还受到《欧盟运行条约》第 36、51、52、62 和 346 条的制约。这说明成员国仍然可以以国家和公共安全为由对《国防指令》进行克减。本书第二章[103]和第三章[104]讨论了关于这些条款的解释。这个《指令》不能改变《欧盟运行条约》,只是将《欧盟运行条约》的克减条款整合到《国防指令》中[105]。不管怎样,这些克减条款还是可以应用的。但与以前不同的是,《国防指令》的目的是将成员国的公共安全和国家安全问题考虑进去。这样做的目的,是防止成员国滥用《欧盟运行条约》的安全豁免条款。《国防指令》并没有将克减的可能完全排除,而是对安全问题精心处理,使人们不再有使用豁免条款的必要[106]。下文 4.3 节在讨论《国防指令》例外合同时对《欧盟运行条约》的克减条款进行了解释。

4.1 内部合同

在讨论《国防指令》物资范畴时,除了门槛价和例外方面的规定(相关讨论见下文标题),某些类型的合同也必须进行一番讨论,此类合同就是所谓的"内部"合同。与《公共部门指令 2004/18/EC》(参见《指令 2014/24/EU》第 12 条)一样,《国防指令》中并没有提到这些合同。这个概念是欧洲法院在《公共部门指令》的大背

---

[102] 奥地利是《奥地利国防与安全采购法》第 1 条第(1)款,德国是《德国竞争法》第 99 条第(7)款,爱尔兰是《国防安全合同授予条例》第 4 条,英国是《联合王国国防安全采购条例》第 6 条。

[103] 第 63-82 页。

[104] 第 87-135 页。

[105] 参见《欧盟委员会适用范围指导说明》(Commission Guidance Note Field of Application),前注 5,第 1 页。

[106] 同上,第 2 页,概括了仍然可能出现对《国防指令》进行克减的情况:"例如仍然可能会有一些合同在供应安全方面必须满足这种极高的要求,或者说对于国家主权来说非常具有机密性和/或重要性,即使《指令 2009/81/EC》的特别规定也无法保证成员国的重要安全利益……在这种情况下,相关成员国必须保证,且在必要时证明采取的具体措施客观上是保护重大安全利益的适当措施,无论从质还是从量上来说,相关措施并没有超出该目的的必要范围。"另参见《国防指令》说明条款第 16 条。

景下在 Teckal[107]判例法中提出来的,其依据是前面讨论的"采购当局"的定义。下列情况下的合同属于"内部"合同:(1)采购当局对供应实体有一定的控制权;(2)后者在经济上依赖于前者。因此此类合同与公共采购合同是不一样的,《国防指令》是不适用的。同样,如果相关合同在同一个采购当局内完成签订,或者说虽然合同双方在法律上相互独立,但采购当局对另一实体具有类似于针对其下属部门的控制权时,所签订的合同也属于内部合同。关于经济依赖性,"只有当内部实体的主要活动目标是为了满足这个采购当局的需要时,才可以说达到了这个标准"——该内部实体其他活动的意义与此相比都不大[108]。休尼克斯在讨论这个问题时提到了成员国的军事装备维护仓库,如法国国防部为进行空军飞机修理而设置的四个仓库[109]。不过为法国空军以外的实体提供的服务是否无足轻重还有待研究[110]。当某个采购当局将合同授予另一个采购当局,而前者对后者没有上述水平的控制时,则该合同不是内部合同。这一点与《国防指令》第 13 条第(f)款所规定的针对专门的政府间国防与安全合同的豁免条款(相关讨论见下文 4.3.2.5 节)是不一样的。在上述政府间国防与安全合同中,这两个采购当局是两个不同的政府,因此在法律上是彼此独立的。内部合同的豁免代表了《国防指令》适用范围的一个重要方面,因为从理论上来说国防部门通过对国内国防工业的控制,或者使其成为 Teckal 案中所描述的一个下属部门,可以对国内整个国防工业形成保护。我们在第一章指出,这是一种过去的现象,尤其是在法国。从某种程度上来说这也是国防工业的一个特点,而且这个特点将一直存在。但是欧洲国防工业的大规模国有化是不可能发生的事情,因此内部合同的豁免从《国防指令》的大环境来说,并不是什么重要的事情。

4.2 《国防指令》的门槛价

《国防指令》与其他采购《指令》一样,只适用于一定合同价值门槛价以上的合

---

[107] 最主要的案件是 Case C-107/98,*Teckal Srl v. Comune de Viano*,前注 4,尤其是第 49-50 段。另参见:Case C-26/03,*Stadt Halle*[2006] CMLR 39,第 48 段;Case C-84/03,*Commission v. Spain*[2005] ECR I-139,第 40 段;R. 卡兰塔(R. Caranta),"内部供应:欧盟现行法律("The In-Hisoviding: The Law as it Stands in the EU),见于 M·康姆巴和 S·特莱沫(M. Comba and S. Treumer)(eds.),《欧洲法中的内部供应》(*The In-house Providing in European Law*)(Copenhagen:Djøf Publishing,2010),第 13-52 页;K·威尔岑(K. Weltzien),"把合同授予内部实体来规避采购规则——传统领域采各采购《指令》的适用范围"(Avoiding the Procurement Rules by Awarding Contracts to an In-house Entity - Scope of the Procurement Directives in the Classical Sector)(2005)第 14 期《公共采购法评论》(*Public Procurement Law Review*),237 页。

[108] 《欧盟委员会工作人员工作文件》(Commission Staff Working Paper)涉及欧盟公共采购法在采购当局关系上的应用,SEC(2011)1169 fin,第 11 页。感谢乔治奥斯·又巴尼斯(Georgios Sampanis)在评论本章早期版本时为我指出这一点。

[109] 休尼克斯,"潜伏在边界"(Lurking at the Boundaries),*supra* note 13,at 101。

[110] 参见 www.spacewar.com/reports/Snecma_Signs_Partnership_Agreement_With_French_Military_ [2013年9月26日登录]。感谢乔治奥斯·桑巴尼斯(Georgios Sampanis)为我指出这一点。

同。《国防指令》修正版[111]第8条规定:

本《指令》适用于附加税值不低于以下门槛价的合同:

(a) 供应和服务合同,414000欧元;

(b) 工程合同,5186000美元。

门槛价并不是仅仅由《国防指令》确定,而是每两年进行一次修订。目前的数字有效期为2012年1月1日到2015年12月31日[112]。门槛价代表了适用范围的限制和豁免条件,因为门槛价明确规定《国防指令》不适用于门槛价以下的合同。

工程合同的门槛价设置得与旧版和新版的《公共部门指令》的门槛价一样。不过针对中央政府(13.4万欧元)和其他采购实体(20.7万欧元)的供应和服务合同的门槛价要高出许多[113]。最引人注意的合同价值,如战斗机或军舰的合同价值要比这个门槛价高出许多。但是许多这样的合同还包括部件的再供应、修理、训练、附件、小型武器系统或弹药,而这些东西往往都在门槛价以下[114]。因此在门槛价方面有下列不同:合同价值在13.4万欧元和41.4万欧元之间的,目前不受《国防指令》和旧版/新版《公共部门指令》的约束;而在过去,此类合同将受到2004年《公共部门指令》的约束。因此过去受到内部市场次级法律约束的许多合同,现在就不再受它们的约束了[115]。

但是多种因素使人们设置了不同的门槛价。第一,2004年《公共部门指令》虽然从理论上来说实施了,但实际上并没有得到实施。第二,41.4万欧元处于前《欧防局行为准则》(相关讨论见第五章)门槛价100万欧元以下,有些成员国在《国防指令》的咨询会上就提出了这一点[116]。因此立法者们竭力想让众多合同从门槛价更高的不具法律约束力的《欧防局准则》纳入门槛价更低的具有法律约

---

[111] 参见2013年12月13日就合同授予程序中应用门槛价修订欧洲议会和欧洲理事会《指令2004/17/EC》、《指令2004/18/EC》和《指令2009/81/EC》的《欧盟委员会条例1336/2013/EU》OJ [2013] L-335/17。参见2011年11月30日就合同授予程序中应用门槛价修订欧洲议会和欧洲理事会《指令2004/17/EC》、《指令2004/18/EC》和《指令2009/81/EC》的《欧盟委员会条例1251/2011/EU》,OJ [2011] L-319/43。这个与《国防指令》有关的《条例》的法律基础,是后者的第68条。

[112] 参见《条例1336/2013/EU》和《指令2014/24/EU》第4条。2012年以前,根据当时与各采购《指令》门槛价应用有关的《条例1177/2009/EC》第3条的规定,与最初的《国防指令》措辞有关的变化有:第8条(a)款进行了修订,供货与服务合同的门槛价从€412000调整到€387000;对第8条(b)款进行了修订,工程合同的欧元门槛价从€5150000调整到€4845000。因此从2011年开始,供应和服务的门槛价实际上是€400000,工程合同门槛价实际上是€5000000。同样,2013年,这两个门槛价又分别提高到€414000和€5186000。

[113] 关于2009年门槛价下的类似情况,另参见布里格斯(Briggs),"新的《国防采购指令》"(The New Defence Procurement Directive),前注67,第NA132页。

[114] 关于受《国防指令》约束的合同类型,我与B·休尼克斯(B. Heuninckx)进行了讨论并从中受益。另参见下一脚注中的数据。

[115] 因此D·基尔蒂(D. Kiltie)(国防部)在其2012年的发言中,前注100,预计英国国防部位于门槛价以下的合同的比例会稍高,是79%而不是76%。考虑到英国与法国一样,是欧盟国家中采购预算最大的国家之一,可以预测在许多成员国中,这个比例是差不多的,甚至更高一些。

[116] 参见:Commission Staff Working Document,前注43,第43页。

束力的《国防指令》麾下。第三,当合同低于门槛价时《国防指令》不适用,但是《欧盟运行条约》提出的一系列诸如非歧视性原则和透明性原则仍然适用。[117] 对于内部市场来说不存在最低规则[118]。这些合同中许多需要进行公告,但不是在《欧盟官方公报》上;这些合同需要遵守一些非歧视性的程序,但不一定是《国防指令》规定的程序。总体而言,41.4万欧元到100万欧元之间的合同对于内部市场体系来说是非常重要的,不仅是因为这些合同数量众多,还因为这些合同一般来说价值过低,不足以像《欧盟运行条约》第346条第(1)款(b)项所描述的那样,对成员国的重大安全利益产生影响[119]。这些门槛价的制定似乎是以《公用事业指令2004/17/EC》或新的《2014/25/EU》第16条的门槛价为基础,可能是匆忙之间将公用事业纳入《国防指令》法人范围的结果,否则的话应当针对公共机构和公用事业制定不同的门槛价。但是《条例1336/2013/EU》前言第(3)点第2句话规定:"《指令2009/81/EC》规定的门槛价应当与《指令2004/17/EC》修订版第16条规定的门槛价相一致"。这说明至少在2013—2014年,在《国防指令》中使用《公用事业指令》所规定的门槛价是有意而为之的。2007年,欧盟委员会

---

[117] 与《欧盟运行条约》有关的判例法:Case 76/81, *Transporoute et Travaux SA v. Ministère des travaux publics*[1982] ECR 417; Case 263/85, *Commission v. Italy*[1991] ECR I-2457; Case 45/87, *Commission v. Ireland*("Dundalk")[1988] ECR 4929; Case C-3/88, *Commission v. Italy*("Re Data Processing")[1989] ECR 4035, [1991] CMLR 115; Case C-21/88, *Du Pont de Nemours Italiana v. Unita Sanitara Locale No. 2 di Carrara*[1990] ECR 889; Case C-243/89, *Commission v. Denmark*("Storebaelt"); C-360/89, *Commission v. Italy*[1992] ECR I-3401; Case C-272/91, *Commission v. Italy*("Lottomatica")[1992] ECR I-3929; Case C-87/94, *Commission v. Belgium*("Walloon Buses")[1996] ECR I-2043; Case C-275/98, *Unitron Scandinavia*[1999] ECR I-8291; Case C-324/98, *Telaustria*[2000] ECR I-10745; Case C-470/99, *Universale Bau AG*[2002] ECR I-11617; Case C-358/00, *Buchhändler Vereinigung*[2002] ECR I-4685; Case C-231/03, *Coname*[2005] ECR I-7287; Case C-234/03, *Contse and others*[2005] ECR I-9315; Case C-264/03, *Commission v. France*[2005] ECR I-8831; Case C-358/03, *Parking Brixen*[2004] ECR I-12055; Case C-535/03, *Commission v. Italy*[2006] ECRI-2689。其他相关材料:"欧盟委员会关于适用于不受或不完全受各公共采购《指令》条款约束合同的欧共体法律的解释性通讯"(Commission Interpretative Communication on the Community Law Applicable to Contracts Not or Not Fully Subject to the Provisions of the Public Procurement Directives), 2006年8月1日, OJ[2006] C-179/02;以及"欧盟委员会关于欧共体法下特许经营的解释性通讯"(Commission Interpretative Communication of Concessions under Community Law), 2000年4月29日, OJ[2000] C-121/2。

[118] 关于这个重要的《欧盟运行条约》第34条:特莱普特(Trepte),《欧盟的公共采购》(*Public Procurement in the EU*),前注4,第8页。关于货物自由流动中最低豁免原则的讨论和观点,参见A·阿努尔(A. Arnull),《欧盟及其欧洲法院》(*The European Union and its Court of Justice*),第2版(Oxford University Press, 2006),第434-435页和第440-441页。关于这一点数位总检察长都进行了讨论,例如总检察长雅各布斯在Case C-412/93, *Leclerc-Siplec v. TF1 Publicité and M6 Publicité*[1995] ECR I-179。但是这个最低豁免原则不适用于针对进口商品的歧视性措施,因为根据《欧盟运行条约》第34条的规定这是不允许的,即使这些措施的影响非常小。参见阿努尔(Arnull),同上,第435页。

[119] 关于稍高于门槛价100万欧元的合同,参见B·休尼克斯(B. Heuninckx),"形成一个统一的国防采购制度? 欧防局及欧盟委员会倡议"(Towards a Coherent Defence Procurement Regime? European Defence Agency and European Commission Initiatives)(2008)第17期,《公共采购法评论》(*Public Procurement Law Review*),第1-20页,第18页。

本打算使用《公共部门指令》中的门槛价,其目的是为了照顾中小企业[120]。但是从采购当局的角度来说,门槛价越高,对《国防指令》的限制就越多,而采购当局对于这种限制很可能是持欢迎态度的。

4.3 例外

除了门槛价,列入清单的货物、服务和工程,以及《欧盟运行条约》规定的安全例外,《国防指令》第二部分第3节,尤其是《国防指令》和第12条和第13条规定的数种情况下的豁免,将《国防指令》的约束范围进行了进一步的限定。这些例外可进一步分为以下几种:在其他《指令》中也出现的例外(见下文4.3.1节);单在《国防指令》中规定的例外(见下文4.3.2节);《国防指令》第11条的安保条款(见下文4.3.3节);《公共部门指令》和《公用事业指令》中规定各自与《国防指令》关系的条款(见下文4.4节和4.5节);以及至今仍然十分重要的《欧盟运行条约》中的相关豁免条款(见下文4.6节)。欧盟委员会此举的目的,是"将明确的免责情形降至最少"[121]。

4.3.1 《国防指令》第12条:按照国际规则授予的合同

《国防指令》第12条列出了按照国际规则授予合同所享有的三个例外:

按照国际规则授予的合同

本《指令》不适用于受以下规则约束的合同:

(a) 一个或多个成员国与一个或多个第三方国家达成的国际协议或协定所规定的特定程序规则;

(b) 与成员国或第三方国家驻军有关以及涉及企业的国际协议或协定所规定的特定程序规则;

(c) 国际组织为达到自身目的进行采购时规定的特定程序规则,或者成员国根据这些规则所授予合同的特定规则。

《国防指令》说明条款第26条对本条款的措辞没有进行任何说明。《国防指令》第12条规定了与其他国际规则发生冲突时所遵循的最终"冲突原则",如与《世界银行指导方针》(World Bank Guidelines)[122]规定的各项规则、第五章讨论的

---

[120] 参见: the Commission Staff Working Document,前注43,第43页。

[121] 同上。

[122] 由于世界集团会为某个项目提供资金,因此他们可以也可能坚持使用自己的规则。尤其参见《指导:[国际重建与开发银行IBRD]贷款与[国际开发署IDA]信贷与补助下的货物、工程和非咨询服务采购》(Guidelines: Procurement of Goods, Works, and Non-Consulting Services under [International Bank for Reconstruction and Development IBRD] Loans and [International Development Agency IDA] Credits & Grants),2011年1月,http://web.worldbank.org/WBSITE/EXTERNAL/PROJECTS/PROCUREMENT/0,contentMDK:20060840~menuPK:93977~pagePK:84269~piPK:60001558~theSitePK:84266,00.html[2013年10月1日登录]。

北约机构规则发生冲突时[123]，或者宽泛地涉及第三方国家的时候应当遵守的原则。[124]

《国防指令》第12条第(a)款规定的"一个或多个成员国与一个或多个第三方国家达成的国际协议或协定所规定的程序规则"，与《公共部门指令2004/18/EC》第15条第(a)款(参见《指令2014/24/EU》第19条)的规定非常相似但仍然存在着不同。欧盟委员会《国防与安全免责指导说明》认为此条款"非常笼统"[125]。对"协议/协定的内容没有限制，而此类协议或协定可能涉及任何国防或安全问题"[126]。这些规则不一定以国际条约为基础：一个谅解备忘录足矣(谅解备忘录是通常的形式)[127]。这些例外只适用于成员国和政府间的协议或协定，不适用于其他法人，如公私企业法人[128]。(a)款中最重要的例外限定是在相关协议或协定中，一方至少有一个欧盟成员国或政府，另一方至少有一个第三方国家或政府，不包括欧防局、联合军备采购组织和意向书等组织(相关讨论见第五章)，也不包括那些只涉及欧盟成员国的其他协议。另一方面，协议如只涉及一个第三方国家(如土耳其)可能会达成(a)款所描述的协议。这样联合军备采购组织的各个项目只要纳入一个第三方国家就可以不受《国防指令》的限制，相关协定就成了它不受《国防指令》限制的法律依据。但是这个协议或协定必须是与该第三方国家单独达成的协议或协定。第12条(a)款的范围比(c)款更宽泛(相关讨论见下文)，因为采购的目的不一定仅仅是为了达到本协议的目标，还可能是为了成员国的利益[129]。

《国防指令》第12条(b)款涉及"与成员国或第三方国家驻军有关以及涉及企业的国际协议或协定所规定的程序规则"。[130] (b)款是从《公共部门指令2004/18/

---

[123] 尤其参见第五章第239-240页讨论的北约保障局。北约保障局的采购大多包括第三方国家，如美国、加拿大和土耳其。2012年1月20日，在马斯特里赫特欧洲公共管理研究院(EIPA)召开的"欧洲国防与安全采购"(European Defence and Security Procurement)讨论会上，B·休尼克斯(B. Heuninckx)也非常确信地指出，这个例外指的是像北约保障局前身的北约维修保障局这样的组织，而不是联合军备采购组织(作者记录，可查)。

[124] "第三方国家"指的是欧盟成员国以外的国家。关于2004年《公共部门指令》中相关规定的更多细节，参见马丁·特莱伯斯(Martin Trybus)，《欧盟法与防务一体化》(*European Union Law and Defence Integration*)(Oxford: Hart, 2005)，第222-226页。

[125] 前注7，第3页。

[126] 同上。

[127] 这一点由欧盟委员会的B·施密特和N·斯皮盖尔(B. Schmitt and N. Spiegel)(这两人是《国防指令》起草人)在其名为"欧洲国防安全采购指令的特点"(The Specificities of the European Defence and Security Procurement Directive)的发言中进行了说明。此发言见于"欧洲国防采购及其他防务市场倡议"(European Defence Procurement and Other Defence Market Initiatives)讨论会，欧洲公共管理研究院，马斯特里赫特，2010年11月15日(作者记录，可查)。

[128] 欧盟委员会《国防与安全免责指导说明》(Guidance Note Defence and Security-specific Exclusions)，前注7，第3页。

[129] 休尼克斯(Heuninckx)，"潜伏在边界"(Lurking at the Boundaries)，前注13，第110页。

[130] 另参见《国防指令》前言说明条款第26条。

EC》第 15 条照搬而来的例外,冷战结束后就成了一个多余的条款。欧盟委员会《国防与安全免责指导说明》也提到了这一点[131]。但是一些成员国仍然希望保留此条款,且未对原因进行说明[132]。将立法者也认为多余的规定纳入条款,且对纳入原因不加以解释,足以说明这本身并不是一个好的立法。如果某个条款是多余的,没有存在的理由,就不应当再有这个条款了。豁免是对规则的例外,破坏了法律制度的一致性,因此应当将例外的数量减少到最低程度,而欧盟委员会的初衷也是如此[133]。

(b)款涉及成员国在另一成员国的驻军、第三方国家在成员国的驻军,以及成员国在第三方国家的驻军,这一点在《国防指令》说明条款第 26 条也进行了说明[134]。最好的例子是美国、英国、法国、比利时、加拿大和荷兰军队曾经或仍然在德国的驻军[135]。作者之前曾论述《公共部门指令 2004/18/EC》第 15 条(b)款产生的原因,因此可以理解为什么美国驻军在像德国这样的成员国的采购不受欧盟各《指令》的限制,因为它们根本就不是成员国的采购实体[136]。第三方国家军队既然不属于欧盟各《指令》的法人范围,因此关于这些军队的例外也就没有存在的必要了。之所以让成员国在第三方国家的驻军,尤其是成员国军队在另一个成员国的驻军也不受《国防指令》的约束,原因并不清楚。欧盟委员会《国防与安全免责指导说明》指出,欧盟委员会认为"成员国在成员国"的驻军是最应当享受例外的情形[137]。其实人们一致认为让成员国驻扎在另一成员国的军队不受《国防指令》的约束,而成员国在自己境内的军队却要受其约束,并没有明显的理由。这是不是因为立法者对 2004 年的《公共部门指令》进行剪切粘贴的结果?这一点是否被忽视了?是否是匆忙之举?这种例外的背后是不是还有什么没有说出来的动机?总体而言,这个例外是多余的,对第三方国家的军队来说没有必要,且动机不明。如果真有什么动机的话,那么这个动机一定是《国防指令》下一修订版需要认真考虑的问题。《指令 2014/24/EU》第 9 条里就没有这个例外了。

---

[131] 前注 7,第 3 页:"此条款始于冷战时期,因此可能与今天没有什么关系,尤其是在第 12 条(a)款已经覆盖了成员国与第三方国家之间的所有国际协议和协定的情况下。但是,在成员国之间达成驻军协议或协定时,适用范围更有限的第 12 条(b)款却可能成为一个非常重要的条款。"

[132] 施密特和斯皮盖尔(Schmitt and Spiegel),(欧盟委员会,2010 年 10 月),前注 127。《指令 2014/24/EU》第 9 条不再包括这些多余的规定。

[133] 参见《欧盟委员会工作人员工作文件》(Commission Staff Working Document),前注 43,第 43 页。

[134]《国防与安全免责指导说明》(Guidance Note Defence and Security-specific Exclusions),前注 7,第 3 页:"根据说明条款第 6 条的规定,该规定不仅涉及成员国向第三方国家的驻军,或者第三方国家向成员国的驻军,还涉及一个成员国向另一成员国的驻军,不管是限期还是不限期。"

[135] 特莱伯斯(Trybus),《欧盟法与防务一体化》(European Union Law and Defence Integration),前注 124,第 226 页。

[136] 同上。

[137]《国防与安全免责指导说明》(Guidance Note Defence and Security-specific Exclusions),前注 7,第 3 页:"如果只在成员国之间达成驻军协议或协定,那么第 12 条(b)款可能会变得非常重要。"

《国防指令》第 12 条第(c)款中的"国际组织为达到自身目的进行采购时规定的程序规则,或者成员国根据这些规则所授予的合同的规则",最终规范了与其他国际组织(尤其是北约规则)采购规则发生冲突时应当遵循的"冲突原则"。此例外条款受到《公共部门指令 2004/18/EC》第 15 条第(c)款的启发[138],而最初的《国防指令草案建议》只是照搬了后者。但是《国防指令》的最后措辞发生了变化。例外的范围规定得更小了,只有相关组织为了自身目的而进行的采购才属于《国防指令》的例外[139]。欧盟委员会的《国防与安全免责指导说明》对这一点有明确的说明:

7. 国际组织以其自身名义为其自身目的而进行的采购,不受《国防指令》的限制。但是根据"国际组织为达到自身目的进行采购时规定的程序规则",此条款中的国际组织为其成员或为第三方进行的采购不享受《国防指令》的例外待遇[140]。

这个明确的限定后来又得到了强调,指出在什么情况下不在《国防指令》的例外之列:

例如,当某国际组织只是其某一成员的中间人时(采购合同在其成员和供应商之间达成),或者该组织只是将货物、工程或服务转卖给其成员(该组织应该按成员国要求从经营者手中采购到相关货物、工程或服务)。不管是什么情况成员国都不能为了逃避《国防指令》的约束而通过国际组织授予合同(第 11 条)[141]。

因此有人指出这个(c)款的实用性是有限的,这是因为只有少数几个国际组织为其自身目的进行国防和安全装备的采购[142]。欧盟委员会《国防与安全免责指导说明》指出,"北约是最明显的例子[143]。"我们在第五章讨论的国际组织,如欧防局和联合军备采购组织,至少具有采购国防与安全装备的可能;他们这样做是为了他们的成员国,而不是为了它们自己的目的。上述《指导说明》显然将此类情况列为《国防指令》的例外,因此(c)款就不适用了。这样一来,对于《公共部门指令 2004/18/EC》第 15 条第(c)款[144]和判例法[145]的讨论,在很大程度上与《国防指令》第 12 条第(c)款就没有多大关系了,后者的范围要窄得多——《公共部门指令 2004/18/EC》第 15 条第(c)款和判例法的内容,是在什么情况下国际组织才可以享受《国防

---

[138] 《公共部门指令 2004/18/EC》(Public Sector Directive 2004/18/EC)第 15 条(c)款:"(c)根据国际组织的特别程序"。另参见《指令 2014/24/EU》(Dirctive 2014/24/EU) 第 9 条。

[139] 另参见:休尼克斯(Heuninckx),"潜伏在边界"(Lurking at the Boundaries),前注 13,第 109 页。

[140] 第 4 页,强调为原文所带。

[141] 同上。《国防指令》第 11 条参见下文讨论。

[142] 同上。

[143] 前注 7,第 4 页。休尼克斯(Heuninckx),"潜伏在边界"(Lurking at the Boundaries),前注 13,脚注 122 举了一个特别的例子:"为了得到为北约所有、由[前]北约机载早期预警与控制计划管理组织(NAPMO)管理的 E-3A 机载预警与控制系统(AWACS)飞机(改装后的波音 707-32OB)而进行的采购:参见《北约公共外交部门,北约手册》(NATO Public Diplomacy Division, NATO Handbook)(2006),34 章。"

[144] 休尼克斯(Heuninckx),同上,第 106-107 页。

[145] 例如可参见 Case T-411/06, *SOGELMA v. European Agency for Reconstruction* [2008] ECR11-2771,第 115 段。

235

指令》例外,第三方国家是否必须是该国际组织合同的一部分[146]。

第12条将某些合同从《国防指令》的适用范围排除。虽然相关例外规定并不完全一致,但这些合同也同样不受2004年《公共部门指令》的约束。因此这并不能说明现有《国防指令》与之前的《国防指令》相比发生了什么变化;它只是将一些例外加入到新版本的《国防指令》中。

4.3.2 《国防指令》第13条:特定规则

《国防指令》第13条关于"特定规则"的规定比起其他规定来更加重要,因为该条将一些例外[147]加入到原本取自《公共部门指令》并稍加修改的条款措辞中。新的例外规定比起原《公共部门指令》中的例外,自然对其应用起到了更大的限制作用。欧盟委员会《国防与安全免责指导说明》指出,这些新增加的例外是"新制定的,目的是适应国防与安全领域的特殊情况"[148]。第13条规定:

本《指令》适用于以下情形:

(a)在应用此《指令》规则时,造成成员国相关信息泄露,进而影响其重大安全利益的相关合同。

(b)与情报活动有关的合同。

(c)在研究开发合作项目框架内授予的合同,在可行条件下新产品的开发以及该产品的全部或部分寿命周期内至少涉及两个成员国的;成员国之间的此类合作项目结束时,成员国应当向欧盟委员会通报研发费用占项目总体费用的比例、成本分摊协议,以及每个成员国的计划采购份额。

(d)当军队部署在欧盟以外地区时,因军事行动需要而与军事行动地区经营者达成的在第三方国家授予的合同,包括民用采购合同。

(e)按照经济协定达成的土地、现有建筑物或其他不动产的采购、租赁服务合同,或涉及此方面权益的合同。

(f)由一个政府授予另一政府,涉及以下内容的合同:

 i. 军事装备或敏感装备的供应;

 ii. 与此类装备有直接关系的工程与服务,或者

 iii. 用于军事目的的工程和服务,或者敏感工程和敏感服务。

(g)仲裁与调解服务;

(h)金融服务,保险服务除外;

---

[146] 第三方国家想加入其中时的相关要求:特莱伯斯(Trybus),《欧盟法与防务一体化》(*European Union Law and Defence Integration*),前注124,第225-226页;A·乔格波洛斯(A. Georgopoulos),"欧洲国防采购一体化"(European Defence Procurement Integration),博士论文,诺丁汉,(2004),第92页。此类要求还可参见:B·休尼克斯(B. Heuninckx),"欧盟的国防采购:是倾听警钟的时候了"(Defence Procurement in the EU: Time to Listen to the Wake-up Calls)(2006)第7期《商业法国际》(*Business Law International*),第208页。

[147] 休尼克斯(Heuninckx),"潜伏在边界"(Lurking at the Boundaries),前注13,第111页,称此为"数量众多的特定例外"。

[148] 前注7,第1页。

(i) 就业合同;

(j) 采购当局/实体在处理相关事务时非独享相关利益,但由采购当局/实体承担相关费用的研发服务。

例外(e)、(g)、(h)、(i)和(j)并不是《国防指令》特有的,在《公用事业指令》和《公共部门指令》中也有;而例外(a)-(d)和(f)则是《国防指令》特有的规定。这些新的例外是对《公共部门指令》例外规定的最重要的改变。下面章节中将要讨论的就是这些新增加的例外。

4.3.2.1 保密

例外(a)规定的"在应用此《指令》规则时,造成成员国相关信息泄露,进而影响其重大安全利益的相关合同",是对《欧盟运行条约》第346条第(1)款(a)项有关《欧盟运行条约》豁免条款的一个重复[149]。关于《欧盟运行条约》豁免条款的讨论见第三章[150]。这些豁免范围包括一些特别敏感的情形,甚至相关合同的存在也需要保密[151]。

《欧盟运行条约》第346条第(1)款(a)项所描述的情形下签订的合同,通过《国防指令》第2条对《欧盟运行条约》第346条的提及已经不受《国防指令》的约束了,相关讨论见上文[152]。但是,欧盟委员会《国防与安全免责指导说明》指出了《欧盟运行条约》和《国防指令》例外之间存在的不同之处。《欧盟运行条约》的例外只提到"有权不泄露相关信息,但没有提到与此保密有关的进一步的措施",而"《国防指令》第13条(a)款则确立了不泄露信息与不应用《国防指令》之间的关系[153]。"换句话说,第13条(a)款更加具体,更加清晰。《指导说明》认为第13条(a)款对于那些不适用于《欧盟运行条约》第346条第(1)款(a)项的非军事合同来说"非常重要"[154]。关于《国防指令》第13条(a)款比《欧盟运行条约》第346条第(1)款(a)项更加具体更加清晰,以及它与非军事安全合同之间的密切关系,在此都不打算进行进一步的分析,因为它们已经解释得很清楚,很有说服力了。另外,"非军事安全合同"的概念也不是很清楚。从我们将在下一节讨论的《指导说明》所列出的例子来看,非军事安全合同将会涉及采购实体而不是国防采购当局。但是从第13条(a)款的措辞来看,所谓非军事安全合同也可以指国防采购当局的非武器装

---

[149] 《国防与安全免责指导说明》(Guidance Note Defence and Security-specific Exclusions),前注7,第4页。《欧盟运行条约》第346条第(1)款(a)项规定:1. 本《条约》条款不应当预先排除以下规则的应用:(a)不得强迫成员国提供影响国家重大安全利益的信息……

[150] 第128-133页。

[151] 休尼克斯(Heuninckx),"潜伏在边界"(Lurking at the Boundaries,前注13,第112页,特莱伯斯(Trybus),"欧盟法与防务一体化"(European Union Law and Defence Integration),前注124,第214页,提到了与此类似但不一样的《公共部门指令2004/18/EC》(Public Sector Directive 2004/18/EC)第14条,见下文。

[152] 另参见《国防指令》说明条款第20条第2小段,也被休尼克斯(Heuninckx),"潜伏在边界"(Lurking at the Boundaries)前注13提到过。

[153] 前注7,第5页。

[154] 同上。

237

备合同,这些合同通过《国防指令》第2条已经得到豁免了。

《国防指令》说明条款第27条指出,第13条(a)款适用于"虽然属于非军事性质,但由于其极其敏感的特性而不适用于《国防指令》的合同",还列出了一些例子[155]。《指导说明》认为这个例子清单说明"第13条(a)款的目的主要是为了让那些高度机密的非军事安全合同明确免于《国防指令》的约束"[156]。但是,敏感采购在其他领域也可以进行,而且这个清单也不具穷举性,只具说明性[157]。因此"保密豁免"指那些公布合同或按照其他透明要求会影响安全和保密的情形。

欧盟委员会《国防与安全指导说明》还列出了数个警告,告诫不可过分宽泛地理解这些豁免。说明条款第27条列出的例子,"只具有说明性,仅指'某些采购'",因此并不是所列领域的所有采购都属于豁免范畴[158]。另外,应当对此例外进行狭义解释,采购当局负有举证责任,且适用于比例原则。不过这些都是适用于欧盟基本和次级内部市场法的一般原则。相关讨论见第二章和第三章。

有人提出《国防指令》第13条(a)款是不是一个专门针对国防与安全的豁免规定,也是有理由的。第一,如前所述,在第13条中还有一些"非特定"豁免;而(e)和(g)-(j)款并不是《国防指令》所特有的豁免,在《公用事业指令》和《公共部门指令》中也有这样的豁免规定。因此第13条并不是"国防与安全特定"例外的专门条款。第二,从欧盟委员会《国防与安全免责指导说明》的解释以及说明条款第27条的措辞来看,第13条(a)款并不是专门针对国防的条款,因为它针对的是非军事合同。

第三,在《公共部门指令2004/18/EC》中也有类似的豁免条款[159]。人们针对该条款在各类文献中进行了讨论[160]。作者之前也曾指出,既然《公共部门指令2004/18/EC》第10条(参见《指令2014/24/EU》第1条(3)款)已经将《欧盟运行条约》第346条(包括第346条第(1)款(a)项)中的合同整体视为例外了,那么《公共部门指令2004/18/EC》第14条在《欧盟运行条约》中也一定有其对应的条款。这些

---

[155] 另参见《国防与安全免责指导说明》(Guidance Note Defence and Security-specific Exclusions),前注7,第5页,第9点。《国防指令》说明条款第27条举的例子包括:"需要高度机密的特别敏感的采购,如某些用于边境保护或对抗恐怖主义或有组织犯罪的采购,专门用于警察或安保部队秘密行动或其他敏感活动的采购"。

[156] 同上。

[157] 前注7,第5页。

[158] 《国防与安全免责指导说明》(Guidance Note Defence and Security-specific Exclusions),同上,第5页,第9点。

[159] 《公共部门指令2004/18/EC》(Public Sector Directive 2004/18/EC)第14条,秘密合同和需要采取特别安保措施的合同。参见特莱伯斯(Trybus),《欧盟法与防务一体化》,(*European Union Law and Defence Integration*),前注124,第213-221页,尤其是第214-216页。另参见《指令2014/24/EU》(Directive 2014/24/EU)第15条第(2)款,第2段。

[160] 苏·爱罗史密斯(Sue Arrowsmith),《公共与公用事业采购法》(*The Law of Public and Utilities Procurement*),第2版(London: Sweet & Maxwell, 2005)第152页;特莱伯斯(Trybus),《欧洲法与防务一体化》(*European Law and Defence Integration*),前注124,第214-216页。

对应的条款就是《欧盟运行条约》中关于公共安全的例外条款,主要是《欧盟运行条约》第36条[161],相关讨论见第二章。虽然《国防指令》第2条也提到了《欧盟运行条约》第346条,但不能由此推断《国防指令》第13条(a)款与《欧盟运行条约》的公共安全豁免条款之间也存在这样的关系。第一,如上所述,《国防与安全免责指导说明》对《国防指令》第13条(a)款和《欧盟运行条约》第346条第(1)款(a)项之间的关系进行了明确的解释。第二,与《公共部门指令》不同的是,《国防指令》包括大量的特定条款,涉及资格预选和采购过程中的其他阶段(相关讨论见第八章),目的是应对可以通过内部市场法解决和处理的保密问题。随着次级内部市场法的普遍协调,《国防指令》力图在内部市场目标和成员国在公共安全方面的立法问题之间架起桥梁。因此,《国防指令》的目标是通过该《指令》解决《欧盟运行条约》第36条的保密问题,这一点与《公共部门指令》是不同的。换句话说,立法者的意图是协调《国防指令》各条款中的保密问题,减少成员国对《欧盟运行条约》第346条第(1)款(a)项的应用。《国防指令》第13条(a)款只是在一些极端情况下适用,而针对这些极端情况即便是《国防指令》本身也没有提出准确的信息安全要求[162]。因此反映出公共安全保密豁免的《欧盟运行条约》第36条(而不是《欧盟运行运行条约》第346条第(1)款(a)项),与《国防指令》的初衷是相悖的。因此《国防指令》第13条(a)款与《公共部门指令2004/18/EC》第14条a款并不是对等的,而是《国防指令》特有的豁免条款。

但是我们必须承认,由于《国防指令》第2条已经整体提到了《欧盟运行条约》第346条,因此《国防指令》第13条(a)款实际上是多余的。《国防指令》起草人指出在《国防指令》中规定一个第13条(a)款,实际上也是对成员国和"安全社会"发出的一个"姿态"[163]。由于该条款并没有增加《国防指令》的价值,也没有对其约束范围造成影响,因此也可以说它只是一种姿态,从法律的角度来说,它是多余的,应当删除。

4.3.2.2 情报活动

例外条款(b)"与情报活动有关的合同"与条款(a)的关系非常密切。关于(a)款和(b)款的解释都在说明条款第27条中[164]。但是情报活动的保密性质,使立法人将其列入新《指令》的约束范围之外。《国防与安全免责指导说明》将此条款

---

[161] 特莱伯斯(Martin Trybus),《欧盟法与防务一体化》(*European Union Law and Defence Integration*),前注124,第214—216页。

[162] Case C-615/10, *Insinddritoimisto InsTüimi Oy v. Puolustusvoimat*, 2012年6月7日,尚未公布。

[163] 施密特与斯皮盖尔(Schmitt and Spiegel),"欧洲《国防安全采购指令》的特点"(The Specificities of the European Defence and Security Procurement Directive),前注127。

[164] 说明条款第27条规定:"在国防与安全领域,某些合同非常敏感,尽管从其性质上看属于《指令》约束范围,但仍然不适合应用此《指令》。成员国范围内的情报服务或所有类型的情报活动,包括反情报活动,都属于这种情况。要求高度机密的采购活动也属于此类情况,如某些用于边境保护或对抗恐怖主义或有组织犯罪的采购,专门用于警察或安保部队秘密行动或其他敏感活动的采购"。

称为"为特定高度敏感合同量身定做的例外条款"[165]。把情报活动包出去并不是什么稀奇事,尤其是在美国[166]。这些活动的性质使相关合同很难达到《国防指令》的透明和公开的要求[167]。情报活动在2004年的《公共部门指令》[168]第14条中已经被列入不受约束的范畴了。在《国防指令》中明确列出一个专门的豁免条款,是对上述信息的一个说明,深得人心[169]。

此例外包括情报部门"为其情报活动"而进行的采购合同,以及其他采购当局为情报机构提供的特别货物、工程或服务合同[170]。后一种合同包括向情报机构提供的非情报服务。这种非情报服务不属于前面讨论过的内部豁免,因为上述采购当局可能是一个地区政府,也可能是一个市政府,一般对情报服务没有控制权,而且情报活动的资助也不依赖于地区政府或市政府[171]。因此情报机构可能只有向私营企业采购货物、服务或工程。这些向私营企业的采购是否仍然受到第13条(b)款的约束并不清楚,因为情报机构的采购并不是"为了他们自己的情报活动[强调为作者所加]",而是为了其他采购当局。《国防与安全免责指导说明》在提到这些其他采购当局的合同时,也强调了"与情报活动相关合同"的敏感性。这说明人们对例外进行了广义解释,而通过这种广义解释,情报机构对私营企业的采购也纳入了例外范畴,否则这些合同的敏感性不会像立法者期望的那样得到考虑。如果其他采购当局与情报机构签订的合同也必须按照《国防指令》的要求进行透明采购,那么将此类合同纳入例外范畴也就没有什么意义了。

第13条(b)款排除的是情报"活动",而不是整个的情报机构或情报部门[172]。《国防指令》和《指导说明》起草人认为,使用情报"部门"而不是情报"活动",存在

---

[165] 前注7,第5页。

[166] 关于此问题(在美国)参见S·彻斯特曼(S. Chesterman),"情报的私有化"(The Privatization of Intelligence),《EJIL说话!》(EJIL Talk!)(2009),www. ejiltalk. org/privatization—of—intel/ [2013年10月1日登录],进一步引用和作者答复:http://www. ejiltalk. org/a-response-to-simon-chesterman-"we-can't-spy…if-we-can't-buy"/ [2013年10月1日登录]。在讨论本章早期版本时,B·休尼克斯(B. Heuninckx)指出,向提供信息的人支付报酬也是一种服务合同,同样,为取得情报/进行观察而租借间谍卫星在欧洲也是一种很常见的外购方式(此类卫星大多由少数几个国家所有)。

[167] 休尼克斯(Heuninckx),"潜伏在边界"(Lurking at the Boundaries),前注13,第112页。《国防与安全免责指导说明》(Guidance Note Defence and Security-specific Exclusions),前注7,第5页如此解释:"本规定的前提,是假设与情报相关的合同非常敏感,不能以透明和竞争的方式授予合同。"

[168] 休尼克斯(Heuninckx),"潜伏在边界"(Lurking at the Boundaries),前注13。

[169] 同上,第112页。

[170] 《国防与安全免责指导说明》(Guidance Note Defence and Security-specific Exclusions),前注7,第5页,举的例子是对政府信息技术网络的保护。

[171] 但是,这种控制有时可能会由地区政府来实施。德国各州(Länder)除了联邦一级(Bundesnachrichtendienst, Verfassungsschutz, Militärischer Abschirmdienst)的情报服务,也有各州的情报服务(Verfasungsschutz)。

[172] K·维尔利希—汝尔克(K. Vierlich-Jürcke)(欧盟委员会),"《国防采购指令》的特点"(Specificities of the DefenceProcurement Directive),于讨论会"欧洲国防与安全采购"(European Defence and Security Procurement),欧洲公共管理研究所(European Institute of Public Administration)(EIPA),马斯特里赫特,2012年1月19日(第15张,可查)。

一种语义模糊的风险[173]。如何理解"情报活动",是成员国自己的事情[174],因为"关于什么是情报,没有一种单一的、共同认可的定义,而情报活动的组织方式各成员国之间也各有不同"[175]。因此情报活动这个概念的理解很宽泛,"不管相关情报部门或情报机构是否负责某一领域的情报功能(军事、安全、刑事或外部情报),是否专门从不同渠道收集相关信息",情报活动的人员范围都包括情报部门以及将合同授予情报部门的其他采购当局。并不是情报部门所有的采购都可以第13条(b)款为依据不受《国防指令》的限制,不受《国防指令》限制的只有那些与"核心任务"有关的情报活动[176]。

与本章本节所讨论的所有例外一样,与情报有关的采购过程中也存在对例外条款滥用的风险,尤其是当其他采购当局将合同授予情报部门时。《国防与安全免责指导说明》提到《国防指令》第11条的安全条款(相关讨论见下文4.3.3节),向人们发出了普遍性的警告,并一再强调对例外条款的狭义解释:"例外必须限制在该条款限定的合同类型,不可以类比方式推广到其他类型的合同上"[177]。但是《指导说明》指的只是对豁免和例外的解释原则(相关讨论见第二章和第三章),并没有对条款的理解增加实质性的内容。

4.3.2.3　协作项目

例外条款(c)"在研究开发合作项目框架内授予的合同,新产品的开发以及该产品的全部或部分寿命周期内至少涉及两个成员国的,成员国之间的此类合作项目结束时,成员国应当向欧盟委员会通报研发费用占项目总体费用的比例、成本分摊协议,以及每个成员国的计划采购份额"。这类合同指的是大型协作项目,如两个或多个成员国之间的"欧洲战机/台风"飞机项目,这是一种常见的新装备开发方式[178]。第一,作为一种"决定性标准"[179],该项目必须与新产品的开发有关,要求该

---

[173] 施密特与斯皮盖尔(Schmitt and Spiegel),"欧洲《国防安全采购指令》的特点"(The Specificities of the European Defence and Security Procurement Directive),前注127。

[174] 《国防指令》(Defence Directive)说明条款第27条。

[175] 《国防与安全免责指导说明》(Guidance Note Defence and Security-specific Exclusions),前注7,第5页。

[176] 弗鲁曼和利波曼(Fruhmann and Liebmann), Bundesvergabegesetz Verteidigung und Sicherheit 2012,前注48,第66页。

[177] 《国防与安全免责指导说明》(Guidance Note Defence and Security-specific Exclusions),前注7,第6页。

[178] 通过第五章讨论的联合军备采购组织、欧防局或北约的北约保障采购局,或者通过采用所谓的"牵头国家概念",如:"美洲虎"(牵头国家法国)、"布雷盖大西洋"(牵头国家法国)、BVRAAM/"流星"(牵头国家英国)、F-16 MNFP(牵头国家美国)、F-35 JSF/FJCA(牵头国家美国)。参见B·休尼克斯(B. Heuninckx)在"欧洲国防与安全采购"(European Defence and Security Procurement)讨论会上的发言"协作式国防采购"(Collaborative Defence Procurement),欧洲公共管理研究院(EIPA),马斯特里赫特,2012年1月19日(第12张,可查)。

[179] 《国防与安全免责指导说明》(Guidance Note Defence and Security-specific Exclusions),前注7,第6页。"新的"这个词,是该《指导说明》主要文本中唯一同时使用粗体和斜体的词。

产品的开发符合《国防指令》第 1 条第(27)款[180]的标准,并与《国防指令》说明条款第 13 条的解释相符合[181]。对现有产品的现货采购不符合此要求[182]。必须有一个研发阶段,虽然第 13 条第(c)款中的"在可行条件下"说明也可能包括该产品寿命周期的后续阶段,如生产和维修[183]。例外将包括这些后续阶段的合同,前提是这些合同是在"协作项目框架内"授予的合同[184]。另外,现有协作项目的研发阶段结束后,如果成员国加入该产品后续寿命周期的协作项目,仍然适用于例外条款[185]。但是后来加入协作项目的成员国必须是该项目的"成熟"成员,与发起成员国有正式的协议,协作项目中各成员国的具体权利和义务都在该协议中有体现。另外,这个新加入的成员国也必须通报给欧盟委员会[186]。将在下文对此进行讨论。

虽然有第三方国家参与的协作项目也属于《国防指令》第 13 条(c)款的适用范围,但协作项目应至少有两个成员国[187]。但《国防与安全免责指导说明》暗示在这种有第三方国家参与的协作项目中,除了该第三方国家,还应当至少有两个欧盟成员国。这个解释与例外条款的法律依据也是一致的:"确认……协作项目在提高欧洲军事能力、建立真正属于欧洲的国防技术与工业基础方面的重要性。"[188]另外,《国防指令》中的"至少两个成员国"的措辞也是非常明确的。《指导说明》还强调指出,"共同开展"和"协作项目"可解释为"真正协作概念"的必要条件[189],不包括那些纯粹的装备采购,"尤其"要求"技术、资金风险和机遇的合理分担,要求共同

---

[180] 《国防指令》第 1 条第(27)款规定:"'研究与开发'包括基础研究、应用研究和实验开发的所有活动,后者可能包括技术样品(即在某个相关或代表性环境中展示某种新概念性能或新技术的设备)的实现……"

[181] 《国防指令》说明条款第 13 条规定:"为了实现本《指令》的目标,研究和开发应当包括基础研究、应用研究和实验开发。基础研究包括以现象和可见事实为基础而获取新知识的实验或理论工作,不以某种应用或用途为目的。应用研究也包括获取新知识的初始工作,但是它主要指向某个实用目标或目的。实验开发包括以现有的源自研究和/或实验的知识为基础,以生产新材料、新产品或新设备为目的,建立新程序、新系统和新服务,或者大幅提高现有程序、系统和服务质量的工作。实验开发可以包括技术样品(即在某个相关或代表性环境中展示某种新概念性能或新技术的设备)的实现。研究与开发不包括再生产样品、工具的生产鉴定,也不包括工业工程、工业设计和制造。"

[182] 相关定义参见第一章,第 50-51 页。

[183] 同上,以及施密特和斯皮盖尔(Schmitt and Spiegel),"欧洲《国防安全采购指令》的特点"(The Specificities of the European Defence and Security Procurement Directive),前注 127(第 12 页,可查),斯皮盖尔(Spiegel),"《指令 2009/81/EC》:国防特点"(Directive 2009/81/EC: Defence Specificities),前注 42(第 11 页,可查)。

[184] 《国防与安全免责指导说明》(Guidance Note Defence and Security-specific Exclusions),前注 7,第 7 页。但是,该段继续说道:"相反,参与研发阶段的成员国如果决定单独采购相关项目后面几个阶段(也就是说,在合作框架之外,通过某个国家采购当局完成),那么在这些相关合同的授予上该成员国必须遵守该《指令》的规定。"

[185] 同上,第 8 页。

[186] 同上。

[187] 同上,第 7 页。

[188] 同上,第 6 页。

[189] 同上,第 7 页。"真正的合作概念",是《指导说明》中少数几个得到强调的词语。

242

参与项目的管理和决策。"

相关产品的新特性和享受例外待遇的某个项目的协作性质,受制于某个特别的机制。《国防指令》第 13 条(c)款规定:

仅有成员国参加的协作项目结束时,相关成员国应当向欧盟委员会通报研发费用占项目总体费用的比例、成本分摊协议,以及每个成员国的计划采购份额。

因此在协作项目的初期,协作项目的成员国就应当向欧盟委员会通报,但如果有一个或多个第三方国家参与该协作项目,就没有必要做这样的通报了[190]。这个通报要求在《国防指令》的最初几个版本中并没有出现。提出该要求的是欧洲议会,目的是防止成员国对例外条款的滥用[191]。关于必须向欧盟委员会通报什么样的信息,在《国防指令》中并没有具体的规定,但是《国防与安全免责指导说明》认为,这个条款意味着通报信息必须证明该项目与上述意义上的新产品的开发有关,"成员国的参与不仅仅是对国家项目的象征性参与"[192]。

在此我们必须对该控制机制的三个特点进行进一步的讨论:此种要求的存在;不符合《国防指令》第 13 条(c)款要求或者说达不到第 13 条(c)款条件的后果;涉及第三方国家的项目。这些都属于《国防指令》的例外。此种要求的存在说明了立法者的担忧(主要是欧洲议会的担忧),即对例外条款的滥用。欧盟委员会也担心成员国会滥用例外条款:按照《国防与安全免责指导说明》的说法是为了"保证例外条款的运用限制在真正的协作项目上"[193]。其他例外情形并没有类似的控制机制。因此人们似乎担心这种例外如果不进行精心监管,有可能会成为一个很大的漏洞。由于在例外条款中研发资金的数量并没有一个最低量规定,因此欧盟委员会如何证明产生了对例外条款的滥用尚不得而知,但是这个向欧盟委员会通报的要求确实可以发现对例外条款的最明显的滥用[194]。不符合《国防指令》第 13 条(c)款的要求或者说达不到第 13 条(c)款条件的后果,是相关成员国违反《国防指令》规定的义务,而欧盟委员会则可以根据《欧盟运行条约》第 258 条对其采购强制性措施。这可能引发欧洲法院的诉讼。通报要求更便于采取强制性措施或诉讼,因为欧盟委员会得到了必要的信息。涉及第三方国家的协作项目可以不做信息通报,也是对《国防指令》第 12 条有关国际协议例外的一个反映。《国防指令》

---

[190] 同上。

[191] B·基尔斯(B. Giles),"《国防安全采购指令》中的研发"(R&D in the Defence Directive),在"欧盟国防与安全采购 C5 论坛"(C5 Forum on EU Defence and Security Procurement)上的发言,2009 年 11 月 18 日,引自休尼克斯(Heuninckx),"潜伏在边界"(Lurking at the Boundaries),前注 13,于其脚注 136。

[192] 《国防与安全免责指导说明》(Guidance Note Defence and Security-specific Exclusions),前注 7,第 7 页。

[193] 同上。

[194] 休尼克斯(Heuninckx),"潜伏在边界"(Lurking at the Boundaries),前注 13,第 111 页。

第12条已经将此类项目划入例外范畴了[195]。与《国防指令》第13条(c)款不同的是,先前的例外规定并没有提出信息通报的要求。

《国防指令》第13条(c)款还规定了欧盟内部市场行为、欧防局和联合军备采购组织的政府间行为之间的界定[196]。关于欧防局和联合军备采购组织的政府间行为的讨论见第五章。欧防局和联合军备采购组织的活动主要为协作式项目,属于该例外的范畴。有了这个例外规定,这些项目就被保留在欧盟市场的体系之外[197],具有非常重要的意义,因为该例外规定涉及的都是具有重大财政、战略、军事、工业和政治意义的大型项目,事关重要的新型高技术装备。

因此国防采购的一个重要部分是处于《国防指令》的约束之外的。另外有人指出,《国防指令》第13条(c)款中的协作项目例外和《国防指令》第12条(a)款中的国际协议例外,会促使成员国更多地进行协作式采购,以避免新《国防指令》的约束[198]。这可能会引发一系列问题,因为这些项目的管理非常复杂,在法律上还有一些不确定性[199]。但是协作可以提高国防项目的成本效益[200],这一点在第一章进行了讨论[201]。另外,这些项目虽然不是内部市场的一部分,但是它们有另一个"欧洲身份",是多个成员国的联合项目。根据《国防指令》第28条第(2)款(a)项的规定,研发可以不经过公告而采取谈判的形式,相关讨论见第七章[202]。最初人们并没有打算将研发列为豁免情形,但成员国"强烈坚持"将研发也列为一种免责情形[203]。

---

⑱ 另参见休尼克斯(Heuninckx),同上。

⑲ 联合军备采购组织的相关活动,参见 www.occar-ea.org/programmes [2013年10月1日登录]。

⑳ 另参见《国防指令》说明条款第28条:"成员国为了开发新的防务装备,学家进行协作性项目。这些项目特别重要,因为它们有助于开发新技术,承受复杂武器系统高昂的研究和开发成本。这些项目中的一部分由国际组织,即 Organisation conjointe de coopération en matière d'armement(联合军备采购组织)和北约(通过特别机构)进行管理,或通过欧盟机构(如欧防局)进行管理。欧防局当时代表成员国进行合同的授予。本指令不适用于此类合同。其他协作性项目的合同,由某个成员国的采购当局/实体代表一个或多个其他成员国进行授予。这些项目也不适用《国防指令》[第二个强调为作者所加]。"另参见 COM(2013)542 final,第10页,再次强调指出,《国防指令》的规则不"适合"协作性项目。

㉑ J·罗宾森(J. Robinson),"合同在多大程度上不受国防采购制度的限制"(To What Extent Will Contracts Remain outside the Defence Procurement Regime),在"欧盟采购与安全采购C5论坛"(C5 Forum on EU Defence & Security Procurement)上的发言,2009年11月17日;B·基尔斯(B. Giles),"《国防安全采购指令》中的研发"(R&D in the Defence Directive),同一论坛,2009年11月18日,引自休尼克斯(Heuninckx),"潜伏在边界"(Lurking at the Boundaries),前注13,于其脚注133。

㉒ 休尼克斯(Heuninckx),"潜伏在边界"(Lurking at the Boundaries),前注13,第111页。详见B·休尼克斯(B. Heuninckx),"欧洲的协作式采购简介:麻烦、成就和进展"(A Primer to Collaborative Procurement in Europe: Troubles, Achievements and Prospects)(2008)第17期,《公共采购法评论》(Public Procurement Law Review),第123-145页。

㉓ 休尼克斯(Heuninckx),"潜伏在边界"(Lurking at the Boundaries),前注13,第111页。

㉔ 第53-54页。

㉕ 第345-346页。

㉖ 施密特与斯皮盖尔(Schmitt and Spiegel),"欧洲《国防安全采购指令》的特点"(The Specificities of the European Defence and Security Procurement Directive),前注127。

因此将研发列为例外本是一件困难的事情,且具有很强的政治敏感性[204]。现在《国防指令》第28条第(2)款(b)项只适用于那些不属于《国防指令》第13条所列例外的服务。不经过事先公告就进行谈判的采购方式,使采购有了最大的灵活性,与免责已经非常接近了。另外,针对这些项目创造一种全新的采购方式或者对现有采购方式进行修改也是一件非常重要的事情,我们将在第七章进行讨论[205]。从内部市场的角度来说,以一种更加激进的方式将重大协作研发项目置于《国防指令》的约束之外,似乎并没有必要。《国防指令》第28条本可以将这些项目置于《国防指令》的约束范围,同时给予必要的灵活性。例如,英国国防部走的就是《国防指令》的路子,而欧防局和联合军备采购组织就没有走《国防指令》的路子。或许将来在修订《国防指令》时可能会对此问题有所考虑。但是有一个问题也需要考虑一下:这种例外是不是一种实用主义的表现,因为如果将其纳入《国防指令》的约束范围,就需要对应一系列的问题,如欧盟法是否适用于国际组织的问题[206]。举个例子来说,联合军备采购组织是一个独立的国际组织,有其独立的法人资格。另外,《国防指令》中的规则有可能会受到至少某些成员国的反对,进而违反《国防指令》或延迟《国防指令》的实施[207]。但是对这些项目完全放任不管也不能令人满意,因为这样会对内部市场国防物资方面的规制造成不良影响,而国防物资是该市场的一个重要组成部分。或许通过欧防局制定一个《行为公约》,可以成为应对这一问题的一个临时手段。

4.3.2.4 欧盟以外地区驻军的合同

《国防指令》第13条(d)款规定,"当军队部署在欧盟以外地区时,因军事行动需要而与军事行动地区经营者达成的在第三方国家授予的合同,包括民用采购合同",都属于《国防指令》的例外。这一点反映出欧盟国防政策作为欧盟相对较新的共同安全与防务政策或其他体系(如北约和联合国)的一部分[208],具有维护国家和平的特性。这个政策显然不在欧盟内部市场的控制范畴,但为实施这些政策而进行的货物和服务的采购却处于欧盟内部市场的约束范畴。当然,维和部队或执行其他任务的部队有各种各样的政治、实用和军

---

[204] 关于此话题参见休尼克斯(Heuninckx),"欧洲的协作式采购简介:麻烦、成就和进展"(A Primer to Collaborative Procurement in Europe: Troubles, Achievements and Prospects),前注199。深入讨论见其2011年诺丁汉大学博士论文,"通过国际组织进行协作式国防采购的欧盟法律"(The Law of Collaborative Defence Procurement Through International Organisations in the European Union)(可查)。

[205] 第351-356页。

[206] 关于这些问题的深入讨论参见休尼克斯(Heuninckx)博士论文,前注204。

[207] 感谢B·休尼克斯(B. Heuninckx)让我注意到这一点。

[208] 《国防与安全免责指导说明》(Guidance Note Defence and Security-specific Exclusions),supra note 7 at 8: "tailor-made for crisis operations outside the EU",施密特和斯皮盖尔(Schmitt and Spiegel),"The Specificities of the European Defence and Security Procurement Directive",前注127: "it is tailor-made for crisis operations"(作者记录,可查)。

事理由在驻扎国家进行采购以满足自己的需求。例如他们在"家里"采购货物和服务时可能会遇到很大的物流问题,因为他们的祖国在数千公里以外。有了这种例外就可以应对这种问题,其意图是解决基本的商品采购问题,如水和食品。而水和食品往往处于门槛价以下[209]。

这些例外受到多种规定的制约,《国防与安全免责指导说明》对此有详细的说明。第一,此种例外的法人范畴是有限制的。虽然具体的军事行动有可能是"民事、军事或亦民亦军",但军队只能临时驻扎[210]。另外,这种例外的法人局限于已经驻扎的军队[211],而不是正等待驻扎或最近刚从驻扎地返回的军队。最后一点是,这种驻扎必须是在欧盟以外的地区。

第二,例外的物资范畴也是有限制的。虽然《国防指令》第13条(d)款和说明条款第29条中没有针对"军事行动需求"进行定义[212],但《指导说明》提出应当对此进行狭义解释,使用了"需求"一词;在《国防指令》第13条(d)款中使用了"需要"一词;而在《国防指令》说明条款第29条中使用了"必要"和"必要条件"一词,将物资范畴限制在"来自军事行动本身的需求"[213]。只有在实施军事行动本身,需要从当地经营者那里进行采购时才需要豁免于《国防指令》的要求。《指导说明》列举了一些例子:

如以下情况:当合同授予欧盟供应商将把供应链拉得过长,引发不成比例的运输费用和延迟交货时,或欧盟供应商的参与将需要采取更多的安全措施,进而弱化驻军的军事能力时[214]。

民用采购显然处于例外的物资范畴。实际上,《国防指令》起草人说该例外本来针对的是水或食品一类的基本商品[215],而这些商品是民用商品而不是国防和安全物资。在《国防指令》第1条第(28)款中,民用采购被定义为"不受第2条限制的合同,包括为满足后勤需要而进行的非军事产品、工程和服务的采购"。"不受"《国防指令》"第2条限制"的合同,限定了此类例外的物资范畴,此类合

---

[209] 施密特与斯皮盖尔(Schmitt and Spiegel),"欧洲《国防安全采购指令》的特点"(The Specificities of the European Defence and Security Procurement Directive),前注127(作者记录,可查)。另外,如果高于以上门槛价,这些合同则受到《公共部门指令》的约束,参见下文。

[210] 《国防与安全免责指导说明》(Guidance Note Defence and Security-specific Exclusions),前注7,第8页。

[211] 同上。

[212] 《国防指令》说明条款第29条规定:"如果成员国的军队或安保部队在欧盟以外的地区进行作战,出于作战要求,应当向驻扎地的采购当局/实体授权,准许他们在向本作战地区经营者授予合同时,包括与这些作战活动有直接关系的民品采购时,可以不遵守本《指令》规则。"

[213] 《国防与安全免责指导说明》(Guidance Note Defence and Security-specific Exclusions),前注7,第9页,第22段。

[214] 同上。

[215] 施密特与斯皮盖尔(Schmitt and Spiegel),"欧洲《国防安全采购指令》的特点"(The Specificities of the European Defence and Security Procurement Directive),前注127(作者记录,可查)。

同不受《国防指令》的约束。《指导说明》指出,"为满足后勤的要求"这个措辞,暗示了一个限制[216]。所有相关采购必须"与相关军事行动有直接关系"[217]。许多这样的采购应当受到《国防指令》第 2 条的约束,尤其是(c)和(d)类的采购,因此它们属于《国防指令》的物资范畴。

但是,受《公共部门指令》制约的"纯粹的民用采购"[218]也可能属于《国防指令》的例外。《国防指令》第 13 条(d)款将此类采购纳入例外范畴,使这些采购既不受《国防指令》的限制,也不受《公共部门指令》的限制[219]。从理论上来说,如果一个实体受《公用事业指令》的约束,而这个实体成为欧盟以外地区驻军的一部分(当然这样的情形不太可能发生),那么此类实体的民用采购按照《国防指令》第 13 条(d)款的规定不受《国防指令》的约束。例如,为阿富汗驻军的洗消服务,实际上属于《公共部门指令》的范畴,但是通过《国防指令》第 13 条(d)款就可以不受限制[220]。休尼克斯发现,将民用采购纳入例外范畴和《国防指令》的约束范畴其实是相互矛盾的,因为国防安全采购指令的约束范畴局限于国防与安全武器和相关服务的采购[221]。他一方面承认将一部分民用采购纳入例外范畴有"许多实际原因",但同时他也认为将一个《指令》中的采购列入另一《指令》中的例外,又不对另一指令进行修订,这在法律上并不是完全正确的。萨巴尼斯(Sampanis)指出,这实际上是一个立法方面的问题,因为一个立法总是会受到另一同等地位的立法的影响[222]。作者非常认同这样的观点。《国防指令》并不是国防部门的《指令》,也不是军队的《指令》。人们对《公共部门指令》和《国防指令》都提出了修订的要求。《国防指令》第 71 条经修订后,与《国防指令》第 13 条(d)款类似的例外规定在《公共部门指令 2004/18/EC》第 10 条中也有,相关讨论见下文 4.5 节。目前这个类似的例外条款位于新《公共部门指令 2014/24/EU》的第 16 条第(1)款(b)项。根据《国防指令》第 13 条和《指令 2014/24/EU》的规定,不受《国防指令》约束的合同享受例外待遇。因此这些条款使欧盟以外驻军的民事采购也可以不受旧版本和新版本《公

---

[216] 《国防与安全免责指导说明》(Guidance Note Defence and Security-specific Exclusions),前注 7,第 8 页,第 21 段。还举了一些例子:"储存、运输、分发、维护和报废各种材料;人员运输;建筑、维修、运行和报废各种设备;采购或提供服务、医疗卫生服务支持;食物与水的提供,等等"。

[217] 说明条款第 29 条,以及《国防与安全免责指导说明》(Guidance Note Defence and Security-specific Exclusions),前注 7,第 8 页,第 21 段。

[218] 同上。

[219] 休尼克斯(Heuninckx),"潜伏在边界"(Lurking at the Boundaries),前注 13,第 112 页。

[220] 参见休尼克斯举的类似的例子,同上。

[221] 休尼克斯(Heuninckx),同上。

[222] 在评论本章早期版本的时候。

共部门指令》的限制㉓。但是需要对《国防指令》进行一次修订,应当将"包括民用采购"的措辞从第13条(d)款中删除。

将民用采购也纳入《国防指令》第13条(d)款的物资范畴,在实践中可能会引发一些问题。《国防指令》的部分起草人曾指出,该免责条款针对的许多基本商品常常位于门槛价以下㉔。因此这三个重要的采购《指令》都不适用于这些货物的采购。

在实践中将第13条(d)款应用到《国防指令》的核心采购对象上,即军事和安全装备及相关服务的采购,是很令人怀疑的。即使部署在欧盟以外的地区,欧盟军队仍然会使用自己国内采购的装备,然后经海运或空运送到军事行动所在地。例如在写作本书时,部署在阿富汗的英国军队使用的都是自己的步枪、坦克、直升机等,由英国国防部采购而来,不管这些装备是为了一般性的维和行动还是专为阿富汗维和行动而进行的采购。从阿富汗当地采购军事装备,即使是采购弹药,也是件不可能的事情㉕。因此人们认为,《国防指令》第13条(d)款的例外规定实际上适用于《公共部门指令》范围内的货物和服务,而不是适用于《国防指令》范围内的货物和服务。从这一点看应当对《公共部门指令》进行修订,而这些修订都表现在《指令2014/24/EU》里㉖,相关讨论见上文。

从《国防指令》的措辞来看,驻扎海外的军队通过《国防指令》第13条(d)款而启用例外条款时,仍然要遵守《欧盟运行条约》的基本要求。但是必须承认,由于《国防指令》第13条(d)款针对的是具有安全敏感性的采购,而且在人员、物资和地理位置方面都有严格的限制,因此《国防指令》第13条(d)款范围内的合同,一般也在一定程度上适用于《欧盟运行条约》第346条第(1)款(b)项或第36条,因此也处于《欧盟运行条约》的约束范畴之外。

㉓ 在《公用事业指令》(Utilities Directive 2004/17/EC)中也需要这样的例外,以便把公用事业单位的偶发事件也涵盖进去。例如《国防与安全免责指导说明》(Guidance Note Defence and Security-specific Exclusions),前注7,第8页,第20段,不仅提到了采购当局,还提到了采购实体,后一词一般用来指公用事业单位。这样的例外经《国防指令》第70条的修订,存在于《公共用事业指令2004/17/EC》(Utilities Directive 2004/17/EC)第22条(a)款;现在该条款存在于《公用事业指令2014/25/EU》(Utilities Directive 2014/25/EU)第24条第(1)款(b)项。

㉔ 施密特与斯皮盖尔(Schmitt and Spiegel),"欧洲《国防安全采购指令》的特点"(The Specificities of the European Defence and Security Procurement Directive),前注127(作者记录,可查)。

㉕ 因为军事保密和政治上的原因,也因为阿富汗没有国防工业能力。

㉖ 这似乎受到正在进行当中的(本书写作时)《公共部门指令》改革的影响,参见"关于制定一个欧洲议会和欧洲理事会公共采购《指令》的建议"(Proposal for a Directive of the European Parliament and of the Council on Public Procurement),2013年7月24日主席妥协统一版本,见于:http://register.consiliumeuropa.eu/pdf/en/12/stl2/stl2878.enl2.pdf[2013年11月13日登录],第14条:"1. 根据《欧盟运行条约》第346条的规定,本《指令》适用于公共合同的授予,以及在国防与安全领域组织的设计比赛,以下合同除外:(a)属于《指令2009/81/EC》适用范围的合同;(b)根据《指令2009/81/EC》第8、12和13条的规定不适用《指令2009/81/EC》的合同[强调为作者所加]。"

第三,例外的地理范畴是有限制的。关于"军事行动地区"内的经营者,在欧洲理事会的《国防指令》应用备忘录中,附有欧盟委员会对它们的定义,以确保《国防指令》的目标得以实现。该定义将"军事行动地区"内的经营者定义为

国防或安全行动区内的第三方国家,以及周边国家的第三方国家[22]。

这说明在地理位置上是有限制的,可以理解为驻军所在国以外的国家,甚至是"周边以外的国家,但应当限制在地理邻近国家,以防止滥用风险"[28]。总体而言,之所以要制定豁免条款,是因为军事与安全行动的条件会对地理范围形成限制,对经营者也有限制。这些经营者必须"位于军事行动地区内"。但经营者可以是位于欧盟或第三方国家的一个子公司。《国防与安全免责指导说明》指出,将合同授予军事行动区内的当地子公司时,合同的履行不得由行动区外的母公司进行。此举是对《国防指令》的规避,受到《国防指令》第11条的禁止,对于内部市场会造成不良影响。相关讨论见下文。

我们在第一章讨论过,冷战结束后,欧盟成员国军事行动的中心从传统的保卫领土转向维和行动,这一点在《共同安全与防务政策》中也有体现。随着欧盟军队的海外部署,为了满足其军事行动的需要,必须将合同授予军事行动所在地的经营者,而不是授予位于欧盟的经营者。因此《国防指令》的例外是唯一的选择,受到了人们的欢迎[29]。例如,英国驻阿富汗军队的一个大型合同应当授予当地经营者,不用经过任何竞争,甚至连透明也不需要。但是这会对内部市场以外的阿富汗市场(可能还包括巴基斯坦)的物有所值、诚信和透明的理念造成不良影响。

4.3.2.5 政府间的合同

《国防指令》第13条(f)款的免责规定,即"一个政府授予另一政府的以下合同:(i)军事装备或敏感装备的供应;(ii)与此类装备有直接关系的工程和服务;(iii)用于军事目的的工程和服务,或者敏感工程和敏感服务",指一个国家的政府从另一国家政府处"采购"军事供应、工程和服务的常见行为[30]。两个政府间的合同并不是公共采购,因为这些合同并不涉及从私营者的采购。这些合同涉及出售方国家政府提供的服务,并涉及出售方国家已经采购到的货物,或者涉及与这些货物相关的服务。因此这些免责规定实际上是没有必要的,因为这些货物和服务并不属于公共采购的范畴。这个免责与欧洲法院判例法中的"内部"合同豁免有关,

---

[22] 引用于《国防与安全免责指导说明》(Guidance Note Defence and Security-specific Exclusions),前注7,第9页,第23段。

[28] 同上。

[29] 休尼克斯(Heuninckx),"潜伏在边界"(Lurking at the Boundaries),前注13,第112页。

[30] 《公共部门指令》的确适用于由一个采购当局授予另一采购当局的合同,但当后者受前者支配,且后者在资金上依附于前者,因此相关合同为内部合同时除外。特别参见 C-107/98,Teckal,前注4。详情参见:M·康姆巴和S·特鲁默(M. Comba and S. Treumer)(eds.),《欧洲法中的内部规定》(The In-House Providing in European Law)(Copenhagen:Djøf,2010)。

但两者之间也有不同之处,相关讨论见上文4.1节。在这两个免责规定中都不存在私营者。后者是指同一采购当局内部的采购,或者从以下实体的采购:采购当局对该实体具有控制权,类似于对其一个部门的控制,而该实体在资金上依赖于采购当局。这一点与《国防指令》第13条(f)款是完全不同的,因为该条涉及的是两个政府,从定义上来看是两个独立的政府,并不存在一方对另一方的控制,也不存在资金上的相关依赖,至少达不到内部采购豁免的要求。

《国防与安全免责指导说明》指出,"政府"一词在《国防指令》第1条第(9)款有相关定义,相关讨论见上文[230]。"政府"包括成员国的国家(中央)政府、第三方国家政府,以及"具有法人地位的地区或当地政府实体"[231]。但是,这个例外不适用于"其他采购当局/实体之间签订或代签的合同,如受公法约束的机构或公共企事业实体"[232]。因此该例外条款中的"法人范畴"是有限制的,将受公共法约束的所有公用事业和机构都排除了。这一点与针对业已存在的政府间国防与安全采购例外是一致的。

该豁免规定的"物资范畴"是相当宽泛的。服务合同包括"各种不同的服务采购"[233]。在供应合同方面,"豁免主要针对的是对现有库存装备的出售,如多余的二手装备或库存。[234]"如果一个政府为满足自身需求而进行了采购,但后来因为这些采购多于实际需求或者说不能满足军队需要,因此可以对外出售这些装备,此时该政府的供货就适用于此豁免条款。在立法初期,此豁免本想局限于此类多余装备。但是从其目前的措辞来看,该例外还包括新的物项[235],这一点在《国防与安全免责指导说明》中得到了印证:

但是,该例外并不局限于此类军事行动,还适用于所有军事或敏感装备的供应合同,原则来说甚至包括新物资的采购。

如果一个出售装备的政府从私营者处进行采购,再出售给另一个政府,就属于例外滥用[236]。但是《国防与安全免责指导说明》预见到了这种风险,指出在进行新物资的采购时,

---

[230] 《国防与安全免责指导说明》(Guidance Note Defence and Security-specific Exclusions),前注7,第10页,第25段。

[231] 同上。

[232] 《国防与安全免责指导说明》(Guidance Note Defence and Security-specific Exclusions),前注7,第10页,第25段。

[233] 同上,举了一个例子:"例如成员国A的政府,为了作战而与成员国B政府就其空军飞行员训练签订了一个合同。这样的服务合同属于例外范畴。"

[234] 《国防与安全免责指导说明》(Guidance Note Defence and Security-specific Exclusions),前注7。

[235] 施密特与斯皮盖尔(Schmitt and Spiegel),"欧洲《国防安全采购指令》的特点"(The Specificities of the European Defence and Security Procurement Directive),前注127(作者记录,可查)。

[236] 弗林赫·汝尔克(Vierlich-Jürcke)"《国防采购指令》的特点"(Specificities of the Defence Procurement Directive),前注172,强调指出:"不可以此而绕开指令"(第16页,可查)。最近在COM(2013)542 final,第10页,欧盟委员会对于政府间销售可能发生的例外滥用表示了关切。

应当牢记该免责只适用于两个政府间的合同,不适用于出售装备的政府与经营者之间的合同。因此如果成员国 A 从另一成员国 B 处采购新的军事装备,后者必须根据《指令 2009/81/EC》规定的合同授予规则进行采购。该国可通过框架协议,也可按照该《指令》下的现有供应合同条款保证达到上述要求[28]。

换句话说,当一个成员国政府准备从私人那里进行采购,然后再将所购物项出售给另一成员国政府时,这些新的物项必须根据《国防指令》的规定进行采购。有人指出,第一,第 13 条(f)款例外条款实际上还包括两个独立的"豁免"规定:政府与政府间的多余采购豁免,以及政府与政府间的新装备采购豁免。第一个"多余豁免"是一个传统豁免规定,因为它只将这些采购置于《国防指令》的约束之外。但是由于此类采购行为中不包括私营者,因此严格来说这根本就不是公共采购,再由《国防指令》做一个明确的豁免规定是不必要的。不过需要对多余的准确含义进行说明,尤其是要说明相关装备必须在出售国中库存了多久。这一点对于多余装备和新装备的区分是非常重要的。"贴错标签"标为多余装备的新装备,是对内部市场的一个威胁,对《国防指令》的目标也是一个威胁,因为并没有明确要求出售这些装备的政府在采购这些装备时必须按照《国防指令》的规定进行采购。甚至这些装备的采购是在《国防指令》转化为国内法最后期限之前还是之后,也成了一个问题,因为在《国防指令》向国内法转化最后期限之前采购的装备,是不大可能按照透明和非歧视性程序完成采购的。

第二个"新装备豁免",严格来说也不是一个传统意义上的豁免,因为最初从出售国家那里采购装备仍然要按照《国防指令》的规定进行。此处所说的采购例外情形指采购政府从出售政府那里将后者按照《国防指令》采购的装备采购过来。因此按照《国防指令》的要求进行的采购没有加减,因为最初合同的授予必须符合《国防指令》的要求。如果相关装备的价值在最初的采购过程中在门槛价以下,因而其采购并不是按照《国防指令》的规定进行,但现在在装备出售国存储期间又上升到门槛价以上,那么就可能出现一个问题。根据狭义解释豁免条款的一般要求,以及门槛价以上装备在某些阶段必须按照《国防指令》规定进行采购的思想,当初进行装备采购时相关装备位于门槛价以下,但现在的"后续合同"价值又位于门槛价以上时,那么此时《国防指令》第 13 条(f)款关于新装备的规定就不适用。

但是以上情况只适用于买卖双方都是欧盟成员国政府,且此次销售是在内部内场范围内完成。当出售方政府是欧盟以外的国家政府时,就会产生另外的问题。《国防与安全免责指导说明》对该问题的处理如下:

如果一个成员国从一个第三方国家采购新的军事装备,则必须履行第 11 条规

---

[28] 《国防与安全免责指导说明》(Guidance Note Defence and Security-specific Exclusions),前注 7,第 10 页,第 26 段。

定的义务,不得将此类合同作为逃避《国防指令》约束的手段。当内部市场具有竞争条件时,这一点尤其重要[239]。

第一,这个义务指的是《国防指令》第11条的"安全条款",相关讨论见下文标题。该安全条款禁止借用豁免条款逃避《国防指令》的约束,因此才发出了这样一个警告。

第二,有人指出,第三方国家政府向欧盟国家政府出售多余装备并不是一个重要问题。这是因为《国防与安全免责指导说明》主要针对的是新装备的采购,因此会发生问题的是新装备的销售。毕竟要求一个第三方国家政府(如美国、澳大利亚或土耳其)像欧盟国家那样,按照《国防指令》的规定采购新装备,然后再把这些新装备出卖给某个欧盟国家,如果不是不可能,也是非常困难的。《指导说明》第26段关于第三方国家政府的规定对于解释《国防指令》第13条(f)款有什么影响,人们并不清楚。有人指出,该段至少提出了在从第三方国家政府采购新装备时应当对豁免进行狭义解释。这一点在《国防指令》第11条的安全条款中得到了体现(相关讨论见下文),不过这只是对欧洲法院关于内部市场豁免的判例法的一个肯定[240],这些判例法已广为接受。如果一个成员国政府可以不受《国防指令》的约束,而且采购情况复杂,在采购过程中既有欧盟成员国又有第三方国家的经营者[241],那么只要从第三方国家政府进行采购,《国防指令》第13条(f)款就可以成为一个漏洞,会对整个制度造成不良影响,而欧洲法院从来就不会允许此种情况的发生。《指导说明》还提出了内部市场首位要求,换句话说,就是按照《国防指令》进行的采购高于从第三方国家的政府间采购。这并不是说将第三方国家的经营者排除在外,因为《国防指令》从不要求也不禁止向第三方国家开放采购合同。

但是有两种情形必须区分开来。第一,在实践当中有一些装备(如导弹或现有装备的零部件)只能通过政府间的采购来完成,尤其是为人们所熟知的美国政府对外军售制度(FMS)。美国法律规定美国的对外军售只能通过政府间的买卖来实施,而此时这些装备的采购只能通过欧盟以外的第三方国家来实现。因此要求政府间新物项采购按照《国防指令》的要求完成,必然切断这些货物的供应链。另外,如上所述,将从第三方国家的政府间采购也纳入《国防指令》的约束范围,将迫使第三方国家政府遵守《国防指令》,而这是不现实,也是不理性的。有人指出,应当这样理解《国防指令》第13条(f)款:当欧盟在采购相关装备时没有其他采购渠道进而无法形成竞争时,该条款把从第三方国家政府的新装备采购明确排除到《国防指令》的约束范畴之外。

第二,可以这样理解《国防与安全免责指导说明》第26条:在有供应商的条件下,也就是说在欧盟关于此装备的采购可形成竞争,人们可以按照《国防

---

[239] 同上。
[240] 关于此判例法参见第二章,第63—82页,以及第三章,第104—125页。
[241] 将于第七章进行讨论。

指令》的规定在欧盟内采购相关新装备时,不得使用《国防指令》第13条(f)款。换句话说,只有当新装备不能在欧盟内部完成采购时,从第三方国家政府的采购才可以根据《国防指令》第13条(f)款的规定成为《国防指令》的例外。首先,在《国防指令》第11条提出了防止滥用政府间豁免条款的警告,这说明欧盟委员会有可能通过《欧盟运行条约》第258条采取强制性措施,或者引发国内的私人诉讼。其次,在《指令2009/81/EC》的总体目标中,包括竞争以及货物和服务在内部市场的自由流动。第三点与第二点有联系:对欧盟法律中的豁免规定,如政府间的豁免规定,必须进行狭义解释。在相关产品或服务可以在欧盟内部完成,进而在内部市场可以形成竞争的前提下,如果允许通过政府间的合同进行直接采购(如直接从美国采购),就必须对政府间的采购豁免进行非常宽泛的解释。但是,在相关装备在欧盟内部的采购存在竞争,而成员国又从第三方国家采购相关装备时,《国防指令》的第13条(f)款到底是否适用,仅从《国防指令》和《国防与安全免责指导说明》的措辞看,并不是很清楚。因此在这一点上需要进行说明。

第三种情况是第三方国家政府从欧盟成员国政府处进行采购。这种情况无论是在《国防指令》还是在《国防与安全免责指导说明》中都没有涉及。这一点相当令人惊讶,因为向第三方国家出口防务装备是一种常见的行为。对成员国装备出口有影响的一个问题,是当为了这种政府间的协议而从私营者那里采购相关新装备时,是否要受到《国防指令》的约束。从《指导说明》所罗列的两种情况来看,如果出售方政府为了日后出售给另一方政府而进行相关装备的采购时,必须遵守《国防指令》的竞争规则[242]。这说明该要求也适用于"成员国政府向第三方国家政府"出售的情况。但是有可能出现这样的情况:因为这些采购是为了出口,所以这些采购不受内部市场和《国防指令》的限制。但是这一点无论是在《国防指令》还是在《指导说明》中都没有明确规定。正是因为这种不明确,因此出售装备的政府最好在《欧盟官方公报》上发布一个合同授予公告,防止日后采取合同无效的救济措施(相关讨论见第十章)[243],并指出这些采购属于《国防指令》第13条(f)款的采购。

《公共部门指令2004/18/EC》和《公共部门指令2014/24/EU》中没有与《国防指令》第13条(f)款类似的豁免条款,《公用事业指令2004/17/EC》和《公用事业指令2014/25/EU》中也没有类似的例外条款,都没有涉及到"政府"。因此政府间的采购豁免是《国防指令》所特有的东西。从《国防安全采购指令》说明条款第30条中可以看出这一点:

---

[242] 《国防与安全免责指导说明》(Guidance Note Defence and Security-specific Exclusions),前注7,第10页,第26段:"应当记住,该例外只适用于政府间合同,不适用于作为出售方的政府与经营者之间达成的合同。因此如果成员国A从成员国B政府那里采购新式的军事装备,后者在采购相关材料时,必须按照《指令2009/81/EC》规定的程序授予合同。"

[243] 第477—481页。

考虑到国防与安全领域的特殊情况,一个政府从另一个政府的装备、工程和服务的采购应当不受《国防指令》的约束。

(强调为作者所加)

有人指出,仅仅因为国防领域的特殊情况就让政府间的合同不受《国防指令》的约束是站不住脚的。这种例外对于剩余装备来说是可以接受的,因为这的确是国防领域的一种特殊情况。一个欧盟成员国政府向另一个成员国政府出售新装备而享受例外也是可以接受的,因为出售国政府最初的采购必须按照《国防指令》和内部市场的要求实施。但是,第三方国家政府向欧盟成员国政府出售新装备,或者反过来,欧盟成员国政府向第三方国家政府出售新装备,就不能简单地以"特殊情况"为借口而享受例外了。人们可以以同样的理由为补偿贸易(相关讨论见第九章)和实践中国防物资内部市场的缺失(相关讨论见本书第一部分)寻找借口,不过后者至少可以以更加响亮的国家安全和保密需求为理由。在当初制定《国防指令》时,豁免条款局限于多余物项,新装备不包括在内[24]。另外,《国防与安全免责指导说明》做出了这样的解释:例外"主要针对的是现有库存装备的销售"[25]。另一方面,如上所述,将第三方国家政府间的新物项采购纳入例外范畴,是因为考虑到了国防贸易的现实情况;因为这些采购往往只能通过第三方国家政府才得以完成。当相关产品在欧盟内部市场存在竞争时,将从第三方国家的政府间采购纳入例外范畴不能令人信服。今后数年的实践将证明把从第三方国家的新装备采购纳入例外是否会形成一个漏洞,关于这一点我们必须进行密切观察。如果实践证明这是一个漏洞,那么欧盟委员会将有充分理由对《国防指令》的文本进行修订,在《国防指令》第 13 条(f)款的"(i)军事装备或敏感装备"中加入"通过现有库存供货"的字眼,或者明确规定当相关产品在欧盟内部市场存在竞争时,从第三方国家的政府间采购不属于《国防指令》第 13 条(f)款的例外范畴。人们可以改变《指导说明》的措辞[26]。

4.3.2.6 研发服务合同

《国防指令》第 13 条(j)款规定"研发服务与其他服务不同的是,其他服务的利益由采购当局/实体独享并用于其自身事务,前提是所提供的服务由采购当局/实体提供资金"。严格来说,该条款并不是一个国防与安全领域所特有的例外。《研发指导说明》指出,该条款"(稍显笨拙)的措辞"与《公共部门指令 2004/18/

---

[24] 施密特与斯皮盖尔(Schmitt and Spiegel),"欧洲《国防安全采购指令》的特点"(The Specificities of the European Defence and Security Procurement Directive),前注 127(作者记录,可查)。

[25] 《国防与安全免责指导说明》(Guidance Note Defence and Security-specific Exclusions),前注 7,第 10 页,第 26 段。

[26] 例如通过修改《国防与安全免责指导说明》(Guidance Note *Defence and Security-specific Exclusions*),前注 7,第 10 页,第 26 段,从"主要针对存货销售"改为"只针对……"。

EC》第16条(f)款的措辞"几乎如出一辙"[247]。但是从《国防指令》第1条第(5)款对研发的定义来看，《国防指令》似乎更加详细。可以说与旧的《公共部门指令》相比，法律明确性增加了[248]。我们在第一章指出，研发在国防和安全领域尤其重要，而针对研发的例外条款也是《国防指令》第13条的内容之一，本节将就此进行讨论。这些例外有许多限制。第一，研发例外只适用于服务合同[249]，不包括与研发有关的供货合同[250]。如果满足《国防指令》第28条第(2)款(b)项的规定，与研发有关的供货合同可以采取不事先发布公告的谈判方式进行，相关讨论见第七章[251]。第二，例外只适用于采购实体和承包商共同出资的研发活动，不适用于由采购实体出资且独享研发利益的服务[252]。如果是后一种情况，可以按照不事先发布公告的谈判方式进行合同授予，相关讨论见第七章。

有人担心(特别是在工业领域)国防采购项目的研发阶段会与生产阶段独立出来，因为研发合同是不受《国防指令》约束的，而生产合同则受《国防指令》的约束。人们担心这样会导致效率的降低和国防研发投资的减少[253]。以《国防安全采购指令》第13条(f)款为基础的研发服务例外显然不能延伸到随后的生产阶段。休尼克斯指出，这些担心至少从某种程度上来说是站不住脚的。因为为了保证物有所值，各种合同，包括研发阶段的合同和生产阶段的合同都应当按照《国防指令》的规定进行授予[254]；如果生产阶段与研发阶段脱节，没有包括在招标

---

[247] http://ec.europa.eu/internal_market/publicprocurement/docs/defence/guideresearch_en.pdf［2013提10月2日登录］,第3页。

[248] P·勒卢昂(P. Le Louarn),"新采购规则实施远景"(Perspective on the Implementation of the New Procurement Rules),在"欧盟国防与安全采购C5论坛"(C5 Forum on EU Defence & Security Procurement)上的发言,2009年11月19日,引自休尼克斯(Heuninckx),"潜伏在边界"(Lurking at the Boundaries),前注13,脚注149。

[249]《研发指导说明》(Guidance Note R&D),前注247,第4页。

[250]《研发指导说明》(The Guidance Note R&D),同上,提供了将研究服务合同与研究相关供应合同区分开来的指导,第4页："根据本《指令》第1条第(5)款的规定,'既有产品目标又有服务目标的合同,如果相关服务合同的价值超过了产品价值合同,则应当被视为'服务合同'。另一方面,如果产品价值(如样品)超过了研发服务合同价值,则本合同应当视为供应合同。因此产品的服务的价值决定了合同的性质,也决定了适用规则。"另外,该《指导说明》第4个脚注继续指出："与既有工程又有服务的混合合同不同的是,在现在这种情况下,合同的性质仅取决于产品价值和服务价值相较的结果,不取决于对合同主要目的的客观分析。参见2006年5月11日判决,Case C-340/04 Carbotermo,第31段,以及1999年7月1日判决,Case C-107/98 Teckal,第38段。

[251] 第345—346页。

[252] 参见《国防指令》说明条款第34条。

[253] P·布拉希尼(P. Braghini),"合同在多大程度上不受国防采购制度的限制"(To What Extent Will Contracts Remain outside the Defence Procurement Regime)和B·基尔斯(B. Giles),"《国防指令》中的研发"(R&D in the Defence Directive),在"欧盟国防与安全采购C5论坛"(C5 Forum on EU Defence & Security Procurement)上的发言,分别于2009年11月17日和18日,引自休尼克斯(Heuninckx),"潜伏在边界"(Lurking at the Boundaries),前注13,脚注150。

[254] 休尼克斯(Heuninckx),"潜伏在边界"(Lurking at the Boundaries),前注13,第113页。

范围内,那么该合同要么授予研发承包商,要么授予可提供更好经济效益产品的另一个承包商[58]。国防工业企业担心研发阶段结束后"失去"生产阶段的合同,也是可以理解的。但是投标人对投标失败的担心正是竞争的一部分,这样才能保证达到物有所值的目标,即提高质量、降低成本。好的采购立法对这些担心持欢迎和促进态度。这本身并不是问题,是纳税人、军方或产品其他终端用户所欢迎的事情[59]。

但是有人指出,如果上述担忧达到一定程度,降低了独立的研发阶段合同的竞争性[60],甚至将采购实体单独撇在市场中使其没有了合作伙伴,就会引发一些问题。不过如果发生了此种情形,研发阶段就不应当与生产阶段分开,不能以《国防指令》第13条(f)款为理由不受《国防指令》的约束。此时的合同研发与生产应根据《国防指令》的规定视为一个合同。如果出现"独立"合同在市场上不会产生任何利益的极端情况,那么可以采取一些同样极端的措施。第一个可能采取的措施,是将此合同向第三方国家开放以产生竞争。第二种极端措施是通过"内部"能力进行产品的研究、开发和生产,使其不受《国防指令》的约束。(相关讨论见上文3.1节)。但是这些更加极端的措施可能根本就没有必要,因为《国防指令》提出了其他的方案。第一,《国防指令》包含了更多的例外,如协作项目例外。协作项目例外适用于具有研发阶段的许多项目。第二,在许多类似情况下,可使用竞争性不那么强的采购方式,主要是不事先发布合同公告的谈判方式(相关讨论见第七章)。有人指出,《国防指令》提出的所有这些灵活处理方式,使得对《欧盟运行条约》第346条、36条和52条的修订变得不那么紧急,人们可以按照《国防指令》和《欧盟运行条约》的规定完成相关采购了。

4.3.3 《国防指令》第11条:是否为保障条款?

《指导说明》将《国防指令》第11条的某个规定称为"一般保障条款"[61]:

本节所指任何规则、程序、计划、协议、协定或合同不得用于逃避本《指令》各条款。

不论是《公共部门指令》、《公用事业指令》还是《国防指令》的最初草案,都不包括这样的条款,于是产生了有关该条款准确功能和动机的问题。《国防与安全免责指导说明》将《国防指令》第11条描述为欧洲法院判例法的外在提醒者,禁止在没有客观原因的前提下,滥用欧盟公共采购规则豁免条款,以达到逃避透明性和竞

---

[58] 同上,第113页。

[59] 同上。

[60] 仍然可以通过《国防指令》规定之外的竞争性方式完成合同的授予。

[61] 参见《研发指导说明》(Guidance Note R&D),前注247,第12点,以及《信息安全指导说明》(Guidance Note Security of Information),http://ec.europa.eu/internal_market/publicprocurement/docs/defence/guidesoi_en.pdf [2013年10月2日]第11页,第26点。

256

争性的合同授予程序[29]。

该《指导说明》再次强调对这样的例外必须进行狭义解释,这意味着《国防指令》第 12 条和第 13 条规定的例外必须限制在这些条款规定的合同类型范围内[30]。

要证明相关合同属于例外的范畴,举证责任在于采购当局[31]。根据《指导说明》的解释,《国防指令》第 11 条只具有说明功能。它没有对相关法律增加任何实质性内容。可能正是因为这个原因,某些成员国,如英国[32]、爱尔兰[33]和德国[34]没有将《国防指令》第 11 条转化为国内法。奥地利对该条进行了国内法的转化[35]。狭义解释,为防止逃避法律约束而制定的保障措施,以及避免漏洞的发生,是解释和使用欧盟内部市场法例外规定的长期原则(相关讨论见第二章和第三章)。但是该条款作为对采购官员滥用例外条款的一个警告,仍然具有很大的作用。由于《国防指令》的例外清单比《公共部门指令》和《公用事业指令》的例外清单都要长,因此这样的警告可能也是有必要的。另外,《国防指令》第 11 条本身并不包括《欧盟运行条约》中的例外,因此两者适用同样的判例法原则(相关讨论见下一标题)。

《国防指令》第 11 条本身并不是很清晰。"用于""逃避"《国防指令》相关条款的约束的"用于"是什么意思?巴特勒(Butler)指出,缺乏对这个词语的解释,说明人们对成员国在国防采购方面的国际义务和欧盟法律义务之间的准确关系普遍不明确,因此采取了一种泛泛的声明方式提出警告,而不是明确针对可能发生的矛

---

[29] 《国防与安全免责指导说明》(Guidance Note Defence and Security-specific Exclusions),前注 7,第 1 页,第 2 点,第 1 段,引用 2009 年 6 月 9 日在 Case C-480/06, Commission v. Germany,第 48 段的判决。按照这个逻辑,如果相关协议等属于欧盟采购规则的例外,则应当遵守透明和竞争性合同授予方式的规定,且这些方式的使用具有客观原因,显然相当于欧盟法。

[30] 《国防与安全免责指导说明》(Guidance Note Defence and Security-specific Exclusions),前注 7,第 1 页,第 2 点,第 2 段;《信息安全指导说明》(Guidance Note Security of Information),前注 258,第 11 页,第 26 点,以及《研发指导说明》(Guidance Note R&D),前注 247,第 4 页,第 12 段,所有引用的 2007 年 12 月 13 日判决,Case C-337/06, Bayerischer Rundfunk,第 64 段。

[31] 《国防与安全免责指导说明》(Guidance Note Defence and Security-specific Exclusions),前注 7,第 1 页,第 2 点。《指导说明》第 1-2 页,第 2 点,第 3 段,也鼓励那些希望通过这些例外以便以不事先发布合同公告(至少不在欧盟官方公报上发布)的谈判方式授予合同的采购当局/实体,按照《国防安全采购指令》第 60 条第(4)款和第 64 款的规定,发布一个自愿性的事前公告。通过发布这样一个公告,采购当局/实体正式宣布并说明通过不事先在《欧盟官方公报》上发布合同公告的谈判方式授予了合同。如果采购当局/实体发布了这样一个事先公告,并在公告之后有一个为期 10 天的停顿期,那么该合同不能以《国防安全采购指令》第 6 条第(1)款的规定认定为无效合同。关于这一点将在第十章第 477-481 页进行进一步的讨论。有一点非常重要:这种选择完全由采购当局/实体自行决定,采购当局/实体必须事先衡量如果不发布一个事先公告,相关合同会有多大可能按照第 60 条第(1)款的规定被判为无效合同。

[32] 参见《联合王国国防安全采购条例》(DSPCR)第 7 条。

[33] 《联合王国国防安全采购条例》(DSPCR)第 9 条。

[34] 《德国竞争法》第 100 条(c)款。

[35] 《奥地利国防与安全采购法》第 2 条第(3)款。

盾制定规范[205]。

4.4 《国防指令》和《欧盟运行条约》

《国防指令》第2条规定的一些例外，是对《国防指令》约束范畴的一个限制，因为《国防指令》的约束范畴受制于《欧盟运行条约》第36、51、52、62和346条。我们在上文针对这一点进行了讨论。成员国因为国家和公共安全的原因可以豁免于这个新法的约束，因此《国防指令》将《欧盟运行条约》中的例外整合到《国防指令》当中[207]。对《欧盟运行条约》第36、51、52和62条的解释在第二章有详细讨论[208]，对《欧盟运行条约》第346条的讨论见第三章[209]。

与《指令2009/81/EC》出台前不同的是，现在有了一个专门考虑到成员国公共安全和国家安全的《国防指令》。将这些安全问题考虑进去的表现有：制定了相关采购程序（第七章）；制定了投标人资格预选、投标人选择和授标标准（第八章）；制定了审核和救济制度（第十章）；制定了分包制度（第九章）。这些规则的面世是为了大幅减少成员国对《欧盟运行条约》安全豁免的使用。从定义来看，上文3.1节和3.2节讨论的《国防指令》豁免条款的目的，并不是为了将相关合同纳入《国防指令》的约束之下，而是将这些合同无条件地划分到《国防指令》的约束范畴之外。另外，与《欧盟运行条约》克减条款不同的是，《国防指令》的豁免条款不允许像《欧盟运行条约》豁免条款规定的那样以逐案审查的方式进行合乎比例原则的克减。《国防指令》的例外条款将某些合同列为例外，具有无条件性和绝对性。因此虽然《欧盟运行条约》安全克减条款和《国防指令》免责条款都可引发相同的结果，即将某个合同置于《国防指令》的约束范围之外，但是在实践中两者的运行方式是不同的。另外，按照《欧盟运行条约》的规定，欧洲法院负责对克减条款的解释，并决定在某个案例中是否可以应用豁免条款，而判断《国防指令》豁免条款是否适用只能通过对豁免条款的解释来决定，不存在比例原则的运用空间。《国防指令》免责的无条件性也有一个例外，那就是第13条(a)款的保密免责。这个保密免责是以《欧盟运行条约》第36条和第346条第(1)款(a)项为基础的，因此与后者具有相同的特征：必须符合比例原则[210]。但是，除了《国防指令》的第13条(a)款，我们最

---

[205] 路克·巴特勒(Luke Butler)，"作为跨大西洋贸易自由化障碍和实现手段的公共合同法"(Public Contract Law as a Barrier to and an Instrument for Transatlantic Trade Liberalisation)，毕业论文，诺丁汉大学(2013)，第3章。《适用范围指导说明》(Guidance Note Field of Application)，前注5，第1页，特别提到欧盟成员国在《欧盟条约》第4条第(3)款规定的义务，即保证"成员国不可承担按照国际法的规定可能会影响欧盟规则或改变其适用范围的义务"。这说明第11条很有可能是为了强化这个义务。但是我们可以提出这样的质疑：为什么这个义务在第11条中没有明确的说明。

[207] 参见欧盟委员会《适用范围指导说明》(Commission Guidance Note Field of Application)，前注5，第1页。

[208] 第63—82页。

[209] 第104—125页。

[210] 本人在这一点上受益于与乔治尼斯·桑巴尼斯(Georgios Sampanis)的讨论。

好对豁免的不同观点进行讨论:《国防指令》第12条和13条(b)-(j)款的"免责"条款和《欧盟运行条约》第36、51、52、62、346条的"克减"条款。

如果《国防指令》第2条的克减条款适用于某个案例,那么该案例同时适用《国防指令》和《欧盟运行条约》的克减。与此相反,《国防指令》第12条和第13条的例外不会导致对《欧盟运行条约》的克减。对《欧盟运行条约》的克减是否适用仍然要以逐案审查的方式进行是一个非常重要的问题,因为如果《欧盟运行条约》仍然适用,那么在采购过程中必须遵守《欧盟运行条约》的非歧视性原则和透明原则。但是如果一个合同属于《国防指令》第13条(a)款中的保密豁免和《国防指令》第13条(b)款中的情报服务豁免,那么一般也可以根据《欧盟运行条约》第346条第(1)款(a)项、第36条或52条第(1)款的规定实施克减。在欧盟以外地区驻军的合同属于《国防指令》第13条(d)款的克减范畴,也可以根据《欧盟运行条约》任何一个克减条款的规定(包括第346条第(1)款(b)项)进行克减。《国防指令》第13条(c)款规定的协作项目免责和政府间新装备采购豁免,恐怕仍然要受到《欧盟运行条约》的约束。但如果《国防指令》的无条件免责规定适用,《欧盟运行条约》的克减也并不是自动发生,因为《欧盟运行条约》的免责仍然要按照逐案审查的方式并遵守比例原则。爱罗史密斯(Arrowsmith)在提到旧版《公共部门指令》的免责应用时指出,这些例外条款对欧盟基本法的克减程度不允许达到《欧盟运行条约》豁免条款对《欧盟运行条约》的克减程度[21]。最为重要的是,与《欧盟运行条约》克减规定相比,《国防指令》的无条件免责提供了一个"用户友好"或"方便"的方式,可以避免《国防指令》的约束。这一点与《国防指令》的总体目标是一致的,即限制成员国在采购实践中对基本安全克减条款的应用,尤其是对《欧盟运行条约》第346条第(1)款(b)项的应用——通过《国防指令》第2条,《欧盟运行条约》第346条第(1)款(b)项也成为《国防指令》的一部分。除了在下面四章中将要讨论的规则,我们还有次级免责条款,因此当采购属于《国防指令》的免责范畴时,就没有必要再使用更加繁琐艰难的《欧盟运行条约》的克减条款了。

4.5 《国防指令》与《公共部门指令》

除了《欧盟运行条约》和《公共部门指令》中的豁免合同,加上门槛价以下的合同,《国防指令》目前适用于许多合同,而这些合同在以前是受《公共部门指令》约束的。同样,《国防指令》中也有许多合同在以前是受《公用事业指令》约束的。我们在下一个标题将对此进行讨论。《公共部门指令》[22]和《国防指令》之间的关系在

---

[21] 爱罗史密斯(Arrowsmith),《公共与公用事业采购法》(*The Law of Public and Utilities Procurement*),前注160,第9.94段。

[22] 在修订之前,《公共部门2004/18/EC指令》第10条如此规定:"国防采购。本《指令》适用于由国防领域的采购当局授予的公共合同,属于《欧盟运行条约》第346条的适用范围。"新的《国防指令》第15条的组织有所不同,在措辞上稍有变化,但与旧版《指令》第10条没有实质性的差异。

《公共部门指令2004/18/EC》第10条(《指令2014/24/EU》第15条)中有明确说明,后又通过《国防指令》第71条进行了修正,如下:

第10条

国防与安全领域的合同

按照《欧盟运行条约》第346条的规定,本《指令》适用于国防与安全领域的公共合同;如果采购当局或实体在国防和安全领域签订的协作式工程合同、供应合同和服务合同适用欧洲议会和欧洲理事会于2009年7月13日制定的《指令2009/81/EC》,则本《指令》不适用。

根据本《指令》第8条、12条和13条的规定,不适用于《指令2009/81/EC》的合同,也不适用于本《指令》。

该条款明确指出,《国防指令》是《公共部门指令》针对国防采购当局的特别法,也是所有其他采购当局的特别法。《指令2004/18/EC》第10条和《指令2014/24/EU》第15条中的"在国防与安全领域授予的合同",与先前版本中的"由国防领域的采购当局所授予的公共合同"是不一样的。有人指出,这是因为《国防指令》的法人范围超出了"国防领域的采购当局"的范畴(相关讨论见上文)。因此虽然从措辞上看意义范围更大,"在国防与安全领域授予的合同"是以《国防指令》的法人范畴为依据的。除了《公共部门指令2004/18/EC》第10条中规定的国防采购当局,这个法人范畴还包括其他安全机构,如警察、监狱或边防。按照《国防指令》第10条的规定,这些实体的采购合同不受《国防指令》的限制,仍然要受到旧版和新版《公共部门指令》的约束,即受到旧版和新版《公共部门指令》豁免条款和门槛价方面的约束。

按照豁免条款和门槛价的规定,现在一些属于《国防指令》约束范围内的合同曾属于旧版《公共部门指令》的约束范畴。后者旧版本的第10条经过修订,被转化为《国防指令》中的一个条款。我们在第一章指出[23],人们认为旧版《公共部门指令》用于国防和安全合同是不合适的。人们的反对意见很强烈,在《国防指令》的咨询阶段也有所反映,因此才有了《国防指令》。但是规定《国防指令》和《公共部门指令》之间的关系,并不是第10条的唯一功能。这一条款还说明不属于《国防指令》约束范畴、处于《公共部门指令》门槛价以上且不属于豁免范围的合同,仍然要受到《公共部门指令》的制约[24]。这意味着国防部门和其他相关机构在相关合同方面仍然要遵守由《公共部门指令》转化而来的国内采购法,如食品、医疗设备或制服、洗消服务或新国防部大楼的建设采购合同,都要遵守相关的国内采购法。这从

---

[23] 第12—13页。

[24] 参见《欧盟委员会适用范围指导说明》(Commission's Guidance Note Field of Application),前注5,第1页:"由采购当局/实体授予的这些(国防与安全领域的)不在《国防指令》约束范围内的合同,原则上继续受《公用事业指令》和《公共部门指令》的约束。"另参见休尼克斯(Heuninckx),"潜伏在边界"(Lurking at the Boundaries),前注13,第95页。

另一方面说明了《国防指令》不是"国防部门的《指令》";这些采购当局仍然要遵守欧盟的其他规则。从条理的角度来说,这并不一个理想的举措。但是《指令2004/18/EC》(2014/24/EU)和《指令2009/81/EC》只不过是《指令》,是必须转化为国内法的间接立法。因此成员国可以自行处理不明确的地方,加上一个既符合各《指令》又符合《欧盟运行条约》的"国防部门法",同时还要保证它符合本国的其他立法。但是,这种国内法转化方式似乎并不常用。奥地利、德国、爱尔兰和英国都没有制定这样的法律。

《公共部门指令2004/18/EC》第10条(《指令2014/24/EU》第15条)第(2)款规定,根据《国防指令》第8、12和13条的规定不受《国防指令》限制的合同,同样也不受《公共部门指令》的限制。它让《国防指令》的门槛价和免责(相关讨论见上文)规定也适用于《公共部门指令》下的合同㉕。从《国防指令》第8条的规定来看,《国防指令》更高的门槛价也适用于"国防和安全领域"授予的"民事"合同。为什么要把《公共部门指令》的适用范畴照搬到《国防指令》人们并不清楚。从《国防指令》第12条来看,两个适用范围之间并没有什么差别,因为这个条款在很大程度上与《公共部门指令2004/18/EC》第15条是一致的(见上文讨论)。《国防指令》第13条(e)款和(g)-(j)款的免责规定也是如此,并不是《国防指令》所特有的规定;而第13条(a)-(d)款的免责(《国防指令》所特有)和《公共部门指令2004/18/EC》第10条(即现在《指令2014/24/EU》第16条)就不一样了。但是这最终是《公共部门指令》的适用范围问题,而不是《国防指令》的适用范围问题。本书研究的是《国防指令》的适用范围。

4.6 《国防指令》和《公用事业指令》

人们把公用事业采购也划为《国防指令》的约束范畴,至少在一定程度上有些不同寻常,甚至令人惊讶(相关讨论见上文)。将公用事业采购纳入《国防指令》范畴后,由《国防指令》第70条提出,在《公用事业指令2004/17/EC》中产生了一个新的第22(a)条(《指令2014/25/EU》第24条),内容如下:

第22a条

国防与安全领域的合同

适用《国防指令》的合同,不适用本《指令》;不适用《国防指令》第8、12和13条的合同,也不适用本《指令》。

由于某些合同在《国防指令》颁布前曾受《公用事业指令》的约束,因此《公用事业指令》现在需要一个与《公共部门指令2004/18/EC》第10条类似的条款。我们在前面标题下对《国防指令》第8、12和13条的讨论,也适用于《公用事业指令2004/17/EC》的第22(a)条。

㉕ 另参见休尼克斯(Heuninckx),同上。

5. 向国内法的转化

本书所研究的所有成员国在适用范围方面都实现了《国防指令》向国内法的转化:奥地利体现在《奥地利国防与安全采购法》的第1、2和4-9条;爱尔兰体现在《国防安全合同授予条例》的第4-6条和第8、9条;英国体现在《联合王国国防安全采购条例》的第4条和第6、7条。在德国,为了将国防领域所特有的例外转化为国内法(相关讨论见4.3.2节),在《德国竞争法》中加入了一个第100条(c)款,而其他例外或者通过《德国竞争法》第100条转化为国内法,以保持与《公共部门指令》的一致,或者将相关内容加入到该条款中,以实现《国防指令》向国内法的转化。国些国内法的实质内容与《国防指令》第12和第13条没有区别。

但是这一点应当早有预料。我们在前文4.5节指出,《国防指令》为采购实体带来了相当令人满意的灵活性,是《公共部门指令》的特别法。而《公共部门指令》就没有《国防指令》那么灵活了。因此各成员国立法者在将《国防指令》转化为国内法时,不可能也不愿意对《国防指令》明确规定的适用范围进行任何形式的改变。

6. 结论

如果说《国防指令》不适用于成员国的所有国防采购,至少也是适用于部分国防采购。一方面,《国防指令》不仅适用于武器采购,还适用于相关服务、安全工程及相关服务的采购。《国防指令》不仅适用于国防部门,还适用采购相关货物、服务或工程的任何公共机构或公用事业。另一方面,这些货物、服务和工程的很大一部分又不受该《国防指令》的约束。第一,《国防指令》的总体目标虽然是限制成员国对《欧盟运行条约》第346条和公共安全例外规定的滥用,但第346条和相关公共安全例外规定仍然是有效条款,成员国仍然可以它们为依据使相关合同不受《国防指令》的约束,并且按照逐案审查的方式使这些合同免受内部市场的限制。第二,因为设立了一系列的门槛价,许多合同可以不受《国防指令》的限制,但其实这些合同不可小看。第三,一个长长的清单使欧洲武器市场的大量武器可以不受《国防指令》的限制[20]。大型协作项目的例外规定是一个非常重要的适用范围限制措施。有了这个例外规定,成员国的国防部门可放弃完全不管其他例外条款而"直接

---

[20] 休尼克斯(Heuninckx),"花招还是款待?"(Trick or Treat?)前注99,第13页:"本《指令》的例外有很多";"潜伏在边界"(Lurking at the Boundaries),前注13,第110页:"《国防与安全指令》也列出了大量的特定的例外。"另参见:布里格斯(Briggs),"新的《国防采购指令》"(The New Defence Procurement Directive),前注67,第NA132-133页。

跳到《欧盟运行条约》第346条"的恶习了[27]。制定这个例外条款的初衷,也是为了减少成员国对《欧盟运行条约》第346条的使用。但是实际受《国防指令》约束的国防合同仅占10%[28],这个新的《国防指令》的影响,更多地是反映在安全市场上,而不是在国防采购上[29]。这可能就是成员国对《国防指令》、欧防局和联合军备采购组织的规定持保留意见的一种代价。但是关于《国防指令》的适用范围,我们应当在对现有《国防指令》进行修订、新的《国防指令》即将出台的条件下进行讨论。应当制定一个《国防指令》的附录,列一个相关采购当局的清单,将公用事业从《国防指令》的约束范围中排除,删除重复的例外条款(如第12条(b)款),删除第13条(c)款规定的关于涉及研发的协作项目例外条款,将第13条(f)款例外中规定的政府间新产品的采购纳入《国防指令》的约束范畴。

通过与《公共部门指令》的对比,我们看出《国防指令》中关于物资范畴的规定,尤其是国防和其他领域的一些例外规定,将国防和安全因素都纳入了考虑范围。《国防指令》的适用范畴是通过一系列的限制规定体现出来的。

---

[27] M·沃特尔(M. Walter)(欧防局总部)在"政府采购论坛""与国防与安全相关的采购"(Vergabe von Leistungen im Verteidigungs-und Sicherheitsbereich)会议上的发言,慕尼黑德国联邦军队大学(University of the German Federal Armed Forces Munich),以及奥德·克鲁特律师事务所(Orth Kluth Rechtsanwalte)甘斯勒(法律事务处),2012年2月15日,慕尼黑(作者记录,可查)。

[28] 这仍然会达成每年80~90亿欧元的合同。根据加入欧防局的26个成员国的统计,2012年的采购研发费用为860亿欧元其中用于研发的费用为90亿欧元,而运行维护费用则占总体运行维护费用的22%-23%(总体运行维护费用为1940亿欧元),参见www.eda.europa.eu/News/12-01-25/EU—and—US—government—Defence_spending [2013年10月4日登录]。

[29] 参见基尔蒂(Kiltie)关于英国的数据(2012),前注100(第34页,可查)。警察、边境机构或像机场这样的公用事业实体可以利用门槛价这个优势,但许多例外不能利用。这样与国防部门相比,《国防指令》对这些机构或公用事业实体来说更加重要。

263

第七章 灵活性带来的安全性:《国防指令》规定的采购方式

1. 引言

我们在第六章讨论了《国防指令》的适用范围,现在应当讨论《国防指令》的实际法律要求了。第七—十章就是对这些法律要求的讨论。第七章分析了《国防指令》对采购程序或采购方式的规定。第八章讨论的是为了保证供货和信息安全在合同条款、投标人资格预选和授标标准等方面的要求。第九章讨论的是《国防指令》在补偿贸易和分包方面的规定。最后,第十章讨论了《国防指令》的复议和救济制度。在所有这些章节中,讨论的主题是《国防指令》为了适应国防与安全的要求从 2004 年《公共部门指令》中照搬过来的条款。这些条款是否适用,决定了《国防指令》是否适用于国防与安全领域,决定了《国防指令》能否减少成员国对《欧盟运行条约》第 346 条和其他例外条款的使用(相关讨论见第二章和第三章),进而保证相关合同的授予符合《国防指令》和内部市场的要求。有人指出,《国防指令》是否适用于国防与安全采购,对于建立欧盟内部市场法的核心地位(而不是使其成为多个法律制度当中的一个)也是非常重要的,相关讨论见第五章①。最后,一个合适的《国防指令》将成为一个基石,欧盟内部市场其他领域的相关法规(相关讨论见第四章)②可以以此为基础补充进来,使内部市场成为一个涵盖国防安全货物和服务的完整的法律体系。

本章讨论的是《国防指令》规定的采购方式。采购方式也称采购方法③,采购方式的规定为采购官员或委员会提供了一个采购过程的法律制度,涵盖了从

---

① 欧防局、联合军事采购组织、意向书组织或类似于 2010 年《法—英防务条约》(Franco-British Defence Treaty)这样的双边体系。参见第五章,第 186-222 页及各处。
② 第 136-184 页。
③ 苏·爱罗史密斯、约翰·林奈莱里和唐·小华莱士(Sue Arrowsmith, John Linarelli and Don Wallace Jr),《公共采购规制》(Regulating Public Procurement)(The Hague: Kluwer Law International, 2000),第 459 页。

合同公告到最终签订合同的整个过程④。从严格意义上来说,从确定需求之后到合同管理或合同履行之前的这个阶段,才是受欧盟内部市场法和欧盟各采购《指令》约束的阶段⑤。采购方式从竞争最大化的采购到单一货源采购都有。竞争越激烈,对建立内部市场的障碍可能就越少。《国防指令》的采购方式并不是特别针对国防与安全的需求而设立的。但是在采购方式的选择上增加了灵活性,可以采用竞争不那么激烈的谈判式采购方式,正是因为人们考虑到了国防与安全采购的特别需求。

旧版《公共部门指令》和《公用事业指令》规定了五种形式的采购方式:公开招标(下文第2节)、限制招标(下文第3节)、事先发布合同公告的谈判(下文第4节)、竞争性对话(下文第5节)和不事先发布合同公告的谈判(下文第6节)。另外,还有"加快版"的限制招标和事先发布合同公告的谈判⑥——这些规则的核心,是如果情况紧急,在时间限制上可以缩短。因此上述两种采购方式其实是时间限制缩短了的限制招标方式,以及时间缩短了的事先发布公告的谈判方式。由于必须达到一定的紧急要求,因此这些采购方式的使用是受到限制的。最后还有一些"特别采购方式"(下文第7节),即框架协议采购方式(下文7.1节)、动态采购制度(下文7.2节)和电子拍卖(下文7.3节)。在《国防指令》的采购方式中,以上存在于其他《指令》中的采购方式都有,但没有公开招标的采购方式——这一点非常引人注目。讨论的最后是对《国防指令》中没有做出相关规定的采购方式的讨论(包括公开招标)(下文第8节)。对其他法律体系和新《公共部门指令2014/24/EU》所规定的采购方式,也将进行简短的讨论⑦。与前面第六章关于《国防指令》

---

④ 关于旧版《公共部门指令》和旧版《公共事业指令》中的类似采购方式,参见彼得·特莱普特(Peter Trepte),《欧盟的公共采购》(*Public Procurement in the EU*),第2版(Oxford University Press,2007),第373-384页、第271-289页和第462-480页(公开招标和限制招标),第384-401页(谈判);克里斯多夫·波维斯(Christopher Bovis),《欧共体公共采购:判例法与条款》(*EC Public Procurement: Case Law and Regulation*)(Oxford University Press,2006),第233-238页、第426-429页、263-265页和第429-442页、第212-218页(公开和限制招标),第243-248页和第417-426页(谈判);以及朱里奥·冈萨雷斯·加西亚(Julio González García),"传统采购方式"(Classic Procedures)(第三章,论《公共部门指令》,第59-80页,弗朗索瓦·李歇尔(Francois Lichère),"新的授予方式"(New Award Procedures)(第四章,亦论《公共部门指令》),第81-104页,以及西蒙·特里塞利(Simone Torricelli)"公用事业采购"(Utilities Procurement)(第九章),第223-247页,见于马丁·特莱伯斯、罗伯托·卡兰塔和古尼拉·埃德尔斯坦姆(Martin Trybus,Roberto Caranta and Gunilla Edelstam)(eds.),《欧盟公共合同法》(*EU Public Contract Law*)(Brussels:Bruylant,2014)。

⑤ 但是在签订合同后,关于公共采购合同的合同管理阶段,欧盟内部市场法有一种影响效应。参见马里奥·康姆巴(Mario Comba),"欧盟法对合同管理的影响"(The Effect of EU Law on Contract Management),见于特莱伯斯、卡兰塔和埃德尔斯坦姆(Trybus,Caranta and Edelstam)(eds.),《欧盟公共合同法》(*EU Public Contract Law*),(eds.),前注4,第317-337页。但是,本章主要讨论人们对欧盟内部市场法的传统理解——欧盟市场法影响着从发布公告到签订合同之间的采购阶段。

⑥ 参见《国防指令》第33条第(7)款(或《公共部门指令2004/18 EC》第38条第(8)款,二者内容完全相同)。

⑦ [2014] OJ L4/65。

适用范围的讨论一样,此部分还包括奥地利⑧、德国⑨、爱尔兰共和国⑩和英国⑪对《国防指令》向国内法的转换。作者将指出,虽然欧盟立法者在规定采购方式时本可以有一个更大的采购方式可选范围,但把事先发布合同公告的谈判作为默认的国防采购方式是有原因的,因为这样可以满足国防与安全采购的需要。另外,选择过多反而会导致"选择矛盾"。因此在某些情况下,选择少一点反而更好⑫;灵活性过大会引发一些不良后果。

2. 没有公开招标

公开招标可以带来竞争和透明的最大化。在公开招标过程中,按照对即将采购的货物、服务和工程的详细说明或技术规格,所有合格的经营者⑬都可以参与合同的投标。例如,按照《公共部门指令》的规定,要在《欧盟官方公报》上发布合同公告,感兴趣的经营者在52天内提交投标书,或在合同公告发布前公示采购信息时,于30天内提交投标书。⑭ 所有投标人的投标资格以及投标人提交的投标书都将由采购当局进行评估。只有在对投标书内容进行说明或补充时,或者采购当局提出要求时,投标人和采购当局之间才可以进行沟通,在此过程中严格遵守非歧视性原则和平等待遇原则⑮。采购当局和投标人之间的其他讨论都是禁止的,且必须以书面或电子投标书为基础进行合同授予,而书面或电子投标书则包含供货、服务或工程的价格或其他条件⑯。严格限制采购当局和投标人之间的交流是可以实现的,因为招标是以投标人对采购当局详细技术规格的反应为基础的。毕竟无论是合同公告还是投标书,都可视为采购当局和投标人之间的一种交流。因此制定详细的规格是完全可能的,而有了详细的技术规格谈判也就不需要了。不符合要求的投标书必须淘汰。所有合格投标人的合格投标书将在评标阶段进行评估。《公共部门指令》和《公用事业指令》规定了公开招标的采购方式,而大多数采购法

---

⑧ Bundesgesetz über die Vergabe von Aufträgen im Verteidigungs- und Sicherheitsbereich(Bundesvergabegesetz Verteidigung und Sicherheit 2012 – BVergGVS 2012),BGBl. I Nr. 10/2012。

⑨ Vergabeverordung für die Bereiche Verteidigung und Sicherheit – VSVgV,BGBl. I S. 1509/2012。

⑩ 《欧盟(国防安全合同授予)条例》(European Union(Award of Contracts Relating to Defence and Security)Regulations 2012),S. I. 第56号,2012年(下称 ASRDSR,《国防安全合同授予条例》)。

⑪ 2011年《联合王国国防安全公共合同条例》(United Kingdom Defence and Security Public Contracts Regulations 2011),SI 2011/1848(下称 DSPCR,《国防安全公共合同条例》)。

⑫ 感谢佩德罗·泰里斯(Pedro Telles)在评论本章早期版本时向我指出这一点。

⑬ 相关讨论见第八章,第382–400页。

⑭ 参见《公共部门指令 2004/18/EC》(Public Sector Directive 2004/18/EC)第38条第(2)款和第(4)款。

⑮ 特莱普特(Trepte),《欧盟的公共采购》(Public Procurement in the EU)前注4,第376页。

⑯ 爱罗史密斯、林奈莱里和华莱士(Arrowsmith,Linarelli and Wallace),《公共采购规制》(Regulating Public Procurement),前注3,第463页。

中都有与上述《指令》中的公开招标相似的采购方式,称为"公开招标"(open tendering)(或简称为"招标")[17]、"公开竞争性招标"(open competitive tendering)[18](或密封式投标(sealed bidding))[19]。在《公共供应指令》、《公共工程指令》和《公共服务指令》中(即 20 世纪 90 年代初的改革开始之前,当时 2004 年和 2014 年的《公共部门指令》尚未出台),公开招标是可自由采纳的唯一采购方式[20]。如果要采取谈判甚至是限制招标的采购方式,必须要以 1993 年以前的各《指令》的规定为依据。在这些旧版《指令》中,公开招标是默认的采购方式。从 20 世纪 90 年代改革开始以后,事情才有所改观[21]。有人指出,公开招标是大多数采购法的"初始"采购方式或"母"采购方式,在欧盟各《指令》或其他法律中常被称为"常规"采购方式[22]。

公开招标具有明显的好处,可以使竞争达到最大化:感兴趣的任何一个投标人都可参与公开招标。采购当局在选择投标人时不带任何偏见[23]。之所以要有高度的竞争,是为了给投标人施加压力,使他们在降低价格的同时提供更好的质量和条件,以达到物有所值的目标。另一个目标是为了克服保护主义和贸易壁垒,而在欧盟范围内的公告、时间限制和其他要求,都是为了避免采购当局以保护民族利益为由采取一些歧视性措施。公开招标的目的是让投标人成为投标人,不管这个投标人来自哪一个欧盟成员国。通过公开招标,透明性也达到了最大化,不仅仅是合同公告、合同授予通告,甚至具体的合同条款也可以公开查阅。不允许采用本质上缺乏透明的谈判式采购。高度的透明、没有谈判以及采购官员或采购委员会对偏见

---

[17] 参见以下及其他:2011 年《联合国国际贸易法委员会(UNCITRAL)公共采购示范法》(United Nations Commission for International Trade Law(UNCITRAL) Model Law on Public Procurement 2011)第 27 条和第 28 条,www. uncitral. org/pdf/english/texts/procurem/ml-procurement-2011/ML_Public_Procurement_A_66_17_E. pdf [2013 年 10 月 9 日数据],联合国大会官方记录,第 66 次会议,补编第 No. 17(A/66/17)号,附录 I,指出"公开招标"甚至是默认的采购形式。另参见《世界贸易组织(WTO)政府采购协议(GPA)》第 VII 条第(3)款(a)项,www. wto. org/english/docs_e/legal_e/gpr-94_01_e. htm [2013 年 10 月 9 日数据]。

[18] 参见《ESA(欧洲空间局)采购条例》(European Space Agency Procurement Regulations) ESA ESA/C (2011)72,附录 1,第 13 条第(1)款。

[19] 《美国联邦采办条例》(US Federal Acquisition Regulation)(FAR 14.101),引自爱罗史密斯、林奈莱利和华莱士(Arrowsmith,Linarelli,and Wallace),《公共采购规制》(Regulating Public Procurement),前注 3,第 463 页。

[20] 参见马丁·特莱伯斯(Martin Trybus),《欧洲国防采购法:作为欧洲开放性国防采购市场示范法的国际与国内采购制度》(European Defence Procurement Law: International and National Procurement Systems as Models for a Liberalised Defence Procurement Market in Europe)(The Hague:Kluwer Law International,1999),第 50-51 页。

[21] 同上,第 50 页。

[22] 波维斯(Bovis),《欧共体公共采购》(EC Public Procurement),前注 4,第 234 页。爱罗史密斯(Arrowsmith),《公共与公用事业采购法》(The Law of Public and Utilities Procurement),第 2 版(London:Sweet & Maxwell,2005),第 423 页:"通常方式"。

[23] 爱罗史密斯(Arrowsmith),《公共与公用事业采购法》(The Law of Public and Utilities Procurement),前注 22,第 422 页。

的克服,尤其是再加上最低价格的评标标准[24],使保护主义、腐败、其他形式的偏向或串标行为难上加难[25]。正是因为这个原因,在许多采购法(包括欧盟和各个采购《指令》)中都规定了公开招标的采购方式。

但是公开招标也有许多不好的地方。如果市场巨大,公开招标的采购方式会招致大量的投标书,而为了对这些投标书进行评估,则会产生大量的成本[26]。尤其是在复杂程度高的采购中,评标成本非常高(相关讨论见第一章)[27],而许多国防与安全合同都属于复杂合同。当评标成本很高时,评标成本会轻易超过采购方式带来的好处[28]。大量不合标准投标书的存在,会导致采购成本的增加。另外,人们期望得到的竞争,也可能根本得不到,因为如果没有中标把握,经营者不愿意冒着失去投标成本的风险而参加竞标[29]。不过通过一些好的做法这一点是可以避免的,因为过多的投标书,往往由于过于宽泛的技术规格而引起[30]。

当市场中潜在投标人的数量有限时,公开招标的好处也不明显[31]。我们在第一章指出[32],潜在投标人的数量有限,正是国防与安全领域采购的一大特色。另外,当腐败、歧视或串标风险较低时,公开招标的成本也会超过公开招标的好处[33]。我们在第一章指出[34],国防领域的腐败和歧视风险并不低。另外,由于保护主义的盛行,欧盟大多数成员国的国防市场相互之间是封闭的,因此存在着以民族利益为借口的歧视行为。我们必须承认,从腐败和歧视方面来说,公开招标的成本并不一定总会超过公平和非歧视性带来的好处。因此如果能够将相关货物、服务或工程的详细技术规格定下来,采购当局和投标人也不需要谈判,那么进行类似于限制招标过程的投标人预选(相关讨论见下一标题)可能会更好一些,可以更好地避免因大量筛选投标人所引发的成本。预选得越详细,供应商和采购当局的成本就越高,因为供应商必须完成相关的书面工作,而采购当局必须对这些文件进行处理[35]。

---

[24] 参见第八章第 400-403 页对授标标准的讨论。

[25] 爱罗史密斯(Arrowsmith),《公共与公用事业采购法》(The Law of Public and Utilities Procurement),前注 22,第 422 页。

[26] 特莱普特(Trepte),《欧盟的公共采购》(*Public Procurement in the EU*),前注 4,第 376 页;爱罗史密斯(Arrowsmith),《公共与公用事业采购法》(The Law of Public and Utilities Procurement),前注 22。

[27] 第 49-58 页。

[28] 爱罗史密斯(Arrowsmith),《公共与公用事业采购法》(The Law of Public and Utilities Procurement),前注 22,第 422 页。

[29] 爱罗史密斯,同上。

[30] 感谢佩德罗·泰里斯(Pedro Telles)在评论本章早期版本时向我指出这一点。

[31] 爱罗史密斯(Arrowsmith),《公共与公用事业采购法》(The Law of Public and Utilities Procurement),前注 22,第 422 页。

[32] 第 21-27 页。

[33] 爱罗史密斯(Arrowsmith),《公共与公用事业采购法》(The Law of Public and Utilities Procurement),前注 22,第 423 页。

[34] 第 58 页。

[35] 感谢佩德罗·泰里斯(Pedro Telles)在评论本章早期版本时向我指出这一点。

在大多数成员国,地方当局(市政府)一般在当地进行采购,面对的市场相对较小,因此更愿意通过公开招标的方式进行采购;而中央政府在国内或欧盟范围内的采购范围更大,因此市场也更大,一般喜欢采用限制招标的方式[36]。目前英国是限制招标多于公开招标的唯一欧盟成员国[37]。我们在第一章指出[38],在国防领域,以及一定程度的非军事安全领域,相关工业生产及服务能力是相当有限的[39]。对于某些合同来说,在整个欧盟市场只有少数几个供应商。一部分合同,尤其是那些最为复杂的军事装备合同,因评估大量标书而引发的成本不可能成为反对公开招标的借口。因此我们应当问一问为什么公开招标不适用于《国防指令》。假如某市场只有三家供应商,而被选中提交完整投标书的投标人最低数量也是三家,那么此时采取更加复杂的限制招标形式还有什么意义?有人指出,应当节约限制招标筛选阶段的成本和精力,并将之用于精选标书的评估[40]。另外,具有相关能力的潜在投标人往往数量很少,而且采购当局对此也心知肚明,因此采用具有严格时间限制的公开招标的采购方式也是不必要的。但不能排除下列情况:对于某些合同来说,如弹药或装备维修服务合同,存在大量的潜在投标人,其中某些投标人并不为所有采购当局所熟知。

另外,公开招标的两大特征,即在招标开始时就要准备好详细的规格说明,以及禁止协商,都使公开招标不适用于无法事先制定详细的规格说明因而只能进行谈判的合同。限制招标也是如此[41]。因此大多数复杂合同都不适合采用公开招标的方式,因为复杂合同需要投标人提出创新性的东西,并且在采购当局和投标人之间要进行充分的交流。许多成员国以及采购当局认为公开招标只适用于简单的现货采购[42]。但是如前所述,大多数国防合同和众多的安全合同都不是现货采购,如某些弹药或装备维修合同就不属于现货采购。最后一点是,当必须考虑到信息安全问题时,高度的透明性是一个不利之处。2005 年的欧盟委员会通讯《国防采购

---

[36] 伊安·海波尔和伊安·特尔根(Jan Heijboer and Jan Telgen),"选择公开招标还是限制招标:是买卖大还是大买卖?"(Choosing the Open or the Restricted Procedure: A *Big* Deal or a Big *Deal*?)(2002)第 2 期,《公共采购杂志》(*Journal of Public Procurement*),第 197 页。

[37] 佩德罗·泰利斯(Pedro Telles),"英国的授标标准"(Award Criteria in the United Kingdom)见于弗朗索瓦·利谢尔和罗伯托·卡兰塔(François Lichère and Roberto Caranta)(eds.),《授标标准》(*Award Criteria*)(Copenhagen: Djøf Publishing, 2013),第 249 页。

[38] 第 21—27 页。

[39] 另参见 B·休尼克斯(B. Heuninckx),"欧盟《国防安全采购指令》:花招还是款待?"(The EU Defence and Security Procurement Directive: Trick or Treat?)(2011)总第 20 期《公共采购法评论》(*Public Procurement Law Review*)第 9 期,第 14 页。

[40] 感谢佩德罗·泰里斯(Pedro Telles)在评论本章早期版本时向我指出这一点。

[41] 同上。

[42] H·戈登、S·利默尔和 S·爱罗史密斯(H. Gordon, S. Rimmer and S. Arrowsmith),"欧盟公共采购制度对经济的影响:可供世界贸易组织借鉴的经验教训"(The Economic Impact of the European Union Regime on Public Procurement: Lessons for the WTO),于"公共采购:全球化革命 I"会议("Public Procurement: Global Revolution I"),阿伯里斯特维斯大学,1997 年 9 月 11—12 日。

绿皮书》征求意见阶段结束后[43],一些涉众就将此作为一个非常突出的问题提了出来[44]。但是,尽管有些涉众对"公开招标方式"持保留意见,认为谈判才是"唯一适用的采购方式",但是我们没有明显的理由拒绝将公开招标列为未来《国防指令》中的一个采购方式[45]。另一方面,虽然在2005年的"通讯"当中没有明确说明,但我们可以认为谈判方式是唯一合适的采购方式的观点是对公开招标采购方式的不认可以及对限制招标采购方式的反对。

因此《国防指令》根本就没有提到公开招标的采购方式,这一点与《公共部门指令2004/18/EC》、《公共部门指令2014/24/EU》和《公用事业指令2004/17/EC》、《公用事业指令2014/25/EU》是完全不同的[46]。无论是在《国防指令》条款、《国防指令说明条款》还是在欧盟委员会《指导说明》中,都没有提到公开招标的采购方式。公开招标的采购方式只是在《国防指令》咨询意见中简短地提了一下[47]。休尼克斯认为,可能是因为立法者觉得国防与安全合同对于公开招标来说过于复杂了[48]。另外,可以说至少有一部分成员国非常反对将公开招标纳入《国防指令》的采购方式[49]。

本书讨论的四个国家的立法者在将《国防指令》转化为国内法时,都没有将公开招标纳入本国的采购法。《德国国防安全采购条例》的第11条第(1)款、《奥地利国防安全采购法》的第23条第(1)款、爱尔兰《国防安全合同授予条例》的第6部分(第23-30条)以及英国《联合王国国防安全采购条例》的第3部分(第14-22条),都没有公开招标的采购方式。之所以如此,在很大程度上是因为成员国将《国防指令》的条款逐条转化为本国的采购法,而《国防指令》的这些条款,是几年前由这些成员国的政府在欧洲理事会上举手通过的。但是我们有理由认为,在将《国防指令》转化为国内法时,以《公共部门指令》

---

[43] "欧盟委员会就《绿皮书》发起的关于国防采购意见征询结果和未来欧盟委员会倡议提交给欧洲理事会和欧洲议会的通讯"(Communication from the Commission to the Council and the European Parliament on the Results of the Consultation Launched by the Green Paper on Defence Procurement and on the Future Commission Initiatives),COM(2005)626 final,第5页。

[44] COM(2004)608 final。

[45] COM(2005)626 final。

[46] 《国防安全采购指令》第25条"采购方式的选择",并没有提到公开招标的采购方式,在整个《指令》及其前言中也没有提到。另参见休尼克斯(Heuninckx),"花招还是款待?"(Trick or Treat?),前注39,第14页。希阿拉·肯尼迪—罗爱斯特和尼古拉斯·布尔拜(Ciara Kennedy-Loest and Nicholas Pourbaix),"新的《国防采购指令》"(The New Defence Procurement Directive)(2010)第11卷《时代论坛》(ERA Forum)第399期,第403页,称此"可能并不令人惊讶……"

[47] 参见前注43。

[48] 休尼克斯(Heuninckx),"花招还是款待?"(Trick or Treat?),前注39,第14页。

[49] D·基尔蒂(D. Kiltie)(国防部),"《指令2009/81/EC》在英国的执行与应用"(Implementing and Applying Directive 2009/81/EC in the UK),"欧洲国防与安全采购"(European Defence and Security Procurement)讨论会,欧洲公共管理研究所(EIPA),马斯特里赫特,2012年1月20日,说他很高兴公开招标没有被列入《国防采购指令》的采购方式,因为如果列入的话他就非得使用公开招标了(作者记录,可查)。

和《公用事业指令》为依据,将公开招标列入本国的采购方式,并没有违反《国防指令》或《欧盟条约》的规定。在将欧盟《指令》转化为国内法时,可以增加一些更具竞争性、更加透明的采购方式,尤其是当人们可以在公开招标、限制招标、事先发布合同公告的谈判之间进行自由选择时(相关讨论见下文)。但是也有人指出,《国防指令》没有将公开招标列为国防采购的采购方式,受到了成员国政府及其国防部门的欢迎,因为他们根本就不愿意使用这种采购方式[50]。如果在本国的采购法中将公开招标列为采购方式,那么在采购时就存在着使用公开招标的压力。

《国防指令》中没有列入公开招标的采购方式,似乎不能让人完全心悦诚服[51]。在一个产业能力有限的市场,在限制招标过程中制定一个最后的候选人名单,以此实现对竞争的限制是完全没有必要的,但在这样的市场中合同并不是不存在。人们抛出合同的复杂性,主要是为了反对公开招标,因为进行复杂合同的公开招标时往往要对大量的投标书进行评估[52]。例如在采购弹药时,技术规格实现了标准化,供应商的数量也有限,因此一般都使用公开招标的采购方式[53]。由于投标人的数量往往有限,因此这些投标人知道他们的投标成本是一种很相宜的风险投资,不会对公开招标的目标即竞争造成任何不良影响。另外,在欧盟其他采购《指令》和大多数采购法中,公开招标是一种最具竞争性、透明性最高的采购方式。如下所述,人们可以在限制招标和事先发布合同公告的谈判中自由选择。可将公开招标加入到这些可供自由选择的采购方式中,以提高《国防指令》的灵活性。人们认为,立法者应当给公开招标一个机会,看它在实践中是否会被使用[54]。

---

[50] 基尔蒂(Kiltie),同上。
[51] 休尼克斯(Heuninckx),"花招还是款待?",前注39,第14页:"这看起来有点奇怪"。
[52] 同上。
[53] B·休尼克斯在评论本章时期版本时,根据"量身定做的欧盟《国防安全采购指令》:限制、灵活性、说明和替代"(The Tailor-made EU Defence and Security Procurement Directive: Limitation, Flexibility, Description, and Substitution)(2013)第39期《欧洲法律评论》(*European Law Review*),第3-29页。
[54] K·维尔利希—汝尔克(K. Vierlich-Jürcke)(欧盟委员会),"《国防采购指令》的特点"(Specificities of the DefenceProcure ment Directive),于讨论会"欧洲国防与安全采购"(European Defence and Security Procurement),欧洲公共管理研究所(European Institute of Public Administration, EIPA),马斯特里赫特,2012年1月19日,表示针对不把公开招标列入《国防指令》的采购方式,她正在"重新考虑"(作者记录,可查)。欧盟委员会的B·施密特和N·斯皮盖尔(B. Schmitt and N. Spiegel)(《国防安全采购指令》起草人),"《国防安全采购指令》的特点"(The Specificities of the European Defence and Security Procurement Directive),在"欧洲国防采购及其他国防市场倡议"(European Defence Procurement and Other Defence Market Initiatives)讨论会上的发言,欧洲公共管理研究所(European Institute of Public Administration, EIPA),马斯特里赫特,2010年11月15日也发表了类似议论。

3. 限制招标

《国防指令》规定了限制招标的采购方式。限制招标与上面讨论的公开招标有许多共同之处。在《公共部门指令》和《国防指令》中，限制招标与公开招标一样，必须事先制定好详细的技术规格，并在《欧盟官方公报》上发布合同公告。有兴趣的经营者一般从发布公告起 37 日内，提交一个"投标参与申请"[55]。这个参与申请并不是一份完整的投标书，只是一份表示参与投标意愿的文件，其中包括一些与经营者有关的信息。接下来是根据客观标准制定一个最后推荐名单或者对有投标意向的人进行筛选，只有被最后选中的经营者才会受邀参加投标。按照《公共部门指令》的要求，受邀参加投标的经营者不少于 5 个[56]，而按照《国防指令》的规定，受邀参加投标的经营者不少于 3 个[57]。未提出投标申请的以及未达到要求的经营者不会接到投标邀请[58]。在公开招标和限制招标中，都有资格预选和检查的环节。但是在公开招标中，这个环节是一个简单的"要么通过要么被淘汰"的问题，而在限制招标中，这相当于一个独立的阶段[59]。筛选之后，被选中的经营者从招标邀请发出后 40 日内提交投标书[60]。不符合要求的投标书以及资格不达标的投标人将被淘汰。根据制定的授标标准，将合同授予提交合格投标书的合格投标人当中的某一个[61]。限制招标与公开招标一样，都要求在发布合同公告时有详细的规格说明[62]，且不允许采购实体与投标人之间进行协商。限制招标具有公开招标的许多好处，却没有公开招标的某些缺点。在限制招标中，竞争程度和透明度都相对较高，因为在第一个阶段，所有感兴趣的经营者都可以提交一个投标参与申请。在竞争性、透明性、公平性和非歧视性方面，这一点与公开招标是一样的，同时避免了因大量评估投标书而引发的成本超出获益的问题。在限制招标的第一个阶段，从理论上来说要对无数投标申请进行评估，而不是对完整的投标书进行评估。投标申请评估工作比完整的投标书评估要轻松得多。但这并不意味着这些必要的文件只有几页。在实践中，资格预选问卷设计得非常详尽准确，因为必须将投标人"从最好到最坏"列出

---

[55] 《公共部门指令》第 38 条第（3）款（a）项。这个时限与《国防安全采购指令》第 33 条第（2）款第 1 项的时限是一致的。

[56] 《公共部门指令 2004/18/EC》第 44 条第（3）款第 2 段。

[57] 《国防指令》第 38 条第（3）款。

[58] 《公共部门指令 2004/18/EC》第 44 条第（3）款第 3 段。该规则与《国防指令》第 38 条第（4）款是一致的。

[59] 本人与佩德罗·泰利斯（Pedro Telles）就本章早期版本进行了讨论并从中受益。

[60] 《公共部门指令 2004/18/EC》第 38 条第（3）款（b）项。这个时限与《国防指令》第 33 条第（2）款第 2 段是一致的。

[61] 关于规格、资格和授标标准的评论见第八章。

[62] 关于规格的讨论见第八章，第 364-365 页。

一个最后的清单(63)。但是,经营者不大可能因为竞争太多而退出,因为在这个阶段,人们付出的努力和成本还是非常有限的。经营者一般会继续参与,在被选中并受邀参加投标时,会提交一份完整的投标书。如果是按照《国防指令》的规定进行采购更是如此,因为按照《国防指令》的规定,只需要邀请 3 个经营者就可以了,不需要邀请 5 个。比起公开招标来,处理 3 份完整投标书的成本要低得多。

但是限制招标也有许多短处。第一,限制招标与公开招标一样,都要求在一开始就制定出详细的技术规格,而且在采购当局和投标人之间不得进行协商。当技术规格无法确定,在采购当局和投标人之间必须进行协商时,限制招标的采购方式就不适合了。限制招标还有一个不足,这个不足在某些情况下会带来严重后果:提交投标申请的 37 天,加上提交投标书的 40 天加在一起有 77 天之多。这个时间虽然比《公共部门指令》规定的公开招标的 52 天要短(公开招标不是《国防指令》规定的采购方式),但这是一个非常漫长的时间。如果采用谈判或者竞争性对话的采购方式,40 天一般是不够的,因此限制招标的时间一般还要短一些。在向 3 个或 5 个经营者正式发出投标邀请之前的筛选阶段,需要赋予采购官员或采购委员会一定的决断权。另外,与公开招标相比,在这个过程中透明性的保证比较困难,因为在公开招标过程中可以公开启封投标书或采用密封投标书的手段。这些手法可用于最后的投标阶段,但不可能用于同样重要的投标人筛选阶段。因为必不可少的决断权和透明性的降低,出于保护主义或腐败而人为操纵投标人筛选阶段变得更加容易。另外,限制招标的交易成本常常较高,因为所有感兴趣的经营者必须完成一个非常详细的资格预选问答(PQQ),列入最后筛选名单中的投标人还要提交一个完整的投标书。采购实体必须处理详细的资格预选问答,还要加上非常详细的投标书(64)。当经营者在筛选阶段被淘汰时,诉讼风险也相对较高。可能正是因为这个原因,限制招标在英国的公共采购中非常普遍,而在英国,公共采购复议诉讼的费用很高,因而发生的几率很低(65);但是在欧盟南部,限制招标的使用频率要低一些(66),因为诉讼成本很低,也很方便,受害投标人更愿意发起诉讼。

在《国防指令》中,为什么要规定更少的经营者(3 个)受邀参加投标(《公共部门指令》中规定的是 5 个),原因并不清楚。可能是因为在国防和安全市场中的投标人数量相对较少的缘故(相关讨论见第一章)(67)。对于某些合同来说,投标人的

---

(63) 感谢佩德罗·泰里斯(Pedro Telles)在评论本章早期版本时向我指出这一点。

(64) 同上。

(65) 参见 M·特莱伯斯(M. Trybus),“英国公共采购复议与救济制度综述,以英格兰和威尔士为主”(An Overview of the United Kingdom Public Procurement Review and Remedies System with an Emphasis on England and Wales),见于斯蒂恩·特莱默和弗朗索瓦斯·利歇尔(Steen Treumer and François Lichère)(eds.),《欧盟公共采购规则的实施》(*Enforcement of the EU Public Procurement Rules*)(Copenhagen:Djøf Publishing,2011),第 201-234 页。另参见第十章。

(66) 感谢佩德罗·泰里斯(Pedro Telles)在评论本章早期版本时向我指出这一点。

(67) 第 21-27 页。

数量规定为5个可能是一个很高的门槛。这个很高的门槛,可能正是反对使用限制招标,转而使用事先发布合同公告的谈判的正当理由。如果以事先发布合同公告的谈判为采购方式,那么即使按照《公共部门指令》的规定,受邀参加谈判的经营者最少也是3个[68]。与《公共部门指令》不同的是,按照《国防指令》的规定,采用事先发布合同公告的谈判的采购方式是不受限制的,没有必要为使用这种采购方式进行说明。立法者把限制招标中受邀参加投标的最少经营者人数降为3之后,解决了对事先发布合同公告的谈判的采购方式的自由运用问题。限制招标的灵活性增加了,更受人们的欢迎,在没有必要谈判而采购官员又希望采用一种更加规范的采购方式时,无疑增加了限制招标的使用频率。

还有一种加速版的限制招标。根据《国防指令》第33条第(7)款的规定,这个加速版的限制招标适用于紧急情况,此时再遵守第33条第(2)款规定的时间限制就不现实了。在紧急情况下,提交投标申请的时间限制从37天缩短为15天,如果公告以电子方式发布,则时间缩短为10天,接收投标书的时间从发出投标邀请之日40天内缩短为10天。根据《国防指令》第33条第(3)款的规定,事先发布信息公告后也可以采用加速版的限制招标。关于加速版限制招标的措辞,与《公共部门指令2004/18/EC》中的措辞完全一样。《国防指令》还考虑到了不同的紧急情况。在紧急情况下可以使用加速版的限制招标。紧急情况下的这种采购方式并不是没有限制,而是要求情况必须达到一定的紧急程度,而这个紧急程度与不事先发布合同公告的谈判所需要的紧急程度是完全不一样的。加速版的限制招标让此种采购方式的应用范围更加广泛,甚至延伸到了相关紧急情况下的采购,而紧急情况在国防与安全采购中是完全可能发生的。因此,由于此种采购方式考虑到了紧急情况下的需求,加速版的限制招标可能会应用得更加频繁。

本书讨论的四个国家的立法者在将《国防指令》转化为国内法时,都将限制招标纳入本国的采购法当中。《德国国防安全采购条例》的第11条第(1)款、《奥地利国防安全采购法》第23条第(1)款、爱尔兰《国防安全合同授予条例》第23条以及英国《联合王国国防安全采购条例》第17条,都对限制招标做出了规定。这一点并不令人惊讶,因为这些国家必须按照《国防指令》的要求将这个竞争性很强的采购方式转化到本国的采购法中。但是其他那些竞争性不那么强的采购方式也要转化为本国的采购法,以保证法律的灵活性,减少成员国对《欧盟运行条约》例外条款尤其是《欧盟运行条约》第346条的运用次数。

由于事先发布合同公告的谈判可以自由使用(相关讨论见下一标题),这种采购方式成为《国防指令》默认的采购方式,其地位与《公共部门指令》中的公开招标和限制招标一样,因为在《公共部门指令》中,公开招标和限制招标是默认采购方式。《国防指令》中的限制招标的重要性不如《公共部门指令》中的限制招标那么

---

[68] 《公共部门指令》第44条第(3)款。

突出,而按照旧版和新版《公用事业指令》的规定,也可以自由使用事先发布合同公告的谈判的采购方式。《国防指令》允许在国防与安全采购中采用《公用事业指令》中规定的更为灵活的采购方式[69]。由于在《国防指令》中不存在公开招标的采购方式,因此经营者只能根据限制招标中详细的技术规格进行投标。另外,采购当局可以自行使用的采购方式不止限制招标这一种。采购制度的重点从招标转向谈判,我们将在下一标题对此进行更加详细的讨论。

4. 事先发布合同公告的谈判——默认的采购方式

与2004年和2014年的《公共部门指令》和《公用事业指令》相似的是,《国防指令》对事先发布合同公告的谈判也做出了相关规定。我们在上一标题的讨论中指出,合同公告发布在《欧盟官方公报》上,感兴趣的经营者在合同公告发布之日起37日内,可向采购当局或采购实体发出参加投标的申请[70]。与限制招标一样,在这种采购过程中也要根据客观和规定的标准形成一个最后推荐名单,只有上了最后推荐名单的经营者才会受邀参加投标,最少投标人人数为3[71]。没有提出投标申请的经营者以及技术和专业能力不达标的经营者都不会接到参加投标的邀请[72]。

但是它与限制招标的相似性到此为止。第一,在谈判方式中,在采购过程开始时并没有最终的详细的技术规格,只有一些非常宽泛的要求。第二,在第一阶段选择3个投标人后,接下来的并不是投标,而是与最后名单上的经营者进行谈判,然后是选出最佳和最终投标书。《国防指令》第26条第(1)款将该阶段总结如下:

在事先发布合同公告的谈判过程中,采购当局/实体应当与投标人就他们提交的投标书进行讨论,使投标书与合同公告、合同文件和支持文件中提出的要求相一致,并根据第47条的规定确定最佳投标书。

因此事先发布合同公告的谈判与公开招标和限制招标(相关讨论见上文)的主要不同,是在开始的时候并没有详细的技术规格,在这个过程中不仅可以进行谈判,而且谈判具有非常重要的作用——实际上对于即将采购的产品、服务或工程的准确描述(从某种程度上来说也就是对技术规格的详细描述),只能在谈判中产生。在谈判过程中,需要并鼓励投标人进行知识输入;而对这种输入的接收是这种采购方式的一个重要目标。在谈判过程中,将按照《国防指令》第26条第(1)款的规定使投标书达到采购当局的初步要求。为采购当局提供最能满足其要求的产品、服务或工程,与提供最好的质量、合同条件和价格相比,起码是一样重要。

事先发布合同公告的谈判是一种非常灵活的采购方式,关于采购当局应当如

---

[69] 《国防指令》也采用了2004年《公用事业指令》中更高的门槛价。参见第六章,第269-272页。
[70] 《国防指令》第33条第(2)款。
[71] 《国防指令》第38条第(3)款。
[72] 《公共部门指令》第44条第(3)款,第3段。这个规则与《国防指令》第38条第(4)款是一致的。

何进行谈判只有少数几个规则。可以走正式的投标程序,也可以进行非正式的讨论。但是根据《国防指令》第 26 条第(3)款的规定,必须保证对所有投标人的平等待遇。特别重要的是,信息的发布必须保证没有歧视性,避免出现某些投标人因比其他投标人掌握更多的信息而占上风的不公平现象。根据《国防指令》第 26 条第(4)款的规定,谈判可以按照阶段连续进行,"以减少必须与之进行谈判的投标人的数量,而这些投标人则是根据合同公告或合同文件中设定的授标标准筛选出来的"。此时的合同公告或合同文件必须说明采用事先发布合同公告的谈判。在《公共部门指令》中也有这样的两个条款,措辞完全相同[73]。在谈判方式上鲜有条款规定,说明事先发布公告的谈判具有很大的灵活性。谈判是可以进行的,谈判方式通常与一般意义上的谈判相同,但并不总是相同。爱罗史密斯指出,在英国的谈判过程中可能会融入一个或多个投标阶段[74]。在此我们必须强调,《国防指令》和其他采购《指令》中对于应当如何进行谈判只有少数几个规则,因此欧盟成员国的国内法可以规定得更加详细,针对一些阶段和程序做出相关规定。

在《公共部门指令》第 30 条中,将事先发布合同公告的谈判明确限制在一定的情况或条件下,而《国防指令》与《公共指令》的一个明显不同,是可以自由选择这种采购方式,不需要说明理由,这一点是以《公用事业指令》为榜样的。《公用事业指令》一般来说比《公共部门指令》要灵活一些。1999 年,起草《国防指令》的人提出以《公用事业指令 93/38/EEC》(当前《公用事业指令 2004/17/EC》的前身)为基础制定国防采购制度,并特别提出可自行决定使用事先发布合同公告的谈判[75]。当时竞争性对话这种采购方式还没有成为欧盟各《指令》的一部分(关于竞争性对话的讨论见下面第 5 节)。从此可以看出欧盟的立法者在起草《国防指令》时,参照的是旧版《公用事业指令》,而不是旧版《公共部门指令》[76]。

事先发布合同公告的谈判之所以被认定为国防与安全采购的理想采购方式,是因为军事领域的特点和需求(相关描述见第一章)[77]。欧盟委员会认为国防采购中的谈判是非常必要的,是"国防与敏感安全装备采购的一种惯常方式"[78]。公开招标和限制招标对于《国防指令》来说"过于苛刻"[79]。公开招标和限制招标适用于"民用供应、工程和服务"的采购,不适用于"国防与敏感非军事安全采购",因为国

---

[73] 《公共部门指令 2004/18/EC》第 30 条第(3)款和第(4)款。

[74] 爱罗史密斯(Arrowsmith),《公共与公用事业采购法》(The Law of Public and Utilities Procurement),前注 22,第 593 页。

[75] 特莱伯斯(Trybus),《欧洲国防采购法》(European Defence Procurement Law),前注 20,第 77 页。

[76] 另一个例子是《公用事业指令》对门槛价的使用,相关讨论见第六章,第 269—272 页。

[77] 第 41—44 页。特莱伯斯(Trybus),《欧洲国防采购法》(European Defence Procurement Law),前注 20,第 76 页。

[78] 《欧盟委员会工作人员工作文件——效果评估》(Commission Staff Working Document - Impact Assessment SEC(2007)1593, http://ec.europa.eu/governance/impact/ia_carried_out/docs/ia_2007_sec_2007_1593_en.pdf[2013 年 11 月 1 日登录],第 17 页。

[79] 同上。

防与敏感民用安全采购"在性质上与民用采购是不一样的",需要一定的灵活性[80]。事先发布合同公告的谈判,除了具有灵活性,进而适应了国防与安全采购的复杂性,还达到了军事机密、国家安全和竞争之间的平衡[81]。国家安全方面的复杂要求非常高,最重要的是要保证供应安全和信息安全[82],同时还需要经营者根据事先提出的大致要求进行知识输入,最终完成详细的技术规格。这一切都使谈判成为一种可能,我们将在下文对此进行详细解释。通过谈判的灵活性带来的供应安全和信息安全保证了国家安全,我们应当对此有清楚的认识,同时还要知道在整个过程中相关方面的要求,如技术规格、资格预选和授标标准等,我们将在第八章对此进行讨论。事先发布合同公告的谈判虽然在《公共部门指令》中也有规定,但在《国防指令》中,是否采用这种采购方式可以自行决定,不用说明理由,因此《国防指令》的灵活性比《公共部门指令》更高。《国防指令》之所以要为国防和安全采购提供这样的灵活性,在说明条款第47条中有如下概括:

本《指令》范围内的合同在复杂性、信息安全或供应安全方面具有特殊性,因而具有特殊的要求,在发包的过程中常常需要进行深入的谈判才能满足这些要求。因此针对本《指令》范围内的合同,采购当局/实体可以通过事先发布合同公告的谈判以及限制招标的采购方式。

第一,这些措辞明确说明可自行使用事先发布合同公告的谈判。这一点在《国防指令》第25条第2款也有明确的规定:

采购当局/实体可以通过限制招标或事先发布合同公告的谈判进行授标[83]。

《国防指令》第28条罗列出在什么情况下可以采用不事先发布合同公告的谈判,这一点与《公共部门指令2004/18/EC》第31条很相似,我们将在下文对此进行讨论。在《公共部门指令2004/18/EC》第30条还有一个类似的清单,说明在什么情况下可以使用事先发布公告的谈判,但在《国防指令》中就没有这样的清单,说明按照《国防指令》的规定,这种采购方式没有必要像《公共部门指令》规定的那样要说明理由。

第二,这说明在进行国防与安全采购时,因其特殊性(尤其是其中的三个特殊性)可自行决定采用事先发布合同公告的谈判这种采购方式。我们在第一章讨论的复杂性[84],包括技术复杂性、明确的研发阶段、很长的寿命周期以及复杂的供应链,就是使用这种采购方式的原因之一。另外,供应安全和信息安全方面的要求,使人们在技术规格、合同条件、资格预选和授标标准方面(相关讨论见第八章),甚至在复议和救济制度方面(相关讨论见第十章)都进行了大的修改,因此增加了国

---

[80] 《欧盟委员会工作人员工作文件》(Commission Staff Working Document),前注78,第15页。
[81] 特莱伯斯(Trybus),《欧洲国防采购法》(*European Defence Procurement Law*),前注20,第76页。
[82] 关于这些概念,以及这些概念如何应用于采购过程,见第八章。
[83] 相关对比参见《公共部门指令2004/18/EC》第28条。
[84] 第49-58页。

防与安全采购的灵活性,即采购当局/实体可自行决定使用事先发布合同公告的谈判这种采购方式。用合同的复杂性来解释为什么要增加这种灵活性,具有很强的说明力。按照限制招标的采购方式,在采购一开始就要制定详细的技术要求,这是限制招标的重要特色之一。但是在国防与安全采购中,许多合同非常复杂,事先制定详细的技术规格是不可能的,因此限制招标不适用于国防与安全采购合同。同样,合同的复杂性使得原本在限制招标中不允许出现的谈判在国防与安全采购中成为一种必需。

另外,比起限制招标来,该采购过程中的透明性降低,信息安全得到了更好的保障。产品、服务或货物的准确特征只限采购当局和中标人或者被选中参加谈判的少数几个投标人知道。在谈判期间,采购当局的需求、问题甚至缺点都会逐步厘清,但仅限于参加谈判的人。而在公开招标和限制招标中,采购当局的诸多需求和问题都会透明得多。

由于采取了事先发布合同公告的谈判这种采购方式,供应安全问题不再是一个突出问题,但供应安全方面的要求常常是复杂合同的主要问题(第八章对此有详细讨论)[85],只能通过谈判的方式才能解决,而在限制招标中,所有这些要求在采购一开始就必须在技术规格上进行明确的说明。因此有了这种可自行决定使用谈判式采购的灵活性,人们才能对这些要求进行准确定义,才能在合同中达成有关供应安全的协定。

与前面提到的限制招标一样,也存在一种加速版的事先发布合同公告的谈判。根据《国防指令》第33条第(7)款的规定,需要紧急采购,而此时遵守《国防指令》第33条第(2)款的最低时间限制显得不切实际时,就可以采用这种加速版的采购方式。在这种情况下,提交参加谈判申请的时间从原来的37天缩短为15天,如果是以电子方式发布的合同公告,则时间限制为10天,从发出投标邀请之日起接收投标书的时限从40天缩短为10天。但是事先发布合同公告的谈判的阶段划分,在这种加速版上并没有发生变化。在采用加速版的事先发布合同公告的谈判时,除了在时间限制上有所缩短,还要根据《国防指令》第33条第(3)款的规定事先发布一个信息公告。在《公共部门指令2004/18/EC》第38条第(7)款中,也有这样一种加速版的事先发布合同公告的谈判,其措辞与《国防指令》第33条第(7)款完全相同。在采购中存在不同程度的紧急程度,而《国防指令》也考虑到了不同程度的紧急情况。加速版的事先发布合同公告的谈判不可自行决定使用,而是必须达到一定的紧急程度。这个紧急程度与不事先发布合同公告的谈判的紧急程度是不一样的,我们将在下文就此进行讨论。我们在前面讨论加速版的限制招标时指出,加速版的采购方式适用于紧急情况,正是《国防指令》灵活性的一个重要表现,在国防与安全采购中即使出现紧急情况,也可以保证《国防指令》的适用性,减少了人们对该法的

---

[85] 第359-361和第368-379页。

豁免。

因此事先发布合同公告的谈判,并不是《国防指令》默认采购方式的一种权利,而是一种事实[86]。换言之,立法者认为这种采购方式最适合国防与安全采购。欧盟委员会在做《国防指令》的准备工作期间向涉众进行咨询时,得到的也是这个结果。该咨询结果公布于 2005 年[87]。

尽管常常有人认为事先发布合同公告的谈判在竞争性和透明性方面均低于公开招标和限制招标,但是这种采购方式照顾到了军事与安全领域的特点[88]。比起不事先发布合同公告的谈判,这种采购方式对竞争性和透明性的影响显然更小,我们将在下文第 6 节对此进行讨论。最重要的是,比起以《欧盟运行条约》第 346 条第(1)款(b)项为由而运用《国防指令》的例外条款或其他例外条款来,这种采购方式对内部市场造成的影响显然更小,而且如果情况许可,人们仍然可以运用这些例外条款。涉众在咨询意见书中指出:《国防指令》应当"具有一定的灵活性,成为国内规程的可靠替代品"[89],起到与武器豁免或其他安全克减条款一样的作用。朝着灵活性每前进一步(如自行决定使用事先发布合同公告的谈判),距离《国防指令》替代克减条款的日子就近了一步。

但是灵活性有时会被人过分利用,因此这种事先发布合同公告的谈判也会受到人们的批评[90]。但是有了相关采购人员的良好道德和专业水平,在事先发布合同公告的谈判过程中,不带歧视性的透明竞争是可以保证的[91]。由于采购过程中可能会出现误用也可能会应用到不恰当的对象上[92],因此这种灵活性从逻辑上来说是一种必不可少的东西。我们不能简单地认为所有成员国的所有国防与安全合同都是如此,而是要依据每次采购的具体情况和条件具体对待。我们有理由相信,如果在《国防指令》中列出一个更长的清单,说明在什么情况下可以使用事先发布合同公告的谈判,就可以比《公共部门指令》的灵活性更大一些[93]。提出这个观点出于以下四点的考虑:

---

[86] 休尼克斯(Heuninckx),"花招还是款待?"(Trick or Treat?),前注39,第 14 页:"'标准'采购方式"。B·休尼克斯还评论作者的文章"量身定做的欧盟《国防指令》"(The Tailor-made EU Defence and Security Procurement Directive),前注 53,表示在实践和理论上也存在着差别。

[87] COM(2005)626 final,第 7 页。

[88] 特莱伯斯(Trybus),《欧洲国防采购法》(European Defence Procurement Law),前注 20,第 77 页。

[89] COM(2005)626 final,第 7 页。

[90] 这也是某些涉众的观点,参见 COM(2005)626 final,第 8 页。但这是少数派的观点。

[91] 通过发布一个合同公告把相关要求在公告中加以说明,是为了保证透明性(《国防指令》第 26 条第(1)款)。《国防指令》第 26 条第(2)款对平等待遇和非歧视性做出了明确要求。《国防指令》第 26 条第(3)款提到了以竞争性方式进行谈判的一个授标标准。

[92] 由于这些风险,谈判的采购方式对于投标人来说风险更高,而且(已有的或者尚未发生的)法律诉讼的风险也更高。另参见特莱普特(Trepte),《欧盟的公共采购》(Public Procurement in the EU),前注 4,第 384 页,脚注 44。

[93] 特莱伯斯(Trybus),《欧洲国防采购法》(European Defence Procurement Law),前注 20,第 77 页。

第一,2011年的《欧盟委员会欧盟公共采购政策现代化绿皮书》(Commission Green Paper on the Modernisation of EU Public Procurement Policy)提出具有竞争性质的谈判将来可能不再局限于《公共部门指令》所规定的某些情况[94],不过在最后新的《公共部门指令2014/24/EU》又一次把现称为带有谈判的竞争性采购方式局限在一定的条件之下[95]。但是具有竞争性质的谈判在将来很有可能成为一种不受条件限制的采购方式,使其不仅成为《公用事业指令》和《国防指令》的一部分,还成为《公共部门指令》的一部分。因此《国防指令》很可能无意间顺应了立法方面的趋势。

第二,特莱普特(Trepte)指出,事先发布合同公告的谈判是一种竞争性的采购方式,其竞争性不一定低于公开招标或限制招标[96]。这一点在某些涉及公私伙伴关系(PPP)的合同(如英国的民间主动融资(PFI))中表现得尤为突出。爱罗史密斯指出,在这些PPP合同中,常常需要数个投标阶段[97]。特莱普特对照2004年的《公共部门指令》及其后续版本后指出,即使事先发布了合同公告再进行谈判,仍然有人认为这种采购方式在竞争性上比限制招标略逊一筹,这是因为"欧共体立法者对于任何可能缺乏透明性、任何容许采购者与经营者进行谈判的采购方式,都有一种本能的不信任。[98]"特莱普特指出,在2004年对各采购《指令》进行改革之前,对于如何进行谈判没有统一的规则,"更加强化了人们对于谈判的错误印象,认为采用谈判式的采购方式,就是为采购人和他选出的候选人之间的私下讨论开了绿灯"[99]。作者同意特莱普特的观点,即事先发布合同公告的谈判这种采购方式,可以与公开招标和限制招标具有同样的竞争性——从英国的PPP项目来看,这一点尤其突出。但是英国采购制度还有另外一个特点:腐败性较低,采购官员的职业水平较高。这种良好的开端使英国可以实现竞争、公平、专业和诚实的谈判,而其他27个成员国并不具备这些良好的条件。但是如果在谈判上出现问题,不仅仅是因为缺乏良好的道德或专业水平,还可能是因为采购官员缺乏训练和技巧[100]。另外一些诸如规制俘房(regulator capture)[101]或有利于投标人的信息不对称的问题,甚至使人们对英国的PPP/PFI项目能否成功产生了怀疑[102]。采购往往并不是一种职

---

[94] 《欧盟委员会关于欧盟公共采购政策现代化的绿皮书》(European Commission Green Paper on the Modernisation of EU Public Procurement Policy),COM(2011)15 final,第15—16页。

[95] 参见《指令2014/24/EU》(Directive 2014/24/EU)第26条第(4)款。

[96] 特莱伯斯(Trybus),《欧洲国防采购法》(*European Defence Procurement Law*),前注4,第384页。

[97] 爱罗史密斯(Arrowsmith),《公共与公用事业采购法》(*The Law of Public and Utilities Procurement*),前注22,第593页。

[98] 特莱伯斯(Trybus),《欧洲国防采购法》(*European Defence Procurement Law*),前注4,第384页。

[99] 同上。

[100] 感谢佩德罗·泰里斯(Pedro Telles)在评论本章早期版本时向我指出这一点。

[101] 规制俘房理论描述了一种原本对合同履行进行监督的公共实体由于私营者的影响,可能无法对其进行监督的情形。感谢佩德罗·泰利斯(Pedro Telles)与我就此进行的讨论。

[102] 同上。

业,人们之所以进行采购活动,是因为他们沦落到采购活动中,甚至是因为采购被强加到他们的工作中,他们只是不得以而为之。在地方当局,这种情况更加突出。另外,2006年和2012年苏格兰和威尔士的复议,说明采购人员缺乏技能和教育已经成为该行业的一个突出问题[103]。目前采购官员普遍缺乏的技能是谈判技能,这一点在国防领域也非常突出。另外,在英国,即使采购官员有非常好的采购技能也受到了非常好的教育,人们还是会对评标结果产生严重怀疑,因此欧盟只能对所有成员国进行规治。许多成员国采购人员的教育、技能、廉洁和专业水平很成问题。另外,欧盟立法者还要解决公共采购中的歧视和市场壁垒问题。在许多国家,采取限制招标或公开招标的形式,事情会好很多。我们在第一章指出[104],许多成员国的国防采购也存在竞争、廉洁和市场进入的问题。

第三,欧盟委员会认为如果在《国防指令》中列出清单,规定在什么样的情况下可以使用事先发布合同公告的谈判,那么这个清单有可能是一个无穷清单。欧盟委员会的这个观点至少从武器采购这一方面来说是有道理的[105]。供应安全、信息安全、系统一体化以及互操作性等方面的需求、性能和专作化[106]就是典型的例子。因此,在《国防指令》中将适用事先发布合同公告的谈判的所有情况都明确客观地列举出来是非常困难的。这样做会对《国防指令》的初衷造成不良影响:它的初衷就是为国防与安全采购提供一套适用灵活的规则,将大多数国防与安全采购纳入《国防指令》和内部市场的约束之下。

第四,对于欧盟的许多成员国及其国防采购当局来说,在国防与安全采购中要遵守具有法律约束力的采购法还是第一次。而其他采购当局和采购实体在采购过程中受采购法规的约束已经有几十年了,从20世纪70年代欧盟颁布第一批采购《指令》以来,已经慢慢适应了这种约束。因此为了保证《国防指令》的有效实施,必须要有一定的灵活性。现在这种灵活性是否足够,还需要数年的实践才能进行判断[107]。但是从采购方式这一方面来说,《国防指令》所提供的灵活性是相当大的。总体而言,如果采购官员有了一定的训练和技能,那么事先发布合同公告的谈判还是非常适合国防采购的。

本书提到的四个国家的立法委员会在将《国防指令》转化为本国的采购法时,

---

[103] 约翰·F·麦克莱兰德(John F. McClelland),《苏格兰公共采购综述:报告与建议》(*Review of Public Procurement in Scotland:Report and Recommendations*)(Edinburgh:Scottish Executive,2006),www. scotland. gov. uk/Resource/Doc/96269/0023302. pdf [2013年10月15日数据];约翰·F·麦克莱兰德,《威尔士采购政策效果最大化》(*Maximising the Impact of Welsh Procurement Policy*)(Cardiff:Welsh Government,2012),http://wales. gov. uk/about/cabinet/cabinetstatements/2012/mclellandfinalreport/? lang=en [2013年10月15日数据]。在国防领域此方面的情况见于2011年12月发布在《时代》(The Times)周刊上的一系列英国国防采购法和实践的论文。

[104] 第33—35页和第58页。

[105] 《欧盟委员会工作文件》(Commission Working Document),前注78,第49页。

[106] 同上。

[107] 英国的基尔蒂(Kiltie)(国防部,2012),前注49,认为这个采购方式是最适合国防采购的方式(作者记录,可查)。

都将事先发布合同公告的谈判列为可自行采用的采购方式。《德国国防安全采购条例》的第 11 条第(1)款、《奥地利国防安全采购法》第 23 条第(1)款、爱尔兰《国防安全合同授予条例》的第 24 条在及英国《联合王国国防安全采购条例》的第 18 条,都就事先发布合同公告的谈判做出了相关规定。之所以会这样,是因为这种采购方式在一般采购领域,尤其是国防与安全采购领域的种种便利(相关讨论见上文)。《德国国防安全采购条例》的第 11 条第(3)款、《奥地利国防安全采购法》第 89 条第(3)款、英国《联合王国国防安全采购条例》的第 18(4)条以及爱尔兰《国防安全合同授予条例》的第 24(3)条,都允许在采购期间采用事先发布合同公告的谈判,投标人的数量根据公布的授标标准逐步减少。

5. 竞争性对话

《国防指令》针对竞争性对话做出了相关规定,这一点与 2004 年和 2014 年的《公共部门指令》相似,但与《公用事业指令 2004/17/EC》不同(见《指令 2014/25/EU》第 48 条)。竞争性对话是一种非常复杂的采购方式,因本章篇幅有限不可能对其进行透彻的讨论[108]。竞争性对话与事先发布合同公告的谈判有许多共同之处,但是竞争性对话中的谈判受到严格的限制。本书讨论的四个立法委员会在将《国防指令》转化为国内法时,都将竞争性对话作为本国国防采购的一种采购方式[109]。

与其他采购方式一样,竞争性对话也要求在《欧盟官方公报》上发布合同公告,并在公告上说明需求和要求,这一点与事先发布合同公告的谈判是一样的[110]。竞争性对话并不要求在采购一开始就制定出详细的技术规格。与限制招标和事先发布合同公告的谈判一样,感兴趣的投标人在合同公告公布之日起 37 日内提出投

---

[108] 关于《公共部门指令》中的竞争性条款,参见特莱普特(Trepte),《欧盟的公共采购》(Public Procurement in the EU),前注 4,第 404-409 页;波维斯(Bovis),《欧共体公共采购》(EC Public Procurement),前注 4,第 171-173 页和第 239-243 页;详细讨论见:爱罗史密斯(Arrowsmith),《公共和公用事业采购法》(The Law of Public and Utilities Procurement),前注 22,第十章;以及麦克尔·伯耐特和马丁·奥德尔(Michael Burnett and Martin Oder),《竞争性对话——实践指南》(Competitive Dialogue - A Practical Guide)(Maastricht: European Institute of Public Administration, 2009),第 197 页。关于英国竞争性对话的深入分析(法国是运用竞争性对话最为频繁的国家,其次是英国):理查德·克莱文(Richard Craven)《私人主动融资下的采购方式:新法律体系的运行》(Procurement Procedures under the Private Finance Initiative: The Operation of the New Legal Framework),博士论文,诺丁汉大学(2011),可查,以及苏·爱罗史密斯和斯蒂恩·特莱默(Sue Arrowsmith and Steen Treumer)(eds.),《欧盟采购中的竞争性对话》(Competitive Dialogue in EU Procurement)(Cambridge University Press, 2012)。

[109] 德国《德国竞争法》中的第 11 条第(1)款和第 13 条,奥地利《奥地利国防与安全采购法》第 8 条,爱尔兰《国防安全合同授予条例》第 25 条,以及英国《联合王国国防安全采购条例》第 27 条。

[110] 《国防指令》第 27 条第(2)款。

标申请⑪。在竞争性对话中也有一个根据客观标准确定最后候选人的过程,只有进入最后候选人名单的投标人(最少为3个)⑫才会受邀参加投标。没有提出投标申请的经营者以及达不到要求的经营者都不会受邀参加投标⑬。以下重要内容见《国防指令》第27条第(3)款:

  采购当局/实体应当与根据第38-46条相关规定选出的候选人进行对话,其目的是确定满足采购当局/实体需求的最佳途径。在对话期间,采购当局/实体可以与选出的候选人就合同的所有方面进行讨论。

  第38-46条指的是我们在第八章讨论的资格预选规则⑬。这个资格预选规则在《国防指令》第26条第(1)款中没有提及,除此之外在其他方面则与事先发布合同公告的谈判没有什么区别。于是有人说既然如此为什么立法者要将这两种采购方式都作为可选的采购方式呢?关于这一点我们将在下文进行讨论。其实事先发布合同公告的谈判就足够了。毕竟竞争性对话在2004年以前,不过是英国一种包含谈判阶段的采购方式的法律规定,其适用对象是PPP/PFI合同⑭。既然这两种采购方式如此相似,因此《国防指令》中关于平等待遇的第27条第(3)款第2项与《国防指令》第26条第(2)款的措辞几乎完全一样。另外,《国防指令》第27条第(4)款规定在竞争性对话中可以分阶段连续进行(见上文讨论),与《国防指令》第26条第(3)款的措辞也非常相似。

  但是,竞争性对话与事先发布合同公告的谈判的相似之处到此为止。《国防指令》第27条关于竞争性对话的其他规定,在关于事先发布合同公告的谈判的《国防指令》第26条是不存在的。《国防指令》第27条内容如下:不向竞争者泄露保密信息的第27条第(3)款第3项;宣布对话结束并进行最后投标的《国防指令》第27条第(6)款;对投标书进行解释、说明和微调及增加信息的《国防指令》第27条第(7)款;要求提交最具经济效益标的投标人对投标书进行说明的《国防指令》第27条第(7)款第2项。另外,根据《国防指令》第27条第(1)款第2项的规定,只能根据最具经济效益标的授标标准授予合同,且根据《国防指令》第27条第(8)款的规定,采购实体可以向参加对话的投标人指定价格或支付数额。

  竞争性对话的这些额外要求是否使它与事先发布合同公告的谈判产生了明显不同,尚不得而知。有人认为,如果将《国防指令》第26条和第27条进行对比,就会发现关于竞争性对话的形式并没有更多的硬性规定,但有一处明显的不同,即对话正式结束并选出最佳最终投标书的阶段⑮。肯尼迪-卢埃斯特(Kennedy-Loest)

---

  ⑪ 《国防指令》第33条第(2)款。
  ⑫ 《国防指令》第38条第(3)款。
  ⑬ 《公共部门指令2004/18/EC》第44条第(3)款第3段。该规则与《国防指令》第38条第(4)款是一致的。
  ⑭ 第382-400页。
  ⑮ 感谢佩德罗·泰里斯(Pedro Telles)在评论本章早期版本时向我指出这一点。
  ⑯ 感谢B·休尼克斯(B. Heuninckx)为我指出这一点。

与布尔拜(Pourbaix)认为竞争性对话"灵活不足而常常冗长有余,而且费用更高"[117]。之所以会这样,是因为竞争性对话的使用方式不当。在英国,竞争性对话被认为是尽快选出理想投标人并与之讨论合同细节的"最佳实践"[118]。但是由于竞争,采购当局失去了对投标人的任何调控优势;另一方面,如果没有竞争,投标人又会极力拖延签订合同,直到将之前达成的协议逐步推翻。采购当局在这一阶段接受条款变更的原因,包括害怕在这一阶段成为被告、采购过程会因此而重新开始以及因此而产生的法律风险、延误、政治尴尬,以及与投标人群体个人关系的交恶[119]。这些因素说明了采购当局在谈判过程中的弱势地位,也说明了为什么在这个阶段采购当局不应当接受任何条款变更。在达成最后条款之前,应当下一番苦功夫,因为下不下功夫会对最后的合同产生重大影响[120]。西班牙的做法是在对话期间就一切问题进行讨论,而且不仅是与筛选出来的优先投标人进行讨论,而是与所有投标人进行讨论。这样做的好处是过程缩短,筛选出来的优先投标人在对话过程中不能从采购当局那里得到任何让步。

休尼克斯指出,事先发布合同公告的谈判从形式上来说不够正规,因此容易导致不当使用[121]。不过至少下面的说法是没有争议的:竞争性对话至少比事先发布合同公告的谈判稍稍正规一些。竞争性对话与事先发布合同公告的谈判之间的重大不同,在于后者可自行决定采用,而竞争性对话只能用于"特别复杂的合同"[122]。成员国在将《国防指令》转化为国内法的过程中,对于竞争性对话这个限制的措辞甚至更加严格,如《德国国防安全采购条例》的第 11 条第(1)款将竞争性对话和不事先发布合同公告的谈判(相关讨论见下文)限制在"非常特殊的合理情况下"[123]。而奥地利、英国和爱尔兰在将《国防指令》转化为国内法时,都采用了与《国防指令》相似的措辞,将竞争性对话限制在"非常复杂的合同",如《奥地利国防安全采购法》的第 28 条第(1)款、英国《联合王国国防安全采购条例》的第 19 条和爱尔兰《国防安全合同授予条例》的第 25 条。但现实当中竞争性对话的使用限制并不是一个大问题,因为竞争性对话时间长、成本高,如果合同的复杂程度与人们付出的努力不相称,人们是不会使用这种采购方式的。《国防指令》与 2004 年《公共部门指令》的不同,说明了竞争性对话与事先发布合同公告的谈判并存时,两者的措辞

---

[117] 肯尼迪—卢埃斯特和布尔拜(Kennedy-Loest and Pourbaix),"新的《国防采购指令》",前注 46,第 403 页。

[118] S·爱罗史密斯和 S·特莱默(S. Arrowsmith and S. Treumer),"欧盟法中的竞争性对话:批判性评论"(Competitive Dialogue in EU Law: A Critical Review),见于爱罗史密斯和特莱默(Arrowsmith and Treumer)(eds.),《欧盟采购中的竞争性对话》,(Competitive Dialogue in EU Procurement),前注 108,第 115 页。

[119] 同上,第 118—119 页。

[120] 感谢佩德罗·泰利斯就此与我进行的讨论。

[121] 休尼克斯(Heuninckx),"花招还是款待?"(Trick or Treat?),前注 39,第 15 页。

[122] 《国防指令》第 27 条第(1)款第 1 段。

[123] 德语原文:"In begründeten Einzelfällen ist ein Verhandlungsverfahren ohne Teilnahmewettbewerb oder ein wettbewerblicher Dialog zulässig [作者所译]"。

具有不一致性[124]。旧版《公共部门指令》对竞争性对话进行了同样的"轻"限制,规定竞争性对话适用于特别复杂的合同[125],而事先发布合同公告的谈判则适用于某些明确规定的情况,必须有充分的理由。对事先发布合同公告的谈判的这种限制,使得竞争性对话成为一种极具吸引力的选择,因为虽然竞争性对话时间长、成本高,但毕竟只有一个复杂合同的"轻"限制——至少对于那些真正复杂的合同来说是这样,因为此时竞争性对话的繁琐程度与成本、时间和付出的精力相称,又不能采用其他的采购方式[126]。伯耐特(Burnett)指出,"关键问题"是"既然可自行决定采用事先发布合同的谈判这种采购方式,为什么还要使用竞争性对话呢?[127]"事先发布合同公告的谈判是非常灵活的,甚至可以与竞争性对话一样分同样的阶段进行,同时又没有任何"复杂合同"的限制,也不用受到《国防指令》各条款的约束,如《国防指令》第27条第(1)款第2项、27条第(3)款第2项、27条第(6)款、27条第(7)款第2项和第27条第(8)款。从内部市场的角度来说,竞争性对话应当更受欢迎,因为其额外的限制和要求,不当使用竞争性对话的机会要少一些。

如果竞争性对话满足了谈判要求,同时不当使用的几率又要低一些,那么立法者可能就要对这两种采购方式的关系来一个彻底改观了:允许自行采用竞争性对话的采购方式,将事先发布合同公告的谈判限制在一定条件之下[128]。在《国防指令》中,让这两种采购方式并存很值得怀疑。《公用事业指令》中没有竞争性对话,人们可以自行决定采用事先发布合同公告的谈判,且没有必要说明理由。对前者的限制以及对后者的放开,都使竞争性对话在实践中成为一种多余[129]。不过我们必须指出:除了法国和英国,竞争性对话的使用非常有限[130],这说明人们对于这种采购方式的复杂性心存顾忌。另外,由于一些特别复杂的高端武器项目(相关讨论

---

[124] 休尼克斯(Heuninckx),"花招还是款待?"(Trick or Treat?),前注39,第17-18页;肯尼迪—卢埃斯特和布尔拜(Kennedy-Loest and Pourbaix),"新的《国防采购指令》"(The New Defence Procurement Directive),前注46,第403页。

[125] 《公共部门指令2004/18/EC》第29条第(1)款第1段。

[126] 关于"事先发布合同公告的谈判的适用情形",参见《公共部门指令2004/18/EC》第30条第(1)款(a)-(d)项。

[127] M·伯耐特(M. Burnett)(欧洲公共管理研究院),在其发言"国防安全领域谈判与竞争性对话的使用"(Use of Negotiated Procedures and Competitive Dialogue in the Defence and Security Sectors),在"欧洲《国防与安全采购指令》及其实施挑战"(The European Defence and Security Procurement Directive and the Challenges for its Implementation)讨论会上的发言,欧洲公共管理研究院(EIPA),马斯特里赫特,2010年6月21日(第32页,可查)。

[128] 同上,第16页。

[129] 肯尼迪—卢埃斯特和布尔拜(Kennedy-Loest and Pourbaix),前注46,第403页;休尼克斯(Heuninckx),"花招还是款待?"(Trick or Treat?),前注39,第16页。伯耐特(Burnett)(2010年发言),前注121,指出80%的竞争性对话在法国和英国进行,丹麦和瑞典只有几次,希腊一次都没有(作者记录,可查)。

[130] 维尔利希—汝尔克(K. Vierlich-Jürcke),"《国防采购指令》的特点"(Specificities of the Defence Procurement Directive),前注54(作者记录,可查)。

见第一章)[133]的存在,使竞争性对话特别适用于未来国防与安全领域的采购。欧盟立法者不希望这个专为特别复杂的合同而设计的采购方式为某个领域所遗漏,尤其是不希望被国防领域所遗漏。因为在国防领域,这种特别复杂的合同有很多[132]。在写作本书时判断竞争性对话是否会在实践中得到应用为时尚早。总之,有人指出既然《国防指令》允许自行决定采取事先发布合同公告的谈判这种采购方式,那么竞争性对话就没有必要了,因为事先发布合同公告的谈判给采购当局留出了很大的灵活空间,甚至可以完全按照竞争性对话的阶段划分进行采购。因此在对《国防指令》进行修订时应当将这种采购方式去掉,因为过多的采购方式会让《国防指令》变得过于复杂。

6. 不事先发布合同公告的谈判

《国防指令》第 25 条第 4 款针对不事先发布合同公告的谈判做出了相关规定,这一点与旧版及新版的《公共部门指令》和《公用事业指令》是一样的。从名称看出,这种采购方式没有发布合同公告的义务,对于程序方面的要求也只有少数几条。采购当局或实体可以与唯一供应商进行非系统化谈判,但也可以与一个以上的供应商进行谈判,或者进行更加系统化的谈判。但是《国防指令》第 28 条第(1)款规定必须按照第 30 条第(3)款的规定发布一个合同授予公告,并在公告中说明采取此采购方式的理由,必须是《国防指令》第 28 条明确规定的可以采取不事先发布合同公告的谈判的情景之一,我们将在下文就此进行讨论。与《国防指令》其他采购方式(相关讨论见上文)一样,不事先发布合同公告的谈判也是以旧版《公共部门指令》和《公用事业指令》中的相关规定为基础的[133]。与旧版《公共部门指令》和《公用事业指令》一样,《国防指令》中的这个采购方式在如下情况下使用:供应商为采购实体所知,进行谈判只是为了将最终的合同条款和履行条件确定下来[134],如价格和送货日期等。由于这种采购方式中常常只有一个供应商,因此这种采购方式在其他法律中也称为"单一来源"采购,如 2012 年《联合国国际贸易法委员会公共采购示范法》(2012 UNCITRAL Model Law on Procurement)中的称呼[135]。但如上所述,欧盟三个采购《指令》下的按照不事先发布合同公告的谈判而进行的采购,不一定是单一来源采购。如果可以在一个以上的供应商之间进行选择,那么这

---

[133] 第 49-58 页。

[132] 说明条款第 48 条,虽然没有说出竞争性对话的名称,却最为明确地指出此采购方式适用于使用"限制招标和事先发布合同公告的谈判"不现实的"特别复杂的项目","因而必须规定一种灵活的采购方式,保证经营者之间的竞争,同时又允许采购当局/实体与每一个候选人就合同所有方面进行讨论"。

[133] 《公共部门指令 2004/18/EC》第 28 条和第 31 条。

[134] 特莱伯斯(Trybus),《欧洲国防采购法》(European Defence Procurement Law),前注 20,第 54 页。

[135] 《联合国国际贸易法委员会(UNCITRAL)公共采购示范法》第 27 条第(1)款(j)项、第 30 条第(5)款,和第 34 条第(3)款,前注 17。

种采购方式中的谈判可以稍稍正式一些,具体情况取决于国家法规[136]。

这种采购方式的竞争性、透明性最低,灵活性最高。这种采购方式在程序上的要求少之又少,按照不事先发布合同公告的谈判所签订的合同,与《国防指令》免责条款下(相关讨论见第六章)或《欧盟运行条约》克减条款下(相关讨论见第二章和第三章)的合同很相似。另外,由于缺乏竞争,可能会出现以国家利益为借口的歧视行为,尤其是在国防领域,因为在这个领域中常常只有一个国内供应商(相关讨论见第一章)[137]。由于缺乏透明性,还存在着腐败的危险。2006年,威尔森、斯科特和皮曼(Wilson,Scott and Pyman)[138]通过对世界市场数据而不是欧盟市场数据的研究发现,政府将一半或一半以上的国防采购合同授予单一供应商。这个数字说明了某些公司与政府间的密切关系以及这些公司在市场上的独特地位,因而在采购过程中可能会出现不当行为。另外,这个数字也说明了不事先发布招标公告直接进行谈判的采购方式的重要性,因为在《国防指令》所规定的采购方式中,只有这种方式才可以不发布合同公告而直接进行谈判。

因此不事先发布合同公告的谈判,按照《国防指令》第25条第4款的规定,只适用于"第28条明确规定的情况"[139]。所有适用条件的解释必须是狭义解释[140],采购当局有举证责任证明满足了这种采购方式的适用条件[141]。我们在第二章、第三章和第六章讨论的克减和免责也有狭义解释和举证责任的要求。这说明在免责条款和不事先发布合同公告的谈判的适用条件之间具有非常密切的关系。对这种采购方式适用条件的狭义解释、对这种采购方式的各种要求以及密切监管,都是有原因的。采用这种采购方式几乎等于不受《国防指令》的约束,适用此采购方式的各种情况就好像是《国防指令》的免责条款,使得这个原本以竞争性采购方式为内容的法律制度无法起到约束作用。这些免责和适用条件可逐步发展为漏洞,对《国防指令》的功能起到不良影响。

另一方面,我们必须知道按照不事先发布合同公告的谈判授予的合同,仍然是按照《国防指令》授予的合同,因此仍然要遵守程序上的几个要求,如必须发布一个合同授予公告,在公告中说明采用此方式的原因,并说明复议和救济制度(相关

---

[136] 特莱伯斯(Trybus),《欧洲国防采购法》(*European Defence Procurement Law*),前注20,第54页。这个变体与《联合国国际贸易法委员会(UNCITRAL)公共采购示范法》(UNCITRAL Model Law on Procurement)第27条第(1)款(h)项、第30条第(4)项以及第34条第(3)项中的"竞争性谈判"比较接近。

[137] 第33页。

[138] R·威尔森、D·斯科特和M·皮曼(R. Wilson, D. Scott and M. Pyman),"国防采购中单一来源采购和办事员腐败风险的程度:初步印象"("The Extent of Single Sourcing and Attendant Corruption Risk in Defence Procurement: A First Look"),于"公共采购:全球化革命Ⅲ"会议,公共采购研究小组,诺丁汉大学,2006年6月19-20日(可查)。

[139] 特莱伯斯(Trybus),《欧洲公共采购法》(*European Defence Procurement Law*),前注20,第54页。

[140] Case 199/85, *Commission v. Italy*〔1987〕ECR 1039,第14段;Case C-71/92, *Commission v. Spain*〔1993〕ECR I-5923,第36段;Case C-328/92, *Commission v. Spain*〔1994〕ECR I-1569,第15段。

[141] Cases 199/85 and C-328/94,同上。

讨论见第十章)。另外,立法者通过说明在什么情况下适用这种最不具竞争性的采购方式,可以更好地适应国防与安全领域的需要。立法者将旧版《公共部门指令》和《公用事业指令》中的适用条件修改得更加灵活,并增加了新的特定的适用条件,我们将在下文对此进行讨论。将其他《指令》中的适用条件修改得更加灵活并增加新的适用条件,不仅让《国防指令》比其他《指令》更加灵活,还让《国防指令》中的采购方式的重心从规格化的招标转化到谈判上。除了可自行采用事先发布合同公告的谈判,人们在国防和安全采购中更多地是采用不事先发布合同公告的谈判这种采购方式。

6.1 非《国防指令》特有的情况

《国防指令》第28条规定了在什么情况下可以使用不事先发布合同公告的谈判,而这些情况在旧版《公共部门指令》中也有。根据《国防指令》第28条第(1)款的规定,这些适用于工程、供应和服务的条件包括:(a)竞争性招标不成功;(b)收到的投标书全部不合格;(c)情况特别紧急;(d)由于技术或知识产权方面的原因只有一个经营者。

《国防指令》中的这些适用情况与《公共部门指令2004/18/EC》中类似的适用情况有些不同,这是因为这两个《指令》中可用的采购方式不同。

按照欧盟各个采购《指令》的规定,当更具竞争性的采购方式达不到满意效果时,就可以采用这种最不具竞争性的采购方式。当使用竞争性的采购方式不成功时,尽管竞争还有机会,但此时应当在竞争与完成采购和达到采购法的主要目的(即让采购实体买到它需要的东西)之间找到平衡。《国防指令》第28条第(1)款(a)项提到的不成功的竞争性采购方式有限制招标、事先发布合同公告的谈判以及竞争性对话,而《公共部门指令2004/18/EC》第31条第(1)款(a)项提到的不成功的竞争性采购方式有公开招标和限制招标。这种差异是合理的,因为《国防指令》中并没有公开招标,允许自行采用事先发布合同公告的谈判。可以说允许采用这种最不具竞争性的采购方式,是为了适应《国防指令》对竞争性低的采购方式的重视。

《公共部门指令》和《国防指令》还规定了另外一种情况,在这种情况下如果采用竞争性采购方式达不到满意效果时可以使用这种最不具竞争性的采购方式。如果收到的投标书全部不合格,就可以说采用竞争性采购方式不成功。这种情况下虽然竞争还有机会,但应当在竞争与完成采购、达到采购法主要目的(即让采购实体买到需要的东西)之间取得平衡。这两个《指令》中对该采购方式适用情况的规定具有不同的作用。《国防指令》第28条第(1)款(b)项关于不合格投标书的规定,说明在这种情况下可以使用不事先发布合同公告的谈判。《公共部门指令2004/18/EC》第30条第(1)款(a)项则仅仅说明在这种情况下可以使用事先发布合同公告的谈判,而在《国防指令》中这种事先发布合同公告的谈判可以自行决定使用,没有必要说明理由。这种情境上的"升级"使人们可以从竞争性的谈判方式转向非竞争性的谈判方式,说明灵活性增加了,竞争性降低了。但是从《国防指令》的角度来说这是再合理不过的事情,因为在《国防指令》中可供选择的竞争性采购方式少于其他《指令》,因此在《公用事业指令2004/17/EC》中根本就没有把这种情况包括进去[142]。

如果情况极端紧急,也可以使用这种最不具竞争性的采购方式。《国防指令》第28条第(1)款(d)项对于极端紧急情况的列举与《公共部门指令2004/18/EC》中列举的情况几乎完全一样。但是前者指的是限制招标和时间过紧不可能遵守时限要求时采取的事先发布合同公告的谈判,而后者则还包括公开招标。这只是说明了这两个《指令》中具有不同的采购方式。同样,《公用事业指令2004/17/EC》第40条第(3)款(d)项规定了在什么情况下可采用公开招标、限制招标和事先发布合同公告的谈判。与《公共部门指令》不同的是,在《公用事业指令》中,即使是加速版的限制招标和事先发布合同公告的谈判,也只能在时间过于紧急不可能遵守时限要求的极端紧急情况下才可使用。《国防指令》必须允许人们使用不事先发布合同公告的谈判是非常必要的,与《国防指令》的目标也是一致的。这些情况与欧盟内部市场法中涉及国家安全的情况非常相似。按照《欧盟运行条约》的规定,如果发生影响国家安全的情况,就可以根据《欧盟运行条约》第346条甚至是第347条的规定对整个欧盟内部市场法进行克减。使用不事先发布合同公告的谈判,而不是采用克减的方式,使相关采购仍然处于《国防指令》和《欧盟运行条约》的约束范围内,在采购中程序要求虽然有限,但仍然非常重要,如复议要求和救济上的要求等(相关讨论见第十章)。因此这些采购方式的目标虽然不是竞争,但是在这些采购方式中仍然有透明性和可追责性。在下文讨论的特定的国防与安全条件下,针对极端紧急的情况和条件做出相关规定是至关重要的,因为这样可以保持较高的门槛价,使人们对《欧盟运行条约》第346条的运用符合比例原则。极端紧急情况下的采购当局可以使用最不具竞争性的采购方式,而不是对《国防指令》和《欧盟运行条约》进行克减。

由于多种原因,通常是由于知识产权方面的原因,常常只有一个经营者可以合法提供相关货物、服务或工程。《国防指令》第28条第(1)款(e)项关于"只有一个经营者"的规定,与相应的《公共部门指令2004/18/EC》第31条第(1)款(b)项和《公用事业指令2004/17/EC》第40条第(3)款(c)项的措辞几乎完全相同,唯一不同的是"或者由于技艺方面的原因"的表述,而在《国防指令》中并没有此方面的表述。人们为什么要把这个技艺方面的原因删掉,原因并不清楚,而即使在《国防指令》中,这个"技艺方面的原因"在工程合同中也是存在的。

在服务和供应合同方面,《国防指令》第28条第(2)款(b)项就什么情况下属

---

[142] 参见《公用事业指令2004/17/EC》(Utilities Directive 2004/17/EC)第40页。

于产品研发做出了相关规定。从供应的角度来说,这一点与《公共部门指令 2004/18/EC》的第 31 条第(2)款(a)项很相似。而在《公用事业指令 2004/17/EC》第 40 条第(3)款中就没有这样的情况描述。《国防指令》描述的情况与"产品"有关,但为什么该情况被归属到第 28 条第(2)款,就不得而知了——这个第 28 条第(2)款与供应和服务合同有关,这一点与其对应的旧版《公共部门指令》是不一样的。《国防指令》所描述的情况应当归到第 28 条第(3)款——这个第 28 条第(3)款只与供货有关。

另外,在供货方面,《国防指令》第 28 条第(3)款对以下情况做出了相应规定:(a)"补充供货";(b)"商品市场"和(c)"有利条款"。后者即"有利条款"在《公共部门指令 2004/18/EC》第 31 条第(2)款(b)项和第 31 条第(2)款(c)项也有相应的规定。

补充供货合同可以按照最不具竞争性的采购方式进行授予,因为初始合同的授予是按照竞争方式进行的,或者是在某个理由的基础上以谈判的方式进行的。因此如果初始合同的授予是以竞争为基础的,那么新一轮的竞争将导致得不偿失。《国防指令》第 28 条第(3)款(a)项中的补充供货条件与《公共部门指令 2004/18/EC》第 31 条第(2)款(b)项中的条件是不一样的。按照《公共部门指令 2004/18/EC》第 31 条第(2)款(b)项的规定,补充供应合同一般不超过三年,而按照《国防指令》的规定,这个时限为五年,而且如果"因所供产品、设施或系统的服务寿命的影响或因为变更供应商可引起某些技术困难",这个时限还可以延长。《国防指令》的这个补充供货时限从旧版《公共部门指令》的三年延长为五年,增加了《国防指令》的灵活性,是因为考虑到了军事装备较长的服役寿命(相关讨论见第一章)[143],但如果没有严格控制,可能会产生一些弊端[144]。

在工程和服务方面,《国防指令》第 28 条第(4)款增加了以下情况:(a)补充工程和服务及(b)"重复"。与《国防指令》第 28 条第(4)款(a)项相对应的是《公共部门指令 2004/18/EC》第 31 条第(4)款(a)项。《国防指令》第 31 条第(4)款(b)项与旧版《公共部门指令》第 31 条第(4)款(b)项之间存在细微差别。按照《国防指令》第 31 条第(4)款(b)项的规定,这个时间期限为五年,而《公共部门指令》第 31 条第(4)款(b)项的规定是三年[145]。另外,这个三年还可以延长。之所以会将时间期限从三年增加到五年,是由军事装备较长的服役寿命决定的,这一点与《国防指令》第 28 条第(3)款(a)项有关供货的规定是一样的。如果对此没有严格控制,可能会产生一些弊端[146]。从三年增加到五年,也是《国防指令》灵活性的表现之一,我们将在本章就此进行讨论。

---

[143] 第 52-3 页。
[144] 休尼克斯(Heuninckx),"花招还是款待?"(Trick or Treat?),前注 39,第 17 页。
[145] 参见《公共部门指令 2004/18/EC》第 31 条第(4)款(b)项。
[146] 休尼克斯(Heuninckx),"花招还是款待?"(Trick or Treat?),前注 39,第 17 页。

因此《国防指令》中规定的事先发布合同公告的谈判这种采购方式的所有适用条件的规定,在《公共部门指令 2004/18/EC》中也有。另外,在这些适用条件中,尤其是《国防指令》第 28 条第(1)款(c)项和第(4)款(b)项,与旧版《公共部门指令》中相应的规定相比显得更加宽松,增加了灵活性,并考虑到了防务装备的较长的寿命周期,说明《国防指令》顺应了国防与安全领域的特点。

本书提到的四个国家的立法委员会在将《国防指令》转化为本国的采购法时,都将本节描述的不事先发布合同公告的谈判的适用条件和适用依据纳入本国的采购法当中[147]。这一点在人们的预料当中,因为各国在将旧版《公共部门指令》转化为国内法时,在这一方面已经做了工作。正是这种转化,为国内采购当局和采购实体带来了广受欢迎的灵活性和明确性。

6.2 《国防指令》特有的情况

《国防指令》第 28 条就国防与安全领域特有的一些情况做出了相关规定,说明在什么样的情况下可以使用不事先发布合同公告的谈判。这些适用该最不具竞争性的采购方式的新情况,说明《国防指令》与旧版《公共部门指令》和旧版《公用事业指令》相比灵活性有所提高,因为这两个《指令》中都没有类似的适用情况。之所以说灵活性增加,是因为采购当局或采购实体可以在不发布合同公告的前提下进行竞争性的采购。这些新增加的适用情况包括危机引发的紧急情况、研发服务和海外派军。

6.2.1 危机引发的紧急情况

所有采购《指令》都规定当危机引发紧急情况时可采用谈判的采购方式,如《国防指令》第 28 条第(1)款(d)项、《公共部门指令 2004/18/EC》第 31 条第(1)款(c)项(相关讨论见上文)。《国防指令》第 28 条第(1)款(c)项对危机引发的紧急情况下的谈判适用情况规定如下:

(c)当危机引发紧急情况时,通常的限制招标、事先发布合同公告的谈判,包括第 33 条第(7)款中规定的时间缩短后的时限都不再适用。请参见第 23 条第 2 款(d)项列举的情况……

在此我们要重复一遍:因不同原因而引发的不同类型的紧急情况,在所有采购《指令》中都有相关规定。《国防指令》与其他《指令》一样,都是先从常规的采购方式开始,然后再是这些采购方式的加速版。从《国防指令》第 33 条第(7)款也可看出这个特点。紧急情况下的采购方式在《国防指令》中表现为加速版的限制招标和事先发布合同公告的谈判。由于在《国防指令》中没有公开招标的采购方式,因此在《国防指令》中也没有加速版的公开招标。如果加速版的采购方式仍然不能

---

[147] 德国《德国竞争法》第 12 条,奥地利《奥地利国防与安全采购法》第 25 条,爱尔兰《国防安全合同授予条例》第 27 条,以及英国《联合王国国防安全采购条例》第 16 条。

满足紧急情况需求,则可采取竞争性稍低的采购方式,以增加灵活性,提高采购速度。在《国防指令》中,这种竞争性稍低的采购方式体现为不事先发布合同公告的谈判。如果这种竞争性稍低的采购方式仍然不足以满足紧急情况下的需求,则只能根据《国防指令》第 2 条的规定以及《欧盟运行条约》第 36、51、52、62 和 346 条的国防与安全豁免条款的规定,对《国防指令》和《欧盟运行条约》进行克减了(相关讨论见第二章和第三章)。另外,根据《欧盟运行条约》第 347 条的规定(相关讨论见第三章),在极端情况下可以在有限范围内实施极端危机克减。但是不事先发布合同公告的谈判在程序上的要求很少,类似于对《国防指令》的克减。《国防指令》对这些紧急情况的处理方式是尽量将这些情况纳入《国防指令》的约束范围,通过《国防指令》的灵活性让克减变得没有必要。这正是延续了旧版《公共部门指令》和《公用事业指令》的老传统。将这些紧急情况考虑进去,并不能完全杜绝对《欧盟运行条约》的克减,但是可以让克减变得没有那么必要,当欧盟委员会或欧洲法院提出诉讼时,可以让这种克减的理由更站不住脚。在评估克减是否合乎比例原则时,应当将这种紧急情况下最不具竞争性的采购方式是否可用考虑进去。因此在紧急情况下,采购委员会采购官员的思路或者思考顺序应当是:(1)如果可能,采用事先发布合同公告的谈判;(2)如果可能,采用此采购方式的加速版方式;(3)如果可能,采取不事先发布合同公告的谈判;(4)克减。

《国防指令》说明条款第 54 条指出,引发危机的紧急情况可能是因为成员国军队不得不对海外危机进行干预,如维和行动。另外,当成员国的安全力量必须应对恐怖袭击时,在成员国内部也可能发生这种紧急情况[148]。《国防指令》第 23 条(d)款提到的供应安全要求[149],只是针对第 28 条第(1)款(c)项的适用情况举了一个例子。根据说明条款第 54 条的规定,危机开始和发展期间都可以危机为理由进行紧急采购。尽管这个危机的定义相对宽泛,危机的存在仍然是以危机为理由进行采购的最大障碍。例如,德国军队在阿富汗的采购(德国军队在此执行维和任务长达十年以上),就无法以危机为由采取不事先发布合同公告的谈判的方式进行采购。危机必须导致一定程度的紧急情况的发生,导致即使采用加速版的事先发布合同公告的谈判,也无法遵守相关的时间限制。不过阿富汗德国国防军的采购任务可以以下文所说的情况之一为由完成采购,而且对《国防指令》第 28 条第(1)款(c)项的解释是以《国防指令》第 28 条第(5)款有关维和行动的条款为依据的,相关讨论见下一标题。这种情况指的是维和作战中空运和海运服务采购,并不是指维和活动中的所有采购。对第 28 条第(5)款的这种严格范围限制突出了以下事实:《国防指令》第 28 条第(1)款(c)项并不适用于维和作战(如阿富汗、马里或科索沃)中的所有采购。但是为了应对针对成员国的突发性恐怖袭击而进行的重要采

---

[148] 《国防指令》说明条款第 53-54 条。

[149] 《国防指令》第 23 条(d)款:"投标人有义务拥有和/或保持根据即将达成的条件满足采购当局/实体在危机时期新增需求的必要能力"。

购,则属于此适用范围。

《国防指令》第28条第(1)款(d)项涉及的是极端紧急情况,而《国防指令》第28条第(1)款(c)项与危机导致的紧急情况有关,且该危机是由采购当局或采购实体可预见的事件所引发。因此前一适用情况的重要局限在后一情况中并不存在,因而后者的适用范围要大一些。另外,极端紧急情况下的采购不能由采购当局或采购实体提出,这一要求在进行危机引发的紧急情况下的采购时并不存在。少了这样的限制,相比一般意义上的极端紧急情况采购,扩大了国防采购的适用范围。由于危机引发的紧急采购的适用条件限制,这种范围更加宽泛的极端紧急情况下的采购引起了人们的重视。按照休尼克斯的解释,这是立法委员会对"国防与安全采购中的操作问题的务实反应",不可能有很大的弊端[150]。作者认为此观点令人信服。

6.2.2 海外驻军

《国防指令》第28条第(5)款是关于海外驻军的规定,是国防领域特有的情形:

(5)如果是为成员国派往或即将派往海外的军队或安全部队提供海上运输服务的合同,当采购当局/实体必须从经营者处采购此类服务,而经营者仅保证其报价仅在此短时间内有效,且限制招标或事先发布合同公告的谈判的时限,包括第33条第(7)款规定的时间缩短之后的时限不可能遵守时……

与我们在第六章讨论的《国防指令》第13条(d)款的例外条款相似[151],海外驻军的存在让《国防指令》与旧版《公共部门指令》相比又发生了一些变化。与例外条款第13条(d)款相比,由《国防指令》第28条第(5)款进行描述并在其说明条款第54条中进行详细说明的适用情形,在范围上更加严格,只适用于空中或海上运输服务。军队的派驻必须是派往"海外",但从第28条第(5)款的措辞来看并不局限于派往第三方国家。换句话说,外派军队可以是派往另一个成员国。不过向另一成员国驻军的情况不大可能发生,因此说明条款第54条所说的维和行动可限制在共同安全与防务、北约或联合国的维和驻军和其他任务的范围内[152],于是驻军的范围被限制在向第三方国家驻军。另外,从"空中和海上运输服务"来看,驻军指向远离欧洲的地方驻军。

有人认为,将这种国防与安全领域所特有的情形加入《国防指令》,是对"操作问题的务实反应"[153]。另外,这样做也是非常必要的,因为在旧版《公共部门指令》中不存在不事先发布合同公告的谈判的适用情形。休尼克斯预言这样做不会引发

---

[150] 休尼克斯(Heuninckx),"花招还是款待?"(Trick or Treat?),前注39,第17页。
[151] 第288—292页。
[152] 另参见第一章,第44—45页。
[153] 休尼克斯(Heuninckx),"花招还是款待?"(Trick or Treat?),前注39,第17页。

许多弊端[154]。

就"由危机引发的紧急情况"和"海外驻军"的适用情形做出相关规定是非常了不起的一举,因为在这个情形下可以使用不事先发布合同公告的谈判,让国防采购仍然处于《国防指令》的约束范畴之内,而不是通过例外条款使其不受《国防指令》的限制。这两种情形让欧盟的次级立法即内部市场法深入到军事行动中,与国家安全克减适用情形非常相似。这些适用情形本身具有指示性,说明了欧盟采购法对国防采购的深入程度。《国防指令》本身并没有将欧盟采购法延伸到国防采购领域,因为旧版《公共部门指令》适用于国防采购,只不过有一些国家安全克减条款。在这些情形下可以使用最不具竞争性的采购方式,使成员国可以根据比例原则对《国防指令》和《欧盟运行条约》进行克减,因为《国防指令》已经考虑到了他们的国家安全问题,允许他们使用这种最不具竞争性的采购方式。因此虽然对《国防指令》和《欧盟运行条约》的合法克减仍然存在,但是即使在明显的军事采购中,成员国想为自己的克减找到理由,说自己的克减符合比例原则,也会变得更加困难。此时这些"军事"上的适用情形应当与以下内容结合起来进行综合考虑:自行决定采用事先布合同公告的谈判(相关讨论见本章)、例外条款(相关讨论见第六章)、采购过程中的供应安全和信息安全(相关讨论见第八章),复议以及救济制度(相关讨论见第十章)。

6.2.3 研发服务

《国防指令》第28条第(2)款(a)项是关于不事先发布合同公告的谈判的另一种适用情形,这种情形专门针对国防与安全领域的供应与服务合同,即"第13条以外的研究开发服务"。第一,这个适用情形与上文讨论的《国防指令》第28条第(2)款(b)项或《公共部门指令2004/18/EC》第31条第(2)款(a)项中的其他研发适用情形是不一样的。第二,"第13条以外的研究开发服务"指的是协作项目的研究和开发,按照《国防指令》第13条(c)款的规定,是不受《国防指令》限制的(相关讨论见第六章)[155]。不符合《国防指令》第28条第(2)款(a)项的适用情形的,是仅由一个成员国进行的非协作项目的研发。

欧盟委员会《研究与开发指导说明》指出,《国防指令》第28条第(2)款(a)项仅适用于完全由采购当局或采购实体支付资金的合同,其中的研发利益,尤其是知识产权和其他使用权利,仅属采购当局或实体所有[156]。《指导说明》还专门就研究合同中的后续生产合同做出了相关规定。根据《国防指令》第13条(c)款的规定,这些后续生产合同不受《国防指令》的制约;或者根据《国防指令》第28条第(2)款(a)项的规定,属于研究的范畴,是不事先发布合同公告的谈判的适用情形。这些

---

[154] 同上。

[155] 第283—288页。

[156] 《研发指导说明》(Guidance Note R&D),http://ec.europa.eu/internal_market/publicprocurement/docs/defence/guide-research_en.pdf[2013 10月7日登录],第5页。

后续合同必须按照《国防指令》规定的其他采购方式进行授予[157],换句话说,按照限制招标、竞争性对话或事先发布合同的谈判进行,如果出现《国防指令》中规定的不事先发布合同公告的谈判的适用情形,则可以使用不事先发布合同公告的谈判。

本书提到的四个国家的立法委员会在将《国防指令》转化为本国的国防采购法时,都将国防与安全纳入不事先发布合同公告的谈判的适用情形和适用条件[158]。这一点很值得期待,因为这些适用情形为国家采购当局和采购实体带来了灵活性和明确性,因而广受欢迎。

6.2.4 小结

不发布招标公告直接进行谈判的采购方式只适用于规定的几种情形,这些适用情形的清单长于其他《指令》列出的清单,并包含一些军事与安全特有的适用情形。另外,其中一个适用情形比旧版《公共部门指令》的规定要灵活一些。《国防指令》第28条包括旧版《公共部门指令》中的所有适用情形,还包括一些专门与国防有关的适用情形,即研发和海外驻军/即将进行的海外驻军。将少数几个与军事有关的适用情形及其细微改变加入旧版《公共部门指令》是非常适当的[159],因为灵活性因此而增加,同时将不事先发布合同公告的谈判仍然限制在规定情形之下。

6.3 控制机制

根据《国防指令》第37条第(1)款(d)项的规定,"对于每一个合同来说,……采购当局/实体都要起草一份书面报告,确保投标人筛选程序以一种透明非歧视性的方式进行","如果采取不事先发布合同公告的谈判这种采购方式,则必须符合《国防指令》第28条规定的适用情形"。根据《国防指令》第37条第(3)款的规定,相关"报告,或者报告的主体部分,如果欧盟委员会提出要求,则应当提交给欧盟委员会"。英国在将这种报告机制转化为国内法时,规定由内阁办公室或国防部接收报告[160];在德国,由经济部接收[161];爱尔兰[162]和奥地利[163]则由采购当局自己接收。这

---

[157] 同上,第5和第6页。

[158] 德国《德国竞争法》中的第12(1)1. b) aa)、第12(1)1. d)和12(1)4.,奥地利《奥地利国防安全采购法》第25条第(3)、(6)和(13)款,爱尔兰《国防安全合同授予条例》条27条第(1)款(c)项、第(2)款(b)项和第(8)款,以及英国《联合王国国防安全采购条例》第16条(a)款(iii)项、(c)款(i)项和(e)款。在奥地利和爱尔兰,明确提到了从《国防指令》第13条转化为国内法的条款。在德国和英国则没有提到,但是先是《德国国防安全采购条例》第1条和《德国竞争法》第100c条,后是英国《国防安全采购条例》第27条第(1)款(c)项,都把协作项目作为一种例外。因此英国的《国防安全采购条例》局限在"适用于这些条例的研发服务范围内"。在德国法律中则没有这样的半句式表达。

[159] 基尔蒂(Kiltie)(国防部),"《指令2009/81/EC》在英国的执行与应用"(Implementing and Applying Directive 2009/81/EC in the UK),前注49,指出英国国防部认为《国防指令》考虑到这些情形"很不错",这些情形很"清楚,被加到《国防指令》中也很受欢迎"——"非常非常受欢迎"(作者记录,可查)。

[160] 英国《国防安全采购条例》第48条。

[161] 德国《国防安全采购条例》第44条。

[162] 爱尔兰《国防安全合同授予条例》第40条。

[163] 《奥地利国防安全采购法》第112条。

个报告机制也适用于各授标方式的其他方面。但是如果采取不事先发布合同公告的谈判这种采购方式,这样一个控制机制就非常重要了,因为这种采购方式与克减非常相似——如果按照克减条款的规定,尤其是按照《欧盟运行条约》第346条的规定可实施克减,或者说某个合同按照某个豁免条款的规定可以享受豁免待遇(相关讨论见第六章),那么欧盟委员会就不可能要求采购当局提交报告。从《欧盟运行条约》第346条来看,欧盟任何一个《指令》都不可能有这样的要求,因为这样其实是通过次级立法中的程序要求进行限制,程序要求必须在《欧盟运行条约》中做出相关规定,而《欧盟运行条约》第348条也确实做出了这样的规定。但是欧防局(见第五章讨论)可以制定一个自愿实施、不具法律约束力的制度。《国防指令》的报告制度说明了最不具竞争性的采购方式与克减之间的重大不同,即使两者之间非常相似:这种最不具竞争性的采购方式处于《国防指令》的范畴内,必须符合《国防指令》的所有其他要求,包括报告要求。

7.《国防指令》中的其他采购方式

框架协议和电子拍卖是从旧版《公共部门指令》和《公用事业指令》中发展而来的。《国防指令》中也有这两种采购方式。

7.1 框架协议

《国防指令》第29条对框架协议做出了相关规定。在框架协议中,一个或数个经营者被选出,就未来某个时间段内要采购的某个类型的供货、服务或工程,按照采购实体制定的条件达成协议。在框架协议寿命同期内,所有相关合同,也称为分订单合同,根据同样的条款(有时表述得更加准确)授予协议中的唯一私人经营者或选出来的某些经营者。框架协议限制了竞争,因为只有协议中的一方才可能被授予合同,尤其是当这些合同被授予唯一私人经营者时[164]。框架协议不仅用于办公设备或零部件的采购,还用于设备或建筑物的日常修理维护服务[165]。在国防与安全采购中,框架协议可用于车辆或飞机的维护或弹药的采购。并不是所有采购都适用框架协议。适于框架协议的国防采购合同的数量很有限。

框架协议的好处是具有较高水平的供应安全[166],因为一些合格的知名供应商已经为可能到来的合同做好了准备,当单个合同需要履行时,供货的速度会更快——如当签订框架协议后,不仅可以检查合格证书和产品的一般特性,还可以对参加涉密工作的工作人员进行忠诚调查,并检查出口许可证书(相关讨论见第

---

[164] 特莱普特(Trepte),《欧盟的公共采购》(*Public Procurement in the EU*),前注4,第212页。
[165] 同上,第208页。
[166] 供应安全概念的准确定义参见第八章,第359-361页。

八章)[167]。这些好处使框架协议在国防与安全采购中占有非常重要的地位。

《国防指令》第29条第(1)款、第(2)款第1-3项和第6项,以及第(3)、(4)款是与框架协议有关的款项,是从《公共部门指令2004/18/EC》第33条逐字照搬过来的。差别有几处。框架协议越长,就越有利于供应安全,可能对竞争就越不利。但是如果选出同样数量的框架协议合格经营者参加限制招标,竞争就会更加激烈,因为在框架协议过程中,采购实体可以有数个小的"分订单",而不是只有一个大的合同[168]。另一方面,经营者可能会在框架协议期间破产或合并,因而降低了竞争的激烈性[169],在供应安全上可能会打折扣。旧版《公共部门指令》第32条第(2)款第4项规定框架协议的时间最多可达四年,而《国防指令》第29条第(2)款第3项则允许框架协议的时间最长为七年。特殊情况下还可以发生一些变动,将框架协议的时间变得更长,并在《欧盟官方公报》上发布合同授予公告,同时根据《国防指令》第32条第(2)款第5项的规定说明延长框架协议的理由[170]。欧盟委员会《供应安全指导说明》[171]并没有就框架协议做出说明。但是我们完全可以这样认为:将七年的标准时限延长,说明了针对供应安全做出的调整,因为立法委员会似乎认为框架协议时间越长,采购当局对某个或某些供货商的可依赖时间就越长——而这些供货商的供应安全问题都已进行了全面检查。由于经营者在框架协议寿命期间可能会破产或进行合并,供应安全问题也并不是特别有保证。不过从许多例子来看,框架协议较长的持续时间将使供应安全更有保障。

在授予框架协议初始合同时所使用的采购方式,以及在授予以该框架协议为基础的分订单合同时所采用的采购方式,必须是《国防指令》规定的采购方式。多数情况下使用的是限制招标,因为谈判或竞争性对话不适合框架协议[172]。另外,如上所述,《国防指令》并没有将公开招标列为可以使用的采购方式,因此限制招标成为框架协议初始合同唯一的合同授予方式。《国防指令》中没有公开招标是一个意外还是立法委员会有意而为之,人们并不知道。将公开招标列为《国防指令》的一个可选项,可以促进框架协议的使用。不过通过限制招标的采购方式,框架协议运行得很好。

---

[167] 第368-379页。
[168] 感谢佩德罗·泰利斯(Pedro Telles)在评论本章早期版本时为我指出这一点。
[169] 同上。
[170] 《公共部门指令》中的框架协议,参见特莱普特(Trepte),《欧盟的公共采购》(*Public Procurement in the EU*),前注4,第208-212页;波维斯(Bovis),《欧共体公共采购》(*EC Public Procurement*),前注4,第251-253页和第320-322页;深入讨论参见:爱罗史密斯(Arrowsmith),《公共和公用事业采购法》(*The Law of Public and Utilities Procurement*),前注22,第11章。
[171] http://ec.europa.eu/internal_market/publicprocurement/docs/defence/guide-sos_en.pdf[2013年10月8日登录]。
[172] 特莱普特(Trepte),《欧盟的公共采购》(*Public Procurement in the EU*),前注4,第437页。

7.2 电子拍卖

《国防指令》第 48 条就电子拍卖做出了相关规定。《国防指令》第 1 条第(11)款规定：

"电子拍卖"指对投标书进行初步完整评估后，利用电子设备对涉及某些招标要素的不断下降的新价格或新价值进行展示的重复性过程，通过自动化评估手段对投标书进行顺序排列[173]。

《国防指令》第 48 条第(2)款规定，电子拍卖可以按照限制招标、事先发布合同公告的谈判或者框架协议的方式进行。在此我们要重申：公开招标不能用于电子拍卖，因为在《国防指令》中没有这种采购方式。按照《国防指令》第 48 条第(2)款的规定，电子拍卖的规格应当"制定准确"（见下文），因此在进行武器采购时，技术规格的重要性并不是很突出。不过由于某些战争物资具有明显的现货性，如某些小型武器或弹药，因此相关合同并非完全不可预测。由于可通过电子拍卖的形式进行公开招标、限制招标或谈判，因此电子拍卖只是上述采购方式的一个实现式样，而不是一个独立的采购方式。经营者提交投标书，然后这些投标书被人进行评估。经营者通过电子方式同时收到邀请，要求他们在连续的拍卖阶段报出新价格。结束电子拍卖做出授标决定的方式有几种。电子拍卖的目标是让价格降下来[174]。

7.3 动态采购方法

动态采购方法是一种混合式的电子采购方式，用于常见的且不在《国防指令》范围内的采购[175]。这是因为动态采购方法必须以公开招标为基础。特莱普特指出，这是"公开招标在电子领域一种新的应用方式"[176]。我们在前面指出，《国防指令》并没有就公开招标做出相关规定，因此电子方式的公开招标也不能应用在国防采购中。关于动态采购未能纳入《国防指令》，我们有两点要说明：第一，动态采购中的现货采购类型与国防与安全采购的关系并不是很大，但是这些现货的采购必须通过合同的方式完成采购；第二，如果是简单的民品现货采购，如办公用品、清洁服务或电脑维护，国防与安全领域的采购实体仍然要遵守《公共部门指令》和《公用

---

[173] 另参见旧版《公共部门指令》第 1 条第(7)款和《公用事业指令》第 1 条第(6)款。

[174] 关于旧版《公共部门指令》中的电子拍卖，参见：特莱普特（Trepte），《欧盟的公共采购》(*Public Procurement in the EU*)，前注 4，第 415-426 页；爱罗史密斯（Arrowsmith），《公共和公用事业采购法》(*The Law of Public and Utilities Procurement*)，前注 22，第 1186-1207 页；以及波维斯（Bovis），《欧共体公共采购》(*EC Public Procurement*)，前注 4，第 256-259 和第 323-325 页。

[175] 关于旧版《公共部门指令》中的动态采购制度，参见：特莱普特（Trepte），《欧盟的公共采购》(*Public Procurement in the EU*)，前注 4，第 409-415 页；波维斯（Bovis），《欧共体公共采购》(*EC Public Procurement*)，前注 4，第 253-256 和第 320-323 页；深入讨论参见：爱罗史密斯：(Arrowsmith)，《公共与公用事业采购法》(*The Law of Public and Utilities Procurement*)，前注 22，第 1207-1221 页。

[176] 特莱普特（Trepte），《欧盟的公共采购》(*Public Procurement in the EU*)，前注 4，第 410 页。

事业指令》。按照这两个《指令》的规定,可以使用动态采购的方式。

8. 以研发为基础的协作项目

在《国防指令》中,除了公开招标和动态采购(相关讨论见上文)没有被纳入采购方式,其他一些采购方式在《国防指令》中也没有提到。但是我们在本节不打算就所有采购方式进行讨论。例如在 2011 年《联合国国际贸易法委员会公共采购示范法》中就有十种主要的采购方式[177]。有一些合同虽然按照《国防指令》某个例外条款的规定不受《国防指令》约束(相关讨论见第六章),但其采购方式在实践中很常见。我们将就这些采购方式进行讨论。在这种情况下,《国防指令》第 13 条(c)款中的例外规定就很值得关注了。我们在这六章指出[178],通过这种例外,"为了开发新产品及完成该产品整个或部分寿命周期中稍后阶段的工作,至少由两个成员国联合进行的以研发为基础的协作项目框架协议中的合同"不受《国防指令》的约束。

这些大型协作项目,如"欧洲战斗机/台风"项目,涉及两个或两个以上的成员国(相关讨论见第一章)[179],在新装备开发过程中很常见[180]。多数成本高昂、知名度高、技术先进的项目都是协作式项目。由于研发和生产阶段的高成本,需要进行大量的公共投资,投入资金的政府希望本国企业参与到这个项目中,以此作为投资的回报。在这种情况下,以竞争性招标的方式进行采购虽然不是不可能,但会非常困难。另外,这些项目都是高技术项目,与之俱来的是与研发采购有关的所有问题(相关讨论见第一章):需要向研发投入大量的公共资金,而且把研发与生产阶段区分开来非常困难[181]。项目结束时,参与协作项目的成员国将从参与项目的企业集团那里采购自己需要的装备。实际上,为了保证让相关国防企业参与到项目中,需要缴纳一定量的保证金。因此从参与协作项目的成员国来说,合同会直接授予,而不是经过竞争性招标后再授予。这些综合性困难,再加上采购规范,导致了不规

---

[177] 参见《联合国国际贸易法委员会(UNCITRAL)公共采购示范法》(UNCITRAL Model Law on Public Procurement)第 27 条第(1)款,前注 17:(a)公开招标;(b)限制招标;(c)底价;(d)无谈判意见征询书;(e)两段式招标;(f)对话式意见征询书;(g)连续谈判意见征询书;(h)竞争性谈判;(i)电子逆向拍卖;以及(j)单一来源采购。但是这是一个示范法,使用该法设计本国采购法的国家应当只选择其中的一部分采购方式,而不是所有采购方式。

[178] 第 283—288 页。

[179] 第 53—54 页。

[180] 通过联合军备采购组织、欧防局或者北约后勤组织(NSPA),或者通过采用所谓的"牵头国家概念",如:"美洲虎"(牵头国家法国),"布雷盖大西洋"(牵头国家法国),BVRAAM/"流星"(牵头国家英国),F-16 MNFP(牵头国家美国),F-35 JSF/FJCA(牵头国家美国)。参见 B·休尼克斯(B. Heuninckx)在"欧洲国防与安全采购"(European Defence and Security Procurement)讨论会上的发言"协作式国防采购"(Collaborative Defence Procurement),欧洲公共管理研究院(EIPA),马斯特里赫特,2012 年 1 月 19 日(第 12 页,可查)。

[181] 第 53—54 页。

范协定的产生,产生了各种各样的结果。欧洲协作式国防项目往往效率低下,成本高昂,而且往往不能在计划时间内完成[182]。当经济低迷预算减少时,成本就会增加;如果在军事能力上存在很多缺口,在时间上就会超时。因此需要对欧洲的协作式项目进行改革。可以通过我们在第五章讨论的国际组织进行改革。但是本章要讨论的是如何将这些不受《国防指令》约束的项目纳入《国防指令》和内部市场的约束范畴。将涉及研发的协作项目纳入《国防指令》约束范畴的灵感,来自欧防局采购规定(下文 8.1 节)[183]、《国防指令》本身(下文 8.2 节)和新版《公共部门指令 2014/24/EU》(下文 8.3 节)[184]。

8.1 欧洲防务局

欧洲防务局也在采购一些成本高昂的装备,如卫星。这些装备涉及协作项目中的研发,需要多个成员国参与。这些项目并不总是具有国防采购中的安全意义,主要是为了让参与国家共享国防协作过程中的工业、金融和一般性政治经济背景(相关讨论见上文)。如何以欧防局采购制度作为欧盟的国防采购示范法,需要一本专著来进行讨论[185]。本章的主要问题,是如何通过某种采购方式,主要是竞争性招标的方式,完成协作和研发项目,而按照《国防指令》第 13 条(c)款的例外规定,这些协作和研发是不受《国防指令》约束的。欧防局对"协作式困境"的反应见《欧防局公约》第 VII 条,内容如下:

[欧防局]将认真研究并应用的工业政策……应当精心设计,以……

C. 保证所有成员国能够以公平的方式(以其资金贡献为准)参与欧洲空间计划的实施,以及空间技术的联合开发;为了保证项目的实施,欧防局尤其要对所有成员国的工业给予最大程度的拨款优惠,为它们提供参与欧防局技术工作的最大机会;

D. 充分利用自由竞争性招标的好处,但采用竞争性招标导致与工业政策的其他既定目标不符时除外。

[强调为作者所加]

该条款确立了欧防局采购中的公平回报原则,而这个公平回报原则需要与竞争性招标实现最大程度的一致。但是后者与前者相比只是一个次级目标。"公平

---

[182] 关于此话题参见 B·休尼克斯(B. Heuninckx),"欧洲的协作式采购简介:麻烦、成就和进展"(A Primer to Collaborative Procurement in Europe: Troubles, Achievements and Prospects)(2008)第 17 期,《公共采购法评论》(*Public Procurement Law Review*)第 123-145 页。详细讨论见《欧盟通过国际组织完成的协作式国防采购法》(*The Law of Collaborative Defence Procurement Through International Organisations in the European Union*),博士论文,诺丁汉大学(2011)(可查)。

[183] 第 352-354 页。

[184] 前注 7。

[185] 作者还讨论了当时作为欧洲国防采购法示范法的欧洲空间局的规则,见《欧洲采购法》(*European Defence Procurement Law*),前注 20。

回报"被认为是一个不断发展的概念,比起按照每个成员国对相关项目的资金贡献而授予相应份额的合同来,要复杂得多[186]。将公平回报的需求与竞争性招标统一起来的方式有几种。例如从长远来看,公平回报需要在一年或一年以上的时间内在各个项目之间达到平衡。可从分包商供应链的角度考虑这个问题。如成员国 A 和成员国 B 共同分担了某个项目的资金(50∶50),来自成员国 A 的总承包商加上成员国 B 支配的供应链,就可以与来自成员国 B 的总承包商加上成员国 A 支配的供应链进行竞争。各个财团与一个以上的成员国打交道也不是不可能的。可以使用上文描述的事先发布合同公告的谈判这种采购方式,也可以对其稍加调整,允许最少两个而不是三个投标人参加谈判。竞争中取胜的酬劳就是被授予主合同,出资国家的企业因而得到了公平回报,得到了投资上的收益。有人认为,《国防指令》中的分包制度(相关讨论见第九章)只需细微调整即可。另外,通过将分包合同的一部分按照竞争性招标的方式进行发包,可以实现竞争和公平回报的进一步协调,但有可能出现投标书全部来自某个成员国的情况,因此仍然需要对该成员国的投资进行平衡,对规格、资格和授标标准(见第八章讨论)也必须进行非常重大的调整。

另外,也是更重要的一点:这些调整的核心是要将竞争或一部分竞争限制在来自某些成员国的企业范围内。显然这会导致以国家利益为借口的歧视现象,有违内部市场货物和服务自由流动的制度,有违《欧盟运行条约》中的非歧视性原则(相关讨论见第二章)。换句话说,这将与《国防指令》和内部市场的初衷完全相反,两者之间很难达到统一。由于这种矛盾的存在,导致了《国防指令》第 13 条 (c)款中例外规定的产生,也正是因为这个原因,需要在欧防局中,而不是《国防指令》中对这种程序进行规范——或许是在修订后的《行为准则》中对此进行规范[187]。《国防指令》中明确的例外条款,也是由欧防局对协作项目进行规范的一个原因。但是,《国防指令》第 13 条(c)款提到的项目都是成本极为高昂、在技术和军事上具有重大意义的项目,将这些项目排除到《国防指令》的约束范围之外,实在令人失望。也许人们最终会考虑将这些项目归入到《国防指令》的某个特别制度当中,使其处于内部市场的约束范围之内。目前提出的最现实也是最具建设性的方法,是在欧防局制定一个类似于第 13 条(c)款这样的制度。

---

[186] "从一开始,欧洲空间局(及其前身组织)就秉承'公平回报'原则,而这个原则一直在发生着变化。1997 年 3 月,欧洲空间局部长级理事会开始采用的主要规则是:一个国家的合同加权值,与其对空间局的分担额的比率,到一定时期必须达到 X%(如达到 0.98%)。该比率称为工业回报系数。地域性回报效果按照一定时期从全球角度进行评估。但是,在一些非强制项目和强制性活动上很容易规定一些地域性回报限制,以保证这些项目和活动不会导致总体回报的不平衡。为了满足所有这些要求,欧洲空间局花费了大量时间和精力,同时仍然保持技术上的卓越和经济性。"参见"工业政策与地域分布"(Industrial Policy and Geographical Distribution),www.esa.int/About_Us/Industry/Industry_how_to_do_business/Industrial_polic〔2013 年 10 月 8 日数据〕。

[187] 参见第五章,第 191-216 页。

301

8.2 《国防指令》

使用《国防指令》规定的某个采购方式,包括不事先发布合同公告的谈判,在协作式研发项目中不能与公平回报的需求达到平衡(协作式研发项目按照《国防指令》第13条(c)款的规定,是不受《国防指令》约束的)。这是因为以下事实(我们在上一标题下已经进行了讨论):如果采取《国防指令》中规定的某个采购方式,必然会出现成员国偏向在本国注册的某些经营者的现象,而这就是以国家利益为借口的歧视。

8.3 《公共部门指令2014/24/EU》:创新伙伴关系

在新版《公共部门指令2014/24/EU》中有几个创新点,在对《国防指令》进行评估时可能会追加到《国防指令》当中去。为了解决处于两难境地的协作性研发的问题,《公共部门指令2014/24/EU》第31条中的新型创新伙伴关系的规定似乎很有前景。这个规定是专门为了促进研究和创新而制定的[188]。但是"该制度有几个不足"[189],阿波斯托尔(Apostol)认为国防不应当纳入创新伙伴关系的范畴[190]。另外,从《指令2014/24/EU》第31条第(1)款来看,这个"新"的制度允许"任何经营者提交加入"创新伙伴关系的"请求",规定了一种与事先发布合同公告的谈判非常相似的采购方式,以便选出"伙伴"。我们在上文指出,各成员国在协作研发项目中公共资金投入的公平回报需求与这样的采购方式是无法统一的[191]。创新伙伴关系是新《指令2014/24/EU》中的唯一"新"方式,在协作研发项目的采购上没有可借鉴的东西。最后一点是:我们在前面提到,《国防指令》允许自行采用事先发布合同公告的谈判这种采购方式,而在新的《指令2014/24/EU》中,取代这种采购方式的新的采购方式,也可以在创新伙伴关系的各个阶段使用[192]。因此在《国防指令》中增加新的采购方式,并不会带来更大的灵活性,采购实体已经可以按照《指令2014/24/EU》第31条的规定,进行"竞争性谈判"(competitive negotiation)了。

---

[188] 另参见《公共部门指令2014/24/EU》说明条款第49条,前注7。

[189] 据卢克·巴特勒(Luke Butler),"促进创新"(Fostering Innovation),"第6届欧洲公共采购法网络会议"(6th European Public Procurement Law Network Meeting)论文,普罗旺斯地区艾克斯,2013年7月5日(可查),该采购制度设计得很不好,似乎"在最后一刻"匆忙完成,有许多不明确的地方。

[190] A·R·阿波斯托尔(A. R. Apostol),"为支持创新而进行的试商期采购:管制有效?"(Pre-commercial Procurement in Support of Innovation:Regulatory Effectiveness?)(2012)第20期,《公共采购法评论》(Public Procurement Law Review),第213—235页。

[191] 《公共部门指令2014/24/EU》说明条款第47条,前注7,提到欧盟委员会通讯"试商期采购:促进创新保证欧洲可持续性高质量公共服务"(Pre-commercial Procurement:Driving Innovation to Ensure Sustainable High Quality Public Services in Europe)(通讯),COM(2007)799 final,其目的是让此合同的采购程序与《欧盟运行条约》相一致。但是这一点并不允许公平回报。公平回报与内部市场是不一致的。另外,试商期采购可以采购那些预制品,而不是那些具有商业价值的"首批产品"。

[192] 《公共部门指令2014/24/EU》第31条。

9. 结论

与旧版和新版的《公共部门指令》和《公用事业指令》一样,《国防指令》为其约束范围内的合同规定了多种采购方式,规定必须按照一定的顺序阶段进行采购,并在开始时在《欧盟官方公报》上发布合同公告。另外还要求发布一些公告,尤其是最终的合同授予公告,以保证符合欧洲法的透明要求。另外,这些采购方式都具有竞争性。但不事先发布合同公告的谈判是一个例外。这种采购方式只适用于《国防指令》和其他《指令》规定的几种情形。但是其他《指令》中的公开招标并不在《国防指令》的采购方式之列,因而对其他采购方式如框架协议也造成了影响。可自行使用的事先发布合同公告的谈判为优先使用的采购方式,另外还有竞争性对话,以及一定条件下可以使用的不事先发布合同公告的谈判。之所以将谈判作为优先采购方式,是为了满足国防与安全采购的特殊需求,也是对涉众提出的咨询意见的一种回应(见上文)。《国防指令》借鉴原《公共部门指令》中的采购方式的目的,在于通过更加方便地运用谈判而增加灵活性。涉及研发的协作式采购在上述任何采购方式中都没有提到,不属于《国防指令》的约束范畴(相关讨论见第六章)。这些借鉴的最终结果不能完全令人满意。在对《国防指令》进行修订时某些方面还需要进行重新考虑。《国防指令》应当将公开招标包括进去,将竞争性对话删除。最后,涉及研发的协作式采购方式可能不会在《国防指令》范畴内进行调整,可以通过《欧防局行为准则》引进一种新的采购方式,实现竞争与公平回报的统一。

2013年7月欧盟委员会公布了成员国在将《国防指令》转化为国内法以后,从2011年到2013年的公告和竞争数据。数据表明,不事先发布合同公告的谈判使用得很频繁,因此许多合同的授予方式都不"为《国防指令》所预知"[193],因此《国防指令》带给人们的灵活性(相关讨论见上文)似乎还是不够。但是我们有理由认为,《国防指令》不光要改变采购当局的习惯,还要改变欧洲防务公司的习惯,而这一点需要更多的时间[194]。

---

[193] 《欧盟委员会工作人员国防工作文件》(Commission Staff Working Document on Defence) SWD(2013) 279 final,附于 COM(2013)542 final,第 43-45 页。

[194] 同上,第 44-45 页。

第八章 供应安全与信息安全:规格、合同条件、资格预选和授标标准中的说明

1. 引言

在确定采购实体和相关合同处于《国防指令》的约束范畴(相关讨论见第六章)之内,并选定适用的采购方式(相关讨论见第七章)之后,接下来要考虑的,就是采购过程中各阶段的要求了。这些要求从严格意义上来说,主要指从发布合同公告开始到签订最终合同为止。第一,关于货物、服务或工程的准确描述或定义,即所谓的(技术)规格,有相应的规则。第二,关于如何淘汰不符合合同要求的投标书,有相应的规则。第三,关于参加投标的经营者的资格预选也有相关规则。这在国防和安全采购领域是一个非常重要的问题,因为供应商的可靠性问题,是保证安全利益的一个重要问题。第四,关于授标标准也有相关规则。但是在这些规则中,有一部分规则对采购过程的其他两个阶段也有影响,这两个阶段就是严格意义上的采购阶段之前和采购阶段之后。合同条件与规格的关系非常密切。因此在按照欧盟采购《指令》签订或达成合同之后,必须对规格这个问题进行规范,而这个问题与最后的"采购后"合同管理阶段有着非常密切的关系。与规格有关的各项规则在一定程度上对"采购前"的采购决策,即买什么也有影响。买什么的采购决策在很大程度上不属于采购《指令》和《欧盟运行条约》的范畴。

《国防指令》中关于规格、合同条件、必须达到的要求、资格预选和授标标准,都是以《公共部门指令2004/18/EC》中的相关规则为基础的。但是早期规则与现行规则有好几处不同的地方,因为《国防指令》考虑到了国防与安全领域的特点并做出了一些调整。2007年《欧盟委员会工作人员关于《国防指令》效果评估的工作文件》(Commission Staff Working Document with the Impact Assessment for the Defence Directive)将这些调整的目的总结如下:

新规则的总体影响如何,取决于它们能否实现透明性、非歧视性和平等待遇的最大化,同时对成员国的安全没有负面影响。如果这些原则以违背《欧盟运行条约》原则为代价专注于安全问题,那么成员国就会乐意运用这些新规则并减少对例外条款的依赖;而新规则对公开性和透明性的正面影响也就很有限了。如果新规则以牺牲成员国的安全利益为代价完全实现了《欧盟运行条约》原则,那么成员国就不会运用这些新规则,会继续使用相关的例外条款。无论是哪种情况,新规则的

影响都趋于零①。

《国防指令》的调整有两个关键要求:供应安全和信息安全。《国防指令》的调整是为了让国防与安全采购在《国防指令》和《欧盟运行条约》的体系内进行,成员国不必以《欧盟运行条约》第346条和其他安全例外条款为依据对欧盟法进行豁免。关于豁免的讨论见第二章和第三章。如果《国防指令》保证了供应安全和信息安全方面的需求,那么《国防指令》就会对例外条款的使用起到限制作用,国防与安全采购也就会在内部市场体系内进行。

1.1 供应安全

供应安全在《国防指令》中并没有定义。但是欧盟委员会的《供应安全指导说明》用"一般术语"对"供应安全"进行了定义:

一种货物和服务的供应保证,使成员国可以根据其外交与安全政策要求实施国防与安全义务②。

在脚注1中,《指导说明》提到了《意向书框架协议》③和《实施协定》④(相关讨论见第五章)⑤。这说明供应安全的定义至少是受到了意向书文件的启发⑥。为了找到《国防指令》对供应安全的释义,欧盟委员会对这个概念的理解才是最为重要的,而这个概念是否受到另一组织对其进行的定义的启发就不重要了。在《供应安全指导说明》中这个定义又得到了进一步的发展:

包括在必要时成员国在没有第三方限制的条件下在国家适当控制下使用军队的能力。这样一个宽泛的概念可以包括各种不同的行业、技术、法律和政治因素⑦。

《国防指令》和其他相关国际协议对供应安全问题的一个主要担忧,是无论是在合同初期还是在往往漫长的寿命周期内,无论是在和平时期还是在危机和战争

---

① 《欧盟委员会工作人员工作文件——效果评估》(Commission Staff Working Document – Impact Assessment) SEC(2007)1598 final,http://ec.europa.eu/internal_market/publicprocurement/docs/defence/impact_assessment_en.pdf [2013年11月15日登录],第44页(下文称《2007年工作人员工作文件》)。

② 《欧盟委员会供应安全指导说明》(Commission Guidance Note *Security of Supply*),见于http://ec.europa.eu/internal—market/publicprocurement/docs/defence/guide-sos_en.pdf [2013年10月10日登录],第1页。

③ 《法兰西共和国、德意志联邦共和国、意大利共和国、西班牙王国、瑞典王国及大不列颠与北爱尔兰联合王国就促进欧洲防务工业重组与运行的框架协议》(*Framework Agreement between the French Republic, the Federal Republic of Germany, the Italian Republic, the Kingdom of Spain, the Kingdom of Sweden, and the United Kingdom of Great Britain and Northern Ireland Concerning Measures to Facilitate the Restructuring and Operation of the European Defence Industry*),法恩伯勒,2000年7月27日(英国)《条约系列,No.33(2001),Cm.5185。

④ 同上,《协议》第二部分,第4-11条。根据第1条(c)款的规定,该《协议》的目的之一,是"(c)促进各方防务物资与防务服务的供应安全……"

⑤ 参见第五章,第225-231页。

⑥ 前注1,第17页,脚注31。

⑦ 《供应安全指导说明》,前注2,第1页。

期间,成员国必须保证其军队和其他安全活动所需要的货物、工程和服务能够得到供给和供应。这一点对于提高国防与安全政策的有效性非常重要,因而对于国家安全也非常重要。供应安全需要一种"保证"、"控制"和"没有第三方国家限制",否则对军队的动用和其他安全活动的有效性就会降低,或者完全失效。经营者不可靠(不管这些经营者是总承包商还是供应链上的一个链条)、交通或其他运输的中断,都会对供应安全造成不良影响。这些危险有可能发生在国内合同的身上,也可能发生在与另一成员国的供应商签订的合同身上,还可能发生在与第三方国家供应商签订的合同身上。但是这些危险在非国内合同上表现得更为突出,因为政府对影响供应安全因素(如经营者的管理或交通环节)的控制力更低。2007 年的《欧盟委员会工作人员工作文件》称此现象为"供应安全的工业因素"[8]。另外,在非国内环境下,还存在着供应安全方面的其他危险因素。第一,国防与安全方面的移转必须得到生产国国家当局的许可(授权),因此《国防指令》中的供应安全要求必须与第四章讨论的一揽子"国防法规"中的另一个法律即《欧共体内部移转指令》相一致[9],我们将在下文就此进行讨论。但是供应链上的许多产品或经营者是欧盟以外的第三方国家。第二,国防与安全移转可能受到影响供应安全的其他法律政治因素的影响。2007 年的《欧盟委员会工作人员工作文件》也将此现象称为"供应安全的工业因素"[10],我们将在下文就此进行讨论。

我们在本书前面数次提到,《国防指令》的目的是针对国防与安全采购的特点专门制定一个制度,以便大大减少实践中对《欧盟运行条约》第 346 条的使用。如果这个新的制度中没有充分考虑到供应安全问题,那么这个目标就无法实现。虽然《国防指令》没有对供应安全做出定义,但是在其说明条款第 9 条和第 44 条中,都确认了供应安全的重要性。更重要的是,旧版《公共部门指令》中关于合同条件、选择标准和授标标准的许多条款,都经过修改后将供应安全问题考虑了进去。

1.2 信息安全

信息安全在《国防指令》中也没有定义。但是欧盟委员会的《信息安全指导说明》(Guidance Notes Security of Information)明确指出,信息安全指的是"经营者保护机密信息的能力和可靠性"[11]。由于信息安全与"经营者的能力和可靠性"有关

---

[8] 2007 年《欧盟委员会工作人员工作文件》(2007 Commission Staff Working Document),前注 1,第 17、45-46 页。

[9] 第 147-160 页。这个关联在 2013 年欧盟委员会通讯"形成一个更具竞争力更加有效的国防与安全领域:欧洲防务新政"(Towards a more Competitive and Efficient Defence and Security Sector: A New Deal for European Defence)COM(2013) 542 final,第 11 页,得到了强调。

[10] 2007 年《欧盟委员会工作人员工作文件》(2007 Commission Staff Working Document),前注 1,第 17-18 页和第 445 页。

[11] 欧盟委员会《信息安全指导说明》(Guidance Note Security of Information), http://ec.europa.eu/internal—market/publicprocurement/docs/defence/guide-soi_en.pdf [2013 年 10 月 10 日登录],第 1 页。

系,因此它主要对投标人资格预选和中标人优选产生影响。但是它对合同条款规则也有影响,并在一定程度上影响着授标标准。最后,合同的公告也会受到影响。按照《国防指令》第1条第(8)款的规定,机密信息的定义是:

具有一定程度的安全密级或受到一定程度保护的任何信息或材料,不论其形式、性质或转播方式如何,对于国家安全具有重大影响,且根据相关成员国现有法律、规则或行政规定要求对其进行保护,免受任何未授权个人的任何形式的盗用、破坏、移除、泄露、损失或接近或其他形式危害。

《指导说明》认为信息安全是《国防指令》的一个"极其重要的特色","因为许多国防与安全采购具有敏感性"[12]。机密信息的安全性必须在合同的整个寿命周期内,甚至是合同履行完毕后仍然得到保证[13]。但是由于欧盟在信息安全方面没有相关制度(相关讨论见下文),成员国对保密信息的划分、密级设定和发放的接触机密材料许可证,在其他成员国都得不到自动承认。与我们前面提到的欧共体内部移转许可证制度不同的是,这样的欧盟指令并不存在。

本章对《国防指令》中采购程序各阶段的相关规则进行评论分析,这些规则借鉴了《公共部门指令2004/18/EC》中的相关规则。之所以要进行这些修改是因为必须考虑到国防与安全采购中的供应安全和信息安全。第一,本章将讨论与合同文件中的技术规则相关的规则,以及与此关系密切的合同条件规则(下文第2节)。第二,讨论资格预选和中标人优选的规则(下文第3节)。最后,本章将分析授标标准规则(下文第4节)。本章通过分析将说明除了我们在第六章讨论的适用范围方面的限制,以及在第七章讨论的采购程序方面的更大的灵性性,构架相关"技术"规则,使其适应供应安全与信息安全方面的特点,代表了在借鉴《公共部门指令2004/18/EC》相关条款并为国防与安全采购提供一个可供参考的法律手段过程中的第三大主题:说明。

2. 合同公告、技术规格和合同条件

与2004年和2014年的《公共部门指令》和《公用事业指令》一样,按照《国防指令》的规定,公共采购程序开始于在《招标电子日报》(TED)上发布合同公告。《招标电子日报》是《欧盟官方公报》增补版的电子版[14]。这一个要求是武器合同的一个重要创新,因为在《国防指令》公布之前,在《招标电子日报》上公布的此类合同数量很少,相关讨论见本书引言部分[15]。按照我们在第五章讨论的《欧防局

---

[12] 同上。
[13] 2007年《欧盟委员会工作人员工作文件》(2007 Commission Staff Working Document),前注1,第47-48页。
[14] 《国防指令》第30条第(2)款。
[15] 第1-2页。

行为准则》的规定⑯,有些武器合同公布在欧防局的《欧洲公告板》上⑰,且在此之前只有国内公告板,而国内公告板是西欧军备集团/西欧军备组织制度的一部分⑱。最重要的是,许多合同可以不发布任何合同公告。根据《国防指令》的规定,《国防指令》约束范畴内的所有国防与安全合同必须在某个"地方"发布合同公告,而这个地方与《公共部门指令》和《公用事业指令》规定的是同一个"地方"。

发布合同公告是严格意义上的公共采购阶段(即"怎样"买阶段)与采购前阶段的一个分界线。在采购前阶段,采购当局或其服务的政府/国会机构对合同内容做出决定("买什么"阶段)。"怎样买阶段"受《欧盟运行条约》和欧盟各《指令》的制约,包括《国防指令》。"买什么阶段"可能受到国内法而不受欧盟法的制约。公共采购"第二"阶段随着合同的签订而结束,随后是"第三"阶段即采购后阶段也称为合同管理阶段("采购后"阶段),可以持续数年,如果是武器项目,则可以持续几十年。后面的这个阶段受欧盟法的制约,但制约程度很有限,我们将在下文就此进行讨论。因此合同公告标志着采购阶段的开始,但它与采购前和采购后阶段也有密切联系。第一,合同公告从某种程度上来说是采购前阶段的最终结果,决定了合同的主题。到目前为止,这个过程还不受欧盟法律包括《国防指令》的限制,采购实体可以自行确定各种目标,包括供应安全和信息安全目标。第二,影响采购后阶段的合同条件,还决定了合同的主题,因此必须在合同文件中提到。由此看来,合同公告是任何采购程序的一个重要阶段,与采购过程中的所有三个阶段都有联系。

在合同公告中,必须对合同的主题进行充分说明,至少要对产品、工程或服务进行一般性的描述,如合同履行条件和授标标准。这些内容必须包括在合同公告中,以方便经营者决定是否参加投标,或是否发出参与投标的申请书。《国防指令》附录Ⅳ规定了一个完整的必须提供的信息清单。按照《国防指令》的规定,还应包括供应安全⑲与信息安全⑳方面的要求。这些信息并不一定是针对整个过程的完整信息(见第七章讨论),因为这些信息在后续阶段的合同文件中会有补充说

---

⑯ 第191–198页。

⑰ www.eda.europa.eu/ebbweb/[2012年9月数据,但2013年10月不复存在,参见第五章]。另参见《欧盟委员会工作人员工作文件》(Commission Staff Working Document) SWD(2013)279 final 数据,另见附随COM(2013)542 final 中数据,第41–43页。

⑱ 关于西欧军备小组/西欧军备组织制度,参见 M·特莱伯斯(M. Trybus),《欧洲国防采购法:作为欧洲开放性国防采购市场示范法的国际国内采购制度》(*European Defence Procurement Law: International and National Procurement Systems as Models for a Liberalised Defence Procurement Market in Europe*)(The Hague: Kluwer Law International, 1999),第2章,"欧洲防务装备市场 评析"(A Critical Analysis of the European Defence Equipment Market),第31–44页。另参见本书第五章,第233–237页。

⑲ 《供应安全指导说明》(Guidance Note Security of Supply),前注2,第5页。

⑳ 《信息安全指导说明》(Guidance Note Security of Information),前注11,第6–7页。

明。除了在合同公告和合同文件中要有供应安全和信息安全方面的要求(这些信息在其他《指令》中也有类似的要求),《国防指令》与2004年和2014年的《公共部门指令》和《公用事业指令》并没有多大的区别。

2007年《欧盟委员会工作人员工作文件》认为在公告要求上要进行一些限制,以保证信息安全[21]。但是对包含机密信息的合同不进行公告,被认为是对透明性的极大破坏。另外,不对其进行公告也不能充分保证相关信息的机密性[22],如在谈判阶段就有可以发生泄密。因此人们认为最好把某些技术规格只透露给中标人,"如果信息很敏感,则必须对其扩散进行尽量限制,以保护成员国的安全利益"[23]。当相关装备必须安装到现有武器系统时,采购当局可能对该装备的技术规格信息进行限制,只把系统一体化的相关信息透露给中标人。人们认为这种限制保证了保证信息安全与保证平等待遇、适当水平的透明性之间的平衡[24]。有人认为,这些做法与《国防指令》第30条第(2)款以及附录Ⅳ提出的关于合同公告的要求是一致的,不同的是没有对竞争形成限制,对经营者进行了解释,且符合比例原则。但是在某些情况下这些做法也符合《公共部门指令2004/18/EC》第35条第(2)款的规定。根据《国防指令》第30条第(3)款第3项的规定,合同授予公告和框架协议中的信息也可以不予透露,以保证国防与安全方面的利益[25],而按照《公共部门指令2004/18/EC》第35条第(4)款第5项的规定(《国防指令》第30条(3)款第3项依此而制定)也可以采取这样的措施,属于"公共利益"的范畴。因此《国防指令》中的条款只是一种描述性的东西,与最初的《公共部门指令》条款相比并没有增加实质性的内容。但是这种描述与本章其他地方提到的描述一样,说明了在这种条件下可以考虑到国防与安全方面的因素,以减少诉讼风险,促进人们对条款的运用。

2.1 技术规格

技术规格的最后确定是公开招标和限制招标的一个重要阶段,与合同主题的确立和合同公告的发布具有非常密切的联系。之所以要制定与货物、工程或服务方面的技术规格有关的相关规则,是防止为减少潜在投标人的数量而不当使用"产

---

[21] 2007年《欧盟委员会工作人员工作文件》(2007 Commission Staff Working Document),前注1,第46-47页。
[22] 同上,第46页。
[23] 同上。
[24] 同上。
[25] 另参见《国防指令》说明条款第56条。

品定义"进而导致对投标人的国籍歧视[26]。很容易发生针对某个供应商制定技术规格的事情。《国防指令》第 18 条关于技术条款的规定,与《公共部门指令》中的规则[27]很相像,只不过增加了"国防标准[28]……和与这些标准相似的国防物资规格",而增加这些方面的内容也是很有必要的。标准的重要性在第四章进行了阐述[29]。2007 年的《工作人员工作文件》对国防采购(国内、北约和多边采购)[30]过程中的"标准过剩"问题进行了强调,指出因为这个现象的存在导致了"标准等级"的产生,各成员国之间的标准有很大的不同。在些成员国,如法国,优先考虑国防标准,而其他成员国如英国则优先考虑欧洲标准[31]。这意味着《国防指令》第 18 条的影响对各成员国也各有不同,因为有的成员国已经在执行来自《公共部门指令 2004/18/EC》的等级标准。但是需要强调的是,由于在《国防指令》中没有公开招标,限制招标的重要性也降低(相关讨论见第六章)[32],关于技术规格的规则由于只适用于上述两种采购方式,因此这些规则比起 2004 年和 2014 年的《公共部门指令》来,在重要性上要逊色一些——只有在这两个指令中,公开招标和限制招标这两种采购方式才可自行决定采用。但即使在国防采购中,如在谈判和合同的竞争性对话部分,某些部件还是可以制定相关标准的。

2.2 合同履行条件

采购当局和实体不仅可以达到严格意义上的采购过程(从发布合同公告开始到签订合同结束)中的目标,还可以通过对私营承包商设定合同履行条件而达到目标[33]。通过合同履行条件而设定的目标可以是物有所值,但也可以是社会、环境或

---

[26] 关于 2004 年《公用事业指令》和 2004 年《公共部门指令》的规则,参见克里斯多夫·波维斯(Christopher Bovis),《欧共体公共采购判例法与条例》(*EC Public Procurement: Case Law and Regulation*)(Oxford University Press,2007),第 220-223 和第 397-399 页;技术规格问题也常常是判决的主题,参见 Case 45/87, *Commission v. Ireland*("Dundalk")[1988] ECR 4929 and Case C-359/93, *Commission v. The Netherlands*("UNIX")[1995] ECR I-157。

[27] 《公共部门指令 2004/18/EC》第 23 条。

[28] 防务标准在《国防指令》附录 III 第 3 点进行了定义:"一种不具强制性、由专门制定技术标准的组织批准,以便在国防领域进行重复性或连续性应用的技术规格。"

[29] 第 166-169 页。

[30] 2007 年《工作人员工作文件》(2007 Staff Working Document),前注 1,第 20 页,提到了由国防部门和国家标准组织制定的国家标准,并在脚注 37 以英国为例说明了多边关系组织的加入:美国、英国、加拿大和澳大利亚陆军标准化项目(ABCA)。这些 ABCA 标准曾被称为"ABCA 四方标准协议"(ABCA Quadripartite Standardization Agreements)(OSTAG),而"ABCA 咨询出版物"(ABCA Advisory Publications)曾被称为"ABCA 四方联合出版物"(Quadripartite Allied Publications, QUAPS)。制定欧洲共同防务标准的重要性,在 COM(2013)542 final,第 12 页也进行了强调。这些标准应当保持自愿性,并避免与北约重复。

[31] 2007 年《工作人员工作文件》(2007 Staff Working Document),同上,第 21 页,脚注 39 和 40。

[32] 由于事先发布招标公告的谈判可自行决定使用但竞争性最弱,因此默认的采购方式,即《公共部门指令》默认的采购方式是限制招标。参见第七章,第 322-331 页。

[33] 彼德·特莱普特(Peter Trepte),《欧盟的公共采购》(*Public Procurement in the EU*)(Oxford University Press,2007),第 299 页。

工业政策方面的目标[34]。另外,为了达到《国防指令》的目的,这些目标还可以包括供应安全和信息安全方面的目标。合同条件在签订合同之后即采购后的合同管理阶段才会有效[35]。特莱普特将合同履行条件划分为两个层次。第一,合同履行条件与适用法律一起,可用作"保证守法的机制"[36]。第二,合同履行条件可用于保证遵守现行法律,让不受此法限制的投标人也遵守该法,或者保证投标人遵守法律当中没有的标准和要求[37]。合同履行条件可能出问题的,就是这第二个层次。首先,《国防指令》的目标是针对相关货物、工程和服务促成一个内部市场。对于来自某个成员国的经营者来说,来自另一成员国的采购当局或实体设定的合同履行条件,可能是一种贸易壁垒,因为如果采购当局或实体来自自己国家,他们是可以不受这些条件限制的。第二,即使经营者与采购当局或实体都来自同一国家,他们仍然可能面临法律以外的新条件的限制,而这样的做法在国家法规上可能会有问题(在内部市场上没有问题)[38]。这是因为合同条件往往不受议会控制,因而也不受法律控制[39]。另一方面,在采购寿命过程中的其他阶段,尤其是在严格意义上的采购阶段,许多重要的政策目标难以达到。另外,合同履行条件可能是实现政策目标的一个特别高效的手段,因为这些合同履行条件在合同的整个寿命周期内都得以执行,承包商如果知道这些条件,可能在初期阶段就做好了履行这些条件的准备。从某种程度上来说,当合同履行条件通过欧盟立法委员会在各采购《指令》中进行规范

---

[34] 关于公共采购的次要目标,参见 C·麦克鲁登(C. McCrudden),"公共采购中的社会政策问题:法律综述"(Social Policy Issues in Public Procurement: A Legal Overview),见于苏·爱罗史密斯和阿威尔·戴维斯(Sue Arrowsmith and Arwel Davies)(eds.),《公共采购:全球化革命》(*Public Procurement: Global Revolution*)(The Hague: Kluwer, 1998),第 12 章;P·钦兹利克(P. Kunzlik),"国际采购中的环境问题"(Environmental Issues in International Procurement),见于爱罗史密斯和戴维斯,同上,第 11 章;克里斯多夫·麦克鲁登(Christopher McCrudden)《采购社会公平》(*Buying Social Justice*)(Oxford University Press, 2007);N·布鲁恩和 B·贝克鲁森(N. Brunn and B. Bercusson),"欧盟公共采购中的劳动法问题"(Labour Law Aspects of Public Procurement in the EU),见于鲁斯·尼尔森和斯蒂恩·特鲁默(Ruth Nielsen and Steen Treumer)(eds.),《新的公共采购指令》(*The New Public Procurement Directives*)(Copenhagen: DjOf Publishing, 2005),第 97 页;P·钦兹利克(P. Kunzlik),"新制度下的绿色采购"(Green Procurement under the New Regime),见于尼尔森和特鲁默,同上,第 117 页;罗伯托·卡兰塔和马丁·特莱普斯(Roberto Caranta and Martin Trybus)(eds.)《欧洲的社会与绿色采购法》(*The Law of Social and Green Procurement in Europe*)(Copenhagen: DjOf Publishing, 2010),苏·爱罗史密斯和彼德·钦兹利克(Sue Arrowsmith and Peter Kunzlik),《欧共体公共采购法中的社会与环境政策》(*Social and Environmental Policies in EC Public Procurement Law*)(Cambridge University Press, 2009)。

[35] 参见下处讨论:R·卡兰塔(R. Caranta),"欧盟的可持续性公共采购"(Sustainable Public Procurement in the EU),见于卡兰塔和特莱伯斯(Caranta and Trybus),《欧洲的社会法和绿色公共采购》(*The Law of Social and Green Procurement in Europe*),前注 34,第 46-48 页。

[36] 特莱普特(Trepte),《欧盟的公共采购》(*Public Procurement in the EU*),前注 33,第 300 页。

[37] 同上。

[38] T·丹提斯(T. Daintith)"通过合同进行规制:新特权"(Regulation by Contract: the New Prerogative)(1979)第 32 期,《当代法律问题》(*Current Legal Problems*)第 41 期引自特莱普斯(Trepte),《欧盟的公共采购》(*Public Procurement in the EU*),前注 33,第 301 页。

[39] 同上。

之后,无论是内部市场还是国家法规问题都可以得到解决。因此合同履行条件受到规范之后,就可以与内部市场达成协调,受到立法和司法的控制了。对某些欧盟《指令》中的合同履行条件进行规范还是一个相对较新的东西,在2004年对《公共部门指令》和《公用事业指令》进行改革之后才开始。这场改革以之前欧洲法院重要的判例法为依据[40],而这些判例法至今仍有指导意义。

《国防指令》第20条允许采购当局或实体设定合同履行条件,前提是这些条件必须符合欧盟法律,并且在合同文件中有具体说明[41]。这一点与《公共部门指令2004/18/EC》第26条和《公用事业指令2004/17/EC》第38条的规定是一致的。《国防指令》解释性条件第41条指出,与欧洲法的要求保持一致,主要意味着合同条件不得具有直接或间接的歧视性[42]。采购伊始时就要就合同履行条件进行交流,部分说明了合同履行条件与规格之间的紧密联系,而规格对采购过程的开始具有规范作用。除了所有《指令》都会涉及的环境和社会方面的考虑,《国防指令》第20条还规定:

> 这些条件,尤其可能涉及分包问题也有可能是为了寻求保证机密信息的安全以及供应安全。而信息安全和供应安全是采购当局/实体按照第21条、22条和23条的规定提出的要求……

《国防指令》第21-23条规定了许多与信息安全和供应安全有关的合同履行条件。《国防指令》第21条是与分包有关的条件,我们在本章讨论供应安全和信息安全时不会对其进行讨论,但是在第九章讨论补偿贸易和分包时会对其进行讨论[43]。合同条件除了可以保证投标人资格(下文第3节),还可以保证信息安全和供应安全。合同条件与合同有关,而投标人资格则与投标人有关。

2.2.1 供应安全

关于供应安全,《国防指令》第23条允许在产品移转、出口和过境方面提出要求;允许危机期间需要提供部件时提出供应安全方面的要求;并允许规定生产地点或供应链可能发生变化时的告知义务。

根据《国防指令》第23条第(1)款的规定,采购当局和实体应当在合同文件中明确提出供应安全的要求,这个要求是对《国防指令》第20条的重复。《国防指令》第23条第(2)款"包含一个详细的非穷举清单",说明文件、证书、信息或其他方面的义务[44]。需要强调的是,采购实体必须淘汰不符合要求(包括供应安全方面的要求)的投标书。但是可以给予投标人对投标书进行进一步说明和解释的

---

[40] 最著名的例子是 Case 31/87, *Gebroeders Beentjes BV v. The Netherlands* [1988] ECR 4635 和 Case C-225/98, *Commission v. France* ("Nord-Pas-de-Calais") [2000] ECR I-7445.

[41] 关于合同公告、合同文件、说明性文件或支持性文件,参见《国防指令》第20、22和23条。

[42] 《国防指令》说明条款第41条规定:"合同履行条件不得具有直接或间接的歧视性,在合同公告或合同文件中进行说明,且应当与该《指令》的规定一致。"

[43] 第428-452页。

[44] 《供应安全指导说明》(Guidance Note Security of Supply),前注2,第9页。

机会,防止根据旧版《公共部门指令》和《公用事业指令》提出的原则对投标人进行淘汰[45]。

2.2.1.1 与合同相关货物的出口、移转和过境

《国防指令》第 23 条第(2)款(a)项规定,以下要求可以包含在合同文件中:

证明投标人达到采购当局/实体要求,能够履行与合同相关货物的出口、移转和过境方面义务的证书或文件,包括任何从相关成员国得到的任何支持性文件……

这个要求对于实现《国防指令》的目标来说非常重要。这里所说的许可证要求,"从其定义来说"[46],适用于货物的跨境移动,而《国防指令》希望促进货物的跨境移动。采购当局或实体想要避免的风险,是可能发生的"相关出口和移转授权发生拒绝、撤回或延迟以及与这些授权有关的条件发生变化"[47]。其中的任何一个风险变成事实,都会对供应安全造成明显的不良影响。

这个合同履行条件与《欧共体内部移转指令 2009/43/EC》[48](见第四章讨论[49])有着非常明显的关系。这个《欧共体内部移转指令 2009/43/EC》是一揽子"国防法规"中的另一个指令。以前的证书制度主要是对单个证书的要求。按照以前证书制度的要求,投标通常在许可证发放之前就开始了。《欧共体内部移转指令》转化为成员国的国内法并开始实施之后(根据《欧共体内部移转指令》第 18 条的规定,此指令必须在 2012 年 6 月 30 日之前转化内成员国的国内法并在国内开始实施),通用许可证制度对单个许可证制度的取代可能会让事情有所改观。在通用许可证制度下,这个风险不再成立(《国防指令》第 23 条第(2)款(a)项的要求就是针对此风险的安全措施),因为通用许可证在招标准备开始之前就已经发放了,由许可证发放引发的供应安全风险问题迎刃而解。不过,虽然通用许可证制度适用于许多情形,但并不是所有装备都需要通用许可证,因此在这些情况下需要上述安全措施。《供应安全指导说明》列出一个非穷举清单,将可能提出的要求罗列出来[50],如必须提供证据说明具有取得相关必要许可证的计划和方法,并提供证据说明取得

---

[45] 参见欧盟委员会的同义陈述,[1994] OJ L111/114。另参见特莱普特讨论的判例法,《欧盟的公共采购》(*Public Procurement in the EU*),前注 33,第 309-317 页。

[46] 《供应安全指导说明》(Guidance Note Security of Supply),前注 2,第 10 页。

[47] 同上。

[48] 《欧洲议会和欧洲理事会 2009 年 5 月 6 日关于简化防务相关产品在欧共体内移转条件的指令 2009/43/EC 2009/43/EC》(Directive 2009/43/EC 2009/43/EC of the European Parliament and of the Council of 6 May 2009 simplifying terms and conditions of transfers of defence-related products within the Community),OJ [2009] L-146/1。

[49] 第 147-160 页。

[50] 《供应安全指导说明》(Guidance Note *Security of Supply*),前注 2,第 10 页,第 30 段:"为了达到这个目标,投标人可以把过去同样装备向同一成员国或其他成员国的移转情况作一个记录,或者通过说明性询价或其他正式合同从官方机构那里得到的任何文件(说明相关采购当局一般不拒绝此类移转许可证书)。"

许可证的过程进展顺利[51]。与此同时也列出了一些不得提出的要求[52]。个别许可证制度的重要一点,是经营者不需要为取得许可证而提交保证金。交保证金的要求必将受到人们的反对并最终成为一种歧视性行为,因为经营者不能为其国家发放许可证机构的行为提交保证金,而国内企业也不必提交这样的保证金。要求经营者必须做到的事情,是证明他/她为了取得必要的许可证已经做了所有该做的工作,而不是将要做这些工作。一个不太好的经营者在申请许可证的时候不会排在前面,也不会将相关信息告知采购当局或实体。这样的经营者会影响供应安全。

从 2007 年《欧盟委员会工作人员工作文件》可看出,为了解决供应安全在欧共体内部引发的"政治问题",人们考虑了三个"次级方案"[53]。次级方案(a)提出国防物资的自由流通,因为实际上只有极少数的欧共体内部移转证书受到了拒绝[54]。但是人们认为这一点太过乐观,因为许可证书的申请仍然有受到拒绝的可能。如果申请受到拒绝,说明供应安全有了风险,这个问题必须在《国防指令》中加以解决,因为《国防指令》的目标就是减少人们对《欧盟运行指令》第 346 条的应用。次级方案(b)则允许采购当局就重要交付和未来交付申请所有必要的许可证书,并以此作为合同条件[55]。这样当然最有利于满足采购当局提出的供应安全的要求。但是,来自其他成员国的经营者会觉得为初始交付和未来所有交付取得相关许可证是一件"极其困难"的事情,是一种"桎梏","对投标人是一种极大的重压,对本国供应商是一种偏向",因此"很有可能导致重大歧视性措施的出现"[56]。因此后来成为《国防指令》第 23 条第(2)款(a)项的次级方案(c)被选中,以便在内部市场和相关安全利益之间达到平衡,取得折中[57]——这与新的《欧盟内部移转指令》是一致的。根据新的《欧盟内部移转指令》的规定,经营者如果想证明自己达到了移转要求,相关手续要简便得多。

2.2.1.2 在相关信息披露、移转或使用方面的限制

《国防指令》第 23 条第(2)款(b)项指出,在合同文件中可能会提出以下要求:

针对采购当局/实体在披露、移转或使用相关产品和服务时,或因此产品和服务的出口控制或安全协定而导致的任何结果时所规定的任何限制……

---

[51] 同上,第 11 页,第 31 段:"可以包括以下要求:如果相关产品及其部件、子系统需要由第三方国家提供,通报与这些产品及其部件、子系统的许可证要求或其他移转限制……向采购当局通报出口控制内容……及时采取行动取得出口许可;……就出口许可证发放过程与采购当局和/或实体进行充分沟通,保证达到所有要求;……保证将采购要求传达给可能申请出口/移转证书的所有分包商。"

[52] 《供应安全指导说明》(Guidance Note Security of Supply),前注 2,第 10 页,第 29 段;第 11 页,第 33 和 34 段。

[53] 前注 1,第 44-45 页。

[54] 同上,第 44 页,引自于 2005 年优利系统公司专题调查《欧共体内部防务产品移转》(UNISYS Study *Intra-Community Transfers of Defence Products*)(Brussels: Unisys Belgium for the European Commission, 2005),www.edis.sk/ekes/en—3—final—report.pdf.

[55] 2007 年《工作人员工作文件》(2007 Staff Working Document),前注 1,第 45 页。

[56] 同上。

[57] 2007 年《工作人员工作文件》(2007 Staff Working Document),前注 1,第 45 页。

根据《供应安全指导说明》的规定,这个要求涉及"所谓的'黑匣子'和'防改设备'"。"黑匣子"和"防改设备",指的是将要采购的一体性装备的部件或子系统,供货商或采购人对这些部件或子系统不得进行信息存取或改动[58]。另外,这个要求还涉及"出口控制下或特别终端用户监控制度如《国际武器贸易条例》(International Traffic in Arms Regulations)控制下的装备"。根据《国际武器贸易条例》的规定,从美国采购又出口到其他国家的装备,包括移转到欧盟其他成员国时,都必须得到美国的特别许可[59]。从前面讨论的《国防指令》第23条第(2)款(a)项的规定来看,该项应对的风险是对必要许可证书申请的拒绝、撤销或延迟。得到对相关产品的相关信息进行披露的许可后,采购当局可以针对此风险做出反应,"使下游装备供应合同仍然可以通过招标方式进行发包"[60]。投标人只需将相关限制全面告知给采购当局即可。(a)项和(b)项关系密切,后者是对前者的补充,因此采购当局可以将这两个要求结合起来[61]。

2.2.1.3 供应链的组织

《国防指令》第23条第2款(c)项针对供应链提出了如下要求:

说明投标人供应链的组织和场所的证明性证书或文件,有助于投标人达到采购当局/实体在合同文件中提出的供应安全要求;而让投标人做出相关承诺,可以保证供应链在合同履行期间发生变化时,不会对达到这些要求造成任何不良影响……

我们在第九章论述补偿贸易和分包时,会对分包和供应链问题进行更加详细的讨论[62]。这个要求应对的风险,可以指运输过程的中断或发生了许可证方面的问题,与主合同投标人没有关系,而是与供应链上的所有分包商有关系。运输过程的中断对供应安全所造成的影响,不亚于对总承包商的影响,而且采购当局对这种供应链中断的控制能力更低。供应链可以包括总承包商所在国以外成员国的分包商,也可以包括欧盟以外国家的分包商。因此(c)项允许采购当局就供应链的稳定性和可靠性提出相关要求。

《供应链指导说明》将招标时间要求和与"未来供应链变化"[63]相关的要求区分开来。与供应链可能发生的变故有关的要求,即在可能非常漫长的整个合同寿命周期内保证供应安全,是一种更具普遍性的要求;当分包合同按照招标方式进行发包时,这个要求与分包制度也有了关系(相关讨论见第九章[64])。根据《供应链指导说明》的规定,以招标方式进行分包以及在整个合同履行期间满足供应安全的要求,都必须达到[65]。因此《国防指令》第53条第(2)款规定:当无法保证供应安全

---

[58] 《供应安全指导说明》(Guidance Note Security of Supply),前注2,第12页。
[59] 同上。
[60] 《供应安全指导说明》(Guidance Note Security of Supply),前注1,第12页,第35段。
[61] 同上,第36段。
[62] 第428-452页。
[63] 《供应安全指导说明》(Guidance Note Security of Supply),前注2,第13页,第37段。
[64] 第428-452页。
[65] 《供应安全指导说明》(Guidance Note Security of Supply),前注2,第12页,第40段。

时，可以不进行分包⑥。关于这个问题我们将在第九章进行讨论。

另外，在招标时间要求上，《供应链指导说明》首先把仅由欧盟成员国的经营者组成的供应链，与由欧盟以外的第三方国家的经营者组成的供应链区分开来。但是这一点可能需要进一步加以区分，因为仅由总承包商所在国供应商组成的供应链，与由来自多个成员国的经营者组成的供应链相比，供应安全方面的风险要更少一些，至少在授权书方面是如此。《指导说明》强调指出，如果供应链上的经营者来自一个以上的成员国，则不得以国家利益为借口采取任何歧视性措施。这样采购当局只能根据"客观和绩效方面的因素"提出要求。在运输方面可以考虑地理因素（距离和交付能力），但与国家领土无关⑥。有人指出，由于这些供应链都处于内部市场的约束范围，因此所有这些要求都必须与欧盟内部法的要求（包括比例原则）一致（相关讨论见第二章）。

如果供应链上的某些经营者来自欧盟以外的第三方国家，那么内部市场法不直接适用。对此《供应链指导说明》建议只提出以下要求，如"来自盟国的可靠分包商"，或者"避开那些受第三方国家控制制度约束的分包商"。第一种情况把叙利亚和朝鲜淘汰出去，但从目前来看就不恰当了；第二种情况的问题更大一些，因为"受第三方国家控制制度约束的分包商"也包括来自美国的经营者，因为在来自欧盟成员国的总承包商的供应链上，常常也包括来自美国的经营者。针对来自欧盟总承包商（而不是供应链上来自第三方国家的供应商）的所有这些条件，必须"恰当且符合比例原则"。

2.2.1.4 由危机引发的追加需求

《国防指令》第 23 条第（2）款（d）项和（e）项针对由危机引发的追加需求而可能提出的两种要求做出了相关规定。《国防指令》第 23 条第（2）款（d）项允许

> 要求投标人做出以下承诺：当发生危机时，投标人应当具备和/或保持按照相关条款和条件满足采购当局提出的追加需求的能力……

《国防指令》第 23 条第（2）款（e）项则规定可以要求

> 投标人所在国国家机构提供任何支持性文件，证明当采购当局/实体因危机而产生追加需求时，投标人具有满足相关追加需求的能力……

之所以允许提出这些要求，是为了应对以下情况：危机条件下产生的追加需求并不是初始合同的一部分。《国防指令》第 1 条第（10）款对"危机"一词做出了定义⑥，这个定义被收入到欧洲议会报告起草人亚历山大·康特·拉姆斯多夫的倡议

---

⑥ 同上，第 14 页，第 40 段。
⑥ 《供应安全指导说明》（Guidance Note Security of Supply），前注 2，第 38 段。
⑥ 《国防指令》第 1 条第（10）款规定："'危机'指成员国或第三方国家出现的一种情形，危机期间发生的有害事件明显超出了日常生活中有害事件的范围，对人们的生活和健康造成了严重威胁或者限制，或者对于财产价值造成了严重影响，或者需要采取相关措施保证人民日常需求；如果有害事件一定会发生，那么危机就一定会发生；武装冲突和战争应当视为本《指令》所指的危机……"

中[69]。《供应链指导说明》认为这个合同履行条件没有那么重要,因为这些要求与合同发包后的条件有关,与可启用《国防指令》克减条款的情形无关[70]。关于这些追加需求的准确条款和条件,只有在后来危机实际发生后才能确定,因为这时只有采购当局才能确定自己需要什么,供应商也才能知道怎样满足采购当局的需求[71]。《指导说明》还提出可以在合同中规定一些可选项或者有条件的订货条款,如果有可能还可以就价格和交货条款达成一致,事后再进行支付。(e)项中提到的文件通常以意向书或欧防局框架内的供应安全协定为依据(见第五章讨论[72])。通过这种方式可确定优先体系或普遍义务[73]。但是存在这样一个问题:在危机条件下,在与经营者签订合同的采购当局中,不止一家会产生追加需求,因此可能会出现承包商因危机产生的追加需求过多而承受不起的现象。这些需求必须在这些协定中做出相关规定。

(d)项和(e)项中的要求可能会因为来自其他成员国的投标人必须面对的许可证义务而受到影响,而这可能会导致歧视。另一方面,为了保证国家安全,成员国A的采购当局必须保证因危机而产生的追加需求由来自成员国B的投标人来满足。另外,也是因为国家安全方面的原因,当发生危机时,不能在个别许可证书上对成员国B的的权利进行限制。为了防止歧视性行为的发生,《国防指令》第23条第(3)款规定在初始投标时,不得要求投标人从其所在成员国那里得到发生追加需求时向其发放许可证的承诺。这一点与成员国发放许可证的权限是一致的。该权限不受《国防指令》和《欧共体内部移转指令》的影响。另一点与合同履行条件的性质也是一致的,因为这些合同履行条件是为了约束承包商,而不是承包商所在的成员国。

这些要求对于国防与安全来说,尤其是针对军事采购来说,非常具有针对性。这些要求应当纳入《国防指令》,因为与此相关的危机情形对国家安全利益会造成影响,所以人们可根据《欧盟运行条约》第346条第(1)款(b)项的规定对《国防指令》和《欧盟运行条约》进行克减。还有一点也非常重要:如果这些合同条件考虑得足够周到,实施得足够充分,仍然可用于竞争性招标。出现危机时,可以按照《国防指令》第28条第(1)款(c)项的规定采用不事先发布合同公告的谈判的采购方式(相关讨论见第七章[74])。但是这种非竞争性采购方式与《指令》范围外的采购很

---

[69] 据N·斯皮盖尔(N. Spiegel)(欧盟委员会)《指令2009/81/EC:国防特点》(Directive 2009/81/EC: Defence Specificities),在讨论会"欧洲国防与安全采购指令及其实施挑战"(The European Defence and Security Procurement Directive and the Challenges for its Implementation)上的发言,欧洲公共管理研究院(EIPA),马斯特里赫特,2010年6月21日(作者记录,可查)。

[70] 《供应安全指导说明》(Guidance Note Security of Supply),前注2,第14页,第40段。

[71] 同上,第41段。

[72] 第225—231页和第186—222页。

[73] 《供应安全指导说明》(Guidance Note Security of Supply),前注2,第14页,第42段。

[74] 《供应安全指导说明》(Guidance Note Security of Supply),前注2,第14页,第42段。

相似。因此为了达到《国防指令》竞争和内部市场的目标,在合同条件中将危机条件下的追加需求考虑进去,要好于届时采取克减措施或使用一些非竞争性的采购方式。

2.2.1.5 维修、现代化和改装

按照《国防指令》第23条第(2)款(f)项的规定,采购当局和实体可以要求

投标人承诺对合同内的供应品进行维修、现代化或改装……

从《供应链指导说明》来看,这一点与后续工作有关[75]。之所以要做出这样的承诺,是因为为了保证相关装备的可操作性,必须对其进行重要的维护、现代化和改装,否则会影响它们的实用性,进而对国家安全造成不良影响。我们在第一章指出,安全装备,尤其是军事装备,常常具有很长的寿命周期[76],因此有必要在最初的供应合同中将未来的维护、现代化和改装方面的内容包括进去。维护承诺必须与"售后服务和技术援助"区分开来。根据所有采购《指令》的规定,在采购的决标阶段确定最具经济效益标时,可以将售后服务和技术援助考虑进去(相关讨论见下文第4节[77])。维护、现代化和改装一般与未来需求有关,如果是现代化和改装,则可能是合同发包多年之后。根据2004年《公共部门指令》的规定,未来产生这些需求时,必须再签订一个新的合同,可以采取不事先发布合同公告的谈判这种采购方式。我们在第一章指出[78],国防和安全领域的工业能力是有限的。因此当未来某个时候产生现代化和改装的需求时,能够满足这个需求的可能只有一个经营者,即最初装备的供应商,而且这个供应商可能还不愿意满足这些需求。因此有必要在合同中将未来的现代化和改装写进合同中去,以保证满足这些需求。这种做法也利于竞争,因为在采购阶段竞争仍然存在,与多年后的情形是不一样的:多年后,只有该合同的中标人可以进行现代化和改装,届时可以采用的采购方式,就只有不事先发布合同公告的谈判了[79]。

维护与现代化和改装稍有不同:维护需求的出现远远早于现代化和改装需求,往往从合同履行的开始阶段就产生了。另外,维护涉及的服务常常是集团内部服务,可以与另一供应商签订一个单独的合同。虽然将维护纳入合同履行条件中的做法并不是特别合理,但是具有可操作的装备,从国家安全的角度来说也是一个很有说服力的理由。我们在第一章指出,安全可操作的新式装备对于军事上的成功至关重要,对于其他安全领域,如警察工作也是非常重要[80]。因此这个特别的承诺

---

[75] 《供应安全指导说明》(Guidance Note Security of Supply),前注2,第14页,第43段。

[76] 第52—53页。

[77] 参见《公共部门指令2004/18/EC》(Public Sector Directive 2004/18/EC)第53条第(1)款(a)项,或者《国防指令》第47条第(1)款(a)项。

[78] 第21—27段。

[79] 由于后续工作,或因为只有一个供应商,或使用限制招标或事先发布合同公告的谈判不成功,具体细节参见第七章,第340页。

[80] 第50页

具有国家安全方面的原因,必须写进《国防指令》中去。

欧盟委员会在《供应链指导说明》中指出:"应当规定这样一个义务,即就未来实施的维护、现代化和改装的性质和内容做一个更加详细的规定,如果可能的话至少要在价格上大致达成一致[81]。"就维护、现代化和改装的性质和内容做一个更加详细的规定,可以使该义务在实践中更加有效,减少因后期对合同条款的实质性变更而引发的法律风险。

2.2.1.6 工业变化

《国防指令》第23条第(2)款(g)项就合同履行条件的另一种情况做出了相关规定:

投标人对采购当局/实体的义务:如果投标人组织、供应链或工业策略上的变化可能会影响投标人对采购当局/实体义务的履行,应及时向采购当局/实体通告……

这个承诺事关经营者在组织、供应链或工业策略上的变化,目的是为了防范采购当局被影响供应安全的业务决策打个措手不及[82]。如果履行了这个义务,采购当局就会有时间应对这些变化。关于供应链上的变化,应当把(g)项和(c)项结合起来看。这个合同条件只是一种告知义务,并不是足以签订一个新合同的履行义务,如《国防指令》第23条第(2)款(f)项所规定的情形。

2.2.1.7 停产

《国防指令》第23条第(2)款(h)项就供应安全方面的义务做出了相关规定,允许采购当局和实体要求

投标人做出承诺,根据达成的条款和条件,向采购当局/实体提供有关零件、组件、组装部件和特殊试验设备的所有必要生产信息,包括技术制图、许可证和说明书,以应对未来出现无法继续供货的情况。

这个义务的规定,是为了应对"军事或安全装备停产所带来的风险"[83]。军事或安全装备的停产可能是因为破产或业务决策。按照投标人所做的承诺,如果经营者停产,采购当局可以把相关产品的生产接管过来;相关生产将成为"内部"生产。这种生产的具体移交条款和条件,只能在停产之后才可能达成,不可能在签订初始合同的时候就达成。

2.2.1.8 小结:与供应安全有关的合同条件

与供应安全有关的合同履行条件,根据其重要性和含意可分为四种。《国防指令》第23条第(2)款(b)项和(g)项规定的只是向采购当局的告知义务。这些"告知义务"是一种相对"较轻"的承诺,从其本身所指向的国家安全利益来说是很有必要的,也符合比例原则。

---

[81] 《供应安全指导说明》(Guidance Note Security of Supply),前注2,第15页,第43段。
[82] 同上,第44段。
[83] 《供应安全指导说明》(Guidance Note Security of Supply),前注2,第16页,第45段。

《国防指令》第23条第(2)款(a)项、(c)项第一部分以及(e)项又向前进了一步,要求提供证书和文件。但是这些要求也都是一些相对"较轻"的义务,从其本身所指向的国家安全利益来说是很有必要的,也符合比例原则。

《国防指令》第23条第(2)款(d)项和(f)项就满足危机引发的追加需求能力和维护、现代化和改装能力做出了相关规定,是一些相对"较重"的义务,因为这些义务将供应合同进行了延伸,超出了最初的装备范畴,将后续供应和服务也纳入义务范畴,而其实这些后续供应和服务原本也可作为一个新的合同。之所以如此,是因为考虑到国防领域特有的国家安全问题,以及/或者国防与安全装备的较长的寿命同期。有一个问题非常突出:这些条件会影响竞争,因为相关货物和服务的采购不需要经过新的采购程序。但是由于相关类型的装备寿命周期很长,生产与改装这些装备的工业能力又十分有限,因此如果有数个竞争者,将这些追加需求和服务整合到初始供应合同里一并采购时,竞争会非常激烈。如果不采用招标的方式,一般会采用不事先发布合同公告的谈判这种采购方式。换句话说,就是采用单一货源的采购方式,从最初的装备供应商那里进行采购。

《国防指令》第23条第(2)款(h)项可能是"最重"的合同条件了,因为它实际上意味着将大量的资产和知识产权转移到采购当局手中。另一方面,这个条件包含如下情形:承包商本身不愿意进行相关装备的生产了。另外一点也必须考虑到:采购当局或实体一般不愿意将接管过来的生产能力纳入内部生产能力的范畴。只是在非常罕见的极端情况下,当这种转移真正发生时,才会出现由采购当局接管生产的情况。如果军队必须继续使用或愿意继续使用某个装备,那么该装备对于国家安全来说必然具有很重大的意义。正因为如此,《国防指令》第23条第(2)款(h)项是符合比例原则的,可以成为合同条件之一。从内部市场和前面讨论的合同条件的法律意义来说,这个可能非常"重"的条件尤其应当在《国防指令》有明确的规定。

其中的许多要求,如《国防指令》第23条第(2)款中的要求,在2004年和2014年的《公共部门指令》和《公用事业指令》中也是允许并符合惯例的。这些规则只不过为从前受国家规则约束的各个问题和要求提供了一个内部市场制度。针对现实生活中缺乏这些要求的可执行性的状况,休尼克斯提出了批评。在现实生活中,投标人在投标时按照当时既有证明材料向采购当局/实体做出承诺[84]。由于防务装备的寿命周期很长,这样的合同承诺届时可能很难兑现。另外,如果遇到投标人无法控制的情况,如冲突或禁运[85],投标人的合同承诺又怎能保证供应安全?如果遇到这样的情况,那么承包商能做的,而且很有可能做的,就是声称遇到了不可抗

---

[84] B·休尼克斯(B. Heuninckx),"欧盟《国防与安全采购指令》:花招还是款待?"(The EU Defence and Security Procurement Directive: Trick or Treat?)(2011)第20期,《公共采购法评论》(Public Procurement Law Review),第9卷第28期,第24–25页。

[85] 同上。

力,使与供应安全有关的所有合同履行条件都变成无效条件[86]。鲍舍尔(Bowsher)指出,合同条件中要求的某些证明材料,即《国防指令》第2条(a)、(c)、(e)项所要求的证书和文件,如果其他采购当局不愿意提供相关信息,那么取得这些证书和文件会非常困难[87]。如果规定这样一个具有法律约束力的义务,规定所有成员国"在任何条件下不得阻止国防……供应品和服务的移转[88]"(但这样的法律义务(还)并不存在)[89],那么现实中的事情就会好办得多[90]。

2.2.2 信息安全

如上所述,信息安全关系到机密信息的保护。《国防指令》第7条规定,采购实体可以向总承包商和分包商提出一些相关要求,在整个招标期间和合同履行阶段对机密信息进行保护[91]。除此之外,《国防指令》第22条还允许通过合同履行条件的方式保证对机密信息进行保护[92]。这些履行条件包括一个保密承诺(下文2.2.2.1节)和分包商信息(下文2.2.2.2节)。

2.2.2.1 保密承诺

《国防指令》第22条第(2)款(a)项和(b)项就保密提出了两个要求。《国防指令》第22条第(2)款(a)项规定,采购当局和实体可以要求

投标人和已经确定的分包商做出承诺,对合同的整个持续期间、合同终结或结束之后,根据相关法律、法令和行政规定对其所掌握或即将掌握的机密信息进行恰当的保密……

另外,《国防指令》第22条第(2)款(b)项规定,采购当局和实体可以要求:

投标人做出承诺,取得合同履行期间分包其合同的其他分包商的承诺……

《信息安全指导说明》指出,(b)项允许通过对投标人发放接触机密材料许可证的方式,证实投标人具有"将机密信息保持在规定水平的一般能力"[93]。按照(a)项的规定,采购当局可以要求总承包商和分包商在得到接触机密材料许可证的基

---

[86] 休尼克斯(Heuninckx),"花招还是款待?",前注84,第24页。

[87] M·布舍尔(M. Bowsher),"怎样达到供应安全标准避免投标被取消资格"(How to Meet the Security of Supply Criteria and Avoid Disqualification of Your Bid),于"C5欧盟国防与安全采购会议"(C5 EU Defence and Security Procurement Conference),布鲁塞尔,2009提11月17日,引自休尼克斯(Heuninckx),"花招还是款待?"(Trick or Treat?),前注84,第24页。

[88] 休尼克斯(Heuninckx),"花招还是款待?",前注84,第25页。

[89] 《国防指令》说明条款第9条。

[90] "一揽子国防法规"中的其他《指令》,如《指令2009/43/EC》(Directive 2009/43/EC)简化了在欧共体内部防务相关产品移转的条件,前注43,据休尼克斯(Heuninckx),"花招还是款待?"(Trick or Treat?),前注84,第25页,"是朝着这个方面迈出的很好的第一步"。"在欧洲没有不发放许可证的空间",而许可证要求对于供应安全来说是一种风险,因此对于相关货物和服务的内部市场来说也是一种风险,斯皮盖尔(Spiegel)(欧盟委员会,2010年6月),前注69(作者记录,可查)。

[91] 参见:T. Briggs, "The New Defence Procurement Directive" (2009) 18 *Public Procurement Law Review* NA129, at NA133.

[92] 一般来说,这些要求也适用于分包商。参见《国防指令》第22条(b)-(d)款。

[93] 《信息安全指导说明》(Guidance Note *Security of Information*),前注11,第8页,第17段。

础上做出郑重承诺,对合同中的某些机密信息进行保护。《指导说明》指出,这两个承诺对《国防指令》第 42 条第(1)款(j)项的中标人选择标准是一个很好的补充,相关讨论见下文第 4 节。《国防指令》第 42 条第(1)款(j)项、第 22 条第(2)款(a)项和(b)项形成一个"连贯的体系,采购当局首先可以保证只有那些具有必要能力的可靠经营者才会受到招标邀请,其次是可以让经营保证对机密信息进行有效保护[94]。"

2.2.2.2 关于分包商的信息

《国防指令》第 22 条第(2)款(c)项和(d)项对事关分包商的信息保护提出了两个要求。《国防指令》第 22 条第(2)款(c)项规定,采购当局和实体可以要求

> 得到已确定分包商的足够信息,让采购当局/实体确认每一个分包商在履行分包合同的过程中,对已经取得和必须产生的机密信息具有必要和恰当的保密能力……

另外《国防指令》第 22 条第(2)款(d)项规定,采购当局和实体可以要求

> 投标人做出承诺,在授予分包合同之前按照(c)项要求提供与新分包商有关的信息。

《信息安全指导说明》指出,这个信息包括总承包商从国家或指定机构取得的证书,证明相关供应链上的所有分包商"通过了一定安全级别的国家保密调查[95]"。相关信息可以通过这些机构进行核对。将分包商也纳入可靠性查证范围是很有必要的,也是很有道理的。我们在第一章指出[96],国防与安全合同常常具有较长的分包商供应链,关于这一点我们将会在第九章进行详细讨论[97]。这些分包商带来的保密风险与总承包商一样大,如果只对总承包商提出此要求,那么信息安全的要求就不能满足。

2.2.3 说明

关于合同履行条件的供应安全和信息安全规则,在旧版《公共部门指令》[98]和《公用事业指令》中也是允许的,且是惯例性的东西,没有必要为了合法使用这些规则再在《国防指令》中进行明确规定。在《国防指令》中对其进行明确规定的附加价值,即"说明"的附加价值,就是这些规则无疑是符合欧盟法的,因此可以减少诉讼风险,促进了采购官员对这些规则的使用。

2.3 向国内法的转化

《国防指令》第 18 条关于规格的规则,已转化为《奥地利国防安全采购法》的

---

[94] 同上。
[95] 同上。
[96] 第 27 页和第 57 页。
[97] 第 428—452 页。
[98] 参见 Case C-324/93, *R v. Secretary of State for the Home Department, ex parte Evans Medical Ltd* [1996] ECR I-1631, [1996] 1 CMLR 53。

第67-68条和第81-83条[99]，《德国国防安全采购条例》的第15条[100]，爱尔兰《国防安全合同授予条例》的第16条[101]，以及英国的《联合王国国防安全采购条例》第12条[102]。《国防指令》第20条关于合同条件的一般条款已转化为《奥地利国防安全采购法》的第68条第（5）款和第84条，《德国国防安全采购条例》第16条的大部分（其他规则也很重要），爱尔兰《国防安全合同授予条例》的第18条和英国《联合王国国防安全采购条例》的第16条。《国防指令》关于供应安全的第23条已转化为《奥地利国防安全采购法》的第70条，《德国国防安全采购条例》第8条，爱尔兰《国防安全合同授予条例》的第21条和英国《联合王国国防安全采购条例》的第39条。《国防指令》关于信息安全的第22条已转化为《奥地利国防安全采购法》的第60条，《德国国防安全采购条例》第7条，爱尔兰《国防安全合同授予条例》的第20条和英国《联合王国国防安全采购条例》的第38条。爱尔兰和英国在将《国防指令》转化为国内法时，采取原文照搬的方式。而奥地利和德国有时候会对《国防指令》的文字稍加改变并改变其顺序，但与《国防指令》也是一致的。

3. 投标人资格

关于采购资格的规则是为了保证从可靠、训练有素、有能力、有经验和可信赖的经营者那里进行采购[103]。从旧版《公共部门指令》和《公用事业指令》中的欧洲法院判例法来看，资格预选标准与授标标准具有明显的区别（我们将在下文第4节进行讨论）：前者事关投标人的品质，而不是投标产品或服务的品质[104]。资格预选的目的，是保护采购当局的实体不受非可靠供应商的危害，因为不可靠的供应商最终是不可能按时交货的。因此进行资格预选的最终目标，是保证采购主要目标的实现：向采购实体提供需要的东西。如果供应链上的相关公司破产或因为犯罪、税收

---

[99] Bundesgesetz uber die Vergabe von Aufragen im Verteidigungs-und Sicherheitsbereich(Bundesvergabegesetz Verteidigung und Sicherheit 2012 -BVergGVS 2012), BGBl. I Nr. 10/2012。

[100] Vergabeverordung fur die Bereiche Verteidigung und Sicherheit - VSVgV, BGBl. I S. 1509/2012。

[101] 2012年《欧洲联盟（国防安全合同授予）条例》（European Union(Award of Contracts Relating to Defence and Security) Regulations 2012）, S. I. 2012年第62号（下称《国防安全合同授予条例》）。

[102] 2011年《联合王国国防安全公共合同条例》（United Kingdom Defence and Security Public Contracts Regulations 2011）, SI 2011/1848（下称《国防安全公共合同条例》）。

[103] 关于2004年《公共事业指令》和《公共部门指令》的规则，参见特莱普特（Trepte）,《欧盟的公共采购》（*Public Procurement in the EU*）,前注33，第335-353页；波维斯（Bovis）,《欧共体公共采购》（*EC Public Procurement*）,前注21，第224-233页和第399-416页；资格也常常是法庭判决的主题，参见 Case 76/81, *Transporoute et Travaux SA v. Minister of Public Works* [1982] ECR 417; Case C-389/92, *Ballast Nedam Group NV v. Belgian State* [1994] ECR I-1289; Case C-225/98, *Commission v. France* ("Nord-Pas-de-Calais") [2000] ECR I-7445; Joined Cases 27-29/86, *CEI and Bellini* [1987] ECR 3347。

[104] 特别是 Case C-532/06, *Lianakis* [2008] ECR I-251, 第25-32段，引自《供应安全指导说明》（Guidance Note Security of Supply），前注2，第6页，脚注9。

或其他原因与所在国家的相关机构交恶,那么这个目标的实现就要打折扣了。没有最终完成合同的技术能力、组织或技术力量,至少也是同样成问题的。潜在合同伙伴的资金和技术能力必须得到保证。这些问题都与供应安全有关。信息安全也可以是资格要求的一部分,目的是保证投标人能够而且愿意就相关许多合同进行保密,尤其是在军事领域。

在国防和安全采购中,投标人的可靠性和可信赖性特别重要,尤其是当现在和未来来自其他成员国的投标人也必须具有真正中标的机会,而采购当局以前又从未与其打过交道时,投标人的可靠性和可信赖性就更重要了。在以下情况下资格预选事关投标人的可靠性和可信赖性:(a)在投标过程中(现在);(b)合同签订后的整个合同管理阶段(未来);为了对合同管理阶段进行预言,(c)可以对公司可靠性和可信赖性的跟踪记录(即公司的过去)进行评估时。

供应安全和信息安全在资格预选中的重要性在《国防指令》说明条款第67条中得到了明确承认。《供应链指导说明》和《信息安全指导说明》把供应安全和信息安全中的资格或资格预选分为三个步骤:第一,不适合参加采购招标的经营者被淘汰(下文3.1节);第二,对经营者的经济和资金状态、技术和专业能力进行评估(下文3.2节);第三,只有有限数量的合格投标人才能受邀参加限制招标或谈判,相关讨论见第七章[105]。因此要按照资格预选标准(下文3.3节)建立一个排队顺序。成员国在将这些资格规则转化为国内法时不得进行大的变动(下文3.4节)。本节的讨论将说明立法者在转化《国防指令》中包含的《公共部门指令2004/18/EC》原有规则时,大多使用了说明的形式,但有时也增加了大量的内容。

3.1 淘汰不合适的候选人

首先,不适合参加采购投标的经营者被淘汰。在一些最终判决违反《国防指令》第39条第(1)款的案例中,参加犯罪组织、腐败、不当职业行为、不缴纳社会保障金、不缴税、提供虚假信息的,都属于强制性淘汰之列。但是该条第(2)款为采购当局和实体留下了一定的裁量空间[106]。《国防指令》第39条第(1)款、第(2)款(a)项、(b)项和(f)-(g)项中的淘汰标准[107],在旧版《公共部门指令》中也有[108],除此之外还有一些只出现在《国防指令》中的淘汰标准。以下是就这些国防领域专用淘汰标准进行的讨论,因为这些标准说明了对《公共部门指令2004/18/EC》的修改。

3.1.1 职业行为

《国防指令》第39条第(2)款(c)项并没有就国防与安全领域的职业行为标准

---

[105] 第318-320、323和332页。

[106] 《信息安全指导说明》(Guidance Note Security of Information),前注11,第3页,第7段。

[107] 第39条第(1)款,(a)加入犯罪组织,(b)腐败,(c)被证实有任何有违职业行为,(f)不缴纳社会保障金,(g)不缴税,以及(h)不提供真实人供货信息。

[108] 《公共部门指令2004/18/EC》第45条第(1)款和第(2)款。

做出相关规定。它只是规定以下情况下可以淘汰经营者：

根据所在国家的法律规定经最高法院判决有罪，认定有不当职业行为，如违反现行国防和/或安全装备出口法规的……

《国防指令》第 39 条第(2)款(c)项是根据《公共部门指令 2004/18/EC》第 45 条第(2)款(c)项制定出来的。"如"之后的与国防与安全领域的供应安全相关的文字，只不过是一个"例子"。这说明前者的文字与后者是完全一样的，唯一的不同是举了一个与供应安全有关的例子，而这个例子与前面 3.2 节讨论的合同履行条件中的例子一样，并没有增加实质性的内容。不论是《供应链指导说明》还是《信息安全指导说明》，都没有对(c)项进行说明，但都对(d)项进行了说明。这一点也证实了上述观点。对国防领域的例子进行说明，只是让这个淘汰标准有了一副国防的"面孔"，其附加价值就是这些例子无疑与欧盟法都是一致的，因此可以减少诉讼风险，鼓励采购官员去使用这些淘汰标准。

3.1.2 严重职业不端行为

《国防指令》第 39 条第(2)款(d)项似乎是规定了一个《国防指令》特有的供应安全与信息安全标准。根据该条款的规定，出现以下情形可以将经营者淘汰：

采购当局/实体能够提供任何形式的证据，证实其有严重不当职业行为的，如在以前合同中曾出现不履行信息安全或供应安全方面责任的……

从《供应链指导说明》和《信息安全指导说明》来看，这里指的是在过去的合同中不履行供应安全和信息安全义务，包括在与其他任何成员国的其他采购当局签订的合同中出现的不履行相关义务的行为[109]。在此并没有要求最终判决的认定，但是按照《指导说明》的规定，使用《国防指令》第 39 条第(2)款(d)项中的"曾犯有罪行"和"被证实"等"非常强烈的字眼"时，必须是"客观且可证实的信息"，方能在此基础上淘汰经营者[110]。本章不能就此进行充分的讨论，但这可以成为判例法的宣判主题，说明必须要举出什么样的证据来才能淘汰经营者，只不过这一切都需要时间[111]。《国防指令》第 39 条第(2)款(d)项是以《公共部门指令 2004/18/EC》第 45 条第(2)款(d)项为基础的，"如"之后的与国防与安全有关的供应安全和信息安全的相关措辞，说明后者只不过是一个说明性的例子，如果这部分文字与旧版《公共部门指令》完全相同，也会有这样一个说明性的例子。《国防指令》第 39 条第(2)款(d)项的附加价值有限，不过对供应安全和信息安全进行了特别规定，因此可以向采购官员提示这一问题在资格预选中的重要性，避免对列出的不当行为

---

[109] 《供应安全指导说明》(Guidance Note Security of Supply)，前注 2，第 7 页，第 19 段；《信息安全指导说明》(Guidance Note Security of Information)，前注 11，第 3 页，第 8 段。

[110] 同上。

[111] 弗林赫·汝尔克(Vierlich-Jürcke)(欧盟委员会，2012)"《国防采购指令》的特点"(Specificities of the Defence Procurement Directive)，在讨论会"欧洲的国防与安全采购"上的发言，欧洲公共管理研究院，马斯特里赫特，2012 年 1 月 19 日(作者记录，可查)。

产生任何疑问。因此虽然它与《公共部门指令 2004/18/EC》相比并没有在资格预选标准上增加任何实质性的内容,但是如果经营者在以前的合同中曾不履行信息安全和供应安全的义务,则可以明确定义为对《国防指令》的违反[112]。

在最近的 Forposta 判例法中[113],欧洲法院规定《公共部门指令 2004/18/EC》第45条第(2)款(d)项

不允许国内立法做出这样的规定:当相关采购当局因经营者的责任取消、终止或放弃与某个经营者的合同,而对合同的取消、终止或放弃发生在招标前三年内,未履行的合同价值达到合同总价5%以上时,可认定为严重职业不端行为,相关经营者被自动淘汰出公共合同的投标过程。

这说明对严重职业不端行为的相对狭义的理解,是淘汰投标人的一个依据。人们有理由问一问是不是 Forposta 一案对于《国防指令》第 39 条第(2)款(d)项的理解起到了促进作用。这个条款与以前的《公共部门指令 2004/18/EC》第 45 条第(2)款(d)项有多大的区别?波兰对于以前的不履行合同行为的规定,一定是以供应安全为依据的[114]。Forposta 一案判决于欧盟委员会《指导说明》公布之后,因此在《指导说明》中不可能提及。有人指出,《国防指令》第 39 条第(2)款(d)项又一次明确提到了供应安全问题,加上供应安全问题对于国家安全的重要性,使人们对于《国防指令》约束范畴内的同一合同产生了不同的理解。在《国防指令》的范畴之内,像 Forposta 案中的波兰国内法那样允许淘汰犯有严重职业不端行为的经营者,是一件很有可能的事情,但是波兰的这个规定被欧洲法院否决了。如果制定出像波兰那样的法规是一件很有可能的事情,那么关于供应安全和信息安全方面的明确规定就不仅仅是一个说明了,而是对相关条款的实质内容有一定的影响。到底是否如此我们并不清楚,需要欧洲法院按照《国防指令》的规定做出判决。从《国防指令》第 39 条第(2)款(d)项的措辞来看,对于安全问题的提及,不过是对安全问题的一种说明。

3.1.3 成员国的安全风险

《国防指令》第 39 条第(2)款(e)项规定了资格预选标准,具有明显的国防与安全特色。按照这个条款的规定,可以淘汰以下经营者:

经任何证据包括经保护的数据资源证实不具有必要可靠性,不能防止对成员国造成安全风险的。

这个标准在《公共部门指令 2004/18/EC》中并没有相应的规定。《供应链指导说明》指出,该标准"解决了供应安全与候选人/投标人可靠性之间的关联问题,

---

[112] 休尼克斯(Heuninckx),"花招还是款待?",前注 84,第 22 页,称此举对于信息安全来说是"唯一的真正创新"。

[113] Case C-465/11,*Forposta v. Poczta Polska*,2012 年 10 月 13 日判决,尚未公布。感谢麦克尔·斯坦尼克(Michael Steinicke)在评论本章早期版本时为我指出此案。

[114] 同上。

而这个问题在说明条款第67条中也有[115]"。对《国防指令》说明条款第67条的提及,在《信息安全指导说明》中也有。《信息安全指导说明》还提到了说明条款第65条,以证实"经营者的可靠性也可能取决于其保密能力以外的因素[116]"。

淘汰标准的一个重要特征,是采购当局或实体可以"以任何证据为依据,包括保密数据为依据",证明经营者缺乏事关国家安全的可靠性。这一点与《国防指令》第39条第(3)款、第(4)款、《公共部门指令 2004/18/EC》第45条第(3)款、第(4)款关于缺乏可靠性的充分证据的规则是不一致的。《供应链指导说明》和《信息安全指导说明》解释了《国防指令》第39条第(2)款(e)项中与"某些国防与安全合同中的特别敏感性"有关的特别证据规则,并引用了《国防指令》说明条款第65条[117]:

如果采购当局通过适当的保护性渠道得到信息,证实经营者不可靠,不足以防止对成员国造成安全风险,那么就可以淘汰这些经营者。这样的风险可能来自某些供应的产品,也可能来自候选人的股权结构。

《信息安全指导说明》还强调,说明条款第65条(e)项意味着可能会出现以下案件:采购当局和实体把经营者的可靠性作为最低要求,如果对经营者的可靠性提出疑问,那么即使经营者得到了国家机构的接触机密材料许可证书,也会被采购当局和实体淘汰[118]。这样的情形可能"超出了纯粹法律或一般采购问题的范畴……因此受保护的数据资源可能是保证成员国不受安全风险威胁的重要途径,也可能是唯一途径[119]"。

不过以受保护的数据资源作为证据手段对类似于淘汰经营者这样的大事进行决断,是很有问题的。第一,投标人认为,被淘汰对其造成的负面影响甚至大于在投标中未中标。当这个决定的依据是经营者本人都不知道的东西时,这种想法就更强烈了。缺乏透明,会给人一种主观武断的感觉,不管这种感觉是否正确。而这种武断的感觉又会对《国防指令》的内部市场目标造成不良影响,同时还会影响被淘汰的投标人和普通经营者未来参加采购合同招标的积极性。另外,还存一种滥用淘汰规则的危险。在复议阶段(相关讨论见第十章)和欧洲法院的诉讼阶段,要证实淘汰规则的滥用可能也很困难。《供应链指导说明》指出"使用受保护的数据资源作为证据手段,肯定只限于极少数的情况",且《供应链指导说明》和《信息安全指导说明》都强调指出:《国防指令》第39条第(2)款(e)项"并没有给予采购当局/实体无限的裁量权[120]"。如果要淘汰一个投标人,必须真正存在国家安全上的风险,采购当局或实体必须能够"证实,必要时通过特别复议程序证实有客观可证

---

[115] 《供应安全指导说明》(Guidance Note Security of Supply),前注2,第7页,第20段。
[116] 《信息安全指导说明》(Guidance Note Security of Information),前注11,第3-4页,第9段。
[117] 同上。
[118] 《信息安全指导说明》(Guidance Note Security of Information),前注11,第4页,第9段。
[119] 同上。
[120] 《供应安全指导说明》(Guidance Note Security of Supply),前注2,第7页,第20段;《信息安全指导说明》(Guidance Note Security of Information),前注11,第4页,第9段。

实的证据说明经营者缺乏可靠性,会对国家安全造成风险[121]"。另外,如果不能以受保护的数据为依据,以国家安全为理由淘汰某个投标人,就必须想出一个灵活方法。如果按照《国防指令》的规定不可能淘汰某个投标人,但同时不淘汰它又会对国家安全造成风险,那么国家安全方面的担忧可能会导致人们以《欧盟运行条约》第346条第(1)款(b)项为依据对《国防指令》进行克减。因此有人指出《国防指令》考虑到了国防与安全的特殊情况,只允许将《公共部门指令2004/18/EC》的一般性规则应用到国防与安全领域。对《国防指令》的豁免更多的是对《国防指令》目标的影响,最后才是对被淘汰投标人的影响。当某个投标人以国家安全为由被淘汰时,采购程序仍然要继续进行。允许以受保护的数据资源为依据淘汰某个投标人,也符合国防与安全领域的特性,因为在国防与安全领域,这样的数据远远多于其他公共领域。

从欧洲法院的判例法看,《公共部门指令2004/18/EC》第45条列出的对候选人淘汰的理由是一个无遗漏的清单[122]。《国防指令》第39条第(1)款和第(2)款列出的清单也是如此[123]。因此《国防指令》第39条第(2)款(e)项中的国家安全方面的理由必须在《国防指令》中有明确的规定,才能允许人们以此为由淘汰某个投标人。

在先前的《国防指令》中还可使用《公共部门指令2004/18/EC》规则。按照先前的制度,由于在《公共部门指令2004/18/EC》第45条中没有以国家安全为由的淘汰理由,因此不允许以国家安全为理由淘汰某个投标人。这样一来,人们只能以《欧盟运行条约》第346条第(1)款(b)项或其他豁免条款为依据对《国防指令》进行克减了。因此《国防指令》第39条第(2)款(e)项中的国家安全方面的理由,不仅仅是一种说明性的东西,而是增加了一个淘汰理由,而这个理由在《公共部门指令2004/18/EC》中是没有的。

3.2 经济资金状况和技术专业能力

第二,对经营者经济资金状况和技术职业能力方面的最低要求进行评估。《国防指令》第42条第(2)款(a)、(b)、(d)-(g)和(j)项对评估标准的规定,即过去五年的合同、相关技术人员和技术机构、对生产能力或技术能力进行的检查、相关人员的教育与技术资格、环境管理措施、年平均劳动力人数以及产品的样品和证书[124]——按照旧版《公共部门指令》的规定都可以作为评估标准[125]。所有这些标准

---

[121] 同上。

[122] Case C-213/07, *Michaniki AE* [2008] ECR 1-9999,第43段,引自《信息安全指导说明》(Guidance Note Security of Information),前注11,第3页,脚注3。

[123] 《供应安全指导说明》(Guidance Note Security of Supply),前注2,第7页,第21段。

[124] 第42条第(1)款:(a)前5年的合同,(b)相关技术人员和技术机构,(d)针对生产能力或技术能力进行的检查,(e)相关工作人员教育和职业资格,(f)环境管理措施,(g)年平均人力,以及(i)产品样品与证书。

[125] 《公共部门指令2004/18/EC》第48条第(2)款。

都是非常重要的,在旧版《公共部门指令》和《公用事业指令》中或多或少都有规定,因此将这些标准也纳入《国防指令》是一件非常明智也是一件非常必要的事情。另外更重要的是,在《国防指令》中有许多专门针对国防与安全领域的标准,这些专门针对国防与安全领域的标准也正是本章和本书的讨论目标。《国防指令》第42条第(2)款(j)项是信息安全方面的评估标准,将在下文进行讨论。《供应链指导说明》指出,《国防指令》第42条第(2)款(c)项和(h)项对于供应安全来说非常重要,也是与《公共部门指令2004/18/EC》相应条款差别最大的条款。

3.2.1 研究机构

《国防指令》第42条第(1)款(c)项允许对以下事项进行评估:

经营者保证质量的技术机构和措施,该企业的研究机构,以及知识产权方面的内部规则……

虽然这个评估标准来自《公共部门指令2004/18/EC》第48条第(2)款(c)项,但后半句关于知识产权的规则却是新加上的,因此是《国防指令》所特有的东西。说它是《国防指令》所特有的东西,有以下事实提供支持:与旧版《公共部门指令2004/18/EC》第48条第(2)款(c)项相同的是,新版《公共部门指令2014/24/EU》附录XIV中的对应条款中也没有关于知识产权的后半句[126]。另外,《国防指令》的这个条款并不仅仅是一个说明,而是对《公共部门指令》规则的内容进行了改动,实际上是增加了实质性的东西。《国防指令》说明条款第44条是这样解释的:"内部规则"这个概念指的是母公司与子公司之间的关系,如果这些规则可以规范知识产权,那么这些规则就可以影响供应安全。《供应链指导说明》举了一个预选标准的例子。按照这个标准,投标人必须具备"IP管理标准,以达到一定的保护水平[127]"。对供应安全造成影响的情况,可能是知识产权只由母公司所有或只由子公司所有(取决于谁是合同伙伴),由于这些权利的限制,不论是母公司还是子公司都不能进行货物或服务的交付。

3.2.2 货源的地理位置

《国防指令》第42条第(2)款(h)条规定了另一个评估标准:

工具、材料、技术装备、工作人员和专业技术,以及/或者供应源——当它们带有欧盟以外地区的地理标记,而经营者又必须依赖它们履行合同,应对危机时期采购当局/实体的追加需求或对合同内的供应品进行维护、现代化或改装服务时,……

这个评估标准还是来自《公共部门指令2004/18/EC》,来自它的48条第(2)款(h)项,但是在《国防指令》中得到了延伸,因此它是《国防指令》所特有的东西。说它是《国防指令》所特有的东西,有以下事实提供支持:与《公共部门指令2004/

---

[126] 《指令2014/24/EU》附录XII,"选择标准证明方法"(Means of Proof of Selection Criteria),第II部分,第(c)点:"经营者用于保证质量的技术设备和措施的说明,以及企业研究设施的说明"。

[127] 《供应安全指导说明》(Guidance Note Security of Supply),前注2,第8页,第23段。

18/EC》第48条第(2)款(h)项一样,新版《公共部门指令2014/24/EU》附录XII的对应条款也没有这些新加上的东西[128]。尤其值得一提的,是明确提到了"欧盟以外地区的地理标记"。《供应链指导说明》指出,这说明在对欧盟以外的第三方国家的经营者进行合同履行能力的评估时,可以将其地理位置考虑进去[129]。因此采购当局和实体如果认为来自欧盟以外的第三方国家的候选人的地理位置会对其满足采购当局或实体需求的能力(尤其是与供应安全有关的能力)造成影响,那么采购当局或实体就可以淘汰这样的经营者[130]。另外,如果经营者被授予主合同后,又必须根据《国防指令》第III部分的规定以竞争性招标方式进行分包(相关讨论见第九章)[131],那么如果分包商的地理位置会对供应安全造成影响,也可以淘汰这些分包商[132]。欧盟范围内的总承包商的一部分供应链如果位于欧盟以外的第三方国家,那么其地理位置也在(h)项的评估范围内。《供应链指导说明》只是强调这样的淘汰决定必须建立在个例基础上,与合同本身有关,且必须符合比例原则。《国防指令》的目的是建立一个国防与安全的内部市场,因此它不能将成员国在欧盟内部的地理位置作为评估标准。如果这个地理位置会对供应安全造成影响(也的确有这种可能),那么成员国可以按照《欧盟运行条约》346条第(1)款(b)项,甚至是第36条的规定,实现对《国防指令》的豁免[133]。将位于欧盟以外第三方国家的订货位置作为一个评估标准,甚至是淘汰标准,可以纳入《国防指令》的制度范畴,因为这事关从内部市场以外的地方采购。如果是盟国,如美国、加拿大或土耳其,那么所有的授权问题(见上文讨论)都很重要。这个问题如果处理得好,那么所有的供应安全问题都可以排除。如果是欧盟以外的非盟国,如俄罗斯、中国或巴西,那么这件事情就会难办得多。

能够满足危机引发的追加需求能力,也被加入到《公共部门指令2004/18/EC》第48条第(2)款(h)项的条文中。《供应链指导说明》并没有就这个评估标准做具体说明。但是将国家安全方面的因素加入到评估标准中,并不是什么值得大惊小怪的事情,而且是很有必要的,这样就可以在《国防指令》的范围内满足危机时期的国家安全需求,而不必按照《欧盟运行条约》第346条第(1)款(b)项甚至是第347条的规定对《国防指令》进行豁免了。预料到危机发生之前,甚至是在危机期间使用《国防指令》的条款,对于《国防指令》来说是一个严峻的考验。如果此时按照《国防指令》第42条第(2)款(h)项为法律依据淘汰投标人,进而将合同的发包

---

[128] 《指令2014/24/EU》附录XII,"选择标准证明方法"(Means of Proof of Selection Criteria),第II部分,第(i)点:"对服务供应商或承包商履行合同手段、工厂或技术装备的说明"。

[129] 《供应安全指导说明》(Guidance Note Security of Supply),前注2,第8页,第24段。

[130] 同上。

[131] 第428—452页。

[132] 《供应安全指导说明》(Guidance Note Security of Supply),前注2,第8页,第24段。

[133] 参见第二章,第36—82页;Case 72/83, *Campus Oil Limited* v. *Minister for Industry and Energy* [1984] ECR 2727,在此案中,汽油的供应安全可以公共安全为由,对当时的《欧洲经济共同体条约》进行克减。

保留在《国防指令》的范畴之内,就可以说这个条款充分考虑到了国防与安全方面的需求。

最后,从《公共部门指令2004/18/EC》中借鉴而来的关于"合同内供应品的维护、现代化或改装"方面的内容,也被加入到第48条第(2)款(h)项的内容中。这个方面的评估标准局限在供应品,针对的是与国防与安全装备寿命周期有关的供应安全问题(相关讨论见第一章[134])。这些国防与安全装备不仅需要维护,还需要进行现代化和改装。我们必须再次指出,一定要考虑到防务装备的较长的寿命周期,以及因防务装备功能不良、过时或没有得到及时改装而对国家安全造成的恶果;必须将国防与安全合同保持在《国防指令》的约束范畴之内。

《国防指令》第48条第(2)款(h)项再次提及供应安全方面的问题,但不过是一种说明,并没有向原来的《公共部门指令》条款中增加什么实质性的内容。在签订相关合同时,人们应当会将该条款中的供应安全问题考虑进去,因为这些条款的内容客观且符合比例原则,至少在国防与安全领域是如此。

3.2.3 机密信息与接触机密材料许可证书

我们在第一章[135]和上面与合同履行条件有关的2.2.2.2节指出,保密是国防与安全采购的一个突出特色和要求。因此投标人处理机密信息的能力在投标人资格预选中也可以是一个非常重要的要求。《国防指令》第42条第(1)款(j)项允许采购当局提出以下要求:

如果合同涉及、包含保密信息和/或必须进行保密,那么必须按照采购当局/实体的要求提供相关证据,证明具有按一定的密级处理、存储和传输这些信息的能力。

在2004年或2014年的《公共部门指令》中没有类似的规定,因此这个要求是《国防指令》特有的要求。《信息安全指导说明》引用了《国防指令》说明条款第68条的措辞,认为这一项在信息安全方面"尤其重要"[136]。这个能力一般通过接触机密材料许可证书的发放来保证,由指定的国家安全机构根据成员国的国家法规对本国的经营者发放证书。因此《国防指令》第43条第(1)款(j)项规定:

如果没有欧共体级别的统一的接触机密材料许可证书制度,各成员国可规定此证据必须与本国关于接触机密材料许可证书的相关法规相符。

《国防指令》第22条第(3)款关于合同履行条件的规定(见前文讨论),也有这样一个完全相同的句子。《信息安全指导说明》是这样解释的:经营者按照一定保密级别处理机密信息能力的唯一证明,是由本国指定安全机构按照相关法规向经营者发放的机构接触机密材料许可证书(FSC)。这些发放的机构接触机密材料许

---

[134] 第52—53页。
[135] 第43—44页。
[136] 《国防指令》说明条款第68条规定:"由于在信息安方面没有一个欧共体制度,因此由采购当局/实体或成员国对参加投标需要达到的技术能力进行说明,并评估候选人是否达到了要求的安全水平。"

可证书只针对涉及"机密"或以上级别信息的合同。经营者本身并不持有这样的接触机密材料许可证,因此只能要求经营者声明它们取得了这个接触机密材料许可证,或者做好了取得接触机密材料许可证的准备。采购当局或实体应当与相关国家指定安全机构进行接触,从该机构处证实候选人确实具有接触机密材料许可证,如果可能还可以要求向相关经营者发放接触机密材料许可证[137]。这样至少可以部分解决取得此类许可证书需要时间长、成本高的问题。要求某个成员国的经营者取得另一成员国的接触机密材料许可证才能参加投标,会降低这些经营者进入市场的能力,实际上会影响《国防指令》目标的实现。

《国防指令》第 22 条第(3)款、第 43 条第(1)款(j)项、《说明条款》第 42 条、第 68 条强调指出,欧盟内部缺乏一个统一的接触机密材料许可证制度。有人指出,反复指出缺乏一个统一的接触机密材料许可证制度,说明法律起草人和立法者对此现象的不满。但是各成员国目前都没有做好统一此事的准备[138],因此有人认为此事留下了一个缺憾,以欧盟《接触机密材料许可证指令》为表现形式的统一制度,对于消除建立国防与安全供应内部市场的行政障碍具有重大意义,对于提高《国防指令》的有效性也有重大意义[139]。欧盟委员会在"一揽子国防法规"第三单元——在《更强、更具竞争力的欧洲国防工业》的通讯上,也指出了这一点,明确设想了这样一个制度的建立[140]。比亚罗斯、费舍尔和科尔(Bialos, Fisher and Koehl)也认为《国防指令》是在提议建立一个欧盟统一的接触机密材料许可证制度,提出统一的信息安全要求,促进欧盟国防一体化,并提出欧盟目前应当考虑甚至应当准备这方面的工作了[141]。如果这样的统一制度建成,所有主合同投标人和位于某成员国的所有分包商,都会在总承包商所在国取得接触机密材料许可证。这些接触机密材料许可证与任何其他成员国的证书是完全一样的,因为这些证书依据的都是以《欧盟指令》为基础的国内法。当针对另一成员国的合同进行投标时,就不再需要新的接触机密材料许可证了。休尼克斯指出,在欧盟建立统一的接触机密材料许可证制度,在非军事安全领域是非常有必要的,而非军事安全领域也是《国防指令》的一个约束范畴[142]。在这个非军事安全领域,欧盟各成员国的行为"比起军事

---

[137] 《信息安全指导说明》(Guidance Note Security of Information),前注 11,第 5 页,第 12 段。

[138] 同上。

[139] 休尼克斯(Heuninckx)也提出了这样的观点,"花招还是款待?",前注 84,第 22 页。

[140] COM(2007)764 final,第 6—7 页:"从 2008 年开始,欧盟委员会将在成员国的密切配合下,探索就信息安全制定一个欧盟制度的可能性,有了这样一个制度,成员国和欧洲公司之间可以就敏感信息进行的交流。这次将考该制度的可能适用范围、内容和形式。"

[141] 杰弗里·P·比亚罗斯、凯瑟琳·E·费舍尔和斯图尔特·L·科尔(Jeffrey P. Bialos, Catherine E. Fisher and Stuart L. Koehl),《堡垒与冰山:跨大西洋防务市场的演变及其对美国国有安全政策的意义》(Fortresses & Icebergs: The Evolution of the Transatlantic Defense Market and the Implications for U. S. National Security Policy),2 卷本(Baltimore and Washington DC: Centre for Transatlantic Relations, The Johns Hopkins University and the US Department of Defense, 2009),第 I 卷,第 224 页。

[142] 休尼克斯(Heuninckx),"花招还是款待?",前注 84,第 22 页。

领域来统一性要低得多[143]"。在军事领域人们为此努力的时间更长,一些相关倡议尤其是意向书组织(见第五章讨论[144])的倡议已经在这一方面形成了一定程度的统一。虽然意向书组织关于接触机密材料许可证的倡议是一个创举,且已经或将在这一方面做出有益的贡献,但它只适用于参加该组织的六个成员国。另外,我们在第五章指出[145],欧盟以外的政府间协定不能取代具有法律约束力的具有超国家性质的内部市场法规。最后,《国防指令》在一定程度上是一个内部市场法,其有效运行也取决于接触机密材料许可证制度,因此在这个方面需要一个具有法律约束力的内部市场法。

由于在接触机密材料许可证方面缺乏一个统一的欧盟制度,导致了成员国之间接触机密材料许可证的互认问题。《国防指令》说明条款第43条有这样的规定:

由采购当局/实体或成员国……决定按照另一成员国的法律发放的接触机密材料许可证是否等同于本国相关机构发放的证书。

由于缺乏统一性,互认往往是克服贸易壁垒的唯一途径。《国防指令》第22条第(3)款还建议并鼓励成员国之间相互承认接触机密材料许可证。但是该款强调指出,即便是达到了相互承认,各成员国仍然有权自行调查。总之,该款只是规定了一个"考虑相互承认证书的很弱的义务[146]"。《国防指令》第42条第(1)款(j)项规定:

如果成员国认为其他成员国的接触机密材料许可证等同于根据本国法律发放的证书,那么即使在必要时可能对其进行进一步调查,也应当对其进行认可。

另外,说明条款68条还规定:

如果有协定存在,可能对来自另一成员国的经营者在信息安全方面的能力进行查证,这些查证应当根据非歧视性、平等待遇和比例原则进行……

《信息安全指导说明》指出,这种查证一般只能由经营者所在成员国的国家指定安全机构进行[147]。因此《国防指令》第42条第(1)款(j)项第4段规定:

采购当局/实体可以要求候选人所在成员国的国家安全机构,或该成员国指定的安全机构就可能使用的房屋和设备、将要办理的工业和行政手续、信息管理和/或将要雇用的合同履行人员的情况进行检查,看其是否符合相关规定。

《国防指令》第42条第(1)款(j)项第3段规定:

采购当局/实体在合适的时候可给予未取得接触机密材料许可证的候选人一定时间以取得该证书。采购当局/实体应当在合同公告中对这种可能性进行说明并说明时限……

---

[143] 同上。
[144] 第225—231页。
[145] 第225—231页。
[146] 休尼克斯(Heuninckx),"花招还是款待?",前注84,第22页。
[147] 《信息安全指导说明》(Guidance Note Security of Information),前注11,第5页,第12段。

《信息安全指导说明》鼓励采购当局和实体充分利用这种可能"以方便新来者进入市场,扩大国防与安全供应商的基础,将那些非著名企业也纳入国防与安全供应商的范畴"[148]。因此投标人必须以相互承认接触机密材料许可证为"基本原则",遵守关于接触机密材料许可证的国家法规[149],但最终决策权和是否还需要进一步调查的权力属于成员国[150]。

成员国之间具有双边协议,有些成员国(不是所有成员国)之间可以相互承认接触机密材料许可证[151]。但是只有每一个成员国与所有其他27个成员国都达成全面的双边协议,才能在接触机密材料许可证方面达到全欧盟范围内的统一。加入意向书组织的成员国(相关讨论见第五章),即法国、德国、意大利、瑞典、西班牙和英国,都制定了详细的规则,承认加入该组织的各国发放的接触机密材料许可证,不必再对照以前的标准[152]。比亚罗斯、费舍尔和科尔指出,欧盟官员将以《意向书协议》为基础制定欧盟统一的接触机密材料许可证制度,称赞此举为"意向书协定真正起效并为全欧盟所接受的另一领域"[153]。《意向书协议》第1条(e)款描述了以下目标:

促进各方及其国防工业在保密规定的范围内进行机密信息方面的交流,同时不影响机密信息的保密工作……

《意向书协议》第4部分(第19-27条)关于机密信息的详细规定[154],有许多方便参与国处理机密信息的详细措施,但其中并没有相互承认接触机密材料许可证制度的多边协议。由西班牙任委员长的一个小组委员会的目标,是"修改与接触机密材料许可证、机密信息的传递和访问有关的程序,促进行业合作,同时不影响机密信息和材料的安全"[155]。意向书国家和信息安全小组委员会的工作针对的是许多重要的细节性问题,对于消除接触机密材料许可证制度起到了促进作用(这个制

---

[148] 同上。

[149] 休尼克斯(Heuninckx),"花招还是款待?",前注84,第21页。参见《国防指令》第42条(j)款。划出专门的时间让投标人取得尚未取得的接触机密材料许可证书。可能会要求投标人所在成员国的国家安全机构对其厂区和设备进行检查。

[150] 参见《国防指令》第22条最后一段。另参见《国防指令》说明条款第68条最后一部分:"来自其他成员国的经营者在信息安全方面的能力,可以进行查证,这种查证应当根据非歧视性、平等待遇和比例原则进行。"

[151] 参见《国防指令》说明条款第68条,以及B·施密特和N·斯皮盖尔(B. Schmitt and N. Spiegel)(《国防指令》起草人)在讨论会"欧洲国防采购与其他防务市场倡议"(European Defence Procurement and Other Defence Market Initiatives)上的发言"欧洲《国防与安全采购指令》的特点"(The Specificities of the European Defence and Security Procurement Directive),欧洲公共管理研究院,马斯特里赫特,2010年11月15日(作者记录,可查)。另参见《信息安全指导说明》(Guidance Note Security of Information),前注11,第5页,第12段。

[152] http://archives.sipri.org/contents/expcon/indrest05.html [2013年10月11日登录]。

[153] 比亚罗斯、费舍尔和科尔(Bialos, Fisher and Koehl),《堡垒与冰山》(Fortresses & Icebergs),前注141,第224页。

[154] http://archives.sipri.org/contents/expcon/indrest05.html [2013年10月11日登录]。

[155] 关于第3工作小组的工作细节,参见英国国防部的网站:http://www.mod.uk/DefenceInternet/AboutDefence/WhatWeDo/Legal/LetterofIntent/Subcommittee3SecurityOfInformation.htm. [2013年10月11日登录]。

度是一个贸易壁垒)。与此同时,这个制度也是有问题的。首先,这个制度并没有包括所有成员国,只适用于六个加入意向书的国家。第二,与《国防指令》不同的是,意向书制度并不是欧盟法的一部分,因此它并没有欧盟内部市场法的效力和强制性。第三,在相互承认接触机密材料许可证方面,它没有具有法律约束力的合同契约,只有一些促进性的措施。第四,也是最重要的一点,与《国防指令》相关规定相同的是,意向书制度仍然以各国接触机密材料许可证制度为基础,具体的实施在细节上会有很大的不同。因此意向书组织并没有建立一个参与国之间相互承认接触机密材料许可证的制度。

为了取得欧盟内部更加普遍的相互认证,人们做出了一些努力,但是由于国家主权方面的原因没有取得任何进展[156]。虽然建立统一的认证制度会出现一些问题,但如果各国接触机密材料许可证书制度不相等,成员国不能总是要求投标人出示采购当局/实体所在国的接触机密材料许可证,这已经是朝着正确的方向迈出了一步。毕竟为了取得接触机密材料许可证而耽误的时间,可能会引发歧视问题,进而引发诉讼。因此有人指出建立一个欧盟统一的接触机密材料许可证制度(有可能通过欧防局),或者采取统一措施避免此类歧视的出现,都会带来明显的好处。

《国防指令》关于接触机密材料许可证的规则,与《公共部门指令》相比增加了实质性的内容,不仅仅是一些说明性的东西。

3.2.4 作为技术能力标准的供应安全和信息安全

除了成为授标条件中的一部分,供应安全问题和信息安全问题还是衡量技术能力的一个重要因素,是最低资格标准。2007年《欧盟委员会工作人员工作文件》指出,这是平衡国家安全与内部市场利益的最佳选择[157]。其他选择也经过了深思熟虑。有人提出可以将供应安全作为一个一般性的投标人选择标准,以其作为"开放性"条款允许采购当局向投标人提出提供"证明安全供货能力证据"的要求。但这个选择被否决,因为它不够清晰,不够透明,可能会影响平等待遇,因此这样的标准不会是非常客观的标准[158]。比较受欢迎的一个选择是将供应安全作为一个技术能力标准,但必须将未来的担保也纳入标准之内,因为防务装备的寿命周期很长(相关讨论见第一章[159]),必须把眼光放到初始合同履行后,将防务装备的服役期支持和可能追加的需求也纳入考虑范围。各成员国在《国防指令》意见咨询阶段也提到了这一点[160]。只有这时成员国的国家安全利益才会得到充分的考虑。因此有人认为《国防指令》提出的方法,即提交未来担保的做法,是对防务装备较长寿命

---

[156] 施密特和斯皮盖尔(Schmitt and Spiegel),"欧洲《国防与安全采购指令》的特点"(The Specificities of the European Defence and Security Procurement Directive),前注151。

[157] 关于信息安全参见2007年《欧盟委员会工作人员工作文件》(2007 Commission Staff Working Document),前注1,第48页;关于供应安全参见第46页。

[158] 同上,第45页。

[159] 第52-53页。

[160] 2007年《欧盟委员会工作人员工作文件》(2007 Commission Staff Working Document),前注1,第46页。

周期和国家重大安全利益的一个必然反应。这个方法解决了《国防指令》内部的问题,促进了成员国对《国防指令》的遵守,减少了人们为解决这些问题而对《欧盟运行条约》第346条克减条款的运用需求。这样一来,相关合同更容易保留在内部市场的范畴之内。

《国防指令》起草人在起草《国防指令》的信息安全部分时,也考虑到了这一点。出于与上述供应安全方面同样的原因,以下方法,即将信息安全作为一个普遍性选择标准并以此作为一个"开放性"条款,允许采购当局向投标人提出"证明自己具有保证信息安全能力"的要求,也被否决了[161]。如果将信息安全作为一个投标人选择标准,相互承认接触机密材料许可证,也是行不通的,因为此举没有考虑到以下事实:只有国家安全部门才可以发放这些许可证;内部市场并不存在统一的接触机密材料许可证制度,也不能强迫成员国承认这些许可证[162]。

另一想法,即将现存于许多国家之间的双边协议纳入选择标准会导致歧视现象的产生,因为这样会导致对加入这些协议的成员国的偏向[163]。将信息安全作为衡量技术能力的一个标准,可以起到保证国家安全的作用,同时又保证了透明性,防止了歧视现象的发生。这个方法利用了成员国之间现有的双边协议,因为实际上在具有国防工业基础的成员国之间,大多存在这样的双边协议,这"比任何其他类型的证据都可靠"[164]。因此在信息安全方面,被选中的这个方案考虑到了欧盟武器市场的现状和成员国在《国防指令》咨询阶段提出的国家安全利益问题,是防止通过《欧盟运行条约》第346条实现对《国防指令》克减的最佳途径。

3.3 邀请招标还是谈判:选择

第三,根据《国防指令》第39条第(1)款的规定,《国防指令》第41-46条的资格标准同时也是候选人加入限制招标、事先发布合同公告的谈判和竞争性对话的选择标准[165]。根据我们在第七章的讨论,这些采购方式是《国防指令》规定的采购方式[166]。另外,由于事先发布合同公告的谈判是《国防指令》默认的采购方式,这个选择标志着采购过程中的一个重要阶段。与旧版《公共部门指令》的相关规则相比,《国防指令》的这些规则并没有大的差别,不过增加了资格标准,以及在限制招标过程中,被选中参加投标的经营者的人数可以限制在三人,而不是五人[167]。因此

---

[161] 同上,第47页。

[162] 同上。

[163] 同上。

[164] 2007年《欧盟委员会工作人员工作文件》(2007 Commission Staff Working Document),前注1,第48页。

[165] "选择"也可称为"预选",以便与实际的合同授予区分开来(将在下一标题进行讨论)。也可称为"初选",虽然这是一个偏口语化的词,在各个《指令》中并没有出现。

[166] 《公共部门指令》(第44条)的规则,参见苏·爱罗史密斯(Sue Arrowsmith),《公共与公用事业采购法》(*The Law of Public and Utilities Procurement*),第2版,(London:Sweet & Maxwell,2005),第462-476页。

[167] 根据《公共部门指令2004/18/EC》第44条第(3)款第3句话的规定,是五人。

根据经济资金状况和技术职业能力(相关讨论见上文3.2节)对投标人进行了排序。在第二阶段的资格选择阶段(见上文3.2节)会对最低水平进行评估,而在第三阶段也是最后阶段,会对作为淘汰标准的最低经济资金状况和技术职业能力进行评估。这个最后阶段在性质和目的上都是不一样的,因为在这个阶段,经营者就算是达到了按照技术能力和经济资金状况制定的资格标准,也不一定都会被选中。这个阶段的目标不是进行资格选择(这一步需要在前两步完成),而是限制候选人的人数。这个限制与合同标的物无关,是在确定经营者达到最低资格标准的前提下进行的。在前两个阶段选择范围的缩小不过是对可靠性的一个兼顾,而在第三阶段对可靠性的保证就是其主要目标了。但是此阶段与发包阶段不同的是,评估对象不是投标书而是投标人。

候选人可以证明其处理、存储和传输机密信息的能力,这也是一个评估标准,同时按照《国防指令》第42条第(1)款(j)项的规定,如果必要的接触机密材料许可证已经由成员国的国家机构发放,那么这个能力还是投标阶段的一个投标人选择标准。在对候选人进行排序时将这种能力考虑进去是非常困难的,因为这种能力只与这些接触机密材料许可证是否被承认有关[108]。如果采购当局/实体所在成员国和候选人所在成员国之间有双边协议,就会自动承认对方的证书。如果没有这样的协议,就没有义务承认对方的接触机密材料证书。

可能会有人想到使用《公共部门指令》和《国防指令》以外的投标人选择标准,如抓阄和选出"似乎能形成最佳竞争状态"的经营者。于是产生了这样一个问题:《国防指令》是否还应当增加一些新的投标人选择标准[109]。但是有人认为,立法者在借鉴2004年《公共部门指令》时使用了一个很恰当的方法,在《国防指令》中增加了国防与安全领域所特有几个的标准(如3.2.1节到3.2.3节的讨论)。另外还有人指出,这些"增加"的标准也可以用于2004年《公共部门指令》,而且这些标准只是一些说明性的东西。新增加的标准首先应当达到非歧视性和客观性的要求,而这样的要求是不允许采取抓阄一类的投标人选择方法的。第二,使用"已确定的"《公共部门指令》标准,会丰富人们对这些标准的使用经验。最后,立法者的确试图将《公共部门指令2004/18/EC》的投标人选择标准应用到国防与安全领域。总之不管怎么说,其他投标人选择标准都不能纳入《国防指令》的投标人选择标准中。

3.4 向国内法的转化

《国防指令》第39条的淘汰规则已经转化为《奥地利国防安全采购法》的第57条,《德国国防安全采购条例》的第24条,爱尔兰《国防安全合同授予条例》的第

---

[108] 《信息安全指导说明》(Guidance Note Security of Information),前注11,第6页,第21段。
[109] 感谢迈克尔·斯坦尼克(Michael Steinicke)在评论本章早期版本时向我指出此问题。

42 条,和英国《联合王国国防安全采购条例》的第 23 条。《国防指令》第 41 条关于经济资金状况的规定,已经转化为《奥地利国防安全采购法》的第 63 条,《德国国防安全采购条例》的第 26 条,爱尔兰《国防安全合同授予条例》的第 44 条,和英国《联合王国国防安全采购条例》的第 24 条。《国防指令》第 42 条关于技术和职业能力的规定,已经转化为《奥地利国防安全采购法》的第 64 条,《德国国防安全采购条例》的第 27 条,爱尔兰《国防安全合同授予条例》的第 43 条,和英国《联合王国国防安全采购条例》的第 25 条。所有上述国家在将《国防指令》转化为国内法时,与原文的措辞都十分相像。

4. 授标标准

《国防指令》第 47 条与 2004 年和 2014 年的《公共部门指令》和《公用事业指令》中的相关指令一样,也将最低价格标和最具经济效益标设为授标标准,以此决定招标采购中的中标人[170]。《国防指令》说明条款第 69 条强调指出,授标标准必须客观且符合透明、非歧视性和平等待遇的原则。最低价格的标准只适合简单的"现货"采购[171],且只用于公开招标和限制招标中。我们在第七章指出,《国防指令》的采购方式中并没有公开招标,而由于可自行使用事先发布合同公告的谈判这种采购方式,限制招标的重要性被降低了[172]。另外,由于《国防指令》范围内的国防与安全合同大多非常复杂,因此最低价格这个标准并不是一个重要的授标标准[173]。

而以最具经济效益标为授标标准,则可以把与合同标的物有关的多种经济(次要)标准都考虑进去,如质量、交货时间、售后服务等。在现有《国防指令》中出现的这第二个授标标准,可以更好地适应国防与安全领域的特点。

《国防指令》第 47 条第(1)款(a)项规定:"供应安全"、"互操作性和操作特点"可以明确定为次要标准。按照《公共部门指令 2004/18/EC》的规定,在决出最具经济效益标时,供应安全问题已经成为一个合法的次要标准[174]。另外,《国防指令》第 47 条列出的次要标准并不具有穷举性。只要符合非歧视性、透明性和与合

---

[170] 关于 2004 年《公用事业指令》和《公共部门指令》的规则,参见特莱普特(Trepte),前注 28,第 462-480 页;波维斯(Bovis),《欧共体公共采购》(*EC Public Procurement*),前注 26,第 263-264 和 429-442 页;授标标准也常常是法庭判决的主题,参见 Case C-324/93, *Evans Medical*, *supra* note 98; Case C-513/99, *Concordia Bus Finland* [2002] ECR 1-7213; Case C-324/03, *Contse* [2005] ECR 1-9315。

[171] 参见第一章,第 50-51 段。

[172] 第 312-318 页和第 322-331 页。

[173] 《供应安全指导说明》(Guidance Note Security of Supply),前注 2,第 17 页,第 47 段。

[174] Case C-324/93, *Evans Medical*, 前注 98, 第 44 到 45 段:"一般来说,供应商的可靠性可用于授标标准中,用于决出最具经济效益标"。另参见 Case C-448/01, *EVN Wienstrom* [2003] ECR 1-14523 第 70 段:"供应商的可靠性是用于……决出最具经济效益标的标准之一"。

同标的物有关的要求[175]，还可以有许多其他的次要标准。另外，授标标准不得给予采购当局或实体无限的授标自由[176]，必须做出具体恰当的要求，使投标人可以提交的信息可以得到有效验证[177]；必须符合欧盟法的相关基本原则，尤其是非歧视性原则[178]；必须把目标定在选出最具经济效益标，而不是选出履行合同能力最强的投标人[179]。这些要求具有同样的重要性，是由欧洲法院在制定旧版《公共部门指令》和《公用事业指令》的过程中制定出来的。但是，相关的欧洲法院判例法，如 Evans Medical 和 EVN Wienstrom，却没有规定在供应安全方面有什么样的要求，因此这个缺憾给成员国留下了很大的裁量空间[180]。《国防指令》第 23 条和欧盟委员会的《供应链指导说明》[181]，为人们应对这个缺憾[182]并在成员国的裁量之间进行沟通[183]提供了某些指导。

在《国防指令》和欧盟委员会的《信息安全指导说明》中，信息安全并没有明确定为次要授标标准[184]。有人指出，在决定最具经济效益标时，如评估投标人在合同履行过程中保护敏感信息的措施时，可以将这一点考虑进去[185]。但是，信息安全最好还是作为一种资格标准和投标人选择标准，也可以作为合同履行条件[186]。

在合同授予阶段考虑供应安全和信息安全，在整个采购过程中是一个相当靠后的阶段。因此有人指出应当在早些阶段就考虑信息安全问题，将其与合同履行条件一起考虑，并将其作为资格筛选和投标人选择过程的一部分。2007 年《欧盟委员会工作人员工作文件》也没有将供应安全和信息安全作为授标阶段应当考虑

---

[175] 《供应安全指导说明》(Guidance Note Security of Supply)，前注 2，第 17 页，第 49 段。

[176] Case C-513/99, *Concordia Bus Finland*，前注 170，第 61 段，引自《供应安全指导说明》(Guidance Note Security of Supply)，前注 2，第 17 页，第 49 段。

[177] Case C-448/01, *EVN AG and Wienstrom*，前注 174，第 52 段，引自《供应安全指导说明》(Guidance Note Security of Supply)，前注 2，第 18 页，第 49 段。

[178] Case C-513/99, *Concordia Bus Finland*，前注 170，第 61 段，引自《供应安全指导说明》(Guidance Note Security of Supply)，前注 2，第 18 页，第 49 段。

[179] Case C-532/06, *Lianakis*，前注 104，第 26-30 段，以及 Case C-199/07, *Commission v. Greece* [2009] ECR I-10669，第 51-55 段，引自《供应安全指导说明》(Guidance Note Security of Supply)，前注 2，第 18 页，第 49 段。

[180] 休尼克斯 (Heuninckx)，"花招还是款待？"，前注 84，第 23 页。

[181] 前注 2，第 16-18 页。某些成员国制定了新的指导性文件；例如参见 2011 年英国国防部制定的《英国国防安全公共合同条例指南》(Guidance on the UK Defence and Security Public Contracts Regulations 2011) (MoD, 21 August 2011)，见于 http://www.gov.uk/government/uploads/system/uploads/attachment_data/file/27662/dspcr_chapter12_securitysupply_update1.pdf ［2014 年 4 月 28 日登录］。

[182] 弗林赫·汝尔克 (Vierlich-Jürcke)（欧盟委员会，2012），前注 111；斯皮盖尔 (Spiegel)（欧盟委员会），前注 69（均为作者记录，可查）。

[183] 休尼克斯 (Heuninckx)，"花招还是款待？"，前注 84，第 23 页。

[184] 前注 11。

[185] C·肯尼迪—卢埃斯特和 N·布尔拜 (C. Kennedy-Loest and N. Pourbaix)，"新的《国防采购指令》" (The New Defence Procurement Directive) (2010) 第 11 期，《时代论坛》(*ERA Forum*) 第 399 期，第 405 页。

[186] 参见前面 3.1 节和 2.2.2 节的讨论。

的因素[182]。另外,将供应安全和信息安全作为次要授标标准决出最具经济效益标,说明它们是相对性的概念,投标人可以提供更高或更低水平的供应安全和信息安全,可以对其进行衡量比较。另一方面,这也可能意味着合同履行条件和资格标准可以保证某种无条件最低水平的供应安全和信息安全,供应安全和信息安全的相对概念只适用于授标阶段。人们有可能混淆投标人选择标准和授标标准,这两个标准在《国防指令》和其他《指令》中都有出现。当投标人都达到合同履行条件和资格预选的最低要求时,将相对权重给予供应安全和信息安全,可能会产生以国家利益为借口的歧视行为,因为具有国内供应链的国内供应商比起具有他国供应链的他国供应商来说,往往会有更高水平的供应安全和信息安全。《供应链指导说明》在强调授标标准的非歧视性要求时,也承认了这样的危险[183]。这个危险,加上在采购程序的早期就要保证一定程度的供应安全和信息安全,对人们将供应安全和信息安全作为次要授标标准起到了限制作用。在授标阶段,只能考虑无条件最低水平以上的供应安全和信息安全之间的差别。

《国防指令》第 39 条关于淘汰投标人的规则,已转化为《奥地利国防安全采购法》的第 106 条第(1)款,德国《德国国防安全采购条例》的第 34 条第(2)款,爱尔兰《国防安全合同授予条例》第 55 条,和英国《联合王国国防安全采购条例》的第 31 条第(1)款。这些成员国在转化《国防指令》时,措辞与《国防指令》非常相似,但德国没有将最低价格作为授标标准。这一点突出了上述观点,即最低价格标准在国防与安全采购中的作用是很有限的。

5. 结论

《国防指令》的目的,是成为国防与安全方面的专用法律手段。为了达到这个目标,人们将《公共部门指令 2004/18/EC》中的各个条款进行了修改,使其适应供应安全和信息安全方面的要求。之所以要进行这些修改,是为了限制人们使用《欧盟运行条约》第 346 条的豁免条款(相关讨论见第三章)并保证自由流动制度(相关讨论见第二章)的实施,提供一个专门适用于国防与安全采购的《指令》,使人们在实践中不再有使用这些克减条款的必要。《供应链指导说明》和《信息安全指导说明》都没有对《欧盟运行条约》中的克减条款进行限制,这些克减条款仍然可以使用。当修改之后的规则仍然不足以保证供应安全或信息安全时,或者不足以满足国家或公共安全的其他需求时,人们仍然可以启用这些克减条款。但我们在第二章和第三章指出,克减只能建立在逐案审查的基础上,而且克减的理由必须经过

---

[182] 2007 年《欧盟委员会工作人员工作文件》(2007 Commission Staff Working Document),前注 1,第 44-48 页。

[183] 《供应安全指导说明》(Guidance Note Security of Supply),前注 2,第 16 页,第 47 段;第 18 页,第 49 段。

解释并查证。使用这些豁免条款还必须受到司法审查,并经过比例原则考查。这意味着要证实克减符合比例原则更加困难,因此当立法者制定了一整套采购制度,将供应安全和信息安全要求纳入《国防指令》和《欧盟运行条约》内部市场的范畴时,克减的实施也就更难了。因2004年《公共部门指令》被指责为不适合,因此有人认为实施这个不适合的《公共部门指令》会影响供应安全和信息安全。但是现在这个观点不复存在了,因为不论是这个2004年的《公共部门指令》还是其2014年的新版,都不再适用于相关合同了。

  《国防指令》中关于各个采购阶段的相关条款,都考虑到了供应安全和信息安全问题。这些规则包括规格、合同履行条件、资格选择标准、投标人选择标准和授标标准方面的规则。严格意义上的规格标准并没有进行大的改动。但是由于没有公开招标的采购方式,而且可以自行决定采用事先发布合同公告的谈判(相关讨论见第七章),限制招标的重要性降低了,因此这些规则比起2004年和2014年《公共部门指令》中的相关规则来,重要性下降了许多。另外,《国防指令》与旧版和新版《公共部门指令》比起来,具有自己明显的特色,即详细的合同履行条件变得非常重要。这些合同履行条件主要与供应安全有关,但也与信息安全有关。这些合同履行条件与合同规格有非常密切的关系,因为合同履行条件对合同的详细说明不亚于甚至高于相关产品或服务将要使用的材料或其他特征。另外,在谈判采购的过程中,包括在竞争性对话过程中没有详细的规格说明,但是合同履行条件仍然适用。因此与其他采购《指令》和欧洲法院的相关判例法一样,这些条件必须在采购过程一开始就进行充分的交流。由于经营者的可靠性具有国家安全和公共安全方面的因素,因此在《国防指令》中制定了资格预选制度。这个资格预选制度比起旧版和新版《公共部门指令》中的相关制度要详尽得多。资格预选制度的重要性,表现在资格预选标准也是限制招标、谈判和竞争性对话中的投标人选择标准。相比之下,《国防指令》对授标标准制度的修改十分有限。

  合同履行条件和资格预选/投标人选择,与《国防指令》之外的两个"制度"有关:以《欧共体内部移转指令》为表现形式的欧共体内部移转制度,以及接触机密材料许可证"制度"。但其实这个许可证制度并不真实存在。《欧共体内部移转指令》中移转许可证制度的顺利运行,对于来自其他成员国的国防物资的供应安全具有积极作用,因此可有效促进《国防指令》目标的实现:建立这些物资的内部市场。在将"一揽子国防法规"中的各个《指令》转化为国内法之后的最初几年,如果情况并非如人所料,那么这两个《指令》中的相关法规就需要一些调整。在接触机密材料许可证方面缺乏一个类似的制度,会对其他成员国的经营者的信息安全产生不良影响,进而影响《国防指令》制定的让其他成员国的经营者进入市场的相关措施的有效性。

  必须强调《国防指令》的一个重要特征:经修改后适应国防与安全采购并与供应安全和信息安全有关的法规。我们在第六章指出,供应安全和信息安全方面的法规适用于《欧盟运行条约》第346条中的武器，以及《欧盟运行条约》第346条不适用的某些敏感安全货物、服务和工程。对欧共体内部移转的讨论，以及对接触机密材料许可证的讨论，只适用于或主要适用于供应安全，而不适用于信息安全。如果涉及《欧盟运行条约》第346条范围之外的货物、服务和工程的安全问题，只能以内部市场自由流动制度中的公共安全例外为依据进行例外处理。这些例外的司法审查要严格得多，还要进行比例原则的检查。这些规定都是通过欧洲法院的判例法逐步实现的。由于采购当局和实体不仅可以从采购程序的灵活性中受益（相关讨论见第七章），还可以从相关规则中受益（相关讨论也见第七章），因此它们想豁免于《国防指令》的规则变得更加困难了。另外，我们在第六章讨论的例外条款中，只有极少数与非军事安全合同有关。因此这些非军事安全合同比起《欧盟运行条约》第346条与武器采购有关的法规来，可能更适用于《国防指令》。

《国防指令》从最初的《公共部门指令2004/18/EC》中借用相关条款时虽然增加了一些实质性的内容，但这些增加的内容大多是说明性的东西。与供应安全和信息安全有关的规定本来也可以考虑进去，但在《国防指令》中却并没有这方面的明确规定。《国防指令》中这些说明性东西的附加价值，是证明这些条款与欧盟法是一致的，因此降低了诉讼的风险，可以促进采购官员对这些法规的使用。《国防指令》在修改从其他《指令》借鉴而来的法规时，"说明"是一个非常重要的手法。其他手法还有"限制"（相关讨论见第六章）、灵活性（相关讨论见第七章）和替代（相关讨论见第九章）。这些手法的使用，对于将最初的《公共部门指令2004/18/EC》最终转化为一个适用于国防与安全采购的法规，起到了很大的促进作用。

第九章 应对欧洲国防工业的结构问题：以分包取代补偿贸易？

1. 引言

我们在第六章讨论了《国防指令》在人员和物资范畴上的顺应性改变（限制），在第七章讨论了采购方法（灵活性），又在第八章讨论了在整个采购过程中对供应安全和信息安全方面的考虑（说明）。我们在本章将要讨论《国防指令》的补偿贸易和分包政策。通过对该政策的讨论，将介绍欧盟立法者在借鉴原《公共部门指令2004/18/EC》法规时所采用的第四个手法：取代。但我们将指出，限制、灵活性和说明手法对应的是采购实体的战略性国防与安全需求，而取代对应的主要是欧洲国防工业的结构。

本章首先介绍国防采购领域的补偿贸易和分包现象，为《国防指令》对补偿贸易和分包的应对提供一个背景。第二，讨论内部市场法中补偿贸易的合法性，以此作为上述背景的重要组成部分。第三，本章将分析补偿贸易在《国防指令》体系中的地位。第四，介绍《国防指令》中的分包制度。作者将指出，《国防指令》虽然没有明确提到补偿贸易，但郑重提出了分包制度以取代补偿贸易，因为按照欧盟法很难说补偿贸易是合法的事情。

2. 国防采购中的补偿贸易和分包

我们在第一章指出[①]，补偿贸易[②]是国防采购中的常见现象，当国家将合同授予某个国家的经营者，而不是授予经营者所在的采购当局时，就会出现补偿贸易[③]。补偿贸易合同往往是与外国经营者所签合同的一部分，采购国家往往会要

[①] 第54~57页。
[②] 描述补偿贸易的相关术语有：工业补偿、工业合作、工业与地区获益、平衡、公平回报或均衡。
[③] 关于补偿贸易的详细分析，参见斯蒂文·马丁（Stephen Martin）（ed.），《补偿贸易经济：国防采购与对销贸易》(*The Economics of Offsets: Defence Procurement and Countertrade*) (London: Routledge, 1996)；(汝尔根·布劳尔和保罗·邓恩（Jürgen Brauer and Paul Dunne）(eds.)，《武器贸易与经济发展：武器补偿贸易中的理论、政策与案例》(*Arms Trade and Economic Development: Theory, Policy and Cases in Arms Trade Offsets*) (London: Routledge, 2004)。

求中标人所在国对纳税人的钱进行补偿。德国国防与安全工业委员会(BDSV)对补偿贸易的定义如下：

补偿贸易是一种工业补偿。当采购国防技术产品和/或相关服务时，在两个国家政府之间或者某个企业与一个国家政府之间可以通过补偿贸易的形式实现任何种类的补偿④。

补偿贸易有多种形式。2007年欧洲防务局的《补偿贸易对欧洲国防工业及市场的影响研究》(Study on the Effects of Offsets on the Development of a European Defence Industry and Market)⑤指出，补偿贸易可分为三种类型：直接（军事）补偿贸易、间接军事补偿贸易和间接民事补偿贸易。直接和间接军事补偿贸易都要求对采购国的国防工业进行照顾，如在采购国建立增加就业的生产基地，对采购国发放分包许可，对采购国进行技术转让，进行投资或买卖双方建立合资企业等⑥。直接补偿贸易只要求就双方约定的国防采购合同进行补偿。而间接补偿贸易则不受初始国防采购合同的影响，不过仍然要求与最初合同中采购国家的国防企业签订合同以示补偿。最后，与民用企业签订的间接补偿贸易完全不受初始合同和采购国国防工业的影响。2007年《欧防局补偿贸易研究》的统计数字表明，欧盟成员国在国防采购中各类补偿贸易的分布比例为：直接补偿贸易占40%，间接军事补偿贸易占35%，民事间接补偿贸易占25%⑦。乔格波洛斯指出，由于现代国防系统中既包含民用技术又包含军事技术，区分间接非军事补偿贸易和间接军事补偿贸易相当困难⑧。下文将讨论对补偿贸易的合法性进行分析存在的巨大困难。虽然本章提到了三种类型的补偿贸易，但其实还可以有许多其他种类的补偿贸易⑨。休尼克斯指出："补偿贸易采取什么样的形式，完全取决于相关各方的想象力⑩。"

---

④ Bundesverband der Deutschen Sicherheits- und Verteidigungsindustrie (BDSV), www.bdsv.eu/en/Issues/Offsets_compensation_benefits.htm [accessed 16 July 2013]。

⑤ E. 安德斯·埃里克森等(E. Anders Erikson et al.),《补偿贸易对欧洲国防工业与市场发展的影响研究》(Study on the Effects of Offsets on the Development of a European Defence Industry and Market) (Brussels:SCS Henley on Thames and FOI Stockholm, for the EDA, 2007),下称"欧防局补偿贸易研究",第3页。

⑥ 同上。

⑦ 根据2007年数据，同上，第4页。

⑧ A·乔格波洛斯(A. Georgopoulos), "重访欧洲国防采购中的补偿贸易：欧防局《补偿贸易准则》" ("Revisiting Offset Practices in European Defence Procurement: The European Defence Agency's Code of Conduct on Offsets") (2011) 第20期，《公共采购法评论》(Public Procurement Law Review)，第29-42页。

⑨ 例如参见 T·泰勒(T. Taylor), "将采购补偿贸易作为一种经济发展策略" (Using Procurement Offsets as an Economic Development Strategy), 见于布劳尔和邓恩(Brauer and Dunne), 《武器贸易与经济发展》(Arms Trade and Economic Development), 前注3，以及 S·马可斯基和 P·豪尔(S. Markowski and P. Hall), "强制性国防补偿贸易——概念基础" (Mandatory Defence Offsets – Conceptual Foundations), 见于布劳尔和邓恩，同上。

⑩ B·休尼克斯(B. Heuninckx), "国防采购中的供应安全与补偿贸易：欧盟发生了什么?" (Security of Supply and Offsets in Defence Procurement: What's New in the EU?), (2014) 第22期《公共采购法评论》(Public Procurement Law Review), 第33-49页。

补偿贸易协议往往是一个独立于初始采购合同的合同[11]。不过补偿贸易合同也可以作为采购合同的附加条件[12],也可以是采购合同的一个附录[13]。补偿贸易总价值可以达到初始合同的100%以上[14]。欧盟成员国之间的补偿贸易有很大的不同。有些成员国,主要是法国和德国,根本就不要求签订补偿贸易合同[15],而其他国家则将补偿贸易作为一种合法的要求,如可以将补偿贸易合同作为授标标准的一部分[16]。这意味着补偿贸易合同可能与初始国防合同的采购对象没有任何关系,与经营者的资格或投标书的质量也没有太大关系。许多成员国都设立了补偿贸易管理机构且赋予这些机构相当重要的地位。一般情况下,这些机构属于国家经济部,但最近更多的国家将其设到国防部。之所以进行这样的设置,可能是想以国防利益为由掩盖补偿贸易背后的经济利益。不过必须指出,补偿贸易一般很少对国家安全带来什么好处,它更多地是带来经济方面的利益[17]。可以说具有国防工业基础的成员国是不会使用补偿贸易的,因为它们会将合同授予本国企业;只有那些本国不具国防工业基础的国家才会使用补偿贸易。

---

[11] 德国国防工业协会,前注4:"补偿贸易包括供应商的协定义务,该义务是补偿贸易协议中与供应合同有关的附加利益,但又是一个独立的协议。"

[12] "补偿贸易是向外国政府出售防务物项的一个条件,通过这种方式该外国政府或其经济对采办价值进行补偿。"来源:美国商务部工业与安全司,《国防贸易中的补偿贸易》(Offsets in Defense Trade) 第14期,(2009),第 i 页。

[13] 感谢 B·休尼克斯为我指出这一点。

[14] 据2008年欧防局专题报告中的2007年数据,《补偿贸易影响研究》(Study on the Effects of Offsets),前注5,第4页,当时24个欧盟成员国中,补偿贸易合同的潜在价值总额为42亿欧元。补偿贸易的平均比例为135%,补偿贸易总量达到56亿欧元。据《欧盟委员会工作人员工作文件——效果评估》(Commission Staff Working Document – Impact Assessment) SEC(2007)1598 final, http://ec.europa.eu/internal_market/publicprocurement/docs/defence/impact_assessment_en.pdf[2013年11月15日登录],第44页,(下称《2007年欧盟委员会工作人员工作文件》),第23页,补偿贸易最低要求量是8%~100%,甚至可达到200%。

[15] 不过说法国采购实践中没有补偿贸易,必须具体情况具体分析。法国与美国一样,没有补偿贸易的要求,因为它具有发达的国防工业,通常从国内企业采购重要武器,因此补偿贸易对于法国来说并没有必要。另外,法国(与美国一样),也不支持其他国家提出的补偿贸易要求,因为其自身的国防工业非常发达,在对外出口时会被别的国家要求提供补偿贸易。德国明确反对补偿贸易,认为补偿贸易是无效贸易(其明确态度参见 www.eda.europa.eu/offsets/viewpolicy.aspx?CountryID=DE[2013年7月16日登录]),但是如果是协作式采购,则法国和德国都支持公平回报。但是如果不从国内企业那里采购,德国几乎所有的重要武器系统都是通过协作项目完成的。德国强烈要求得到公平回报补偿。因此实际上这两个国家对待补偿贸易的态度不一定非要这么公开。感谢 B·休尼克斯为我指出这一点。

[16] 法国和德国认为补偿贸易并不是政策上的问题,参见上一脚注。英国、意大利、瑞典和荷兰(纯粹的欧盟出口国,同时具有跨大西洋进口贸易)使用间接军事补偿贸易。芬兰、波兰、葡萄牙、希腊和西班牙(进口大国,也有部分出口)使用不同类型的补偿贸易,主要是直接补偿贸易。那些没有国防工业的成员国则使用间接民事补偿贸易。参见《欧防局补偿贸易研究》(EDA Study on Offsets),前注5,第4页。

[17] 参见《2007年欧盟委员会工作人员工作文件》(Commission Staff Working Document),前注14,第48页,以及D·艾森哈特(D. Eisenhut),"国防采购中的补偿贸易:一种奇怪的动物——处在灭绝边缘?"(Offsets in Defence Procurement: A Strange Animal – at the Brink of Extinction?)(2013)第38期《欧洲法律评论》(European Law Review),第393-403页。

补偿贸易被人称为"奇怪的东西",是"国防采购才会有的东西[18]"。

一般来说,国防采购当局在初始国防采购合同中以合同义务的方式规定补偿贸易合同的义务。在初始合同的义务条款中,规定必须与采购国专门的补偿贸易管理机构和采购国的公司签订补偿贸易合同,与公司签订的最终合同一般为私法合同,是否遵守有关补偿贸易的相关要求取决于国家补偿贸易管理机构。补偿贸易要求常常是次要授标标准。因此在采购条款中,补偿贸易要求也是合同履行条件[19]或授标的次要标准[20]。如果投标人没有达到补偿贸易条件,那么该投标人将被淘汰,这是第一种情况;如果投标人没有开出补偿贸易条件或者开出的补偿贸易条件不够诱人,那么相比那些开出诱人补偿贸易条件的投标人,此投标人中标的机会就会大打折扣。根据欧盟公共采购指令的规定,合同授予会受到两次影响。第一次:提出补偿贸易要求的初始合同受到合同履行条件或次要授标标准的直接影响;第二次:补偿贸易合同会受到影响,因为该合同可能会授予另一投标人,或者根本就不进行该合同的授予。这种双重效果的两个方面必须进行单独权衡。本章在讨论《国防指令》下的补偿贸易时,主要关心的还是补偿贸易对初始合同的影响。

我们在第一章[21]和第八章[22]的讨论中指出,分包合同可能是而且也正是军事国防领域和非军事领域的一个特点,也是《公共部门指令》和《公用事业指令》下相关合同的一个特点。合同的复杂程度越高,分包合同的供应链就越长。分包合同与补偿贸易之间的关系非常密切。我们将在下文指出,《国防指令》对分包合同持鼓励态度,同时又含蓄禁止了补偿贸易[23]。如果采购国不以《欧盟运行条约》第346条为借口对《国防指令》和《欧盟运行条约》的义务进行豁免,那么该国企业不能被授予主合同,只能通过分包的形式参与投标,而且只有在交出最具济效益标时才会中标。制定《国防指令》中的分包制度,是为了取代"目前"几乎被禁止的补偿贸易[24]。本章先讨论《欧盟运行条约》和《国防指令》中的补偿贸易,其次讨论《国防指

---

[18] 艾森哈特(Eisenhut),"国防采购中的补偿贸易"(Offsets in Defence Procurement),前注17,第393页。

[19] 相关讨论见第八章,第366-382页。

[20] 相关讨论见第八章,第400-403页。

[21] 第27页和第57页。

[22] 第371-373页和第380-381页。

[23] 参见《补偿贸易指导说明》(Guidance Note Offsets), http://ec.europa.eu/internal_market/publicprocurement/docs/defence/guide-offsets_en.pdf [20137月16日登录],第1页:"由于[补偿贸易]违背了欧盟基本法的基本规则和原则,《国防指令》不能允许、容忍或规制补偿贸易。与此同时,《国防指令》考虑到由于安全方面的原因,某些补偿贸易是有正当理由的,因此通过分包相关的规定,提供了一个非歧视性的方式,通过这个方式,成员国可以保护自己合法的安全利益,把竞争引入中标人的供应链,不违反欧盟法律。"

[24] 参见《分包指导说明》(Guidance Note Subcontracting), http://ec.europa.eu/internal_market/publicprocurement/docs/defence/guide-subcontracting_en.pdf [2013年7月16日登录],第1页:"许多成员国习惯于要求将承/分包合同授予本国的地方防务公司,作为向外国供应商采购军事装备的一种补偿。补偿贸易协议因此被用于促使本国工业通过外国主承包商的供应链进入其他防务市场的一个渠道。但是这种做法违背了非歧视性原则和内部市场的几项基本自由。因此《国防指令》禁止这种行为,但通过供应链上的竞争,促使整个欧盟的中小企业进入市场。"

令》中的分包制度,然后讨论两者之间的关系。作者将指出,《国防指令》的分包制度能否完全取代补偿贸易还是一个未知数。

3. 欧盟内部市场法和《国防指令》中的补偿贸易

要研究欧盟法下的补偿贸易是否合法,我们将在下面的章节里先讨论一下补偿贸易是否符合《欧盟运行条约》下的欧盟基本法的规定。接下来将讨论补偿贸易在多大程度上与《国防指令》下的欧盟次级法相符。第三,将讨论欧盟委员会对待数个软性法律规定的态度[25]。最后讨论对《欧盟运行条约》、《国防指令》、欧盟委员会软性法律规定和《欧防局补偿贸易行为准则》[26](见第五章讨论[27])的理解对各成员国补偿贸易法和实践的影响。作者将指出,由于欧盟对补偿贸易的不友善态度,目前有几个欧盟国家逐渐取消了欧盟范围内合同的补偿贸易。

3.1 《欧盟运行条约》下的补偿贸易[28]

《欧盟运行条约》[29]没有直接提到补偿贸易。但是补偿贸易显然违反了欧盟内部市场法中《欧盟运行条约》第 34 条和第 56 条所规定的货物和服务自由流动的制度(相关讨论见第二章)[30],除非以《欧盟运行条约》第 36、52 和 346 条为理由对该义务进行豁免[31]。

如果是货物采购,那么采购当局提出的补偿贸易要求无论从法律、实践还是从其他角度来说都相当于《欧盟运行条约》第 34 条提到的实质性限制。如果欧盟成员国采取了这样的措施,至少可能间接影响欧盟内部的贸易交流[32]。来自另一成员国的企业无法进入相关市场,采购当局无法与该企业或该企业所在成员国签订合同,只能与采购当局所在国的企业签订成本高且可能根本就不需要的采购合

---

[25] 参见前面提到的《指导说明》(Guidance Notes mentioned),前注 23,及同上。

[26] http://www.eda.europa.eu/docs/defaultsource/documents/The_Code_of_Conduct_on_Offsets.pdf [2013 7 月 22 日登录]。

[27] 第 198-204 页。

[28] 本节主要讨论《欧防局补偿贸易研究》(*EDA Offsets Study*)中的同样问题,完成者为作者。见前注 5,第 24-26 页。

[29] 罗马、马斯特里赫特、阿姆斯特丹和尼斯版本的《欧洲经济共同体条约》和《欧共体条约》都没有明确提到补偿贸易。

[30] 第 63-70 页。

[31] 补偿贸易是否违反了前面第四章,第 176-182 页讨论过的《欧盟运行条约》中关于国家补助的规定,并不是很清楚。参见 T. Eilmansberger, "Gegengeschäfte und Gemeinschaftsrecht" (2003) 17, *Wirtschaftsrechtliche Blätter: Zeitschrift für österreichisches und europäisches Wirtschaftsrecht* 501-10,第 506-507 页。

[32] Case 8/74, *Procureur du Roi v. Dassonville* [1974] ECR 837,第 5 段。

同[33]。此类补偿贸易要求对于货物的自由流动来说无疑是一种很大的障碍。

如果这种补偿贸易要求以合同履行条件或法律要求的形式成为一种义务,那么它对货物自由流动的妨碍无疑是切实、直接的。如果没有义务性的补偿贸易要求,但是提出的补偿贸易增加了中标几率,补偿贸易成为次要授标标准或者成为投标人选择标准,那么它对货物自由流动的妨碍无疑也是切实、间接的[34]。上述几种情况与 Dassonville 一案对"等同于实质性限制的措施"的定义正相符,因此这些措施按照《欧盟运行条约》的规定是不允许的[35]。

同样,如果是服务合同或工程合同,那么补偿贸易要求则成为服务自由流动的障碍,违反了《欧盟运行条约》第 56 条[36]。总而言之,相对于采购当局所在国的投标人,强加或诱导的补偿贸易要求是欧盟其他成员国投标人的一个额外负担。为了履行合同,国内投标人一般会从本国采购所需货物和服务。如果没有补偿贸易要求、次要授标标准或投标人选择标准,另一成员国的投标人一般也会从本国进行采购,或者通过最具经济效益标进行采购,不管提供这些货物或提交最具经济效益标的国家位于何处,在哪里注册。如果提出必须从采购国订货,往往是对货源和竞争进行了限制,使相关货物和服务变得更加昂贵。可以说这是一种额外的负担。即使这些货物和服务可以从本国以颇具竞争性的价格和条件买到,补偿贸易合同中各种繁琐、耗时、复杂和成本高昂的补偿贸易条款的准备和出价一般也会成为一个额外负担。按照初始合同进行的货物或服务的销售变得不那么诱人[37]。虽然采购当局会提出不要因为补偿贸易而提高价格,但补偿贸易一般还是会引起价格的大幅上涨,往往上涨 30% 左右,在某些特例中会上涨 100%[38]。

---

[33] 参见 2007 年《欧防局补偿贸易研究》(*EDA Offset Study*),前注 5,从第 42 页开始关于补偿贸易协议的新增成本。

[34] Case 249/81, *Buy Irish* [1982] ECR 4005,第 27 和 28 段,或者 Case 103/84, *Commission v. Italy* [1986] ECR 1759,第 24 段,引自艾森哈特(Eisenhut),前注 17,第 397 页。

[35] 参见第二章,第 63-67 页。

[36] Case C-3/95,*Reisebüro Broede* [1996] ECR I-6511,第 25 段。

[37] 艾森哈特(Eisenhut),"国防采购中的补偿贸易"(Offsets in Defence Procurement),前注 17,第 397 页。

[38] 艾利曼斯伯格(Eilmansberger),"Gegengeschäfte und Gemeinschaftsrecht",前注 31,第 508 页。虽然价格上涨原因不能确定,但是一系列因素,如生产周期缩短、重复投资、接收国更高的生产成本,以及承包商所在国为了对无效功和证书费用进行补偿而增加的销售成本,数者相加可能高达销售价格的 10%。参见休尼克斯(Heuninckx),前注 10。关于这些成本增加的例子,参见阿瑞斯·乔格波洛斯(Aris Georgopoulos),"欧洲国防采购一体化:关于在欧盟内采取行动的建议"(European Defence Procurement Integration: Proposals for Action Within the European Union),博士论文,诺丁汉大学(2004),第 282-283 页,脚注 705;W·斯特鲁伊斯(W. Struys),"补偿贸易与武器采购"(Offsets and Weapons Procurement),见于马丁(Martin),《补偿贸易经济:国防采购与对销贸易》(*The Economics of Offsets: Defence Procurement and Countertrade*),前注 3,第 99 页;尼古拉斯·安多耐基斯(Nicholas Antonakis),"希腊国防采购政策中的补偿贸易"(Offset Benefits in Greek Defence Procurement Policy),见于马丁(Martin),同上,第 167 页。另外,大多数补偿贸易虽然数据巨大,但在增加就业、分流、技术转移和国际竞争力方面的影响,似乎并没有想象得那么大,参见斯蒂文·马丁和凯斯·哈特利(Stephen Martin and Keith Hartley),"英国的补偿贸易经验"(The UK Experience with Offsets),见于马丁,同上,第 354 页。

补偿贸易的要求是一种赤裸裸的歧视措施,因为它们只加在其他成员国的投标人身上。从其性质来看,这种歧视措施不会加在采购当局所在国的投标人身上[39]。即使补偿贸易要求符合比例原则,也是不合法的,也不能以强制性要求或以公共利益为借口不受《欧盟运行条约》第34和56条禁令的约束[40]。另外,以保护公共利益(如《欧盟运行条约》第36、52条规定的公共安全,相关讨论见第二章)[41]为借口提出补偿贸易要求时,说其符合比例原则很难站得住脚(有了《欧盟运行条约》第36、52条,就可以将赤裸裸的歧视性措施合法化),这是因为以此为借口的补偿贸易措施不可能以经济因素为理由[42],而大多数补偿贸易却都是出于经济方面的考虑,只是在一些极端情况下或者具体涉及国防时才与经济无关,而这种情况根据《欧盟运行条约》第346条第(1)款(b)项的规定是可以享受武器豁免的(见第三章),一般不会以《内部市场法》中的公共利益为理由(见第二章)。也有一些补偿贸易要求与1958年货物清单没有关系,但是可以保护公共安全或公共卫生为由实现合法化。我们完全可以想象以《欧盟运行条约》第36或52条为由提出的补偿贸易。如在采购某种恶疾疫苗时,采购当局或实体要求对国内公司实行补偿贸易措施以维持本国生产能力,以便在发生流行病时保证供应,此时的理由就是公共卫生。[43] 但是如果外国公司在采购国境内建立了一个生产点,就不能以公共卫生为理由了。另外,这个例子也说明这种情况很少发生,范围很小,因此以公共卫生为理由的补偿贸易实际上不太可能出现。

最后,补偿贸易要求违背了欧盟内部市场法的机构平等和其他重要原则,最主要的是违背了不得以民族利益为借口实施歧视性措施的原则[44]。补偿贸易要求加在其他成员国的投标人身上,却没有加在本国投标人的身上。因此对照《欧盟运行条约》的规定,至少那些不受《欧盟运行条约》第346条保护的民事合同的补偿贸易要求几乎是非法的。

有人指出,从未有人研究过非军事采购或者公用事业采购中的补偿贸易协定是否合法。我们在第六章指出[45],非军事采购或者公用事业采购中的补偿贸易也属于

---

[39] 艾森哈特(Eisenhut),"国防采购中的补偿贸易"(Offsets in Defence Procurement),前注17,第397页。

[40] Case 120/78, *REWE - Zentrale AG v. Bundesmonopolverwaltung für Branntwein* ("Cassis de Dijon")[1979] ECR 649, [1979] 3 CMLR 494。虽然欧洲法院对歧视的重视没有以前那么高了,认为采取歧视性措施不过是一种强制性要求,或者是为了照顾公共利益,如 Case C-120/95, *Decker* [1995] ECR I-1831 的判决,但是如果是赤裸裸的歧视性措施,那么欧洲法院就会回归其旧有法理。参见一个服务案例:Case C-224/97, *Erich Ciola v. Land Vorarlberg* [1999] ECR I-2530。人们一致认为,补偿贸易要求是一种赤裸裸的歧视性措施,欧洲法院不会认为采取这种措施是为了公共利益,而认为是以《欧盟运行条约》第36条或第52条为由为歧视性措施找的借口。

[41] 第70-82页。

[42] Case 72/83, *Campus Oil Limited v. Minister for Industry and Energy* [1984] ECR 2727。

[43] 感谢B·休尼克斯(B. Heuninckx)在评论本章早期版本时为我提供这个例子。

[44] 另参见第二章,第63-70页。

[45] 第253-255页。

《国防指令》的范畴。因此《欧盟运行条约》第36和52条规定的以公共安全为由对货物和服务的自由流动实施的豁免(相关讨论见第二章)⁴⁶，还从未有人为了达成补偿贸易协定而使用过。但补偿贸易是一个与武器采购有关的问题⁴⁷。武器属于《欧盟运行条约》第346条第(1)款(b)项的特别豁免。我们在第三章指出，这个规定说明成员国有可能避开《欧盟运行条约》的约束，以武器涉及国家安全为借口，为自己的规避找到依据⁴⁸。使用克减条款要受到欧盟委员会控制机制、其他成员国和欧洲法院的控制。在Spanish Weapons一案的判决中，欧洲法院明确指出，这个条款并不意味着武器可以自动或无条件地对《欧盟运行条约》进行免责⁴⁹。作为一种克减规定，必须对该条款进行狭义解释⁵⁰，而成员国则必须拿出证据证实豁免的合法性，说明此时启用《欧盟运行条约》豁免条款的条件真实存在。因此欧洲法院在Spanish Weapons一案的判决中明确指出要对《欧盟运行条约》第346条第(1)款(b)项进行狭义解释。这一点在《欧盟委员会解释性通讯》(Interpretative Communication of the Commission)⁵¹中得到了强调，后来又在欧洲法院的Agusta⁵²、Weapons Exports⁵³和Finnish Turntables⁵⁴的判例法中得到了进一步的确认。因此按照《欧盟运行条约》第346条第(1)款(b)项的规定，在进行战争物资的采购时确实可以进行补偿贸易，但前提是此举是为保护相关成员国重大安全利益而不得不采取的措施。根据Spanish Weapons判例法对《欧盟运行条约》第346条第(1)款(b)项的解释，这些例外条款并不意味着可以自动或无条件地实现对《国防安全采购指令》和《欧盟运行条约》的豁免。补偿贸易是否合法，要进行逐案审查才能确定。因此按照欧盟

---

⁴⁶ 第70-82页。

⁴⁷ 在某些非军事项目中也有一些与补偿贸易类似的协议，如建设核电站、钻井平台或者造船厂。参见索斯顿·伊斯基(Thorsten Iske)，*Verbundgeschäfte* (Frankfurt am Main: Lang, 1986)，第79页，引自艾尔曼斯伯格(Eilmansberger)，"Gegengeschäfte und Gemeinschaftsrecht"，前注31，第503页。

⁴⁸ 第三章，第87-128页。

⁴⁹ Case C-414/97, *Commission v. Spain* [1999] ECR I-5585, [2000] 2 CMLR 4。

⁵⁰ Case 222/84, *Marguerite Johnston v. Chief Constable of the Royal Ulster Constabulary* [1986] ECR 1651, [1986] 3 CMLR 240, 第26段。另参见Case 13/68, *SpA Salgoil v. Italian Ministry of Foreign Trade* [1968] ECR 453, 第463页, [1969] CMLR 181, 第192页, 以及Case 7/68, *Commission v. Italy* [1968] ECR 633, 第644页。

⁵¹ "欧盟委员会关于在国防采购领域应用《欧盟运行条约》第296条的解释性通讯"(Interpretative Communication [of the Commission] on the Application of Art. 296 of the Treaty in the Field of Defence Procurement), COM (2006) 779 final, 2006年12月7日。

⁵² Case C-337/05, *Commission v. Italy* [2008] ECR I-2173 和 C-157/06, *Commission v. Italy* [2008] ECR I-7313。参见第三章，第96-101页。

⁵³ Case C-284/05, *Commission v. Finland* [2009] ECR I-11705; Case C-294/05, *Commission v. Sweden* [2009] ECR I-11777; Case 387/05, *Commission v. Italy* [2009] ECR I-11831; Case C-409/05, *Commission v. Greece* [2009] ECR I-11859; Case C-461/05, *Commission v. Denmark* [2009] ECR I-11887; Case C-38/06, *Commission v. Portugal* [2010] ECR I-1569; Case C-239/06, *Commission v. Italy* [2009] ECR I-11913。参见第三章，第109-125页。

⁵⁴ Case C-615/10, *Insinööritoimisto InsTiimi Oy*, nyr, 2012年6月7日。

市场法的规定,在采购武器时要求补偿贸易,同时又没有单独对此补偿贸易案进行审查的普遍行为是一种非法行为。另外,以《欧盟运行条约》第346条第(1)款(b)项为理由为任何类型的补偿贸易寻找依据,一般来说也是非常困难的,因为相关成员国要证明补偿贸易会保护本国的重大安全利益,而不是它们的经济利益;成员国还要证明为了应对这些重大安全利益问题,必须采取补偿贸易的方式,除此之外另无他法,只能通过补偿贸易保护本国的重大国家安全利益。另外《欧盟运行条约》第346条第(1)款(b)项规定:"此类行为不得对共同市场上军用产品的竞争造成任何不良影响",因此间接民事补偿贸易是不可能找到法律依据的,这样的补偿贸易必然会影响《欧盟运行条约》第346条第(1)款(b)项适用范围之外的产品的竞争[55]。总之,在国防采购中,很难以《欧盟运行条约》第346条第(1)款(b)项为依据为补偿贸易找到合法的理由[56]。如果无法证实补偿贸易协定是保护国家重大安全利益的必要措施,就是违反了《欧盟运行条约》的规定。补偿贸易之所以会在成员国之间频繁运用,唯一可能的原因就是国防采购的敏感性和对《欧盟运行条约》第346条第(1)款(b)项的不正确解释。由于以武器例外为依据的克减只能按照逐案审查的方式进行,因此制定抽象的补偿贸易法规,要求在所有的国防合同中都必须有补偿贸易,是对《欧盟运行条约》的一种违背[57]。只有在逐案审查的基础上证实补偿贸易是保护国家安全利益的唯一时,才可以提出补偿贸易的要求。

但是正如前文所述,《欧盟运行条约》并没有明令禁止补偿贸易,欧洲法院也还没有判决补偿贸易违法。因此至少从理论上来说,直接和间接军事补偿贸易在某些特别条件下是合法的。以下是一个补偿贸易合法的情形:在某个合同中,塞浦路斯共和国意欲通过防空导弹保证其防空能力,因为塞浦路斯没有战斗机。至少从理论上来说,塞浦路斯可能会受到土耳其方面的有效封锁。如果塞浦路斯采购了防空导弹,就可以通过补偿贸易在塞浦路斯境内部署这些导弹,有能力应对以下情况下出现的追加需求:(1)防侵略;(2)防止空中打击;甚至是(3)防止封锁[58]。

---

[55] COM(2006)779 final:"例如间接非军事补偿贸易,并不会直接带来具体的安全利益,但是会带来一般性经济利益。间接非军事补偿贸易不在[《欧盟运行条约》第346条的范围之内],即使间接非军事补偿贸易与国防采购合同有关,而该合同正是根据该条规定才成为一种例外。"补偿贸易"外溢"进入民事市场,在2007年《欧盟委员会工作人员工作文件》(2007 Commission Staff Working Document)中也有所强调,前注15,第26页。

[56] 艾森哈特(Eisenhut),"国防采购中的补偿贸易"(Offsets in Defence Procurement),前注17,第400-402页。

[57] 只规定什么情况下补偿贸易合法的空洞的补偿贸易法,其本身并不有悖于《欧盟运行条约》。

[58] 感谢B·休尼克斯(B. Heuninckx)在评论本章早期版本时为我提出这样的情形。国内国防工业能力的整合也常常是补偿贸易的主题,参见卡西亚·G·弗拉科斯(Katia G. Vlachos),《保护欧洲的竞争力——未来欧洲武器生产与采购战略》(*Safeguarding European Competitiveness-Strategies for the Future European Arms Production and Procurement*),不定期论文第4号(Paris:Institute for Security Studies of the Western European Union,1998),2.1节;安东耐基斯(Antonakis),"欧洲国防采购一体化"(European Defence Procurement Integration),前注38,第163页。

351

在这种情况下,补偿贸易是为了保护国家安全利益而采取的措施,符合比例原则,更具体地说,是就1958年清单上的物项签订一个合同,并通过《欧盟运行条约》第346条第(1)款(b)项为自己找到法律依据,是一种战略性的供应安全需求。根据总检察长斯林(Slynn)在Campus Oil一案中的观点(现为《欧盟运行条约》第36条例外条款,相关讨论见第二章)[59],我们可以将塞浦路斯与爱尔兰共和国进行一番对比。塞浦路斯也是处在一个相对孤立的岛上,没有邻国,另外由于采取中立政策,也没有盟国。最重要的是,由相邻大国土耳其造成的潜在和实际存在的军事威胁(如1974年土耳其军队对塞浦路斯的入侵和对北部地区的持续占领[60]),使塞浦路斯的补偿贸易得到了《欧盟运行条约》第346条第(1)款(b)项规定的强有力的支持。另外,如果在合同中要求国外公司而不是塞浦路斯公司修建塞浦路斯境内的生产场地,可能使人们认为塞浦路斯的补偿贸易要求,即满足战略性供应安全需求的要求不符合比例原则。但是休尼克斯指出,国家可以对国内公司进行更好的控制,可以将国家安全放在第一位,可为提供并升级必要的军队保障资源长期投入必要的资金[61]。总之,即使在这种极端情况下,人们也不完全明确《欧盟运行条约》第346条到底能不能成为补偿贸易的法律依据,而这一点也说明了补偿贸易在《欧盟运行条约》中的操作空间小之又小[62]。

间接民事补偿贸易不可能以《欧盟运行条约》第346条第(1)款(b)项为法律依据,因为《欧盟运行条约》第346条第(1)款(b)项第二句话指出,从其性质来看,间接补偿贸易"对内部市场非军用产品的竞争产生了不良影响[63]"。

直接军事补偿贸易大多可以以《欧盟运行条约》第346条第(1)款(b)项为法律依据,因为它们与独立意义上的采购合同有着直接联系和影响。艾森哈特(Eisenhut)举出了一些例子。其中一个例子是:出于国家安全方面的原因,需要对国内领土上的导弹进行弹道计算以确定其机密性,并保持对这些计算的自动调整升级能力。另一个例子是:要求在国内履行的某个高度敏感合同的服务部分,在相关武器系统的维护方面保持自给自足[64]。但是,这些例子后面供应安全和信息安全方

---

[59] 参见总检察长斯林恩(Advocate General Slynn),于Case 72/83,*Campus Oil Limited v. Minister for Industry and Energy* [1984] ECR 2727,第2764页,爱尔兰政府观点见第2735页。参见第二章,第79-80页和第83页。

[60] "土耳其北塞浦路斯共和国"只被土耳其自己承认。

[61] 休尼克斯(Heuninckx),"国防采购中的"供应安全和补偿贸易:欧盟发生了什么?"("Security of Supply and Offsets in Defence Procurement:What's New in the EU?"),前注10,第43页。

[62] 也许在芬兰可以想象出类似于俄罗斯"威胁"西班牙加纳利群岛的情形。加纳利群岛是邻近土耳其或马耳他海岸线的希腊群岛。但是有人认为,由于北约成员国的身份(西班牙),加上(芬兰)直到不久前一直是俄罗斯的和平邻国,或者由于不存在直接来自北非(马耳他)的威胁,这种情况发生的可能性不如前面讨论的塞浦路斯的可能性高。

[63] 艾森哈特(Eisenhut),"国防采购中的补偿贸易"(Offsets in Defence Procurement),前注17,第400-402页。艾曼斯伯格(Eilmansberger),"Gegengeschäfte und Gemeinschaftsrecht",前注31,第504-505页。

[64] 艾森哈特(Eisenhut),"国防采购中的补偿贸易"(Offsets in Defence Procurement),前注17,第402页

面的因素,可能会表现为合同履行条件或最低资格标准的形式(相关讨论见第八章),使相关合同保留在《国防指令》的约束范畴,因而无法达成补偿贸易[65]。《欧盟运行条约》第346条第(1)款(b)项只能在合同高度敏感、理由非常充分的特别情况下,才能作为直接军事补偿贸易的正当理由。有人指出,这种情况只有在非常特殊的条件下才会出现。由于这种情况非常罕见且多半不可能发生,因此即使是直接军事补偿贸易,想以《欧盟运行条约》第346条为依据也几乎是不可能的。

与直接军事补偿贸易相同的是,间接军事补偿贸易也可以以《欧盟运行条约》第346条第(1)款(b)项为依据。从个例来看,间接军事补偿贸易比直接军事补偿贸易的难度还要大,但也可能出现这样的情况:间接军事补偿贸易合法,而直接军事补偿贸易却不合法。重要的判断标准是在逐案审查的基础上评判是否符合比例原则(相关讨论见第三章和上文)。国家安全要求越强烈,就可能越符合比例原则。从各个案例来看,直接军事补偿贸易中的国家安全需求强于间接军事补偿贸易。另外,即使某种国防工业能力的保留可以算是一种国家安全利益,补偿贸易要求必须是保留该能力必须采取的措施。因此,如果能够证实该能力可通过其他方式得以保留,那么武器例外的使用就要受到质疑了。更重要的是,Spanish Weapons判例法明确指出,在实施《欧盟运行条约》的克减时,经济或资金方面的原因绝不可能成为"重大安全利益"[66]。

总之,从理论上来说,某些军事补偿贸易可以以《欧盟运行条约》第346条第(1)款(b)项为依据,但人们一致认为,在实践中对于和平时期的欧洲大陆成员国来说,这种可能性几乎为零。它就好比一件危险的武器,平时锁在一个遥远安全的地窖里,只有在极端情况下才会拿出来。欧盟立法者和成员国如果想解决欧洲国防工业结构上的问题,应当寻求他法。我们将在下文就此进行讨论。

3.2 补偿贸易和《国防指令》

与《欧盟运行条约》一样,《国防指令》也没有明确提到补偿贸易[67]。艾森哈特对此的解释是:欧盟委员会的最初意愿,是在《国防指令》中禁止"或至少严格限制"补偿贸易,但受到了强烈反对,尤其是受到一些较小成员国的反对。这些成员国很为其防务公司担忧,因为这些公司依赖于这些协定[68]。由于这些反对可能会导致《国防指令》的搁浅甚至是完全推翻,因此《国防指令》终稿中没有有关补偿贸易的禁令,甚至未提及补偿贸易。这一点在2007年《欧盟委员会工作人员工作文件》中得到了证实。该《工作文件》说明了为什么在《国防指令》中不能提及补偿

---

[65] 第366-382页,以及第382-400页。
[66] C-414/97,前注49,第22段。
[67] 艾森哈特(Eisenhut)也发现了这一点,"国防采购中的补偿贸易"(Offsets in Defence Procurement),前注17,第396页。
[68] 同上。

贸易：

由于补偿贸易本身就是一个问题,大大超出了目前倡议的范畴……期望欧共体法规解决补偿贸易问题是不对的,会对这个倡议造成危险(因为这个问题很敏感)[69]。

《工作文件》还讨论了是否可以禁止补偿贸易的问题。但是人们认为该讨论具有误导性,意味着"对于那些不受[《欧盟运行条约》第 346 条]约束的合同来说,是可以实现补偿贸易的"[70]。但是这样的想法肯定是没有说服力的:如果某个欧盟次级法禁止某种行为,并不意味着欧盟基本法就允许这种行为——事实完全不是这样。另外,《欧盟运行条约》第 346 条适用范围内的某个合同,也是《欧盟条约》的例外,不仅仅是《国防指令》的例外。换句话说,如果在某种情况下可以以《欧盟运行条约》第 346 条为由实现对欧盟法的豁免,那么成员国为了保护国家安全利益而采取的相关措施也就不再受欧盟法的约束,即使该措施是补偿贸易。我们将在下文指出,在实践中运用《欧盟运行条约》第 346 条为补偿贸易寻找法律依据是非常困难的;如果《欧盟运行条约》第 346 条得到了成功应用,即使《国防指令》禁止补偿贸易,也不会使采购当局对补偿贸易的合法性引起误导:对《欧盟运行条约》第 346 条的应用仍然要达到所有要求,并在逐案审查的基础上进行评判。如上所述,由于受到较小成员国的反对,在《国防指令》中才没有禁止补偿贸易。我们在第一章指出[71],政客们可以通过补偿贸易得利,本来得不到合同的公司可以得到合同,许多公务员和国家工作人员在国家补偿贸易管理机构工作。没有国防工业能力的较小成员国没有被授予主合同的机会,面对花在这些合同上的钱,需要对纳税人的钱进行补偿。这些利益相关的方方面面是不大可能顺顺当当地接受补偿贸易禁令的,他们定会提出反对意见。欧盟委员会作为立法的启动人,可能顶得住这样的反对意见,但游说和政治压力对于欧洲理事会的某些政府来说就会产生影响。人们尚不知道这些小国家的反对意见会不会对欧洲议会产生影响,因为斯特拉斯堡-布鲁塞尔最后定稿的《国防指令》的数个草案中都没有提到补偿贸易。

从未有人提出按照 2004 年或 2014 年《公共部门指令》或《公用事业指令》的规定可以实现补偿贸易的合法化,而成员国国家、地区和市政(及公益单位)一级的采购实体也从未在其货物、服务和工程合同中提出补偿贸易的要求。即使这样,补偿贸易在旧版和新版的《公共部门指令》和《公用事业指令》中都没有提到,这一点与《国防指令》是一样的。但是从《世界贸易组织政府采购协议》(WTO

---

[69] 2007 年《欧盟委员会工作人员工作文件》(Commission Staff Working Document),前注 14,第 48 页。
[70] 同上。
[71] 第 54-57 页。

Government Procurement Agreement)第XVI条第(1)款对补偿贸易的明令禁止来看[72],民事领域的补偿贸易是有可能发生的。但是在欧盟,补偿贸易被明确限定在武器采购上。

《国防指令》的某些部分可认为是提到了补偿贸易。《国防指令》说明条款第45条指出,"任何履行条件不得是与合同本身的履行无关的其他要求"。可以认为这是对间接补偿贸易的一种限制,因为除了直接军事补偿贸易,补偿贸易是作为合同的履行条件而存在的,与"合同本身的履行"没有关系[73]。不过这并不能代表《国防指令》对补偿贸易的明确提及。

《国防指令》第4条指出,"采购当局/实体应当以一种非歧视性的方式平等对待经营者,并以一种透明的方式行事。"这可以理解为对补偿贸易的含蓄提及,因为补偿贸易把国内投标人和国外投标人进行了区分[74]。不过这仍然不是对补偿贸易的明确提及,因此补偿贸易在《国防指令》中没有被明确禁止[75]。

我们在前面三章指出,《国防指令》其实是《公共部门指令》的修改版,使其适应了国防与安全方面的要求,目的是减少人们在实践中对《欧盟条约》中安全克减条款的应用,尤其是减少对《欧盟运行条约》第346条的应用。但是如果我们对《国防指令》的规则进行认真研究,尤其是对供应商选择和服务商选择的标准(相关讨论见第七章)、投标人评估(相关讨论见第八章)进行认真研究,就会发现这些规则是禁止补偿贸易的。最明显的是,合同应当按照客观标准进行发包,以保证符合透明、非歧视性和平等待遇的原则,保证对投标人的评估是建立在有效竞争的基础上。因此只能允许有两个授标标准:最低价格标和最具经济效益标。关于后一标准的规则考虑到了经济方面的因素,而不是价格方面的因素,如质量、交货时间和售后服务,不允许把补偿贸易考虑进去。某些与国防及安全相关的次要授标标准,如供应安全,在《国防指令》第47条第(1)款(a)项中有明确的规定[76],从另一侧面也证实了上述评估标准。如果供应安全被明确提及,那么补偿贸易也可以被明确提及。

虽然补偿贸易没有在《国防指令》中得到明确禁止,但在《国防指令》中也没有得到明确的许可。即使是从"措辞含糊"的《国防指令》第20条,也看不出可以进行补偿贸易的意思。

---

[72] 在某些大型非军事项目中有类似于补偿贸易的协议,如建造核电站、钻井平台或者造船等。参见Iske,*Verbundgeschäfte*,前注47,第79页。

[73] 艾森哈特(Eisenhut),"国防采购中的补偿贸易"(Offsets in Defence Procurement),前注17,第397页。

[74] 同上。

[75] 与此相反,《世界贸易组织(WTO)政府采购协议(GPA)》明确禁止补偿贸易。根据《政府采购协议》第XVI条第(1)款的规定,相关实体在资格预选和选择供应商、产品或服务时,或者在评估投标书、授予合同时,不得强加、寻求或考虑补偿贸易。但是武器属于《政府采购协议》第XXIII条的例外,这个例外的适用范畴更加广泛。参见第三章讨论,第114-115页。

[76] 参见第八章,第400-403页。

该条款第一句话中，虽然规定可以制定"与合同履行有关的特殊条件"，但这并不能说明它把补偿贸易合法化了，因为根本就没有提到补偿贸易。另外，其措辞也是不允许进行这样的解释，因为这些条件必须符合欧盟法的规定，而按照欧盟法的规定，补偿贸易几乎不可能是合法的东西（相关讨论见上文）。《国防指令》第20条第一句话没有进行修改，与《公共部门指令2004/18/EC》第26条是完全一样的。对《公共部门指令2004/18/EC》第26条第一句话的原文照搬，说明它的应用方式与旧版《公共部门指令》是一样的。《国防指令》第20条第二句话按照国防与安全方面的需求进行了改动，是一个说明性的句子：

这些条件尤其可能与分包有关，或可能是为了保证采购当局/实体按照第21条、22条和23条的规定提出的机密信息安全和供应安全有关……

我们在第八章指出，这个说明性的句子与《公共部门指令2004/18/EC》第26条相比，没有增加实质性的内容，只是确定了可以将原来条款中允许但没有明确规定的东西考虑进去⑦。但是这个条款经修改后并没有提及补偿贸易。可以说这种"遗漏"是立法者意愿的一种反映。总之，《国防指令》第20条显然既没有明确允许补偿贸易，也没有含蓄允许补偿贸易。

有人指出，没有提到补偿贸易就可以理解为不允许进行补偿贸易。另一方面，欧盟委员会对于补偿贸易的非法性持非常明确的立场，后来在《指导说明》中也做出了陈述（相关讨论见下文）。《国防指令》的前几个草案在公共领域都没有提到补偿贸易。因此在《国防指令》中把"补偿贸易"这个词完全省略掉，只能理解为故意而为之。这种在《国防指令》中的故意忽略现象，一部分原因必然是补偿贸易"显而易见"的非法性。因此补偿贸易具有显而易见的非法性，在2004年和2014年的《公共部门指令》和《公用事业指令》中就没有提及它们的必要了。但在武器领域，补偿贸易是非常常见的现象，因此在《国防指令》中还是应当提及补偿贸易的，因为《国防指令》的核心内容就是武器合同。实际上有人指出，将来在对《国防指令》进行修订时，将会考虑明令禁止补偿贸易。其实不明确提及补偿贸易是一种政治策略，我们在本节开头就此进行了讨论。因此补偿贸易未被列为次要授标标准，也正是这种政治背景的一种反映，因为欧盟委员会认为补偿贸易是一种非法的东西。

3.3 欧盟委员会指导说明

虽然《欧盟运行条约》和《国防指令》都没有明确提及补偿贸易，但欧盟委员会在将《国防指令》转化为成员国国内法的过程中颁布的许多软性法律文件确实提

---

⑦ 另参见：M·特莱伯斯（M. Trybus），"量身定做的欧盟《国防与安全采购指令》：限制、灵活性、说明和替代"（The Tailor-made EU Defence and Security Procurement Directive: Limitation, Flexibility, Descriptiveness, and Substitution）（2013）总第38期《欧洲法评论》（*European Law Review*）第3期，第21-25页。

到了补偿贸易。最重要的是,欧盟委员会发布了一个完整的《补偿贸易指导说明》。这个《指导说明》指出:

补偿贸易要求是一种限制性措施,与《欧盟条约》的基本原则背道而驰,因为补偿贸易要求对来自其他成员国的经营者、货物和服务形成歧视,对货物和服务的自由流动形成了障碍。既然补偿贸易要求违背了基本法规和欧盟基本法的原则,因此本《指令》不可能允许、容忍或规制补偿贸易。

[强调为作者所加][78]

这种措辞意义更加明确。欧盟委员会的另一个指导说明——《分包指导说明》,也明确指出了补偿贸易违背了欧盟法:

因此补偿贸易协定使地方企业可通过外国总承包商的供应链进入其他国防市场。但这种做法不符合非歧视性原则,损害了内部市场的基本自由权利。因此,本《指令》不允许这种做法。

[强调为作者所加][79]

另外,《补偿贸易指导说明》还详细说明了什么样的行为必须禁止:

采购当局/实体不得以任何方式要求或诱导投标候选人、投标人或中标人做出以下承诺:
● 采购某一成员国经营者的货物或服务;
● 向某一成员国的经营者授予分包合同;
● 向某个成员国进行投资;
● 在某个成员国境内产生价值。

此规定适用于所有类型的工程、供应、服务和投资项目,不论其性质或目的是与军事、安全有关还是民用项目,也不论其是否与相关采购合同有直接或间接的关系。另外,不得要求投标人、候选人和中标人调动其资源进行这样的采购、分包或投资,不论这些资源是否与这些采购、分包或投资有关[80]。

这意味着所有类型的补偿贸易都处于上述评判范围内,包括在2007年《欧防局补偿贸易研究》中确定的三种补偿贸易:直接军事补偿贸易、间接军事补偿贸易和民事补偿贸易。

2010年,欧盟委员会因捷克共和国和希腊在国防采购中使用补偿贸易而对其提出了诉讼,指控其违法[81];2012年,欧盟委员会发布了《<国防指令>实施进展报

---

[78] 前注23,第1页,第3和第5段,第18页。另参见2007年《欧盟委员会工作人员工作文件》(Commission Staff Working Document),前注15,第48页:"由于补偿贸易通常具有歧视性,因此补偿贸易直接违背了《欧盟运行条约》(欧共体的基本法)。因此公共采购规则(欧共体次级法)不能允许或规制补偿贸易。"

[79] 前注24,第1页,第3段。

[80] 《补偿贸易指导说明》(Guidance Note *Offsets*),前注23,第5-6段,第19页。

[81] 据艾森哈特(Eisenhut),"国防采购中的补偿贸易"(Offsets in Defence Procurement),前注17,第3-4页。脚注132。

357

告》(Progress Report on the Implementation of the Defence Directive)[82]。从中可以看出欧盟委员会对于补偿贸易的真实态度：欧盟委员会要让补偿贸易"逐步退出"。另外，在2012年的《进展报告》中，欧盟委员会宣布未来将更多地向使用补偿贸易的成员国提出诉讼[83]。

有人指出，根据欧盟委员会在这些《指导说明》和其他出处的措辞，补偿贸易不可能纳入《国防指令》或《欧盟条约》[84]。但是由于《欧盟委员会补偿贸易指导说明》《分包指导说明》和2012年的《进展报告》都没有法律约束力，因此在法律中并没有明确禁止补偿贸易。

在立法中没有就重大问题（如禁止补偿贸易）做出相关规定（可通过欧洲理事会、欧洲议会或者欧洲法院下达一个废止法令），却使之成为软性法律文件（如《指导说明》）中的一个东西，而这些软性法律文件又是欧盟委员会的法律文件，与欧洲理事会、欧洲议会和欧洲法院都没有关系——这一切从宪法的角度来说是很成问题的。之所以如此，是因为《指导说明》只有英语版，而欧盟法律应当翻译成所有的欧盟语言。民主、法制和成员国的作用会因此而受到影响。欧洲理事会的立法者实际上驳回了对补偿贸易的禁令，而欧盟委员会却在积极地采取行动，最主要的表现是发布了《指导说明》，而这个《指导说明》完全是闭门造车，没有直接参照其他法律文件和各成员国的意见。但是一系列的因素让这些"宪法上的问题"进入人们的视野。如上所述，欧盟委员会的确想在《国防指令》中禁止补偿贸易[85]。另外，补偿贸易是否符合《欧盟运行条约》的规定（如前文讨论）是一个核心问题。由于大多数补偿贸易违背了《欧盟运行条约》，因此立法者不能允许它们存在于《国防指令》，而《指导说明》只是在说明一个已经生效的法律，并不是在制定一个

---

[82] "欧盟委员会就有关国防与安全采购的《指令2009/81/EC》向国内法的转化提交给欧洲议会和欧洲理事会的报告"(Report from the Commission to the European Parliament and the Council on Transposition of Directive 2009/81/EC on Defence and Security Procurement), COM (2012) 565 final, 第1页："尤其要采取措施使违背本《条约》基本原则的补偿贸易逐渐退出。"第8—9页："这种补偿贸易要求属于限制性措施，有悖于《欧盟运行条约》的原则。这些要求对于来自其他成员国的经营者、货物和服务造成歧视，对于货物和服务的自由流动造成不良影响。"

[83] 2012年《进展报告》(Progress Report)，前注81，第9页："欧盟委员会现在将监督这些变化是否会带来实践上的改变。人们相信，为了形成一个真正的欧洲国防装备市场，具有歧视性质的补偿贸易快速退出是很有必要的。因此欧盟委员会在仍然存在补偿贸易的地方采取了适当措施。在那些仍然存在与欧盟法不相符的补偿贸易规则的成员国，欧盟委员会采取适当措施。"

[84] 这一点在《国防指令》的一个起草人那里得到了证实：B·施密特(B. Schmitt)，"国防采购与补偿贸易，厘清补偿贸易的合法性及其适用范围"(Defence Procurement and Offsets, Clarifying the Legality of Offsets and its Scope for Application)，于"C5欧盟国防与安全采购会议"(C5 EU Defence and Security Procurement Conference)，布鲁塞尔，2009年11月18日，引自B·休尼克斯(B. Heuninckx)，"欧盟《国防与安全采购指令》：花招还是款待？"(The EU Defence and Security Procurement Directive: Trick or Treat?) (2011)第20卷，《公共采购法评论》(Public Procurement Law Review)，第9期，第25页，脚注146。

[85] 参见艾森哈特(Eisenhut)，"国防采购中的补偿贸易"(Offsets in Defence Procurement)，前注17，第396页，以及前面本节开头关于《国防指令》的讨论。

法律。艾森哈特指出,《国防指令》"没有改变评估补偿贸易的法律制度"[86],因此不会存在宪法方面的问题。最重要的是,作为次级法的《指令》是不能改变作为基本法的《欧盟条约》的条款的,因此《欧盟运行条约》第 346 条仍然有效,至少从理论上来说可以为补偿贸易提供法律依据。

由于某些成员国明确反对在《国防指令》中禁止补偿贸易,因此欧盟委员会会找到一个合理实用的方法,通过《指导说明》来突出调和补偿贸易与内部市场、《国防指令》之间冲突的难度,并指出必要时将发起诉讼。但是有人认为,应当在来年修订《国防指令》时考虑在《国防指令》中明令禁止补偿贸易。第一,《指导说明》明确且正确地指出,《国防指令》约束范围内的合同是不可能与补偿贸易和谐共存的。如果想实现对《国防指令》和《欧盟条约》的豁免,进而实现补偿贸易,就必须启用《欧盟运行条约》的第 346 条。因此明确禁止补偿贸易并不能改变它们在《国防指令》中的合法性,但可以说明要停止补偿贸易。由于某些成员国反对禁止补偿贸易(见上文讨论),因此可能不会废除补偿贸易;最好的情况是补偿贸易逐渐退出。因此从 2011 年的《欧防局补偿贸易行为准则》[87]开始(见第五章[88]和下文),当前只通过《指导说明》的方式对补偿贸易造成了障碍但没有在《国防指令》中明令禁止,可能是这个逐渐退出过程的第二个阶段。我们将在下文指出,有迹象表明这种逐渐退出虽然在各成员国之间的表现各不相同但进展顺利。在对《国防指令》进行第一次或者说在不久的将来进行修订时,可能就是第三个阶段,此时会在《国防指令》中对补偿贸易进行明令禁止,而补偿贸易的逐渐退出也就结束了。

3.4 各成员国有关补偿贸易的法律

本书第二章选择的成员国将《国防指令》转化为国内法之后,都没有提到补偿贸易(见本书第二部分)。《奥地利国防与安全采购法》[89]、于 2011 年修订的《德国竞争法》和《国防与安全采购条例》[90]、爱尔兰《国防安全合同授予条例》[91]以及英国

---

[86] 同上。

[87] www.eda.europa.eu/docs/default-source/documents/The_Code_of_Conduct_on_Offsets.pdf [2013 年 8 月 27 日登录]。关于行为准则:A·乔格波洛斯(A. Georgopoulos),"修正欧洲国防采购中的补偿贸易行为:欧洲防务局《补偿贸易行为准则》"(Revisiting Offset Practices in European Defence Procurement:The European Defence Agency's Code of Conduct on Offsets),(2011)第 20 期,《公共采购法评论》(*Public Procurement Law Review*),第 29-42 页。

[88] 第 198-204 页。

[89] 奥地利:Bundesgesetz über die Vergabe von AuftrOägen im Verteidigungs-und Sicherheitsbereich (Bundesvergabegesetz Verteidigung und Sicherheit 2012-BVergGVS 2012),BGBl. I Nr. 10/2012。

[90] 德国:Gesetz gegen Wettbewerbsbeschränkungen,of 15 July 2005,BGBl. I S. 2114;2009 I S. 3850,as last amended by Art. 1 and Art. 4(2) of the Law of 5 December 2012,BGBl. I S. 2403。

[91] 爱尔兰共和国:European Union (Award of Contracts Relating to Defence and Security) Regulations 2012,SI No. 62 of 2012。

的《联合王国国防安全采购条例》[92]都未提到补偿贸易。之所以会出现这样的情况,就是因为在《国防指令》中没有明确提到补偿贸易,更不用说禁止补偿贸易了。我们在前面讨论的《指导说明》并没有规定各成员国在转化《国防指令》时必须就补偿贸易做出规定。因此成员国的国内法为了避免引起争议,没有制定有关补偿贸易的禁令也就不足为奇了,因为在《国防指令》中没有这样的要求,而且这些成员国也不知道自己是不是通过这种方式对国防采购官员进行限制的唯一成员国。成员国这样做并没有对欧盟委员会关于补偿贸易和分包的立场造成什么影响。欧盟委员会在《补偿贸易指导意见》中就补偿贸易明确表明了立场,在《分包指导意见》中就分包表明了立场。但是在国家法律中没有提到补偿贸易,也不是对欧盟委员会的立场进行肯定。奥地利、德国、爱尔兰和英国的立法者本可以明确表明立场让自己的司法机构有明确的法律依据,但是他们并没有这样做。他们并不是有意而为之。国家立法人有义务将《国防指令》转化为国内法,但没有义务将《指导意见》转化为国内法。如果欧盟的立法者想要成员国的国防与安全采购法就补偿贸易做出明确规定,那么首先应当在欧盟法中做出明确规定。

虽然《国防指令》没有使成员国在其国内法中明确禁止补偿贸易,但是有18个成员国在将《国防指令》转化为国内法之前,就制定了有关补偿贸易的法律。2012年《进展报告》指出:

> 欧盟委员会与这18个成员国的联系非常密切,帮助他们废除或修订了有关补偿贸易的法规。因此这些成员国多数废除了相关法或对其进行了修订。在这种情况下,补偿贸易不再是一种全面系统化的要求,而是仅限于某些特例,即符合《欧盟运行条约》第346条的情况。一场大的法律变革由此而产生。

这一切即使没有对成员国的国防采购法造成什么影响,至少对补偿贸易的规定造成了影响,进而对这些法规约束下的相关行为造成了潜在影响。

前一节讨论的让补偿贸易逐渐退出的第二个阶段可能已经开始了。不过这个说法有很多重大局限。首先,这18个相关成员国"多数"而不是全部修订了本国的补偿贸易法。另外,虽然从"多数"这个词我们可以推测是"大多数",但我们并不知道有多少成员国、哪个成员国修订了本国的补偿贸易法。因此部分国家并没有改变自己的补偿贸易法。第二点,这些修订本国补偿贸易法的成员国并没有废除这些规则;有些国家只是对这些规则进行了"修订"。不过通过这些修订,补偿贸易不再是系统化的事件,它只是一种特例,只在满足了《欧盟运行条约》和第346条的情况下才会有补偿贸易。不过这也说明了第三种局限性,因为实践中补偿贸易的发生取决于如何理解《欧盟运行条约》第346条。关于该条的解读我们在第三章和本章的3.1节进行了讨论。

第四点,也是最后一点,因为《国防指令》没有明确禁止补偿贸易,因此我们在

---

[92] 英国:Defence and Security Public Contracts Regulations 2011,SI 2011/1848。

前面提到的某些成员国补偿贸易法规的变化并不能算是欧盟委员会或内部市场立法者的成就。2012年《进展报告》也没有这种说法——它只是说"一场大的法律变革由此而产生"。对补偿贸易进行限制并使之逐步消失,是2011年《欧洲防务局补偿贸易行为准则》的事。我们在前面的第五章提到过这个准则,在上面一节也提到过。这个《行为准则》的目的,是让补偿贸易变得更加透明,减小补偿贸易的规模,并以一种全面渐进的方式减少补偿贸易在实践中的应用。虽然这个《行为准则》并没有禁止补偿贸易,但是它有一个100%的上限[93],规定补偿贸易只能局限于适用《欧盟运行条约》第346条的情况[94],并要求所有相关补偿贸易规则必须是明确的规则[95]。规则明确性的要求,使人们得以对《行为准则》颁布之前和之后的100%的补偿贸易封顶上限进行对比。从2013年的欧防局补偿贸易门户[96]来看,2007年《欧防局补偿贸易研究》[97]中描述的情况的确发生了一些变化。

但是没有一个官方的政策,并不是说永远不会有人提出补偿贸易的要求,甚至连逐案审查下的补偿贸易要求也没有[98]。在所有成员国将《国防指令》转化为国内法以后,目前针对补偿贸易的限制,欧盟和欧洲经济区的成员国在补偿贸易方面可大致分为以下五类:第一类是塞浦路斯、德国、希腊和英国。虽然我们在上文指出德国在协作项目中可能会要求补偿贸易,但这几个国家都明确声明不会要求补偿贸易。第二类是法国[99]、拉脱维亚和马耳他。这些国家没有针对补偿贸易的官方政策,因此他们对补偿贸易的具体使用情况并不完全清楚。第三类是捷克共和国和瑞典。这两个国家明确声明在具体情况下可以提出补偿贸易。第四类是奥地利、比利时和挪威。这几个国家的政策规定可以提出补偿贸易。第五类,也是最后一类,包括比利时、爱沙尼亚、芬兰、匈牙利、意大利、立陶宛、卢森堡、荷兰、波兰、葡萄牙、斯洛伐克、斯洛文尼亚和西班牙。这些国家的补偿贸易政策在2013年正在修订当中,因此目前还不确定。根据对《欧盟运行条约》第346条第(1)款(b)项与补偿贸易相关的规定,补偿贸易必须符合比例原则,必须按照逐案审查的原则进行。按照欧防局补偿贸易门户网站的说法,只有奥地利、比利时和挪威的"抽象"政策违反了《欧盟运行条约》的规定。

在欧防局补偿贸易门户网站上,希腊指出本国(再也)没有补偿贸易政策是因为《国防指令》的缘故。奥地利和挪威则针对补偿贸易有一个100%的上限,指出

---

[93] 欧防局《补偿贸易行为准则》(*Code of Conduct on Offsets*),前注87,第4页:"补偿贸易,如果提出了要求且为对方所接受,不得超过采购合同价值。"
[94] 欧防局《补偿贸易行为准则》(Code of Conduct on Offsets),同上,第2页。
[95] 同上,第3页。
[96] www.eda.europa.eu/offsets/ [accessed 21 November 2013]。
[97] 前注5。
[98] 在书写本段时大大受益于与B·休尼克斯的讨论。
[99] 如前所述,法国的立场是它根本就没有补偿贸易政策。但这并不一定意味着法国永远不会在具体条件下提出补偿贸易要求。

这是《欧防局补偿贸易行为准则》的规定。但是奥地利则以《国防指令》、《欧盟运行条约》第 346 条,甚至是《欧盟委员会补偿贸易指导说明》作为本国补偿贸易政策的法律依据。英国指出其补偿贸易政策目前"被完全废除"。塞浦路斯和爱尔兰则声明它们在国防采购中不要求补偿贸易,但拉脱维亚说它没有官方的补偿贸易政策。但是后者并不一定意味着它不会在逐案审查的情况下提出补偿贸易(就像捷克共和国一样),只不过它没有一个官方的全面政策而已。这些被提及的法律依据,说明《国防指令》甚至是《补偿贸易指导说明》对成员国的国内立法的影响。即使到了 2013 年 11 月,这种影响在几个成员国似乎仍然存在。有人指出,《欧防局补偿贸易行为准则》已经为这种影响铺平了道路,尤其是在明确规定和 100%上限这两个方面。从 100%的上限到逐渐退出,比从 200%的水平要容易得多。因此内部市场和欧盟共同外交与安全政策的法律文件相互影响,强化了它们对补偿贸易的影响。这两个法律体系之间不是简单的相互竞争的关系,更不是相互矛盾的关系。

由于《国防指令》对于补偿贸易的立场不甚明确,而欧盟委员会立场分明,由此而产生的灰色地带可能会导致欧洲法院的诉讼案[100]。如前所述,补偿贸易不能与《国防指令》相容,也不能以《欧盟运行条约》第 346 条为理由实现合法化,因为补偿贸易的目的是经济和资本,而不是出于国家安全的考虑。补偿贸易违反了欧盟内部法和采购制度,因为有了补偿贸易,公开、透明、竞争、非歧视性的采购变得非常困难或者根本就无法实现。欧盟立法者应当对《国防指令》进行进一步修订,明确禁止补偿贸易,以便在欧盟范围内就补偿贸易形成最大程度的明确和统一。

4.《国防指令》中的分包制度

我们在第一章指出[101],对于任何大型民事或国防合同来说,中标人常常有一个由分包商组成的供应链。这是因为大多数公司不能自行生产所有产品部件或自行提供所有服务,而是需要从其他专业供应商那里进行采购。在《国防指令》征求意见期间,涉众提出对条款进行修改,"以保证整个供应链上的竞争性,尤其是要提高中小企业进入市场的能力"[102]。但其实在发起意见征求过程的《绿皮书》中[103],欧盟委员会并没有专门提到这个分包的问题。这说明在《国防指令》中制定一个分包

---

[100] 虽然这可能会花费一些时间,参见弗林赫·汝尔克(Vierlich-Jürcke)(欧盟委员会,2012)"国防与安全采购领域的分包与救济"(Subcontracting and Remedies in the Field of Defence and Security Procurement),于"欧洲的国防与安全采购讨论会"(Seminar on European Defence and Security Procurement),欧洲公共管理研究院,马斯特里赫特,2012 年 1 月 19 日(作者记录,可查)。

[101] 第 27 页和第 57 页。

[102] COM(2005)626 final,第 7 页。

[103] COM(2004)608 final。

制度,至少从某种程度上来说是这个意见征求过程引发的结果。不过《绿皮书》特别针对补偿贸易做出了相关规定[104]。而关于补偿贸易这个问题,涉众只在意见书中一略而过[105]。这说明补偿贸易的敏感性很高,在后来的《国防指令》中甚至都没有提到(见上文解释)。另外,在将旧版《公共部门指令》的规则用于《国防指令》时,由于提到了供应链问题,因此可将此解释为补偿贸易和分包之间有着密切关系,我们将在下文对此进行讨论。

因此按照《公共部门指令 2004/18/EC》[106]、《公用事业指令 2004/17/EC》[107]和新版 2014 年《公共部门指令》、《公用事业指令》[108]的规定,供应链的组织由中标人自行组织;而按照《国防指令》的规定,采购当局可以提出主合同的一部分可以分包给第三方。之所以做出这样的规定,是为了将竞争引进供应链,向中小企业提供进入市场的机会[109]。因此《国防指令》中的分包制度更加详细,是出于经济和政治方面的原因[110]。分包也为采购成员国的国内企业提供了"第二次机会",而对于工业能力有限的成员国来说,是提供了一个极好的实际性机会。换句话说,在成员国中,更多公司具有的是针对大型合同的部件分包合同进行投标的能力,能够就主合同进行投标的只是少数公司。实际上分包市场比起主合同市场来往往要大得多,因此竞争也可能要激烈得多,利益也要大得多。

我们在第五章指出[111],在 2006 年至 2013 年间,分包只是存在于《欧防局供应链最佳实践准则》(即《欧防局供应链准则》)中的一个东西[112],其目的也是为了促进竞争,推动中小企业进入供应链[113]。另外,我们在第五章还指出,这个《准则》目前正在修订,未来可能不会被新的《准则》所替代。与《国防采购行为准则》和《补偿贸易行为准则》一样,《欧防局供应链准则》只是欧防局政府间协议的一部分,也是共

---

[104] 同上,参见问题 11,第 11 页。

[105] COM (2005) 626 final,第 9 页。

[106] 参见《公共部门指令 2004/18/EC》第 25 条。在第 60 条和第 62—65 条,还有一些关于特许经营商具体义务的规定。

[107] 参见《公用事业指令 2004/17/EC》第 37 条。

[108] 参见《公共部门指令 2014/24/EU》第 71 条。主要的创新点在于第 71 条第(3)款规定可以对分包商进行直接支付。

[109] 《分包指导说明》(Guidance Note *Subcontracting*),前注 24,第 1 页;另参见《执行报告》(Implementation Report),前注 81,第 6 页。

[110] 同上。

[111] 第 204—207 页。

[112] http://data.grip.org/documents/200909141545.pdf[2013 年 7 月 22 日登录]:"《供应链最佳实践准则》由《国防采购制度》上签字的所有欧防局成员国同意,并于 2006 年 4 月 27 日由欧洲国防与航空工业协会(ASD)批准。它是《国防采购制度》不可缺少的一部分,与《行为准则》共同运行并对其起到补充作用。其实施工具是电子公告板(EBB)。这是一个自愿性质的准则,可用于应用《欧共体条约》第 346 条时,也可用于提出任何国防相关采购要求时,对于承包商的技术和资金都有影响。[《供应链行为准则》]对于国家规程是一个补充。[《供应链行为准则》]不涉及或暗指任何法律义务,相关或暗指风险也不会发生转移。"

[113] 欧防局《供应链准则》(EDA Supply Chain Code),第 2 段,同上。

同外交与安全政策/共同安全与防务政策体系的一部分,因此不属于欧盟内部市场法,不具有法律约束力,具有自愿性。它并不包括所有欧盟成员国,因为丹麦决定不加入。这个《准则》的应用(现在)将局限于适用《欧盟运行条约》第346条的情况。欧防局指出,该《准则》"不仅适用于启用《欧盟运行条约》第346条的情况,还可用于与国防相关的所有分包合同,对于承包商来说可以是指技术和资金两方面的东西[强调为作者所加]"[114]。这听起来似乎是对《国防指令》分包制度的挑战,如果这两个体系之间发生了冲突,可能会引发一些问题。但是欧防局继续强调指出:"[《欧防局供应链准则》]是对先前存在的类似国家制度的一个补充,没有法律强制性,也不意味着法律强制性。""国家制度"这个词不能理解为包括《国防指令》,但它的确包括了成员国的国内法。而成员国的国内法几乎都是以《国防指令》为依据的。因此如果发生冲突,这些制度具有优先权。但是,第一,《国防指令》中这个新的分包制度与《欧防局供应链准则》有许多共同之处。这两个制度共同运行了一段时间。这些共同点包括:分包的竞争与透明性的目标,以及分包机会的公布[115]。第二,《欧防局准则》代表了启用《欧盟运行条约》第346条时的分包制度(不管因为什么原因启用了《欧盟运行条约》第346条)。但是为了对《国防指令》中的分包规则进行分析,我们主要讨论这两个体系之间的不同之处,如《国防指令》第Ⅲ部分具有法律约束力,而且要详细得多[116]。

4.1 分包可选方式

《国防指令》第21条规定了四种分包方式,在第Ⅲ部分[117]和《欧盟委员会分包指导说明》[118]中进行了解释。这四个分包方式在应用范围和程度上各有不同。这四种方式作为《国防指令》"工具包"的一部分,并非一定要全部转化为成员国的国内法,因此成员国有很大的灵活性,适应了各成员国国防工业结构的不同情况和各成员国的偏好。而其他《指令》只是规定了一种"选择"供成员国转化为国内法。《欧洲防务局供应链准则》规定得没有那么详细,文字模糊,而且没有可选方式。

4.1.1 分包方式A:总承包商自由选择分包商

分包"可选方式A"只禁止以国家利益为由采取歧视性措施,而分包商则由承

---

[114] www.eda.europa.eu/projects/projects-search/code-of-best-practice-in-the-supply-chain [accessed 25 April 2013, with the date 12 September 2012]。

[115] 欧防局《供应链准则》(EDA Supply Chain Code),第2、5和11段,前注112。

[116] B·休尼克斯(B. Heuninckx),"形成一个统一的欧洲国防采购制度?欧洲防务局及欧盟委员会倡议"(Towards a Coherent European Defence Procurement Regime? European Defence Agency and European Commission Initiatives)(2008)第17期,《公共采购法评论》(Public Procurement Law Review)1-20期,第9页,称其为"非常笼统",是"一个为所有相关方流出巨大自由空间的文件"。另参见A·乔格波洛斯(A. Georgopoulos),"欧洲防务局:新的供应链最佳实践准则"(European Defence Agency: The New Code of Best Practice in the Supply Chain)(2006)第15期,《公共采购法评论》(Public Procurement Law Review)NA145。

[117] 《国防指令》第50-54条。

[118] 前注24。

包商自行选择。《国防指令》第21条第(1)款规定如下：

1. 如果分包合同不受第(3)款和第(4)款要求的限制，可自行为所有分包合同选择分包商，不得要求其以国家利益为由采取针对潜在分包商的歧视性措施。

这个分包方式的限制相对较少，在《国防指令》第21条第(2)款中又进行了总结：

2. 成员国可以要求成员国，成员国也可以要求采购当局对投标人提出以下要求：

——在投标书中说明将向第三方分包的分包合同的比例，以及任何被提议的分包商，并说明分包合同的标的物；以及/或者

——说明合同履行期间分包商发生的任何变化……

《分包指导说明》对此又进行了详细解释：

11. 采购当局的第一个分包选择(见第21条第(1)款和第21条第(2)款)，是让中标人决定a)主合同按照什么样的比例，b)主合同的哪一部分，以及c)由谁来进行分包。采购当局一般应接受投标人的分包建议，可根据第21条第(5)款的规定在选择标准上进行一些修改。本《指令》中与本分包方式有关的条款，必须转化为成员国的国内法，但成员国可以让采购当局自行决定是否遵守这些条款，也可以要求采购当局遵守这些条款[119]。

这个分包可选方式A与《公共部门指令2004/18/EC》第25条、《公用事业指令2004/17/EC》第37条，以及新的《指令2014/24/EU》第71条是一样的，因此并不是《国防指令》的一个创新。唯一的修改是在第21条第(2)款第二个短线下的"说明合同履行期间分包商发生的任何变化"。既然所有成员国都已将这一款转化为本国的国内法，因此从严格意义上来说它并不是国内立法者的一个可选项。可视其为采购当局的一个选择，因为至少分包方式A和分包方式B必须转化为成员国的国内法，而在转化为成员国的国内法时，成员国可以要求或只允许使用分包"可选"方式A。对于采购当局来说，它是一个选择方式还是一种强制义务，取决于它向国内法的转化情况。

本书列出的四个成员国的立法委员会，在转化分包方式时都将选择方式A转化为国内法。《奥地利国防与安全采购法》第73条第(1)款、爱尔兰《国防安全合同授予条例》第19条第(1)款、《德国国防安全采购条例》第9条第(2)款[120]和《联合王国国防安全采购条例》第37条第(1)款几乎都是按照原文照搬的方式将《国

---

[119] 同上。

[120] Vergabeverordnung für die Bereiche Verteidigung und Sicherheit zur Umsetzung der Richtlinie 2009/81/EG des Europäischen Parlaments und des Rates vom 13. Juli 2009 über die Koordinierung der Verfahren zur Vergabe bestimmter Bau-, Liefer- und Dienstleistungsaufträge in den Bereichen Verteidigung und Sicherheit und zur Änderung der Richtlinien 2004/17/EG und 2004/18/EG (Vergabeverordnung Verteidigung und Sicherheit - VSVgV) [2012] BGBl. I S. 1509.

防指令》第21条第(1)款转化到本国的采购法中。《奥地利国防与安全采购法》第73条第(4)款、爱尔兰《国防安全合同授予条例》第19条第(2)款、《德国国防安全采购条例》第9条第(1)款和《联合王国国防安全采购条例》第37条第(2)款原文照搬了《国防指令》第21条第(2)款。《国防指令》第20条第(2)款关于分包的相关信息,在爱尔兰变成了采购当局"可以请求[投标人]说明",在英国变成了"可以要求"投标人提供,而在德国,则变成了"可以要求[投标人]说明",在奥地利变成了"应当请求[投标人]说明"[12]。这个分包选择方式向国内法的转化并不难,因为它与之前的各《指令》是一致的。需要再次指出的是,这个分包方式并不是《国防指令》的一个创新,也不是对原本《公共部门指令2004/18/EC》条款的修改。

4.1.2 分包方式B:通过招标方式授予分包合同

与分包方式A一样,在分包方式B中,由总承包商决定主合同什么样的比例、哪一部分进行分包,并说明这个比例、分包合同的标的物和投标中的分包商的身份。《国防指令》第21条第(2)款和第(3)款有相关规定,但最重要的是在第21条第(2)款的规定:

3. 采购当局/实体可以要求成员国或被成员国要求向中标人规定以下义务:在中标人将分包给第三方的某些分包合同中,运用第Ⅲ部分的相关规定。

这一点在《分包指导说明》中有了进一步的说明:

13. 在这种情况下,采购当局必须在合同公告中说明它可能使用这种分包方式(取决于投标)。投标人首先在投标书中说明其分包意图(分包多少,分包哪一部分,以及被提议的分包商)。采购当局要求按第Ⅲ部分规定进行分包的分包合同是什么,应由采购当局告知投标人。中标人必须将相关分包合同按照第Ⅲ部分规定的透明和非歧视性的方式进行发包。该《指令》与该分包方式相关的规定,必须转化为成员国的国内法,但成员国可以让采购当局自行决定是否遵守相关规定,或者要求其遵守相关规定[12]。

它与上述分包方式A的最大不同,是分包合同必须按照第Ⅲ部分规定的竞争、透明的方式进行发包,我们将在下面的4.2节对这些程序进行讨论。在此我们只消指出分包合同的价值和其他因素,决定了是否要按照与主合同相同的方式,在欧盟官方公报上发布分包合同公告,并发布合同授予公告。总承包商在进行分包时,必须按照公共采购法的规定进行。这是《国防指令》的一个创新,也是分包方式C和分包方式D的一个特色,我们将在下文就此进行讨论。

我们再次指出,因为所有成员国必须将该这一条转化为本国的国内法,因此从严格意义上来说,它并不是成员国的一个选择,本书讨论的所有四个成员国的立法

---

[12] 作者所译。
[12] 前注24,第4页。

委员会都将这个分包方式 B 转化到本国的采购法中。如上所述,《奥地利国防与安全采购法》第 73 条第(4)款、爱尔兰《国防安全合同授予条例》第 19 条第(2)款、《德国国防安全采购条例》第 9 条第(1)款和《联合王国国防安全采购条例》第 37 条第(2)款都将《国防指令》第 21 条第(2)款转化到本国的采购法中。另外,《奥地利国防与安全采购法》第 74 条第(1)款、爱尔兰《国防安全合同授予条例》第 19 条第(3)款、英国《联合王国国防安全采购条例》第 37 条第(3)款和《德国国防安全采购条例》第 9 条第(1)款都将《国防指令》第 21 条第(3)款转化到本国的采购法中。转化为国内法后,所有成员国的相关法规,包括其他 17 个成员国的相关法规,都让采购当局自行决定是否要求投标人遵守第 Ⅲ 部分的规定,而不是要求采购当局必须遵守该部分的规定[123]。要求采购当局向投标人提出遵守《国防指令》第 Ⅲ 部分的相关规定,按照《国防指令》第 21 条第(3)款的规定也是可以的。到 2012 年 10 月,只有一个成员国没有将《国防指令》第 21 条第(3)款转化为本国的采购法[124]。

分包方式 B 是《国防指令》的一个创新。另外,分包方式 B 可能是《国防指令》在分包制度创新上的一个最重要的表现,因为在所有分包方式中,只有分包方式 B 被所有成员国转化到本国的采购法中。如果分包方式 C 和分包方式 D 也被所有成员国转化到本国的采购法中,那么它们应当与分包方式 B 一样重要。但是某些成员国,如英国并没有将分包方式 C 和 D 转化到本国的采购法,关于这一点我们将在下文进行讨论。这种完全合法的"遗漏",使分包方式 B 对于成员国具有特别重要的意义,因为这是与其他采购《指令》唯一不同的分包方式。

4.1.3　分包方式 C:通过招标授予最低比例的分包合同

按照《国防指令》第 21 条第(4)款的规定,在分包方式 C 中,采购当局要求总承包商将最低比例的主合同按照分包合同的方式进行分包,发包方式则按照《国防指令》第 Ⅲ 部分规定的竞争性采购方式进行。详细规定见《分包指导说明》:

在这种条件下,采购当局必须明确说明将要进行分包的主合同的最低分包比例(如 15%~20%,或者 25%~30%),要求被选中的投标人在投标书中说明想要分包哪一部分。因此采购当局决定将要进行分包的主合同的分包比例,而中标人决定把哪一部分进行分包。与该条款相关的所有分包合同必须按照第 Ⅲ 部分规定的透明、非歧视性的方式进行发包[125]。

由采购当局确定的最低分包比例可以超出。《国防指令》第 21 条第(4)款对此有明确规定:

投标人可以对合同总价的分包比例做出提议,该分包比例可以高于采购当局要求的比例。……采购当局/实体还可以要求成员国,成员国也可以要求采购当局向投标人提出要求,就欲进行超比例分包的那一部分进行说明,并说明已经确定的

---

[123]　《转化报告》(Transposition Report),前注 81,第 7 页。
[124]　同上。
[125]　前注 24,第 4 页。

分包商。

由采购当局设定的最低比例分包合同,与超出最低分包比例的分包合同之间的最大不同,是前者必须按照竞争方式并按照《国防指令》第Ⅲ部分的规定进行发包,而后者则没有这个必要。如何对待超出采购当局设定的最低分包比例的分包合同,也是分包方式 C 和分包方式 D 之间的最大区别(关于分包方式 D 的讨论见下文):在分包方式 D 中,分包合同也必须按照第Ⅲ部分的规定进行发包。

分包方式 C 不仅仅是采购当局/实体的一个选项,也是成员国的一个选项,因为成员国可以不将它转化到本国的采购法中。《分包指导说明》指出:

与本分包方式相关的本《指令》条款可以不转化为成员国的国内法。如果成员国决定将其转化为本国的国内法,那么成员国可以规定由采购当局决定是否遵守这些条款,也可以要求采购当局遵守这些条款[126]。

这包括一个分包方式和一个"次级分包方式",好比一个成员国将分包方式 C 转化为本国的采购法之后,就可以在立法中要求人们遵守这些规定,也可以让采购当局决定是否遵守这些规定。在本书讨论的四个成员国中,有三个成员国的立法委员会将这个分包方式转化到本国的采购法中:《奥地利国防与安全采购法》第74条第(2)款和第(3)款、爱尔兰《国防安全合同授予条例》第 19 条第(4)-(9)款和《德国国防安全采购条例》第 9 条第(3)款。而英国在其 2011 年的《联合王国国防安全采购条例》中没有将这个分包方式转化为本国法,在英国国防部的指南中也证明了这一点。该指南指出,投标人(只)有两个分包方式[127]。我们将在下文就英国立法委员会的这个决定进行讨论。2012 年《转化报告》指出,还有一个成员国也没有将分包方式 C 转化到本国的采购法中[128]。

列波曼(Liebmann)将分包方式 C 称为"恰当的增加"[129]。它与分包方式 B 的最大不同,是必须将最低比例的主合同进行分包。此措施降低了总承包商对分包商的控制。分包方式 B 只是将竞争引入到供应链中,与欧盟各采购《指令》中的普遍性竞争目标相一致;而分包方式 C 则显然规定了一个促进企业参与的政策,因为将要分包的主合同的比例是由采购当局或立法委员会决定的。因此对那些工业基础适合分包合同而不是主合同的成员国来说,分包方式 C 更具吸引力,而对那些工业基础能够应对主合同的成员国来说,就没有那么诱人了。更好的方式应当是这样的:如果总承包商都在其他成员国,那么如果某个成员国提出

---

[126] 同上。第 5 页。

[127] 国防部,《2011 年国防与安全公共合同条例指南:第 13 章——《国防安全采购条例》下的分包》(*Guidance Defence and Security Public Contracts Regulations* 2011:*Chapter 13 - Subcontracting under the DSPCR*),伦敦:2012,www. gov. uk/government/uploads/system/uploads/attachment_data/file/27663/d [2013 年 11 月 20 日登录],第 18 段。

[128] 《转化报告》(Transposition Report),前注 81,第 7 页。

[129] H. Liebmann, § 74, in Michael Fruhmann and Hanno Liebmann, *BVergGVS* 2012:*Bundesvergabegesetz Vergabe und Sicherheit* 2012 (Vienna:Manz,2012),第 246 页。

要求,则通过行政命令的方式要求总承包商向其他成员国的分包商提供分包的机会。分包方式C对于那些具有承揽合同能力的成员国来说没有那么大的吸引力,因为这种方法降低了总承包商的控制能力。可能也正是因为这个原因,奥地利和爱尔兰将这个分包方式转化到本国的采购法中,因为这两个国家的国防与安全工业基础较弱;而英国没有将其转化到本国的采购法中,因为它有强大的国防承包商。分包方式的有限转化与英国的一贯性做法也是相符的。英国在转化欧盟《指令》时,大多采取最低限度转化的方式。由于在英国存在潜在总承包商,因此分包方式C和分包方式D没有那么诱人。德国将分包方式C转化到本国的采购法中,因为虽然它有大型国防承包商,但它也必须遵守促进中小企业发展的政策。

4.1.4 分包方式D:提出最低比例分包要求,此比例之外的合同通过招标进行分包

在分包方式D中,《国防指令》第21条第(3)款和第(4)款被结合起来。与分包方式C一样,采购当局可以要求一定比例的主合同进行分包,最高比例为30%,可以要求在投标书中确定分包比例并要求按照竞争的方式进行发包。分包方式D在《分包指导说明》中有了进一步的解释:

19. 在这种情况下,采购当局将在合同公告中确定将进行分包的主合同的最低分包比例,并要求被选择的投标人在其投标书中确定:(1)将要分包的主合同的哪一部分进行分包并达到最低分包要求;(2)将要分包的合同的哪一部分进行分包并超出分包比例要求。接下来采购当局/实体将以投标书为依据,要求超出分包比例的分包合同的一部分或全部以透明和非歧视性的方式进行发包。但是,投标人仍可自行决定哪一部分进行分包(以达到最低分包比例或超出最低分包比例)。不管是什么情况,由采购当局规定的所有分包合同必须由中标人根据第Ⅲ部分的规定进行发包。

因此分包方式D与分包方式C和的主要区别,在于分包方式D中由采购当局设定的最低比例分包合同与超出最低比例的分包合同之间是没有区别的。这两种分包合同都必须按照竞争方式并按照《国防指令》第Ⅲ部分的规定进行发包。与分包方式C不同的是,在分包方式D中,总承包商对于最低分包比例以上的分包条件控制没有进一步降低。但是在总承包商"如何"控制分包上,其控制力进一步降低,因为最低比例以外的分包合同也必须按照第Ⅲ部分的规定进行发包。这一点可能会降低总承包商将超出最低分包比例的合同再行分包的积极性。因此分包方式D虽然还在为内部市场和竞争目标发挥作用,但在实践中可能会导致中小企业参与机会的减少。另一方面,分包常常是一种必须做的事情,并不是一种选择,因为总承包商本身并不能提供相关货物或服务。另外,分包方式D显然让分包具有最大的透明性和竞争性,因为《国防指令》第Ⅲ部分不仅适用于最低比例的分包合同,还适用于超出该比例的分包合同。最后一点是,我们必须知道对于成员国来说,最终也是对于采购当局来说,分包方式C和分包方式D是一种选择,因此是一

种建议,并没有强制性。

与分包方式 C 一样,在向成员国国内法的转化方面分包方式 D 也是一个可选项:成员国可以不将分包方式 D 转化到本国的采购方式中[130]。奥地利将分包方式 D 转化为国内法。在《奥地利国防与安全采购法》第 74 条第(2)款的措辞中,"可以"一词说明奥地利将分包方式 D 作为采购当局和实体的一个可选项,而不是由《奥地利国防与安全采购法》规定的一种强制性义务。《德国国防安全采购条例》第 9 条[131]和爱尔兰《国防安全合同授予条例》第 19 条第(4)-(6)款[132]也是如此。迄今为止,只有英国和另一个成员国没有将分包方式 D 转化到本国的采购法中[133]。

总之,欧盟的立法委员会规定了一整套灵活的分包方式,其中两种必须转化为成员国的本国法,而另两种可以不转化为成员国的本国法。因此成员国可以做出如下的转化:(1)转化分包方式 A 和 B;(2)转化分包方式 A-C;(3)转化分包方式 A-D。另外,是否通过竞争方式进行分包合同的发包,可由采购当局决定或由成员国在立法中提出相应的要求。如上所述,成员国似乎将这一决策权留给了采购当局。如果是国防部门的采购实体,则由采购当局而不是由国家立法委员会决定是否要求通过竞争方式进行发包,将多大比例的主合同时行分包。这一点是非常重要的,因为成员国政府未来将在很大程度上失去补偿贸易,再也不能通过补偿贸易偏向本国企业了。

4.2 主合同发包过程中的分包要求

分包制度可分为两类:适用于分包(当主合同被发包之后)的规则,以及适用于初始主合同(后来会发包)的规则。《国防指令》第 21 条是关于初始主合同的相关规则。这些规则的目标,是取得透明性的同时取得实用性[134]。《国防指令》第 21

---

[130] 另参见《分包指导说明》(Guidance Note *Subcontracting*),前注 24:"并不是本《指令》中与此相关的选择都必须转化为成员国的国内法。如果成员国决定将所有这些分包方式转化为国内法,那么它可以让采购当局自行决定是否采用这些方式,也可以要求它们这么做。"

[131] 参见 www.forum-vergabe.de/fileadmin/user_upload/Rechtsvorschriften/VSVgV_25.07.2012_f%C[2014 年 2 月 6 日登录]。

[132] 在 2012 年 1 月向欧盟委员会声称已全部正式完成从《国防指令》到本国法律转化的 15 个成员国中,大多将分包方式 C 和下面的分包方式 D 转化为国内法,但不具强制性:采购实体可以在分包方式 A-D 之间进行选择:弗林赫·儒尔克(Vierlich-Jürcke),"国防与安全采购领域的分包与救济"(Subcontracting and Remedies in the Field of Defence and Security Procurement),前注 100。

[133]《转化报告》(Transposition Report),前注 81 第 7 页;戴维·基尔蒂(D. Kiltie)(英国国防部,2012),"《指令 2009/81/EC》在英国的执行与应用"(Implementing and Applying Directive 2009/81/EC in the UK),于"欧洲国防与安全采购"(European Defence and Security Procurement)讨论会,欧洲公共管理研究所(EIPA),马斯特里赫特,2012 年 1 月 20 日(作者记录,可查)。比利时也不打算将分包方式 C 和 D 转化为本国的采购法。博杜安·休尼克斯(Baudouin Heuninckx)(诺丁汉大学),"《指令 2009/81/EC》在比利时的实施和应用"(Implementing and Applying Directive 2009/81/EC in Belgium),于"欧洲国防与安全采购讨论会"(Seminar on European Defence and Security Procurement),欧洲公共管理研究所(EIPA),马斯特里赫特,2012 年 1 月 20 日。

[134]《分包指导说明》(Guidance Note *Subcontracting*),前注 24,第 6 页,第 20 段。

条第(6)款要求采购当局和实体在合同公告中将所有分包要求公布出来,包括所有的可选项目:

可导致采购当局/实体淘汰那些潜在分包商的涉及分包商个人状况的投标人选择标准,以及采购当局所要求的证明这些分包商不属于被淘汰之列的相关信息,以及评估分包商最低经济技术能力的必要信息和文件[135]。

《国防指令》第 21 条第(5)款明确指出,对分包商的淘汰必须按照主合同的投标人选择标准为依据。我们将在下面的分包商资格预选部分就此进行讨论。

这些与合同公告有关的新要求各有不同,取决于使用什么样的分包方式。如果是采用分包方式 A 和分包方式 B,那么合同公告必须包括"总承包商欲分包给第三方的合同比例,想要发包的合同标的物,如果提议的分包商已确定,还要公告提议的分包商"[136]。如果是分包方式 C,那么合同公告必须包括"合同的哪一部分想要进行分包以达到最低分包比例,如果投标人想把最低比例以外的合同也进行分包,则必须公布最低分包比例以外的分包合同标的物,如果提议的分包商已确定,还要公告提议的分包商"[137]。如果采取分包方式 D,那么分包方式 A、分包方式 B 和分包方式 C 中的所有这些附加的信息要求都必须提供。

除了透明性和可行性,所有相关规则必须符合《国防指令》的一个要求:信息安全方面的要求。我们在第八章讨论分包合同时对此进行了讨论[138]。根据《国防指令》第 22 条(c)款和(d)款的规定,采购当局和实体可以要求主合同投标人提供:

关于已确定分包商的充分信息,帮助采购当局/实体确定这些分包商对于接触的机密信息或按要求履行分包合同时所产生的机密信息具有合格的保密能力……

另外,采购当局/实体还可以要求"投标人做出承诺,保证在合同履行期间提供与任何新分包商有关的上述信息"。

我们在第八章指出[139],《信息安全指导说明》规定该信息应当包括由国家或指定安全机构发放给主合同投标人的接触机密材料许可证,证明相关供应链上的所有分包商"持有一定安全级别的由国家发放的接触机密材料许可证"[140]。这些相关信息可以通过这些机构进行查验。在验证证书的可信度时把分包商也包括进去,是一件非常必要,也是非常明智的事情。国防与安全合同常常具有很长的分包商供应链,这些分包商带来的保密风险与总承包商的保密风险一样大。信息安全要求如果只应用到总承包商身上,是不能保证信息安全的。《分包指导说明》对于这

---

[135] 同上,第 23 段。
[136] 同上,第 7 页,第 24 段。
[137] 同上,第 25 段。
[138] 第 380-381 页。
[139] 第 380-381 页。
[140] 《分包指导说明》(Guidance Note *Subcontracting*),前注 24,第 8 页,第 18 段。

371

些要求的具体实施提出了明确要求：

在实践中,该信息一般包括被提议分包商的声明,声明其持有相关的接触机密材料许可证(该声明由采购当局/实体到相关国家安全机构进行验证)[141]。

这一点与我们在第八章讨论的针对总承包商的信息安全要求是一致的[142]。

对所有四个分包方式中的投标书进行研究时,采购当局或实体还要检查分包商的相关信息是否符合要求。但是除此之外,对投标书的检查各有不同,具体看采用了什么样的分包方式。如果采用分包方式 A,采购当局或实体只能根据《国防指令》第 21 条第(5)款的规定淘汰分包商。如果采用分包方式 B,可以要求总承包商按照《国防指令》第Ⅲ部分的规定解决分包合同的全部或部分信息问题。这说明采购当局或实体在总承包商进行分包合同的发包时,可以进行的干预范围扩大了。如果采用分包方式 D 也是如此。如果采用分包方式 C,由总承包商确定哪一个分包合同将按照《国防指令》第Ⅲ部分的要求,并按照由采购当局或实体提出的最低比例要求进行发包。因此采购当局或实体只能对超出该最低比例的分包合同进行检查,检查它们的发包是否符合《国防指令》第Ⅲ部分的规定[143]。

4.3 第Ⅲ部分:分包规则

《国防指令》第Ⅲ部分包括详细的分包规则,分布在两章的篇幅里。更重要的第一章[144]针对的是由中标人(而不是采购当局或实体)发包的分包合同。本章第 50 条是有关适用范围的规则,第 51 条是关于原则的规则,第 52 条是关于门槛价和公告方面的规则,第 53 条是关于分包商资格预选标准的规则。这是一个创新性的制度,因为在 2004 年和 2014 年的任何其他采购《指令》中都没有这样的相关制度。《欧防局供应链指导说明》也包括一些有关适用范围和原则、公告和分包商资格预选的规则。但是这些规则没有《国防指令》第Ⅲ部分的规则那么详细,显得有些含糊。我们将在下文就此进行讨论。

4.3.1 适用范围

与适用范围有关的《国防指令》第 50 条第(1)款,与第 21 条第(3)款和第(4)款一起,明确规定第Ⅲ部分第一章的这些规则只适用于上述分包方式 B-D。于是分包方式 A 的要求被限制到最低,不超过 2004 年和 2014 年的《公共部门指令和《公用事业指令》的要求。

但是这个分包制度的适用范围并不是由《国防指令》的门槛价(相关讨论见第

---

[141] 同上,第 7 页,第 26 段。
[142] 第 379-381 页和第 392-398 页。
[143] 《分包指导说明》(Guidance Note Subcontracting),前注 24,第 8 页,第 32 段。
[144] 第Ⅱ章针对"由身为采购当局/实体的中标人授予的分包合同"做出了相关规定,且只有一个条款,见第 54 条。根据这个第 54 条的规定,在授予分包合同时,必须遵守《国防指令》第Ⅰ部分和第Ⅱ部分的规定。换句话说,分包合同的授予必须按照与主合同一样的规则进行,而不是按照第Ⅲ部分的规定进行。

六章)决定的[143]。根据《国防指令》第 52 条第(1)款的规定,该条款更为详细的要求只适用于超出《国防指令》第 8 条规定的门槛价的分包合同,而第 51 条的原则则适用所有分包合同。这些原则是由欧洲法院制定的,通过《欧盟运行条约》进行公布,适用于门槛价以下的合同。因此在分包方式 B-D 的适用范围内,有一个针对门槛价以上的分包合同的分包制度,规定得更加详细,另外还有一个针对门槛价以下的分包合同的分包制度,以"原则为依据",规定得更加宽松。

《国防指令》第 50 条第(2)款第 1 项将分包制度中的"第三方"与参加投标的财团公司区分开来。参加投标的财团公司被认为是总承包商的一部分。针对这些总承包商级别的财团公司,第 50 条第(2)款第 2 项规定了一个强制性的义务,要求在投标书中列出该财团的所有公司,并规定"公司关系发生任何变化后"必须对该清单进行及时更新。

4.3.2 原则

《国防指令》第 51 条要求主合同中标人必须按照透明、平等待遇和非歧视性的原则进行分包。这意味着当第Ⅲ部分条款适用时,不得通过分包合同保证补偿贸易,因为这种行为具有歧视性[146]。2004 年的《公共部门指令》和《公用事业指令》没有关于分包的类似规定,但其中有一个条款规定了关于主合同的发包原则[147]。新版《公共部门指令 2014/24/EU》的第 71 条第(1)款将第 18 条中适用于主合同的相关原则进行了延伸。因此在《国防指令》中(同时也在新版《公共部门指令 2014/24/EU》中),"确定已久"的主合同原则被明确延伸到分包上。这一点是很了不起的成就,因为各个采购《指令》规定的是公共机构对合同的发包(2004/18/EC 和 2014/24/EU),以及某些公用事业机构的发包(2004/17/EC 和 2014/25/EU),而不是私人公司的发包(私营公用事业除外)。《国防指令》把原本适用于公共机构和公用事业机构的原则延伸到作为主合同中标人的私营经营者身上,实现了对私营公司的规制。由总承包商进行分包合同的发包,需要这些私营经营者具有一定的裁量权和决策能力,再将这种能力转给管理这些总承包商的采购当局和实体、欧盟和成员国的立法委员会。在管理方面主要依赖成员国,因为在《国防指令》规定的四个分包方式中,只有分包方式 A 和分包方式 B 必须转化为国内法;分包方式 C 和分包方式 D 则属于可选项。另外,从本书讨论的四个成员国来看,它们对《国防指令》的转化表明国内的立法委员会最终将这种权力转给了采购当局:如上所述,奥地利、德国、爱尔兰和英国,以及 18 个其他成员国,都将分包方式的决策权留给了采购实体,而不是在国家法律中提出这样

---

[143] 第 269-272 页。

[146] 感谢 B·休尼克斯(B. Heuninckx)在评论本章早期版本时提醒我注意这一点。

[147] 参见《公共部门指令 2004/18/EC》第 2 条、《公用事业指令 2004/17/EC》第 10 条,或者《指令 2014/24/EU》第 18 条和《指令 2014/25/EU》第 36 条。《国防指令》第 4 条也有这样的规定。

的要求[148]。因此采用什么样的分包方式,完全是由采购当局决定的。英国对这种权力的归属有一定的保留,还有一个成员国的立法委员会也决定在分包方式中不包括分包方式C和分包方式D[149]。

《国防指令》第51条的内容在第52条第(7)款和第(8)款中进行了重复,提出在《国防指令》第8条规定的门槛价以下的合同必须按照《欧盟运行条约》的竞争和透明性原则进行发包[150]。这一点在《分包指导说明》中做了进一步的说明:

根据欧盟法院判例法的规定,如果相关分包合同对于来自其他成员国的经营者来说意义重大,则必须充分保证相关分包合同的公开性[151]。

欧盟委员会一般认为《国防指令》列出的原则与《欧盟运行条约》的原则具有相同的适用范围,提出的义务也是一样的。这样的说法很有可能是正确的。但是我们有理由认为,《国防指令》的原则虽然与《欧盟运行条约》的原则一样,但并不一定具有同样的适用范围和/或义务,因为它们是由次级立法规定、由私营企业承揽的义务,而不是由《欧盟运行条约》规定的由成员国承担的义务[152]。

《国防指令》第51条本身还为主合同的中标人增加了新的负担。《指导说明》指出,透明原则和非歧视性原则常常需要发布公告,并按照竞争方式进行发包[153]。成本会因此而增加,管理供应链所需要的时间更长,在管理上也要付出更大的精力。我们有理由认为,虽然竞争可能会导致总承包商管理成本的增加,但是如果在供应链中引入竞争机制,而不是"使用我们一直使用的供应商",那么总承包商就是发起了一场竞争,成本也就可以因此而降低[154]。但是,第51条的要求不适用于其他采购《指令》,也不适用于《国防指令》中的分包方式A。关于总承包商的新增负担问题我们将在下文进行进一步的讨论。

《国防指令》51条规定的各项原则,是由欧洲法院的判例法规定的,针对的是

---

[148] 奥地利体现在《奥地利联邦采购国防安全法》(BVergVS)第74条,德国体现在《德国竞争法》(VSVgV)第9条第(3)款,爱尔兰体现在《国防安全合同授予条例》(ACRDSR)第19条第(2)-(4)款,英国体现在《联合王国国防安全合同条例》(DSPCR)第37条第(2)和第(3)款,都让采购当局和实体自行决定采用哪一种分包方式。

[149] 同上,没有提到英国或其他成员国。

[150] 参见第六章,第269—272页。

[151] 前注24,第10页引用:"2008年5月12日判决,于Cases C-147/06 and C-148/06 SECAP,第18-35段;《欧盟委员会关于适用于不受或不完全受〈公共采购指令〉限制合同授予的欧共体法律的解释性通讯》(Commission Interpretative Communication on the Community law applicable to contract awards not or not fully subject to the provisions of the Public Procurement Directives). 2006 OJ C-179/2;2010年5月20日判决,于Case T-258/06 Germany v Commission,第68-100段。"

[152] B·休尼克斯(B. Heuninckx)在评论本章早期版本时就此点与我进行了讨论并使我从中受益。

[153] 这一点在(英国)国防部《2011年国防与安全公共合同条例指南:第13章——〈国防安全采购条例〉下的分包》(Guidance Defence and Security Public Contracts Regulations 2011: Chapter 13 – Subcontracting under the DSPCR),前注127,第24段得到了认可:"采购人还必须考虑到其他管理程序以及因要求中标人进行分包所产生的成本……"

[154] B·休尼克斯(B. Heuninckx)在评论本章早期版本时就此点与我进行了讨论并使我从中受益。

各采购《指令》约束范围外的重大合同。我们在第二章就这个判例法进行了讨论[155]。如上所述,这些原则适用于所有以分包方式 B-D 发包的分包合同。《国防指令》第 52 条提出的要求更加详细(相关讨论见下文),只适用于门槛价以上的分包合同,而第 51 条的原则则对于门槛价以下的合同来说更加重要。另外,我们必须指出,由于分包合同从其性质上来说只与主合同的一部分有关,因此这些分包合同比起主合同来,更多地是在门槛价以下。于是《欧盟运行条约》提出的原则更主要的是适用于分包合同,而不是主合同。如第 52 条中有关公告的规则(讨论见下文),只适用于《国防指令》门槛价以上的合同[156]。除了这些原则,成员国在门槛价以下的分包合同的规制方面具有自主权,如除了将《国防指令》的第 51 条转化为国内法,也可以对这些门槛价以下合同的发包方式不予规制。

本书讨论的四个成员国在将《国防指令》第 51 条转化为国内法时,都采取了原文照搬的模式:奥地利的相关条文是在《奥地利国防与安全采购法》第 116 条第(2)款,德国的是在《德国国防安全采购条例》第 38 条第(1)款第 2 句话,爱尔兰是在《国防安全合同授予条例》的第 60 条,英国则是在《联合王国国防安全采购条例》的第 41 条。因此所有这些成员国都要求中标人在将门槛价以下的合同进行分包时,必须遵守《欧盟条约》的透明原则和非歧视性原则[157]。但是将《欧盟运行条约》的原则应用到门槛价以下的分包合同,并不意味着复议和救济制度也要应用到

---

[155] Case 76/81, *Transporoute et Travaux SA* v. *Ministère des travaux publics*〔1982〕ECR 417;Case 263/85, *Commission* v. *Italy*〔1991〕ECR I-2457;Case 45/87, *Commission* v. *Ireland*("Dundalk")〔1988〕ECR 4929;Case C-3/88, *Commission* v. *Italy*("Re Data Processing")〔1989〕ECR 4035,〔1991〕CMLR 115;Case C-21/88, *Du Pont de Nemours Italiana* v. *Unita Sanitaria Locale No*. 2 *di Carrara*〔1990〕ECR 889;Case C-113/89, *Rush Portuguesa* v. *Office national d' immigration*〔1990〕ECR I-1417;Case C-243/89, *Commission* v. *Denmark*("Storebaelt")〔1993〕ECR I-3353;C-360/89, *Commission* v. *Italy*〔1992〕ECR I-3401;Case C-272/91, *Commission* v. *Italy*("Lottomatica")〔1992〕ECR I-3929;Case C-87/94, *Commission* v. *Belgium*("Walloon Buses")〔1996〕ECR I-2043;Case C-359/93, *Commission* v. *The Netherlands*("UNIX")〔1995〕ECR I-157;Case C-275/98, *Unitron Scandinavia*〔1999〕ECR I-8291;Case C-324/98, *Telaustria*〔2000〕ECR I-10745;Case C-470/99, *Universale Bau AG*〔2002〕ECR I-11617;Case C-59/00, *Bent Mousten Vestergaard* v. *Spøttrup Boligselskab*〔2001〕ECR I-9505;Case C-358/00, *Buchhändler Vereinigung*〔2002〕ECR I-4685;Case C-231/03, *Coname*〔2005〕ECR I-7287;Case C-234/03, *Contse and others*〔2005〕ECR I-9315;Case C-264/03, *Commission* v. *France*〔2005〕ECR I-8831;Case C-358/03, *Parking Brixen*〔2004〕ECR I-12055;Case C-535/03, *Commission* v. *Italy*〔2006〕ECR I-2689。另参见:"欧盟委员会关于适用于不受或不完全受《公共采购指令》限制合同授予的欧共体法律的解释性通讯"(Commission Interpretative Communication on the Community Law Applicable to Contracts Not or Not Fully Subject to the Provisions of the Public Procurement Directives)前注 51。

[156] 《国防指令》第 8 条,参见第六章,第 269-272 页。

[157] 例如在英国,这一点在国防部以下文件得到了明确:《2011 年国防安全公共合同条例指南:第 13 章——《国防安全采购条例》下的分包》(*Guidance Defence and Security Public Contracts Regulations* 2011: *Chapter 13 - Subcontracting under the DSPCR*),前注 127,第 63 段,标题"门槛价以下的分包"(Subcontracts below the threshold)之下:"中标人仍然要坚持《欧盟运行条约》关于分包透明性和竞争性的原则"。

门槛价以下的分包合同,我们将在第十章就此进行讨论[158]。德国、英国和爱尔兰都没有制定针对门槛价以下合同的更加详细的规则。《奥地利国防与安全采购法》第30-34条关于门槛价以下合同的规定,并没有延伸到门槛价以下的分包合同上,但采购当局可以自愿遵守这些条款。可能存在的问题是,欧盟和国内的制度在门槛价以下的分包合同方面,具有门槛价以下主合同的所有不确定性。由于这些不确定性和可能导致的诉讼风险,人们在实践中可能不会采用分包方式B-D。另外,私营总承包商,尤其是中小企业往往对竞争性采购方式不太熟悉,因而这个问题会变得更加糟糕。另一方面,永远不要低估中小企业的能力,尤其是应对新挑战的能力。

在这些原则上,《国防指令》第Ⅲ部分和《欧防局供应链行为准则》之间可能存在一些冲突。一方面,《欧防局供应链行为准则》更多地表现为一些宽泛的原则,而不是详细的规则,而竞争和透明性只是这些原则的一部分[159]。另一方面,关于非歧视性原则并没有进行明确的规定,因此也不可能包括在《欧防局供应链准则》第8款关于"公平"、"公开"的规则里。该《准则》是欧防局制度中的一部分,是给补偿贸易授权的。因此这样一个一般性的原则要求按照非歧视性原则进行分包,必然是一个矛盾,因为补偿贸易必然与歧视性有关,是偏向采购当局所在国公司的[160]。因此非歧视性原则没有加入到《准则》中,更有可能是故意而为之。由于《准则》适用的对象是可使用《欧盟运行条约》第346条的采购,因此《准则》的原则更具局限性,应当也适用于这种情况下发包的分包合同。由于国家安全方面的原因,成员国会运用《欧盟运行条约》第346条,而这些原因是否可以使分包按照这些更有局限性的原则进行,取决于各次采购的具体情况。但是这种事情是不是永远都有可能实现,是很值得怀疑的。

4.3.3 门槛价和公告

《国防指令》关于门槛价和公告规则的第52条,是第Ⅲ部分中最详细、范围最广的条款。第52条第(1)款明确规定,其要求只适用于《国防指令》第8条门槛价以上的分包合同(相关讨论见第六章[161])。在这个门槛价以下,只适用第51条规定的原则(相关讨论见上文)。第52条第(2)款要求根据主合同的标准规则,即《国防指令》附录Ⅴ和第32条第(2)-(5)款的规定发布合同公告。《分包指导说明》特别强调了《国防指令》第53条中的要求:

由采购当局/实体规定的资格预选标准,以及[中标人]将要采用的对分包商

---

[158] 参见《分包指导说明》(Guidance Note *Subcontracting*),前注24,第41段,第12页。关于奥地利,参见:利波曼(Liebmann),第116条,见于弗鲁曼和利波曼(Fruhmann and Liebmann),*Bundesvergabegesetz Verteidigung und Sicherheit* 2012,前注129,第326页。

[159] 尤其参见《欧防局供应链行为准则》(EDA Supply Chain Code)第5段和第8段。

[160] B·休尼克斯(B. Heuninckx)在评论本章早期版本时就此点与我进行了讨论并使我从中受益。

[161] 第269-272页。

进行资格筛选的任何其他标准[162]。

这个规定只是不适用那些可根据第28条(即《国防指令》第52条第(4)款)的规定采用不事先发布合同公告的谈判这种采购方式进行的采购[163]。《分包指导说明》指出：

在这种情况下,即使是采购当局/实体也有权不发布合同公告就直接进行发包;中标人也是如此[164]。

但是对于这些合同和《国防指令》范围之外的合同,总承包商仍然可以根据第50条第(5)款的规定发布分包合同公告,主要是为了避免因非法授标而导致的无效合同救济措施(相关讨论见第十章)[165]。

除了要在欧盟官方公报上发布一个分包合同公告,在授予分包合同时遵守相关基本原则,主合同中标人享有很大的灵活性[166]。他们可以采取《国防指令》规定的任何一种采购方式(相关讨论见第七章),即限制招标、事先发布合同公告的谈判,以及竞争性对话。也可以使用不事先发布合同公告的谈判,前提是符合《国防指令》第28条规定的条件(相关讨论见第七章[167])[168],但是分包合同就可以不发布合同公告了(见上文讨论)。还可以使用《国防指令》中没有规定的公开招标的采购方式进行主合同的发包,或者采用满足基本要求的其他采购方式。在奥地利,《奥地利国防与安全采购法》第30-34条关于门槛价以下合同的特别规定,也适用于分包。本书讨论的四个成员国都按照原文照搬的方式将《国防指令》第52条转化到本国的采购法中[169]。

4.3.4 框架协议

如上所述,总承包商可以使用任何一种符合透明性、竞争性、平等待遇和非歧视性原则的采购方式,包括框架协议。我们在第七章讨论灵活性和采购方式时,只是对框架协议进行了简略讨论[170]。这是因为对于大多数即将按照《国防指令》的规定进行发包的主合同来说,框架协议并不是一种合适的采购方式,因为国防合同过于复杂。但是对于某些合同,如弹药的采购、军事装备零件的再供应,以及维修服务的采购来说,框架协议是一种很好的采购方式。由于分包合同只是主合同的一部分,性质往往非常简单,因此签订框架协议合同更为合适。《分包指导说明》还

---

[162] 《分包指导说明》(Guidance Note Subcontracting),前注24,第9页,第34段。
[163] 相关讨论见第七章,第338-347页。
[164] 前注24,第9页。
[165] 第477-481页。
[166] 《分包指导说明》(Guidance Note Subcontracting),前注24,第9页,第33段。
[167] 第338-347页。
[168] 《分包指导说明》(Guidance Note Subcontracting),前注24,第9页,第35段。
[169] 奥地利体现在《奥地利联邦采购国防安全法》(BVergVS)第117-118条,德国体现在《德国竞争法》(VSVgV)第39条,爱尔兰体现在《国防安全合同授予条例》(ACRDSR)第60条,英国体现在《联合王国国防安全合同条例》(DSPCR)第42条。
[170] 第348-349页。

强调指出,框架协议作为促进中小企业参与市场的有效措施,具有非常重要的意义:

> 为次要供应商,尤其是中小企业提供建立跨境业务关系的机会,使之成为其他成员国大型系统集成商供应链的一部分。它们可以成为开放现有供应链的重要手段。

这说明了为什么在《国防指令》的分包制度中框架协议如此重要:我们在第一章指出[171],中小企业在所在成员国都存在,并不仅仅存在于国防工业基础雄厚的六个大国[172]。因此通用分包制度,尤其是分包框架协议,都是为了适应那些没有国防工业或国防工业能力有限的22个成员国的需要。它们的防务公司、专业公司和"民用"公司,都将通过分包整合到欧盟防务市场。这并不妨碍这22个国家的某些防务公司成为主合同的承包商,也不能妨碍"六大"成员国的中小企业赢得分包合同。分包——尤其是通过框架协议进行的分包——为大多数成员国的企业提供了进入欧盟国防与安全货物与服务内部市场的机会。

《国防指令》第52条第(6)款在分包方式B、C和D的框架协议的基础上制定了一个分包制度。根据第52条第(6)款第1项的规定,签订这些框架协议时必须符合《国防指令》第Ⅲ部分下的相关规则。第52条第(6)款第2项要求分包合同的发包必须按照框架协议条款的规定进行。只有那些最初加入框架协议的经营者才能按照框架协议的条款授予分包合同。根据第52条第(6)款第3项的规定,框架协议的有效期限最长为7年:

> 除因交付物项、设施或系统的服务寿命决定的个别情况,以及由于供应商变化而引发的技术困难而导致的特殊情况外。

这一点与《国防指令》第29条第(2)款第4项规定的主合同框架协议的时限是一致的。这个时限比其他采购《指令》规定的时限(相关讨论见第七章[173])都要长[174]。有人指出,因为与主合同同样的原因,规定这么一个较长的时限是正确的[175]。最后,第52条第(6)款第4项规定了这样的通用规则:"不得不当使用框架协议,或通过框架协议阻止、限制或破坏竞争"。这是在提出警告[176]。本书讨论的四个成员国都将《国防指令》第52条第(6)款转化到本国的采购法中,几乎是原文照搬[177]。

---

[171] 第27页。
[172] 法国、德国、意大利、西班牙、瑞典和英国,参见第一章,第22—25页。
[173] 第348—349页。
[174] 按照新的《公共部门指令 2014/24/EU》第33条第(1)款第3段的规定是4年。
[175] 第348—349页。
[176] 《分包指导说明》(Guidance Note Subcontracting),前注24,第10页,第37段。
[177] 奥地利体现在《奥地利联邦采购国防安全法》(BVergVS)第120条,德国体现在《德国竞争法》(VS-VgV)第41条,爱尔兰体现在《国防安全合同授予条例》(ACRDSR)第61条第(6)—(10)款,英国体现在《联合王国国防安全合同条例》(DSPCR)第42条第(5)—(8)款。

4.3.5 资格预选

我们在前面的第八章讨论了主合同的资格预选[178]。《国防指令》第 53 条就分包商的资格预选提出了一些要求。第 53 条第 1 款规定,总承包商必须在分包合同公告中说明由采购当局或实体规定的资格预选标准,以及"将用于分包商资格预选的其他任何标准"。这些标准必须"客观、不具歧视性,并与采购当局/实体在选择主合同投标人的标准相一致"。另外,"提出的要求必须与分包合同的标的物有直接关系,要求的能力水平必须与其相当"。这些资格预选规则与《国防指令》中关于总承包商的选择规则(相关讨论见第八章)是一致的,与其他采购《指令》中的类似规则也是一致的。但是《分包指导说明》在"分包商的淘汰"标题下强调了某些分包限制:

在实践中,用于淘汰分包商的选择标准是用于授予主合同的选择标准的一个子集,因为并不是所有初始选择标准与被提议的分包商及其商业活动都有关联[179]。

[强调为作者所加]

这意味着未能用于主合同选择的标准,不能用于分包合同的选择;而用于主合同的选择标准,并不是都能用于该主合同的分包合同商的选择。这种说明受到了人们的好评。本书讨论的四个成员国都将《国防指令》第 53 条第 1 款转化到本国的采购法中,几乎是原文照搬[180]。这说明这些成员国认为这个条款是没有问题的。

4.3.6 例外条款

根据《国防指令》第 53 条第 2 款的规定,如果总承包商能够证明参与竞争或投标的分包商全部未达到分包合同公告中公布的标准,"会对中标人达到主合同的要求造成不良影响",则不得要求总承包商对合同进行分包。这个例外条款在《分包指导说明》中进行了说明:

尤其指以下情况:参与企业全部达不到采购当局/实体规定的预选标准,或者提交的投标书都达不到主合同中的强制性要求,如供应安全要求。如果中标人向采购当局/实体提交了适当的证据,则可以不履行分包义务,可以自行决定通过自己的途径供应相关物品,或者在签订分包合同时可不遵守第Ⅲ部分的规则[181]。

分包中的供应安全问题并没有在《国防指令》中做出相关规定,而只是在《分包指导说明》中提了出来,这一点相当引人注意。但是这并不能说明有什么实质性的不同,因为供应安全的要求是包括在"主合同的强制性要求"中的。提到了供应安全,说明在欧盟委员会眼里,供应链上的供应安全问题将是一个非常重要的问

---

[178] 第 382-400 页。
[179] 《分包指导说明》(Guidance Note Subcontracting),前注 24,第 11 页,第 40 段。
[180] 奥地利体现在《奥地利联邦采购国防安全法》(BVergVS)第 119 条,德国体现在《德国竞争法》(VS-VgV)第 40 条第(1)款,爱尔兰体现在《国防安全合同授予条例》(ACRDSR)第 62 条第(1)-(3)款,英国体现在《联合王国国防安全合同条例》(DSPCR)第 44 条第(1)、(2)款。
[181] 前注 24,第 10 页。

379

题,分包义务甚至可能会因此而予以免除。举个例子来说,如果在敏感货物的欧共体内部移转许可证上出现了问题,那么就会出现供应安全的问题[182]。因此这个"例外条款"[183]成为国防条款的一个特色,反映了人们对于供应安全问题的重视。但是除了供应安全也可以有例外。另外,对于供应链上的许多货物和服务来说,并不存在供应安全的问题,这主要是因为这些货物和服务都是"民用",不受许可证书要求的约束。

为了防止总承包商对例外条款的滥用人们制定了一些预防性措施。根据《国防指令》第 53 条第 2 款的规定,总承包商必须证明当时情形"符合"采购当局或实体规定的例外条件。另外,根据《分包指导说明》的规定,他们要向采购当局或实体提供"合适的证据"[184]。这说明采购当局或实体具有很大的裁量权,可以决定是否"解除"总承包商的分包义务。人们并不很清楚什么才算是合适的证据。但是在复议诉讼中可能会产生判例法,判决在什么情况下采购当局可以免除总承包商的分包义务。《国防指令》第 55 条第(1)款规定,复议诉讼只能针对采购当局或实体,因此分包商不能对总承包商发起复议诉讼[185]。但是如果采购当局或实体根据《国防指令》第 53 条第 2 款的规定解除总承包商的分包义务,那么分包商就可以就此决定提出诉讼,通过复议机构解决这个问题。分包商针对采购当局或实体提起复议诉讼的一般可能性,在《分包指导说明》中得到了认可[186]。

《分包指导说明》规定[187],当采购当局或实体通过例外条款解除总承包商的分包义务时,总承包商"可自行决定是由自己供应相关货物,还是不按照第 III 部分的规定签订一个分包合同"[188]。如果分包涉及其他成员国的公司,那么赋予总承包商这种裁量权也是合理的,因为如果分包给其他成员国的公司,就会产生一些问题,如与许可证有关的供应安全问题。但是《国防指令》的分包制度并不仅仅是为了照顾各成员国不同的国防工业能力,它还是一个促进中小企业参与采购的制度。由于许可证发放方面的要求,市场上的一些中小企业并不存在供应安全方面的问题,这主要是因为这些中小企业位于采购成员国所在国家。例外条款只适用于通过竞争性方式找不到分包商的情况。因此赋予总承包商这样的裁量权最终是合理的。有了这样的裁量权,就可以直接进行分包合同的发包了。

---

[182] 关于欧共体内部移转制度向成员国国内法转化的讨论,参见第五章,第 147—160 页。

[183] 这是《分包指导说明》(*Guidance Note Subcontracting*)中的表述,前注 24,第 10 页,第 38 段,不是《国防安全采购指令》第 53 条第 2 段的表述。

[184] 同上。

[185] 《分包指导说明》(*Guidance Note Subcontracting*),前注 24,第 12 页,第 41 段。

[186] 同上,第 42 段。

[187] 同上。

[188] 同上。

该"例外条款"考虑到了主合同方面的问题[189],允许采购当局或实体采用不事先发布合同公告的谈判这种采购方式[190](相关讨论见第七章)[191]。分包要求的"例外",比起允许采用不事先发布合同公告的谈判来,戏剧性要稍多一些。但是我们在第七章指出,使用这种采购方式非常接近于不受《国防指令》的约束,因为这种采购方式只有很少的要求。另外,如果采用不事先发布合同公告的谈判,《国防指令》第52条第(4)款甚至都没有提出分包公告的要求。因此如果达不到竞争,那么在《国防指令》的分包制度中不提出分包的强行要求,不失为一种理智的做法。

本书讨论的四个成员国都将《国防指令》的第Ⅲ部分转化为本国的采购法,而且几乎是原文照搬[192]。这说明这些成员国认为这些条款是没有问题的。

4.3.7 授标标准

《国防指令》中没有就分包合同的授标标准问题做出规定(我们在第八章讨论了主合同的授标标准问题)[193],只需符合上述基本原则即可,最主要的是要符合透明和非歧视性原则。《分包指导说明》规定:"这些要求以外,授标标准由中标人决定"。有意思的是,《国防指令》规定了分包商的资格预选标准,但没有规定授标标准[194]。这种灵活性是因为一系列的因素使然。第一,授标标准仍然要符合明确规定的相关原则[195]。因此如果制定了歧视性的授标标准,显然是违背了《国防指令》。第二,不再就授标标准做出统一规定,与《国防指令》第Ⅲ部分的目的也是一致的。虽然有人认为《国防指令》第Ⅲ部分并不是一个"灵活之举",但其目的是引进一个尽量灵活的分包制度。第三,除了在采购《指令》中为采购当局制定的最低价格标和最具经济效益标的授标标准,其他授标标准是否也符合透明性和非歧视性的基本原则,是很值得怀疑的。最后,如果这种新的授标标准能找到,那么成员国的立法委员会在将《国防指令》转化为国内法的过程中就能找到。但是无论是在《奥地利国防与安全采购法》的第116-122条、《德国国防安全采购条例》的第38-41条、爱尔兰《国防安全合同授予条例》的第59-62条还是在英国《联合王国国防安全采购条例》的第40-45条中,都没有授标标准方面的规则。因此在基本原则范围内,

---

[189] 这是《分包指导说明》(Guidance Note Subcontracting)中的表述,同上,第10页,第38段,不是《国防指令》第53条第2段的表述。

[190] 可参见《国防指令》第28条第(1)款。

[191] 第338-347页。

[192] 奥地利体现在《奥地利联邦采购国防安全法》(BVergVS)第121条,德国体现在《德国竞争法》(VS-VgV)第40条第(2)款,爱尔兰体现在《国防安全合同授予条例》(ACRDSR)第62条第(4)款,英国体现在《联合王国国防安全合同条例》(DSPCR)第44条第(3)款。

[193] 第400-403页。

[194] B·休尼克斯(B. Heuninckx)在评论本章早期版本时就此点与我进行了讨论并使我从中受益。

[195] 在非常详细的美国《行为准则指南》(Guidance of the British MOD)第57段中指出了这一点(但没有提到指标标准),http://www.gov.uk/government/uploads/system/uploads/attachment_data/file/27663/dspcr_c13_mandating_subcontracting_3rd_parties_apr12.pdf[2013年7月18日登录]。

这些成员国的采购当局可自行决定其分包合同的授标标准。

4.3.8 作为采购当局或实体的总承包商授予的分包合同

《国防指令》第Ⅲ部分的第Ⅱ章针对身为采购当局或实体的总承包商授予的分包合同做出了相关规定。唯一与此相关的条款,即第54条在其"适用条款"中规定:这些总承包商"在授予分包合同时,应当遵守第Ⅰ部分和第Ⅱ部分与主合同有关的条款"。因此对待这些身为采购当局或实体的总承包商的方式等同于总承包商。

4.4 新的《公共部门指令2014/24/EU》

新的《公共部门指令2014/24/EU》有一些条款是有利于分包过程中的中小企业的。在对《国防指令》进行修订时,很有可能增加一些与这些中小企业有关的条款。这些有利于中小企业的条款包括简化信息义务(主要通过一个"欧洲单一采购文件"(ESPD)[196]来实现);将合同分为小块,如果无法分成小块则必须提供说明[197];对参与分包的要求进行限制[198];以及直接支付分包商[199]。本章的目的虽然不是对这些创新性的东西进行深入讨论,但是新的《指令2014/24/EU》规定,成员国可规定分包商可对采购供应、工程和服务的采购当局提出直接支付的要求,而这些供应、工程和服务则是在合同履行过程中提供给总承包商的,然后再由总承包商提供给采购当局。这个规定为分包商(往往是中小企业)提供了一个在支付过程中保护自己利益的有效方式。有人指出,这个规定也应当而且即将加入到《国防指令》中。

5. 结论

《国防指令》的分包制度是六个成员国之间与其他成员国之间相互妥协的产物。这六个成员国具有发达的国防工业,也具有强大的承包能力[200],而其他成员国则主要具有分包能力[201]。其他成员国为了让本国企业得到至少分包的机会,提出

---

[196] 《公共部门指令2014/24/Eu》第59条。该规定可能对总承包商也有益。
[197] 《公共部门指令2014/24/Eu》第46条。该规定可能对总承包商也有益。
[198] 《公共部门指令2014/24/Eu》第58条。该规定可能对总承包商也有益。
[199] 《公共部门指令2014/24/Eu》第71条第(3)款。
[200] 法国、德国、意大利、瑞典和英国。
[201] C·肯尼迪-卢埃斯特和 N·布尔拜(C. Kennedy-Loest and N. Pourbaix),"新的《国防采购指令》"(The New Defence Procurement Directive),2010年11月,《时代论坛》(ERA Forum)第399期,第409页。另参见《分包指导说明》(Guidance Note Subcontracting),前注24,第1页:"[分包]在政治上……非常重要,因为许多成员国的国防工业主要由中小企业(SME)构成。"

了加入供应链的要求[202]。这些规则受到了批评,因为它们不仅让总承包商的利益份额减少,而且在分包时必须承受很大的负担[203]。虽然分包方式 B 提出了一些要求,但这主要与分包方式 C 和分包方式 D 有关,因为至今没有一个成员国将其转化为法律义务,而英国则根本就没有将其转化为国内法。休尼克斯指出,这些义务"体现了良好的商业行为"[204]。在竞争和透明的基础上授予分包合同,不仅促进了内部分包市场在非歧视性条件下的发展,而且还促进了物有所值目标的实现。

立法者简单地将主合同授予制度运用到分包上。之所以要制定《国防指令》第 21 条和第Ⅲ部分,是为了适应各成员国国防工业结构各不相同的情况。欧盟成员国大多没有自己的国防工业基础,因此也没有大型承包商。为了达到这个目标,必须考虑到 28 个成员国中小企业众多的情况。这些内容在 2004 年的《公共部门指令》和《公用事业指令》中只是一带而过。即便是《公共部门指令 2014/24/EU》,也只是对中小企业条款做出了微不足道的修改。分包制度给人们的主要启示,就是《国防指令》不仅仅是法国、德国、意大利、瑞典、西班牙和英国的总承包商法,还是所有 28 个成员国的分包商法。新的《公共部门指令》说明需要做更多的工作,《国防指令》的分包制度是范围最广的制度,是该指令的一个重大创新,是"欧盟委员会政策的里程碑"[205]。

分包和补偿贸易的关系非常密切。《国防指令》鼓励前者而含蓄地几乎禁止了后者。《补偿贸易指导说明》明确指出:

因为[补偿贸易]违背了欧盟法的基本规则和原则,本《指令》不能允许、容忍或规制补偿贸易。同时本《指令》考虑到安全方面的因素,通过分包规定提出一种非歧视性替代方法,成员国可以据此保护自己合法的安全利益,在不违反欧盟法的前提下通过竞争进入中标人的供应链[206]。

《分包指导说明》也做出了类似的解释:

许多成员国习惯于要求将(分包)合同授予本国防务公司,以此作为从国外采

---

[202] B·施密特(B. Schmitt)(欧盟委员会),"《国防安全采购指令》"(Directive on Defence and Security Procurement),于"欧洲国防采购讨论会"("European Defence Procurement Seminar"),欧洲公共管理研究所,马斯特里赫特,2009 年 5 月 11 日,引用于 B·休尼克斯(B. Heuninckx),"欧盟《国防与安全采购指令》,花招还是款待?"(The Eu Defence and Security Procurement Directive:Trick or Treat?"),前注 84,第 19 页。

[203] 肯尼迪·卢埃斯特和布尔拜(Kennedy-Loest and Bourbaix),"新的《国防采购指令》"(The New Defence Procurement Directive"),前注 201;休尼克斯(Heunincks),"花招还是款待"("Trick or Treat?"),前注 84,第 19 页。

[204] 休尼克斯(Heuninckx),前注 84,第 20 页。

[205] 《转化评论》(Transposition Review),前注 81,第 6 页。另参见 2013 年欧盟委员会通讯"形成一个更具竞争力更加有效的国防与安全领域:欧洲防务新政"(Towards a more Competitive and Efficient Defence and Security Sector:A New Deal for European Defence) COM (2013) 542 final,第 9 和 14-15 页,以及附随的《工作人员工作文件》(Staff Working Document) SWD (2013) 279 final,第 46、52 页,尤其是第 53-55 页对中小企业和分包的重视。在 53-55 页,作者似乎暗示,前面提到的新版《公共部门指令 2014/24/EU》中的某些创新之处,正在考虑应用到《国防指令》上来。

[206] 参见《补偿贸易指导说明》(Guidance Note Offsets),前注 23,第 1 页。

383

购军事装备的补偿。通过补偿贸易，本国企业可以通过国外大型总承包商的供应链进入其他防务市场。但是这种行为违背了非歧视性原则，破坏了内部市场的根本性的自由流动原则。本《指令》不允许这种行为的存在，鼓励全欧盟的中小企业通过供应链中的竞争进入市场[207]。

2007年《欧盟委员会工作人员工作文件》指出，

用分包取代补偿贸易，还解决了补偿贸易只对大型总承包商有利的问题。只有这些大型总承包商才有能力、有渠道签订补偿贸易合同[208]。因此用分包取代补偿贸易和补偿贸易的逐步退出，都有利于中小企业。

采购国的公司如果不能赢得主合同，又不能违反《国防指令》和《欧盟运行条约》的规定，则可通过分包的形式分一杯羹，而且只能在它最充分地满足了总承包商的授标标准的情况下中标。分包制度的目的是取代目前几乎非法的补偿贸易。通过分包是否可以完全禁止补偿贸易取决于多种因素：企业和管理部门是否有强大的补偿贸易游说团，欧盟委员会是否采取强制性措施，针对受害投标人是否有新的救济制度（见第十章），与第三方国家尤其是与美国补偿贸易的发展等[209]。欧洲防务局认为短期内完全消除补偿贸易不是一件容易的事[210]。

---

[207] 参见《分包指导说明》(*Guidance Note Subcontracting*)，前注24，第1页。

[208] 前注14，第26页。

[209] 参见：杰夫·P·比亚罗斯、克里斯汀·E·费舍尔和斯图尔特·L·科尔(Jeff P. Bialos, Catherine E. Fisher and Stuart L. Koehl)，《堡垒与冰山：跨大西洋防务市场的演变及其对美国国有安全政策的意义》(*Fortresses & Icebergs: The Evolution of the Transatlantic Defense Market and the Implications for U. S. National Security Policy*)，2卷本(Baltimore and Washington DC: Centre for Transatlantic Relations, The Johns Hopkins University and the US Department of Defense, 2009)，第I卷，第215页。COM (2013) 542 final，前注205，第10页，并没有简单地重复欧盟委员会针对补偿贸易的态度（相关讨论见本章），还提出了警告，认为欧盟委员会"将会特别针对补偿贸易制定相关政策"。

[210] www.eda.europa.eu/migrate-pages/Otheractivities/CoCOffsets ［2013年7月22日登录］。参见休尼克斯(Heuninckx)，"花招还是款待？"(Trick or Treat?)，前注84，第26页，休尼克斯认为"该《指令》中关于供应安全和分包的规定是取代补偿贸易的非歧视性方式"（脚注151），但补偿贸易"将以会另一种方式继续存在"（脚注152）。

第十章 "隐身"的《救济指令》：《国防指令》中的复议和救济

1. 引言 *

在公共部门和公用事业部门，公共采购复议和救济分别通过专门的《公共部门救济指令》①和《公用事业救济指令》②进行管理。与此不同的是，《国防指令》中的公共采购复议和救济制度却体现在它的第Ⅳ部分。因此本可以单独成立的《国防安全救济指令》"隐身"于《国防指令 2009/81/EC》中，或者说是《国防指令 2009/81/EC》的一部分。救济制度在这个法律文件名称中并没有体现，这是因为这一部分是后来加进去的，我们将在下文就此进行讨论。《国防指令》第Ⅳ部分是以《公共部门救济指令》为基础的，某些地方做了修改。

本章为本书的最后一章，将讨论《国防指令》在成员国国家法庭和采购中针对受害投标人的复议和救济制度。欧盟立法委员会对 2004 年《公共部门指令》中的规则进行了修改，然后将其列为《国防指令》的规则（相关讨论见前面四章的讨论）。这个普遍采用的手法在本章也会进行讨论。与其他章一样，我们会先分析为什么《国防指令》实际上是《公共部门指令》和《公共部门救济指令》经修改后适用于国防与安全需求的东西，这个性质也同样体现在《国防指令》的复议和救济制度中。因此《国防指令》，更具体地说是它的第Ⅳ部分，也是《公共部门救济指令》经修改后生成的适应国防与安全需求的东西。另外，《国防指令》中某些实质性的修改将会影响救济制度的救济范围，并影响复议程序中的某些重要问题。最重要的是，我们将对复议和救济制度本身的修改进行讨论，包括对成员国国防与安全采购复议机构的分析，以及对这些公共采购复议机构可采取的救济措施的修改。总之，分析将以救济和复议制度为中心。这些复议制度和救济制度经过修改，形成了一个针对国防与安全采购的"适当的"采购复议和救济制度。作者将指出，如果一个复议与救济制度能够充分考虑国防与安全方面的

---

① 《公共部门采购救济指令 89/665/EEC》(Public Sector Procurement Remedies Directive 89/665/EEC) [1989] OJ L395/33，由《指令 2007/66/EC》(Directive 2007/66/EC) [2007] OJ L335/31 特别修订。

② 《公用事业采购救济指令 92/13/EEC》(Utilities Procurement Remedies Directive 92/13/EEC) [1992] OJ L76/14，由《指令 2007/66/EC》(Directive 2007/66/EC) 特别修订。

利益,避免,或者至少减少成员国以国家和公共安全为由应用《欧盟条约》中的安全例外条款,尤其是《欧盟运行条约》第346条第(1)款(b)项的例外条款,那么这个复议和救济制度就是一个"合适的"制度。但是除了国防与安全方面的目标,复议与救济规则还必须达到基本的权利标准,并在投标人之间建立起信任,在采购官员之间建立起对规则的尊重意识。这些要求在合适的地方也会进行讨论。

2. 复议与救济的必要性

人们普遍认为,各采购《指令》关于规格、公告、资格、授标标准等方面的规则应当有一个执行制度,否则在实践中人们不会认真对待这些规则,更不可能遵守这些规则[③]。缺乏一个综合性的执行制度,一直被认为是欧洲国防采购缺乏开放性的一个重要原因[④]。这个执行制度的一部分是由欧盟委员会按照《欧盟运行条约》第258条或第348条的规定制定的,目的是规范成员国的采购行为[⑤]。我们在第二章和第三章指出,国防与安全方面的案例很少,但的确有[⑥]。不过有人指出,这些案件在进入欧洲法院之前,很多都是可以解决的。

通过欧盟委员会"自上而下"地执行采购法,不足以保证实际操作与规则的一致性[⑦]。因此《公共部门指令》和《公用事业指令》允许以"自下而上"的方式进行执法。在这些《指令》中规定的复议与救济制度允许受害投标人在采购当局或实

[③] 苏·爱罗史密斯、约翰·林奈莱里和唐·小华莱士(Sue Arrowsmith, John Linarelli and Don Wallace Jr),《公共采购规制》(Regulating Public Procurement)(The Hague:Kluwer Law International,2000),第749页;彼得·特莱普特(Peter Trepte),《欧盟的公共采购:从业者指南》(Public Procurement in the EU:A Practitioner's Guide),第2版(Oxford University Press,2007),第531页;克里斯多夫·波维斯(Christopher Bovis),《欧共体公共采购:判例法与条例》(EC Public Procurement:Case Law and Regulation)(Oxford University Press,2006),第481页。

[④] 参见T·斯多曼斯(T. Stormanns),"欧洲的国防工业:单一市场,没错—但怎样形成的?"(Europe's Defence Industry:Single Market,Yes – But How?)(1992)《欧共体公共合同法》(EC Public Contract Law),第75期;A·考克斯(A. Cox),"欧洲防务政策:集中采购机构实情"(The Future of European Defence Policy:The Case for a Centralised Procurement Agency)(1994)第3期,《公共采购法评论》(Public Procurement Law Review),第65、82和85页。

[⑤] 严格来说,成员国也可以发起执行诉讼,但这种事情在实践中并不是常常发生。最近的一个例子是Case C-364/10 Hungary v. Slovak Republic,2012年10月16日判决,未公布,是以《欧盟运行条约》第259条为依据进行的仅仅第4个判决。

[⑥] 参见 Agusta 判例法:Case C-337/05 Commission v. Italy [2008] ECR I- 2173 and Case C-157/06 Commission v. Italy [2008] ECR I-7313。参见M·特莱伯斯(M. Trybus)案例评注,(2009)第46期《共同市场法评论》(Common Market Law Review)第973-990页;P·麦克戈文(P. McGowan)(2009)第18期,《公共采购法评论》(Public Procurement Law Review) NA59;B. 休尼克斯(B. Heuninckx),(2008)第17期,《公共采购法评论》(Public Procurement Law Review) NA187。

[⑦] 欧盟委员会调查和起诉违反欧盟法的资源是有限的。

体所在成员国的法庭或特别采购复议庭针对采购当局或实体发起复议诉讼。这些《救济指令》要求必须给予这些复议机构授予快速有效的救济措施的权力[8]。在合同签订之前和之后，或者合同达成之后[9]，都有相关的救济措施。为了达到这些《救济指令》的要求，各成员国建立了特别采购复议庭[10]，为现有法庭配备审理采购案件的能力[11]，或者将二者结合起来[12]。

  按照各《救济指令》的规定，合同签订之前如果采取最重要的救济措施，即紧急救济措施，可以使采购过程中做出的采购决定无效。这些采购决定包括歧视性规格、非法剥夺资格，甚至是授标决策本身。判决或命令产生之后，采购程序必须重新开始，或者回到违背采购法的那一阶段。合同签订之后，就不能再采取这些救济措施了。此时可以采取的只有赔偿金和最近引进的"无效合同"救济措施了。通过"无效合同"措施，可以宣告合同无效，我们将在下文就此进行讨论。但是对于受害投标人来说，合同签订前的救济措施才是真正重要的东西，只有这个时候他们才有得到合同的第二次机会。由于合同签订之前的救济措施非常重要，因此才产生了"Alcatel"条款，这个条款是按照欧洲法院相关判决来命名的[13]。这个条款规定，在将授标决定通知到所有投标人和合同实际签订之间的时间里，

---

  [8] 《指令89/665/EEC》第1条和《指令92/13/EEC》第1条。

  [9] 合同的"签订"（conclusion）是一个用于各《指令》中的术语，可能源于法语词。在英语中使用的是合同的"达成"（making）。尽管用英语写作时一般应当使用英语法律术语，"签订"（conclusion）一词可能会与英语法律术语"解除"（discharge）相混淆，但为了避免对这两个术语的反复重复，我们还是使用了"欧洲"的术语"签订"。

  [10] 例如在斯洛文尼亚；参见M·特莱布斯、P·布鲁姆伯格和P·-N·高莱基（M. Trybus, P. Blomberg and P.-N. Gorecki），《欧盟的公共采购救济制度》（Public Procurement Remedies Systems in the European Union）（Paris：OECD/SIGMA，2007），www.oecd‐ilibrary.org/docserver/download/5kml60q9vklt.pdf?expires=1363952857&id=id&accname=guest&checksum=3A7D7C8ED03598C，第102页。

  [11] 例如法国或英国。关于法国参见F·利歇尔和N·加巴耶（F. Lichère and N. Gabayet），"公共采购规则在法国的实施"（Enforcement of the Public Procurement Rules in France），见于斯蒂恩和弗朗索瓦·利歇尔（Steen Treumer and François Lichère）（eds.），《欧盟采购规则的实施》（Enforcement of the EU Public Procurement Rules）（Copenhagen：Djøf Publishing, 2011），第299-328页，以及特莱伯斯、布鲁姆伯格和高莱基（Trybus, Blomberg and Gorecki），《欧盟的公共采购救济制度》（Public Procurement Remedies Systems in the European Union），前注10，第62页。关于英国，参见M·特莱伯斯（M. Trybus），"英国公共采购复议与救济制度综述，以英格兰和威尔士为主"（An Overview of the United Kingdom Public Procurement Review and Remedies System with an Emphasis on England and Wales），见于特莱默和利歇尔（Treumer and Lichère），第201-234页，以及特莱伯斯、布鲁姆伯格和高莱基（Trybus, Blomberg and Gorecki），《欧盟的公共采购救济制度》（Public Procurement Remedies Systems in the European Union），前注10，第107页。

  [12] 例如德国。关于德国参见：M·伯尔基（M. Burgi），"欧盟采购规则——德国救济制度报告"（EU Procurement Rules - A Report about the German Remedies System），见于特莱默和利歇尔（Treumer and Lichère），《欧盟公共采购规则的实施》（Enforcement of the EU Public Procurement Rules），前注11，第105-154页，以及特莱伯斯、布鲁姆伯格和高莱基（Trybus, Blomberg and Gorecki），《欧盟的公共采购救济制度》（Public Procurement Remedies Systems in the European Union），前注10，第67页。

  [13] Case C-81/98, Alcatel Austria AG and others, Siemens AGösterreich, Sag-Schrack Anlagentechnik AG v. Bundesministerium für Wissenschaft und Verkehr [1999] ECR I-1477.

必须要有一个平均十天的停顿期。这个停顿期条款提高了实践中救济制度的有效性,因为在此之前,常常没有时间在采购复议机构发起采购诉讼。在某些成员国,如英国,采购复议诉讼的数量在引进这个 Alcatel 条款后似乎有所增加[14]。另外也有少数受害投标人不愿意在采购案件中主张自己的权利,原因包括:担心与采购当局的关系受到影响,害怕犯下"恩将仇报"的错误;举证困难,无法证明采购当局的不当行为[15];或者诉讼成本太高[16]。

2.1 隐身的《救济指令》

《国防指令》的第一稿中没有有关复议和救济的规则。这一点与其他《指令》是一致的:《公共部门指令》和《公用事业指令》中也没有这样的规则;这些规则都包括在新的专门的《救济指令 665/89/EEC》和《救济指令 92/13/EC》中。之后人们计划制定一个《国防安全采购救济指令》。[17] 对此计划的讨论,尤其是对建立内部市场和成立消费者保护委员会(起草人:亚历山大·康特·拉姆斯多夫)的讨论,是共同决策程序的一部分。在此期间,正是由于欧洲议会的作用,人们才对《国

---

[14] 之所以会有这样的印象,是因为英国和英格兰通过法律专题文章公布的判决,以及在法律期刊(尤其是《公共采购法评论》)和著名律师事务所网站上讨论的判决数量增加了。参见"新救济时代的公共采购诉讼"(Public Procurement Litigation in the New Remedies Era),http://publicsector.practicallaw.com/blog/publicsector/plc/? p=264;M. Clough,"有所赢,有所输:新的采购诉讼风险"(Win Some, Lose Some: New Procurement Litigation Risks),www. whoswholegal. com/news/features/article/28529/win-some-lose-some-new-procurement-litigation-risks/;以及 S·爱罗史密斯(S. Arrowsmith),"对投标人的新救济制度可能意味着公共采购过程中更大的风险"(New Remedies for Tenderers May Mean Greater Risks in the Public Procurement Process),www. procurementblog. com/tag/sue-arrowsmith/。似乎更多的诉讼将会提出或已经开始,而不是通过一个最终判决就算结束。感谢苏·爱罗史密斯(Sue Arrowsmith)向我指出这一点。但是关于英国在 Alcatel 案之后采购诉讼是否存在统计学上增长的结论性经验性研究,尚未有人进行。

[15] 关于 Alcatel 判决前的情况,参见《伍德评论:英国在欧盟其他成员国竞争公共合同的商业经历》(The Wood Review: Investigating UK Business Experiences in Competing for Public Contracts in Other EU Countries),英国财政部及贸易与工业部(2004),参见 www. bipsolutions. com/docstore/pdf/8756. pdf [2014 年 4 月 22 日登录]。

[16] D·帕契诺(D. Pachnou)认为费用是诉讼的一个障碍,"为在英格兰和威尔士实施欧共体采购规则而制定的投标人救济制度"(Bidder Remedies to Enforce the EC procurement rules in England and Wales)(2003)第 12 期,《公共采购法评论》(Public Procurement Law Review),第 35 页。

[17] 弗林赫·汝尔克(Vierlich-Jürcke)(欧盟委员会,2012)"国防与安全采购领域的分包与救济"(Subcontracting and Remedies in the Field of Defence and Security Procurement),于"欧洲的国防与安全采购讨论会"(Seminar on European Defence and Security Procurement),欧洲公共管理研究院(EIPA),马斯特里赫特,2012 年 1 月 19 日;B·施密特和 N·斯皮盖尔(B. Schmitt and N. Spiegel)(《国防安全采购指令》起草人)在讨论会"欧洲国防采购与其他防务市场倡议"(European Defence Procurement and Other Defence Market Initiatives)上的发言"欧洲《国防与安全采购指令》的特点"(The Specificities of the European Defence and Security Procurement Directive),欧洲公共管理研究院,马斯特里赫特,2010 年 11 月 15 日。会议论文参考均引自作者(记录),如引自他处则另有说明。

防指令》进行了修改,才将复议和救济的内容加入到《国防指令》中,以保证其可执行性。[18]《公共部门救济指令665/89/EEC》中的规则经修订加入到《国防指令》第Ⅳ部分,包括Alcatel和无效力规则:"是采购救济领域的全套披甲[19]"。欧洲议会的举措让欧盟委员会措手不及,但最终也没有出现什么问题[20]。虽然与传统的立法程序不符,但有利于实现《国防指令》的目标,并节省了欧盟委员会的一部分工作。不过在"最后关头"将复议和救济加入到《国防指令》中,意味着在《国防指令》生效前的意见征求阶段,人们并没有考虑到此方面的问题:欧盟委员会在《国防采购绿皮书》中[21],并没有提到有关复议和救济的问题,因此从涉众那里也没有得到此方面的反馈[22]。但是,将《公共部门救济指令》中的复议和救济制度用于《国防指令》(某些地方做了修改,将在下文进行讨论),是一件很了不起的事情。这样不仅可以将各成员国的武器采购机构纳入详尽的欧盟公共采购规则中去,还可以让它们的行为面临诉讼风险,因此对于项目的完成和成本来说,都是非常重要的。如果《国防指令》第Ⅳ部分的复议和救济规则不能充分满足国防与安全领域的需求,那么为了避免这些风险,成员国可能会应用《欧盟条约》中的安全例外条款,尤其是《欧盟运行条约》第346条第(1)款第(b)项的例外规定(相关讨论见第三章)。

2.2 《欧盟运行条约》中的安全克减

《国防指令》的制定,是以《欧盟运行条约》第346条第(1)款(b)项武器例外

---

[18] 作者于2008年6月向这个欧洲议会委员会进行举证。参见"成员国通告(IMCO/CM/05/2008)主题:欧盟内部市场与消费者保护委员会(IMCO)关于一揽子国防法规的小型听证会概要"(Notice to Members (IMCO/CM/05/2008) Subject: Summary of the IMCO mini-hearing on the defence package),《欧洲防务市场的合理化——风险与利益》(Rationalising the European defence market – risks and benefits IMCO Committee Meeting),欧盟内部市场与消费者保护委员会会议,2008年6月2日,15:00—18:30, 第3页,www.europarl.europa.eu/meetdocs/2004_2009/documents/cm/727/727589/727"来自伯明翰大学的特莱伯斯教授主要讨论了该提议对目前法律体系的影响。他认为一揽子国防法规在内部市场规则的应用方面将产生更多的一致性、服从性和明确性。他特别支持将安全货物纳入国防采购《指令》,呼吁保持原有门槛价,并最终引入法律救济制度[强调为作者所加]。"

[19] A.乔格波洛斯(A. Georgopoulos),"《国防安全采购指令》:救济"(Defence and Security Procurement Directive: Remedies),于(英国)"采购律师协会《国防与安全指令》大事记"(Procurement Lawyers Association Event on the Defence and Security Directive),伦敦,2011年6月8日,www.procurementlawyers.org/training_and_events/past_events/pla_events/defe[2013年11月21日登录]。

[20] 施密特和斯皮盖尔(Schmitt and Spiegel),"欧盟《国防与采购指令》的特点"(The Specificities of the European Defence and Security Procurement Directive),前注17。

[21] COM(2004)608 final.

[22] 《绿皮书》发起了一次关于制定《国防安全采购指令》的意见征询活动,并在一年后将征询结果公布在意见征询结果通讯上,COM(2005)626 final.《2007年欧盟委员会工作人员工作文件——效果评估》(2007 Commission Staff Working Document – Impact Assessment) SEC(2007)1598 final,见于http://ec.europa.eu/internal_market/publicprocurement/docs/defence/impact_ass[2013年11月15日登录],也没有涉及关于复议与救济制度的问题。

389

在实践中的解释和应用(相关讨论见第三章)为背景进行的。由于国家安全方面的原因,成员国会应用武器豁免条款和其他安全豁免条款。人们在制定《国防指令》时考虑到了这个因素,将《公共部门指令》中的某些条款进行了修改(相关讨论见本书前四章)。在修改过程中应当考虑到的国防与安全领域的主要要求,是"供应安全"要求和"信息安全"要求。我们在第一章和第八章指出,供应安全关切的是影响国家安全的货物不能交付[23];而信息安全关切的是敏感信息不能泄露。[24] 各个采购《指令》中的要求可能会与这些关切有矛盾。在复议和救济过程中,由采购决定的取消甚至是合同的作废而引发的迟滞,很容易对及时交付装备或服务产生不良影响。正常采购程序中的公告和公开查阅文件的要求,很容易影响到机密信息的保护,进而影响到信息安全。

有人认为,《国防指令》第Ⅳ部分"制定"了一个针对国防与安全合同的复议和救济制度,并不是十分准确。在《国防指令》生效之前,《公共部门救济指令》适用于国防与安全合同,"受到《欧盟运行条约》第346条的制约"。[25] 但是在实践中,对《欧盟运行条约》第346条的详尽解释(相关讨论见第三章)决定了《公共部门救济指令》的应用。因此在实践中,国防与安全合同并不受《公共部门救济指令》中复议诉讼规则的影响。

为更好地理解《国防指令》第Ⅳ部分带来的变化,举一个成员国的例子。与其他采购复议案件一样,在德国,《国防指令》下的诉讼必须在采购复议庭和国家上诉法庭提出。在《国防指令》转化为本国法律之前,武器合同不受这些采购复议机构的司法制约,人们曾一度讨论用行政法院对其进行司法制约。[26]因此在德国,以前的武器合同根本就没有复议,不管人们对《欧盟运行条约》第346条如何解释(见第三章讨论)。《国防指令》转化为德国国内法后,虽然《欧盟运行条约》第346条仍然有效,但情况发生了明显变化。因此说《国防指令》通过第Ⅳ部分"制定"了一个复议和救济制度并不是完全准确的。德国议会提到的对复议与救济制度的"延伸",则是一个非常准确的说法,因为在将《国防指令》转化为本国采购法之前,公共部门和公用事业合同的救济措施并没有延伸到武器合同[27]。英国和爱尔兰的

---

[23] 欧盟委员会《供应安全指导说明》(Guidance Note *Security of Supply*),http://ec.europa.eu/internal_market/publicprocurement/docs/defence/guide-sos_en.pdf [2013年11月21日登录],第1页。

[24] 欧盟委员会《信息安全指导说明》(Guidance Note *Security of Information*),http://ec.europa.eu/internal_market/publicprocurement/docs/defence/guide-soi_en.pdf [2013年11月21日登录],第1页。

[25] 在通过《国防指令》第71条进行修订之前,是《公共部门指2004/18/EC》第10条。

[26] 参见科布伦茨行政法院,2005年1月31日判决,6 L 2617/04. KO and OVG Koblenz,以及2005年5月25日判决,7 B 10356/05. OVG,相关讨论见于H·-J·普瑞艾伯和F·-J·霍佐尔(H.-J. Prieß and F.-J. Hölzl),"信任是好东西——管理更好:德国高等行政法院对军事采购判决的评论"(Trust Is Good - Control Even Better: German Higher Administrative Court Reviews Military Procurement Decision)(2005)第14期,《公共采购法评论》(*Public Procurement Law Review*),第NA128-135页。

[27] 德国:"Ausweitung des Rechtsschutzes",参见http://dip21.bundestag.de/dip21/btd/17/072/1707275.pdf [2013年11月21日登录]。

情况也是如此。在奥地利,即使是"延伸"这个词也不准确,因为2006年《奥地利国防安全采购法》中的公共部门和公用事业合同救济措施根本就不适用于武器合同。因此2011年的《奥地利国防安全采购法》只是恢复了"原状"[28]。

3. 对《公共部门指令2004/18/EC》的修改

在本书前四章,作者指出欧盟立法委员会在对原《公共部门指令》中的相关条款进行修改时使用了四个手法,使《国防指令》适应国防与安全方面的需求。这四个手法是限制、灵活性、说明和替代。这些手法对于《国防指令》第Ⅳ部分的复议与救济制度产生了直接或间接的影响。

3.1 限制

作者在第六章指出,所谓"限制"指的是经过对旧版和新版《公共部门指令》适用范围的对比,可发现《国防指令》适用的物资范围更加有限。而其法人范围,即适用《国防指令》的采购实体比起《公共部门指令》的旧版和新版则更加广泛,相当于2004年《公共部门指令》和2004年《公用事业指令》中法人范围的总和[29]。但是物资范围,即适用于《国防指令》的合同范围,则比《公共部门指令》旧版和新版更加狭窄。第一,《公共部门指令》只适用于国防与安全领域的某些合同[30]。第二,门槛价以下潜在合同的数量比2004年《公共部门指令》要多,因为《国防指令》的门槛价实际上是2004年《公用事业指令》中的门槛价,这个门槛价更高[31]。但是与其他领域的门槛价相比,《国防指令》的门槛价最终取决于国防合同的平均价值。最

---

[28] Bundesgesetz über die Vergabe von Aufträgen in Verteidigungs- und Sicherheitsbereich (*Bundesvergabegesetz*,2012), BGBL. Ⅰ NC 10/2012. 参见 H·列波曼(H·Liebmann),第135条,见于迈克尔·弗鲁曼和哈诺·列波曼(Michael Fruhmann and Hanno Liebmann),*BVergGVS* 2012:*Bundesvergabegesetz Vergabe und Sicherheit* 2012 (Vienna:MANZ,2012),第372页。

[29] 对受制于《国防指令》的采购实体的抽象定义,见于《国防指令》第1条第(17)款。《国防指令》第1条第(17)款将采购实体定义为"[2004年《公共部门指令》]第1条第(9)款提到的采购实体,以及[2004年《公用事业指令》]第2条提到的采购实体"。参见第六章,第248-260页。

[30] 根据《国防指令》第2条的规定,《国防指令》只适用于军事装备、敏感装备,与军事和敏感装备直接相关的工程、供应和服务,以及用于军事目的的工程和服务。参见第六章,第260-267页。

[31] 《国防指令》第8条规定的供应与服务合同门槛价为41.4万欧元,工程合同为518.6万欧元。工程合同门槛价与旧版和新版《公共部门指令》中的门槛价相同。而供应和服务合同的门槛价就要高得多,中央政府为13.4万欧元,其他采购实体为20.7万欧元。参见《条例1336/2013/EU》第4条和《指令2014/24/EU》第4条。在2012年以前,根据当时《条例1177/2009/EC》第3条关于各采购《指令》中门槛价应用的规定,对《国防安全采购指令》的最初措辞进行了以下调整:修订第8条(a)款,以欧元为计算单位的供应和服务合同的门槛价从41.2万欧元调整到38.7万欧元;对第8条(b)款进行了修订,工程合同门槛价从515万欧元调整到484.5万欧元。因此2011年的供应和服务合同门槛价为40万欧元,工程合同的门槛价为500万欧元。2013年,这两个门槛价又分别涨到41.4万欧元和518.6万欧元。参见第六章,第269-272页。

高端的防务装备成本高昂,其成本高达数百万美元或数百万美元以上,但也有弹药和服务方面的供应,如车辆维修,其合同价值通常较低。另外,将《国防指令》应用到非国防机构(如警察甚至是公用事业)的安全合同,意味着门槛价对于《国防指令》物资范围内的合同来说,如飞机安全设备或手枪的采购合同,的确是一件非常重要的事情。最后,除了旧版和新版《公共部门指令》中的所有例外条款,《国防指令》还有一些专门针对国防与安全的新的例外条款,尤其是针对协作项目和政府间采购的条款[32]。

所有这些限制不仅对《国防指令》的规则有影响,对其复议和救济制度也起到了限制作用。如果一个合同不属于《国防指令》的约束范畴,那么受害投标人也就不能使用《国防指令》第Ⅳ部分的复议与救济手段。《国防指令》对物资范围的限制对其复议和救济制度的应用也起到了限制作用。这一点与人们对《公共部门指令》和《公用事业指令》的设计有关,因为《公共部门救济指令》的适用范围取决于《公共部门指令》,《公用事业救济指令》的适用范围取决于《公用事业指令》。在此应当提一提英国、德国和爱尔兰的复议与救济制度与奥地利的重大不同。在奥地利,公共采购救济制度适用于门槛价以上和以下的合同[33]。这种"镜像原则"并不是欧盟法的要求,而是奥地利宪法的要求。与此相反,在本书讨论的其他三个成员国,采购救济制度只适用于门槛价以上的合同。对《国防指令》门槛价的不同处理方法也表现在各个国家的复议和救济制度上。在奥地利可以进行复议,但在爱尔兰、德国和英国就不行。

另外,虽然《国防指令》的目的是通过量身制定一个国防与安全领域的法律文件,减少实践中对《欧盟运行条约》第346条第(1)款(b)项武器豁免条款的运用,但是《欧盟条约》中的克减条款本身一直没有发生改变。这意味着成员国在处理武器合同时仍然可能以国家安全为由使用《欧盟运行条约》的克减条款。虽然这样做并没有进一步限制《国防指令》的适用范围,与旧版和新版的《公共部门指令》相比并没有发生改变,但可能会对《国防指令》的应用形成限制。《国防指令》这个法律文件是专门为国防与安全合同设计的。另外,虽然对《国防指令》的适用范围进行了整体限制,国家安全方面的原因还是有可能导致人们对《欧盟运行条约》第346条第(1)款(b)项的运用,原因就是这些复议和救济措施与第Ⅳ部分复议与救

---

[32] 第13条(a)-(d)款和(f)款的例外是《国防指令》特有的。例外(a)指"运用本《指令》规则会迫使成员国提供影响本国重大安全利益信息的合同";例外(b)指"用于情报活动的合同";例外(c)指"以研发为基础,由至少两个成员国共同参与新产品开发、或参与该产品寿命周期内后期或全部开发的协作性项目体系中授予的合同";例外(d)指"当军队驻扎在欧盟以外地区时,为满足作战需求必须与所在地区经营者签订的在第三方国家授予的合同,包括民用采购合同";例外(f)指"由一个政府授予另一政府的、涉及(i)军事装备或敏感装备供应,(ii)与此装备直接相关的工程和服务,或(iii)用于军事目的的工程和服务,或者敏感工作和敏感服务"的合同。参见第六章,第276-301页。

[33] 参见H·列波曼(H. Liebmann),前注28,第374页,指出门槛价以上的合同,向 *Bundesvergabeamt*(联邦招投标管理局)提起诉讼必须10天内提出,如果是门槛价以下则必须在7天内提出。

济制度的运行是相互矛盾的。如果复议将影响信息安全,就会发生对克减条款的应用,因为复议会破坏敏感信息的机密性。另外,如果复议将影响供应安全,也会导致人们对例外条款的应用,因为复议会影响货物和服务的准时交付。但是这一切都要取决于人们在把《公共部门救济指令》的相关条款加以改编并纳入《国防指令》第Ⅳ部分时,对国家安全方面的因素是否重视,或者说由于原规则本身已经考虑到了国防与安全方面的因素(如供应安全和信息安全),是否根本不需要再对其进行修改。我们将在下文就此进行讨论。

3.2 灵活性

我们在第七章指出,"灵活性"指的是与 2004 年《公共部门指令》相比,《国防指令》规定可以对采购方式进行选择。第一,《国防指令》与旧版和新版《公共部门指令》和《公用事业指令》不同甚至与大多数法也不同的是,在《国防指令》中根本就没有公开招标的采购方式[34]。不过这种选择限制本身并不是灵活性的表现,因为更少的选择就意味着灵活性,而不是更多的灵活性。第二,也是更重要的一点,与旧版和新版《公用事业指令》相同,但与旧版和新版《公共部门指令》不同的是,《国防指令》规定可以自由选择限制招标和事先发布合同公告的谈判[35]。这样一来,限制招标的重要性被降低,带竞争性的谈判实际上成为《国防指令》默认的采购方式[36]。最后,在《国防指令》中为不事先发布合同公告的谈判增加了几个使用理由,所有这些理由都与国防与安全有关[37]。

在复议与救济制度上所做的这些修改,其影响与前文讨论的限制相比并没有那么直接。通过增加灵活性而适应国防与安全需求的修改手法,在《国防指令》第Ⅳ部分的复议与救济制度中并不明显。

---

[34] 《国防指令》第25条"方式选择"中没有提到公开招标,在《国防指令》其他地方和前言中也没有提到公开招标。另参见 B·休尼克斯(B. Heuninckx),"欧盟《国防与安全采购指令》:花招还是款待?"(The EU Defence and Security Procurement Directive:Trick or Treat?)(2011)总第20期,《公共采购法评论》(Public Procurement Law Review),第9期,第14页,以及 C·肯尼迪—卢艾斯特和 N·布尔拜(C. Kennedy-Loest and N. Pourbaix),"新的《国防采购指令》"(The New Defence Procurement Directive)(2010)第11期,《时代论坛》(ERA Forum),第399期,第403页。

[35] 《国防指令》第25条第2段。

[36] 休尼克斯(Heuninckx),"花招还是款待?"(Trick or Treat?),前注34,第14页:"标准方式"。B·休尼克斯在与作者讨论其文章"量身定做的欧盟《国防与安全指令》限制、灵活性、说明和替代"(The Tailor-made EU Defence and Security Procurement Directive:Limitation, Flexibility, Description, and Substitution),(2013)第39期,《欧洲法律评论》(European Law Review)第3-29页,早期版本时,向作者指出了事实与理论上的差别。

[37] 《国家安全采购指令》第28条第(1)款(c)项"危机引发的紧急情况"(urgency resulting from a crisis),第(2)款(a)项"研发服务"(research and development services),以及尤其是第(5)项"部署海外的军队"(armed forces deployed abroad)。另参见说明条款第58条。限制招标加速版以及事先发布合同公告的谈判,也限制在"紧急"情况下,参见《国防指令》第33条第(7)款。

393

3.3 说明

我们在第八章指出,"说明"手法并不是对相关规则进行实质性改变,而是增加一些明确规定的要求和条件,而提出这些要求和条件从法律上来说虽然在《公共部门指令》中没有明文规定,但也是很有可能的。因为说明而受到实质影响的规则是与规格、合同条件、资格和授标标准有关的规则。说明是为了适应供应安全和信息安全方面的要求。举个例子来说,供应安全可能会受到移转许可证的影响(相关讨论见第四章),也是欧洲国防与安全市场的一个特点。在采购的不同阶段,一般都要求公开和透明。如果在这些阶段没有保护好机密信息,那么信息安全就会受到影响(相关讨论见第八章)。采购不同阶段的规则经过修改,可以解决这一方面的问题。最后的结果,就是《国防指令》中明确规定和说明的国防与安全标准[38]、合同履行条件、资格标准和次要授标标准。[39] 通过这些规则,提高了采购官员使用这些规则的意识,也提高了在采购过程中考虑《国防指令》中提出的供应安全和信息安全要求的可能性。另外,这些要求显然与《国防指令》是一致的。这些要求并没有增加实质性的内容,不过是一些说明性的东西,在实践中还可以增加许多其他要求,不过这些要求必须符合欧盟的法律。

与灵活性手法一样,在《国防指令》第Ⅳ部分中对复议与救济制度的说明,其影响也是间接性的。明确规定和说明的合同履行条件、资格和授标标准,可以减少诉讼风险,因为它们的法律依据非常明显,就是《国防指令》的文字。不过这一点也不能完全肯定,因为这些要求的影响如何,取决于这些要求的起草质量如何,是否恰当——现在下结论还为时过早。规格、资格、合同履行条件和授标标准,常常成为采购复议诉讼的目标,这是一件再自然不过的事情。从理论上来说,这些要求起草的质量越好(细节考虑得越周全)就越适当,诉讼的空间就越小。我们将在下文指出,通过说明的手法对原规则进行修改以适应国防与安全的需求,也是《国防指令》复议与救济制度的一个特点。

3.4 替代

我们在第九章指出,"替代"手法指的是在《国防指令》中对补偿贸易和分包的处理方法。旧版和新版的《公共部门指令》把供应链问题几乎全盘交给中标人来组织[40],而按照《国防指令》的规定,采购当局可以要求将主合同的一部分分包给第

---

[38] 国防标准在《国防指令》附录Ⅲ第3点进行了说明。

[39] 通过说明的方式在《国防指令》中做出的相关修正有:在第18条中增加了国防标准,在第7条中增加了有关信息安全的要求,在22条中增加了保证保密机密信息安全的合同条件,在23条中增加了保证供应安全的合同条件,在39条中增加了在资格预选阶段淘汰在供应安全和信息安全方面具有不良历史投标人的可能,在42条中增加了国防与安全方面技术能力的要求,以及在第47条中增加了把供应安全和信息安全作为次要授标标准的规定。

[40] 参见《公共部门指令2004/18/EC》第25条。

三方。之所以这样,是为了将竞争引入供应链,为中小企业提供机会。《国防指令》第21条为分包要求规定了四个选择,并在第Ⅲ部分[41]和欧盟委员会的《分包指导说明》进行了进一步的解释[42]。分包和补偿贸易是密切相关的,其中一部分原因是因为二者都与企业参与有关。《国防指令》鼓励分包,含蓄地(几乎)禁止了补偿贸易[43]。如果没能赢得主合同,也不能运用《国防指令》和《欧盟运行条约》的例外条款,那么采购成员国的企业就只能通过分包来参与采购了,而且前提是他们提交的投标书是最具经济效益标。因此这是《国防指令》修改2004年《公共部门指令》时所运用的第四个手法:(对补偿贸易的)替代法。立法委员会不是光含蓄地禁止补偿贸易(因为只能如此),而是提出了一些新的东西。分包制度作为一种替代品,来替代"目前"几乎被禁止的补偿贸易[44]。

前面提到的替代手法,对于以《国防指令》第Ⅳ部分为蓝本的成员国国内的复议和救济制度起到了间接影响。由于在《国防指令》中不能有补偿贸易,因此那些由于国家安全目的而豁免于《国防指令》和《欧盟运行条约》的约束,进而实现补偿贸易的成员国,只能使用《欧盟运行条约》第346条第(1)款(b)项的武器例外。如果欧盟委员会认为没有必要应用《欧盟运行条约》第346条,那么就会按照《国防指令》第258条或第348条的规定,对这些成员国的克减行为采取强制性措施。分包可能成为成员国采购复议机构中的诉讼主题。与前面提到的说明一样,规定一个更加详细的分包制度可能会减少诉讼的必要。另一方面,如果在实践中的替代措施实施得好,那么分包的重要性就会越来越突出,就很有可能成为未来的争论议题。替代手法不是《国防指令》第Ⅳ部分的一个特点。

4. 对《公共部门救济指令》的参照

如前所述,《国防指令》第Ⅳ部分的复议和救济制度规则,是以修订之后的《公共部门救济指令》为基础的。其中一些规则经过了修改,以适应国防与安全部门的需求,限制成员国使用国防与安全克减条款(相关讨论见第二章和第三章),尤其是《欧盟运行条约》第346条第(1)款(b)项。对司法复议制度进行修改以保护安全利益时,如果限制了司法正义,不符合比例原则,那么就有可能引发基本权利和法制方面的问题。因此有人指出,修改不仅仅要充分考虑到国防与安全的需求,允许复议和救济制度在《国防指令》和《欧盟运行条约》的框架内正常运行,这个修改后的制度还必须满足欧盟和成员国国内法规定的基本权利

---

[41] 《国防指令》第50-54条。
[42] http://ec.europa.eu/internal_market/publicprocurement/rules/defence_procureme [2013.11.21.登录]。
[43] 同上,1。
[44] 同上。

和法制标准。为了判断这些修改是否达到了这些标准,自从《里斯本条约》签订以来[45],人们将这些修改与《欧盟基本权利宪章》进行了对比[46]。《宪章》第47条规定的有效司法保护的权利,是此番对比尤为重要的基准[47]。《宪章》的起草以成员国宪章、《欧洲人权公约》规定的基本权利和限制为基础,欧洲法院将其作为欧洲法的普遍原则[48]。这个《宪章》说明人们对《国防指令》的复议和救济制度进行了充分的分析,应当转化为成员国的国内法。它反映出《欧盟条约》、成员国和欧洲法院的基本权利标准[49]。不过国防与安全方面的修改除了要保证符合基本权利标准,还要保证复议和救济制度带来投标人之间的相互信任和采购官员对相关规则的尊重。本章将讨论《国防指令》第Ⅳ部分中的复议与救济制度对国防与安全方面的适应性修改,并讨论不同目标和标准之间的平衡是否成功。在第Ⅳ部分有三个比较明显的适应性修改,即采购复议机构、仲裁和无效合同。

4.1 复议机构

任何公共采购复议与救济制度都要面对的一个重要问题:是什么样的机构——是法庭还是这种特别的采购复议机构——可以对公共采购复议诉讼进行判决。《国防指令》第Ⅳ部分的相关规则[50]几乎与修订后的《公共部门救济指令》的规

---

[45] 《欧盟条约》(里斯本)第6条第(1)款。

[46] 《欧盟基本人权宪章》(Charter on Fundamental Rights of the European Union), OJ [2010] C-83/389。

[47] 关于欧盟法律中的《宪章》(Charter)第27条,参见 Case C-317/08, *Rosalba Alassini v. Telecom Italia SpA*; Case C-318/08, *Filomena Califano v. Wind SpA*; Case C-319/08, *Lucia Anna Giorgia Iacono v. Telecom Italia SpA*; Case C-320/08, *Multiservice Srl v. Telecom Italia SpA* [2010] ECR I-2213; 以及 Case C-279/09, *DEB Deutsche Energiehandels- und Beratungsgesellschaft mbH v. Germany* [2010] ECR I-13849。

[48] 参见 A·阿努尔(A. Arnull),"从《宪章》到宪法和未来:新欧盟的基本人权"(From Charter to Constitution and Beyond:Fundamental Rights in the New European Union) [2003]《公法》(*Public Law*)第704页;以及"里斯本之后的欧洲法院"(The European Court of Justice after Lisbon),见于马丁·特莱伯斯和卢卡·鲁比尼(Martin Trybus and Luca Rubini) (eds.),《<里斯本条约>及欧洲法律与政策的未来》(*The Treaty of Lisbon and the Future of European Law and Policy*) (Cheltenham:Edward Elgar,2012) 第34页;H·劳勒斯(H. Raulus) "作为一系列宪法原则的《基本人权宪章》"(The Charter of Fundamental Rights as a Set of Constitutional Principles),第181页;M·伯洛斯基(M. Borowski),"《欧盟条约》中的《基本人权宪章》"(The Charter of Fundamental Rights in the Treaty on European Union),第200页;W·韦伯(W. Weiß),"里斯本之后的欧盟人权保护"(EU Human Rights Protection after Lisbon),第220页。

[49] 《宪章》(Charter)第47条中的有效司法保护原则,也是欧盟法律中的一个一般原则,来源于成员国共同的宪法传统,具体体现在《欧洲保护人权和基本自由公约》(European Convention for the Protection of Human Rights and Fundamental Freedoms)第6条和第13条。相关判例法参见 Case 222/84, *Marguerite Johnston v. Chief Constable of the Royal Ulster Constabulary* [1986] ECR 1651, [1986] 3 CMLR 240,第18和19段; Case 222/86, *Heylens and others* [1987] ECR 4097,第14段; Case C-424/99, *Commission v. Austria* [2001] ECR I-9285,第45段; Case C-59/00 P, *UPA* [2002] ECR I-6677,第39段; Case C-467/01, *Eribrand* [2003] ECR I-6471,第61段。

[50] 特别是《国防指令》第56条第(2)、(3)款、第(6)款和第(8)、(9)款。

则完全一样(51)。但是《国防指令》第56条第(10)款规定,成员国的相关复议机构必须特别考虑到成员国的一般国防利益,尤其要考虑到信息安全。这个修改直接对应的是《欧盟条约》的克减条款,尤其是《欧盟运行条约》第346条中的国防与安全方面的问题。

因此成员国在将《国防指令》转化为国内法时,可以按照《国防指令》第56条第(10)款第(2)项的规定,建立特别的国防与安全采购复议机构:

成员国可以规定某个特别机构对国防与安全领域的合同具有唯一审判权。

这意味着除了公共部门和公用事业制度下的审讯制度,还要在国内建立新的独立的国防与安全法庭、法官席或复议庭。也可以将现在采购复议机构的审判权进行延伸,使其达到《国防指令》的适用范围,并做出某些调节,以保证机密和国家安全。实际上《国防指令》第56条第(10)款的意思,是成立一个专门的国防与安全复议机构,这样不仅可以更好地保证敏感信息的安全性,还可以更好地保证一般意义上的国家安全利益。但是有人指出,新增加的这个第(10)款具有欺骗性。第(2)项中的"可以"一词,显然只是将具有"独立审判权"的特别复议机构作为一种选择提了出来,对欧盟立法委员会的优先选择并没有说明。该项只是承认某些成员国可能会觉得有这个必要,明确说明在将《国防指令》第Ⅳ部分转化为国内法时,可以设立专门的复议机构。成员国之所以认为有必要成立一个专门的复议机构,是因为某些要求,如宪法或现有采购复议机构的法庭程序规则,很难与国防承包中的特别保密要求相一致,因此必须将《国防指令》下的独立的复议机构与现有法庭体系分离开来。但是也有可能在不成立新的复议机构的情况下保护国防与安全方面的利益。在《欧盟运行条约》中的一个例子,是对成员国豁免于《欧盟运行条约》的决定进行复议。成员国豁免于《欧盟运行条约》的依据,是《欧盟运行条约》第346条第(1)款(b)项的武器例外(相关讨论见第三章)(52)。《欧盟运行条约》第348条第(2)款允许欧洲法院以保密方式进行审理,显然是因为国家安全问题,尤其是这些案件的保密问题。另一个例子是德国。德国在将《国防指令》转化为国内法时,现有复议法庭的审判权被延伸到《国防指令》范畴内的合同,并在转化《国防指令》时对这些法庭提出了保密要求(53)。下文将就此进行进一步的讨论。

《国防指令》第56条第(10)款第2项提出建立特别的复议机构,只是为了保密和国家安全方面的其他原因。但也可以弄得更好,例如可以有更高的专业化水平,因为来自军队或警方的国防与安全专家可以作为辅助法官,与具备资格的法官一起判案。另外,在招募合格法官时也可以考虑其以前的工作经历。随着时间的推移,专业法庭通过复议案件的审判积累了更多的经验,专业化水平可以逐渐提高。但是如果成员国愿意将现有公共采购复议制度进行延伸,使其覆盖国防与安

---

(51) 特别是修订后的《公共部门救济指令89/665/EEC》第2条第(2)、(3)款、第(6)和第(8)、(9)款。

(52) 第88-128页。

(53) 参见《德国竞争法》(GWB)第110条a款(参见第九章,脚注90,以及下文讨论)。

全方面的合同,那么专业法庭的各种便利通过这种方式大多也可以实现。例如德国联邦和州一级的初审采购复议法庭(Vergabekammern),辅助法官就与全职法官一起审判[54];而州立复审上诉法庭(Oberlandesgerichte)则设立了专业部门,只处理采购案件[55]。

  另外,设置专门的复议机构,其好处必须与其可能引发的不良影响达到平衡。在《国防指令》颁布之前,各成员国均没有专门的国防与安全采购复议机构,只能建立全新的机构。这样一个大的举措必然会引发财政、组织、法律甚至是宪法方面的问题,权衡之下可能会认为设立专门的国防与安全采购复议机构并非最佳选择。可能要寻找或重新分配新的法官、工作人员,设备甚至要建立一座新的大楼,因此成员国不愿意成立专门的机构,也就不足为奇了[56]。如在德国,初审必须在德国16个州(Länder)的采购复议庭进行,或者在波恩的联邦招投标管理局(Bundeskartellamt)复议法庭进行[57],如果需要上诉,则在州一级的上诉法庭进行。如果是联邦一级的案件,则在 Oberlandesgericht Düsseldorf(高级地区法庭)进行,与其他合同的处理方式是完全相同的。法国的情况也差不多,行政法庭(tribunaux administratifs)、行政上诉法庭(cours administratives d'appel)和国政院(Conseil d'Etat)也处理有关国防合同的案件[58],相当于英国的高级法院、上诉法院和最高法院[59]。在爱尔兰,高级法院除了处理其他案件,还要处理国防与安全合同案件[60],与奥地利的 Bundesvergabeamt(行政管理局)和 Verwaltungsgerichtshof(行政法院)是一样的[61]。因此建立专门的复议机构,除了前面提到的种种不利,欧盟委员会的观点也可能是正确

---

[54] 《德国竞争法》(GWB)第105条第(2)款:"公共采购法庭应当由一位主席和两位律师做出判决。在这两位律师中,应当有一位为义务身份。主席及全职律师应当是终身制公务员,具有在高级管理部门工作的资格,或者是具有同等资格的专家雇员。主席或全职律师必须具有法官资格;一般来说主席应当具有法官资格。律师应当对公共合同授予方面具有深入了解,义务律师也应当在公共合同授予方面有数年的实践经验。"

[55] 《德国竞争法》第116条第(3)款:"即时控告只能由具有审判权的上诉法院在公共采购庭做出判决。每一个上诉法院都应当设立一个合同授予部。"

[56] "欧盟委员会就关于国防与安全采购的《指令2009/81/EC》转化为成员国国内法提交给欧洲议会和欧洲理事会的报告"(Report from the Commission to the European Parliament and the Council on Transposition of Directive 2009/81/EC on Defence and Security Procurement),COM(2012)565 final(from 2 October 2012),第8页:"似乎没有一个成员国使用这种方式设立一个具有审判权的特别机构。"

[57] 2011年12月修订后的《德国竞争法》(GWB)第104条第(1)款和第116条。

[58] 《行政法庭和行政上诉法庭法》(Code des tribunaux administratifs et des cours administratives d'appel)第L22条和L23条。

[59] 《2011年国防安全公共合同条例(Regulation Defence and Security Public Contracts Regulations 2011)(DSPCR)》SI 2011/1848,第52条第(2)款:"以上目的的诉讼必须在英格兰、威尔士、北爱尔兰的高等法院进行,或者在英格兰的郡法院或最高民事法院进行,第53条第65条适用此类诉讼。"

[60] 参见《欧盟(国防安全合同授予)条例》(European Union (Award of Contracts Relating to Defence and Security) Regulations)(ACRDSR)SI 620/2012,第64条。

[61] 《奥地利国防安全采购法》(BVergGVS)(2012)第135条提到了《奥地利国防安全采购法》(BVergG)(2006)中的复议与救济制度。

的:各成员国负责将《国防指令》转化为国内法的立法委员会"并不同意立法过程中人们反映的某些问题"[62],至少它认为任何安全问题都没有成本问题重要。

由于各成员国都没有建立专门的复议机构,因此将现有法庭的审判权进行延伸并不会对其审判权产生根本性的影响。但即使是建立了新的复议机构,也并不代表会出现审判权的根本变化。"使用"现有法庭,会使人产生对制度的信任感和尊敬感,可以避免投标人产生怀疑,而采购官员可能也不希望得到专门法庭的特殊待遇,虽然这一点很难肯定。

4.2 复议机构内的安全

如果让现有采购复议机构负责《国防指令》范围内的案件,可以采取多种措施满足此类案件的敏感性要求。可以拒绝旁听,可以要求对这些机构的成员(法官)发放接触机密材料许可证,也可以限制机密信息的任意取得。不过大多数成员国并没有针对采购复议机构的成员制定与接触机密材料许可证有关的规则。对此欧盟委员会的解释可能是正确的:这件事情再次说明许多成员国的立法委员会并不同意欧盟立法过程中反映出来的某些意见[63]。关于复议机构内的安全问题,我们要讨论一下《国防指令》第56条第(10)款最后一项,这个规定在《公共部门救济指令》中是没有的。

如果进行司法复议,成员国应当决定复议机构如何处理好机密信息的保密和辩护方权利之间的平衡问题……,保证整个过程不破坏各方在公正审判中的权利。这一点对于复议机构来说可能是一个很大的挑战,对于学术界来说也是一个值得研究的课题。关键问题是:该项规定可能会引发与《欧盟基本权利宪章》的冲突。欧盟《宪章》第47条关于"有效救济与公平审判的权利"规定:

权利和自由受到欧盟法保护的任何人,在其权利和自由受到侵犯时,有权根据本条规定向法庭提出有效救济的要求。

任何人有权在合理时间内得到独立、公正的合法法庭的公正公开的审判。任何人都应当有被建议、被辩护和被代表的机会。

《国防指令》第56条第(10)款最后一项使保密和信息安全方面的因素限制了辩护方的权利并对公正审判造成一定的影响,因此《宪章》第47条就显得非常重要了[64]。最重要的是,当保密要求与投标人及其法人代表的权利发生冲突时,即按照《公共部门指令》和《公用事业指令》的规定,投标人及其法人代表有权得到相关文件,而根据《国防指令》第56条第(10)款的规定又无法取得相关文件时,适用《宪

---

[62] 《转化报告》(Transposition Report),前注56,第8页。

[63] 同上。

[64] 《宪章》(Charter)关于"国防的无罪和正当推定"的第48条第(2)款(这个第48条第(2)款规定:"应当保证对被告方辩护权的尊重")在此并不重要,因为在公共采购复议诉讼中,没有投标人受到指控并因此而需要该条的保护。相反,投标人是提出诉讼的人,而采购当局或实体是被告。

章》第47条。

由此可见,出于保密的要求,辩护方的权利以及得到公正审判的要求可能会受到影响。但是根据《宪章》第52条第(1)款"受保障权利范围"的规定,如果《宪章》第47条规定的权利受到限制,也可能是合法的:

如果在行使和享受本《宪章》认可的权利与自由时出现任何限制,必须合乎法律要求,并尊重此权利与自由的要素。只有在必要条件下,真正为了保护欧盟认可的总体利益,或者对他人的权利和自由进行保护时,才可按照比例原则对相关权利和自由进行限制。

因此《国防指令》第56条第(10)款规定的保密要求,必须满足以下条件:(1)符合欧盟认可的总体利益目标;(2)对其进行限制是为了达到此目标;(3)限制必须合乎比例原则(为必须采取的措施);(4)限制必须尊重辩护方权利与公正审判的要素。

众所周知,在进行国防与安全方面的采购时必须保密,而《国防指令》第Ⅳ部分的复议程序,目的也是为了保护欧盟认可的总体利益。最重要的是,《欧盟运行条约》第346条第(1)款(a)项[65](相关讨论见第三章[66]),直接针对的就是保密问题。另外,人们也都认为武器采购中的保密问题在《欧盟运行条约》第346条第(1)款(b)项里进行了"重新组织",因为信息安全是武器贸易和采购中事关国家安全方面的一个主要问题。毕竟信息安全问题是《国防指令》力图解决的问题,目的是限制国防采购中对于《欧盟运行条约》第346条的过度应用。另外,保密问题也是公共安全方面的一个重要组成部分,在欧洲内部市场公共安全方面也有相关的例外规定,如《欧盟运行条约》第36条和第52条(相关讨论见第二章)[67]。最后一点是,《国防指令》本身也认可了信息安全问题,最为突出的是在其第23条和第56条第(10)款。另外,人们也都承认,《国防指令》第56条第(10)款最后一项的限制规定,真正目的就是为了达到这个目标。

另外有人指出,《国防指令》第56条第(10)款最后一项的规定,是合乎比例原则的。此条款本身规定,对机密信息的保密必须与辩护方的权利和得到公正审判的权利相协调。首先,为了对机密信息进行保密,必然要对相关信息的获取进行限制。其次,如果其他措施无法达到对机密信息的同程度保密,但对辩护方的权利和得到公正审判的权利损害较小,就必须采取这种限制措施。最后一点是,辩护方权利和得到公正审判的权利要素并不因为《国防指令》第56条第(10)款的规定而受到影响。

法律诉讼过程中的保密问题能否与辩护方权利和得到公正审判的权利协调起

---

[65] 《欧盟运行条约》第346条第(1)款(a)项规定:"《条约》的各项规定并不预先排除以下规则的应用:(a)不得强迫成员国透露对本国重大安全利益有不良影响的信息……"

[66] 第128-133页。

[67] 第70-82页。

来,只要分析一下成员国根据《国防指令》第Ⅳ部分制定的本国法律就明白了。如《德国竞争法》的新110a条。该法是德国以《国防指令》为依据制定的本国法律的重要组成部分,其规定:

机密文件的储存(1)采购复议庭保证各方提交文件中机密事项及其他机密信息的保密。(2)采购复议所有成员国有保密义务;在说明判决原因时,不得泄露机密文件、卷宗、电子文件或任何机密信息的类型和内容[68]。

首先,在《德国竞争法》110a条的两个项中,都规定了对机密信息保密是一般义务,没有理由质疑此措施的必要性和合理性。《德国竞争法》第110a条的后半部分规定:"在说明判决原因时,不得泄露机密文件、卷宗、电子文件或任何机密信息的类型和内容"。这种说法的问题似乎更多一些,因为它暗示申请人不能得到相关判决的完整理由。但这并不一定意味着在符合保密原则的情况下,申请人在整个诉讼过程中都不能得到此信息。这样,申请人作为诉讼中的一方,即使判决书中没有就判决原因进行完整说明,也可以理解做出此判决的原因。但是复议机构的判决必须进行公布,而且这个要求不能因为对机密信息的保密而轻易受到影响。可以说这种限制是合适的、必要的,因为没有其他措施能够更好地保护辩护方权利及公正审判的权利。总之,在军事与采购复议诉讼中,保护辩护人信息不泄露和保护辩护人权利与公平审判权利之间,是可以达到平衡的,完全可以做到不违背《基本权利宪章》、《欧洲人权公约》、各成员国宪法或关于人权的法律。

由于修改之处比较少且合乎比例原则,因此不会影响投标人对复议制度的信息,也不会影响采购官员对于《国防指令》的遵守。

4.3 仲裁

仲裁在公共采购复议过程中具有非常重要的作用,因为通过仲裁,可以在合同签订之前对正在进行的采购程序形成一定影响。复议机构通过临时救济措施,让采购暂停并中止最后的决策。在采取临时性救济措施时,必须按照事实对投标人利益和采购实体的利益进行权衡。如果采购实体是一个公共机构,其利益就是公共利益。仲裁对于复议制度是否有效是非常重要的一环,而建立一个良好的仲裁制度也是复议制度最为重要的目标。采购暂停意味着项目的延后,如果不能按照预期时间提供货物或服务,还有可能引发供应安全方面的问题。在仲裁方面,《国防指令》有一个非常明显的修改之处,明确规定复议机构在权衡各方利益时,必须考虑到成员国的国防与安全利益。《国防指令》第56条第(5)款是这样规定的:

"成员国可规定,负责复议的机构在采取临时措施时,应当考虑到可能受到伤害的各方利益以及可能带来的后果,并考虑到公共利益,尤其是国防与/或安全方面的利益,如果采取此措施的负面效果大于其正面效果,则可不采取此措施。

---

[68] 作者所译。

不采取临时救济措施的决定,并不影响此措施申请人提出其他诉求。

[强调为作者所加]

与《国防指令》中关于有效性合同的第60条第(3)款一样(相关讨论见下文),关于什么是"国防与安全利益",并没有一个明确的定义和说明,因此欧盟委员会应当在其系列《指导说明》中加上一个《复议与救济指导说明》[69],至少对这些重要概念加以说明。英国国防部颁布了一个文件[70],列举了与国防[71]和安全有关的各项利益[72]。这个指导说明规定了仲裁程序并说明复议机构应当在什么情况下不宣判合同为无效合同。因为欧盟委员会没有制定关于救济的指导说明,因此英国的这个指导说明也可为其他成员国所用。

不过《国防指令》第56条第(5)款做出的改动并不大。《公共部门救济指令》也要求考虑公共利益。而国防与安全利益不过是公共利益的一个特殊方面,在按照《公共部门救济指令》的要求采取临时措施时,必须考虑到此方面的利益。因此在有关仲裁的规则中明确规定要考虑国防与安全方面的利益,不过是一种说明性的东西。与《公共部门救济指令》第2条第(5)款相比,《国防指令》第56条第(5)款并没有增加实质性的内容,这一点与《国防指令》的说明手法是相符的。《国防指令》通过这种说明手法,从《公共部门指令2004/18/EC》中借用了大量条款(见上文说明,详细分析见第八章)。一部分成员国在将《国防指令》转化为国内法时,在其法律中对这一规定进行了进一步确定,如英国2011年《联合王国国防安全采购条例》第57条第(2)款规定:

决定是否对第(1)款中列举的货物进行订货时,法庭必须考虑到采取临时措施可能造成的后果,对各方利益造成的损害,并考虑到公共利益,尤其是国防和/或安全方面的利益。

《国防指令》第56条第(5)款中的"尤其"一词,说明考虑国防与安全方面的利益只是一种说明。《奥地利国防安全采购法》(2011)第137条并没有对《奥地利国防与安全采购法》(2006)第329条第(1)款进行修订,[73]因此无论是奥地利的采购法,还是爱尔兰的《国防安全合同授予条例》第71条第(4)款,都没有明确提到国

---

[69] 参见以下指导说明:http://ec.europa.eu/internal_market/publicprocurement/rules/defence_procureme [2013年11月21日登录]。

[70] 国防部/财政部(Ministry of Defence/Finance),《国防安全公共合同条例》(The Defence and Security Public Contract Regulations),第17章——司法复议、救济和无效(Legal Review, Remedies and Ineffectiveness),版本2.0,2012年2月23日,第37-40段。www.gov.uk/government/uploads/system/uploads/attachment_data/file/27668/d [2013年11月21日登录]。

[71] 同上:"(1)军事行动的有效行为;(2)军队或盟友的安全;(3)军队的行动主权;或者(4)对于国家安全有重要意义的关键国防工业或技术能力。"

[72] 前注70:"(1)保安或警察活动的有效进行;(2)安全机构或警察成员的安全;(3)安全机构或警察按照政府要求进一步采取行动的能力;或者(4)对于国家安全有重要意义的关键安全工业或技术能力。"

[73] www.jusline.at/Bundesvergabegesetz_2006_(BVergG2006).html [2013年7月22日登录]。

防与安全方面的利益[74]。在奥地利和爱尔兰,人们认为在将《国防指令》转化为国内法时,根本就没有必要就《国防指令》第56条第(5)款中的国防与安全利益再做说明,因而更加突出了成员国在转化《国防指令》相关条款时采用的说明手法。德国的《德国竞争法》在2011年将《国防指令》转化为国内法时进行了修订。其第115条第(2)款(后半句话)规定,在国防与安全合同中,

[除了要考虑采购实体高效运行所带来的公共利益,]还要考虑国防与安全方面的利益[75]。

"除了"这个词给人留下这样的印象:条款中规定的国防与安全利益并不仅仅是一种说明性的东西;只有将《国防指令》转化为成员国的国内法之后,才可以考虑这方面的利益。不过有人指出,这个第一印象是不准确的。《德国竞争法》第115条第(1)款中的"迅速完成采购所带来的公共利益和延迟之后带来的负面影响"[76],并不是没考虑到国防与安全方面的利益。虽然"延迟"会对国防与安全产生负面影响,但在考虑"迅速完成采购所带来的公共利益"时,国防与安全也是需要考虑的东西。因此《德国竞争法》第115条第(2)款第2句话与《国防指令》第56条第(5)款、英国《联合王国国防安全采购条例》的第57条第(2)款一样,对于国防与安全方面的利益只是进行了说明。

这种说明的"附加价值",就是法官对这些特殊利益有了意识。另外在实践中,可以防止作为被告方的采购当局在更多的采购中使用安全克减条款,如《欧盟运行条约》第346条,因为在仲裁过程中,进而在《国防指令》和欧盟内部市场法中,会充分考虑到国防与安全方面的利益。由于国防与安全利益方面的规定只是一种说明性的东西,因此既不存在基本权利方面的问题,也不会影响投标人对复议和救济制度的信心,同时也不会影响采购官员对于复议和救济制度的敬畏。可以说欧盟立法委员会别无选择,而且对于各种不同要求权衡得很好。

4.4 无效合同

2007年对《公共部门指令》和《公用事业指令》进行了改革[77],"无效合同"救济措施就此诞生。这一点打破了契约至上的原则,权益受损的企业在合同签订后30日或6个月之内,可向复议机构提出申请,要求判决相关合同为无效合同。这种相当严厉的措施限于两种严重违反采购法的行为[78]。第一种违法行为指违反授标与

---

[74] 第71条第(4)款规定:"当考虑采取临时性措施或仲裁时,法庭可以考虑采取临时性救济措施可能会对所有方面造成的影响,以及对公共利益造成的影响,在其负面影响大于正处时,可不做出这样的判决。"

[75] 为作者编辑翻译,强调为作者所加。

[76] 为作者所译。

[77] 《指令2007/66/EC》。

[78] 《公共部门救济指令》(Public Sector Remedies Directive)第2a条第(1)款(c)项列出第三种形式的违法行为:"本《指令》第2b条(c)款第2段列出的情形,如果成员国为框架协议和动态采购合同运用了克减条款使其不受停顿期的约束。"参见《国防指令》第60条第(1)款(c)项几乎完全一样的表述。

签约之间的采购暂停规定,即 Alcatel 条款[79]。第二种违法行为发生得颇为频繁,即不按照正规的采购程序进行授标,完全无视采购法的要求,称为"直接非法授标"[80]。之所以会发生这种违法行为,可能是由于对法律的藐视、无知,也可能是对豁免条款的错误理解。至少从理论上来说,有一种情况对于公共部门来说尤其重要,即对例外条件的理解过于宽泛,而在实践中又没有严格按照采购《指令》和相关的国内法规行事。现在有了一部非常明确的采购法律——《国防指令》,违反此法的规定将面临合同被判无效的风险[81]。

导致合同无效的违反采购法的第三种违法行为,是通过判例法加进来的。Pressetext 判例法规定,如果对公共合同的修改使其产生与原合同的本质不同,应当进行新的授标,并显示各方就该[82]合同重要条款进行重新协商的意愿。如果对业已签订的合法合同进行修改并实际产生了一个新合同[83],那么这个新合同必须按照新的程序进行授予。如果采购当局因为某个新合同而发起了一个新的采购程序,那么这个合同也可以被判为无效合同。上述情况下的违法行为类似于非法直接授标。因此判例法将无效性延伸到对原合同的实质性修改上,而这个发生实质性改变的新合同,必须按照新的程序进行重新授予[84]。这种情况在国防与安全合同上也可能发生。尤其是因为许多国防合同的寿命周期很长(相关讨论见第一章)[85],有时需要对原合同进行实质性的修改。是否需要签订一个新的采购合同,采购当局必须认真考虑。

无效合同的规定在《国防指令》第 60 条第(3)款中也进行了修改。该条款规定以下情况下复议机构可不判决相关合同为无效合同:

---

[79] 《公共部门救济指令》(Public Sector Remedies Directive)第 2a 条第(1)款(b)项。参见《国防指令》第 60 条第(1)款(b)项几乎完全一致的表述。

[80] 第 2a 条第(1)款(a)项。参见《国防指令》第 60 条第(1)款(a)项几乎完全一致的表述。

[81] 救济方式被改变,参见下文。

[82] Case C-454/06, *Pressetext Nachrichtenagentur GmbH v. Austria (federal level), APA-OTS Originaltext-Service GmbH and APA Austria Presse Agentur registrierte Genossenschaft mit beschränkter Haftung* [2008] ECR I-4401。

[83] *Pressetext*,同上,列出一个说明性的清单说明什么情况下属于实质性改变:以下情况下属于实质性改变:(a)制定的条件如果成为初始合同授标方式的一部分,将造成最初不能接受的投标人可以接受,最初不能接受的投标书可以接受;(b)将合同范围延伸至最初没有覆盖到的范围;或者(c)按照对承包商有利的方式改变其经济平衡状况,使其具备初始合同不具有的条件。参见新版《公共部门指令》(Public Sector Directive)第 72 条的规定。

[84] 此为苏·爱罗史密斯教授(Professor Sue Arrowsmith)、尼科·斯皮盖尔(Nico Spiegel)(欧盟委员会,《国防指令》起草人之一)和迈克尔·布舍尔(Michael Bowsher)(王室法律顾问)在其发言中所传递出来的信息,见于 A3 讨论组"合同签订后的变化"(Changes to Concluded Contracts)、"公共采购:第 VI 次全球化革命"(Public Procurement:Global Revolution VI)会议,诺丁汉,2013 年 6 月 25 日。2011 年,英格兰和威尔士高等法院判决了类似的一个案件:*Alstom Transport v. Eurostar International Limited and Siemens plc* [2011] EWHC 1828 (Ch)。改判决的依据是 2006 年《联合王国公用事业合同条例》(United Kingdom Utilities Contract Regulations)第 45J 条。对于该条款的应用并不成功,在很大程度上是因为新的合同根本就不存在。

[85] 第 52-53 页。

出于总体利益的考虑,主要是出于国防与/或安全方面的利益,要求保留相关合同的有效性……

前面我们对仲裁过程中缺乏"国防与安全利益"的定义提出了批评,同样,在这个条款中也没有关于"国防与安全利益"的定义。欧盟委员会应当就此制定一个《指导说明》。

与《公共部门救济指令》第 2 条 d 款第(3)项相比,《国防指令》第 60 条第(3)款限制了对经济利益的考虑。不过,

不管在什么情况下,如果无效合同对意义更加广泛的国防或安全项目的存在造成严重不良影响,而该项目对于成员国的安全利益来说又非常重要,那么就不能判决相关合同为无效合同。

[强调为作者所加]

这一项正是考虑到了大型国防工业项目的战略重要性。开头的"不管在什么情况下",说明在大型国防项目中,应当对企业经济利益的考虑进行限制,使其不与相关合同发生直接关系,使无效合同的措施不适用。不过通过这样的限制性条件,人们的负担稍稍减轻了一点:判决合同为无效合同所带来的后果必须是非常严重,相关项目必须"意义更加广泛"。因此复议机构必须考虑如果判决合同为无效合同,后果会有多严重,相关项目的规模会有多大——而这是一个相当困难的工作。在此作者需要重复一遍:如果欧盟委员会能制定一个有关救济的《指导说明》,将会大有裨益[86]。

《国防指令》第 60 条第(3)款与《公共部门救济指令》第 2 条 d 款第(3)项非常相像。可能是由于成员国政府的压力,增加了有关国防与安全方面的考虑[87]。如果复议机构将已签订的合同判为无效合同会产生严重不良后果,则可依据此法进行灵活处理。如果采购程序重新进行,相关设备的部署可能延后,而相关部队的任务则会受到负面影响。另一方面,这种极端的无效合同救济方式只适用于严重违反采购法的两种或三种情况。一个具有战略意义的重要合同,违反采购法如 Alcatel 有关采购停顿期的规定完成授标,而后又因为其重要的国防意义而避开了被判无效的厄运,其实是一件很难想象的事情。虽然在这种情况下复议机构可以采取"替代性惩罚措施"[88],但相对于违法的严重程度来说,这种处罚未免太温和了。其实更多的情况是有意无意地忽视法规。

---

[86] 前面提到的《英国国防部指南》(United Kingdom Ministry of Defence guidance),前注 70,第 39 段,在这一问题上也没有什么帮助。

[87] 在前面提到的内部市场与欧洲议会消费者保护委员会(Internal Market and Consumer Protection Committee of the European Parliament)的听证会上,前注 30(作者当时出席),当时《国防指令》的复议与救济制度是一个主要的议题,法国政府的一位法国代表(法国政府是当时的欧盟轮值主席国)指出无效性是一个非常严重的问题。

[88] 《国防指令》第 60 条第(3)款最后一段。根据《国防指令》第 60 条第(2)款的规定,其他处罚措施有罚款和合同期的缩短。

如果是意外违法,那么这种替代性惩罚就足够了。如果是故意违法,那么采取替代性惩罚措施就太轻了。采取更高额度的罚款措施,可以在一定程度上解决这个问题。

现在的问题是:《国防指令》第60条第(3)款仅仅是对《公共部门救济指令》第2条d款第(3)项的说明,还是增加了一些实质性的东西。与仲裁程序中对待国防与安全利益的态度一样,没有理由否认国防与安全利益是《公共部门救济指令》第2条d款第(3)项规定的"意义更加广泛的利益"的一部分。英国当时的政府商务部举了一个例子,说明《指令2007/66/EC》的实施也是出于军事方面的考虑[89]。因此在此方面做出明确规定,可以理解为简单的说明,与《公共部门救济指令》中的条款相比,并没有增加实质性的东西。但是"主要"这个词的使用,使复议机构面临与国防和安全有关的整体利益时,更愿意维持合同的有效性。无论是在《国防指令》中还是在《公共部门救济指令》中,都没有明确提到在什么情况下可维持一个"民事"合同的有效性,而如果这些合同被判为无效合同后会对国防与安全利益造成不良影响,那么复议机构也不太可能判这些合同为无效合同。因此可以说《国防指令》第60条第(3)款提到的国防与安全方面的规定虽然只是一种说明,但达到了目标。这些规定不仅可以提醒复议机构出于国防与安全方面的原因可不宣判相关合同为无效合同,而且也让这方面的原因有了一个"特权"地位,属于"并列项中的首项"。第60条第(3)款对国防与安全的"特权"说明,对成员国也是一个提醒,说明有了这一条,成员国就可以少用安全例外条款(如《欧盟运行条约》第346条)来避免相关合同被判为无效合同。对国防与安全利益的考虑体现在无效合同规则的内部。但是在制定《国防指令》时只是对《公共部门救济指令》的原有条款进行了说明,因此没有产生与基本权利有关的问题。即使刚才所说的"特权"说明超出了简单说明的范畴,但由此对基本权利造成的不良影响,也只限于欧盟《基本权利宪章》第52条第(1)款规定的范围之内。关于进行此种限制的原因,我们在前面的4.3节进行了讨论。这个条款是否会破坏投标人对复议制度的信任,是否会影响采购官员对复议制度的敬畏,取决于复议机构如何在实践中应用《国防指令》第60条第(3)款。如果现在就收集数据对这个问题进行评估,还为时过早。但是《国防指令》第60条第(3)款中关于国防与安全利益的概念过于狭隘,在实践中常常很难把握。

可以想象一个极端的例子:复议机构不顾采购当局提出的《国防指令》第60条第(3)款中的规定,依然判决相关合同为无效合同。在这种情况下,成员国仍然

---

[89] "例如,如果向战区部队提供药物的重要供应商的合同被判无效,对于任何受伤部队来说都会引发灾难性的后果,不符合大众利益。《<救济指令>的实施:2009年修订条例OGC指南》第3部分:新救济规则》(*Implementation of the Remedies Directive: OGC Guidance on the 2009 amending regulations Part 3: The new remedies rules*),第15页,第60段,http://webarchive.nationalarchives.gov.uk/20110601212617/http://www.ogc.gov〔2013年11月21日登录〕。

可以一些安全例外条款(如《欧盟运行条约》第 346 条)为依据,使自己的合同免于被判无效。如果复议机构的判决会产生不良影响,则可能需要欧洲法院提出强制执行的诉讼。

在某些涉及国防与安全的情况下,应避免判决相关合同为无效合同——成员国在将这个特殊规则转化为国内法时,采取的是原文照搬的方式(只有两个成员国除外)[90]。如爱尔兰《国防安全合同授予条例》第 73 条第(5)-(7)款,《奥地利国防安全采购法》第 137 条第(8)款,以及英国《联合王国国防安全采购条例》第 61 条。与此形成鲜明对比的是,德国在 2011 年 12 月将《国防指令》转化为国内法时,没有对其《德国竞争法》第 101b 条进行修订,说明德国立法委员会认为第 60 条第(3)款只是一种说明,没有增加实质性的内容。

5. 结论

《国防指令》第Ⅳ部分代表了国防与安全采购规制中的一个重要方面。采购复议诉讼是律师、法官可参与采购进程的最后一个阶段。有了采购复议程序,相关采购实体就有可能面临诉讼的风险。进行采购复议有可能引发相关项目的延迟,增加费用,而相关采购官员的职业也会面临不良影响。这样可以促使人们遵守采购法规,还可以减少国防与安全采购中的不称职与腐败现象。现在判断《国防指令》的效果为时过早,但律师们认为诉讼会增加,具体情况视成员国的不同而不同[91]。

最终的复议与救济规则,除了要达到国防与安全方面的目标,保证不损害人们的基本权利和法制标准,还要让投标人产生对复议制度的信任,让采购官员产生对复议制度的敬畏。《国防指令》第Ⅳ部分提出的有关国防与安全方面的规则,在很大程度上是以公共部门复议和救济制度为基础的。这些规则包括:救济措施必须快速有效,复议必须独立,至少是一次司法复审。另外还包括了复议诉讼中可以采取的所有救济措施,如废止采购当局在合同签订之前的所有决定,支付赔偿金和判决已签订的合同为无效合同。休尼克斯认为《国防指令》在借用这些规则时只产

---

[90] 《转化报告》(Transposition Report),前注 56,第 8 页。
[91] J·杰金斯(J. Jenkins),"救济:范围、风险和趋势"(Remedies:Scope,Risks,and Trends)以及 H·-J·普莱伯(H.-J. Prieß)(均来自富而德律师事务所),"救济——一种美式挑战文化?一个德国人的观点"(Remedies – A US Challenging Culture? A German Perspective),讨论会:"新的《国防采购指令》"(The New Defence Procurement Directive),国际商会(International Chamber of Commerce)(ICC),巴黎,2011 年 2 月 11 日:http://iccwbo. org/policy/law/id41387/index. html [2013 年 11 月 21 日登录]。相反,M·锡岑(M. Sitsen)(奥德·克鲁特律师事务所(Orth Kluth Rechtsanwälte),杜塞尔多夫),认为在喜好争论的德国司法界不会有很多的复议诉讼,参见其在政府采购论坛(Forum Vergabe)"Vergaben im Bereich von Verteidigung und Sicherheit"会议上做的名为"Rechtsschutzmöglichkeiten übergangener Bieter"的发言,联邦军队大学,慕尼黑—纽伦堡,2012 年 2 月 15 日(作者记录,可查)。

生了"很小的不同"[92],而斯皮盖尔(Spiegel)也认为这种变化"只是一些很小的改变"[93]。只有一半的成员国在将《国防指令》转化为国内法时,在其国内法中设有一个复议与救济部分,而另一半的成员国则只是将其通用的采购复议与救济制度进行了部分修改[94],说明至少这后面一半的成员国也认为对原有规则的修改是有限的[95]。如果对原有规则的修改只是一些微小的修改,那么作为基础的公共部门复议制度相对于未来国防与安全复议制度的地位就有了一个很好的说明。借用"民事"复议与救济制度,可以在投标人之间形成一定程度的信任。人们提出的复议诉讼的数量,就可以很好地说明这个问题,只不过这个诉讼数量因成员国的不同而不同[96]。如果投标人对这个复议制度没有信任,就不会频繁使用它了。另外,救济制度的存在及其频繁使用,也增加了采购官员面临的诉讼风险。

人们一致认为,欧盟委员会应当在其一系列的《指导说明》中,再增加一个《复议与救济指导说明》[97]。在这个说明中,应当包括以下内容:在什么情况下为了不影响国防与安全利益,在采取临时救济措施时不对相关项目采取暂停措施,或者不判决相关合同为无效合同,等等[98]。前面提到的英国国防部制定的指导说明[99],说明由欧盟委员会制定一个相关的指导说明是非常必要的。如果需要一个对《国防指令》的解释,复议机构可按照《欧盟运行条约》第267条的规定,参照欧洲法院的判例法做出初步判决。而这些案件负担原本是可以省却的,但现在也不晚:欧盟委员会应当尽快发布一个《复议与救济指导说明》。

人们认为,将公共部门救济制度稍加修改后引入国防与安全合同的救济制度,可能是《国防指令》最为重要、最为突出的特点[100]。但是,与其他采购法一样,为了

---

[92] 休尼克斯(Heuninckx),"花招还是款待?",前注34,第26页。

[93] 施密特与斯皮盖尔(Schmitt and Spiegel),"欧盟《国防与安全采购指令》的特点"(The Specificities of the European Defence and Security Procurement Directive),前注17。

[94] 《转化报告》(Transposition Report),前注56,第8页。

[95] 尽管通过这个由《国防指令》转化而来的法律文件进行实施,并不意味着相关修改是一种大的修改。

[96] 例如在德国,24个采购复议庭在2009年处理的诉讼案件为1275个,参见伯尔基(Burgi),"德国救济制度报告"(A Report about the German Remedies System),前注12,第119页。丹麦数据参见S·特莱默(S. Treumer),"公共采购规则在丹麦法规和实践中的实施"(Enforcement of the EU Public Procurement Rules in Danish Regulation and Practice),见于S·特莱默和F·利谢尔(S. Treumer and F. Lichère)(eds.),《欧盟公共采购规则的实施》(Enforcement of the EU Public Procurement Rules),前注11,255期,第296页;关于英国虽然数量较低但日渐上升的案件,参见特莱伯斯(Trybus),"英国公共采购复议与救济评论"(An Overview of the United Kingdom Public Procurement Review and Remedies System with an Emphasis on England and Wales),见于特莱默和利谢尔(Treumer and Lichère),同上,第232页。

[97] 前注69。

[98] 分别参见上文4.3节和4.4节。

[99] 前注70。

[100] M·弗鲁曼(M. Fruhmann),"Der Begutachtungsentwurf für ein BVergGVS"(2011) *Zeitschrift für Vergaberecht und Bauvertragsrecht* 第353页,认为加入复议和救济是一种"根本性的……改革",列波曼(Liebmann),前注28,第135条,第373页,认为这是一个"质的飞跃"。

保证相关法规的实施，有必要制定相关的复议与救济制度。这一点在国防与安全部门中，尤其是武器部门中尤为重要，因为在许多成员国，透明性竞争性的采购制度还是一个新生事物。但由于《国防指令》整体应用范围较小，在其第Ⅳ部分制定的复议与救济制度，也就没有那么重要了（详细讨论见第六章）。但毕竟还是有了一些重要的变化，武器采购也终于有了一个复议与救济制度。随着时间的推移和这个制度的不断完善，有关门槛价和例外的规定也会随之改变。

　　* 本章另一版本："The Hidden Remedies Directive: Review and Remedies under the EU Defence and Security Remedies Directive" (2013) 22 Public Procurement Law Review 135-55。感谢托尼·阿努尔（Tony Arnull）（伯明翰大学）及另一匿名评审人员当初对该文章提出的宝贵意见。

结论与建议

　　欧盟国防与安全采购的法律背景发生了明显变化。立法委员会通过制定《国防指令2009/81/EC》，为武器和其他敏感货物、工程和服务的采购量身定做了一个法律文件。人们用《公共部门指令2004/18/EC》的"布料"作为原材料，经过修改使其适应国防与安全方面的特殊要求。制定一个专门的《国防指令》，是为了减少成员国在国防与安全采购中以《欧盟运行条约》第346条为依据实现对内部市场规则的豁免。

　　本书第一部分讨论了《国防指令》的经济和政治背景，但最重要的是其法律背景，包括《国防指令》在欧盟内部市场的法律基础、《国防指令》力图减少的成员国对安全例外规定的使用，以及对内部市场以外甚至是欧盟以外的国防安全工业有影响的欧盟内部市场法其他制度。为了理解《国防指令》力图改变和适应的大环境，对该背景讨论是很有必要的。另外，通过这个背景的讨论，可以理解《国防指令》这个法律文件面对的各种难题。最后一点，在第一部分五个章节中讨论的问题，大多对《国防指令》的详细规则产生了影响（关于详细规则的讨论见第二部分）。

　　第二部分讨论了《国防指令》的内容，以及欧盟立法委员会在借用《公共部门指令2004/18/EC》原有规则时所采用的四个手法：限制、灵活性、说明和替代。

　　第六章是对《国防指令》的适用范围的讨论，因此也是《国防指令》的限制范围的讨论。《国防指令》适用于欧盟成员国很大一部分（但不是所有）的国防与安全采购。另一方面，《国防指令》不仅适用于武器，还适用于敏感货物、工程和服务的采购。另外，《国防指令》不仅适用于国防部门，还适用于采购相关货物、服务或工程的任何公共机构或公用事业部门。另一方面，大量的相关合同不在《国防指令》的适用范围。第一，虽然《国防指令》的总体目标是限制对《欧盟运行条约》第346条和公共安全豁免条款的使用，但这些克减条款仍然有效，仍然可以通过这些条款,在逐案审查的基础上使相关合同不受《国防指令》和内部市场的约束。第二,一系列的门槛价将大量的合同置于《国防指令》的适用范围之外,不需要进行理由说明。第三,一个长长的免责清单,让欧洲武器市场的一大部分豁免于《国防指令》的约束。尤其是涉及研发的大型协作项目的豁免规定,是《国防指令》一个非常重要的限制范围。实际适用《国防指令》的国防合同,大约只有10%;这个法律文件的影响,主要体现在敏感货物、工程和服务市场上,而不是武器采购上。而敏感货物、工程和服务市场以前只是国防市场的一个"附属品"。于是内部市场之外的组织,如欧防局、联合军备采购组织和内部市场就有了发展空间。但是在讨论《国防指令》的适用范围时,应当考虑到人们可能会对这个新的《国防指令》进行修订。在修订时应当给《国防指令》加上一个附录,列出相关的采购当局,将公用事业机构移出《国防指令》的适用范围,删除过多的免责条款,并对涉及研发的大型协作项目的免责条款进行重新考虑,制定措施将政府间新产品开发也纳入《国防指令》的免责范畴内。通过与《公共部门指令2004/18/EC》的对比,发现《国防指令》中关于货物适用范畴的规则,尤其是针对国防的豁免规则以及其他豁免规则的变化,都说明了人们在制定《国防指令》时考虑到了国防与安全方面的特殊需求。人们通过修改《国防指令》的限制范围,规定了《国防指令》的适用范围。

  第七章讨论了《国防指令》的采购方式和灵活性。《国防指令》与2004年和2014年的《公共部门指令》和《公用事业指令》一样,为其适用范围内的合同规定了一系列的采购方式。这些采购方式大多具有竞争性的特点。但不事先发布合同公告的谈判是一个例外。这种采购方式适用于各采购《指令》中,包括《国防指令》中规定的几种情形。但是在其他采购《指令》中都有的且竞争性最为明显的"公开招标",在《国防指令》中却不见踪影。这一点对于其他采购方式,如框架协议也产生了影响。另外,谈判成为优先的采购方式,尤其是可自行决定使用的事先发布合同公告的谈判、竞争性对话和在一定条件下可以采取的不事先发布合同公告的谈判。谈判之所以成为优先的采购方式,是为了适用国防与安全采购中对灵活性的特殊需求,也是对涉众在意见征求期间提出的各种要求的反应。《国防指令》在对《公共部门指令2004/18/EC》中有关采购方式的原有规则进行修改时的核心,就是通过增加谈判的方便性,提高《国防指令》的灵活性。这些修改的结果很令人满意。在对《国防指令》进行修订时,有些地方还需要重新考虑。在《国防指令》中,应当把公开招标也纳入采购方式,删除竞争性对话。最后一点是,不要让涉及研发的协作合同免于任何规则的限制,一个充分考虑竞争和公开回报的新程序,至少应当成为政府间欧防局制度的一个组成部分。

  第八章讨论了《国防指令》在供应安全和信息安全方面的考虑。供应安全和信息安全方面的问题,在《国防指令》各采购阶段规则中都有体现。供应安全和信息安全方面的规则包括:规格、合同履行条件、资格预选和投标人选择,以及授标标准。与严格意义上的规格有关的规则,并没有进行大的改动。但是由于没有公开招标,且可自行决定使用事先发布合同公告的谈判,限制招标的重要性降低了(相关讨论见第七章),与限制招标有关的规则与2004年和2014年的《公共部门指令》相比,重要性也下降了。另外,与《公共部门指令2004/18/EC》相比,《国防指令》的一个突出特征,是关于合同履行条件的详细规则非常重要。这些规则主要与供应安全有关,但也与信息安全有关。这些合同履行条件与规格之间的关系非常密切,因为合同履行条件对合同的定义,等于甚至甚于即将使用的物资规格或产品/服务的其他特征。如果采取谈判的采购方式,是没有规格的,但是合同履行条件是有的。因此在采购一开始就必须就这些条件进行交流。这一点与其他采购《指令》是一样的,也符合欧洲法院的相关判例法。另外,经营者的可靠性具有国家安全和公共安全的层面,因此为了保证供应安全和信息安全,人们在《国防指令》中制定了一个资格预选制度。这个资格预选制度与2004年《公共部门指令》相比要详细得多。资格预选标准也是限制招标、事先发布合同公告的谈判和竞争性对话中的投标人选择标准,因此资格预选制度的重要性更加突出。相比之下,《国防指令》对授标标准的修改就相对有限了。与合同履行条件和资格预选/投标人选择标准有关的规则,与《国防指令》之外的两个"制度"都有关系:一个是欧共体内部移转制度,体现在《欧共体内部移转指令》上(相关讨论见第四章),以及接触机密材料许可证"制度",但这个"制度"根本不存在。《欧共体内部移转指令》中的移转许可证制度的顺利实施,对于来自其他成员国的国防物资的供应安全起到了积极作用,对于《国防指令》的有效性也会产生积极的影响,有利于建立一个此类货物的内部市场。"一揽子国防法规"中的各个《指令》在转化为成员国的国内法之后,如果在最初几年运行不顺,那么无论是《国防指令》还是《欧共体内部移转指令》中的相关规则,都需要进行修订。在接触机密材料许可证方面缺乏一个类似的制度,很有可能对来自其他成员国的经营者的信息安全造成不良影响,对其他成员国的经营者进入市场造成障碍,进而影响《国防指令》的有效性。《国防指令》在借用《公共部门指令》中的原有规则时,对其中一部分规则增加了一些实质性的内容,但其他大部分规则中增加的内容只是对原有规则的说明。旧版《公共部门指令2004/18/EC》中关于供应安全和信息安全的规定本可以纳入《国防指令》,但在《国防指令》中却没有这样的明确规定。《国防指令》这些说明的附加价值,就是说明这些规则无疑是符合欧盟法的,因此减少了诉讼风险,可以鼓励采购官员对于这些规则的运用。说明是《国防指令》制定过程中的一个重要手法(其他三个手法是限制(相关讨论见第六章)、灵活性(相关讨论见第七章)和替代(相关讨论见第九章)),对于把原《公共部门指令2004/18/EC》转化成一个更加适合国防与安全采购的法律文件产生了积极的影响。

  第九章讨论了《国防指令》中的补偿贸易和分包。分包和补偿贸易之间的关系非常密切。《国防指令》鼓励前者,同时以一种含蓄的方式几乎禁止了后者。《国防指令》中的分包制度是国防工业发达的六个成员国与欧盟其他成员国之间相互妥协的产物。这六个成员国具有承包主合同的能力,而其他成员国则主要具有分包的能力。在《国防指令》中加入分包制度是后者的要求,因为这些成员国也想为本国的企业争取到一些机会,至少是分包的机会。这些规则受到了某些批评,因为进行分包时,总承包商不仅减少了承包份额,还增加了很大的负担。不过虽然分包方式 B 已经提出了一些要求,但提出要求的主要是分包方式 C 和分包方式 D。也许正是因为这个原因,没有任何一个成员国将这些分包方式转化为本国的强制性分包方式,而英国根本就没有这些分包方式转化到本国的采购法。以竞争和透明的方式授予分包合同,不仅可以促进内部分包市场在非歧视性的基础上运行,还可以促进达到物有所值的目标。立法者只是将主合同授予制度中的相关原则照搬到分包上。但是,由于欧盟成员国的国防工业结构各有不同,多数国家并没有国防工业基础,不可能产生总承包商,因此为了照顾这些国家才在《国防指令》中制定了分包制度。分包制度传递给人们的主要信息是:《国防指令》不仅仅是法国、德国、意大利、瑞典、西班牙和英国这些国家的总承包商的法律文件,也是所有 28 个国家分包商的法律文件。虽然还有一些不足,但是《国防指令》中的分包制度是迄今为止最详细的分包制度,也是这个法律文件的一个创新。采购国家的企业不能被授予主合同,这些企业如果没有违反《国防指令》和《欧盟运行条约》的规定,则可以通过分包合同的方式参与采购过程,但前提是必须最高程度地达到总承包商规定的授标标准。分包制度的目的,是替代"目前"几乎受到禁止的补偿贸易。补偿贸易能否被"禁止"或通过分包制度逐步退出,取决于许多因素:企业和行政部门的补偿贸易游说团是否强大,欧盟委员会能否实施强制性措施,受害投标人能否使用新的救济制度(相关讨论见第十章),与第三方国家补偿贸易的发展情况(尤其是与美国补偿贸易的发展情况)如何。

第十章讨论的是《国防指令》第Ⅳ部分的复议与救济制度。这个救济制度是《国防指令》对国防与安全采购进行规范的一个重要方面。由于有了采购复议程序,相关采购当局和实体的诉讼风险就增加了。复议可能会使相关项目延期,增加成本,并对相关采购官员的职业生涯造成不良影响。复议和救济制度可以促使人们在实践中遵守采购规则,减少国防与安全采购中的不称职和腐败现象。虽然现在评判《国防指令》的影响还为时过早,但律师们预计诉讼案件将增加,但增加情况因成员国的不同而不同。复议与救济规则除了要达到国防与安全方面的目标,保障基本人权和法制标准,还会在投标人之间产生相互信任,在采购官员之间产生对实际规则的敬畏感。《国防指令》第Ⅳ部分制定的国防与安全采购复议与救济制度,在很大程度上是以公共部门的复议与救济制度为基础的,如救济措施必须快速有效、复议必须是独立的复议,至少是一个二审司法审查。另外,这个复议与救济制度还包括复议诉讼中可以授予的一系列救济措施,如取消合同签订之前采购当局或实体的决定、取消授标决定,以及取消合同签订之后的赔偿金和合同。人们一致认为,欧盟委员会本应在其一系列的《〈国防指令〉指导说明》中再增加一个

《复议与救济指导说明》。在这个文件中欧盟委员会应当解释在什么情况下为了不影响国防与安全利益，可以在采取临时救济措施时让暂停的程序不停下来，让一个本可无效的合同继续有效。有人指出，把公共部门复议与救济制度稍加修改，使其适应国防与安全合同的特殊需求，可能是《国防指令》最为重要也是最为突出的一个特点。与任何其他采购法一样，为了保证人们在实践中遵守相关规则，就必须制定一个复议与救济制度。这一点在国防与安全领域，尤其是武器领域更加重要，因为在许多成员国，一个透明、竞争性的采购制度如何运行还是一个新生事物。但是《国防指令》第Ⅳ部分中的复议与救济制度，其重要性因为《国防指令》总体适用范围的限制而受到影响（相关讨论见第六章）。不过发生了一个非常重要的变化，武器采购的复议与救济制度仍然会保留。与此相反，门槛价和例外条款则可能随着制度的变化而发生一些变化。

总之，欧盟立法委员会为了制定一个适应国防与安全采购的法律文件做出了极大努力。虽然《指令 2009/81/EC》在某些方面为了适应国防与安全的特殊性而做出的修改有些过分，但它是内部市场中比《公共部门指令 2004/18/EC》更加适用的法律文件。在《国防指令》生效以前，国防与安全采购适用的是《公共部门指令 2004/18/EC》。针对《国防指令》的特点和条款，本书各处提出了如下建议：

（1）目前《欧盟委员会关于《欧盟条约》296 条［现 346 条］关于国防采购的解释性通讯》终稿，即 COM（2006）779 早已过时，应当制定一个更新的版本。这个新的法律文件尤其应当考虑到《国防指令》和《欧共体内部移转指令》向成员国国内法的转化，以及在 Agusta 系列案、Military Exports 系列案和 Finnish Turntables 案中的判例法，为人们提供一个更加精确的《通讯》。

（2）以目前《欧盟运行条约》第 346 条第（2）款为基础的1958 年武器清单应当正式在《欧盟官方公报》上公布。该清单的半保密性影响了法制和透明性，从法律上来说没有什么好处。

（3）应当制定一个包括欧盟所有成员国的接触机密材料许可证制度。该制度可以相关意向书制度为基础，但至少应由欧防局在政府间的基础上引入。但是，最终应当制定一个关于接触机密材料许可证制度的《欧盟内部市场指令》。

（4）欧防局的国防采购制度经改革后，很可能仍然以《行为准则》的方式替代目前中止的《欧防局采购准则》。这个新的《行为准则》应当限于《国防指令》适用范围之外的领域，最主要的是涉及研发的协作式项目。

（5）《国防指令》应制定一个特别的附录，对适用的采购当局列出一个非穷举性说明性的清单。

（6）公用事业机构应当从《国防指令》的法人中去除，为其制定一个修订后的《公用事业指令》（新的《指令 2014/25/EU》）。《国防指令》的门槛价可因此与《公共部门指令》（目前的《指令 2014/24/EU》）的门槛价保持一致。

（7）国防采购中最为重要的部分，即涉及研发的协作项目没有纳入《国防指令》的约束范围,使这一部分在很大程度上没有得到有效规制。这些项目可通过欧防局政府间协议来解决(见上文第(4)点)。这些项目完全不受任何法律的约束是没有道理的。比起制定一个《指令》来,对这些项目的规制更有可能通过一个政府间《行为准则》的方式来实现,至少从中期来看是如此。在这个准则中可以制定一个竞争性的谈判程序,以及一个修改后的分包制度。目前一个很大的困难,是这些项目由不同的组织进行管理,首先要对这些管理机构进行合并或对其活动进行协调。关于这些组织的合并见第五章讨论。

(8)新近采购的装备不列入政府间的合同范围是很成问题的,尤其是当某个成员国政府准备从第三方国家政府进行采购,而相关装备在欧盟内部市场又存在激烈竞争时。未来数年的实践将会证明把从第三方国家采购的新装备纳入政府间合同会不会引发问题。因此我们必须进行密切观察。如果真地引发了问题,那么欧盟委员会应当建议对《国防指令》的文字进行修改,如在第13条(f)项增加"由库存交付"的字样,或者针对在内部市场存在竞争的相关货物做出更加详细的规定。也可以改变欧盟委员会在《指导说明》中的措辞,对新物项纳入例外范围进行规制,至少当这些物项从第三方国家政府处采购而来,而在内部市场相关物项又存在激烈竞争时。第二个灵活方法,是对欧盟委员会《国防例外指导说明》进行修订,针对性地解决作为政府间协定的一部分,成员国政府从第三方国家的政府采购新装备,而相关装备在内部市场又存在激烈竞争的问题。

(9)《国防指令》应当以2004年和2014年的《公共部门指令》和《公用事业指令》中的公开招标为基础,制定有关公开招标的采购程序。

(10)自行决定使用事先发布合同公告的谈判,并不是完全站得住脚,因为与此同时存在的还有竞争性对话。事先发布合同公告的谈判可以进行得非常灵活,与竞争性对话完全一样。因此后者是多余的,应当删掉。

(11)关于补偿贸易应当在《国防指令》中做出明确规定。

(12)应当在欧盟委员会的《指导说明》系列中再加上一个欧盟委员会《复议与救济指导说明》,针对与受害投标人救济措施(相关讨论见第十章)有关的一系列问题进行说明。

制定《国防指令》的目的,是为国防与安全采购提供一个法律依据。为了达到这个目的,人们把《公共部门指令2004/18/EC》的条款加以修改,使之适应国防与安全在其复杂性、供应安全和信息安全等方面的要求;通过修改,增加了一些例外条款,缩小了《国防指令》的适用范围;同时制定了一个非常详细的分包制度,并增加了一个与原《公共部门指令》相比稍有改动的复议与救济制度。进行这些修改的目的,是为了限制成员国对《欧盟运行条约》第346条和自由流动制度的应用,为人们提供一个量身定做的《国防指令》,使人们在实践中没有必要再去应用这些克减条款。《国防指令》并没有限制对《欧盟条约》豁免条款的应用。如果《国防指令》中这些经修改的规则仍不足以保证供应安全或信息安全,或出于国家/公共安全方面的需求,仍然可以应用这些豁免条款。不过应用这些豁免条款不仅要逐案审查,还必须有充分的理由对其应用进行解释,证明其合理性。应用这些豁免条款还必须通过司法审查,并通过比例原则检验。这意味着要证明克减措施符合比例原则变得更加困难,因此要为克减措施的应用找到理由变得更加困难,因为立法者在《国防指令》、《欧盟运行条约》内部市场制度的框架内,已经充分考虑到了国防与安全采购在其复杂性、供应安全和信息安全方面的要求。曾有人认为,借用《公共部门指令 2004/18/EC》的条款是不适当的,会影响供应安全和信息安全,而且没有考虑到众多国防与安全项目中的复杂性。现在这个说法不成立了,因为这个法律文件,或者说其后身《指令 2014/24/EC》已经不再适用于相关合同了。

这个新的法律文件是否成功,现在判断还为时过早。欧盟委员会于 2013 年 7 月公布的数据也证明了这一点[①]。《国防指令》最终在 2013 年 3 月在当时所有 27 个成员国(加上于 2013 年 7 月加入欧盟的克罗地亚)中得到实施,公布的合同数量在几个成员国中似乎有所增加。但是这种数量上的增加并没有发生在所有成员国,而增加的合同公告也不一定代表着跨境合同的签订或者竞争性对话的使用。如果对《国防指令》的效果进行评估,还需要几年的应用时间。另外,《国防指令》也不可能孤军奋战。必须解决的问题包括:武器贸易中的贸易壁垒,缺乏欧盟统一的信息安全制度、国有制度以及对国防工业的补助。另外,与第三方国家的贸易关系,尤其是与美国的贸易关系问题,必须引起人们的重视。因此成员国在《国防指令》基础上的采购实践,以及《国防指令》对大西洋两岸贸易的影响,还需要进行进一步的研究。新的《公共部门指令 2014/24/EU》进行了许多改革,它对《国防指令》的影响也应当进行认真研究。如果有可能对《国防指令》进行修订(必须于 2016 年完成),那么在修订过程中将会考虑这些改革,并可能考虑以上建议。

《国防指令》的法律成就是巨大的:内部市场规则在一个原本传统上不受其约束的领域内最终得到应用。本书说明因为有了《国防指令》,国防与安全采购制度已经发展成为欧盟采购法中的一个独立制度,原本在实践中大多不受欧盟法控制的国防与安全采购,现在必须受《国防指令》约束了,而《国防指令》与《公共部门指令》和《公用事业指令》之间则具有很大的相似性。

---

① 《欧盟委员会工作人员工作文件》(Commission Staff Working Document) SWD (2013) 279 final,通讯"欧洲防务新政:形成一个更具竞争力更加有效的国防与安全领域"(A New Deal for European Defence: Towards a More Competitive and Efficient Defence and Security Sector), COM (2013) 542 final,附录,第 43—46 页。

参考文献

Aalto, Erkki, "Towards a Common Defence? Legal Foundations after the Treaty of Lisbon" in Martin Trybus and Luca Rubini (eds.), *The Treaty of Lisbon and the Future of European Law and Policy* (Cheltenham: Edward Elgar, 2012).

Alcaro, Riccardo and Erik Jones, *European Security and the Future of Transatlantic Relations* (Rome: Nuova Cultura, 2011).

Andersson, Jan Joel, *Cold War Dinosaurs or High-tech Arms Providers? The West European Land Armaments Industry at the Turn of the Millennium*, Occasional Paper 23 (Paris: Institute for Security Studies of the European Union, 2001).

Apostol, Anca Ramona, "Pre-commercial Procurement in Support of Innovation: Regulatory Effectiveness?" (2012) 6 Public Procurement Law Review 213-25.

Argent, Pierre d', "Les Enseignements du COCOM" (1993) 26 Revue belge de droit international 147-64.

Arnull, Anthony, *The European Court of Justice* (Oxford University Press, 2006).

Arnull, Anthony, "From Charter to Constitution and Beyond: Fundamental Rights in the New European Union" in Martin Trybus and Luca Rubini (eds.), *The Treaty of Lisbon and the Future of European Law and Policy* (Cheltenham: Edward Elgar, 2012).

Arnull, Anthony, "The European Court of Justice after Lisbon" in Martin Trybus and Luca Rubini (eds.), *The Treaty of Lisbon and the Future of European Law and Policy* (Cheltenham. Edward Elgar, 2012).

Arrowsmith, Sue, *The Law of Public and Utilities Procurement*, 2nd edn (London: Sweet & Maxwell, 2005).

Arrowsmith, Sue and Arwel P. Davies (eds.), *Public Procurement: Global Revolution* (The Hague: Kluwer Law International, 1998).

Arrowsmith, Sue and Peter Kunzlik, *Social and Environmental Policies in EC Procurement Law New Directives and New Directions* (Cambridge University Press, 2009).

Arrowsmith, Sue, John Linarelli and Don Wallace Jr, *Regulating Public Procurement: National and International Perspectives* (The Hague: Kluwer Law International, 2000).

Bacon, Kelyn (ed.), *European Union Law of State Aid*, 2nd edn (Oxford University

Press, 2013).

Barnard, Catherine, *The Law of the Single European Market: Unpacking the Premises* (Oxford: Hart Publishing: 2002).

Bercusson, Brian and Niklas Bruun, "Labour Law Aspects of Public Procurement in the EU" in Ruth Nielsen and Steen Treumer (eds.), *The New EU Public Procurement Directives* (Copenhagen: Djøf, 2005).

Bialos, Jeffrey P., Christine E. Fisher and Stuart L. Koehl, *Fortresses and Icebergs: The Evolution of the Transatlantic Defense Market and the Implications for U.S. National Security Policy*, 2 vols. (Washington DC: Center for Transatlantic Relations, Paul H. Nitze School of Advanced International Studies, Johns Hopkins University, 2009).

Borowski, Martin, "The Charter of Fundamental Rights in the Treaty on European Union" in Martin Trybus and Luca Rubini (eds.), *The Treaty of Lisbon and the Future of European Law and Policy* (Cheltenham: Edward Elgar, 2012).

Bothe, Michael, "The Arms Trade: Comparative Aspects of Law" (1993) 26 *Revue belge de droit international* 20–42.

Bovis, Christopher, EC *Public Procurement: Case Law and Regulation* (Oxford University Press, 2006).

Brauer, Jürgen, "An Economic Perspective on Mercenaries, Military Companies, and the Privatisation of Force" (1999) 13 *Cambridge Review of International Affairs* 130–46.

Brauer, Jürgen and Paul Dunn, *Arms Trade and Economic Development: Theory, Policy and Cases in Arms Trade Offsets* (London: Routledge, 2004).

Braun, Peter, "A Matter of Principle(s) – The Treatment of Contracts Falling Outside the Scope of the European Public Procurement Directives" (2000) 9 *Public Procurement Law Review* 39–48.

Briggs, Tim, "The New Defence Procurement Directive" (2009) 4*Public Procurement Law Review* 129–35.

Broberg, Morten P., *The European Commission's Jurisdiction to Scrutinise Mergers* (The Hague: Kluwer Law International, 1998).

Búrca, Gráinne de, "The Principle of Proportionality and Its Application in EC Law" (1993) 13 *Yearbook of European Law* 105–50.

Burgi, Martin, "A Report about the German Remedies System" in Steen Treumer and François Lichère, *Enforcement of the EU Public Procurement Rules* (Copenhagen: Djøf Publishing, 2011).

Burnett, Michael and Martin Oder, *Competitive Dialogue: a Practical Guide* (Maastricht: European Institute of Public Administration, 2009).

Comba, Mario and Steen Treumer (eds.), *The In-house Providing in European Law*

(Copenhagen: Djøf, 2010).

Courades Allebeck, A. "The European Community: From the EC to the European Union" in Herbert Wulf (ed.), *Arms Industry Limited* (Oxford University Press, 1993).

Cox, Andrew, "The Future of European Defence Policy: The Case of a Centralised Procurement Agency" (1994) 3 *Public Procurement Law Review* 65–86.

Craig, Paul, *EU Administrative Law* (Oxford University Press, 2006).

Craig, Paul, "The Lisbon Treaty: Process, Architecture, and Substance" (2008) 33 *European Law Review* 137.

Craig, Paul and Gráinne de Búrca, *EU Law: Text, Cases and Materials*, 5th edn (Oxford University Press, 2008).

Craig, Paul and Gráinne de Búrca (eds.), *The Evolution of EU Law*, 2nd rev. edn (Oxford University Press, 2011).

Craven, Richard, "Procurement Procedures under the Private Finance Initiative: The Operation of the New Legal Framework", PhD Thesis, University of Nottingham (2011).

Daintith, Terence, "Regulation by Contract: The New Prerogative" (1979) 32 *Current Legal Problems* 41–64.

Dodd, Tom, *European Defence Industrial and Armaments Co-operation*, Research Paper 97:15 (London: House of Commons, 1997).

Doern, Alix, "The Interaction between EC Rules on Public Procurement and State Aid" (2004) 3 *Public Procurement Law Review* 97–129.

Duke, Simon, "CESDP: Nice's Overtrumped Success?" (2001) 6 *European Foreign Affairs Review* 155–75.

Eekelen, Willem Frederik van, *The Parliamentary Dimension of Defence Procurement: Requirements, Production, Cooperation and Acquisition*, Occasional Paper 5 (Geneva: Geneva Centre for the Democratic Control Armed Forces, 2005).

Eikenberg, Katharina, "Article 296 (ex 223) E. C. and External Trade in Strategic Goods" (2000) 25 *European Law Review* 117–38.

Eilmansberger, Thomas, "Gegengeschäfte und Gemeinschaftsrecht" (2003) 17 *Wirtschaftsrechtliche Blätter Zeitschrifts für österreichisches und europäisches Wirtschaftsrecht* 501.

Eisenhut, Dominik, *Europäische Rüstungskooperation: Zwischen Binnenmarkt und zwischenstaatlicher Zusammenarbeit* (Baden-Baden: Nomos, 2010).

Eisenhut, Dominik, "Offsets in Defence Procurement: A Strange Animal at the Brink of Extinction?" (2013) 38 *European Law Review* 393–403.

Emiliou, Nicholas, "Strategic Export Controls, National Security and the Common Commercial Policy" (1996) 1 *European Foreign Affairs Review* 55–78.

Emiliou, Nicholas, "Restrictions on Strategic Exports, Dual-use Goods and the Common

Commercial Policy" (1997) 22 *European Law Review* 68–75.

Franck, Thomas M., *Political Questions/Judicial Answers: Does the Rule of Law Apply to Foreign Affairs?* (Princeton University Press, 1992).

Fredland, Eric, "Outsourcing Military Force: A Transactions Cost Perspective on the Role of Military Companies" (2004) 15 *Defence and Peace Economics* 205–19.

Fruhmann, Michael and Hanno Liebmann, *BVergGVS 2012 Bundesvergabegesetz Verteidigung und Sicherheit 2012: Textausgabe mit Erläuterungen und Anmerkungen* (Vienna: Manz, 2012).

Georgopoulos, Aris, "Industrial and Market Issues in European Defence: The Commission Communication of 2003 on Harmonisation and Liberalisation of Defence Markets" (2003) 12 *Public Procurement Law Review* 82–9.

Georgopoulos, Aris, "European Defence Procurement Integration: Proposals for Action within the European Union", PhD Thesis, University of Nottingham (2004).

Georgopoulos, Aris, "The Commission's Green Paper on Defence Procurement" (2005) 14 *Public Procurement Law Review* CS34–8.

Georgopoulos, Aris, "The European Defence Agency's Code of Conduct for Armament Acquisitions: A Case of Paramnesia?" (2006) 15 *Public Procurement Law Review* 51–61.

Georgopoulos, Aris, "European Defence Agency: The New Code of Best Practice in the Supply Chain" (2006) 15 *Public Procurement Law Review* NA145–9.

Georgopoulos, Aris, "The Commission's Interpretative Communication on the Application of Article 296 EC in the Field of Defence Procurement" (2007) 16 *Public Procurement Law Review* NA43–52.

Georgopoulos, Aris, "The European Armaments Policy: A Conditio Sine Qua Non for the European Defence and Security Policy?" in Martin Trybus and Nigel D. White (eds.), *European Security Law* (Oxford University Press, 2007).

Georgopoulos, Aris, "Legislative Comment: The New Defence Procurement Directive Enters into Force" (2010) 19 *Public Procurement Law Review* NA1.

Georgopoulos, Aris, "Revisiting Offset Practices in European Defence Procurement: The European Defence Agency's Code of Conduct on Offsets" (2011) 20 *Public Procurement Law Review* 29–42.

Gilsdorf, Peter, "Les Reserves de sécurité du traité CEE, à la lumière du traité sur l'Union Europénne" (1994) 374 *Revue Du Marché Commun et l'Union Européenne* 17–25.

Gordon, Harvey, Shane Rimmer and Sue Arrowsmith, "The Economic Impact of the European Union Regime on Public Procurement: Lessons for the WTO" in Sue Arrowsmith and Arwel P. Davies (eds.), *Public Procurement: Global Revolution* (The Hague: Kluwer Law International, 1998).

Groeben, Hans von der, et al., *Kommentar zum EWG-Vertrag* (Baden-Baden: Nomos, 1983).

Guay, Terrence and Robert Callum, "The Transformation and Future Prospects of Europe's Defence Industry" (2002) 78 *International Affairs* 757–76.

Gucht, Karel de and Stephan Keukeleire, "The European Security Architecture: The Role of the European Community in Shaping a New European Geopolitical Landscape" (1991) 44 *Studia Diplomatica* 29–90.

Gupta, Sanjeev, Luiz R. De Mello and Raju Sharan, *Corruption and Military Spending* (Washington DC: International Monetary Fund, Fiscal Affairs Department, 2000).

Haine, Jean – Yves (ed.), *From Laeken to Copenhagen: European Defence, Core Documents* (Paris: Institute for Security Studies, European Union, 2003).

Hartley, Keith, "Public Procurement and Competitiveness: A Community Market for Military Hardware and Technology?" (1987) 25 *Journal of Common Market Studies* 237–47.

Hartley, Keith, "Competition in Defence Contracting in the United Kingdom" (1992) 1 *Public Procurement Law Review* 440.

Hartley, Keith, "The Future of European Defence Policy: An Economic Perspective" (2003) 14 *Defence and Peace Economics* 107–15.

Hartley, Keith, "The Economics of Military Outsourcing" (2004) 4 *Defence Studies* 199–206.

Hartley, Keith, "Defence Industrial Policy in a Military Alliance" (2006) 43 *Journal of Peace Research* 473–89.

Hartley, Keith, *The Economics of DefencePolicy: A New Perspective* (Abingdon: Routledge, 2011).

Hartley, Keith, and Todd Sandler, *Handbook of Defense Economics* (North Holland: Elsevier, 2007).

Heijboer, Govert and Jan Telgen, "Choosing the Open or Restricted Procedure: A Big Deal or a Big Deal?" (2002) 2 *Journal of Public Procurement* 197.

Heuninckx, Baudouin, "Defence Procurement in the European Union: Time to Listen to the Wake-up Calls" (2006) 7 *Business Law International* 208.

Heuninckx, Baudouin, "Towards a Coherent European Defence Procurement Regime? European Defence Agency and European Commission Initiatives" (2008) 17 *Public Procurement Law Review* 1–20.

Heuninckx, Baudouin, "A Note on Commission v Italy (Case C-337/05) (Agusta Helicopters Case)" (2008) 17 *Public Procurement Law Review* 187–92.

Heuninckx, Baudouin, "A Primer to Collaborative Defence Procurement in Europe: Troubles, Achievements and Prospects" (2008) 17 *Public Procurement Law Review* 123–45.

Heuninckx, Baudouin, "Defence Procurement: The Most Effective Way to Grant Illegal State Aid and Get Away with It… or Is It?" (2009) 46 *Common Market Law Review* 191–211.

Heuninckx, Baudouin, "Lurking at the Boundaries: Applicability of EU Law to Defence and Security Procurement" (2010) 19 *Public Procurement Law Review* 91–118.

Heuninckx, Baudouin, "The EU Defence and Security Procurement Directive: Trick or Treat?" (2011) 20 *Public Procurement Law Review* 9–28.

Heuninckx, Baudouin, "The Law of Collaborative Defence Procurement through International Organisations in the European Union", PhD Thesis, University of Nottingham (2011).

Heuninckx, Baudouin, "Security of Supply and Offsets in Defence Procurement: What's New in the EU?" (2014) 22 *Public Procurement Law Review* 33–49.

Hillger, Jens, "The Award of a Contract as State Aid Within the Meaning of Article 87 (1) EC" (2003) 12*Public Procurement Law Review* 109.

Hordijk, E. Peter and Maarten Meulenbelt, "A Bridge Too Far: Why the European Commission's Attempts to Construct an Obligation to Tender outside the Scope of the Public Procurement Directives Should Be Dismissed" (2005) 14 *Public Procurement Law Review* 123–30.

Hummer, Waldemar and Wolfgang Wessel, "Artikel 223" in Eberhard Grabitz (ed.), *Kommentar zum EWG-Vertrag* (Munich: C. H. Beck, 1997).

Jones, Seth G., "The Rise of a European Defense" (2006) 121 *Political Science Quarterly* 241–67.

Jones, Seth G., *The Rise of European Security Cooperation* (Cambridge University Press, 2007).

Jürg, Martin Gabriel, "The Integration of European Security: a Functionalist Analysis" (1995) 50 *Aussenwirtschaft* 135–59.

Kapteyn, Paul Joan George, Kapteyn & VerLoren van Themaat: *The Law of the European Union and the European Communities with Reference to Changes to Be Made by the Lisbon Treaty* (The Hague: Kluwer Law International, 2009).

Kaufman, Allen, I*n the Procurement Officer We Trust: Constitutional Norms, Air Force Procurement and Industrial Organization*, 1938–1948 (Cambridge, MA: Defense and Arms Control Studies Program, Center for International Studies, Massachusetts

Institute of Technology, 1996).

Kennedy-Loest, Ciara and Nicolas Pourbaix, "The New EU Defence Procurement Directive" (2010) 11 *ERA-Forum* 399–410.

Keohane, Daniel C., *Europe's New Defence Agency* (London: Centre for European Reform, 2004).

Keohane, Daniel, "Towards a European Defence Market" in Daniel Keohane (ed.), *Towards a European Defence Market* (Paris: Institute for Security Studies of the European Union, 2008).

Keohane, Daniel C. (ed.), *Towards a European Defence Market* (Paris: Institute for Security Studies of the European Union, 2008).

Klepsch, Egon A., *Future Arms Procurement (The Klepsch Report) USA- Europe Arms Procurement* (London; New York: Brassey's, Crane Russak, 1979).

Koutrakos, Panos, "Community Law and Equal Treatment in the Armed Forces" (2000) 25 *European Law Review* 433–42.

Koutrakos, Panos, "Inter-pillar Approaches to the European Security and Defence Policy: The Economic Aspects of Security" in Vincent Kronenberger (ed.), *The European Union and the International Legal Order: Discord or Harmony* (The Hague: T. M. C. Asser Press, 2001).

Koutrakos, Panos, *Trade, Foreign Policy and Defence in EU Constitutional Law: The Legal Regulation of Sanctions, Exports of Dual-use Goods and Armaments* (Oxford: Hart Publishing, 2001).

Koutrakos, Panos, *The EU Common Security and Defence Policy* (Oxford University Press, 2013).

Kronenberger, Vincent (ed.), *The European Union and the International Legal Order: Disorder or Harmony* (The Hague: TMC Asser Press, 2001).

Küchle, Hartmut, *Rüstungsindustrie im Umbruch: Strategien deutscher Unternehmen und Ansätze einer europäischen Neuordnung* (Baden-Baden: Nomos Verlagsgesellschaft, 2001).

Küchle, Hartmut, *The Cost of Non-Europe in the Area of Security and Defence* (Bonn International Center for Conversion for the European Parliament, 2006).

Kunzlik, Peter, "Environmental Issues in International Procurement" in Sue Arrowsmith and Arwel P. Davies (eds.), *Public Procurement: Global Revolution* (The Hague: Kluwer Law International, 1998).

Kunzlik, Peter, "'Green Procurement' under the New Regime" in Ruth Nielsen and Steen Treumer (eds.), *The New EU Public Procurement Directives* (Copenhagen: Djøf, 2005).

Larrabee, F. Stephen, *NATO and the Challenges of Austerity* (Santa Monica: Rand, 2012).

Lenaerts, Koenraad et al. (eds.), *Procedural Law of the European Union* (London: Sweet & Maxwell, 2006).

Lhoest, Olivier, "La Production et la commerce des armes, et l'article 223 du traité constituant la Communauté Européene" (1993) 1 *Revue Belge de Droit International* 176-207.

Lichère, François and Nicholas Gabayet, "Enforcement of the Public Procurement Rules in France" in Steen Treumer and François Lichère, *Enforcement of the EU Public Procurement Rules* (Copenhagen: Djøf Publishing, 2011).

Lorell, Mark A., *Cheaper, Faster, Better?: Commercial Approaches to Weapons Acquisition* (Santa Monica: Rand, 2000).

Lovering, John, "Military Expenditure and the Restructuring of Capitalism: The Military Industry in Britain" (1990) 14 *Cambridge Journal of Economics* 453-67.

McCrudden, Christopher, "Social Policy Issues in Public Procurement: A Legal Overview" in Sue Arrowsmith and Arwel P. Davies (eds.), *Public Procurement: Global Revolution* (The Hague: Kluwer Law International, 1998).

McCrudden, Christopher, *Buying Social Justice* (Oxford University Press, 2007).

Martin, Stephen, *The Economics of Offsets: Defence Procurement and Countertrade* (Amsterdam: Harwood Academic, 1996).

Mezzadri, Sandra, *L'Ouverture des marchés de la défense: enjeux et modalités*, Occasional Paper 12 (Paris: Institute for Security Studies of the Western European Union, 2000).

Missiroli, Antonio, *From Copenhagen to Brussels: European Defence: Core Documents*, Chaillot Paper 67 (Paris: Institute for Security Studies, European Union, 2003).

Neuman, Stephanie, *Defense Industries and Dependency: Current and Future Trends in the Global Defense Sector* (Zurich: ISN, 2006).

Nielson, Ruth and Steen Teurmer (eds.), *The New EU Public Procurement Directives* (Copenhagen: Djøf Publishing, 2005).

Noguellou, Rozen, "Scope and Coverage of the EU Procurement Directives" in Martin Trybus, Roberto Caranta and Gunilla Edelstam (eds.), *EU Law of Public Contract Law* (Brussels: Bruylant, 2014).

Ohlhoff, Stefan and Hannes L. Schloemann, "'Constitutionalization' and Dispute Settlement in the WTO: National Security as an Issue of Competence" (1999) 93 *American Journal of International Law* 424-51.

Oliver, Peter, *Free Movement of Goods in the European Community: Under Articles 28 to*

30 *of the EC Treaty* (London: Sweet & Maxwell, 2003).

Pachnou, Despina, "Bidder Remedies to Enforce the EC Procurement Rules in England and Wales" (2003) 12 *Public Procurement Law Review* 35.

Parker, David and Keith Hartley, "Transaction Costs, Relational Contracting and Public Private Partnerships: A Case Study of UK Defence" (2003) 9 *Journal of Purchasing and Supply Management* 97–108.

Pelkmans, Jan, "The New Approach to Technical Harmonisation and Standardization" (1987) 25 *Journal of Common Market Studies* 249–69.

Pourbaix, Nicholas, "The Future Scope of Application of Article 346 TFEU" (2011) 20 *Public Procurement Law Review* 1–8.

Priess, Hans-Joachim and Franz Josef Hoelzl, "Trust is Good-Control is Better: German Higher Administrative Court Reviews Military Procurement Decision" (2005) 14 *Public Procurement Law Review* NA 128–35.

Raulus, Helena, "The Charter of Fundamental Rights as a Set of Constitutional Principles" in Martin Trybus and Luca Rubini (eds.), *The Treaty of Lisbon and the Future of European Law and Policy* (Cheltenham: Edward Elgar, 2012).

Salmon, Trevor C. and Alistair J. K. Shepherd, T*oward a European Army: A Military Power in the Making*? (Boulder: Lynne Rienner Publishers, 2003).

Schake, Kori, *Constructive Duplication: Reducing EU Reliance on US Military Assets*, Working Paper (London: Centre for European Reform, 2002).

Schmitt, Burkard, E*uropean Armaments Cooperation: Core Documents*, Chaillot Paper 58 (Paris: Institute for Security Studies of the European Union, 2003).

Schmitt, Burkard, *Defence Procurement in the European Union: The Current Debate: Report of an EUISS Task Force* (Paris: Institute for Security Studies of the European Union, 2005).

Schwarze, Jürgen, *European Administrative Law* (London: Sweet and Maxwell, 1992).

Sempere, Carlos M., *A Survey of the European Security Market* (Berlin: Deutsches Institut für Wirtschaft, 2011).

Shearer, David, "Private Military Force and Challenges for the Future" (1999) 13 *Cambridge Review of International Affairs* 80–94.

Snell, Jukka, *Goods and Services in EC Law: A Study of the Relationship Between the Freedoms* (Oxford University Press, 2002).

Stormanns, Thomas, "Europe's Defence Industry: Single Market, Yes But How?" (1992) *EC Public Contract Law* 74.

Trepte, Peter Armin, *Public Procurement in the EU: A Practitioner's Guide* (Oxford University Press, 2007).

Treumer, Steen "Enforcement of EU Public Procurement Rules in Danish Law and Practice" in Steen Treumer and François Lichère (eds.), *Enforcement of the EU Public Procurement Rules* (Copenhagen: Djøf Publishing, 2011).

Treumer, Steen and François Lichère (eds.), *Enforcement of the EU Public Procurement Rules* (Copenhagen: Djøf Publishing, 2011).

Tridimas, Takis, *The General Principles of EU Law* (Oxford University Press, 2006).

Tridimas, Takis and Paolisa Nebbia (eds.), *European Union Law for the Twenty-first Century: Rethinking the New Legal Order. Internal Market and Free Movement Community Policies* (Oxford: Hart Publishing, 2004).

Trybus, Martin, "The Challenges Facing the European Defence-related Industry – Commission Communication COM (96) 08" (1996) 4 *Public Procurement Law Review* CS98–102.

Trybus, Martin, *European Defence Procurement Regulation: International and National Procurement Systems as Models for a Liberalised Defence Procurement Market in Europe*, PhD Thesis, University of Wales (1998).

Trybus, Martin, "European Defence Procurement: Towards a Comprehensive Approach" (1998) 4 *European Public Law* 111–33.

Trybus, Martin, *European Defence Procurement Law: International and National Procurement Systems as Models for a Liberalised Defence Procurement Market in Europe* (The Hague: Kluwer Law International, 1999).

Trybus, Martin, "On the Application of the E.C. Treaty to Armaments" (2000) 25 *European Law Review* 663–8.

Trybus, Martin, "The Recent Judgment in Commission v. Spain and the Procurement of Hard Defence Material" (2000) 4 *Public Procurement Law Review* NA99–103.

Trybus, Martin, "The EC Treaty as an Instrument of European Defence Integration: Judicial Scrutiny of Defence and Security Exceptions" (2002) 39 *Common Market Law Review* 1347–72.

Trybus, Martin, "The List of Hard Defence Products under Article 296 EC" (2003) 2 *Public Procurement Law Review* NA15–21.

Trybus, Martin, "Sisters in Arms: Female Soldiers and Sex Equality in the Armed Forces" (2003) 9 *European Law Journal* 631–58.

Trybus, Martin, "Defence Procurement: The New Public Sector Directive and Beyond" (2004) 2 *Public Procurement Law Review* 198–210.

Trybus, Martin, *European Union Law and Defence Integration* (Oxford: Hart, 2005).

Trybus, Martin, "With or Without the EU Constitutional Treaty: Towards a Common Security and Defence Policy?" (2006) 3 *European Law Review* 145–66.

Trybus, Martin, "The Morning after the Deadline: The State of Implementation of the New EC Public Procurement Directives in the Member States on 1st Feb. 2006" (2006) 15 *Public Procurement Law Review* NA82-90.

Trybus, Martin, "The New European Defence Agency: A Contribution to a Common European Security and Defence Policy and a Challenge to the Community Acquis?" (2006) 43 *Common Market Law Review* 667-703.

Trybus, Martin, "Case Comment on C-337/05 and C-157/06" (2009) 46 *Common Market Law Review* 973-90.

Trybus, Martin, "An Overview of the United Kingdom Public Procurement Review and Remedies System with an Emphasis on England and Wales" in Steen Treumer and François Lichère (eds.), *Enforcement of the EU Public Procurement Rules* (Copenhagen: Djøf Publishing, 2011).

Trybus, Martin, "The Hidden Remedies Directive: Review and Remedies under the Defence Directive" (2013) 22 *Public Procurement Law Review* 135-55.

Trybus, Martin, "The Tailor-made EU Defence and Security Procurement Directive: Limitation, Flexibility, Descriptiveness and Substitution" (2013) 38 *European Law Review* 3-29.

Trybus, Martin and Luca Rubini (eds.), *The Treaty of Lisbon and the Future of European Law and Policy* (Cheltenham: Edward Elgar Publishing, 2012).

Trybus, Martin, Roberto Caranta and Gunilla Edelstam (eds.), *EU Public Contract Law: Public Procurement and Beyond* (Brussels: Bruylant, 2014).

Trybus, Martin and Nigel D. White (eds.), *European Security Law* (Oxford University Press, 2007).

Vestel, Pierre de, *Defence Markets and Industries in Europe: Time for Political Decisions?* (Paris: Institute for Security Studies of the Western European Union, 1995).

Vlachos, Katia G., *Safeguarding European Competitiveness: Strategies for the Future of European Arms Production and Procurement*, Occasional Paper 4 (Paris: Institute for Security Studies of the Western European Union, 1998).

Vredeling, Hendrik, *Towards a Stronger Europe* (Brussels: IEPG, 1986).

Walker, William and Philip Gummett, *Nationalism, Internationalism and the European Defence Market* (Paris: Institute for Security Studies of the Western European Union, 1993).

Walker, William and Susan Willett, "Restructuring the European Defence Industrial Base" (1993) 4 *Journal of Defence Economics* 141-60.

Weltzien, Kurt, "Avoiding the Procurement Rules by Awarding Contracts to an In-house Entity: The Scope of the Procurement Directives in the Classical Sector" (2005) 14

Public Procurement Law Review 237-55.

Weiss, Wolfgang, "EU Human Rights Protection after Lisbon" in Martin Trybus and Luca Rubini (eds.), *The Treaty of Lisbon and the Future of European Law and Policy* (Cheltenham: Edward Elgar, 2012).

Wessel, Ramses A., *The European Union's Foreign and Security Policy: a Legal Institutional Perspective* (The Hague: Kluwer Law International, 1999).

Wheaton, James B., "Defence Procurement and the European Community: The Legal Provisions" (1992) 1 *Public Procurement Law Review* 432.

Winter, Jan A., "Public Procurement in the EEC" (1991) 28 *Common Market Law Review* 741-82.

Wogau, Karl von and Barbara Rapp-Jung, "The Case for a European System Monitoring Foreign Investment in Defence and Security" (2008) 45 *Common Market Law Review* 47-68.

Wulf, Herbert, *Arms Industry Limited* (Oxford University Press, 1993).

附　　录

案　例　表

欧洲法院

按编号排列

Case 26/62, *Van Gend en Loos v. Nederlandse Administratie der Belastingen*（范根路斯公司诉荷兰税务总局）[1963] ECR 1, [1963] CMLR 105 第 114 页

Case C-6/64, *Costa v. Ente Nazionale per l' Energia Elettrica*（寇斯塔诉国家电力能源公司）[1964] ECR 585 第 216, 262 页

Case 24/68, *Commission v. Italy* ('Statistical Levy')（欧盟委员会诉意大利）("统计征税") [1969] *ECR* 193, [1971] CMLR 611 第 64 页

Case 7/68, *Commission v. Italy* ('Arts Treasures')（欧盟委员会诉意大利）("艺术珍品") [1968] ECR 423 第 63, 64 页

Case 13/68, *SpA Salgoil v. Italian Ministry of Foreign Trade*（萨尔哥利股份有限公司诉意大利外贸部）[1968] *ECR* 453, [1969] CMLR 181, 第 192 页, 74, 79, 94, 117, 414 页

Joint Cases 2/69 and 3/69, *Sociaal Fonds for de Diamantarbeiders v. Brachfeld* ('Diamond Workers')（钻石行业社会基金会诉布拉赫费尔德公司）("钻石工人") [1969] ECR 211 第 64 页

Case 2/73, *Geddo v. Ente Nazionale Risi*（盖多公司诉水稻研究中心）[1973] *ECR* 865, [1974] 1 CMLR 1 第 65 页

Case 120/73, *Gebrüder Lorenz GmbH v. Germany*（洛伦兹兄弟责任公司诉德国）[1973] ECR 1471 第 179 页

Case 8/74, *Procureur du Ro I v. Dassonville*（检察机关诉达颂维尔）[1974] *ECR* 837, [1974] 2 CMLR 436 第 65, 66, 141, 411, 412 页

Case 48/75, *Procureur du Roi v. Royer*（检察机关诉卢瓦耶公司）[1976] ECR 497 第 68 页

Case 77/77, *BP v. Commission*（英国石油公司诉欧盟委员会）[1978] *ECR* 1513, [1978] 3 CMLR 174 第 80 页

Case 120/78, *REWE - Zentrale AG v. Bundesmonopolverwaltung für Branntwein*

('*Cassis de Dijon*')（德国雷韦公司诉德意志联邦酒类产品垄断管理局）("第戎黑醋栗酒案")[1979] ECR 649,[1979] 3 CMLR 494 第66,413页

Case 148/78,*Pubblico Ministero v. Ratti*（检察机关诉拉蒂公司）[1979] ECR 1629 第214页

Case 730/79,*Philip Morris Holland v. Commission*（菲利普·默利斯·贺兰诉欧盟委员会）[1980] ECR 2671,[1981] CMLR 321 第23,176页

Case 50/80,*Dansk Supermarked A/S v. A/S Imerco*（丹麦超级市场有限公司诉依默科公司）[1981] ECR 181 第67页

Case 279/80,*Webb*（韦伯）[1981] ECR 3305 第69页

Case 76/81,*Transporoute et Travaux SA v. Ministère des travaux publics*（公路与工程股份有限公司诉法国公共工程部）[1982] ECR 417 第271,382,443页

Case 249/81,*Commission v. Ireland*（'*Buy Irish*'）（欧盟委员会诉爱尔兰）("购买爱尔兰货"）[1982] ECR 4005 第412页

Joined Cases 177/82 and 178/82,*Jan van der Haar and Kaveka de Meern BV*（扬·范德哈尔与卡维卡德米尔有限责任公司）[1984] ECR 1797 第67页

Case 72/83,*Campus Oil Limited v. Minister for Industry and Energy*（康普斯石油有限公司诉工业能源部），[1984] ECR 2727,[1984] 3 CMLR 544 第73,79－80,81,110,111,216,391,413,416页

Case 231/83,*Cullert v. Centre Leclerc*（居莱尔诉勒克莱尔中心）[1985] *ECR I*-306,[1985] 2 CMLR 524 第80页

Case 103/84,*Commission v. Italy*（欧盟委员会诉意大利）[1986] ECR 1759 第412页

Case 205/84,*Commission v. Italy*（欧盟委员会诉意大利）[1986] ECR 3755 第69页

Case 222/84,*Marguerite Johnston v. Chief Constable of the Royal Ulster Constabulary*（玛格丽特·约翰逊诉皇家警察部队警察局长）[1986] ECR 1651,[1986] 3 CMLR 240 第73-76,79,86,93,94,97,103,105,109,117,414,468页

Case 199/85,*Commission v. Italy*（欧盟委员会诉意大利）[1987] ECR 1039 第337页

Case 263/85,*Commission v. Italy*（欧盟委员会诉意大利）[1991] ECR I-2457 第271,443页

Case 352/85,*Bond van de Adverteerders v. The Netherlands*（荷兰广告协会诉荷兰）[1988] ECR 2085 第69页

Joined Cases 27/86 and 29/86,*CEI and Bellini*（CEI与贝里尼）[1987] ECR 3347 第382页

Case 302/86, *Commission v. Denmark* ('*Danish Bottles*') （欧盟委员会诉丹麦）（"丹麦酒瓶"）[1986] ECR 4607 第 66 页

Case 29/87, *Dansk Denkavit Aps v. Danish Ministry of Agriculture*（丹麦丹卡维有限公司诉丹麦农业部）[1988] ECR 2965 第 64 页

Case 31/87, *Gebroeders Beentjes BV v. The Netherlands*（格布罗德·本提斯公司诉荷兰）[1988] ECR 4635 第 367 页

Case 45/87, *Commission v. Ireland* ('*Dundalk*') （欧盟委员会诉爱尔兰）（"邓多克"）[1988] ECR 4929 第 271, 365, 443 页

Case 187/87, *Cowan v. Trésor Public*（科万诉公共财政部）[1989] ECR 195 第 70 页

Case 307/87, *Commission v. Greece*（欧盟委员会诉希腊）[1989] ECR 461 第 70 页

Case 3/88, *Commission v. Italy* ('*Data Processing*') （欧盟委员会诉意大利）（"数据处理"）[1989] ECR 4035；[1991] CMLR 115 第 69, 271, 443 页

Case 21/88, *Du Pont de Nemours Italiana v. Unità Sanitara Locale di Carrara*（意大利杜邦公司诉卡拉拉卫生局）[1990] ECR I-889 第 271, 443 页

Case 347/88, *Commission v. Greece* ('*Greek Petroleum Law*') （欧盟委员会诉希腊）（"希腊燃油法"）[1990] ECR I-4747 第 80 页

Case 113/89, *Rush Portuguesa v. Office national d'immigration*（葡萄牙拉什商业银行诉国家移民局）[1990] ECR I-1417 第 69, 443 页

Case 180/89, *Commission v. Italy* ('*Italian Tourist Guides*') （欧盟委员会诉意大利）（"意大利导游"）[1991] ECR I-709 第 69 页

Case 243/89, *Commission v. Denmark* ('*Storebaelt*') （欧盟委员会诉丹麦）（"斯多贝尔特"）[1993] ECR I-3353 第 67, 69, 271, 443 页

Case C-360/89, *Commission v. Italy*（欧盟委员会诉意大利）[1992] ECR I-3401 第 271, 443 页

Case C-367/89, *Criminal Proceedings against Aimé Richardt and Les Accessoires Scientifiques SNC*（对艾美·理查德和材料科学共同名义公司提出的刑事诉讼）[1991] ECR I-4645 第 72, 86, 89, 140, 163 页

Joined Cases C-1/90 and C-176/90, *Aragonesa de Publicidad Exterior SA and Publivia SAE v. Departamento de Sanidad y Seguridad Social de la Generalidad de Cataluña*（阿拉贡户外广告公司和阿拉伯联合酋长国诉加泰罗尼亚共和国卫生与社会保障部）[1991] ECR I-4151 第 67 页

Case C-159/90, *SPUC v. Grogan*（胎儿保护协会诉格罗根公司）[1991] ECR I-4685 第 76 页

Case C-354/90, *Fédération Nationale du Commerce Extérieur des Produits Alimentaires and Syndicat Nationale des Négociants et Transformateurs de Saumon v. France(国家食品外贸联合会与全国鲑鱼加工商贸易工会诉法国)[1991] ECR I-5523 第 179 页

Cases　C-267 and C-268/91,Criminal Proceedings against Bernard Keck and Daniel Mithouard(对伯纳德·凯克和但尼尔·米索瓦德的刑事诉讼)[1993] ECR I-6097,[1995] 1 CMLR 101 第 66 页

Case　C-272/91,Commission v. Italy('Lottomatica')(欧盟委员会诉意大利)(乐透马蒂克)[1992] ECR I-3929　第 271,443 页

Case　C-71/92,Commission v. Spain(欧盟委员会诉西班牙)[1993] ECR I-5923 第 337 页

Case　C-389/92,Ballast Nedam Group NV v. Belgian State(贝拉斯特·内达姆集团诉比利时政府)[1994] ECR I-1289 第 337,382 页

Case　C-328/92,Commission v. Spain(欧盟委员会诉西班牙)[1994] ECR I-1569 第 337 页

Case　C-324/93,R. v Secretary of State for the Home Department Ex parte Evans Medical and Macfarlan Smith('Evans Medical')(英国皇家诉英国内政事务大臣袒护伊万斯医学集团)("伊万斯医学集团")[1995] ECR I-563 第 381 页

Case　C-359/93,Commission v. Netherlands('UNIX')(欧盟委员会诉荷兰)("UNIX")[1995] ECR I-157 67,69,365,443

Case　C-412/93,Leclerc-Siplec v. TFI Publicité and M6 Publicité(勒克莱尔-斯普莱克诉 TFI 广告公司和 M6 广告公司)[1995] ECR I-179 第 67,271 页

Case　C-55/94,Gebhard v. Consiglio dell' Ordine degli Avvocatie Precuratori di Milano(格布哈特诉米兰律师委员会)[1995] ECR I-4165 第 68 页

Case　C-70/94,Fritz Werner Industrie-Ausrüstungen GmbH v. Germany(弗里兹·威尔纳工业设备有限公司诉德国)[1995] ECR I-3989 第 72,86,94,158,163 页

Case　C-83/94,Criminal Proceedings against Peter Leifer and others(对彼得·莱福尔及其他人的刑事诉讼)[1995] ECR I-3231 第 72,86,114,158,163 页

Case　C-87/94,Commission v. Belgium('Walloon Buses')(欧盟委员会诉比利时)("瓦龙公共汽车")[1996] ECR I-2043 第 271,443 页

Case　C-120/94 R,Commission v. Greece('FYROM')(欧盟委员会诉希腊)("马其顿共和国")[1996] ECR I-1513 第 112,113,123,124 页

Case　C-3/95,Reisebüro Broede v. Gerd Sanker(布罗迪旅行社诉哥德桑克公司)[1996] ECR I-6511 第 412 页

Case C-120/95, *Decker v. Caisse de Maladie des Employés Privés*（德克尔诉私人雇员疾病基金会）[1995] ECR I-1831, [1998] 2 CMLR 879 第 66, 413 页

Case C-368/95, *Vereinigte Familiapress Zeitungsverlags- und Vertriebs GmbH v. Heinrich Bauer ('Familiapress')*（联合家族报业出版与销售公司诉亨里希·鲍尔有限责任公司）("家族报业")[1997] 3 CMLR 1329 第 66 页

Case C-44/96, *Mannesmann Anlagenbau Austria v. Strohal Rotationsdruck GmbH*（奥地利销售经理诉斯特罗哈尔转轮印刷公司）[1998] ECR I-73 第 246 页

Case C-323/96, *Commission v. Belgium ('Vlaamse Raad')*（欧盟委员会诉比利时）("弗拉米斯议会")[1998] ECR I-5063 第 246 页

Case C-360/96, *Gemeente Arnhem v. BFI Holding BV*（格米恩蒂·阿纳姆诉 BFI 控股公司）[1998] ECR I-6821 第 246 页

Case C-224/97, *Erich Ciola v Land Vorarlberg*（埃里克·席奥拉诉福拉尔贝格州）[1999] ECR I-2530 第 413 页

Case C-273/97, *Sirdar v. The Army Board*（印度贵族诉陆军部）[1999] ECR I-7403, [1999] 3 CMLR 559 第 73-76, 79, 97, 105, 113, 117, 127, 216 页

Case C-306/97, *Connemara Machine Turf Co Ltd v. Ciollte Teoranta*（康奈玛拉机械草坪有限公司诉西奥尔特·蒂奥兰塔公司）[1998] ECR I-8761 第 246 页

Case C-414/97, *Commission v. Spain ('Spanish Weapons')*（欧盟委员会诉西班牙）("西班牙武器")[1999] ECR I-5585, [2000] 2 CMLR 4 第 97, 98, 100, 108-110, 111, 113, 115, 116, 117, 118, 119, 120, 121, 122, 125, 126, 127, 129, 130, 139, 142, 146, 163, 165, 166, 181, 210, 211, 213, 414, 415, 418 页

Case C-107/98, *Teckal Srlv. Comune de Viano*（特卡尔股份责任公司诉德维亚诺县）[1999] ECR I-8121 第 246, 268, 269, 293, 300 页

Case C-225/98, *Commission v. France ('Nord-Pas-de-Calais')*（欧盟委员会诉法国）("北加莱海峡")[2000] ECR I-7445 第 367, 382 页

Case C-275/98, *Unitron Scandinavia AS v. Ministeriet for Fødevarer, Landbrug of Fiskeri*（优利康斯堪的纳维亚诉农业与渔业食品部）[1999] ECR I-8291 第 271, 443 页

Case C-285/98, *Kreil v. Germany*（克莱尔诉德国）[2000] ECR I-69 第 73-76, 79, 97, 105, 113, 117, 127 页

Case C-324/98, *Telaustria Verlags GmbH v. Telekom Austria AG*（特劳斯特利亚出版有限责任公司诉奥地利电信集团）[2000] ECR I-10745 第 271, 443 页

Case C-376/98, *Germany v. European Parliament and the Council ('Tobacco Advertising')*（德国诉欧洲议会和欧洲理事会）("烟草广告")[2000] ECR I-8419 第 83 页

Case C-380/98, R. (*on the application of Cambridge University*) *v. HM Treasury* (英国王室(就剑桥大学申请)诉英国财政部)[2000] ECR I-8035 第 246 页

Case C-423/98, *Alfredo Albore*(阿尔弗雷多·阿尔伯雷)[2000] ECR I-5965, [1999] ECR I-5965 第 74,81-82,86,117 页

Case C-260/99, *Agorà Srl and Excelsior Snc di Pedrotti Bruna & C. v. Ente Autonomo Fiera Internazionale di Milano and Ciftat Soc. coop. arl.* (阿格拉责任有限公司和佩德罗蒂·布鲁那埃克塞西尔公司诉米兰独立国际机构和西弗塔股份合作公司)) [2001] ECR I-3605 第 246 页

Case C-400/99, *Italy v. Commission* (意大利诉欧盟委员会)[2001] ECR I-7303 第 179 页

C-470/99, *Universale Bau AG v. Entsorgunsbetriebe Simmering GmbH*(万能施工有限公司诉西默林废物处理有限责任公司)[2002] ECR I-11617 第 246,271,443 页

Case C-513/99, *Concordia Bus Finland Oy Ab v. Helsingin kaupunki and HKL Bussilikenne*(芬兰康科德公共汽车有限公司诉赫尔辛基市和赫尔辛基城市公共交通局)[2002] ECR I-7213 第 400,401 页

Case C-59/00, *Bent Mousten Vestergaard v. Spøttrup Boligselskab*(本特·马斯登·韦斯特加德诉斯基托普住房协会)[2001] ECR I-9505 第 67,69,443 页

Case C-280/00, *Altmark Trans GmbH v. Nahverkehrsgesellschaft Altmark GmbH*(沃特马克交通有限责任公司诉沃特马克地方运输有限责任公司)[2003] ECR I-774 第 178 页

Case C-358/00, *Buchhändler Vereinigung GmbH v. Saur Verlag GmbH & Co und die Deutsche Bibliothek* (书商协会诉索尔出版有限责任公司和德意志国家图书馆)[2002] ECR I-4685 第 271,443 页

Case C-373/00, *Adolf Truley v. Bestattung Wien* (阿道夫·特鲁利诉维也纳葬礼博物馆)[2003] ECR I-1931 第 246,248 页

Case 186/01, *Alexander Dory v. Germany*(亚历山大·多里诉德国)[2003] ECR I-2479 第 73-76,79,97,113,127 页

Case C-252/01, *Commission v. Belgium* ('*Belgian Coastal Photography*')(欧盟委员会诉比利时)(比利时海岸照相)[2003] ECR I-11859 第 111,216 页

Case C-448/01, *EVN AG and Wienstrom GmbH v. Austria* (EVN 股份公司和韦恩斯特洛姆有限责任公司诉奥地利)[2003] ECR I-14523 第 401,402 页

Case C-26/03, *Stadt Halle RPL Recyclingpark Lochau GmbH v. Arbeitsgemeinschaft Thermische Restabfall-und Energieverwertungsanlage TREA Leuna* (施塔特哈勒再生塑胶木材再生园洛豪有限责任公司诉洛伊那 TREA 热能回收公司)

[2005] ECR I-1 第 268 页

Case C-84/03, *Commission v. Spain*（欧盟委员会诉西班牙）[2005] ECR I-139 第 268 页

Case C-231/03, *Consorzio Aziende Metano (Coname) v. Comune di Cingia de' Botti*（甲烷联盟公司）(Coname)诉辛吉亚德波蒂市政府 [2005] ECR I-7287 第 271,443 页

Case C-234/03, *Contse SA, Vivisol Srl, Oxigen Salud SA v. Instituto Nacional de Gestion Sanitaria (Ingesa)*（康兹公司、维维索公司和氧健公司诉国家卫生管理研究院(Ingesa)）[2005] ECR I-9315 第 271,443 页

Case C-264/03, *Commission v. France*（欧盟委员会诉法国）[2005] ECR I-8831 第 271,443 页

Case C-358/03, *Commission v. Austria* ('*Parking Brixen*')（欧盟委员会诉奥地利）("布里克森停车场")[2004] ECR I-12055 第 271,443 页

Case C-503/03, *Commission v. Spain*（欧盟委员会诉西班牙）[2006] ECR I-1097 第 75 页

Case C-535/03, *Commission v. Italy*（欧盟委员会诉意大利）[2006] ECR I-2689 第 271,443 页

Case C-490/04, *Commission v. Italy*（欧盟委员会诉意大利）[2007] ECR I-6095 第 75 页

Case C-284/05, *Commission v. Finland*（欧盟委员会诉芬兰）[2009] ECR I-11705 第 74,102,109,110,115,116,118,120,122,129,139,210,415 页

Case C-294/05, *Commission v. Sweden*（欧盟委员会诉瑞典）[2009] ECR I-11777 第 74,109,110,115,116,118,120,122,129,139,210,415 页

Case C-337/05, *Commission v. Italy* ('*Agusta 1*')（欧盟委员会诉意大利）("阿古斯塔 1")[2008] ECR I-2173 第 74,75,79,96-103,111,116,126,127,139,142,146,163,165,181,210,263,266,415,456,489 页

Case 387/05, *Commission v. Italy* ('*Agusta 2*')（欧盟委员会诉意大利）("阿古斯塔 2")[2009] ECR I-11831 第 75,79,96-103,116,126,127,139,142,146,163,165,181,210,263,266,415,456,489 页

Case C-409/05, *Commission v. Greece*（欧盟委员会诉希腊）[2009] ECR I-11859 第 74,109,110,115,116,118,120,122,123,129,139,210,415 页

Case C-461/05, *Commission v. Denmark*（欧盟委员会诉丹麦）[2009] ECR I-11887 第 74,109,110,115,116,118,121,122,129,139,210,415 页

Case C-38/06, *Commission v. Portugal*（欧盟委员会诉葡萄牙）[2010] ECR I-1569 第 74,109,110,115,116,118,120,129,139,210,415 页

Case C-157/06, *Commission v. Italy*（欧盟委员会诉意大利）[2008] ECR I-

7313 第 74,96,97,98,99,121,139,210,216,263,415,456 页

Case C-239/06, *Commission v. Italy*（欧盟委员会诉意大利）[2009] ECR I-11913 第 74,109,110,115,116,118,120,122,129,139,210,415 页

Case C-532/06, *Emm. G. Lianakis AE and Others. v. Dimos Alexandroupolis and Others* ('*Lianakis*')（利亚那基斯公司及其他公司诉亚历山德鲁波利斯及其他市）("利亚那基斯")[2008] ECR I-251 第 382 页

Case C-141/07, *Commission v. Italy*（欧盟委员会诉意大利）[2008] ECR I-6935 第 75 页

Case C-546/07, *Commission and Poland v. Germany*（欧盟委员会和波兰诉德国）[2010] ECR I-00439 第 75 页

Case C-317/08, *Rosalba Alassini v. Telecom Italia SpA*（罗萨巴·阿拉西尼诉意大利电信公司;）; Case C-318/08, *Filomena Califano v. Wind SpA*（弗罗麦那诉温德公司）; Case C-319/08, *Lucia Anna Giorgia Iacono v. Telecom Italia SpA*（露西亚·安娜·乔治娅·拉科诺诉意大利电信公司）; Case C-320/08, *Multiservice Srl v. Telecom Italia SpA*（多元服务公司诉意大利电信公司）[2010] ECR I-2213 第 468 页

Case C-279/09, *DEB Deutsche Energiehandels- und Beratungsgesellschaft mbH v. Germany*（DEB 德国能源与咨询有限责任公司诉德国）[2010] ECR I-13849 第 468 页

C-364/10, *Hungary v. Slovak Republic*（匈牙利诉斯洛伐克共和国）, Judgment of 16 October 2012（2012 年 10 月 16 日判决），未公布，第 456 页

Case C-615/10, *Insinööritoimisto Ins Tiimi Oy*('*Finnish Turntables*')（蒂米工程咨询有限公司）("芬兰转车盘"), judgment of 7 June 2012（2012 年 6 月 7 日判决），未公布,第 96-103,122,127,210,263,266,415,489 页

Case C-465/11, *Forposta v. Poczta Polska*（福尔波斯塔公司诉波兰邮政局）, judgment of 13 December 2012（2012 年 12 月 13 日判决），未公布,第 385 页

按字母顺序排列

Case C-260/99, *Agorà Srl and Excelsior Snc di Pedrotti Bruna & C. v. Ente Autonomo Fiera Internazionale di Milano and Ciftat Soc. coop. arl.*（阿格拉责任有限公司和佩德罗蒂·布鲁那埃克塞西尔公司诉米兰独立国际机构和西弗塔股份合作公司））[2001] ECR I-3605 第 246 页

Case C-337/05, ('*Agusta 1*') *Commission v. Italy*（"阿古斯塔 1"）（欧盟委员会诉意大利）[2008] ECR I-2173 第 74,75,79,96-103,111,116,126,127,139,142,146,163,165,181,210,263,266,415,456,489 页

Case 387/05, ('*Agusta 2*') *Commission v. Italy*（"阿古斯塔 2"）（欧盟委员会诉

意大利)[2009] ECR I-11831 第 75,79,96-103,116,126,127,139,142, 146,163,165,181,210,263,266,415,456,489 页

Case C-423/98, *Alfredo Albore*(阿尔弗雷多·阿尔伯雷)[2000] ECR I-5965, [1999] ECR I-5965 第 74,81-82,86,117 页

Case C-280/00, *Altmark Trans GmbH v. Nahverkehrsgesellschaft Altmark GmbH*(沃特马克交通有限责任公司诉沃特马克地方运输有限责任公司)[2003] ECR I-774 第 178 页

Joined Cases C-1/90 and C-176/90, *Aragonesa de Publicidad Exterior SA and Publivia SAE v. Departamento de Sanidad y Seguridad Social de la Generalidad de Cataluña*(阿拉贡户外广告公司和阿拉伯联合酋长国诉加泰罗尼亚共和国卫生与社会保障部)[1991] ECR I-4151 第 67 页

Case C-360/96, ('Arnhem') *Gemeente Arnhem v. BFI Holding BV*(格米恩蒂·阿纳姆诉 BFI 控股公司))[1998] ECR I-6821 第 246 页

Case 7/68, ('Arts Treasures') *Commission v. Italy*("艺术珍品")(欧盟委员会诉意大利)[1968] ECR 423 第 63,64 页

Case C-389/92, *Ballast Nedam Group NV v. Belgian State*(贝拉斯特·内达姆集团诉比利时政府)[1994] ECR I-1289 第 382 页

Case C-252/01, ('Belgian Coastal Photography') *Commission v Belgium*("比利时海岸照相)(欧盟委员会诉比利时)[2003] ECR I-11859 第 111,216 页

Case C-59/00, *Bent Mousten Vestergaard v. Spøttrup Boligselskab*(本特·马斯登·韦斯特加德诉斯基托普住房协会)[2001] ECR I-9505 第 67,69,443 页

Case 352/85, *Bond van de Adverteerders v. The Netherlands*(荷兰广告协会诉荷兰)[1988] ECR 2085 第 69 页

Case 77/77, *BP v. Commission*(英国石油公司诉欧盟委员会)[1978] ECR 1513, [1978] 3 CMLR 174 第 80 页

Case C-358/00, *Buchhändler Vereinigung GmbH v. Saur Verlag GmbH & Co und die Deutsche Bibliothek*(书商协会诉索尔出版有限责任公司和德意志国家图书馆)[2002] ECR I-4685 第 271,443 页

Case 249/81, ('Buy Irish') *Commission v. Ireland*("购买爱尔兰货")欧盟委员会诉爱尔兰[1982] ECR 4005 第 412 页

Case C-380/98, ('Cambridge University') *R. (on the application of Cambridge University) v. HM Treasury*("剑桥大学")(英国王室(就剑桥大学申请)诉英国财政部)[2000] ECR I-8035 第 246 页

Case 72/83, *Campus Oil Limited v. Minister for Industry and Energy*(康普斯石油有限公司诉工业能源部),[1984] ECR 2727,[1984] 3 CMLR 544 第 73,

79-80,81,110,111,216,391,413,416 页

Case 120/78,('Cassis de Dijon') *REWE-Zentrale AG v. Bundesmonopolverwaltung für 11 Branntwein* ("第戎黑醋栗酒案")(德国雷韦公司诉德意志联邦酒类产品垄断管理局)[1979] ECR 649,[1979] 3 CMLR 494 第 66,413 页

Joined Cases 27/86 and 29/86, *CEI and Bellini*（CEI 与贝里尼）[1987] ECR 3347 第 382 页

Case C-224/97,('Ciola')*Erich Ciola v Land Vorarlberg* ("席奥拉")(埃里克·席奥拉诉福拉尔贝格州)[1999] ECR I-2530 第 413 页

Case C-546/07, *Commission and Poland v. Germany*（欧盟委员会和波兰诉德国）[2010] ECR I-00439 第 75 页

Case C-358/03, *Commission v. Austria* ('Parking Brixen')（欧盟委员会诉奥地利）("布里克森停车场") [2004] ECR I-12055 第 271,443 页

Case C-87/94, *Commission v. Belgium* ('Walloon Buses')（欧盟委员会诉比利时）("瓦龙公共汽车")[1996] ECR I-2043 第 271,443 页

Case C-323/96, *Commission v. Belgium* ('Vlaamse Raad')（欧盟委员会诉比利时）("弗拉米斯议会") [1998] ECR I-5063 第 246 页

Case C-252/01, *Commission v. Belgium* ('Belgian Coastal Photography')（欧盟委员会诉比利时）("比利时海岸照相") [2003] ECR I-11859 第 216 页

Case 302/86, *Commission v. Denmark* ('Danish Bottles')（欧盟委员会诉丹麦）("丹麦酒瓶")[1986] ECR 4607 第 66 页

Case C-243/89, *Commission v. Denmark* ('Storebaelt')（欧盟委员会诉丹麦）("斯多贝尔特")[1993] ECR I-3353 第 67,69,271,443 页

Case C-461/05, *Commission v. Denmark*（欧盟委员会诉丹麦）[2009] ECR I-11887 第 74,109,110,115,116,118,121,122,129,139,210,415 页

Case C-284/05, *Commission v. Finland*（欧盟委员会诉芬兰）[2009] ECR I-11705 第 74,102,109,110,115,116,118,120,122,129,139,210,415 页

Case C-225/98, *Commission v. France* ('Nord-Pas-de-Calais')（欧盟委员会诉法国）("北加莱海峡") [2000] ECR I-7445 第 367,382 页

Case C-264/03, *Commission v. France*（欧盟委员会诉法国）[2005] ECR I-8831 第 271,443 页

Case 205/84, *Commission v. Italy*（欧盟委员会诉意大利）[1986] ECR 3755 第 69 页

Case C-490/04, *Commission v. Italy*（欧盟委员会诉意大利）[2007] ECR I-6095 第 75 页

Case C-141/07, *Commission v. Italy*（欧盟委员会诉意大利）[2008] ECR I-6935 第 75 页

Case 307/87, *Commission v. Greece*（欧盟委员会诉希腊）[1989] ECR 461 第 70 页

Case C-347/88, *Commission v. Greece*（'Greek Petroleum Law'）（欧盟委员会诉希腊）("希腊燃油法")[1990] ECR I-4747 第 80 页

Case C-120/94 R, *Commission v. Greece*（'FYROM'）（欧盟委员会诉希腊）("马其顿共和国")[1996] ECR I-1513 第 112,113,123,124 页

Case C-409/05, *Commission v. Greece*（欧盟委员会诉希腊）[2009] ECR I-11859 第 74,109,110,115,116,118,120,122,123,129,139,210,415 页

Case 249/81, *Commission v. Ireland*（'Buy Irish'）（欧盟委员会诉爱尔兰）("购买爱尔兰货")[1982] ECR 4005 第 412 页

Case 45/87, *Commission v. Ireland*（'Dundalk'）（欧盟委员会诉爱尔兰）("邓多克")[1988] ECR 4929 第 271,365,443 页

Case 7/68, *Commission v. Italy*（'Arts Treasures'）（欧盟委员会诉意大利）("艺术珍品")[1968] ECR 423 第 63,64 页

Case 24/68, *Commission v. Italy*（'Statistical Levy'）（欧盟委员会诉意大利）（统计征税）[1969] ECR 12 193, [1971] CMLR 611 第 64 页

Case 103/84, *Commission v Italy*（欧盟委员会诉意大利）[1986] ECR 1759 第 412 页

Case 199/85, *Commission v. Italy*（欧盟委员会诉意大利）[1987] ECR 1039 第 337 页

Case 263/85, *Commission v. Italy*（欧盟委员会诉意大利）[1991] ECR I-2457 第 271,443 页

Case 3/88, *Commission v. Italy*（'Data Processing'）（欧盟委员会诉意大利）("数据处理")[1989] ECR 4035; [1991] CMLR 115 第 69,271,443 页

Case C-180/89, *Commission v. Italy*（'Italian Tourist Guides'）（欧盟委员会诉意大利）("意大利导游")[1991] ECR I-709 第 69 页

Case C-360/89, *Commission v. Italy*（欧盟委员会诉意大利）[1992] ECR I-3401 第 271,443 页

Case C-272/91, *Commission v. Italy*（'Lottomatica'）（欧盟委员会诉意大利）("乐透马蒂克")[1992] ECR I-3929 第 271,443 页

Case C-535/03, *Commission v. Italy*（欧盟委员会诉意大利）[2006] ECR I-2689 第 271,443 页

Case C-337/05, *Commission v. Italy*（'Agusta 1'）（欧盟委员会诉意大利）("阿古斯塔 1")[2008] ECR I-2173 第 74,75,79,96-103,111,116,126,127,139,142,146,163,165,181,210,263,266,415,456,489 页

Case C-387/05, *Commission v. Italy*('Agusta 2')（欧盟委员会诉意大利）
("阿古斯塔2")[2009] ECR I-11831 第75,79,96-103,116,126,127,139,
142,146,163,165,181,210,263,266,415,456,489 页

Case C-157/06, *Commission v. Italy*（欧盟委员会诉意大利）[2008] ECR I-
7313 第74,96,97,98,99,121,139,210,216,263,415,456 页

Case C-239/06, *Commission v. Italy*（欧盟委员会诉意大利）[2009] ECR I-
11913 第74,109,110,115,116,118,120,122,129,139,210,415 页

Case C-359/93, *Commission v. Netherlands*('UNIX')（欧盟委员会诉荷兰）
("UNIX")[1995] ECR I-157 第67,69,365,443 页

Case C-38/06, *Commission v. Portugal*（欧盟委员会诉葡萄牙）[2010] ECR I-
1569 第74,109,110,115,116,118,120,129,139,210,415 页

Case C-71/92, *Commission v. Spain*（欧盟委员会诉西班牙）[1993] ECR I-
5923 第337 页

Case C-328/92, *Commission v. Spain*（欧盟委员会诉西班牙）[1994] ECR I-
1569 第337 页

Case C-414/97, *Commission v. Spain*('Spanish Weapons')（欧盟委员会诉西
班牙）("西班牙武器")[1999] ECR I-5585,[2000] 2 CMLR 4 第98,100,
108-110,111,113,115,116,117,118,119,120,121,122,125,126,127,129,
130,139,142,146,163,165,166,181,210,211,213,414,415,418 页

Case C-84/03, *Commission v. Spain*（欧盟委员会诉西班牙）[2005] ECR I-139
第268 页

Case C-503/03, *Commission v. Spain*（欧盟委员会诉西班牙）[2006] ECR I-
1097 第75 页

Case C-294/05, *Commission v. Sweden*（欧盟委员会诉瑞典）[2009] ECR I-
11777 第74,109,110,115,116,118,120,122,129,139,210,415 页

Case C-513/99, *Concordia Bus Finland Oy Ab v. Helsingin kaupunki and HKL
Bussilikenne*（芬兰康科德公共汽车有限公司诉赫尔辛基市和赫尔辛基城市
公共交通局）[2002] ECR I-7213 第400,401 页

Case C-306/97, *Connemara Machine Turf Co Ltd v. Ciollte Teoranta*（康奈玛拉
机械草坪有限公司诉西奥尔特·蒂奥兰塔公司）[1998] ECR I-8761 第
246 页

Case C-231/03, *Consorzio Aziende Metano (Coname) v. Comune di Cingia de'
Botti*（甲烷联盟公司(Coname)诉辛吉亚德波蒂市政府）[2005] ECR I-
7287 第271,443 页

Case C-234/03, *Contse SA, Vivisol Srl, Oxigen Salud SA v. Instituto Nacional de
Gestion Sanitaria (Ingesa)*（康兹公司、维维索公司和氧健公司诉国家卫生管

理研究院(Ingesa))[2005] ECR I-9315 第 271,443 页

Case 6/64, *Costa v. Ente Nazionale per l'Energia Elettrica*(寇斯塔诉国家电力能源公司)[1964] 7 ECR 585 第 216,262 页

Case 187/87, *Cowan v. Trésor Public*(科万诉公共财政部)[1989] ECR 195 第 70 页

Case 231/83, *Cullert v. Centre Leclerc*(居莱尔诉勒克莱尔中心)[1985] ECR I-306,[1985] 2 CMLR 524 第 80 页

Case 302/86, ('Danish Bottles') *Commission v. Denmark*("丹麦酒瓶")(欧盟委员会诉丹麦)[1986] ECR 4607 第 66 页

Case 29/87, *Dansk Denkavit Aps v. Danish Ministry of Agriculture*(丹麦丹卡维有限公司诉丹麦农业部)[1988] ECR 2965 第 64 页

Case 50/80, *Dansk Supermarked A/S v. A/S Imerco*(丹麦超级市场有限公司诉依默科公司)[1981] ECR 181 第 67 页

Case 8/74, ('Dassonville') *Procureur du Roi v. Dassonville*("达颂维尔")(检察机关诉达颂维尔)[1974] ECR 837,[1974] 2 CMLR 436 第 65,66,141,411,412 页

Case C-3/88, ('Data Processing') *Commission v. Italy*("数据处理")(欧盟委员会诉意大利)[1989] ECR 4035;[1991] CMLR 115 第 69,271,443 页

Case C-120/95, *Decker v. Caisse de Maladie des Employés Privés*(德克尔诉私人雇员疾病基金会)[1995] ECR I-1831,[1998] 2 CMLR 879 第 66,413 页

Case C-279/09, *DEB Deutsche Energiehandels- und Beratungsgesellschaft mbH v. Germany*(DEB 德国能源与咨询有限责任公司诉德国)[2010] ECR I-13849 第 468 页

Joint Cases 2/69 and 3/69, ('Diamond Workers') *Sociaal Fonds for de Diamantarbeiders v. Brachfeld*("钻石工人")(钻石行业社会基金会诉布拉赫费尔德公司)[1969] ECR 211 第 64 页

Case C-186/01, ('Dory') *Alexander Dory v. Germany*("多里")(亚历山大·多里诉德国)[2003] ECR I-2479 第 73-76,79,97,113,127 页

Case 21/88, *Du Pont de Nemours Italiana v. Unita Sanitara Locale di Carara*(意大利杜邦公司诉卡拉拉卫生局)[1990] ECR I-889 第 271,443 页

Case 45/87, ('Dundalk') *Commission v. Ireland*("邓多克")(欧盟委员会诉爱尔兰)[1988] ECR 4929 第 271,365,443 页

Case C-324/93, ('Evans Medical') *R. v Secretary of State for the Home Department Ex parte Evans Medical and Macfarlan Smith*("伊万斯医学集团")(英国皇家诉英国内政事务大臣祖护伊万斯医学集团)[1995] ECR I-563 第 381,400,401,402 页

Case C-448/01,*EVN AG and Wienstrom GmbH v. Austria*（EVN股份公司和韦恩斯特洛姆有限责任公司诉奥地利）[2003] ECR I- 14523 第401,402页

Case C-368/95,('Familiapress') *Vereinigte Familiapress Zeitungsverlags- und Vertriebs GmbH v. Heinrich Bauer*（"家族报业"）（联合家族报业出版与销售公司诉亨里希·鲍尔有限责任公司）[1997] 3 CMLR 1329 第66页

Case C-354/90,*Fédération Nationale du Commerce Extérieur des Produits Alimentaires and Syndicat Nationale des Négociants et Transformateurs de Saumon v. France*（国家食品外贸联合会与全国鲑鱼加工商贸易工会诉法国）[1991] ECR I-5523 第179页

Case C-318/08,*Filomena Califano v. Wind SpA*（弗罗麦那诉温德公司）[2010] ECR I-2213 第468页

Case C-615/10,('Finnish Turntables') *Insinööritoimisto InsTiimi Oy*（"芬兰转车盘"）（蒂米工程咨询有限公司）, judgment of 7 June 2012（2012年6月7日判决）,未公布,第96-103,122,127,210,263,266,415,489页

Case C-465/11,*Forposta v. Poczta Polska*（福尔波斯塔公司诉波兰邮政局）, judgment of 13 December 2012（2012年12月13日判决）,未公布,第385页

Case C-120/94 R,('FYROM') *Commission v. Greece*（"马其顿共和国"）（欧盟委员会诉希腊）[1996] ECR I-1513 第112,113,123,124页

Case C-55/94,*Gebhard v. Consiglio dell' Ordine degli Avvocati e Precuratori di Milano*（格布哈特诉米兰律师委员会）[1995] ECR I-4165 第68页

Case 31/87,*Gebroeders Beentjes BV v. The Netherlands*（格布罗德·本提斯公司诉荷兰）[1988] ECR 4635 第367页

Case 120/73,*Gebrüder Lorenz GmbH v. Germany*（洛伦兹兄弟责任公司诉德国）[1973] ECR 1471 第179页

Case 2/73,*Geddo v. Ente Nazionale Risi*（盖多公司诉水稻研究中心）[1973] ECR 865,[1974] 1 CMLR 1 第65页

Case C-376/98,*Germany v. European Parliament and the Council*（'Tobacco Advertising'）（德国诉欧洲议会和欧洲理事会）（"烟草广告"）[2000] ECR I-8419 第83页

Case C-347/88,('Greek Petroleum Law') *Commission v. Greece*（"希腊燃油法"）（欧盟委员会诉希腊）[1990] ECR I-4747 第80页

C-364/10,*Hungary v. Slovak Republic*（匈牙利诉斯洛伐克共和国）, Judgment of 16 October 2012（2012年10月16日判决）,未公布,第456页

Case C-615/10,*Insinööritoimisto Ins Tiimi Oy*,('Finnish Turntables')（蒂米工程咨询有限公司）（"芬兰转车盘"）judgment of 7 June 2012（2012年6月7日判决）,未公布,第96-103,122,127,210,263,266,415,489页

Case C-180/89, ('Italian Tourist Guides') *Commission v. Italy* ("意大利导游") (欧盟委员会诉意大利) [1991] ECR I-709 第 69 页

Case C-400/99, *Italy v. Commission* (意大利诉欧盟委员会) [2001] ECR I-7303 第 179 页

Case C-222/84, *Marguerite Johnston v. Chief Constable of the Royal Ulster Constabulary* (玛格丽特·约翰逊诉皇家警察部队警察局长) [1986] ECR 1651, [1986] 3 CMLR 240 第 73-76, 79, 86, 93, 94, 97, 103, 105, 109, 117, 414, 468 页

Cases C-267 and C-268/91, ('Keck') *Criminal Proceedings against Bernard Keck and Daniel Mithouard* ("凯克") (对伯纳德·凯克和但尼尔·米索瓦德的刑事诉讼) [1993] ECR I-6097, [1995] 1 CMLR 101 第 66 页

Case C-285/98, *Kreil v. Germany* (克莱尔诉德国) [2000] ECR I-69 第 73-76, 79, 97, 105, 113, 117, 127 页

Case C-412/93, *Leclerc-Siplec v. TFI Publicité and M6 Publicité* (勒克莱尔-斯普莱克诉 TFI 广告公司和 M6 广告公司) [1995] ECR I-179 第 67, 271 页

Case C-83/94, ('Leifer') ("莱福尔") *Criminal Proceedings against Peter Leifer and others* (对彼得·莱福尔及其他人的刑事诉讼) [1995] ECR I-3231 第 72, 86, 114, 158, 163 页

Case C-532/06, ('Lianakis') *Emm. G. Lianakis AE and Others. v. Dimos Alexandroupolis and Others* ('Lianakis') (利亚那基斯公司及其他公司诉亚历山德鲁波利斯及其他市) ("利亚那基斯") [2008] ECR I-251 第 382 页

Case C-272/91, ('Lottomatica') *Commission v. Italy* ("乐透马蒂克") (欧盟委员会诉意大利) [1992] ECR I-3929 第 271, 443 页

Case C-319/08, *Lucia Anna Giorgia Iacono v. Telecom Italia SpA* (露西亚·安娜·乔治娅·拉科诺诉意大利电信公司) [2010] ECR I-2213 第 468 页

Case C-44/96, *Mannesmann Anlagenbau Austria v. Strohal Rotationsdruck GmbH* (奥地利销售经理诉斯特罗哈尔转轮印刷公司) [1998] ECR I-73 第 246 页

Case C-320/08, *Multiservice Srl v. Telecom Italia SpA* (多元服务公司诉意大利电信公司) [2010] ECR I-2213 第 468 页

Case C-225/98, ('Nord-Pas-de-Calais') *Commission v. France* ("北加莱海峡") (欧盟委员会诉法国) [2000] ECR I-7445 第 367, 382 页

Case C-358/03, ('Parking Brixen') *Commission v. Austria* ("布里克森停车场") (欧盟委员会诉奥地利) [2004] ECR I-12055 第 271, 443 页

Case 730/79, *Philip Morris Holland v. Commission* (菲利普·默利斯·贺兰诉欧盟委员会) [1980] ECR 2671, [1981] CMLR 321 第 23, 176 页

Case 148/78, *Pubblico Ministero v. Ratti* (检察机关诉拉蒂公司) [1979] ECR

1629 第 214 页

Case C-3/95, *Reisebüro Broede v. Gerd Sanker*（布罗迪旅行社诉哥德桑克公司）[1996] ECR I-6511 第 412 页

Case 120/78, *REWE-Zentrale AG v. Bundesmonopolverwaltung für Branntwein* ('Cassis de Dijon')（德国雷韦公司诉德意志联邦酒类产品垄断管理局）("第戎黑醋栗酒案") [1979] ECR 649, [1979] 3 CMLR 494 第 66, 413 页

Case C-367/89, ('Richardt') *Criminal Proceedings against Aimé Richardt and Les Accessoires Scientifiques SNC* ("理查德")（对艾美·理查德和材料科学共同名义公司提出的刑事诉讼）[1991] ECR I-4645 第 72, 86, 89, 140, 163 页

Case C-317/08, *Rosalba Alassini v. Telecom Italia SpA*（罗萨巴·阿拉西尼诉意大利电信公司）[2010] ECR I-2213 第 468 页

Case 48/75, *Procureur du Roi v. Royer*（检察机关诉卢瓦耶公司）[1976] ECR 497 第 68 页

Case C-113/89, *Rush Portuguesa v. Office national d'immigration*（葡萄牙拉什商业银行诉国家移民局）[1990] ECR I-1417 第 69, 443 页

Case C-273/97, *Sirdar v. The Army Board*（印度贵族诉陆军部）[1999] ECR I-7403, [1999] 3 CMLR 559 第 73-76, 79, 97, 105, 113, 117, 127, 216 页

Joint Cases 2/69 and 3/69, *Sociaal Fonds for de Diamantarbeiders v. Brachfeld* ('Diamond Workers')("钻石工人")（钻石行业社会基金会诉布拉赫费尔德公司）[1969] ECR 211 第 64 页

Case 13/68, *SpA Salgoil v. Italian Ministry of Foreign Trade*（萨尔哥利股份有限公司诉意大利外贸部）[1968] ECR 453, [1969] CMLR 181, 第 192 页第 74, 79, 94, 117, 414 页

Case C-414/97, ('Spanish Weapons') *Commission v. Spain*（"西班牙武器"）（欧盟委员会诉西班牙）[1999] ECR I-5585, [2000] 2 CMLR 4 第 98, 100, 108-110, 111, 113, 115, 116, 117, 118, 119, 120, 121, 122, 125, 126, 127, 129, 130, 139, 142, 146, 163, 165, 166, 181, 210, 211, 213, 414, 415, 418 页

Case C-159/90, *SPUC v. Grogan*（胎儿保护协会诉格罗根公司）[1991] ECR I-4685 第 76 页

Case C-26/03, *Stadt Halle RPL Recyclingpark Lochau GmbH v. Arbeitsgemeinschaft Thermische Restabfall-und Energieverwertungsanlage TREA Leuna*（施塔特哈勒再生塑胶木材再生园洛豪有限责任公司诉洛伊那 TREA 热能回收公司）[2005] ECR I-1 第 268 页

Case 24/68, ('Statistical Levy') *Commission v. Italy* ("统计征税")（欧盟委员会诉意大利）[1969] ECR 12 193, [1971] CMLR 611 第 64 页

Case C-243/89,('Storebaelt') Commission v. Denmark("斯多贝尔特")(欧盟委员会诉丹麦)[1993] ECR I-3353 第 67,69,271,443 页

Case C-107/98,*Teckal Srl v. Comune de Viano*(特卡尔股份责任公司诉德维亚诺县)[1999] ECR I-8121 第 246,268,269,293,300 页

Case C-324/98,*Telaustria Verlags GmbH v. Telekom Austria AG*(特劳斯特利亚出版有限责任公司诉奥地利电信集团)[2000] ECR I-10745 第 271,443 页

Case C-376/98,('Tobacco Advertising')*Germany v. European Parliament and the Council*("烟草广告")(德国诉欧洲议会和欧洲理事会)[2000] ECR I-8419 第 83 页

Case 76/81,*Transporoute et Travaux SA v. Ministère des travaux publics*(公路与工程股份有限公司诉法国公共工程部)[1982] ECR 417 第 271,382,443 页

Case C-373/00,*Adolf Truley v. Bestattung Wien*(阿道夫·特鲁利诉维也纳葬礼博物馆)[2003] ECR I-1931 第 246,248 页

Case C-275/98,*Unitron Scandinavia AS v. Ministeriet for Fødevarer, Landbrug of Fiskeri*(优利康斯堪的纳维亚诉农业与渔业食品部)[1999] ECR I-8291 第 271,443 页

Case C-470/99,*Universale Bau AG v. Entsorgunsbetriebe Simmering GmbH*(万能施工有限公司诉西默林废物处理有限责任公司)[2002] ECR I-11617 第 246,271,443 页

Case C-359/93,('UNIX')*Commission v. Netherlands*("UNIX")(欧盟委员会诉荷兰)("UNIX")[1995] ECR I-157 第 67,69,365,443 页

Case 33/74,*VanBinsbergen v. Bestuur van de Bedrijfsvereiniging Metaalnijverheid*(范·宾斯伯根诉工业产权管理公司)[1979] ECR 1299 第 69 页

Joined Cases 177/82 and 178/82,*Jan van der Haar and Kaveka de Meern BV*(扬·范德哈尔与卡维卡德米尔有限责任公司)[1984] ECR 1797 第 67 页

Case 26/62,*Van Gend en Loos v. Nederlandse Administratie der Belastingen*(范根路斯公司诉荷兰税务总局)[1963] ECR 1,[1963] CMLR 105 第 114 页

Case C-368/95,*Vereinigte Familiapress Zeitungsverlags- und Vertriebs GmbH v. Heinrich Bauer*('Familiapress')(联合家族报业出版与销售公司诉亨里希·鲍尔有限责任公司)("家族报业"))[1997] 3 CMLR 1329 第 66 页

Case C-323/96,('Vlaamse Raad')("弗拉米斯议会")*Commission v. Belgium*(欧盟委员会诉比利时)[1998] ECR I-5063 第 246 页

Case C-87/94,('Walloon Buses')*Commission v. Belgium*("瓦龙公共汽车")(欧盟委员会诉比利时)[1996] ECR I-2043 第 271,443 页

Case 279/80,*Webb*(韦伯)[1981] ECR 3305 第 69 而

Case C-70/94,('Werner')*Fritz Werner Industrie-Ausrüstungen GmbH v. Germany*

("威尔纳")(弗里兹·威尔纳工业设备有限公司诉德国)[1995] ECR I-3989 第 72,86,94,158,163 页

普通法院(前初审法院)

Case T-26/01,*Fiocchi Munizioni SpA v. Commission of the European Communities*(费奥希·慕尼齐奥尼公司诉欧盟委员会)[2003] ECR II-3951 第 79,94,95,99,103-104,111,121,122,125,127,216 页

Case T-258/06,*Germany v. Commission*(德国诉欧盟委员会)[2010] ECR II-2027 第 127,442 页

Case T-411/06,*SOGELMA v. European Agency for Reconstruction*(索哥玛集团诉欧洲重建局)[2008] ECR II-2771 第 276 页

欧盟委员会竞争案例

Case M. 17,*Aérospatiale/MBB*(法国航天制造公司/MBB)[1992] 4 CMLR M70 第 171,174 页

Case M. 086,*Thompson/Pilkington*(汤普森/皮尔金顿),Decision of 23 October 1991(1991 年 10 月 23 日判决),未公布,第 174 页

Case M. 1438,*British Aerospace/GEC Marconi*(英国航空航天公司/GEC 马可尼)(Dec. of 25 June 1999 and press release IP/99/426 of 28 June 1999)(1999 年 6 月 25 日与 1999 年 6 月 28 日新闻公告 IP/99/426)第 25 页

Case N 264/2002,*London Underground Public Private Partnership*(伦敦地铁公私伙伴关系),C(2002)3578,[2002] OJ L-309/14 第 178 页

国际法院(ICJ)

Military and Paramilitary Activities in and against Nicaragua(*Nicaragua v USA*)(在尼加拉瓜和针对尼加拉瓜采取的军事和准军事活动),Merits,1986 ICJ-Reports 第 14,116 16 222 条(6 月 27 日)第 114,115 页

国 家 法 院

VG Koblenz(科布伦茨行政法院),*decision of* 31 January 2005(2005 年 1 月 25 日判决),6 L 2617/04. KO(Germany)(德国)第 461 页

OVG Koblenz(科布伦茨高等行政法院),*decision of* 25 May 2005(2005 年 5 月 25 日判决),7 B 10356/05. OVG(Germany)(德国)第 461 页

High Court(高等法院),*Alstom Transport v. Eurostar International Limited and Siemens plc*(阿尔斯通运输部诉欧洲之星国际有限公司和西门子公司)[2010] EWHC 1828(Ch)(England and Wales)(英格兰和威尔士)第 478 页

欧盟(前欧共体)法律及其他正式法律文表

欧 盟 条 约

《欧洲联盟基本权利宪章》2000
  第 47 条　467,472
  第 52 条　第(1)款　472,481
《欧盟防务共同体条约》1952
  附录Ⅰ至第 107 条　88
  附录Ⅱ至第 107 条　88
《欧洲经济共同体条约》(EEC)(罗马)1957
  第 30 条　29
  第 36 条　29,105
  第 48 条　105
  第 66 条　105
  第 85 条　171
  第 86 条　171
  第 224 条　105
  第 223 条　88,94,106
《欧洲共同体条约》(EC)1992(《阿姆斯特丹条约》1997 及《尼斯条约》2000 修订版)
  第 6 条　70
  第 12 条　70
  第 28 条　66
  第 30 条　67
  第 45 条　105
  第 46 条　71
  第 47 条　7,62,63
  第 49 条
  第 55 条　7,62,83
  第 58 条　74
  第 95 条　7,62,83
  第 226 条　123
  第 227 条　123
  第 296 条　90,94,107,111,174,489
  第 297 条　80,105

第 301 条　158

《欧盟运行条约》(TFEU) 2009

　　第 3 条　62

　　第 4 条　62

　　第 18 条　63,70

　　第 26 条　63,83

　　第 28 条　63

　　第 29 条　64

　　第 30 条　62,64,65,77,83

　　第 34 条　7,65-67,69,79,130,140,141,411,412

　　第 35 条　70

　　第 36 条　66,70,71,73,75,77,79,80,85,86,95,106,110,114,139,140,160,
　　　　166,280,304,391,413,416

　　第 43 条　83

　　第 45 条　97,106

　　第 49 条　7,63,68,69,77,83

　　第 50 条　83

　　第 51 条　97

　　第 52 条　4,7,62,72,73,75,76,77,83,106,134,135,304

　　第 53 条　62,63,83

　　第 56 条　7,62,63,67,69,71,83,412

　　第 62 条　62,63,82

　　第 65 条　74,81,97

　　第 67 条　77

　　第 72 条　62,77,83,97

　　第 101 条　169,170

　　第 102 条　170

　　第 107 条　176,179,181,182

　　第 108 条　121,122,179

　　第 114 条　7,62,82,87,123,157

　　第 207 条　159

　　第 258 条　96,100,118,122-5,131,132,207,210,216,222,286,297

　　第 259 条　85,118,119,123,124,456

　　第 265 条　103

　　第 267 条　483

　　第 275 条　190

第288条　127

第294条　82,83

第337条　128

第346条　1,9,12-14,21,41,45,48,72,73,81,83,85,87,93,102,103,106,107,110,113,115,118,119,121-5,133,135,150,156,171,174,181,192,194,195,200,202,205,207,209-13,215,216,220,221,226,227,238,241,245,260,266,267,278,280,303,308,310,322,340,347,359,361,370,398,403,405,410,414,417,419,420,424,426,428-30,444,461,467,469,477,480,481,484,491

第(1)款(a)项　8,76,85,87,120,128-31,135,278,280,304,473

第(1)款(b)项　8,73,76,85-9,94,101,112,114,118-22,125,127-37,139,141,142,146,156,157,163,165,170,173,174,180-2,184,209-11,213,221,261-3,271,291,304,305,327,374,388,391,413-18,427,456,460,464,467

第(2)款　88,90,94,95,99-101,156,181,262,489

第347条　8,73,74,76,78,81,82,85-7,111,119,125,131-4,213,342,391

第348条　85,87,100,103,115,117-19,122-5,129-31,135,210,347,469

《欧盟条约》(TEU)里斯本 2009

《关于补助与比例原则应用的〈里斯本条约〉2009第2号协议》　78

前言　78,113

第2条　78,113

第4条　121,128,132,133,146

第5条　78

第6条　467

第16条　188

第24条　190

第29条　163

第40条　209

第42条　80,187,189

第45条　187,190-1,209,218-19

欧盟欧洲法院法令 2010

欧盟次级法

指令

《欧洲理事会指令 70/150/EEC》 65

《1989年12月21日欧洲理事会关于协调在公共供应合同与公共工程合同授予过

程中应用与复议相关法律条例及行政管理规定的指令 89/665/EEC》
　　第 2 条　468,476,477,479,480
《1993 年 6 月 14 日欧洲理事会关于协调公共供应合同授予程序的指令 93/36/EC》
　　96
《2004 年 3 月 31 日欧洲理事会关于协调水、能源、交通与邮政服务领域实体采购
　　程序的指令 2004/17/EC》(《公用事业指令》)
　　前言　82
　　第 1 条　350,356
　　第 2 条　253,255,462
　　第 10 条　441
　　第 16 条　271
　　第 22 条　307
　　第 30 条　254
　　第 37 条　431
　　第 38 条　367
　　第 40 条　339,340
《欧洲议会与欧洲理事会关于协调公共工程合同、公共供应合同及公共服务合同授
　　予程序的指令 2004/18/EC》(《公共部门指令》)
　　前言　441
　　第 1 条　247,249,251,252,256,350
　　第 2 条　441
　　第 10 条　102,261,280,290,305-7
　　第 14 条　73,279-81
　　第 15 条　273-6,307
　　第 16 条　299
　　第 23 条　365
　　第 25 条　205,429,431,466
　　第 28 条　300,324,336
　　第 29 条　129,334
　　第 30 条　324,326,339
　　第 31 条　325,338,340-2,345,355
　　第 33 条　129,348
　　第 35 条　364
　　第 37 条　129
　　第 38 条　321,327
　　第 44 条　319,321,323,332,399

第 45 条　384-6,388

第 48 条　389-91

第 58 条　129

第 64 条　129

第 69 条　129

第 75 条　129

附录Ⅲ　249,252

附录Ⅳ　249-52

附录Ⅴ　250

《2004 年 4 月 21 日欧洲议会与欧洲理事会关于企业并购的指令 2004/25/EC》172

《2009 年 5 月 6 日欧洲议会关于简化欧共体内部防务相关产品移转条件的指令 2009/43/EC》(《欧共体内部移转指令》)

前言　62

说明条款第 3 条　148

说明条款第 6 条　145,148,152

说明条款第 7 条　145,152

说明条款第 13 条　50

说明条款第 17 条　76

说明条款第 21 条　150

说明条款第 26 条　151

说明条款第 34 条　152

说明条款第 35 条　153

说明条款第 55 条　50

第 1 条　148

第 3 条　148

第 4 条　149,150

第 5 条　145,150,151

第 6 条　145,151

第 7 条　150

第 8 条　152

第 9 条　151,152,162

第 18 条　369

《2009 年 7 月 13 日欧洲议会与欧洲理事会关于协调国防与安全领域采购当局及实体某些工程合同、供应合同和服务合同的授予程序,并修订〈指令 2004/17/EC〉和〈指令 2004/18/EC〉的国防指令 2009/81/EC》(《国防指令》)

前言　7,62,64,83,232,274,317,464

说明条款第 4 条　245
说明条款第 5 条　245
说明条款第 9 条　245,361,379
说明条款第 10 条　93,94,102,261-3
说明条款第 11 条　264
说明条款第 12 条　245,265
说明条款第 13 条　283
说明条款第 16 条　86,268
说明条款第 18 条　86
说明条款第 20 条　278
说明条款第 23 条　255-9
说明条款第 25 条　464
说明条款第 26 条　273,274
说明条款第 27 条　279,281,282
说明条款第 29 条　289
说明条款第 30 条　298
说明条款第 41 条　367
说明条款第 42 条　393
说明条款第 43 条　394
说明条款第 44 条　389
说明条款第 45 条　419
说明条款第 47 条　325
说明条款第 48 条　335
说明条款第 53 条　343
说明条款第 54 条　343,344
说明条款第 56 条　364
说明条款第 65 条　387
说明条款第 67 条　383,386
说明条款第 68 条　392,395,396
说明条款第 69 条　400
第 1 条　247,248,249,253,255,256,258,259,261,263,283,289,293
第 2 条　260-5,267,278,280,289,303-5,342,462
第 4 条　420
第 7 条　247,379,465
第 8 条　247,269,307,443,445,462
第 11 条　247,283,292,296,301-3,305

451

第 12 条　224,240,247,272-6,286,305,307-9
第 13 条　134,213,224,247,269,272,276-301,304,305,307-9,344,345,346,
　　　　　351,353,354,463,490
第 18 条　365,381,465
第 19 条　247
第 20 条　247,367,420-1,432-4
第 21 条　247,367,430-1,436,438-40,452
第 22 条　379-81,394,429
第 23 条　134,147,342,343,367-79,402,465
第 25 条　325,336,337,431
第 26 条　323,328,332,333,421
第 27 条　331-4
第 28 条　287,300,325,336-47,374,445
第 29 条　348,349,447
第 30 条　336,364
第 32 条　349
第 33 条　311,319,321,327,342,344
第 38 条　319,325,332
第 39 条　383-8,398,400,403,465
第 42 条　380,388-92,394,395,399
第 43 条　393
第 46 条　398
第 47 条　323,400,401,420
第 50 条　430,440,441,466
第 51 条　430,440,441,442,443,466
第 52 条　430,440,442,443,445,446,447,450,466
第 53 条　372,430,440,445,447-9,450,466
第 54 条　430,466
第 55 条　449
第 60 条　475,477,478-81
第 68 条　269,392
第 70 条　290,307
第 71 条　12,290,461
第 73 条　255
第 75 条　257
第Ⅲ部分　207,390,430,432-4,436,439-41,444,445,447-52

第Ⅳ部分　3,12,13,207,455,459-69,473,481-3,488,489

附录Ⅲ　365,465

《2013年5月13日欧洲理事会因克罗地亚共和国的加入而修订某些公共采购指令的指令2013/16/EU》

《2014年2月26日欧洲议会与欧洲理事会关于公共采购与废止〈指令2004/18/EC〉的指令2014/24/EU》

　　说明条款第47条　355

　　说明条款第49条　355

　　第1条第(3)款　280

　　第2条　252,256

　　第4条　270

　　第9条　274,275

　　第12条　268

　　第15条　261,279,305,306

　　第16条　290

　　第18条　441

　　第24条　261,307

　　第31条　355,356

　　第33条　447

　　第37条　347

　　第46条　451

　　第48条　331,389,390,391

　　第56条　469-70,471-3,475,476,477

　　第58条　451

　　第59条　451

　　第71条第(1)款　424,429,431,441,451,452

　　第72条第(3)款　478

　　附录Ⅰ　250,251,252

　　附录Ⅻ　389,390

《2014年2月26日欧洲议会与欧洲理事会关于水、能源、交通与邮政服务领域实体采购并废止〈指令2004/17/EC〉的指令2014/25/EU》　67,290,298,317

　　第4条　253

　　第7-14条　253

　　第24条　290

《2014年2月26日欧洲议会与欧洲理事会关于特许协议的指令2014/23/EU》　3

453

条例

《1989年12月21日欧洲理事会关于企业间并购控制的条例4064/89/EEC》 172

《1989年5月29日关于实施第88/376/EEC号决议、欧洲原子能共同体关于欧共体自有资源制度(OJ 1989 L155/1)的决议,后于1996年7月8日经欧洲理事会第1355/96号条例修订的欧洲理事会第1552/89号条例》
 第2条 109
 第9-11条 109

《1991年12月19日对确立出口共同规则的2603/69/EEC号条例进行修订的欧洲理事会条例》 86

《1992年10月12日确立欧共体海关准则的欧洲理事会条例2913/92/EEC》
 第161条 158
 第182条 158

《1994年12月19日欧洲理事会关于制定欧共体两用产品出口制度的条例3381/94/EC》
 第2条 157,161

《1996年7月8日对修订1552/89/EEC号条例、实施88/376/EEC号欧共体自身资源制度决议的欧洲理事会条例1355/96/EC》 109

《2000年5月22日关于欧共体自身资源制度的欧洲理事会条例1150/2000/EC》 109,118,123

《2000年6月22日确立欧共体两用物项及技术控制制度的欧洲理事会条例1334/2000/EC》 158,161
 第6条 162

《2002年12月16日关于实施《欧盟条约》第81及82条相关竞争规则的欧洲理事会条例1/2003/EC》 130,169
 第28条 130

《2004年1月20日关于企业间并购控制的欧洲理事会条例139/2004/EC》
 说明条款第19条 174-5
 第2条 173
 第21条 175
 第24条 125
 第25条 172

《2009年5月5日关于确立欧共体两用物项出口、移转、代理及运输控制制度的欧洲理事会条例428/2009/EC》(2009年8月27日勘误表) 158-9,162
 第1条 158-9
 第2条 157
 第22条 158-9,160

附录 I 159,160
附录 III 162
附录 IV 158-60

《2009年11月30日欧盟委员会关于对欧洲议会和欧洲理事会〈指令2004/17/EC〉、〈指令2004/18/EC〉和〈指令2009/81/EC〉》进行修订,关于各采购《指令》适用门槛价及各采购《指令》适用门槛价合同授予程序的条例1177/2009/EC》

第3条 270,462

《2011年11月30日欧盟委员会修订欧洲议会和欧洲理事会〈指令2004/17/EC〉、〈指令2004/18/EC〉和〈指令2009/81/EC〉,关于适用门槛价合同授予程序的条例1251/2011/EC》 269

《2013年12月13日欧盟委员会修订欧洲议会和欧洲理事会〈指令2004/17/EC〉、〈指令2004/18/EC〉和〈指令2009/81/EC〉,关于适用门槛价合同授予程序的条例1336/2013/EU》 269

第4条 270,462
前言 272

决议

欧洲理事会决议255/58/EEC,1958年4月15日,定义适用于《欧盟条约》第223条第(1)款第(b)项(现《欧盟运行条约》第346条(1)款(b)项的产品清单(武器、弹药及战争物资) 64,89,91-5,99-102,128,211

欧洲理事会决议88/376/EEC,1998年6月24日,关于欧共体自身资源的制度 109

欧洲理事会决议94/728/EC,1994年10月31日,关于欧共体自身资源的制度 109

欧洲理事会决议94/942/CFSP,1994年12月19日,关于欧洲理事会以《欧盟条约》第13条为依据与两用货物出口控制有关的联合行动 158

欧洲理事会决议94/993/EEC,1994年12月22日,修订欧共体法院规约协定 119

欧盟委员会决议1999/763/EC,1999年3月17日,关于德国不来梅州针对吕尔森海事集团采取的实际实施及建议的优惠措施 122,181

欧洲理事会决议2000/402/CFSP,2000年6月22日,关于两用货物出口控制的联合行动 158

欧洲理事会决议2007/643/CFSP,2007年9月18日,关于欧洲防务局财务规则、采购规则及从欧洲防务局运行预算进行财政捐款的规则 256

欧洲理事会决议2011/411/CFSP,2011年7月12日,制定欧洲防务局法令、席位和运行规则并废止《联合行动2004/551/CFSP》 186

前言　233,235,236
第1条　187,190,209
第2条　187,189,190
第5条　189,191,209,217-19,234,235
第7条　187
第8条　188
第9条　188
第10条　188-9
第11条　189
第19条　237
第20条　237
第23条　190
第24条　234,235
第25条　234

理事会行动与立场

2004年5月12日理事会关于建立欧洲防务局的联合行动 2004/551/CFSP 号
　前言　235
　第1条　186
　第5条　235
　第25条　235

2008年12月8日理事会关于制定规治军事技术及装备出口共同规则的共同立场 2008/944/CFSP　163,228
　说明条款第15条　164
　第4条　164
　第8条　164
　第12条　164

欧盟通讯

欧盟委员会通讯 COM (1996) 10 final: 面对欧洲防务相关工业挑战: 对欧洲统一行动的促进　5,12,23,27,29,37,38,40,48,53,94,137-40,147,148,161,163,167,176,182,183,221

欧盟委员会通讯 COM (1997) 583 final: 实施欧洲联盟国防相关产业相关战略
附录Ⅰ: 关于形成一个统一的欧洲武器政策的共同立场草案　147,183
附录Ⅱ: 防务相关产业行动计划　139,182,183

欧盟委员会通讯 COM (2003) 113 final, 工业与市场问题: 形成欧盟统一的国防装

备政策 5,48,125,137-40,147,157,159,161,167-9,172,173,181-3,221
欧盟委员会国防采购绿皮书 COM（2004）608 final 5,13,48,89,105,125,127, 168,183,221,254,317,428,459
欧盟委员会通讯 COM（2005）626 final：关于国防采购绿皮书发起的意见征询结果及未来欧盟委员会倡议 5,13,23,125,211,212,221,254,316,317,327, 328,428,460
欧盟委员会解释性通讯 COM（2006）779 final：关于在国防采购领域应用《欧盟条约》第 296 条 5,125,126,211,414,415,489
欧盟委员会通讯 COM（2007）764 final：关于更强更具竞争力的欧洲防务工业战略 2,3,22-25,28,106,137,141,168,169,175,177,182,183,393
欧盟委员会绿皮书 COM（2011）15 final：关于实现欧盟公共采购政策的现代化,建成一个效率更高的欧洲采购市场 328
欧盟委员会建议 COM（2011）896 final：颁布一个关于公共采购的欧洲议会和欧洲理事会指令 5
欧盟委员会向欧洲议会和欧洲理事会的报告 COM（2012）565 final：关于将《指令 2009/81/EC》应用到国防与安全采购 6,214,262,423
欧盟委员会通讯 COM（2013）542 final：关于欧洲防务新政：形成一个竞争力更强效率更高的国防与安全领域 2,5,19,20,23,27,28,33,34,36,37,40,48, 106,137,181,183,211,286,294,357,360,362,365,453,454,491

欧洲防务局法律

2005 年《欧洲防务局国防采购行为准则》 191-8,429
2011 年《欧洲防务局补偿贸易行为准则》 198-207,411,424,426-7
2006 年《欧洲防务局供应链最佳实践》 198,205,429

国际条约

世界贸易组织《与贸易有关的知识产权协定》(TRIPS),1995 年
第 73 条 114,134
《欧洲人权公约》(ECHR)(2010 年修订),1953 年,第 15 条 134
《欧洲空间局采购条例》,2011 年 313,352
《联合军备采购组织(Organisation Conjointe de Cooperation en matiere d'Armement, OCCAR)成立公约》,2006 年
第 5 条 223
《法兰西共和国、德意志联邦共和国、意大利共和国、西班牙王国、瑞典王国、大不列颠及北爱尔兰联合王国关于促进欧洲防务工业重组与运行措施的框架协议》(意向书),2000 年 7 月 27 日,法恩伯勒 225-231

世界贸易组织《关贸总协定》(GATT),1948年(1995年修订)第XXI条 114,115
世界贸易组织《服务贸易总协定》(GATS),1995年,第XIV条 114,134
世界贸易组织《政府采购协议》(GPA),1996年(2012年修订)第VII条 313
第XIV条 419,420
《北大西洋公约》(NATO),1949年,第42条 46
《美伊友好经济关系及领事权利条约》 1955年
第XX条 134
《联合国国际贸易法委员会(UNCITRAL)公共采购示范法》,2012年
 第27条 313,336,351
 第28条 313
 第30条 336
 第34条 336
《维也纳条约法公约》,1969年,第31条 114
 第32条 114

国 家 法 律

《奥地利国防安全采购法》(BVergGVS),2012年,奥地利
 第23条 317,322,331,346
 第25条 341
 第28条 331,334
 第30条 444,446
 第34条 444,446
 第74条 433,435,437
 第112条 347
 第116条 443,451
 第117条 446,451
 第118条 446,451
 第119条 448,451
 第120条 447,451
 第121条 450,451
 第122条 451
《行政法庭及行政上诉法庭法规》(法国) 第L22条 471
 第L23条 471
《2003年7月11日内政部授权采购用于警务及国内消防服务的轻型直升机的公共供应合同豁免于欧共体规则的第558/A/04/03/RR号法令》,2003年(意大利) 96

《国防安全公共合同条例》(DSPCR),2011,英国
- 第7条　302,346
- 第16条　341,346,381
- 第27条　331,341,346
- 第37条　432,433,441
- 第42条　446,447
- 第44条　448,450
- 第48条　347

《欧盟(国防安全合同授予)条例》(ACRDSR),2012年,爱尔兰共和国)
- 第19条　432,433,435,437,441
- 第27条　341,346
- 第40条　347
- 第60条　443,446
- 第61条　447
- 第62条　448,450

《联邦采购条例》(FAR 14.101),美国　313

《反限制竞争法》(GWB),德国

- 第104(1)条　471
- 第105(2)条　470
- 第110a条　474
- 第116(3)条　470

《德国国防安全采购条例》(VSVgV)2012年,德国
- 第1条　346
- 第9条　432,433,435,437,441
- 第11条　317,322,331,334
- 第12条　341,346
- 第13条　331
- 第38条　443,451
- 第39条　451
- 第40条　448,450,451
- 第41条　447,451
- 第44条　347

缩 略 语

ACRDSR	European Union (Award of Contracts Relating to Defence and Security) Regulations (Republic of Ireland) 2012	《欧盟(国防安全合同授予)条例》(爱尔兰共和国)(2012)
BAe	British Aerospace Systems	英国航空航天系统公司
BDSV	German Defence Industries Association	德国国防工业协会
BVergGVS	Austrian Defence and Security Procurement Law 2012	《奥地利国防安全采购法》(2012)
CEN	European Committee for Standardization	欧洲标准化委员会
CENELC	European Committee for Electrotechnical Standardisation	欧洲电子技术标准化委员会
CEPMA	Central Europe Pipeline Management Agency (NATO)	中欧管道管理局(NATO)
CERTIDER	Register for the Certified Defence-related Enterprises	核准国防企业登记
CFSP	Common Foreign and Security Policy	共同外交与安全政策
CMLR	Common Market Law Reports	《共同市场法律报告》
CoC	Code of Conduct	《行为准则》
CSDP	Common Security and Defence Policy	共同安全与防卫政策
CST	Common Staff Targets	共同参谋机构目标
DSPCR	United Kingdom Defence and Security Procurement Regulations 2012	《联合王国国防安全采购条例》(2012)
EADS	European Aeronautic Defence and Space Company	欧洲航空防御与航天公司
EBB	European Bulletin Board	欧洲公告板
EC	European Community	欧洲共同体
ECAP	European Capabilities and Armaments Policy	欧洲能力与军备政策
ECDP	European Capabilities Development Plan	欧洲能力发展计划
ECJ	European Court of Justice/Court of Justice of the EU	欧洲法院/欧盟法院
ECR	European Court Reports	《欧洲法院报告》

EDA	European Defence Agency	欧洲防务局
EDEM	European Defence Equipment Market	欧洲防务装备市场
EDIG	European Defence Industries Group	欧洲国防工业集团
EDSTAR	European Defence Standards Reference System	欧洲防务标准参照体系
EDTIB	European Defence Technological and Industrial Base	欧洲国防技术与工业基础
EEA	European Economic Area	欧洲经济区
EEC	European Economic Community	欧洲经济共同体
ESA	European Space Agency	欧洲空间局
ESDP	European Security and Defence Policy	欧洲安全与防卫政策
ESS	European Security Strategy	欧洲安全战略
ETSI	European Telecommunications Institute	欧洲电信协会
EU	European Union	欧盟
EUR	Euro	欧元
EUROPA	European Understanding of Research Organisation, Programmes and Activities	《欧洲研究组织、计划与行动谅解书》
FA	Framework (Farnborough) Agreement (see LoI)	（法恩伯勒）框架协议（参见 LoI）
FAR	Federal Acquisition Regulations (USA)	美国《联邦采购条例》
FOI	Swedish Defence Research Institute	瑞典国防研究院
FYROM	Former Yugoslav Republic of Macedonia	前南斯拉夫马其顿共和国
GPL	Global Project Licence	全球项目证书
GWB	German Competition Act	《德国竞争法》
HMR	Harmonisation of Military Requirements	军事需求协调小组委员会
ICT	Intra-Community Transfers	《欧共体内部移转指令》
IEPG	Independent European Programme Group	独立欧洲计划组织
ISDEFE	Spanish Defence Research Institute	西班牙国防研究院
LoI	Letter of Intent	意向书
LTV	Long-Term Vision	长期愿景
NAHEMA	NATO Helicopter for the 1990s (NH90) Design and Development, Production and Logistics Management Agency	北约 20 世纪 90 年代直升机（NH90）设计开发、生产与后勤管理局
NAMA	NATO Airlift Management Agency	北约空运管理局
NAMSA	NATO Maintenance and Supply Agency	北约维修保障局
NATO	Northern Atlantic Treaty Organisation	北大西洋公约组织

NETMA	Eurofighter and Tornado Management Agency	北约"台风"与"龙卷风"战机管理局
NSPA	NATO Support Agency	北约保障局
OCCAR	Organisation for Joint Armaments Procurement	联合军备采购组织
OJ	Official Journal of the EU	《欧盟官方公报》
PFI	Private Finance Initiative	民间主动融资
PPP	Public-Private Partnership	公私伙伴关系
PQQ	Pre-qualification Questionnaire	资格预选调查问卷
RAND	US National Defence Research Institute	美国国防研究院
R&D	Research and Development	研究与开发
R&T	Research and Technology	研究与技术
SIPRI	Stockholm International Peace Research Institute	斯德哥尔摩国际和平研究所
SME	Small and Medium-sized Enterprises	中小企业
TED	Tenders Electronic Daily	《每日电子标讯》
VAT	Value Added Tax	增值税
VgVVS	German Defence and Security Procurement Regulations 2012	《德国国防安全采购条例》(2012)
WEAG	Western European Armaments Group	西欧军备小组
WEAO	Western European Armaments Organisation	西欧军备组织
WEU	Western European Union	西欧联盟
WTO	World Trade Organisation	世界贸易组织

索　引

A400M 运输机 53
　　补偿贸易的相互消减 202
　　滥用
　　　　主导地位 170,171,173
　　　　安全豁免条款 106,129-131,238
　　　　分包豁免条款 449
　　快速,加速
　　　　事先发布合同公告的谈判 326
　　　　限制招标 321
　　文件读取。**参见**"信息安全"
采购(欧共体) 194,209,210,459
《防务相关产业行动计划》 167
　　特别 53,54,188,194,219,220,236,352,411
　　修改,适应
　　　　作为合同履行条件。**参见**"维护、现代化和《公共部门指令》对《国防安全采购指令》对复议与救济制度的修改" 462-467
新增交付,对不事先发布合同公告的谈判的使用 340,341
因危机导致的新增需求,用于合同履行条件 373,374,377
行政法庭 461,471
有利条款,对不事先发布合同公告进行的谈判时使用 340
广告。**参见**"公告发布"
航空航天 44,171
　　阿富汗 44,290,291,292,343
　　受害投标人,复议与救济制度。**参见**"诉讼;救济;复议"
阿古斯塔·威斯特兰 25
空中与海上运输行动 343,344
空袭庇护所 266
飞机 23
　　参见"具体类型"
　　战斗机,25,169,170,236,270,416

　　　　租借,49
　　　　军用　35,91-93,100,101
　　　　运输　53,95,231
　　与初始合同有实质性差异的修改　478
《阿姆斯特丹条约》　107,118,234
2010年《英法防务条约》　231,233
　　反腐　3,58
　　防改设备　371
　　反托拉斯法,**参见**"竞争与竞争法"
阿波斯托, A. R.　355
　　上诉法庭　461,470,471
　　仲裁与调解服务　277
　　自由、安全与公正有关领域　71
　　武器,防务出口　163-166
武器豁免 （欧盟运行条约）第346条第（1）款（b）项）　87-128
　　　　～滥用　106,238
　　　　～双边检查　122
　　　　～举证责任　119,120,126
　　　　按照逐案审查的方式,克减　120,121,128,129,415,419
　　　　2006年欧盟委员会解释性通讯　125-127,414,489
　　　　竞争法与～　170
　　　　保密性与～　473
　　　　试图减少～应用的《国防安全采购指令》　72,85
　　　　军民两用物资　93-95,96-101
　　　　欧洲法院不愿意对此进行解释　107
　　　　《欧防局采购准则》及～　193,199,209-213,215,216,221,238,430,444
　　　　～效果　104-125
　　　　有效解释和比例原则　117
　　　　涉及～的强制性执行措施　467
　　　　用于出口的出口物资　88
　　　　硬性防务物资　89,93,95,103-106
　　　　欧洲一体化趋势　48
　　　　～审查力度　110-113
　　　　内部市场与～　104-108
　　　　对～解释　104-108,127,128
　　　　欧共体内部移转与～　141,142

清单上的物项　90-94

　　不在清单上的物项　94,95

　　司法审查　100,116,119,122

　　1958年(武器、弹药和战争物资)清单　88-104,134

　　受影响的市场和~　128,129

　　《国防安全采购指令》的物资范畴以及~　263,464

　　兼并控制与~　174

　　军事用途要求　96-103,128-133

　　国家安全与~　41,108-110

　　必要要求　108-110,114-116

　　取代~的不事先发布合同公告的谈判　339

　　通知　121

　　~下的补偿贸易　414-418,467

　　程序要求　121,122

　　比例原则　113-119

　　~条款　87

　　救济措施　122

　　适应~的复议与救济程序，460,461

　　保密例外,与~共有的特点,133

　　特别复议程序　117-119,153-156

　　国家补助与~　181

武器,欧共体内部移转　140-156

　　武器例外与~　141,142

　　《欧共体内部移转指令》之前　143-146

　　《欧共体内部移转指令》的规定　147-156

　　　　另参见"《欧共体内部移转(ICT)指令》"

　　许可证书。参见"证书"

　　关于~的国家法律　143-146

　　　对采购的直接影响　146-147

武器或防务市场(军事)

　　"六强"与"其他"成员国的划分　24

　　与安全市场的区别　18,21,60

　　重复　33-35

　　高成本问题　35-37

　　对于欧洲经济的重要性　18

　　所有成员国的有限能力　24

465

卖主垄断与重复　33
　　　买主垄断　31,32
　　　主要经济特征　27-39
　　　主承包商　22-25
　　　保护主义　28-31
　　　分包商　27
武器贸易　138
　　　防务出口　163-166
　　　欧共体内部移转。参见"武器,欧共体内部移转"
　　　市场。参见"武器或防务市场"
　　　《欧盟运行条约》豁免。参见"武器豁免"
武装力量
　　　作为采购当局的~,为达到《国防安全采购指令》目的　249-251
　　　派驻海外的~　288-292,344,345
　　　军队合作时的互操作性　44,45
　　　多国~　44
　　　非军事~　264
　　　驻军　274,275
武器禁运　164
苏·爱罗史密斯　324,329,330
火炮　23,90,92
拍卖,电子　350
奥地利,至~的防务出口　162
澳大利亚集团　161
奥地利
　　　补偿贸易　427
　　　复议与救济　461,463,471,476,481
　　　对《国防安全采购指令》的转化。参见"《国防安全采购指令》的转化"
自给自足　39,41
授权书
　　　武器防务出口~　164
　　　两用货物防务出口~　162
　　　全球出口~　162
　　　个别出口~　162
　　　欧共体内部两用货物贸易　159
　　　国内通用出口~　162

事先取得~的义务　149

授予。**参见**"合同授予与授标标准"

B-2 "幽灵"轰炸机　35

细菌类货物与服务　195

BAe 系统公司　25,34,38

平衡。**参见**"补偿贸易"

破产　349,377,382

比利时

  于武器或防务市场　24

  与荷兰和卢森堡的双边倡议　231

  国防预算削减　19

  联合军备采购组织与~　235

  补偿贸易　427

《柏林补充协议》　49

比亚罗斯,杰弗里·P,396

招标邀请　398-400

投标人

  另参见"合同履行条件；非歧视性原则；投标人资格预选；投标人选择标准"技术规格

  平等待遇　1,196,213,323,332,401,441-445

  排序　399

  可靠性　11,42,43,358,360,361,372,380,382,383,386,404,439,486

防务市场"六强"成员国　24

武器豁免双边检查　122

双边倡议(防务一体化)　231,232

生物武器或制剂　90,161,195

黑匣子　371

布莱尔,托尼　186

边境保护　252,264,267,279,281,306,309

鲍舍,迈克尔 Bowsher,Michael　378

贿赂者指数　58

预算(采购前)阶段　358,363

保加利亚

  国防预算削减　19

  加入北约和欧盟　46

补偿贸易　427
布尔加,德·格莱尼　76-78,110
举证责任
　　武器豁免　119,120,126
　　　　不事先发布合同公告的谈判与~　337
伯耐特,迈克尔　334
巴特勒,卢克　303
购买美国货
　　《国防安全采购指令》内部市场议事日程与~　29
　　　　成员国~的趋势　29
购买欧洲货
　　鼓励~的《国防指令》　30
　　　　成员国对~的抵制　29

分订单合同　348,349
加拿大
　　至~的防务出口　162
　　　　资源地理位置（投标人资格预选）　391
资本与支出的自由流动　71
资本注入　37,176
逐案审查的基础上,应用于《欧盟运行条约》克减　120,121,128,129,133,304,415,419
CCP（共同商务政策）163
生产停止,作为合同履行条件　376,377
CEN（欧洲标准委员会）　167
CENELEC（欧洲电子技术标准委员会）　167
中欧管道管理局（CEPMA）　239
集中采购机构　255-259
集中式欧洲防务局建议　35,59
CEPMA（中欧管道管理局）239
CERTIDER（防务相关企业合格登记）　152
合格证书与证书发放
　　合同履行条件要求　377
　　终端用户证书　140,164
　　《欧共体内部移转指令》的规定　151,152,156
　　分包商　439

CFSP。**参见**"共同外交与安全政策"
欧洲防务相关产业面临的挑战 （1996） 167,221
 相当于关税的收费 64,70
《欧盟联盟基本权利宪章》 467,472-474
 化学武器与制剂 90,159,161,195
 首席执行官（EDA） 187-189
 希拉克,雅克 186
 民用货物、服务和工程 2,18,41,98,289-291
 间接民事补偿贸易 55,407,415,417
 民事保护 264
 机密信息 43,44,263,264,361,379,380,392-397,399
 洗消服务 266,290,306,351
 机密信息许可证。**参见**"接触机密材料许可证"
COCOM （多边出口控制协调委员会） 161
 共同决策 83,459
 冷战结束与国防预算减少 19
 协作 53,54
　　欧防局协作项目以及共同研究计划 53,218-220,351
　　欧防局采购程序与~ 352-354
　　《意向书》与共同研究计划 228,229
　　合作项目中不受《国际市场指令》约束的物资范畴 283-288
　　联合军备采购组织对协作项目的管理 53,219,223,224,351
　　协作式研发项目的采购程序 53,283-288
　　规则,需求 489
 操作的有效性(互操作性) 44,45,217,401
 委员会。**参见**"欧盟委员会"
欧共体市场,不事先发布合同公告的谈判的使用 340
 共同商务政策(CCP) 163
 共同欧洲利益
　　意向书组织的~ 225,226
 共同外交与安全政策(CFSP)
　　~中的共同立场 163
　　作为~一部分的共同安全与防务政策 185
　　武器的防务出口 165
　　欧防局与~ 221,222
　　欧洲一体化趋势 46

469

习惯法法律制度 6
《共同军事用品清单》
    定义 164
    《欧共体内部移转指令》与~ 154,155
    欧共体内部两用货物移转 159
    《国防安全采购指令》的物资范畴与~ 262
共同立场,概念 163
共同安全与防务政策(CSDP) 185
    驻扎在第三方国家的军队 288,292,344
    作为~一部分的共同外交与安全政策 185
    作为~一部分的欧洲能力与军备政策 186
    作为~主要成分的欧防局 186,221,222
    欧洲的一体化趋势 46
    互操作性问题 44,45
    国家主权与~ 40
《(欧盟委员会)2005年12月通讯》 212,221
能力
    成员国在外交政策上的~ 163
    成员国在欧共体内部移转上的~ 148,153
    共享~ 62
《实施欧盟防务相关产业战略的通讯》(1997) 167
竞争与竞争法 1,169-171,**另参见**"兼并与兼并控制;保护主义"
    滥用主导地位 170,171,173
    武器例外与~ 170
    跨境竞争 199,200
    《国防指令》与~ 171
    与~相关的防务产业, 169,170
    破坏竞争 37,85,124,161,169,171,172,176,182,447
    按照竞争方式进行最小比例分包(分包方式C) 434-436
    最小比例工程分包,最小比例之外的按照招标方式进行分包(分包方式D) 436-438
    垄断 33,171,173
    买主垄断 31,32
    采购方式,采购方式的竞争范围 311,314,319,327,329,336
    影响竞争的国家补助 176
    按照招标方式进行分包(分包方式B)(Option B) 432-434

接管　172,175

竞争性对话　331-336

　　～的新增要求　332

　　～的特点　331,332

　　～的灵活性　334

　　～与事先发布合同公告的谈判的对比　331-336,490

　　　国家补助与～　178,180

国防采购的复杂性　326

遵守

　　～招标与投标法规　197,313,319

　　～合同履行条件　366

　　～《欧防局采购行为准则》授标标准　197

调解与仲裁服务　277

授权原则　82

机密性

　　武器例外与～　473

　　作为合同履行条件的保密承诺　379,380

　　复议与救济制度　60,471-474

冲突原则　273

最高行政法院（法国）　471

《宪法条约》　107,186

消费者保护　13,66,69,166,459

合同授予与授标标准　400-403

　　没有任何采购程序而进行的授予（非法直接授予）　477

　　最具经济效益标　400,401

　　《欧防局采购行为准则》标准与程序　196-198

　　互操作性及操作特点　401

　　最低价格　400

　　不事先发布合同公告的谈判所要求的通知　336

　　补偿贸易与～　420

　　关于～的《公共部门指令》和《公用事业指令》　400,402

　　投标人资格预选　382,383,403

　　信息安全与供应安全问题　400-403

　　停顿期　179,302,458,477,479

　　分包　450,451

　　透明性、非歧视性和平等待遇原则　401,403

471

向成员国国内法的转化　403,405
合同管理(采购后)阶段　311,358,363,366,382
合同履行条件　366-382
　　证书与文件要求　377
　　机密性,保密承诺　379,380
　　危机引发的新增需求　373,374,377
　　《国防指令》规定　367,368
　　透露、转移与使用限制　370,371
　　货物的出口、移转和跨境运输　368-370
　　《国防指令》中未做明确要求　381
　　产业变化　376
　　告知义务　377
　　维修、现代化和改装要求　375-377
　　生产要求　376-378
　　在《公共部门指令》中的~　378,381
　　在发布的合同公告中的~　362-364
　　信息安全与~　366,379-381
　　供应安全,保证　366,368,379
　　分包商信息　380,381
　　供应链组织　371-373
　　《公用事业指令》中的~　367,378,381
采购实体或当局
　　属于《国防指令》的适用范围。**参见**"法人范畴"
　　作为~的欧防局　220
　　缺乏一个~清单　259,260,489
　　作为主承包商授予分包合同时的~　451
　　接触机密材料许可证与~　392-397
合同
　　另参见"投标人;分包商和分包;投标人资格预选;分包商与分包;与初始合同产生实质性不同的技术与合同内容变更",478
　　分订单~　348,349
　　成本加成~　179,180
　　~定义　248
　　就业~　277
　　固定价格~　179
　　后续工程~　195,346,375,377

政府间~　292-299,490

　　内部~　268,269

　　~邀请招标或谈判　398-400

　　《国防指令》适用范围内的~性质　59

　　~公告的发布　362-364,438,445,446

　　通过~义务实施的补偿贸易　409

　　独立于~的补偿贸易合同　408

　　~定价结构　179

　　契约至上　477

　　保密豁免与公告要求　128,129

　　后续~　295

　　敏感~　263-264

　　~签订的不同阶段　358,359

　　主~的分包要求　438-440

　　目标成本激励费~　179,180

（程序）控制机制　347

合作。**参见**"协作"

多边出口控制协调委员会（COCOM）　161

腐败

　　反~　3,58

　　不事先发布合同公告的谈判与~　337

　　~问题　57,58

成本加成合同　179,180

成本

　　高~,作为武器市场上经济问题的　35-37

　　　许可证书~　141,142

　　　正常商业交易的定价结构　179

　　　限制招标的交易~　315,320

欧洲联盟理事会　83

反情报　281

行政法庭　461,471

上诉法庭　461,470,471

约束范围,**参见**"适用范围"

考克斯,安德鲁　35

克莱格,保尔　78

作为投标人强制性淘汰标准的犯罪记录　382,383

473

犯罪组织　20,219,279,281,382,383

危机管理任务　264

危机

　　与~导致的新增需求有关的合同履行条件　373,374,377

　　定义　373

　　针对~制定的例外(《欧盟运行条约》第347条)　133,134,342

　　因~而采取的不事行合同公告的谈判　342-344

跨境业务关系　446

跨境竞争　199,200

跨境兼并　173,174

货物的跨境流动　369

跨境采购　173

跨境持股　173

交叉补贴　179,182

密码技术与密码设备　159,195

CSDP(共同安全与防务政策)。参见"共同安全与防务政策"

关税　64,70,139

　关税服务　264

塞浦路斯,与补偿贸易　416,417,427

捷克共和国

　　于武器或防务市场　24

　　加入北约和欧盟　46

　　补偿贸易　427

赔偿金　458

默认采购方式

　　作为《国防指令》默认采购方式的事先发布合同公告的谈判　327

　　旧版本公共《指令》中作为默认采购方式的公开招标　313

《欧盟运行条约》的防务克减　7,85-135

　　另参见"武器豁免;保密豁免"

　　在逐案审查的基础上应用　120,121,128,129,133,304,415,419

　　危机例外(《欧盟运行条约》第347条)　133,134,342

　　欧洲法院关于~　86

　　受制于~的《欧共体内部移转指令》　154

　　互操作性与~　45

　　《国防指令》的物资范畴与~　267,303-305

国家安全与~　42
　　不事先发布合同公告的谈判而不是采用~　339
　　公共安全例外与~的比较　85,87,111
　　源自~的《国防指令》复议与救济制度　460,461
《国防指令》(欧盟国防安全采购指令 2009/81/EC)1-14,17-60,484-492
　　~的目标　1,12,72,85,147,148,490
　　由~引发的变化　4
　　《公共部门指令》与~的对比分析　5
　　竞争法与~　171
　　合同公告的发布　362-364
　　关于合同履行条件　367,368
　　　　另参见"合同履行条件"
　　~规定的危机豁免　134
　　《欧盟运行条约》的防务克减与~　7,85-135
　　　　另参见对《欧盟运行条约》防务克减　87
　　与《公共部门指令》的不同
　经济背景　18-39
　　　　另参见"经济背景"
　《欧防局采购行为准则》,遵守~　209-216
　　开始生效　3
　　内部市场法~之外的欧洲武器法律与政策与~　8,185-241
　　　　另参见"特别组织与倡议"
　内部市场背景　8,136-184
　　　　另参见"内部市场"
　　对~的解释　5
　　~的法律基础　7,61-84,484
　　　　另参见"《国防指令》的法律基础"
　联合军备采购组织与~　224-225
　　补偿贸易　11,54-57,410-428,487,488
　　　　另参见"补偿贸易"
　政治/军事背景　39-49
　　　　另参见"政治/军事背景"
　成员国在~上的政治愿望　13
　《欧盟运行条约》的原则与~　442
　采购方式　10,310-356,485,486
　　　　另参见"采购方式"

475

欧盟的公共采购法,目的与目标　1
《公共部门指令》,以~为基础的　4,484
　复议与救济制度　12,455-483,488,489
　　　另参见"复议与救济制度"
保密条款　301
　适用范围　10,245-309,484,485
　　　另参见"《国防指令》的适用范围"
供应安全与信息安全　11,358-405,486,487
　　　另参见"信息安全;供应安全"
特别环境条件,考虑的重要性　59
　分包　11,428-452,487,488
　　　另参见"分包商与分包"
分包成功　491
　关于技术规格　364,365
　　　另参见"技术规格"
技术与合同背景　49-58
　　　另参见"技术与合同背景"
门槛价　269-272
　向成员国国内法的转化　6,14
　　　另参见"《国防指令》的转化"
防务经济问题　36
防务电子　23,36
国防豁免与除外责任。参见"豁免,例外与免责"
防务出口　160-166
　武器~　163-166
　　武器豁免与~　103,104
　　控制制度　161
　　定义　138
　　与欧共体内部移转的区别　149
　　两用货物的~　161-163
　　《欧盟武器出口行为准则》　162
　　~的重要性　160
　　~国内法　144
　　~中的保护主义　160
　　对防务工业的监管　137,152,182,184,207
　　防务市场。参见"武器或防务市场"

一揽子国防法规　3,8,39,43,47-59,127,137,142,143,147,156,169,175,
　　177,184,230-231,237,360,369,393,403,405,459,486
国防采购
　　　现代化的好处　2
　　　武器市场与安全市场的区别　18,21
　　　另参见"武器或防务市场;安全市场"
　　　~的经济背景。**参见**"经济背景"
　　　~在欧洲经济中的重要性　2
　　　欧洲的低效率　38-39
　　　政治/军事背景。**参见**"政治/军事前景"
　　　~方式。**参见**"采购方式"
　　　通过《国防指令》实现的规制。**参见**"《国防指令》"
　　　~规制之前的研究　4
　　　技术与合同背景。**参见**"技术与合同背景"
　　　《国防指令》之前的未规制状况　1
出口延迟　369,371
对防务与安全货物和服务的要求　18-21
民主赤字　77,190,424
丹麦
　　　~于武器或防务市场　24
　　　共同外交与安全政策与~　18
　　　国防预算缩减　19
　　　欧防局协作与~　220
　　　《欧防局采购准则》与~　191,192
可调度性　197
对《欧盟运行条约》的克减。**参见**"对《欧盟运行条约》的防务克减"
说明与说明性质　381,402,464-466
迪尼,兰伯托　107
直接非法授标　477
直接军事补偿贸易　55,407,417
信息披露,对信息披露的限制　370,371
报废阶段/服务合同　52,53
对竞争的破坏　37,85,124,161,169,171,172,176,182,447
文件要求,作为合同履行条件　377
在市场占主导地位　170,171,173
两用货物

477

不适用于~的武器豁免　93-95,96-101

　　　关税　139

　　　作为防务出口的~　161-163

　　　定义　157

　　　~在欧共体内部的移转　156-160

　　　~公共安全豁免　156

　　　~管理　158-160

　　　国家补助与~　182

　　　~贸易　138

　两家卖主垄断　33

　重复　33-35,58,230-232

　　　另参见"分裂"

动态采购制度　350,351

EADS　（欧洲航空防务与空间公司）　25,38
EBB　（欧洲电子公告板）　196,211-216,257,271,298,362
ECAP　（欧洲能力与军备政策）　186,189,190,221
ECDP　（欧洲能力发展计划）　217
ECHR　（欧洲人权公约）　468-474
ECJ,　参见"欧洲法院"
经济背景　18-39

　　"六强"与其他成员国,市场份额的划分　24,26

　　　国防与安全服务需要　18-21

　　　武器市场与安全市场的区分　18,21,60

　　　另参见"武器或防务市场;安全市场"

　　重复　33-35,58

　　高成本问题　35-37

　　欧洲国防采购的低效　38,39,58

　　垄断和两家卖主垄断 33

　　买主垄断　31,32

　　国防采购的主要经济特征　27-39

　　保护主义趋势　28-31

　　研发融资　50

　　国有制与控制问题　37,38

　　国防与安全工业的结构　21-27

　2008年经济危机　19

投标人的经济和财务状况　388-399

经营者。**参见**"投标人"

作为授标标准的最具经济效益标　400,401

学习效益,难以取得　59

规模效益

  协作,作为取得~的手段　54

  难以取得~　59

EDA,**参见**"欧洲防务局"

《欧防局采购与供应链准则》(《欧防局采购准则》)　5,191-216

  目的与目标　191

  武器豁免与~　193,199,209-213,215,216,221,238,430,444

  授标程序与标准　196-198

  与《国防安全采购指令》的一致性　207-209

  合同公告,发布　362

  强执与救济　207-209

  ~的明确　191

  豁免于~约束　194,195

  补偿贸易　198-204,424,426,427

  约束范围　193-195

  ~中的分包　198,204-207,429,440,444

  ~的中止　214,238

  门槛价　270

  ~的自愿性与非法律约束性　192,193

欧防局补偿贸易门户　427

欧防局采购门户　215

EDC　(欧洲防务共同体)与《欧洲防务共同体条约》　106,221

EDEM　(欧洲防务装备市场)　187,224

EDIG　(欧洲国防工业集团)　141

EDITB　(欧洲国防工业与技术基础)　187,203,284

EDSTAR　(欧洲防务标准参照体系)　168,169

EEA　(欧洲经济区)　14,32,142,190,207,427

EEC　(欧洲经济共同体)　106

有效解释原则　117

艾森哈特,多米尼克　417,418

电子拍卖　350

就业

~合同 277

　　　国防领域的~ 2,32,36,39,54,160

　　　劳动力的自由流动 68,71

终端用户许可证书 140,164

实施,执行

　　　另参见"复议与救济"

　　　武器豁免与~ 467

　　　　欧防局采购准则 207-209

　　　　~的重要性 456-458

引擎 23

平等待遇原则 1,196,213,323,332,401,441-445

均衡。**参见**"补偿贸易"

等同于

　　　~关税的收费 64,70

　　　~数量限制 65,66,71,79,139,141,411

ESA （欧洲空间局） 352-354

ESDP （欧洲安全与防务政策） 86,158

ESS （欧洲安全战略） 35

重大安全利益 73,87,109,114,116,128,129,277,278,463,473

开业自由 67-70,414

爱沙尼亚

　　　加入北约和欧盟 46

　　　补偿贸易 427

ETSI （欧洲电信协会） 167

EU。**参见**"欧洲联盟"

欧洲直升机公司 171

欧洲战机/台风飞机 25,53,169,218,283,338,351

EUROPA （研究组织、计划和活动谅解备忘录） 229,233,234

欧洲航空与空间公司(EADS) 25,38

欧洲军备合作战略 217

欧洲电子公告板(EBB) 196,211-216,257,271,298,362

欧洲能力与军备政策(ECAP) 186,189,190,221

欧盟能力发展计划(ECDP) 217

欧盟委员会

　　　关于武器与"欧共体"法 221

　　　武器豁免,2006年关于武器豁免的解释性通讯 125-127,414,489

《欧防局采购准则》与~　190,211,212
　　~对采购法的实施　456-458
　　《指导说明》　12,247,422-425,483,490
　　内部市场倡议。**参见**"内部市场"
　　~关于补偿贸易　422-425
　　~关于《国防指令》的适用范围　12,247
　　保密豁免与~　130
　　投票权　188,190,216
欧洲电子技术标准化委员会　(CENELEC)　167
欧洲标准化委员会(CEN)　167
欧洲公约(宪法)　107,186
欧洲人权公约(ECHR)　468-474
欧洲理事会
　　欧防局欧洲理事会决议　186,187,189,190,209
　　涉及~的补偿贸易禁令　423
欧洲法院(ECJ)
　　参见"判例法列表"
　　武器豁免,不愿意解释　107
　　~关于合同授标标准　402
　　~关于对《欧盟运行条约》的克减　86
　　~关于防务出口　163
　　欧防局与~　190,212
　　《欧防局采购准则》与~　194,196
　　~关于货物的自由流动　66
　　~关于服务的自由流动和开业自由　69
　　欧洲的现代化趋势　48
　　补偿贸易与~　416,423,428
　　~关于比例原则　76-81
　　~关于公共安全豁免　72
　　~关于投标人资格预选　382,383-388
　　安全条款与~　302
欧洲防务局(EDA)186-222
　　另参见"《欧防局采购与供应链准则》"
　　作为《国防指令》法人范畴内的集中采购机构　256-258
　　协作项目与联合研究计划　53,218-220,351
　　作为采购实体的~　220

481

共同安全与外交政策,作为~的主要组成部分　186,221,222
~政策的演变　189-191
欧洲能力与军备政策　186,189,190,221
欧防局补偿贸易门户　427
欧防局采购门户　215
~欧洲空间局协作式研发项目采购方式　354
成立与目标　185-187
其他研究院与~之间的外部分裂　232-237
分裂,克服　232-234,235-237
内部市场倡议与~之间的内部分裂　234
司法审查与~　190,192,207
未经~处理的证书问题　146
意向书组织与~　227-234
《国防指令》物资范畴与~　273,276
国家能力义务,评估　217,218
联合军备采购组织与~　219,225,232-234
关于补偿贸易逐步退出　454
组织结构　187-189
加入~的灵活性　236
切入点　207
共享,关于共享的行为准则　218
作战急需　195
《采购条例》　220
采购规则与欧防局运行预算出资规则　220
改革后的采购制度,必要性　489
《研发项目用户指南》　220
范围　247
签署成员国　191
~的任务　189
西欧军备小组和西欧军备组织活动,移交给~的　233-237
欧洲防务共同体(EDC)和《欧洲防务共同体条约》　106,221
欧洲防务装备市场(EDEM)　187,224
欧洲防务工业与市场问题:形成一个欧洲防务装备政策(欧盟委员会)　137,168
欧洲国防工业与技术基础(EDITB)　187,203,284
欧洲国防工业集团(EDIG)　141

欧洲防务标准参照体系(EDSTAR)　168,169
欧洲经济区(EEA)　14,32,142,190,207,427
欧洲经济共同体(EEC)　106
欧洲内部市场与消费者保护委员会　13,459,479
欧洲联合行动　86,158,186-222,235,236
《欧洲研究组织、计划和行动谅解备忘录》(EUROPA)　229,233,234
欧洲货币联盟　19
欧洲议会　13,83,190,419,423,459
欧洲采购门户(欧防局)215
欧洲公共机构　255,256,258
欧洲安全与防务政策(ESDP)　86,158
欧洲安全战略(ESS)　35
欧洲空间局(ESA)　352-354
欧洲指导委员会(欧防局)　187-189
欧洲电信协会(ETSI)　167
《欧洲条约》。参见"《欧盟运行条约》"
欧洲联盟(EU)
　　参见具体欧盟《指令》词条,如《国防指令》、《基本权利宪章》　467,472-474
　　《武器出口行为准则》　162,163,165
　　军事委员会　46,188
　　军事人员　46
　　北约,可能与~产生的竞争　46
　　政治与安全委员会　46,188
　　欧盟基本法　17,247,262,279,304,410,418,422,424,453,467
　　欧盟次级法　17,61,63,66,68,82,109,118,123,128,134,137,163,241,247,262,279,280,345,410,418,422,424,442
　　三大支柱结构,废除　46
欧元区　19,40
事前控制　149,150
事前证书　140
豁免,例外与免责/淘汰
　　另参见"武器豁免;公共安全豁免"
　　自动~　或无条件~　105,107,142,181,210,303
　　逐案审查　120,121,128,129,133,304,415,419
　　~于《欧防局采购准则》约束范畴　194,195

～于《国防指令》物资范畴　267-307
　　　　　　另参见"物资范畴"
　　　分包,例外条款　448-450
　　　　　淘汰不合格投标人　382-388
　　现货　293,299,378,490
　　出口
　　　　另参见"防务出口"
　　　武器豁免与用于出口的武器　103,104
　　　　防务出口授权　162
　　　　与～有关的合同履行条件　368-370
　　　　定义　158
　　　　出口延迟　369,371
　　　　货物的自由流动　63-67
　　　《欧共体内部移转指令》下的限制　152,153
　　　《意向书》关于出口程序与移转　227,228
　　　　与～相关的垄断与政策　31
　　　　与～相关的公共安全豁免　70-82
　　　　再出口　147,148,158
　　　　～拒绝　164,369,371
　　　　～撤回　369,371
　　军队海外驻扎　288-292

　　F-22　"猛禽"战斗机　35
　　公平回报原则　51,54,220,223,353-355,**另参见**"补偿贸易"
　　《法恩伯勒协议》(意向书)　226
　　联邦竞争局(德国)　471
　　适用范围
　　1958年清单,武器豁免　91,104
　　　　　比例原则与～　66
　　　　《国防指令》的～,欧盟委员会指导说明　12,247
　　　　　保密豁免　133
　　战斗机　25,169,170,236,270,416　**参见**"具体类型"下词条
　　投标人的资金与经济状况　388-399
　　芬兰
　　　　在武器或防务市场　24
　　　　补偿贸易　409,417,427

484

初审复议　99,111,177,470
第一支柱(欧盟)　137,238
费舍尔,凯瑟琳·E,396
固定价格合同　179
灵活性
　　加入欧防局的~　236
　　　采购程序问题　323,328,330,334,336,464,465,485,486
　　　复议与救济的~　464,465
后续工程　195,346,375,377
不可抗力　299,378
军队。**参见**"武装力量"
海外销售
　　另参见"防务出口"
　　垄断　31
　　对~的国家补助　177
分裂　232
　　重复与不一致性,问题　33-35,58,230-232
　　　外部~　233-237
　　　内部~　237-239
　　　克服~　232-234
框架协议
　　《意向书框架协议条约》(2000)　226
　　　作为一种采购方式　348,349
　　　分包　446,447
《紧急作战条件下签署成员国之间供应安全的框架协定》(欧防局,2006),
　197
法国
　　于武器或防务市场　23,24
　　与英国达成的双边防务条约(2010)　231,233
　　国防预算削减　19
　　作为防务出口国　160,161
　　加入意向书组织　396。**另参见**"意向书"
　　受~鼓励的欧洲直升机公司的垄断　171
　　作为核大国的~　23,231,233
　　补偿贸易　56,408,409,427
　　~的复议与救济制度　471

485

　　　　在安全市场　26
　　　　标准层次　365
　　　　~的国家补助　176
　　　　~国有制与国家对防务工业的控制　37,38
法德军备合作　222,231
自由流动
　　　资本与付款的~　71
　　　　货物的~　63-67,139,411,412
　　　　~对公共安全规则的豁免　70-82
　　　　服务的~　67-70,411,412
　　　　劳动力的~　68,71
开业自由　67-70,414
总承包商选择分包商的自由（分包方式 A）　431,432
自由，安全与公正领域　71
基本权利　467,471-473,482

G-18　环球霸王 II　35
加布列埃尔,J. M.　47
《关贸总协定》(GATT)　114,115,130,134
《服务贸易总协定》(GATS)　114,134
通用证书　145,150,151,162
资源地理位置（投标人资格预选）　390-392
乔格波洛斯,阿瑞斯　55,111,193,208,245,407
（德国军品出口）系列案　121,131-133
德国
　　　在武器或防务市场　23,24
　　　作为防务出口国　160,161
　　　驻扎在~的欧洲和美国军队　274
　　　联邦竞争局　471
　　　法—德军备合作　222,231
　　　~的土地制度　34
　　　加入意向书　396。**另参见**"意向书"
　　　受~鼓励的欧洲直升机公司的垄断　171
　　　买主垄断与出口政策　31
　　　补偿贸易　56,408,409,427
　　　德国公法对比例原则的接受　76,78

486

　　　　~的复议与救济制度　461,463,471,474,476,481

　　　　~在安全市场　26

　　　　~国家所有制与对国内防务工业的制定　37,38

　　　　对《国防指令》的转化。**参见**"《国防指令》的转化"

　　　　~的统一　46

2008年全球经济危机　19

　全球出口授权　162

　全球证书　145

　全球项目证书（GPL）228

　黄金股份　38

　货物

　　　　~的跨境流动　369

　　　　~的自由流动　63-67,139,411,412

　政府采购当局　249-252

《政府采购协议》（GPA），世界贸易组织　420

　政府间合同　292-299,490

GPA　（政府采购协议），世界贸易组织　420

　严重职业不端行为　384-386

　希腊

　　　　国防预算消减　19

　　　　补偿贸易　409,417,427

《国防采购绿皮书》（2004）　12,125,127,168,212,221,317,328,428,459

　鹰狮战斗机　25,169

　保证金　37,176

　古特,卡雷尔·德　47

硬性防务物资　89,93,95,103-106,193

一致（性）/协调

　　　《欧防局采购准则》与~　191

　　　　促进~的《欧共体内部移转指令》155

　　　　意向书关于军事要求的~　230

　　　　国家接触机密材料许可证书的~　489

　　　　标准化与~　166-169

　哈特利,凯斯　35,36

　休尼克斯,博杜安　92,98,100,178-179,180,210,217,300-303,317,333,
　　344,378,379,394,408,416,482

"隐身"的《救济指令》 455,458-460
高级法院(英格兰、威尔士、北爱尔兰和爱尔兰共和国) 471
外交事务与安全政策高级代表 187
高级技术 21,51,54,286,352
人权 467,474
匈牙利
 加入北约和欧盟 46
 补偿贸易 427

《ICT指令》。参见"《欧共体内部移转(ICT)指令》"
IEPG(独立欧洲计划组织) 194
 欧盟防务相关产业战略的实施 221
 保密状态下的听证和判决 85,100,130,469
 内部合同 268,269
 服役期内支持阶段/合同 52,53
 独立欧洲计划组织(IEPG) 194,独立复议 482
 间接民事补偿贸易 55,407,415,417
 跨境军事补偿贸易 55,407,415,417
 个别出口授权 162
 个别证书 145,150,151
 产业变化,作为合同履行条件的 376
 工业补偿/合作/参与。参见"补偿贸易;分包商与分包"
 工业与地区利益。参见"补偿贸易"
 无效(作为救济方式)458,477-481
 欧洲国防采购的低效性 38,39,58
 信息
  另参见"信息安全"
  机密信息 43,44,263,264,361,379,380,392-397,399
  合同履行条件,作为一种告知义务 377
  披露限制 370,371
  分包商信息,作为合同履行条件 380,381
 信息不对称 329
 英格斯,H. 156
 创新伙伴关系 355,356
 欧洲防务与安全一体化,趋势 45-49
 知识产权(IP)

投标人管理标准　389,390

不事先发布公告的谈判与~　326

情报

民事~机构　267

反~　281

不属于物资限制范畴的~活动　281-283,304

~　57,267,277,281

具体功能(军事、安全、犯罪或对外)　282

审查力度

武器豁免　110-113

公共安全豁免　76-78,81,82

保密豁免　131-133

多支柱方式　158,165

利率　37,176

政府间机构　190,191,256,258

临时救济措施　457

仲裁　474-477

内部干扰,严重,影响法律秩序　133

内部市场　8,136-184

参参见"竞争与竞争法;防务出口;欧共体内部移转;《欧共体内部移转指令》;并购与并购控制;国家补助"

武器豁免与~　104-108

建立~的好处　59

关税　64,139

欧防局与~武器政策倡议之间的分裂　237-239

互操作性与~　44,45

作为《国防指令》法律基础的~　61-63,82

保护主义与~　30

R&D(研究与开发)　183

SME(中小企业)　183

标准化　166-169

建立~的《欧盟运行条约》　62,63

武器与两用货物贸易　138

另参见"武器贸易;两用货物"

国际协议

防务出口授权　162

489

不影响~的《欧共体内部移转指令》 153
国际协议合同的物资范畴例外 272-276
关于驻军的~ 274,275
为维护国际安全与和平而接受的义务 134
国际紧张局势,严重,造成战争威胁 134
互操作性 44,45,217,401
欧共体内部移转 139-160
另参见"武器,欧共体内部的武器移转"
欧共体内部移转关税 139
不同于~的防务出口 149
定义 138,139
两用货物的~ 156-160
司法审查 156
意向书与~ 145,228
公共安全,影响 139
《欧共体内部防务产品移转》研究 （2005） 141,142,144,147,154
《欧共体内部移转(ICT)指令》
武器 147-156
~下的证书 151,152,156
成员国能力与~ 148,153
合同履行条件与~ 369,370
对《欧盟运行条约》的防务克减,受~约束的 154
"一揽子国防法规",作为~的一部分 142,143
对~目的的说明 148
事前控制,取代~的目的 149,150
出口限制 152-153
~附录中的货物清单 154,155
由~促成的协调统一 155
~的重要性 136,138
《国防指令》内部市场日程表与~ 30
不受~影响的国际协议 153
作为~唯一应用方式的证书制度 148
~的限制 153-156
~中的供应安全 360
简化,作为~的目的 148
~向国内法的转化 142,155

490

～规定的证书类型　150,151
　邀请招标或谈判　398-400
IP,**参见**"知识产权"
伊拉克军队　50
爱尔兰
　　　与塞浦路斯的比较　416
　　　补偿贸易　427
　　　～的复议与救济制度　461,463,471,476,481
　　　～对《国防指令》的转化。**参见**"《国防指令》向成员国国内法的转化"
不合格投标书　338,351
意大利
　　　～在武器或防务市场　23,24
　　　作为防务出口国的～　160
　　　加入意向书组织　396。**另参见**"意向书"
　　　补偿贸易　409,427
　　　在安全市场上缺位　26
ITAR　(《国际武器贸易条例》)371

雅格布斯,弗朗西斯,总检察长　67,86,124,158
日本,向日本的防务出口　162
联合行动　86,158,186-222,235,236
联合研究项目。**参见**"协作"
合资企业　172
琼斯,塞斯·G.　47
法官　99,470-474,477,481
欧洲能力与军备政策的司法控制与欧防局　191
司法审查
　　武器豁免　100,116,119,122
　　　欧防局与～　190,192,207
　　　欧共体内部移转　156
　　　至少是二审～　482,488
　　《国防指令》的法律基础与～　62,75,84,87
　　《公共部门救济指令》,对～的接受　467
　　　供应安全与信息安全　404,405
司法审查　79,104,122
公平回报原则 51,54,220,223,353-355

491

肯尼迪—卢埃斯特,克莱尔 Ciara 333
克科莱尔,斯蒂文 47
特尔,斯图尔特·L. 396
库特拉科斯,帕诺斯 111

拉姆斯多夫,亚历山大·康特 13,373,459
    土地制度 34
拉脱维亚
    加入北约和欧盟 46
    补偿贸易 427
冲突法则 273
影响法律与秩序的严重的内部干扰 133
乐图凯峰会(2003) 186
牵头国家的概念 53,283,351
《国防指令》的法律基础 7,61-84,484
    另参见"比例原则;公共安全豁免"
    开业自由 67-70
    货物的自由流动 63-67
    作为~的内部市场制度 61-63,82
    非歧视性原则 70
    服务的自由流动 67-70
    《欧盟运行条约》基础 61,82,83
合法权益 174,175
豹2 36
意向书(LoI)组织 185,225-231
    与欧防局的同化 232-237
    作为《国防安全采购指令》法人范畴内的集中采购机构 258,259
    共同欧洲利益领域 225,226
    与其他组织的重复和重叠 230,231
    欧防局与~ 227-230,232-234
    FA (《框架协议条约》,2000) 226
    1998年最初成立的意向书组织 225
    欧共体内部移转与~ 145,228
    《国防指令》物资范畴与~ 273
    接触机密材料许可证书 394,396,397

~关于供应安全　359
　　　　任务与功能　227-230
公平竞争场所　38,177,199,200,205
特别法　134,305,308
开放的防务市场　35,59,65.119,170,224,
许可(证)
　　事前~　140
　　~费用　144,412
　　通用~　145,150,151,162
　　两用货物防务出口通用出口授权　162
　　全球~　145,150,151
　　GPL　(全球项目证书)(意向书)　228
　　《欧共体内部移转指令》,作为~的唯一应用
　　《欧共体内部移转指令》下的证书类型　150,151
　　~的影响与成本　141,142
　　个别~　145,150,151
　　意向书与~　145
　　国内法下的~制度,《欧共体内部移转指令》颁布之前　144
　　~的申请数量　140
　　OGEL　(开放性通用出口许可证书)　145
　　对采购的直接影响　146,147
利波曼,哈诺　435
寿命周期　52,53
　　合同履行规格与~　377
　　与~有关的高成本　35
　　救济的无效性与~　478
　　研发与~　50,52-53
范围限制,**参见**"适用范围"
《里斯本条约》。
　　另参见"《欧盟运行条约》"
1958年清单
　　对于武器豁免　88-104,134
　　《国防指令》的物资范畴与~　261
　　公布需要　101,489
　　补偿贸易与~　413,416
清单,通用军火,**参见**"《通用军火清单》"

493

立陶宛
    加入北约和欧盟　46
    补偿贸易　427
诉讼
    另参见"司法审查；复议与救济"
    ~成本　458
    数量日渐减少的~　466,467
    数量日渐增多的~I　458,482,488
    ~风险　320,364,381,384,397,405,444,460,481,483,487,488
地方采购当局　249-252
后勤　53,239,288,289,351
LoI。**参见**"意向书"
作为合同授予标准的最低价格　400
卢森堡
    与比利时的双边倡议　231
    联合军备采购组织与~OCCAR　及　235
    补偿贸易　427

《马斯特里赫特条约》　46,107,118,235
影响法律秩序的严重内部干扰　133
维修、现代化与改装
    合同履行条件　375-377
    投标人资格预选　389,390
维护与修理　149,151,190,265,270,348
马耳他与补偿贸易　417,427
强制性要求　66,69,71
海事制度　33,34
海上与空中运输行动　343,344
进入市场　10,29,167,171,232,246,330,393,395,403,405,428
物资范畴
    武器豁免与~　263,464
        驻扎在欧盟以外地区的军队，相关合同免责　288-292
    ~的宽泛性质　261
    国防部及军队签订的~之内的合同　266,267
    合作项目，免责　283-288
    ~的合同　260-267

494

  定义　246
  对~的克减　267,303-305
  豁免与免责　267-307
  政府间合同免责　292-299,490
  内部合同　268,269
  情报活动,免责　281-283
  国际协定下签订的合同免责　272-276
  为复议与救济而进行的限制　462-464
  1958年清单与~　261
  军事装备　261-263
  新装备豁免　295
  《公共部门指令》与~　261,266,267,276,277,290,305-307,462-464
  研发豁免　283-288,299-301
  安保条款与~　301
  保密免责　278-280
  敏感合同　263,264
  具体的国防与安全相关豁免　276-301
  过剩装备豁免　294
  《欧盟运行条约》与~　267,303-305
  门槛价　269-272
  向国内法的转化　267
  例外的类型　272
  《公用事业指令》与~　261,267,277,290,307,462-464
  与军事装备直接相关的工程、供应和服务　265,266
修订后与初始合同发生实质性不同　478
MBB 公司　171
MBDA 公司　25
等同于数量限制的措施　65,66,71,79,139,141,411
谅解备忘录　202,229,233,273
兼并与兼并控制　172-176
  武器豁免与保密豁免　174
  跨境兼并　173,174
  防务公司兼并　170
  经营者的兼并　349
  导致兼并的有限的国内防务工业能力　24
  对兼并的规制　172,173-175

国有制、对国内防务工业的控制与~　38
　　　　跨境兼并　172
流星空对空导弹　53
　采购方式。**参见**"采购程序"
欧盟军事委员会　46,188
　军事背景。**参见**"政治/军事背景"
军事防务市场。**参见**"武器或防务市场（军事）"
《国防指令》物资范畴内的军事装备　261-263,
　Military Exports 系列案　109-113-118,120,121,124-129,131-133,139,
　　142,146,163,165,181,210,489
军事力量。**参见**"武装力量"
军事安全。**参见**"安全"
欧盟军事人员　46
　防务部门　249-251
　导弹技术控制制度　161
　导弹　23,36,53,90,161,170,416,417
　现代化。**参见**"维修、现代化与改装"
默林,克里斯蒂安　155
　对防务工业的监督　137,152,182,184,207
垄断　33,171,173
买主垄断　31,32
MTCR（导弹技术控制制度）　技术　159
　多国部队　44
　补偿贸易的相互消减　202
　接触机密材料许可证的相互承认　394-397

　NAHEMA　（北约20世纪90年代直升机（NH90）设计开发、生产与后勤管理
　　局）　186,239
　NAMA　（北约空运管理局）　239
　NAMSA（北约维修保障局）　239
　欧防局国家能力评估委员会　217,218
　国内龙头企业　32
　国内通用出口授权　162
　国家安全
　　　武器豁免与~　41,108-110
　　　作为国防采购特征的~　41-45

危机豁免与~　133,134
　　　因~而得到的豁免。**参见**"《欧盟运行条约》防务豁免"
　　　出于~方面的极端与不可抗拒的原因　195
　　　司法审查　79,104,122
　　　公共安全与~　41,73
　　　复议与救济,以及保证~的需求　60
国家安全审查。**参见**"接触机密材料许可证"
国家主权　39-41
　　向国内法的转化
　　　参见"转化"下各条
禁止以民族主义为由采取歧视性措施。**参见**"非歧视性原则"
北约。**参见**"北大西洋公约组织"
必要性
　　　武器豁免与~　108-110,114-116
　　　比例原则与~　76,77,114-116
事先发布合同公告的谈判　322-331
　　　快速版的~　326
　　　~的特点　322,323
　　　竞争性对话与~的对比　331-336,490
　　　~的竞争性　327,329
　　　国防采购的复杂性,适合~　326
　　　作为《国防指令》默认的采购方式　327
　　　~的不利之处　328
　　　~的灵活性　323,328,330
　　　按照《国防指令》规定可自行决定使用~　324-326,330
　　　《公共部门指令》中的~　322,324,325,328,334
　　　信息安全与~　326
　　　供应安全与~　326
　　　标准化与~　167
　　　国家补助与~　178,180
　　　~的透明性　326,327
　　　《公用事业指令》中的~　322,324,328
不事先发布合同公告的谈判　336-347
　　　对于新增交货　340,341
　　　对于有利条件　340
　　　对于海外驻军　344,345

497

　　　　举证要求　337

　　　　~的特点　336-338

　　　　对于现货市场　340

　　　　~要求的合同授予公告　336

　　　　控制机制　347

　　　　危机导致的紧急情况　342-344

　　　　特别紧急情况下　339,340

　　　　知识产权　340

　　　　收到的不合格标书　338,351

　　　　~的使用限制　337

　　　　使用~的案例清单　325

　　　　《公共部门指令》中的~　336,338-341

　　　　研发产品与服务　340,345,346

　　　　《国防指令》没有规定的情形下　338-341

　　　　在《国防指令》规定的情形下　341-347

　　　　标准化与~　167

　　　　国家补助　178,179

　　　　对于~的严格解释　337

　　　　投标方式失败后对~的采用　338-341

　　　　~在《公用事业指令》中　336,339,340

谈判或投标邀请　398-400

荷兰

　　　　在武器或防务市场　24

　　　　与比利时的双边倡议　231

　　　　作为防务出口国　161

　　　　垄断与出口政策　31

　　　　联合军备采购组织与~　235

　　　　补偿贸易　409,427

　　　　在安全市场　26

NETMA（北约台风与龙卷风战机管理局）　53,186,239

中立　6,45,79,80,122,416

新版《公共部门指令》和《公用事业指令》　5,355,356,431,451,453

政府间新装备合同　295,490

新西兰,到新西兰的防务出口　162

NH90　直升机　231,239

《尼斯条约》　107,118,186,235,238

498

非歧视性原则 1
  合同授予标准 401,403
  欧洲空间局协作式研发项目的采购程序 350
  作为《国防指令》法律基础的~ 70
  不事先发布合同公告的谈判 337
  补偿贸易与~ 413,414
  作为公共采购法一般目标的~ 1
  接触机密材料许可证制度 397
  分包过程与~ 441-445,452
  技术规格与~ 364
防务中的非欧 44,45
非军事力量 264
非军事安全市场。参见"安全市场"
正常的商业交易 177-181
北大西洋公约(NATO) 239-240
  武器豁免与~ 108
  驻扎在第三方国家的军队与~ 288,344
  CEPMA(中欧管道管理局) 239
  可能与欧盟进行的竞争 46
  欧洲的一体化发展趋势 45-49
  互操作性的重要性 44-45
  《国防指令》的物资范畴与~ 273,275,288
  NAHEMA （北约20世纪90年代直升机(NH90)设计开发、生产与后勤管理局）186,239
  NAMA （北约空运管理局） 239
  NAMSA （北约维修保障局） 239
  国家主权与~ 40
  NETMA （北约台风与龙卷风战机管理局） 53,186,239
  NSPA （北约保障局） 186,239,240,351
  生产后勤组织 53
  覆盖范围 247
挪威
  至挪威的防务出口 162
  欧防局协作与~ 220
  欧防局采购准则与~ 191
  补偿贸易 427

发布公告。**参见**"公告的发布"
NSG(核供应国集团) 技术 159
NSPA （北约保障局） 186,239,240,351
核大国 23,231,233
核供应国集团 161,
核技术与武器 157,195,232,233,414,419

事先授权义务 149
OCCAR。**参见**"军队军备采购组织"
现货采购 50,51,351,401
办公设备与供应 266,351
政府商务部(英国)480
军官赌场 266
欧盟官方公报(OJ) 1,3,92,165,166,213,257,271,298,312,318,322,323,331,349,356,433,445,489
补偿贸易 11,54-57,410-428,487,488
　　欧盟委员会指导说明 422-425
　　合同授予标准与~ 420
　　《国防指令》中的的~ 418-421
　　国防采购中的~ 406-410
　　定义 54,55,407,408
　　直接军事~ 55,407,417
　　《欧防局采购准则》与~ 198-204,424,426
　　~的实施 56
　　间接民事~ 55,407,415,417
　　间接军事~ 55,407,415,417
　　~的合法性 410-428,453,454
　　共同消减 202
　　成员国国家法律以及对《国防指令》的转化 425-428
　　《国防指令》直接应对~的必要性 490
　　通过~规定的合同义务履行的初始合同 409
　　独立于~的初始合同 408
　　彻底禁止~带来的问题 423
　　《公共部门指令》、《公用事业指令》和~ 419,421
　　复议与救济 466,467
　　作为独立合同的~ 55

通过~逐步退出而受益的中小企业　454
　　　与~密切相关的分包合同　410,428,453,454,466
　　　《欧盟运行条约》中的~　411-418
　　　与第三方国家的~　454
　　　~的类型　407
　　　成员国对待~的不同态度　408
OGEL （开放性通用出口许可证书） 145
OJ （欧盟官方公报） 1,3,92,165,166,213,257,271,298,312,318,322,323,331,349,356,433,445,489
开放性通用许可证书(OGEL) 145
公开招标　312-318
　　　~的好处　314
　　　~的特点　312-314
　　　鼓励竞争　314
　　　旧版公共指令中的默认或标准采购方式　313
　　　~的不足　314-317
　　　在《国防指令》中的缺位　317,318,490
　　　《公共部门指令》中的~　312,313
　　　国家补助　178
　　　~的透明性　314,316
　　　《公用事业指令》中的~　313
操作要求　189,289
分包方式。**参见**"分包商与分包"
一般司法程序　71,83
联合军备采购组织(OCCAR)　185,222-225
　　　目的与目标　222
　　　与欧防局的同化　232-237
　　　初始作为一个双边倡议　231
　　　作为《国防指令》法人范畴内的集中采购机构　258,259
　　　协作项目管理　53,219,223,224,351
　　　《国防指令》与~　224,225
　　　欧防局与~　219,225,232,234
　　　未被~解决的证书问题　146
　　　《国防指令》的物资范畴与~　273,276,288
　　　~的范畴　247
　　　任务与功能　223

欧洲安全与合作组织(OSCE) 162
供应链的组织 371-373
有组织犯罪 20,219,279,281,382,383
OSCE （欧洲安全与合作组织） 162
出于重要的公共利益方面的原因 66,69,71

P-8A "海神" 35
欧洲议会(欧盟) 13,83,190,419,423,459
欧洲议会对欧洲能力与军备政策与欧防局的控制　191
加入欧防局的灵活性 236
义务为维护和平与国际安全而接受的义务 134
维和行动 288-292,343,344
同辈压力 164,192,207,208
佩尔克曼,让 166
处罚 153,479,480
法人范畴 248-260
 《公共部门指令》附录Ⅲ和附录Ⅳ的使用 249-252
 《国防指令》缺乏的附录Ⅳ,由其列出适用实体清单 259,260,489
 军队 249-251
 集中采购机构 255-259
 定义 246,248
 欧防局的地位 256-258
 欧洲公共机构 255-256,258
 意向书的地位 258,259
 国防部 249-251
 联合军备采购组织的地位 258,259
 受公法约束的机构 252,253
 国家、地区或地方政府当局　249-252
 公用事业 253-255,489
其他任务 344
PFI （私人主动融资）;(英国) 329,330,332
废除欧盟的支柱结构 46
切入点(欧防局) 207
波兰
 在武器或防务市场 24
 ~购买美货的趋势 29

　　　　加入北约和欧盟　46
　　　　联合军备采购组织和~235
　　　　补偿贸易　409,427
　　　　~的国家补助　176
　　　　~国有制和对国内防务工业的控制　37
　POLARM(军备政策工作组)225
　　警察与安保力量　20,36,51,53,59,73,252,264,267,279,281,306,309,376,462,470,475
　　政治/军事背景　39-49
　　　　主权　39,41
　　　　与其他力量的合作,对互操作性的需求　44,45
　　　　信息安全　43,44
　　　　一体化趋势　45-49
　　　　国家安全问题　41-45
　　　　国家主权问题　40,41
　　　　供应安全　42,43
　　欧盟政治与安全委员会　46,188
　《欧防局行为准则》关于分享　218
　　葡萄牙
　　　　补偿贸易　409,427
　　　　~的国有制与对国内防务工业的控制　37
　　采购后(合同管理)阶段　311,358,363,366,382
　　布尔拜,尼古拉斯　113,114,117,333
　PPP(公私伙伴关系)　57,58,329,330,332
　PQQ　(资格预选前问卷调查)　320
　　有限购买权　63
　　采购前阶段　358,363,
　　资格预选问卷调查(PQQ)　320
　　预选　315,319,320,398
　　作战急需　(欧防局)　19
　　价格与定价。**参见**"成本"
　欧盟基本法　17,247,262,279,304,410,418,422,424,453,467
　总承包商
　　　　在武器或防务市场(军事)中的~　22-25
　　　　授予分包合同时作为采购实体或采购当局　451
　　　　在安全市场(非军事)　26,27

由~进行的分包。**参见**"分包商和分包"

主合同

  参见"合同词条"

主动私人融资(PFI;英国) 329,330,332

采购方式 10,310-356,485,486

  另参见"竞争性对话;谈判;公开招标;限制招标"

  研发为基础的协作项目 351-356

  ~的竞争性 311,314,319,327,329,336

  不使用(非法直接授标)的合同授予 477

  采购阶段 358,359

  控制机制 347

  动态采购制度 350,351

  《欧防局采购准则》授标程序与标准 196-198

  电子拍卖 350

  灵活性/选择问题 323,328,330,334,336,464,465,485,486

  框架协议 348,349

  对于创新性伙伴关系 355,356

  意向书关于出口程序与移转 227,228

  《公共部门指令》规定 311

  分包方式 430-438

  成员国对于~的转化 312,317,318,331,334,341,347

  ~的类型 311

  联合国国际贸易法委员会,采购示范法 336,351

  《公用事业指令》规定 311,464-466

《采购救济指令》 5

采购复议诉讼。**参见**"复议与救济"

生产阶段

  协作与~ 53

  与~有关的合同履行条件 376-378

  研发与~的分离 52

潜在投标人的职业行为 384-386

以共众利益为基础的职业规则 69

投标人的专业和技术能力 323,332,388-399

《国防指令》实施进展报告(欧盟委员会,2012) 423,426

禁止以国家利益为由采取歧视性措施。**参见**"非歧视性原则"

在逐个项目审查的基础上 194,228

比例原则 76-79
　　另参见"审查力度"
　　武器豁免与~ 113-119
　　货物和服务的自由流动以及开业自由,豁免于 66,69
　　必要性和~ 76,77,114-116
　　公共安全豁免和~ 71,76-81
　　保密豁免和~ 131-133
　　从严格意义上来说 76,78
　　适合性 76,77
保护主义
　　作为~表现形式的关税 139
　　防务出口中的~ 160
　　经济背景中的~ 28-31
　　政治/军事背景中的~ 39
　　受《欧盟运行条约》禁止的~ 134
以公共卫生为由的补偿贸易 413
受公法约束的机构 252,253
公私伙伴关系（PPP） 57,58,329,330,332
欧盟的公共采购法,目的与目标 1
《公共部门指令》(2004/18/EC)
　　附录 III,受《公法》约束的机构清单 252
　　附录 IV, 中央政府当局清单 249-252
《国防指令》之前在国防安全采购领域的应用 12
《国防指令》与~的对比分析 334
~关于合同授予和授予标准 400,402
合同公告的发布 362-364
~关于合同履行条件 367
~中的合同履行条件 378,381
采购阶段与~ 358
以~为基础的《国防指令》 4,484
《国防指令》与~的区别 87
起草新的指令 5,355,356,431,451,453
动态采购制度 351
豁免 71
~中的框架协议 348,349
~中的内部合同 268

505

物资范畴与~ 261,266,267,276,277,290,305-307,462-464
~中事先发布合同公告的谈判 322,324,325,328,334
~中不事先发布合同公告的谈判 336,338-341
补偿贸易与~ 419,421,
~中的公开招标 178,312,313
~允许使用的采购方式 311
~关于投标人资格预选 389
~中的限制招标 318,321,322
复议与救济制度的修改 462-467
~的适用范围 245,247,463
标准层次 365
分包与~ 428,429,431,441
门槛价 270

《公共部门救济指令》 5,455,457,460,461,463,464,467-481

公共安全
 定义 72-73
 影响~的欧共体内部移转 139
 对兼并规则的克减 175
 国家安全与~ 41,73
 补偿贸易的合法性 413

公共安全豁免 70-82
 对《欧盟运行条约》的防务克减与~的对比 85,87,111
 为达到~目的而定义公共安全 72,73
 两用货物的~ 156
 ~的狭义解释 73-76
 补偿贸易 414
 比例原则 71,76-81

1958年清单的公布 101,489

发布公告 362-364,438,445,446
 另参见"事先发布合同公告的谈判;不事先发布合同公告的谈判"
 在电子招标公告板上~ 196,211-216,257,271,298,362
 在《欧盟官方公报》上~ 1,3,92,165,166,213,257,271,298,312,318,
  322,323,331,349,356,433,445
 《公共部门指令》关于~ 362-364
 信息安全与~ 362-364
 供应安全与~ 362-364

分包　445,446
　　　《公用事业指令》关于~　362-364
公有制公司。**参见**"国家补助；国有制与控制"
皮曼,马克　337

投标人资格预选　382-400
　　　机密信息　392-397,399
　　　确定的合同授予标准　382,383,403
　　　经济与资金状况　388,389,399
　　　对不合格候选人的淘汰　382,383-388
　　　资源的地理位置　390-392
　　　严重职业不端行为　384-386
　　　知识产权管理标准　389,390
　　　维护、现代化和改装　389,390
　　　强制性淘汰理由　382,383
　　　违背职业道德行为　384-386
　　　专业与技术能力　323,332,388-399
　　　公共部门指令关于~　389
　　　按照~进行的排队　399
　　　接触机密材料许可证　392-397,399
　　　安全风险　386-388
　　　作为资格预选标准的投标人选择标准　398-400
　　　学习、技术和研究设施　389,390
　　　~向国内法的转化　400
　　　《公用事业指令》关于~　389
分包商的资格预选　447,448
对进口的数量限制　65

研发。**参见**"研究与开发"
放射性货物与服务　195
阵风/拉斐尔战斗机　25,169
对投标人的排队　399
再出口　147,148,158
价格的合理性　179
官样文章　140,141,155,184
地区采购当局　249-252

507

合格防务相关公司的登记　（CERTIDER）　152
　　规则俘虏　329
（投标人的）的可靠性　11,42,43,358,360,361,372,380,382,383,386,404,
　　439,486
　　　　　另参见"投标人资格预选"
救济。参见"复议与救济"
修理
　　　　　参见"维修"下的词条
《《指令 2009/43/EC》转化报告》(2009)　142
　加入请求　319,320,321,323,326,332,355,363
　建议请求　351
　报价请求　351
　研究与开发(研发)　50-52
　　　　~中的协作　53,218-220,283-288,351-356
　　　　定义　283,
　　　　欧防局与协作式采购项目　218-220
　　　　融资　50
　　　　内部市场与~　183
　　　　寿命周期与~　50,52,53
　　　　意向书与联合研究项目　228,229
　　　　物资范畴不预计列　283-288,299-301
　　　　~采用不事先发布合同公告的谈判　340,345,346
　　　　现货采购与~　50,51
　　　　涉及~的采购　51,52
　　　　以~为基础的协作项目的采购方式　351-356
　　　　以探索、技术和研究设施为基础的投标人资格预选　389,390
　　　　与生产阶段分开　52
　　　　标准化与~　169
　　　　对~的国家补助　177
　限制招标　318-322
　　　　快速版的~　321
　　　　~的好处　319
　　　　~的特点　318,319
　　　　~的不足　320,321
　　　　邀请参加~的经营者的人数　321
　　　　《公共部门指令》中的~　318,321,322

国家补助与~　178,180
对披露、转移或使用的限制　370,371
复议与救济　12,455-483,488,489
　　　另参见"司法审查"
　　行政法庭　461,471
　　武器豁免　122
　　非公开听证与判决　85,100,130,469
　　保密问题　60,471-474
　　上诉法庭　461,470,471
　　赔偿金　458
　　来自~的对《欧盟运行条约》的防务豁免　460,461
　　通过~进行的适应性改变的说明　464-466
　　《欧防局采购准则》　207-209
　　~的灵活性　464,465
　　需要有一个~《指导说明》　483,490
　　《国防指令》中隐身的救济指令　455,458-460
　　独立复议　482
　　无效性　458,477-481
　　临时性救济措施　457
　　仲裁　474-477
　　物资范畴的限制　462-464
　　必须保证国家安全　60
　　~的必要性　456-458
　　补偿贸易和分包　454,466,467
　　惩罚　153,479,480
　　《公共部门指令》的改编　462-467
　　《公共部门救济指令》　5,455,457,460,461,463,464,467-481
　　复议庭或复议机构　457,468-474
　　二次司法审查　470,482,488
　　复议机构中的安全　471-474
　　供应安全和信息安全　460,471-474
　　取消　457
　　武器豁免的特别复议程序　117-119
　　《公用事业救济指令》　5,455,457,463,477
风险
　　诉讼~　320,364,381,384,397,405,444,460,481,483,487,488

509

（针对成员国安全）的真正、具体和严重～　81,82
罗马尼亚
　　在武器或防务市场　24
　　欧防局采购准则和～　191,192
　　加入北约和欧盟　46
《罗马条约》　88
瑞兹—扎拉博·科罗默,总检察长　124,153
法制原则　76,78,101,113,190,424,467,482,488,489

安保条款　301
赛峰　25
契约至上　477
申根区和国家主权　40
施瓦兹,汝尔根　72
适用范畴
　　《欧防局采购准则》～　193-195
　　与《国防指令》相关的其他法律体系的～247
　　《公共部门指令》的～　245,247,463
　　《公共部门救济指令》的～　463
　　《公用事业指令》的～　247,253-255,463
　　《公用事业救济指令》的～　463
《国防指令》的适用范畴　10,245-309,484,485
　　另参见"物资范畴;法人范畴"
　　～的重要性　246
　　《公共部门指令》与～　245,247
　　关于～的规则和指导　247,248
　　分包　440,441
　　向成员国国内法的转化　259,260,267,307,308
斯科特,D.　337
审查
　　～力度。参见"审查力度"
　　司法审查　79,104,122
　　二次司法审查　470,482,488
（欧盟）第二支柱　46,221,238
　　另参见"共同外交与安全政策"
次级欧盟法　17,61,63,66,68,82,109,118,123,128,134,137,163,241,247,

510

262,279,280,345,410,418,422,424,442
对《国防指令》物资范畴的保密免责 278-280
保密豁免(《欧盟运行条约》第346条第(1)款(a)项) 128-133
  滥用~的可能 129-131
  武器豁免,与~的共同特征 133
  在逐案审查的基础上 133
  审查力度和比例原则 131-133
  《国防指令》物资范畴免责与~ 278-280
  兼并控制与~ 174
  不事先发布合同公告的谈判而不是~ 339
  ~相关规定 128-129
领域活动 253
安全。
  另参见"国家安全;公共安全"
  自由、安全与公平领域 71
  因~原因对《欧盟运行条约》的克减。参见"对《欧盟运行条约》的国防克减"
  重大~利益 73,87,109,114,116,128,129,277,278,463,473
接触机密材料许可证书
  ~的统一 489,
  ~的相互承认 394-397
  投标人资格预选 392-397,399
  分包商 439
安全豁免。参见"对《欧盟运行条约》的防务克减;公共安全豁免"
信息安全 11,358-405,486,487
机密信息 43,44,263,264,361,379,380,392-397,399
合同授予与授予标准 400-403
合同公告的发布 362-364
  合同履行条件与~ 366,379-381
  取决于~的采购阶段 358,359
  定义 361,362
  事先发布合同公告的谈判中的~ 326
  联合军备采购组织和~ 228
  政治/军事背景中的~ 43,44
  投标人资格预选与~。参见"投标人资格预选"
  复议与救济 460,471-474

分包要求　438,439
　　　作为技术能力标准的~　397,398
　　　技术规格与~　364,365
安全市场(非军事)
　　　"六强"与其他成员国的划分　26
　　　与武器市场的不同　18,21,60
　　　对于欧洲经的重要性　20
　　　~中不存在的垄断问题　32
　　　~中的总承包商　26,27
　　　~中的分包商　27
安全风险,潜在投标人可能成为　386-388
供应安全　11,358-405,486,487
　　　合同授予与授予标准　400-403
　　　合同公告的发布　362-364
　　　保证~合同履行条件　366-368
　　　取决于~的采购阶段　358,359
　　　定义　359-361
　　　欧防局与~　197
　　　框架协议与~　348
　　　《欧共体内部移转指令》中的~　360
　　　内部市场与~　146,147
　　　意向书关于~　359
　　　事先发布合同公告的谈判中的~　326
　　　联合军备采购组织与~　227,275
　　　政治/军事背景中的~　42,43
　　　投标人资格预选与~。**参见**"投标人资格预选"
　　　复议与救济　460
　　　分包与~　448
　　　作为技术能力标准的~　397,398
　　　技术规格与~　364,365
投标人选择标准
　　　预选　315,319,320,398
　　　作为~的资格预选标准　398-400
　　　　　另参见"投标人资格预选"
　　　分包商的资格预选　447,448
后续合同　295

512

敏感合同　263,264

敏感装备、工程和服务　263

影响法律秩序的严重内部干扰　133

形成战争威胁的严重国际紧张局势　134

服务的自由流动　67-70,411,412

取消　457

共享能力　62

《欧防局行为准则》关于共享　218

舰船与造船　23,25,34,91,92,100,169,170,265,270

最后候选人名单　319,320,323,332,398

单一来源采购。**参见**"不事先发布合同公告的谈判"

SIPRI（斯德哥尔摩国际和平研究所）　160

斯洛伐克

　　加入北约和欧盟　46

　　　补偿贸易　427

斯洛文尼亚的补偿贸易　427

斯林,戈登爵士,总检察长　416

小型武器　23,36,51,53,100,350

中小企业（SME）

　　《欧防局采购准则》关于分包与~　205

　　　框架协议与~　446

　　　内部市场与~　183,184

　　在寿命周期各阶段缔约　52

　　受~欢迎的补偿贸易的逐步退出　454

　　~在安全市场　26

　　分包与~　428,429,436,437,446,450,453,466

　　　门槛价与~　272

SME。**参见**"中小企业"

软性防务物资　95

软性法律　216,256,411,412,422,423

软贷款　37,176

国家主权　39-41

苏联

　　苏联的解体　45

　　　冷战结束与防务预算的消减　19

西班牙

　　　　在武器和防务市场　23,24
　　　　国防预算消减　19
　　　　作为防务出口国　160
　　　　参加意向书　396
　　　　　　另参见"意向书"
　　　　补偿贸易　409,417,427
　　　　～的采购方式　316
　　　　～在安全市场　26
武器豁免的特别复议程序　117-119,122-125
斯皮盖尔,尼科　482
涉众　4,5,12,61,125,168,185,212,317,327,328,356,428,460,485
标准化　166-169,196,365
停顿期　179,302,458,477,479
国家补助　176-182
　　　武器豁免与～　181
　　　受～影响的竞争　176
　　　交叉补助问题　179,182
　　　欧盟防务领域的～　176-181
　　　两用货物　182
　　　《欧盟运行条约》下～的合法性　181,182
　　　"正常的商业交易"与～　177-181
　　　作为一种公有制形式　176
　　　作为一种支持　176
国家采购当局　249-252
　　国有制与控制
　　　～的经济后果　37,38
　　　～的政治/军事背景　39
国家主权　39-41
驻军　274,275
隐身技术　159
斯德哥尔摩国际和平研究所(SIPRI)　160
战略资源　175
《更加强大更具竞争力的欧洲国防工业战略》(欧盟委员会),2007)　106,
　　137,141,168,169,175,177,393
学习、技术与研究设施　389,390
组件　261

分包商与分包　11,428-452,487,488
　　在武器或防务市场(军事)　27
　　授予与授予标准　450,451
　　按照竞争性招标方式进行(分包方式 B)　432-434,438-441,443,444,452
　　按照竞争性方式进行最低比例分包(分包方式 C)　434-436,438-441,443,444,452
　　作为总承包商的采购当局或实体　451
　　~在防务采购中　406,410
　　欧防局采购准则与~　198,204-207,429,440,444
　　平等待遇原则　441-445
　　免责条款　448-450
　　~的框架协议　446,447
　　总承包商选择分包商的自由(分包方式 A)　431,432,438,439,441
　　资源的地理位置　390
　　《国防指令》~制度的重要性　452,453
　　作为合同履行条件的分包商信息　380,381
　　最低比例工程分包与最低比例以外的竞争式分包(分包方式 D)　436-440,441,443,444,452
　　新版《指令》关于~　451,453
　　非歧视性原则　441-445,452
　　~的公告　445,446
　　与~密切相关的补偿贸易　410,428,453,454,466
　　~方式　430-438
　　主合同中的分包要求　438-440
　　《公共部门指令》与~　428,429,431,441,453
　　~的资格预选　447,448
　　复议与救济　466,467
　　关于范围的规则　440,441
　　接触机密材料许可证书　439

515

信息安全要求　438,439

　　　供应安全与~　448

　　　中小企业与~　428,429,436,437,446,450,453,466

　　　门槛价　440,443,445,446

　　　适用于~的《国防指令》第Ⅲ部分规则　440,451

　　　透明性要求　438,441-445,452

　　　~相关规则向国内法的转化　430,432,433,434-437,441,443,448,450,451

　　　《公用事业指令》与~　429,431,441,453

签署成员国（欧防局）　191

替代　406,410,466,467

　　　另参见"补偿贸易；分包商与分包"

朝阳与夕阳产业　182

补充货物与服务　195

供应链　428

　　　另参见"分包商与分包"

　　　《欧防局最佳实践准则》关于~。**参见**"《欧防局采购与供应链行为准则》"

　　　~长度　57

　　　~的组织　371-373

供应安全。**参见**"供应安全"

超国家性与超国家机构　190-193,210,218,221,224,229,348,394

最高法院（英国）　471

剩余装备　292-299

《欧防局采购准则》的中止　214,238

瑞典

　　　在武器或防务市场　23,24

　　　加入意向书　396

　　　　另参见"意向书"

　　　补偿贸易　409,427

在安全市场 26

瑞士

至~的防务出口 162

欧防局与~ 220

接管 172,175

目标成本激励合同 179,180

免税、减税、缓交或取消税务 37,176

TDC(跨国防务公司) 227

意向书关于如何对待技术信息 229

技术或知识产权。**参见**"知识产权"

投标人的技术和专业能力 323,332,388-399

技术规格 364,365

    内部市场与~ 166,168,169

    ~向国内法的转化 381,382

    联合军备采购组织与~ 223

    采购方式与~ 29,318-320,322,323,325,326,331

    ~在合同公告中 362-364

    供应安全与信息安全 364,365

投标人的技术、学习和研究设施 389,390

技术与合同背景 49-58

    另参见"通风寿命周期;补偿贸易;研究与开发"

协作 53,54

腐败 57,58

现货采购 50,51

与研发分开的生产周期 52

公私伙伴关系 57,58

供应链的长度 57

每日电子标讯(TED) 362

投标人与投标书 313

不合格投标书　338,351

　　　双阶段投标　351

　　　不成功的竞争性投标　338,339

恐怖主义　20,188,219,279,281

比例原则。参见"比例原则"

TFEU。

　　　另参见"对《欧盟运行条约》的克减"

　　　~中的竞争法　169-171

　　　由~确立的内部市场　62,63

　　　~中的《国防指令》法律基础　61,82,83

　　　《国防指令》的物资范畴和~　267,303-305

　　　~下的补偿贸易　411-418

　　　《国防指令》中的原则与~　442

　　　被~禁止的保护主义措施　134

　　　~的适用范围　247

　　　国家补助的合法性　181,182

泰利斯　25

欧洲理事会的萨洛尼卡会议(2003)　186

第三方国家。

　　　参见"具体的第三方国家"

　　　驻扎在~的军队　288-292,344-345

　　　至~的防务出口。参见"防务出口"　273

　　　资源的地理位置(投标人资格预选)　390-392

　　　政府间合同　292-299

　　　《欧共体内部移转指令》对出口到~的限制　152,153

　　　国际协议下授予合同的武器范畴例外　272-276

　　　与~的补偿贸易　454

　　　驻军　274,275

　　　两组不同的~　162

废除欧盟的三大支柱结构　46

518

门槛价 269-272,440,443,445,446,462

蒂森克虏伯海事系统公司 34

TI （透明国际） 58

形成一个欧盟防务装备政策 221

武器与两用货物贸易 138

  另参见"武器贸易； 两用货物"

训练 329

跨境兼并 172

限制招标的交易成本 315,320

跨国防务公司((TDC) 227

透明性 1

  在阿富汗市场上的~ 292

  竞争性对话的~ 331

  合同授予与授予标准 401

  《欧防局采购准则》与~ 196,213

  1958年清单的公布 101

  事先发布合同公告的谈判的~ 326,327

  不事先发布合同公告的~ 336

  公开招标的~ 314,316

  限制招标的~ 319,320

  国家补助与~ 177

  分包过程与~ 438,441-445,452

透明国际(TI) 58

运输机 53,95,231

《国防指令》向国内法的转化 6,14,

  关于合同授予标准 403,405

  关于合同履行条件 381,382

  作为救济措施的无效性 481

  补偿贸易 425-428

  采购方式 312,317,318,331,334,341,347

519

  关于投标人资格预选　400

  适用范围　259,260,267,307,308

  关于供应安全和信息安全　381-382

  关于分包　430,432,433-437,441,443,448,450,451

  关于技术规格　381,382

《欧共体内部移转指令》向国内法的转化　142,155

《国防指令》转化报告(欧盟委员会,2012)　149,154,155,214,261

 特莱普特,彼德·阿尔门　329,350,366

 行政法庭(法国)　471

 军队。**参见**"军队"

特莱伯斯,马丁

  《欧洲防务采购法》(1999)　4,136

  《欧盟法律与防务一体化》(2005)　4,136

  在国际海事协议组织听证会上作为一揽子国防法规的见证人　459

土耳其

  资源地理位置(投标人资格预选)　391

  与~有关的限制性补偿贸易　416,417

  联合军备采购组织与~　235

两段式招标　351

台风。**参见**"欧洲战机/台风战机"

UNCITRAL （联合国国际贸易法委员会),采购示范法　336,351

统一形式　266,306

英国

  武器或防务市场中的~　23,24

  与法国的双边防务条约（2010）　231,233

  ~的国防工业竞争性市场　38

  国防预算缩减　19

  作为防务出口国的~　160,161

  关于《欧防局采购准则》(2004)　212

~的土地制度　34

加入意向书组织　396

　　另参见"《意向书组织》买主垄断和出口政策"　31

作为核大国　23,231,233

英国政府商务部　480

补偿贸易　409,427

~的OGEL(开放性通用出口许可证书)　145

PFI（私人融资）329,330,332

~的采购方式　315,320,324,332,333

~的公私伙伴关系　57,58

~的复议与救济制度　458,461,463,471,475,476,481,483

处于安全市场的~

~对于《国防指令》的转化。**参见**"《国防指令》的转化"

联合国

驻扎在第三主国家的军队与~　288,344

~《宪章》要求与国家主权　40

防务出口,~授权的　162

与~互操作性　44,45

联合国国际贸易法委员会(UNCITRAL),采购示范法　336,351

美国

另参见"购买美国货"

进入市场　29

~的防务装备市场　33-35,108

至~的防务出口　162

资源地理位置(投标人预选)　391

德国

驻扎在~的军队　274

补偿贸易　408,454

保护主义和防务出口　160

单极世界秩序及欧洲一体化趋势　45,47

招标方式不成功后可以采取不事先发布合同公告的谈判 338,339
紧急情况
极端~ 339,340
由危机引发的~ 342-344
公用事业
作为采购当局的~ 253-255
~中的法人范畴 253-255,489
《公用事业指令》 5
关于合同授予和授标标准 400,402
合同公告,发布 362-364
关于合同履行条件 367,378,381
起草新的指令 451
动态采购制度 351
豁免 71
物资适用范围与~ 261,267,277,290,307,462-464
~中事先发布公告的谈判 322,324,328
~不事先发布合同公告的谈判 336,339,340
补偿贸易与~ 419,421
~中的公开招标 178,313
~允许使用的采购方式 311,464-466
~关于投标人资格 389
~适用范围 247,253-255,463
分包与~ 429,431,441
《公用事业救济指令》 5,455,457,463,477
物有所值 1,14,30,171,292,300-303,314,366,452
价值门槛 269-272,440,443,445,446,462
弗罗伦·范·特马特,皮埃特,总检察长 80
沃斯普索尼克拉夫特公司 34

战争
危机豁免 134
造成~威胁的严重国际紧张局势 134
战争物资,1958年清单 88-104,134
华约国家 45
《瓦森那协定》 161

西欧军备小组(WEAG) 194,218,233-237,362
西欧军备组织(WEAO) 233-237,362
西欧联盟(WEU) 225,233-237
威尔森，R. 337
出口货物的撤回 369,371
劳动力的自由流动 68,71
世界银行 247,273
世界贸易组织 （WTO）
 《服务贸易总协定》 114,134
 《关贸总协定》 114,115,130,134
 《政府采购协议》 420